台州统计年鉴

TAIZHOU STATISTICAL YEARBOOK

2011

(总第14期　NO.14)

台　州　市　统　计　局
国家统计局台州调查队　编

TAIZHOU STATISTICS BUREAU　NBS SURVEY OFFICE IN TAIZHOU

中国统计出版社
China Statistics Press

（京）新登字041号

图书在版编目（CIP）数据

台州统计年鉴. 2011 / 台州市统计局 国家统计局台州调查队编. -- 北京 : 中国统计出版社, 2011.7
ISBN 978-7-5037-6293-2/c.2517

Ⅰ. ①台… Ⅱ. ①台… Ⅲ. ①统计资料－台州市－2011－年鉴 Ⅳ. ①C832.553-54

中国版本图书馆CIP数据核字(2011)第152328号

台州统计年鉴-2011

作　　者/ 台州市统计局　国家统计局台州调查队
责任编辑/ 陈越月　曹桂芝
责任校对/ 黄贤政　王泮洒
封面设计/ 王泮洒
出版发行/ 中国统计出版社
通信地址/ 北京市西城区月坛南街57号
邮　　编/ 100826
办公地址/ 北京市丰台区西三环南路甲6号
电　　话/ (010)63376907
E-mail / yearbook@gj.stats.cn
印　　刷/ 江西宜春资料印务有限公司
经　　销/ 新华书店
开　　本/ 880×1230 毫米　1/16
字　　数/ 1200千字
印　　张/ 40
版　　别/ 2011年7月第 1 版
版　　次/ 2011年7月第 1 次印刷
书　　号/ ISBN 978-7-5037-6293-2/c.2517
定　　价/ 300.00元

《台州统计年鉴—2011》编委会与编辑人员

编委会主任　尹学群

编委会副主任　戴国富　黄祥云

主　　编　黄祥云

副 主 编　曹桂芝　林福友　鲍宗森　奚朝霞　许建南　叶勤英　孙晓梅

编　　委　(按姓氏笔划为序)

王泮洒　王嵘芳　叶莲芝　朱彩红　乔　洁　吴敏慧　陈三铭　陈章利　张旭峰　张炳峰　郑林平　林国连　洪昌庆　项君灵　赵　彤　胡荣金　凌珍玉　徐建平　陶开夫　陶秀富　黄　银　黄贤政　傅少云　鲁加才　颜海彬　潘　洪　戴祖兵

编辑与编务人员　(按姓氏笔划为序)

丁倩倩　于　超　王　旖　王建君　王爱群　王美红　王美娟　叶美琴　卢　欣　卢荷琴　齐　诚　任奔奔　牟英莺　吴　俏　李　晶　何仙玉　陈正荼　陈晓鸣　张勤芳　郑富国　范小妮　林　晗　赵军杰　胡继军　柯晓宇　顾永兴　徐梓晋　徐富畏　陶建屏　裘晓洁

责任编辑　陈越月　曹桂芝

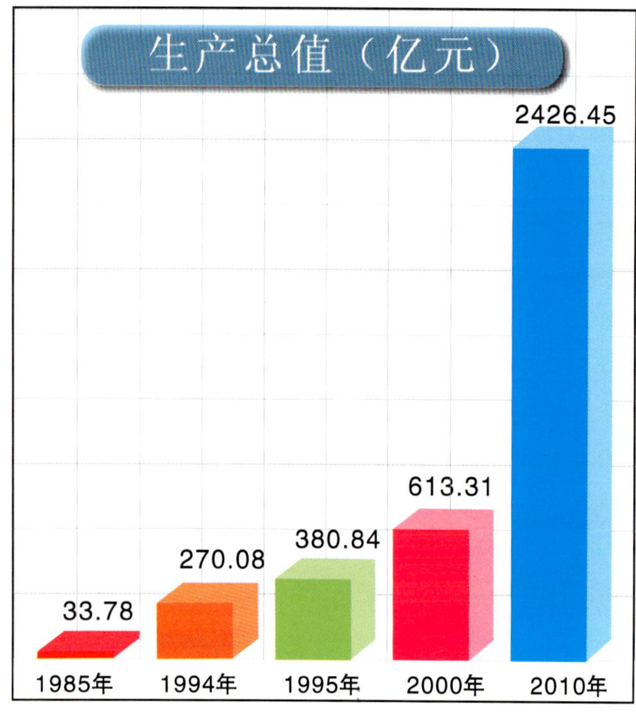
生产总值（亿元）
2426.45
613.31
380.84
270.08
33.78
1985年
1994年
1995年
2000年
2010年

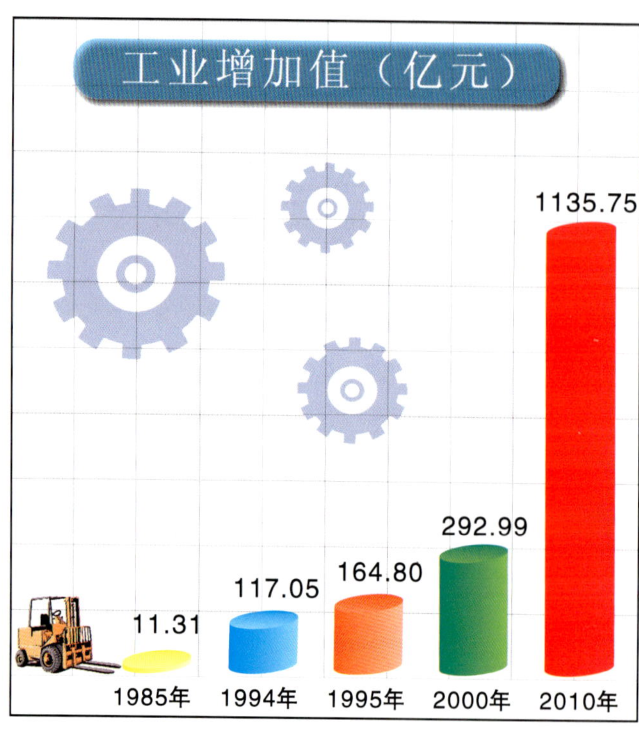
工业增加值（亿元）
1135.75
292.99
164.80
117.05
11.31
1985年
1994年
1995年
2000年
2010年

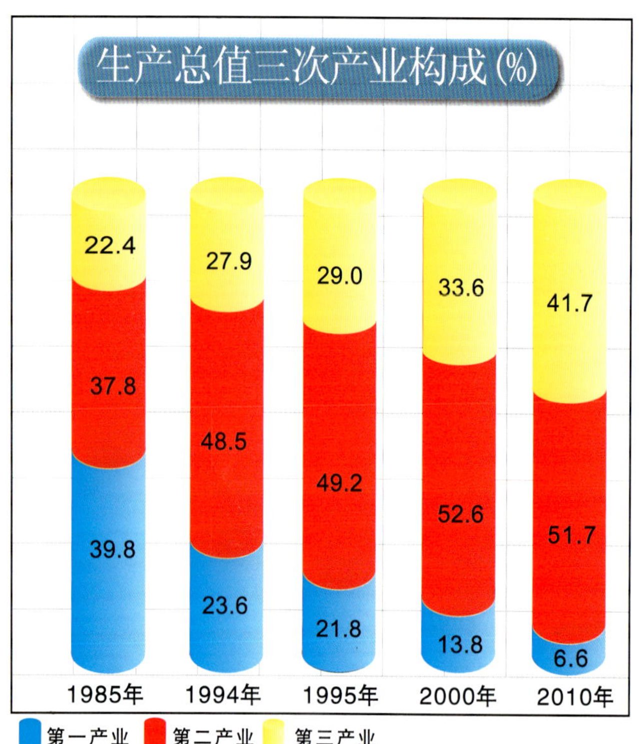
生产总值三次产业构成(%)
22.4
37.8
39.8
27.9
48.5
23.6
29.0
49.2
21.8
33.6
52.6
13.8
41.7
51.7
6.6
1985年
1994年
1995年
2000年
2010年
第一产业
第二产业
第三产业

财政总收入（亿元）
310.62
53.18
20.31
16.89
3.14
1985年
1994年
1995年
2000年
2010年

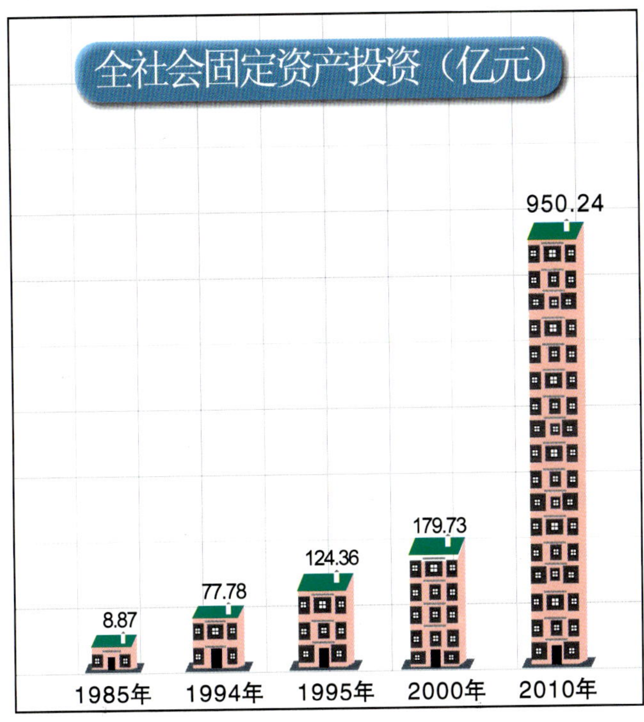
全社会固定资产投资（亿元）
8.87
77.78
124.36
179.73
950.24
1985年
1994年
1995年
2000年
2010年

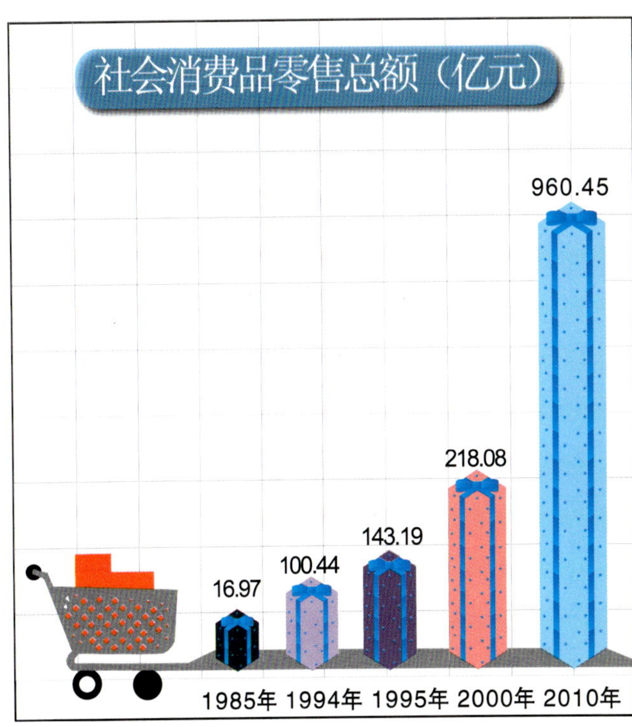
社会消费品零售总额（亿元）
16.97
100.44
143.19
218.08
960.45
1985年
1994年
1995年
2000年
2010年

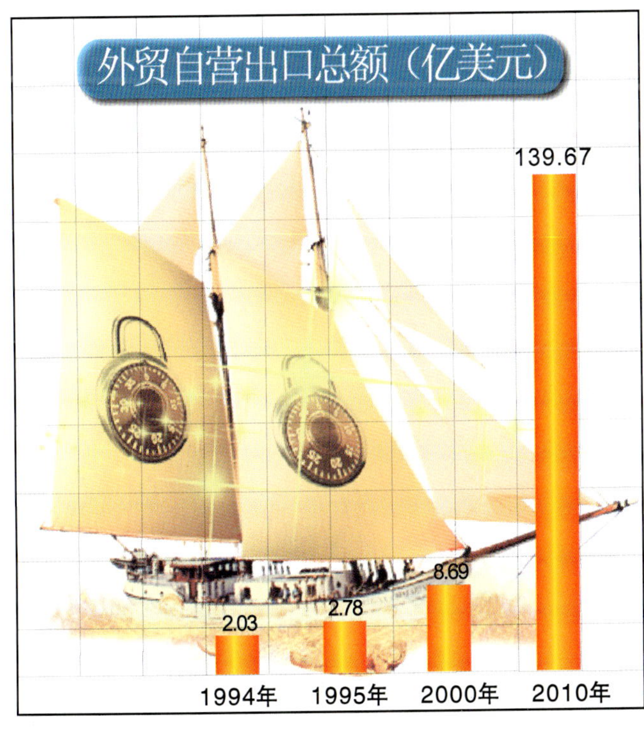
外贸自营出口总额（亿美元）
2.03
2.78
8.69
139.67
1994年
1995年
2000年
2010年

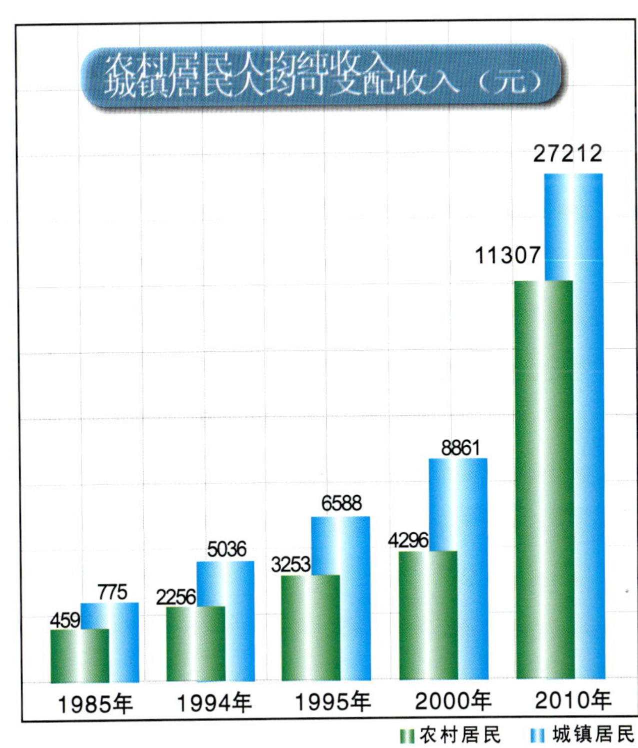
农村居民人均纯收入
城镇居民人均可支配收入（元）
459
775
2256
5036
3253
6588
4296
8861
11307
27212
1985年
1994年
1995年
2000年
2010年
农村居民
城镇居民

编 辑 说 明

一、《台州统计年鉴—2011》是一部全面反映台州国民经济和社会发展情况的资料性年刊，本年鉴不仅记载了台州市和各县、市、区、乡镇、全省各市及长江三角洲各城市2010年经济和社会各方面大量的统计数据，还整理收录了主要历史年份和撤地建市以来台州主要统计数据。

二、全书内容分22个篇章。即：（1）综合；（2）人口和从业人员；（3）农业；(4)工业；（5）固定资产投资和建筑业；（6）交通运输邮电通信和电力；（7）原材料和能源；（8）批发零售贸易和住宿餐饮业；（9）对外经济贸易和旅游；（10）财政金融保险；（11）物价；（12）人民生活；（13）城市建设和环境保护；（14）；教育科技和质量监督；（15）文化卫生体育和广播；（16）档案工会妇联共青团社会保障；（17）各县市区国民经济主要指标；（18）各乡镇社会经济情况；（19）各市国民经济主要指标；（20）长江三角洲各城市国民经济主要指标；（21）统计公报；（22）附录。

为了便于读者使用，每篇章后均附有主要统计指标解释，并在部分表下作了简要注释。

三、本年鉴对过去发表的统计资料重新予以核实，并按统计口径的变化对历史年份数据作了调整，凡以往统计资料与本年鉴不一致的，均以本年鉴为准。

四、本年鉴中使用的符号：“#”表示其中的主要项；“…”表示数据不足本表最小单位数；“空格”表示无该项指标数据或数据不详。

《台州统计年鉴》自公开出版以来，受到社会各界的重视和好评，为进一步提高年鉴的编辑水平，欢迎读者提出宝贵意见。

目　　录

一、综　　合

二、人口和从业人员

三、农　　业

四、工　　业

五、固定资产投资和建筑业

六、交通运输邮电通信和电力

七、原材料和能源

八、批发零售贸易业和住宿餐饮业

九、对外经济贸易和旅游

十、财政金融保险

十一、物　　价

十二、人民生活

十三、城市建设和环境保护

十四、教育科技和质量监督

十五、文化卫生体育和广播

十六、档案工会妇联共青团和社会保障

十七、各县市区国民经济主要指标

十八、各乡镇社会经济情况

十九、各市国民经济主要指标

二十、长江三角洲各城市国民经济主要指标

二十一、统计公报

二十二、附　录

综　合

General Survey

1－1 人口和自然资源

（2010年）

指标		2010年
一、人　口		
年末总人口	（万人）	583.14
人口密度	（人/平方公里）	620
二、土　地		
土地面积	（平方公里）	9411
	（千公顷）	941.1
山地、丘陵占总面积比重	（%）	73.0
平原占总面积比重	（%）	22.4
河流水面占总面积比重	（%）	4.6
三、耕地、森林		
耕地面积	（千公顷）	146.11
有林地面积	（千公顷）	539.95
森林覆盖率	（%）	59.3
林木蓄积量	（万立方米）	1877.53
四、水文、水利		
淡水总面积	（千公顷）	31.17
其中：已养殖面积	（千公顷）	12.04
海涂总面积	（千公顷）	66.62
其中：已养殖面积	（千公顷）	16.31
已围垦海涂	（千公顷）	48.39
年降水总量	（亿立方米）	205.84
河川年径流量	（亿立方米）	138.37
水资源总量	（亿立方米）	139.62
水力资源蕴藏量	（万千瓦）	53.71
其中：可开发量	（万千瓦）	36.20
已开发量	（万千瓦）	25.74
潮汐能可开发量	（万千瓦）	104.81
其中：已开发量	（千　瓦）	3450
海岸线长度	（公　里）	1660
其中：大陆岸线	（公　里）	745
岛屿个数	（个）	687

注：人口资料取自公安户籍年报，下同。

1－2　行政区划土地面积和人口密度

（2010 年）

地　区	行　政　区　划（个）						土地面积（平方公里）	人口密度（人/平方公里）
	镇　数	乡　数	街道办事处数	社　区	居　民委员会	村　民委员会		
全　市	**64**	**28**	**41**	**159**	**138**	**5028**	**9411**	**620**
市　区	10	6	22	66	33	1095	1536	1008
椒江区	1		8	33	5	275	274	1858
黄岩区	5	6	8	23	13	533	988	604
路桥区	4		6	10	15	287	274	1617
玉 环 县	5	3	3	28	11	276	378	1110
三 门 县	10	4		5	4	511	1072	400
天 台 县	7	5	3	9	4	597	1426	408
仙 居 县	7	10	3	9		723	1992	249
温 岭 市	11		5	14	83	832	836	1427
临 海 市	14		5	28	3	994	2171	536

1－3　部分县市区平均气温

（2010 年）

单位：摄氏度

地　区	1 月	2 月	3 月	4 月	5 月	6 月	7 月	8 月	9 月	10 月	11 月	12 月	年平均
椒江区	7.9	9.3	11.2	14.2	20.6	23.5	28.7	30.0	26.7	19.8	14.9	9.5	18.0
玉环县	8.2	8.8	10.6	13.2	19.3	22.3	26.7	28.4	26.4	19.8	15.2	10.8	17.5
三门县	6.8	8.6	10.5	13.7	20.2	23.1	27.9	29.3	25.6	18.6	13.5	8.5	17.2
天台县	6.5	8.6	10.8	14.1	21.0	23.4	28.3	29.4	25.4	18.0	12.5	7.5	17.1
仙居县	7.0	9.7	11.6	14.7	21.2	23.4	28.2	29.6	25.7	18.6	13.4	8.4	17.6
温岭市	8.0	9.3	11.2	13.9	20.2	23.0	28.5	29.6	26.4	19.3	14.5	9.6	17.8
临海市	7.6	9.8	11.5	14.8	21.3	23.9	28.3	29.3	25.8	18.9	13.5	8.4	17.8

1-4 部分县市区日照时数

（2010年）

单位：小时

地　区	1月	2月	3月	4月	5月	6月	7月	8月	9月	10月	11月	12月	全年
椒江区	89.4	81.9	121.5	120.0	133.8	70.2	195.3	273.5	189.6	119.7	133.4	178.7	1707.0
玉环县	97.3	70.9	109.1	88.3	102.2	61.9	190.6	291.0	182.2	117.6	137.0	175.8	1623.9
三门县	105.7	87.0	127.1	114.1	149.6	81.8	160.0	246.6	143.1	95.8	107.2	168.7	1586.7
天台县	92.5	84.4	129.0	113.1	147.6	87.7	168.2	257.6	163.3	98.6	134.2	175.3	1651.5
仙居县	85.0	90.7	120.9	113.6	134.4	82.2	175.7	267.9	160.6	104.3	121.8	178.3	1635.4
温岭市	97.0	84.9	125.9	103.7	121.3	48.9	188.6	262.6	144.2	89.6	129.7	172.9	1569.3
临海市	80.0	77.0	111.5	94.5	112.1	59.3	148.9	235.1	146.5	96.0	132.3	172.8	1466.0

1-5 部分县市区降水量

（2010年）

单位：毫米

地　区	1月	2月	3月	4月	5月	6月	7月	8月	9月	10月	11月	12月	全年
椒江区	65.7	159.9	203.0	151.7	222.7	351.5	474.1	141.9	150.4	54.6	56.7	102.4	2134.6
玉环县	65.4	131.4	156.3	213.6	346.8	212.1	285.0	85.2	89.2	45.8	40.8	72.3	1743.9
三门县	40.8	180.9	198.3	201.9	266.1	246.6	373.3	140.7	293.4	166.4	63.1	70.7	2242.2
天台县	35.9	151.3	209.5	209.8	279.2	212.6	184.5	110.8	267.0	117.8	43.5	51.4	1873.3
仙居县	44.6	184.7	224.9	199.9	209.9	317.3	233.0	154.6	174.8	74.7	50.9	88.8	1958.1
温岭市	70.8	194.6	193.5	202.4	313.8	278.0	632.6	160.9	122.9	131.0	82.1	100.5	2483.1
临海市	46.2	158.5	213.3	180.3	230.2	340.2	417.7	278.9	309.3	98.2	57.4	73.8	2404.0

1-6 主要年份国民经济和社会发展主要指标

指标		1978年	1990年	1994年	1995年	2000年	2005年	2010年
年末总人口	（万人）	452.71	515.49	526.31	529.56	546.62	559.85	583.14
年末从业人员数	（万人）	176.88	307.23	330.65	341.04	340.48	368.67	367.56
在岗职工人数	（万人）	22.90	33.49	33.64	34.18	32.56	39.13	64.81
其中:国有单位职工	（万人）	12.06	17.90	19.32	20.34	17.99	15.43	16.65
城镇集体单位职工	（万人）	10.84	15.41	13.24	12.57	7.40	3.21	2.66
生产总值(当年价)	（亿元）	10.13	78.91	270.08	380.84	613.31	1249.41	2426.45
指数(1978年=100)	（%）	100.00	450.40	1053.29	1311.55	2236.03	4258.29	7464.25
第一产业增加值	（亿元）	4.74	23.89	63.82	83.09	84.60	102.64	160.42
指数(1978年=100)	（%）	100.00	154.50	218.27	253.63	286.80	309.71	352.81
第二产业增加值	（亿元）	3.03	31.90	130.91	187.49	322.38	658.88	1254.33
指数(1978年=100)	（%）	100.00	920.41	2819.88	3612.51	6783.60	13284.30	23807.95
其中:工业增加值	（亿元）	2.52	27.90	117.05	164.80	292.99	599.96	1135.75
指数(1978年=100)	（%）	100.00	1122.28	3594.97	4523.76	8783.95	17423.14	31602.99
第三产业增加值	（亿元）	2.36	23.12	75.36	110.26	206.33	487.89	1011.70
指数(1978年=100)	（%）	100.00	523.08	1200.22	1478.65	2540.43	5482.87	10027.59
人均生产总值(当年价)	（元）	225	1534	5146	7214	11257	22395	41777
指数(1978年=100)	（%）	100.00	393.97	902.77	1117.60	1846.39	3433.76	5781.42

注：本表生产总值、各产业增加值、人均生产总值均按当年价格计算。

1－6 续表 1

指　　标		1978 年	1990 年	1994 年	1995 年	2000 年	2005 年	2010 年
全社会客运周转量	（亿人公里）	4.38	24.82	33.99	37.65	60.92	49.77	97.71
公　路	（亿人公里）	3.20	23.67	33.06	36.72	60.52	49.65	90.58
水　运	（亿人公里）	1.18	1.15	0.93	0.93	0.40	0.12	0.23
全社会货运周转量	（亿吨公里）	5.26	27.75	59.20	66.21	126.51	439.20	1110.64
公　路	（亿吨公里）	0.34	6.84	20.14	26.02	36.74	32.19	141.98
水　运	（亿吨公里）	4.92	20.91	39.06	40.19	89.78	407.01	968.66
全社会固定资产投资总额	（亿元）	1.14	14.48	77.78	124.36	179.73	537.62	950.24
财政总收入	（亿元）	1.19	6.59	16.89	20.31	53.18	147.45	310.62
地方财政收入	（亿元）			8.65	10.46	26.15	72.33	164.88
地方财政支出	（亿元）	0.99	4.99	12.20	14.49	33.19	88.09	222.76
金融机构年末人民币存款余额	（亿元）	1.64	31.26	106.19	139.99	528.96	1369.44	3562.80
其中:城乡居民储蓄存款余额	（亿元）	0.44	15.36	54.64	72.76	289.62	711.76	1725.08
金融机构年末人民币贷款余额	（亿元）	3.46	30.79	83.81	105.21	330.43	1044.55	3055.82
社会消费品零售总额	（亿元）	4.92	37.15	100.44	143.19	218.08	441.25	960.45
自营出口总额	（亿美元）		0.10	2.03	2.78	8.69	51.96	139.63
商品零售价格指数(以1978年为100)	（%）	100.0	236.0	405.1	467.1	472.2	472.0	559.8
居民消费价格指数(以1978年为100)	（%）	100.0	243.6	427.2	501.1	548.1	581.2	678.8
城镇居民人均可支配收入	（元）	311	1619	5036	6588	8861	17394	27212
农村居民人均纯收入	（元）	120	918	2256	3253	4296	6689	11307

1－6 续表2

指　　标		1978 年	1990 年	1994 年	1995 年	2000 年	2005 年	2010 年
普通高校在校学生数	（人）	413	962	1794	1692	4125	18069	29749
普通高校专任教师数	（人）	79	133	167	169	381	1145	1579
成人高等学校在校学生数	（人）		1962	1546	1543	4802	16332	22323
普通中专在校学生数	（人）	1893	3739	6775	8983	7848	6063	4384
普通中专专任教师数	（人）	179	438	410	424	461	112	155
普通中学在校学生数	（万人）	22.58	20.01	22.21	25.04	33.41	28.40	28.68
普通中学专任教师数	（人）	10250	9751	11250	12178	17663	18994	20157
小学在校学生数	（万人）	64.96	46.03	49.75	48.69	37.05	38.75	43.05
小学专任教师数	（人）	21860	17010	17952	18123	18809	18782	20510
幼儿园在园儿童数	（万人）	0.85	7.19	8.48	8.30	9.79	17.22	25.98
卫生机构数	（个）	618	730	698	709	645	1285	1380
其中:医院、卫生院	（个）	417	351	393	402	340	237	220
卫生技术人员	（人）	6998	11011	12406	12027	14841	20806	26765
其中:医　生	（人）	2743	4512	4950	5357	6479	8577	11521
床位数	（张）	4788	7030	7861	8015	9559	12634	16528
其中:医院、卫生院	（张）	4723	6902	7695	7854	9459	12367	16088

1－7 主要年份国民经济和社会主要指标发展情况

指　　标	2010 年为下列年份%					平均每年增长%			
	1978 年	1990 年	1994 年	2000 年	2009 年	1979－2010年	1991－2010年	1995－2010年	2001－2010年
年末总人口	128.8	113.1	110.8	106.7	100.8	0.8	0.6	0.6	0.6
年末从业人员数	207.8	119.6	111.2	108.0	97.1	2.3	0.9	0.7	0.8
在岗职工人数	283.0	193.5	192.7	199.0	108.5	3.3	3.4	4.2	7.1
其中:国有单位职工	138.1	93.0	86.2	92.6	100.5	1.0	－0.4	－0.9	－0.8
城镇集体单位职工	24.5	17.3	20.1	35.9	102.7	－4.3	－8.4	－9.5	－9.7
生产总值	7464.3	1657.3	708.7	333.8	113.2	14.4	15.1	13.0	12.8
第一产业增加值	352.8	228.4	161.6	123.0	104.3	4.0	4.2	3.0	2.1
第二产业增加值	23808.0	2586.7	844.3	351.0	114.5	18.7	17.7	14.3	13.4
其中:工业增加值	31603.0	2816.0	879.1	359.8	115.1	19.7	18.2	14.6	13.7
第三产业增加值	10027.6	1917.0	835.5	394.7	112.9	15.5	15.9	14.2	14.7
人均生产总值	5781.4	1467.5	640.4	313.1	112.4	13.5	14.4	12.3	12.1
全社会客运周转量	2230.8	393.7	287.5	160.4	108.9	10.2	7.1	6.8	4.8
公　路	2830.6	382.7	274.0	149.7	102.3	11.0	6.9	6.5	4.1
水　运	19.5	20.0	24.7	57.5	153.3	－5.0	－7.7	－8.4	－5.4
全社会货运周转量	21114.8	4002.3	1876.1	877.9	138.0	18.2	20.3	20.1	24.3
公　路	41758.8	2075.7	705.0	386.4	108.0	20.8	16.4	13.0	14.5
水　运	19688.2	4632.5	2479.9	1078.9	143.9	17.9	21.1	22.2	26.9

注：本表生产总值、各产业增加值、人均生产总值发展速度按可比价格计算。

1-7 续表 1

指标	2010年为下列年份%					平均每年增长%			
	1978年	1990年	1994年	2000年	2009年	1979－2010年	1991－2010年	1995－2010年	2001－2010年
全社会固定资产投资总额	83354.4	6562.4	1221.7	528.7	113.9	24.8	25.6	17.8	20.5
财政总收入	26102.5	4713.5	1839.1	584.1	118.0	19.0	21.2	20.0	19.3
地方财政收入			1906.1	630.5	121.2			20.2	20.2
地方财政支出	22501.0	4464.1	1825.9	671.2	126.6	18.4	20.9	19.9	21.0
金融机构年末人民币存款余额	217243.9	11397.3	3355.1	673.5	122.2	27.1	26.7	24.6	21.0
其中:城乡居民储蓄存款余额	392063.6	11231.0	3157.2	595.6	119.5	29.5	26.6	24.1	19.5
金融机构年末人民币贷款余额	88318.5	9924.7	3646.1	924.8	126.1	23.6	25.8	25.2	24.9
社会消费品零售总额	19521.3	2585.3	956.2	440.4	118.0	17.9	17.7	15.2	16.0
自营出口总额		139630.0	6878.3	1606.8	138.7		43.6	30.3	32.0
商品零售价格指数	543.5	230.3	134.2	115.1	104.7	5.4	4.3	1.9	1.4
居民消费价格指数	663.3	272.3	155.3	121.0	104.6	6.1	5.1	2.8	1.9
城镇居民人均可支配收入	1319.1	617.3	348.0	253.8	106.5	8.4	9.5	8.1	9.8
农村居民人均纯收入	1420.5	452.3	322.8	217.5	108.0	8.6	7.8	7.6	8.1

注：1. 本表固定资产投资发展速度按累计法计算；

2. 城镇居民人均可支配收入、农村居民人均纯收入发展速度均已扣除价格上涨因素。

1-7 续表2

指标	2010 年为下列年份%					平均每年增长%			
	1978 年	1990 年	1994 年	2000 年	2009 年	1979－2010年	1991－2010年	1995－2010年	2001－2010年
普通高校在校学生数	7203.1	3092.4	1658.2	721.2	102.0	14.3	18.7	19.2	21.8
普通高校专任教师数	1998.7	1187.2	945.5	414.4	103.9	9.8	13.2	15.1	15.3
成人高等学校在校学生数		1137.8	1443.9	464.9	92.0		12.9	18.2	16.6
普通中专在校学生数	231.6	117.3	64.7	55.9	137.0	2.7	0.8	-2.7	-5.7
普通中专专任教师数	86.6	35.4	37.8	33.6	129.2	-0.4	-5.1	-5.9	-10.3
普通中学在校学生数	127.0	143.3	129.1	85.8	99.2	0.8	1.8	1.6	-1.5
普通中学专任教师数	196.7	206.7	179.2	114.1	100.8	2.1	3.7	3.7	1.3
小学在校学生数	66.3	93.5	86.5	116.2	104.8	-1.3	-0.3	-0.9	1.5
小学专任教师数	93.8	120.6	114.2	109.0	100.9	-0.2	0.9	0.8	0.9
幼儿园在园儿童数	3056.5	361.3	306.4	265.4	108.3	11.3	6.6	7.2	10.3
卫生机构数	223.3	189.0	197.7	214.0	99.0	2.5	3.2	4.4	7.9
其中:医院、卫生院	52.8	62.7	56.0	64.7	92.1	-2.0	-2.3	-3.6	-4.3
卫生技术人员	382.5	243.1	215.7	180.3	103.7	4.3	4.5	4.9	6.1
其中:医　生	420.0	255.3	232.7	177.8	102.5	4.6	4.8	5.4	5.9
卫生机构床位数	345.2	235.1	210.3	172.9	106.2	3.9	4.4	4.8	5.6
其中:医院、卫生院	340.6	233.1	209.1	170.1	106.1	3.9	4.3	4.7	5.5

1－8 按登记注册类型分法人单位和产业活动单位数

（2010 年）

单位：个

地　　区	法　人 单位数	单产业 法　人	多产业 法　人	产业活动 单 位 数
总　　计	**67761**	**66206**	**1555**	**74012**
按登记注册类型分组				
内资	**66937**	**65404**	**1533**	**72939**
国　有	4358	3952	406	6269
集　体	1371	1291	80	1680
股份合作	2056	2028	28	2432
联　营	25	23	2	28
国有联营	3	3		5
集体联营	12	11	1	11
国有与集体联营	2	2		2
其他联营	8	7	1	10
有限责任公司	9199	8866	333	10313
国有独资公司	234	211	23	325
其他有限责任公司	8965	8655	310	9988
股份有限公司	416	353	63	1315
私营	37879	37287	592	38849
私营独资	12174	12041	133	12379
私营合伙	4535	4481	54	4587
私营有限责任公司	20683	20289	394	21371
私营股份有限公司	487	476	11	512
其他内资	11633	11604	29	12053
港澳台商投资	**389**	**378**	**11**	**572**
与港澳台商合资经营	265	258	7	284
与港澳台商合作经营	10	10		12
港澳台商独资	113	109	4	275
港澳台商投资股份有限公司	1	1		1
外商投资	**435**	**424**	**11**	**501**
中外合资经营	326	321	5	366
中外合作经营	10	9	1	11
外资企业	87	84	3	105
外商投资股份有限公司	12	10	2	19

1－9 按机构类型和行业分法人单位和产业活动单位数

（2010 年）

单位:个

地　　区	法　人单位数	单产业法　人	多产业法　人	产业活动单位数
总　　计	**67761**	**66206**	**1555**	**74012**
按机构类型分组				
企　业	52160	51023	1137	56338
事业单位	3078	2821	257	4383
机　关	796	677	119	1082
社会团体	1228	1211	17	1264
民办非企业单位	1149	1142	7	1142
基金会	4	4		4
居委会	271	269	2	271
村委会	5003	4994	9	5003
其他组织机构	4072	4065	7	4525
按国民经济行业分组				
农、林、牧、渔业	**4116**	**4103**	**13**	**4154**
农　业	2551	2544	7	2553
林　业	108	107	1	112
畜牧业	703	700	3	704
渔　业	573	571	2	574
农、林、牧、渔服务业	181	181		211
采矿业	**118**	**117**	**1**	**125**
有色金属矿采选业	4	4		4
非金属矿采选业	113	112	1	120
其他采矿业	1	1		1

1－9 续表 1

单位:个

地　　区	法　人 单位数	单产业 法　人	多产业 法　人	产业活动 单 位 数
制　造　业	**32232**	**31871**	**361**	**32511**
农副食品加工业	520	513	7	536
食品制造业	129	125	4	129
饮料制造业	180	172	8	185
纺织业	874	829	45	884
纺织服装、鞋、帽制造业	617	616	1	619
皮革、毛皮、羽毛(绒)及其制品业	1206	1200	6	1212
木材加工及木、竹、藤、棕、草制品业	237	234	3	241
家具制造业	383	376	7	386
造纸及纸制品业	918	914	4	920
印刷业和记录媒介的复制	586	579	7	591
文教体育用品制造业	219	218	1	220
石油加工、炼焦及核燃料加工业	12	12		12
化学原料及化学制品制造业	560	550	10	563
医药制造业	193	186	7	195
化学纤维制造业	9	8	1	8
橡胶制品业	1019	1010	9	1025
塑料制品业	3424	3402	22	3451
非金属矿物制品业	790	785	5	793
黑色金属冶炼及压延加工业	103	99	4	106
有色金属冶炼及压延加工业	280	275	5	282
金属制品业	1741	1712	29	1761
通用设备制造业	5728	5689	39	5761
专用设备制造业	2410	2393	17	2429
交通运输设备制造业	4014	3966	48	4062
电气机械及器材制造业	2332	2292	40	2368
通信设备、计算机及其他电子设备制造业	246	240	6	246
仪器仪表及文化、办公用机械制造业	857	854	3	857
工艺品及其他制造业	2394	2372	22	2417
废弃资源和废旧材料回收加工业	251	250	1	252

1－9 续表2

单位：个

地　区	法　人单位数	单产业法　人	多产业法　人	产业活动单位数
电力、燃气及水的生产和供应业	**450**	**428**	**22**	**563**
电力、热力的生产和供应业	269	254	15	364
燃气生产和供应业	11	10	1	16
水的生产和供应业	170	164	6	183
建筑业	**1168**	**1088**	**80**	**1245**
房屋和土木工程建筑业	515	456	59	563
建筑安装业	186	174	12	201
建筑装饰业	358	352	6	369
其他建筑业	109	106	3	112
交通运输、仓储和邮政业	**1119**	**1062**	**57**	**1384**
道路运输业	438	411	27	518
城市公共交通业	51	49	2	53
水上运输业	125	121	4	128
航空运输业	1	1		2
装卸搬运和其他运输服务业	417	397	20	473
仓储业	32	31	1	37
邮政业	55	52	3	173
信息传输、计算机服务和软件业	**947**	**935**	**12**	**1338**
电信和其他信息传输服务业	54	45	9	421
计算机服务业	790	789	1	810
软件业	103	101	2	107
批发和零售业	**8854**	**8539**	**315**	**10305**
批发业	5889	5773	116	6342
零售业	2965	2766	199	3963

1－9 续表 3

单位：个

地　　区	法　人 单位数	单产业 法　人	多产业 法　人	产业活动 单 位 数
住宿和餐饮业	**507**	**404**	**103**	**685**
住宿业	297	231	66	357
餐饮业	210	173	37	328
金融业	**210**	**146**	**64**	**1406**
银行业	29	7	22	800
证券业				27
保险业	45	14	31	310
其他金融活动	136	125	11	269
房地产业	**1010**	**972**	**38**	**1104**
房地产业	1010	972	38	1104
租赁和商务服务业	**3271**	**3222**	**49**	**3470**
租赁业	177	176	1	182
商务服务业	3094	3046	48	3288
科学研究、技术服务和地质勘查业	**798**	**777**	**21**	**971**
研究与试验发展	63	63		67
专业技术服务业	529	514	15	582
科技交流和推广服务业	202	196	6	313
地质勘查业	4	4		9
水利、环境和公共设施管理业	**367**	**356**	**11**	**384**
水利管理业	94	90	4	102
环境管理业	77	76	1	78
公共设施管理业	196	190	6	204

1－9 续表 4

单位：个

地　　区	法　人 单位数	单产业 法　人	多产业 法　人	产业活动 单 位 数
居民服务和其他服务业	**495**	**482**	**13**	**545**
居民服务业	255	243	12	294
其他服务业	240	239	1	251
教　育	**1326**	**1194**	**132**	**1811**
教　育	1326	1194	132	1811
卫生、社会保障和社会福利业	**984**	**905**	**79**	**1241**
卫生	814	737	77	1055
社会保障业	20	20		22
社会福利业	150	148	2	164
文化、体育和娱乐业	**436**	**420**	**16**	**480**
新闻出版业	14	13	1	17
广播、电视、电影和音像业	30	21	9	39
文化艺术业	155	153	2	166
体　育	80	80		80
娱乐业	157	153	4	178
公共管理和社会组织	**9353**	**9185**	**168**	**10290**
中国共产党机关	158	157	1	158
国家机构	1839	1702	137	2385
人民政协和民主党派	37	37		37
群众团体、社会团体和宗教组织	2045	2026	19	2436
基层群众自治组织	5274	5263	11	5274

1-10 主要年份生产总值

单位:亿元

年份	生产总值	第一产业	第二产业	工业	建筑业	第三产业	人均生产总值(元)	
							人民币	美元
1949	1.32	1.00	0.08	0.08		0.24	55	24
1952	1.89	1.35	0.18	0.17	0.01	0.36	75	29
1957	2.74	1.67	0.45	0.40	0.05	0.62	99	40
1962	3.50	1.98	0.61	0.53	0.08	0.91	116	47
1965	4.23	2.56	0.64	0.54	0.10	1.03	126	51
1970	5.45	3.22	0.97	0.81	0.16	1.26	141	57
1975	6.65	3.53	1.74	1.49	0.25	1.38	154	78
1978	10.13	4.74	3.03	2.52	0.51	2.36	225	143
1980	14.28	6.18	4.88	4.19	0.69	3.22	311	203
1985	33.78	13.44	12.76	11.31	1.45	7.58	693	236
1990	78.91	23.89	31.90	27.90	4.00	23.12	1534	321
1991	100.53	29.99	38.46	33.30	5.16	32.08	1945	365
1992	126.19	33.38	52.10	45.42	6.68	40.72	2430	441
1993	177.84	41.51	85.01	74.81	10.20	51.32	3407	591
1994	270.08	63.82	130.91	117.05	13.86	75.36	5146	597
1995	380.84	83.09	187.49	164.80	22.69	110.26	7214	864
1996	445.79	90.80	222.63	200.15	22.47	132.36	8391	1009
1997	466.97	84.10	235.09	214.56	20.53	147.78	8737	1054
1998	505.42	87.45	256.44	233.06	23.38	161.53	9399	1135
1999	550.62	88.41	282.67	257.13	25.54	179.54	10173	1229
2000	613.31	84.60	322.38	292.99	29.40	206.33	11257	1360
2001	680.80	86.96	355.33	323.00	32.33	238.51	12433	1502
2002	782.85	89.17	403.27	367.47	35.80	290.42	14247	1721
2003	908.87	90.72	472.96	427.25	45.72	345.19	16479	1991
2004	1076.48	94.24	560.29	504.04	56.24	421.95	19422	2347
2005	1249.41	102.64	658.88	599.96	58.92	487.89	22395	2734
2006	1458.48	105.97	783.80	710.92	72.88	568.71	25940	3254
2007	1715.10	113.47	930.35	847.53	82.82	671.28	30247	3977
2008	1946.23	122.95	1041.87	950.02	91.85	781.41	34041	4901
2009	2040.45	132.22	1057.73	957.34	100.39	850.50	35408	5183
2010	2426.45	160.42	1254.33	1135.75	118.58	1011.70	41777	6172

注：本表按当年价格计算;人均生产总值按户籍计算,下同。

1－11 第三产业分行业增加值(一)

(1992－2010年)

单位:亿元

年份	交通运输仓储及邮政业	批发和零售业	住宿和餐饮业	金融业	房地产业
1992	9.61	13.37	1.82	3.26	3.74
1993	10.97	18.22	2.24	4.44	5.18
1994	15.28	27.62	3.80	5.94	7.07
1995	20.63	40.11	6.69	10.18	9.40
1996	22.10	48.77	7.76	11.16	11.21
1997	24.30	52.04	8.33	8.87	14.08
1998	26.79	53.75	8.26	10.75	13.62
1999	28.89	57.95	8.83	11.10	16.90
2000	31.80	64.92	9.99	11.97	20.47
2001	33.76	71.72	11.02	15.97	25.15
2002	38.46	85.07	13.59	22.84	30.80
2003	43.03	98.48	16.18	28.55	40.82
2004	48.18	115.83	20.11	32.77	52.97
2005	54.25	127.99	23.76	49.51	57.87
2006	65.66	145.10	26.59	65.74	67.77
2007	73.79	169.14	31.57	89.72	80.63
2008	83.86	193.57	37.57	117.71	99.74
2009	81.18	219.07	41.08	138.75	104.77
2010	93.82	256.58	49.18	176.96	139.35

注：本表按当年价格计算，下同。

1-12 第三产业分行业增加值(二)

(1992-2010年)

单位:亿元

年　　份	其　他 服务业	信息传输、 计算机服务 和软件业	租赁和商 务服务业	科学研究、 技术服务和 地质勘查业	水利、环境 和公共设 施管理业
1992	8.91				
1993	10.28				
1994	15.64				
1995	23.25				
1996	31.36				
1997	40.16				
1998	48.36				
1999	55.88				
2000	67.18				
2001	80.89				
2002	99.67				
2003	118.13				
2004	152.09	25.77	14.25	5.65	3.26
2005	174.53	30.23	16.39	6.48	3.64
2006	197.85	35.86	19.20	6.96	4.07
2007	226.42	43.39	20.73	7.97	4.46
2008	248.96	42.33	22.30	7.93	4.63
2009	265.66	41.06	21.92	8.77	5.50
2010	295.80	41.43	25.72	9.67	5.86

1－13 第三产业分行业增加值(三)

(1992－2010年)

单位:亿元

年份	居民服务和其他服务业	教育	卫生、社会保障和社会福利业	文化、体育和娱乐业	公共管理和社会组织
1992					
1993					
1994					
1995					
1996					
1997					
1998					
1999					
2000					
2001					
2002					
2003					
2004	14.03	30.54	18.49	5.08	35.02
2005	16.77	34.27	21.07	5.65	40.03
2006	18.66	37.61	23.22	6.68	45.59
2007	21.51	41.85	25.62	7.78	53.10
2008	25.28	44.92	25.81	11.86	63.90
2009	25.72	55.68	27.80	10.87	68.34
2010	29.30	64.38	30.08	14.08	75.28

1-14 主要年份生产总值构成

单位:%

年份	生产总值	第一产业	第二产业	工业	建筑业	第三产业
1949	100.00	75.69	6.12	5.88	0.24	18.19
1952	100.00	71.65	9.46	8.76	0.70	18.89
1957	100.00	61.03	16.32	14.40	1.92	22.65
1962	100.00	56.63	17.32	15.16	2.16	26.05
1965	100.00	60.63	15.11	12.72	2.39	24.26
1970	100.00	59.00	17.77	14.89	2.88	23.23
1975	100.00	53.08	26.22	22.42	3.80	20.70
1978	100.00	46.79	29.91	24.88	5.04	23.30
1980	100.00	43.28	34.15	29.34	4.81	22.57
1985	100.00	39.79	37.78	33.48	4.30	22.43
1990	100.00	30.27	40.43	35.36	5.07	29.30
1991	100.00	29.83	38.26	33.12	5.13	31.91
1992	100.00	26.45	41.28	35.99	5.29	32.27
1993	100.00	23.34	47.80	42.07	5.74	28.86
1994	100.00	23.63	48.47	43.34	5.13	27.90
1995	100.00	21.82	49.23	43.27	5.96	28.95
1996	100.00	20.37	49.94	44.90	5.04	29.69
1997	100.00	18.01	50.34	45.95	4.40	31.65
1998	100.00	17.30	50.74	46.11	4.63	31.96
1999	100.00	16.06	51.34	46.70	4.64	32.61
2000	100.00	13.79	52.56	47.77	4.79	33.64
2001	100.00	12.77	52.19	47.44	4.75	35.03
2002	100.00	11.39	51.51	46.94	4.57	37.10
2003	100.00	9.98	52.04	47.01	5.03	37.98
2004	100.00	8.75	52.05	46.82	5.22	39.20
2005	100.00	8.21	52.74	48.02	4.72	39.05
2006	100.00	7.27	53.74	48.74	5.00	38.99
2007	100.00	6.62	54.24	49.42	4.83	39.14
2008	100.00	6.32	53.53	48.81	4.72	40.15
2009	100.00	6.48	51.84	46.92	4.92	41.68
2010	100.00	6.61	51.70	46.81	4.89	41.69

注：本表按当年价格计算。

1-15 主要年份生产总值指数

（以1952年为100）

年份	生产总值	第一产业	第二产业			第三产业	人均生产总值
				工业	建筑业		
1949	72.50	75.91	51.60	53.58	26.68	62.21	75.41
1952	100.00	100.00	100.00	100.00	100.00	100.00	100.00
1957	141.90	136.40	189.30	175.70	300.70	149.90	127.00
1962	137.40	121.80	235.10	220.90	350.00	184.00	113.10
1965	183.60	168.30	267.50	247.40	569.60	237.30	136.90
1970	223.60	196.30	405.70	395.10	852.70	297.40	144.30
1975	266.60	196.10	797.40	780.90	1383.10	420.50	154.10
1978	385.00	251.30	1355.90	1201.80	3209.50	698.90	213.10
1980	485.74	250.83	2138.36	2131.84	2477.63	909.90	263.13
1985	938.24	395.39	5196.46	5423.19	4301.49	1690.97	479.24
1990	1734.03	388.25	12479.88	13487.54	7047.70	3655.80	839.54
1991	2132.37	440.13	15278.83	16381.73	9104.38	4886.04	1027.18
1992	2589.58	450.35	20590.12	22222.17	11738.60	5929.74	1241.40
1993	3198.93	469.49	28848.23	32247.29	12396.12	6790.19	1526.04
1994	4055.17	548.52	38234.75	43204.29	14738.26	8388.36	1923.81
1995	5049.45	637.38	48982.03	54366.52	22456.22	10334.27	2381.60
1996	5804.89	670.52	58633.16	66430.67	21957.77	11546.66	2720.72
1997	6115.46	643.70	62764.87	72029.13	20165.19	12372.30	2849.07
1998	6840.38	700.99	70987.98	81266.57	23533.25	13707.40	3167.44
1999	7678.87	733.94	80762.04	92663.22	26018.39	15469.57	3532.71
2000	8608.71	720.73	91978.84	105565.50	29513.46	17755.06	3934.65
2001	9671.73	748.12	102340.98	117732.41	32074.59	20870.06	4398.14
2002	11016.46	767.28	117107.66	135306.91	35066.95	24466.77	4992.15
2003	12655.74	774.35	136435.49	157158.42	42191.93	28615.63	5713.72
2004	14413.76	775.11	155639.57	179416.08	47749.78	33593.52	6475.37
2005	16394.42	778.30	180121.79	209391.28	50376.51	38319.80	7317.34
2006	18721.94	800.59	207904.65	240189.90	61818.87	44038.53	8291.23
2007	21425.66	813.58	241617.55	281309.97	66522.30	50401.48	9408.78
2008	23383.96	832.73	261480.05	306933.56	65870.90	56218.23	10184.40
2009	25376.18	849.90	281984.90	330042.26	73389.57	62073.92	10965.00
2010	28737.38	886.61	322812.05	379804.70	79171.22	70082.80	12320.21

注：本表按可比价格计算。

1－16 第三产业分行业增加值指数(一)

（1992－2010年，以2004年为100）

年份	交通运输仓储及邮政业	批发和零售业	住宿和餐饮业	金融业	房地产业	其他服务业	信息传输、计算机服务和软件业
1992	37.36	18.83	21.11	17.54	16.63	10.44	
1993	36.68	23.27	20.29	20.34	20.56	12.37	
1994	47.48	28.12	26.47	22.95	23.93	15.86	
1995	52.85	35.71	39.25	33.75	24.91	19.82	
1996	54.36	40.94	41.91	34.97	25.84	24.09	
1997	57.71	43.38	44.31	27.69	32.34	27.27	
1998	61.57	45.46	45.88	34.10	32.32	33.59	
1999	64.65	50.08	50.55	36.05	40.82	39.84	
2000	68.60	56.55	57.27	39.27	49.18	48.09	
2001	71.88	64.58	63.82	54.23	59.88	59.05	
2002	81.19	75.29	77.01	73.47	68.86	68.56	
2003	90.69	87.43	88.95	91.39	84.24	79.96	
2004	100.00	100.00	100.00	100.00	100.00	100.00	100.00
2005	110.04	109.51	116.35	148.84	108.24	113.02	117.30
2006	127.69	123.17	129.22	195.10	125.83	126.44	139.02
2007	140.30	138.37	144.60	253.61	142.24	143.06	166.95
2008	152.06	148.96	158.36	310.67	159.22	159.25	182.38
2009	149.25	170.64	169.10	375.12	172.99	171.96	182.16
2010	166.61	192.35	197.38	458.93	194.77	186.68	183.43

1-17 第三产业分行业增加值指数(二)

(1992-2010年,以2004年为100)

年份	租赁和商务服务业	科学研究、技术服务和地质勘查业	水利、环境和公共设施管理业	居民服务和其他服务业	教育	卫生、社会保障和社会福利业	文化、体育和娱乐业	公共管理和社会组织
1992								
1993								
1994								
1995								
1996								
1997								
1998								
1999								
2000								
2001								
2002								
2003								
2004	100.00	100.00	100.00	100.00	100.00	100.00	100.00	100.00
2005	112.29	112.00	109.17	116.73	109.58	113.03	108.63	112.84
2006	128.85	117.93	120.60	127.87	119.09	122.48	128.37	125.87
2007	137.23	133.25	127.04	145.32	136.81	132.40	147.01	140.72
2008	148.79	133.65	125.36	172.19	151.65	130.67	222.05	161.29
2009	151.24	152.84	154.22	181.16	186.24	137.74	201.17	175.13
2010	172.50	163.66	159.69	200.51	213.36	140.50	257.41	185.84

1-18 市 区 生 产 总 值

（1978－2010 年）

单位:万元

年 份	市 区	椒江区	黄岩区	路桥区
1978	32548	11798	12199	8551
1979	41787	16112	14963	10712
1980	47228	19456	16261	11512
1981	50843	22082	16567	12194
1982	59039	25289	19328	14422
1983	70505	31523	22186	16796
1984	92014	41982	28500	21531
1985	123012	49694	41634	31685
1986	134558	52163	46940	35455
1987	158033	58958	56567	42508
1988	204461	72331	75302	56828
1989	233516	76817	86557	70142
1990	251971	85480	89308	77183
1991	320142	106932	117033	96178
1992	416663	135425	155083	126155
1993	566571	175524	215144	175903
1994	889076	277480	344506	267090
1995	1219390	420112	394322	404956
1996	1469187	512340	475342	481505
1997	1664627	589163	506782	568682
1998	1846313	665377	539013	641923
1999	2057792	750645	584676	722471
2000	2315012	852007	646569	816436
2001	2559125	946555	704133	908437
2002	2938954	1081028	805272	1052654
2003	3409949	1272132	907349	1230468
2004	4046993	1517137	1057407	1472449
2005	4676246	1729918	1237310	1709018
2006	5440355	1998309	1459654	1982392
2007	6299807	2290122	1715834	2293850
2008	7102018	2502935	1992212	2606871
2009	7293472	2608239	2004147	2681087
2010	8527744	3065348	2311456	3150941

1-19 各县市生产总值

（1978-2010年）

单位:万元

年份	玉环县	三门县	天台县	仙居县	温岭市	临海市
1978	7910	7466	8526	8901	20355	18886
1979	9061	8347	9560	9579	26328	24162
1980	12849	9655	11307	10892	27552	27380
1981	15011	9795	12861	12833	32439	30403
1982	14439	11963	14452	14467	38050	35603
1983	15277	12577	15471	16195	42138	37204
1984	18665	15913	18594	18333	51657	45454
1985	27674	22798	25189	22548	69826	57830
1986	30742	26531	27417	26008	84676	74650
1987	39272	30993	31353	32580	107129	86161
1988	58652	40983	44292	44266	139991	112371
1989	59058	45282	53997	50121	152507	136167
1990	73143	46863	58527	53103	161212	137622
1991	98558	57381	69247	59045	216933	157599
1992	128821	66757	79406	70313	278919	194374
1993	173184	83114	109834	96943	421251	267318
1994	283692	116881	157202	129603	657951	411952
1995	393645	150638	196314	158030	933228	573323
1996	479248	172491	211334	177662	1160182	656810
1997	525506	139490	208921	187289	1245195	554209
1998	577629	173035	222958	203712	1353736	605975
1999	656642	194092	250604	227802	1482229	675992
2000	745819	222107	292820	255474	1656554	769872
2001	828499	244602	326569	273822	1782466	875558
2002	964328	291671	374218	322357	1996711	1017712
2003	1110045	346115	437201	365210	2277769	1178192
2004	1275326	415165	532948	440053	2655088	1414105
2005	1491049	495020	621279	512406	3046852	1645667
2006	1808080	586951	721696	600620	3505331	1919255
2007	2255094	708585	837557	702939	4113559	2262489
2008	2557079	832095	961002	790216	4732891	2577347
2009	2447637	888825	1007104	839635	5020099	2769889
2010	3082176	1066243	1185778	1009546	5814595	3280140

1-20 市区生产总值指数

（1978-2010年，以1978年为100）

年　份	市　区	椒江区	黄岩区	路桥区
1978	100.00	100.00	100.00	100.00
1979	116.82	124.11	110.67	115.91
1980	126.21	143.02	116.29	118.21
1981	135.25	162.98	117.26	123.70
1982	152.34	182.87	130.00	143.28
1983	181.75	227.21	151.64	163.30
1984	228.64	291.88	187.19	202.07
1985	287.40	337.88	252.92	269.27
1986	310.30	354.33	279.57	296.03
1987	365.33	393.90	353.94	345.40
1988	405.60	390.97	436.50	385.73
1989	447.89	401.04	490.74	456.25
1990	471.14	410.82	517.19	493.99
1991	572.51	488.30	639.99	602.05
1992	739.31	647.89	815.33	766.68
1993	863.17	673.45	1004.42	947.66
1994	1075.82	885.85	1164.71	1215.51
1995	1316.58	1128.57	1285.71	1582.65
1996	1560.34	1370.54	1533.47	1820.95
1997	1781.99	1571.90	1663.65	2167.63
1998	2067.28	1863.53	1869.94	2527.81
1999	2384.35	2152.12	2127.98	2943.60
2000	2679.40	2415.56	2379.09	3325.16
2001	3005.48	2713.77	2664.58	3727.94
2002	3433.07	3067.81	3066.93	4280.24
2003	3931.25	3523.53	3474.84	4924.69
2004	4512.59	4052.82	3940.46	5691.03
2005	5127.84	4544.27	4527.22	6503.45
2006	5837.40	5133.94	5231.24	7379.39
2007	6592.53	5722.10	6008.18	8339.83
2008	7147.13	6019.19	6715.04	9098.88
2009	7622.98	6461.68	6978.96	9834.73
2010	8534.12	7257.56	7730.71	11061.84

1－21 各县市生产总值指数

（1978－2010年，以1978年为100）

年份	玉环县	三门县	天台县	仙居县	温岭市	临海市
1978	100.00	100.00	100.00	100.00	100.00	100.00
1979	126.22	109.16	99.37	104.71	124.77	128.12
1980	156.70	112.08	114.88	130.29	129.65	145.32
1981	178.39	124.24	127.81	135.43	155.75	157.93
1982	162.03	139.95	138.66	139.54	175.85	172.82
1983	168.43	151.44	144.48	156.17	200.37	177.68
1984	201.79	185.20	167.38	182.28	246.82	201.17
1985	259.63	224.86	203.28	201.99	293.19	227.77
1986	278.31	240.61	211.51	225.66	372.32	285.39
1987	332.22	262.38	218.85	269.38	477.20	321.62
1988	457.68	311.38	275.47	335.51	559.87	374.73
1989	463.27	330.02	306.88	362.95	669.45	442.75
1990	497.55	327.32	322.07	377.83	731.81	403.49
1991	572.50	401.45	361.63	411.72	925.60	446.59
1992	706.87	454.84	394.30	431.41	1150.67	537.66
1993	850.28	492.59	460.92	547.64	1682.98	657.87
1994	1130.88	557.12	543.24	626.95	2177.10	859.77
1995	1393.11	612.24	603.92	703.42	2670.24	969.79
1996	1683.78	610.71	621.85	766.81	3393.82	1087.64
1997	1906.02	498.39	614.14	819.32	3669.45	901.49
1998	2141.09	621.01	669.35	938.89	4162.68	1019.41
1999	2560.88	714.95	778.69	1078.83	4727.57	1169.65
2000	2957.20	803.31	908.08	1205.25	5301.42	1334.03
2001	3344.60	901.31	1018.70	1337.82	5787.66	1527.31
2002	3823.13	1044.62	1172.31	1530.47	6436.30	1755.55
2003	4373.48	1222.20	1343.35	1722.02	7270.97	2025.95
2004	4989.80	1411.65	1569.26	1969.42	8207.53	2350.66
2005	5692.81	1638.49	1783.36	2242.26	9215.75	2676.51
2006	6733.14	1909.60	2025.60	2579.93	10465.19	3056.89
2007	8196.35	2230.64	2280.14	2903.80	11947.56	3504.37
2008	8954.50	2493.97	2519.72	3143.76	13205.24	3854.15
2009	8824.67	2733.26	2718.65	3446.44	14533.91	4271.50
2010	10728.66	3105.73	3038.82	3925.33	16147.81	4846.98

1－22 市区第一产业增加值

（1978－2010年）

单位：万元

年份	市区	椒江区	黄岩区	路桥区
1978	12763	3051	5170	4542
1979	16518	4981	6457	5080
1980	17311	5578	6295	5438
1981	18352	6128	6615	5609
1982	21590	7166	7769	6655
1983	21903	6815	8282	6806
1984	28034	9022	10437	8575
1985	34876	10268	13508	11100
1986	35628	10716	13675	11237
1987	40455	12906	15123	12426
1988	47543	14666	18048	14829
1989	49622	13805	19662	16155
1990	52736	16412	19940	16384
1991	60743	17412	24218	19113
1992	71567	17951	30501	23115
1993	84136	23208	35266	25661
1994	121306	37497	49985	33824
1995	172467	56160	58221	58086
1996	190767	61694	65266	63807
1997	170736	52837	56381	61518
1998	185514	58055	64684	62775
1999	185907	57009	67150	61748
2000	180337	52036	68458	59843
2001	185606	53794	70107	61705
2002	194692	57853	73259	63580
2003	194801	55175	75641	63986
2004	203055	57532	78150	67373
2005	218671	61474	81718	75479
2006	224892	63608	87181	74103
2007	226444	68537	90841	67066
2008	242959	75343	96616	71000
2009	260844	83934	102865	74045
2010	327548	118033	122068	87447

1-23 各县市第一产业增加值

(1978-2010年)

单位:万元

年　份	玉环县	三门县	天台县	仙居县	温岭市	临海市
1978	3574	4123	4186	5459	8462	7578
1979	3675	4112	4830	6110	10182	11065
1980	3561	5086	5415	6361	9807	12224
1981	3860	3985	6250	7541	10199	13403
1982	5710	5921	7716	9285	14108	17520
1983	5698	5111	8260	9188	14354	18026
1984	6767	7283	9010	10267	14220	21336
1985	8300	10767	11833	12383	26138	23549
1986	8736	11221	11958	13125	29840	28022
1987	10859	13233	13113	14878	38716	27956
1988	16146	17456	16071	17768	47754	32001
1989	17617	20221	19057	19487	50792	36219
1990	20797	20412	17591	22630	53223	41691
1991	29177	23919	20269	22880	79171	48365
1992	32580	24094	20603	22615	94637	53015
1993	50920	32993	24889	30926	108432	58583
1994	83474	57979	36708	34974	180230	88069
1995	117290	73174	40348	38024	224680	118225
1996	134916	75830	45730	38789	236223	136829
1997	137597	43730	44881	38827	256253	122190
1998	137788	62386	46145	39751	259929	126369
1999	139536	66275	46735	40464	262839	131165
2000	136637	69227	47866	41425	255171	134870
2001	132488	75260	49731	41673	260372	141070
2002	129313	81151	51211	44133	261644	140131
2003	122686	87501	52517	47608	264787	144661
2004	122051	92727	54646	52542	265021	152358
2005	130510	103391	63186	60107	286396	164094
2006	133257	106801	66852	64195	290218	173500
2007	136616	114767	73583	77715	312720	192883
2008	153599	125657	76744	85587	334045	210884
2009	165812	134107	76876	87727	360766	236056
2010	197928	161867	102560	108655	420519	285087

1－24 市区第一产业增加值指数

（1978－2010年，以1978年为100）

年份	市区	椒江区	黄岩区	路桥区
1978	100.00	100.00	100.00	100.00
1979	119.89	145.90	110.80	112.80
1980	118.52	159.04	105.26	106.30
1981	124.22	176.17	106.10	109.84
1982	141.90	201.35	120.43	126.34
1983	145.61	193.52	127.77	133.69
1984	182.74	254.69	157.80	162.68
1985	205.69	286.69	185.73	173.59
1986	207.54	302.66	182.01	172.29
1987	235.08	365.24	207.86	177.79
1988	235.00	336.79	229.68	171.57
1989	237.55	308.47	248.75	175.97
1990	241.35	342.25	251.24	160.75
1991	267.95	344.40	309.27	171.58
1992	294.24	319.63	374.52	188.78
1993	290.46	324.33	377.90	175.82
1994	316.72	377.72	416.07	177.28
1995	371.97	493.10	378.20	270.94
1996	394.51	519.03	406.94	284.68
1997	369.21	466.26	365.44	287.58
1998	417.78	531.48	436.70	305.53
1999	437.11	540.51	466.83	319.28
2000	426.30	495.11	471.04	314.17
2001	438.94	508.97	487.52	322.02
2002	461.38	547.66	510.93	332.66
2003	459.31	519.18	523.19	334.42
2004	460.87	522.29	520.66	338.10
2005	455.73	532.81	494.46	340.87
2006	469.99	550.92	536.00	331.33
2007	478.90	552.02	560.66	331.66
2008	488.37	572.42	574.99	330.86
2009	494.81	598.14	580.49	327.30
2010	515.16	641.31	593.49	339.20

1－25 各县市第一产业增加值指数

（1978－2010 年，以 1978 年为 100）

年　份	玉环县	三门县	天台县	仙居县	温岭市	临海市
1978	100.00	100.00	100.00	100.00	100.00	100.00
1979	138.85	102.16	89.12	112.15	106.36	146.01
1980	125.24	113.95	101.68	127.07	120.37	161.53
1981	133.25	122.16	114.98	131.87	133.52	176.97
1982	180.59	141.83	134.58	138.56	178.78	199.91
1983	178.45	137.29	138.58	133.87	199.91	212.76
1984	204.37	163.78	143.16	160.47	231.45	234.59
1985	206.48	186.39	161.45	166.97	274.75	228.85
1986	205.07	185.83	154.14	170.20	371.58	264.84
1987	243.51	188.43	146.06	169.42	452.25	256.13
1988	268.30	199.92	144.41	162.39	429.59	258.33
1989	292.18	207.12	159.25	168.75	603.71	274.17
1990	300.03	181.23	141.52	175.96	615.11	240.97
1991	315.87	238.59	159.57	194.40	693.23	291.93
1992	327.26	249.33	155.78	185.22	704.32	288.23
1993	395.24	270.73	171.05	212.63	743.06	288.04
1994	474.37	347.77	184.41	182.86	877.56	337.39
1995	592.94	386.72	184.41	187.43	965.31	329.35
1996	654.22	331.82	185.22	190.05	970.14	365.88
1997	693.63	198.90	188.81	197.66	1051.63	339.41
1998	724.18	295.57	201.54	210.70	1110.52	366.86
1999	756.30	323.67	210.24	224.78	1149.39	392.58
2000	735.08	335.41	213.31	233.10	1099.97	400.51
2001	720.02	368.32	223.79	234.90	1130.77	423.39
2002	703.65	397.16	230.56	250.15	1127.80	445.04
2003	660.27	428.23	233.86	268.24	1130.19	454.47
2004	632.08	427.88	234.38	283.40	1109.97	460.02
2005	620.82	439.10	241.67	300.05	1112.26	461.68
2006	625.16	453.15	249.40	321.66	1116.71	491.68
2007	621.41	458.59	253.39	338.06	1126.76	507.91
2008	636.45	469.78	259.30	351.40	1133.09	534.65
2009	638.44	480.42	266.44	358.47	1153.92	561.40
2010	671.86	509.14	277.68	379.95	1186.01	591.84

1-26 市区第二产业增加值

（1978-2010年）

单位:万元

年份	市区	椒江区	黄岩区	路桥区
1978	12105	5876	3999	2230
1979	16193	7349	5287	3557
1980	18952	8600	6394	3958
1981	20713	9796	6584	4333
1982	23730	10793	7730	5206
1983	31643	15478	9352	6813
1984	42914	21290	12531	9092
1985	60756	26241	19772	14743
1986	65546	27450	21860	16236
1987	77119	29655	27293	20171
1988	104697	38987	37872	27839
1989	127816	45432	47575	34809
1990	128592	41626	50066	36899
1991	161295	52775	61762	46758
1992	219444	71945	84766	62733
1993	339288	105611	134799	98878
1994	529033	173928	207138	147966
1995	688456	258203	226954	203299
1996	838000	316848	279119	242033
1997	966312	378694	302684	284934
1998	1054524	410379	315510	328635
1999	1179197	464688	340909	373600
2000	1313821	515605	374926	423289
2001	1413010	558660	402198	452152
2002	1578265	610734	452162	515369
2003	1810217	706772	501383	602062
2004	2116833	831249	569441	716143
2005	2465316	942645	676560	846111
2006	2884074	1080425	810805	992844
2007	3311983	1176331	956764	1178889
2008	3665319	1218519	1109708	1337092
2009	3581654	1193339	1072389	1315925
2010	4146834	1377667	1234834	1534333

1-27 各县市第二产业增加值

(1978-2010年)

单位:万元

年份	玉环县	三门县	天台县	仙居县	温岭市	临海市
1978	2078	1676	2563	2029	5797	5700
1979	2847	2211	2653	1829	8879	7161
1980	5502	2438	3453	2792	9884	8293
1981	6408	3237	3778	3297	11675	9732
1982	5316	3238	3652	2961	11618	10063
1983	5767	4193	3797	4179	13204	10333
1984	7790	4676	5114	4847	19809	13143
1985	13659	6820	7376	6106	20608	17834
1986	14902	7948	8443	7676	23974	22430
1987	19789	9364	9684	11343	31088	28679
1988	30789	13319	16236	18054	39526	39588
1989	29681	14321	20983	21575	46165	54149
1990	32252	15737	23562	18925	50311	53073
1991	39694	19754	28333	22218	62931	59755
1992	59775	28860	33593	29559	94438	73998
1993	71050	33656	51057	40430	188319	121838
1994	126814	37992	68786	55277	280363	191025
1995	184924	44607	87516	69174	425266	274286
1996	238615	57545	86248	79887	574169	320133
1997	264373	48588	81583	83245	604343	247458
1998	294866	57988	87999	92413	663726	279073
1999	349993	66919	105251	106700	734779	317762
2000	411862	80041	127168	123397	845962	367305
2001	472867	84877	143378	129965	910492	425513
2002	567736	102628	168540	155632	1016922	508182
2003	668028	125912	197630	173794	1188978	597504
2004	772140	151334	240762	205141	1407838	723738
2005	917240	194467	285575	239772	1626839	860109
2006	1160442	245951	340966	288702	1899699	1028346
2007	1496990	313572	382773	329817	2243960	1222191
2008	1684266	374137	443365	359323	2575938	1371839
2009	1503720	399790	450910	372193	2692411	1477814
2010	1959568	492167	526977	456904	3104014	1755675

1-28 市区第二产业增加值指数

（1978-2010年，以1978年为100）

年　份	市　区	椒江区	黄岩区	路桥区
1978	100.00	100.00	100.00	100.00
1979	117.37	114.81	117.74	122.81
1980	133.57	125.37	138.89	144.30
1981	144.17	142.79	139.97	153.69
1982	161.76	154.41	159.59	182.69
1983	213.55	219.76	198.01	222.68
1984	277.68	287.61	256.03	287.35
1985	378.13	345.03	374.89	463.86
1986	402.32	357.73	401.41	512.73
1987	476.03	374.33	528.05	639.90
1988	551.75	400.44	673.22	722.61
1989	660.24	453.24	829.44	889.54
1990	661.08	373.76	905.08	965.77
1991	854.66	499.10	1143.78	1240.30
1992	1144.76	699.76	1466.63	1664.92
1993	1420.46	781.58	1851.43	2272.93
1994	1716.13	1097.54	1786.15	2951.69
1995	2083.10	1364.62	2123.31	3553.29
1996	2579.97	1685.43	2777.12	4201.20
1997	3060.57	2048.50	3175.23	5013.23
1998	3485.13	2286.08	3519.77	5983.36
1999	4065.59	2662.97	4079.17	7029.98
2000	4541.86	2924.06	4593.75	7948.65
2001	5065.74	3214.30	5197.29	8922.52
2002	5703.21	3504.92	6028.17	10185.40
2003	6544.86	4003.20	6920.19	11748.07
2004	7402.97	4492.30	7793.20	13452.80
2005	8511.43	5029.56	9127.46	15691.10
2006	9661.14	5597.32	10606.57	17860.22
2007	10862.55	5960.48	12265.90	20770.37
2008	11601.49	5931.83	13750.37	22798.64
2009	12126.16	6131.39	14047.15	24515.31
2010	13565.95	6858.32	15692.06	27461.48

1－29 各县市第二产业增加值指数

（1978－2010 年，以 1978 年为 100）

年　份	玉环县	三门县	天台县	仙居县	温岭市	临海市
1978	100.00	100.00	100.00	100.00	100.00	100.00
1979	128.31	112.17	102.14	82.99	153.30	126.33
1980	201.50	97.39	124.65	136.94	141.99	147.04
1981	226.62	108.18	134.84	134.98	166.01	171.38
1982	177.48	119.21	131.31	126.40	147.64	173.16
1983	190.26	149.76	137.27	179.22	170.82	167.72
1984	258.01	196.18	183.03	206.10	230.56	188.35
1985	399.38	264.84	253.48	254.32	273.35	241.12
1986	431.97	263.18	284.11	310.18	271.56	295.80
1987	533.16	320.84	307.97	468.61	405.39	373.09
1988	860.35	462.25	481.81	734.36	499.82	497.16
1989	869.32	538.52	572.25	823.97	597.90	693.59
1990	947.37	576.75	623.20	835.44	677.17	674.72
1991	1000.71	619.21	682.20	848.25	948.82	710.53
1992	1399.11	881.61	779.82	890.01	1479.29	936.51
1993	1670.38	976.84	969.01	1297.78	2809.76	1414.18
1994	2470.38	943.09	1115.54	1723.47	3662.23	1926.93
1995	3220.35	893.21	1280.65	2032.35	4684.41	2218.78
1996	4225.06	1085.01	1267.58	2372.66	6425.61	2605.62
1997	4702.77	963.19	1199.72	2505.32	6968.72	2025.21
1998	5384.16	1025.15	1333.49	2910.57	7910.26	2353.99
1999	6638.89	1225.28	1682.70	3485.91	9100.52	2767.65
2000	7789.15	1409.46	2044.90	4002.58	10379.82	3205.06
2001	9115.88	1547.58	2335.45	4486.90	11359.33	3714.06
2002	10692.54	1779.72	2762.87	5155.44	12776.96	4321.41
2003	12432.25	2151.68	3194.25	5682.58	14800.12	5103.00
2004	14435.13	2502.41	3745.58	6441.31	16897.32	6040.44
2005	16864.28	3179.30	4366.99	7390.46	19189.51	7055.48
2006	20689.79	3911.70	5062.20	8653.72	22127.45	8186.90
2007	26157.00	4863.60	5558.55	9648.87	25613.22	9524.05
2008	28524.92	5540.10	6226.30	10203.71	28400.28	10355.71
2009	26710.77	6241.32	6623.44	11164.04	31685.93	11782.10
2010	33842.56	7357.40	7498.39	13119.04	35342.50	13559.02

1－30 市区工业增加值

（1978－2010年）

单位:万元

年份	市区	椒江区	黄岩区	路桥区
1978	10732	5022	3723	1987
1979	14534	6391	4920	3223
1980	17000	7554	5919	3527
1981	18331	8342	6088	3901
1982	21007	9176	7147	4684
1983	28492	13697	8640	6155
1984	38870	19082	11572	8216
1985	54825	23284	18240	13301
1986	58899	24124	20054	14721
1987	69174	25861	25024	18289
1988	93345	33402	34703	25240
1989	115459	40323	43571	31565
1990	115482	35586	46252	33644
1991	143251	44258	56336	42657
1992	194319	59771	77461	57087
1993	305645	94712	121311	89621
1994	475734	151088	187993	136653
1995	605992	226348	197183	182462
1996	749203	279027	253459	216717
1997	882086	347339	275365	259382
1998	963968	374267	290166	299535
1999	1074701	416711	315483	342507
2000	1202859	462828	348823	391208
2001	1284404	493489	371371	419544
2002	1421409	534170	417356	469882
2003	1615867	610878	459432	545557
2004	1869800	709131	518531	642138
2005	2237434	833787	632014	771633
2006	2617939	949383	756920	911636
2007	3010817	1037509	894574	1078734
2008	3318548	1069736	1034037	1214775
2009	3221765	1045070	993146	1183548
2010	3767779	1197719	1156659	1413401

1－31 各县市工业增加值

（1978－2010年）

单位：万元

年 份	玉环县	三门县	天台县	仙居县	温岭市	临海市
1978	1733	1567	2116	1578	3790	4140
1979	2489	1969	2220	1415	6301	5399
1980	4383	2242	2938	2313	7602	6569
1981	5096	2940	3206	2505	9089	8186
1982	4209	2927	3095	2517	9329	7642
1983	4743	3870	3326	3624	10187	8171
1984	6555	4218	4473	4252	15327	11359
1985	12332	6126	6364	5595	17433	15235
1986	13360	7001	7223	6801	21571	20049
1987	17092	8369	7694	9603	27669	24755
1988	28066	12120	13815	15879	34560	34921
1989	28396	13113	16025	19570	41699	48482
1990	30710	14026	17718	17456	43874	46926
1991	36830	17507	22617	18488	52290	52430
1992	55218	25973	26716	24624	84260	65379
1993	67067	30628	43983	33519	166108	106391
1994	117616	34200	60549	46936	254137	171697
1995	167533	39455	72235	56969	390945	232991
1996	227989	50283	71781	69253	531209	278957
1997	246086	43709	73592	72848	567611	212616
1998	276500	51018	79827	81962	625464	240342
1999	330731	58531	91101	94964	698865	278070
2000	387470	70398	107378	109657	805413	324969
2001	443081	72836	125484	116233	867278	380080
2002	512157	86529	147643	140050	964829	465332
2003	594469	104439	169498	153906	1120323	543670
2004	712886	126146	208288	174720	1318893	644653
2005	851680	164054	245451	199980	1535507	764403
2006	1079766	197144	300776	235465	1779288	922535
2007	1409189	250813	336765	276025	2086360	1110107
2008	1602925	297597	387757	310666	2389819	1248400
2009	1444275	294132	399097	327973	2483420	1303961
2010	1873868	351214	464377	392607	2880514	1557975

1-32 市区工业增加值指数

(1978-2010年,以1978年为100)

年　份	市　区	椒江区	黄岩区	路桥区
1978	100.00	100.00	100.00	100.00
1979	118.45	115.32	119.00	125.44
1980	141.26	131.15	147.32	156.51
1981	150.66	145.52	148.50	167.89
1982	169.39	156.79	169.74	201.23
1983	229.66	232.58	214.04	250.39
1984	301.54	308.59	278.25	325.51
1985	412.60	368.73	409.03	531.75
1986	439.92	382.02	438.88	590.46
1987	520.94	399.14	576.69	733.71
1988	602.45	418.88	739.32	828.58
1989	736.46	492.66	919.72	1034.06
1990	733.65	393.90	1003.41	1122.27
1991	947.66	527.26	1265.69	1440.77
1992	1285.25	745.16	1665.57	1941.81
1993	1644.01	890.21	2108.74	2707.03
1994	1961.38	1216.36	2013.67	3536.72
1995	2360.93	1504.46	2390.98	4186.26
1996	2942.09	1869.36	3117.94	5020.32
1997	3554.71	2351.71	3573.33	6083.15
1998	4047.28	2614.58	3968.82	7269.20
1999	4702.32	3008.95	4589.13	8566.28
2000	5255.73	3307.85	5165.44	9685.21
2001	5842.12	3590.57	5852.50	10902.07
2002	6551.51	3883.23	6722.14	12488.68
2003	7494.95	4415.11	7704.68	14360.36
2004	8456.72	4923.65	8654.01	16461.96
2005	9923.92	5676.20	10342.18	19395.76
2006	11240.67	6256.68	11990.42	22182.84
2007	12700.24	6717.22	13921.83	25787.24
2008	13614.35	6718.90	15639.78	28322.51
2009	14213.66	6960.06	15929.66	30383.13
2010	16080.96	7768.94	18008.47	34785.58

1-33 各县市工业增加值指数

（1978-2010年，以1978年为100）

年份	玉环县	三门县	天台县	仙居县	温岭市	临海市
1978	100.00	100.00	100.00	100.00	100.00	100.00
1979	129.28	112.59	103.76	82.52	170.88	130.33
1980	192.70	99.30	138.09	145.84	191.30	158.78
1981	218.33	161.31	149.41	131.84	227.50	197.30
1982	184.19	177.73	145.65	138.14	203.01	179.58
1983	198.35	227.07	157.80	199.81	227.65	179.40
1984	279.14	299.32	211.60	232.40	304.07	218.62
1985	521.54	433.27	290.87	299.55	413.20	277.10
1986	667.78	429.76	326.14	353.27	429.60	359.40
1987	851.76	521.08	334.66	509.95	649.20	441.45
1988	1450.89	760.84	559.16	830.25	800.80	610.31
1989	1478.45	894.06	621.19	960.70	987.65	872.81
1990	1598.50	956.20	677.23	990.59	1107.15	847.32
1991	1623.92	1001.61	766.90	907.34	1509.83	876.64
1992	2282.91	1446.33	864.29	912.62	2516.85	1174.65
1993	2753.27	1612.66	1213.67	1410.86	4880.98	1816.02
1994	4041.43	1511.06	1421.87	1938.56	6466.34	2526.00
1995	5157.41	1290.45	1522.31	2225.42	8295.69	2732.20
1996	7060.00	1655.64	1524.87	2703.91	11445.32	3288.12
1997	7713.47	1458.62	1563.30	2868.88	12548.13	2525.41
1998	8814.92	1601.57	1748.45	3365.19	14278.51	2943.56
1999	10960.69	1960.32	2118.65	4038.22	16537.59	3516.14
2000	12900.13	2289.65	2523.64	4619.72	18876.95	4116.16
2001	15144.32	2532.35	2997.85	5248.00	20697.52	4822.61
2002	17749.15	2947.66	3558.94	6050.94	23215.08	5743.34
2003	20589.03	3619.73	4060.78	6608.93	26791.62	6780.56
2004	24006.81	4253.18	4828.96	7287.28	30513.94	7921.06
2005	28121.16	5423.36	5579.51	8178.12	34832.36	9209.21
2006	34513.25	6309.05	6618.70	9321.64	39844.46	10759.26
2007	44250.72	7885.44	7280.35	10735.16	45899.27	12719.19
2008	48973.88	9080.04	8195.19	11868.84	51076.40	13961.80
2009	46290.48	9633.77	8838.78	13265.78	56882.96	15513.22
2010	58508.84	11143.08	10006.15	15352.67	63905.85	18005.18

1-34 市区第三产业增加值

(1978-2010年)

单位:万元

年份	市区	椒江区	黄岩区	路桥区
1978	7680	2871	3030	1779
1979	9076	3782	3219	2075
1980	10965	5278	3572	2116
1981	11778	6158	3368	2252
1982	13719	7330	3829	2561
1983	16959	9231	4552	3177
1984	21066	11670	5532	3864
1985	27380	13185	8354	5841
1986	33384	13998	11405	7981
1987	40459	16397	14151	9911
1988	52221	18678	19382	14161
1989	56078	17581	19320	19178
1990	70643	27442	19302	23899
1991	98105	36745	31053	30307
1992	125652	45530	39816	40307
1993	143148	46705	45079	51364
1994	238737	66055	87382	85300
1995	358468	105750	109147	143571
1996	440420	133798	130957	175665
1997	527579	157633	147717	222230
1998	606275	196943	158820	250513
1999	692688	228948	176617	287123
2000	820855	284366	203185	333303
2001	960509	334101	231829	394580
2002	1165997	412441	279851	473705
2003	1404931	510186	330325	564420
2004	1727105	628356	409816	688933
2005	1992259	725798	479033	787428
2006	2331390	854276	561669	915445
2007	2761380	1045255	668230	1047896
2008	3193740	1209072	785888	1198780
2009	3450974	1330965	828892	1291117
2010	4053362	1569648	954553	1529160

1-35 各县市第三产业增加值

（1978-2010年）

单位：万元

年份	玉环县	三门县	天台县	仙居县	温岭市	临海市
1978	2258	1667	1777	1413	6096	5608
1979	2539	2024	2077	1640	7267	5936
1980	3786	2131	2439	1739	7860	6863
1981	4743	2573	2834	1995	10565	7268
1982	3413	2804	3084	2221	12324	8021
1983	3812	3273	3413	2828	14580	8846
1984	4108	3954	4470	3219	17628	10975
1985	5715	5211	5980	4059	23080	16447
1986	7104	7362	7016	5207	30862	24199
1987	8624	8396	8556	6359	37325	29526
1988	11717	10208	11985	8444	52712	40782
1989	11760	10740	13957	9059	55549	45799
1990	20094	10714	17375	11547	57678	42858
1991	29687	13708	20645	13947	74831	49479
1992	36466	13803	25210	18139	89844	67361
1993	51215	16465	33889	25587	124501	86896
1994	73405	20910	51708	39352	197359	132857
1995	91431	32857	68450	50832	283281	180813
1996	105718	39116	79357	58986	349790	199848
1997	123536	47172	82456	65217	384599	184562
1998	144975	52661	88815	71548	430081	200533
1999	167114	60898	98618	80638	484611	227065
2000	197320	72839	117786	90652	555421	267697
2001	223143	84465	133460	102184	611601	308975
2002	267278	107892	154467	122592	718145	369400
2003	319331	132702	187054	143808	824004	436026
2004	381135	171104	237540	182370	982229	538009
2005	443298	197162	272518	212527	1133617	621464
2006	514381	234199	313878	247724	1315414	717408
2007	621488	280246	381201	295406	1556879	847415
2008	719214	332301	440893	345305	1822908	994625
2009	778105	354927	479318	379714	1966922	1056019
2010	924679	412209	556242	443987	2290062	1239378

1－36 市区第三产业增加值指数

（1978－2010年，以1978年为100）

年　份	市　区	椒江区	黄岩区	路桥区
1978	100.00	100.00	100.00	100.00
1979	111.25	118.96	101.38	114.56
1980	127.53	160.46	107.24	113.36
1981	139.74	188.40	108.30	118.48
1982	155.03	219.58	108.94	132.83
1983	191.29	275.05	133.49	158.35
1984	226.43	335.80	148.60	186.18
1985	277.46	372.14	210.10	247.50
1986	334.06	396.66	292.01	318.84
1987	405.13	458.98	382.77	374.49
1988	455.60	422.75	489.49	480.43
1989	456.27	384.47	467.05	591.00
1990	549.64	554.67	469.07	717.58
1991	633.23	596.29	551.53	876.48
1992	843.55	839.76	727.48	1109.07
1993	948.16	758.52	997.16	1300.25
1994	1340.88	888.79	1683.98	1773.68
1995	1693.38	1196.54	1811.52	2519.29
1996	1917.36	1466.88	1916.87	2851.89
1997	2155.35	1547.55	2008.00	3537.85
1998	2617.36	2176.03	2273.07	4059.72
1999	3025.35	2532.56	2545.81	4767.56
2000	3550.64	3096.77	2899.69	5519.36
2001	4088.64	3669.00	3276.66	6273.41
2002	4842.79	4426.59	3827.14	7371.80
2003	5654.17	5252.81	4359.12	8608.50
2004	6742.39	6343.10	5143.76	10209.46
2005	7666.40	7187.10	5946.84	11530.11
2006	8848.61	8335.51	6889.22	13218.91
2007	10143.01	9877.39	7947.81	14615.74
2008	11248.09	11027.23	8950.70	15937.58
2009	12321.29	12295.47	9561.78	17425.16
2010	13876.31	13897.23	10572.04	19782.14

1－37 各县市第三产业增加值指数

（1978－2010年,以1978年为100）

年　份	玉环县	三门县	天台县	仙居县	温岭市	临海市
1978	100.00	100.00	100.00	100.00	100.00	100.00
1979	110.66	119.39	112.31	117.95	122.19	105.76
1980	160.32	119.25	123.75	130.81	130.49	121.66
1981	196.95	142.26	138.05	148.11	176.99	118.72
1982	139.95	153.36	144.19	161.88	207.91	135.89
1983	149.99	177.28	154.08	203.18	239.06	140.32
1984	156.26	208.84	191.75	225.89	291.21	168.86
1985	191.11	247.26	222.61	251.47	346.76	212.65
1986	219.99	326.88	240.38	302.47	497.05	302.15
1987	243.87	344.54	265.36	337.37	603.24	357.57
1988	271.36	353.84	308.23	372.13	816.39	407.95
1989	251.62	318.81	297.86	383.34	854.12	417.49
1990	270.97	316.90	350.04	432.16	967.06	349.78
1991	380.26	405.45	404.74	510.79	1231.11	374.79
1992	453.08	383.55	459.45	623.18	1385.55	488.47
1993	549.31	395.83	521.04	756.94	1638.09	516.72
1994	664.34	439.37	677.33	956.45	2206.14	679.86
1995	729.06	583.29	773.74	1074.79	2626.96	810.12
1996	786.74	604.90	847.31	1107.09	3123.56	838.26
1997	971.16	670.39	861.78	1234.27	3346.83	730.05
1998	1095.81	817.57	930.13	1456.84	3910.30	808.48
1999	1321.94	960.25	1042.67	1637.42	4457.69	924.82
2000	1599.39	1146.61	1232.80	1824.36	5055.33	1090.40
2001	1849.55	1343.30	1392.42	2083.87	5646.60	1275.77
2002	2181.45	1666.63	1616.76	2434.24	6446.03	1499.06
2003	2631.80	2007.18	1905.49	2859.40	7314.05	1756.92
2004	3081.88	2520.53	2307.87	3389.65	8464.68	2075.01
2005	3498.00	2867.11	2608.87	3904.90	9626.93	2364.90
2006	3999.06	3358.61	2962.17	4490.13	11010.03	2689.44
2007	4682.98	3903.79	3490.37	5196.40	12640.44	3094.17
2008	5208.66	4420.64	3856.58	5824.12	14151.18	3490.61
2009	5715.64	4811.76	4253.53	6496.54	15470.55	3769.20
2010	6534.45	5357.10	4745.45	7262.81	17299.09	4250.21

1－38 市区人均生产总值

（1978－2010年）

单位:元

年份	市区	椒江区	黄岩区	路桥区
1978	282	340	248	259
1979	354	459	302	321
1980	397	547	326	343
1981	424	614	330	361
1982	486	692	380	422
1983	572	849	431	484
1984	738	1114	547	616
1985	975	1299	790	900
1986	1053	1345	880	995
1987	1221	1498	1047	1179
1988	1559	1806	1379	1557
1989	1763	1889	1576	1902
1990	1889	2077	1621	2080
1991	2387	2572	2118	2580
1992	3092	3232	2798	3369
1993	4182	4156	3869	4672
1994	6522	6525	6169	7038
1995	8887	9805	7034	10571
1996	10628	11856	8436	12449
1997	11956	13524	8949	14571
1998	13165	15131	9498	16243
1999	14550	16868	10275	18048
2000	16235	18915	11314	20206
2001	17830	20749	12323	22280
2002	20351	23384	14116	25592
2003	23439	27159	15880	29646
2004	27586	31960	18445	35137
2005	31584	35982	21458	40387
2006	36397	41072	25126	46399
2007	41754	46523	29304	53223
2008	46677	50316	33792	59991
2009	47589	51968	33812	61215
2010	55257	60510	38821	71402

1－39 各县市人均生产总值

（1978－2010年）

单位:元

年　份	玉环县	三门县	天台县	仙居县	温岭市	临海市
1978	250	228	189	231	218	207
1979	282	250	209	247	278	261
1980	394	286	245	279	289	292
1981	453	286	275	327	338	321
1982	430	344	304	365	391	370
1983	448	355	320	404	427	381
1984	540	443	381	455	518	461
1985	790	626	511	559	693	581
1986	865	719	552	641	831	742
1987	1089	825	624	796	1039	846
1988	1604	1071	869	1069	1340	1090
1989	1598	1170	1048	1200	1440	1312
1990	1964	1209	1132	1265	1505	1322
1991	2633	1480	1334	1395	2007	1510
1992	3431	1715	1522	1656	2565	1855
1993	4599	2127	2098	2268	3856	2537
1994	7503	2981	2987	3004	5993	3887
1995	10365	3833	3707	3633	8451	5381
1996	12562	4377	3963	4054	10435	6130
1997	13721	3528	3891	4245	11127	5146
1998	15017	4358	4114	4587	12030	5602
1999	16976	4872	4571	5094	13111	6219
2000	19200	5560	5297	5655	14590	7073
2001	21260	6109	5889	5999	15643	7960
2002	24689	7276	6743	7013	17487	9230
2003	28302	8614	7875	7892	19912	10665
2004	32377	10274	9587	9438	23156	12754
2005	37575	12142	11140	10877	26505	14753
2006	45155	14248	12872	12591	30377	17077
2007	55760	17017	14856	14576	35423	19962
2008	62549	19781	16950	16252	40428	22561
2009	59287	20944	17609	17133	42538	24072
2010	73894	24934	20505	20449	48916	28292

1-40 市区人均生产总值指数

（1978-2010年，以1978年为100）

年 份	市 区	椒江区	黄岩区	路桥区
1978	100.00	100.00	100.00	100.00
1979	114.44	122.53	109.54	114.83
1980	122.62	139.46	113.61	116.43
1981	130.27	157.11	113.61	121.06
1982	144.74	173.51	123.07	138.31
1983	170.20	212.15	140.02	155.38
1984	211.78	268.49	169.51	190.95
1985	263.16	306.00	224.62	252.47
1986	280.51	316.56	242.20	274.32
1987	325.95	346.73	299.71	316.30
1988	357.17	338.26	362.61	348.85
1989	390.50	341.77	403.10	408.43
1990	408.04	345.94	422.28	439.49
1991	493.04	407.07	519.74	533.12
1992	633.61	535.80	658.87	675.92
1993	735.85	552.58	806.88	830.89
1994	911.56	721.91	928.10	1057.45
1995	1108.28	912.84	1016.94	1363.97
1996	1303.70	1099.06	1201.59	1554.24
1997	1478.38	1250.41	1290.98	1833.63
1998	1702.58	1468.57	1445.37	2111.62
1999	1947.29	1675.99	1636.71	2427.71
2000	2170.33	1858.39	1814.86	2716.88
2001	2418.62	2061.50	2033.30	3018.46
2002	2745.89	2299.70	2347.17	3435.42
2003	3121.15	2606.91	2651.50	3917.20
2004	3552.86	2958.72	2987.93	4483.46
2005	4000.45	3275.62	3412.99	5073.92
2006	4510.85	3656.85	3914.44	5702.23
2007	5046.94	4028.47	4460.58	6388.37
2008	5425.65	4193.45	4951.42	6912.81
2009	5745.08	4461.81	5118.33	7413.29
2010	6387.18	4964.90	5644.10	8275.61

1-41 各县市人均生产总值指数

（1978-2010年，以1978年为100）

年　份	玉环县	三门县	天台县	仙居县	温岭市	临海市
1978	100.00	100.00	100.00	100.00	100.00	100.00
1979	124.18	107.10	98.09	104.08	123.38	126.38
1980	151.75	108.60	112.08	129.00	127.18	141.66
1981	170.29	118.92	123.17	133.25	151.67	152.21
1982	152.39	131.88	131.59	135.85	169.12	164.14
1983	156.13	140.19	135.02	150.47	189.98	166.20
1984	184.53	168.78	154.64	174.62	231.54	186.32
1985	234.15	202.20	186.18	193.11	272.29	209.14
1986	247.43	213.73	192.03	214.68	342.02	259.11
1987	291.14	228.90	196.43	253.97	433.07	288.32
1988	395.71	266.67	243.69	312.75	501.43	332.08
1989	396.37	279.47	268.67	335.32	591.56	389.62
1990	422.33	276.96	281.07	347.38	639.06	353.93
1991	483.48	339.55	314.26	375.57	801.19	390.78
1992	595.13	383.01	340.91	392.14	990.10	468.64
1993	713.69	413.27	397.18	494.41	1441.36	570.19
1994	945.44	465.76	465.69	560.95	1855.63	740.89
1995	1159.46	510.47	514.46	624.06	2262.66	831.30
1996	1395.13	507.92	526.15	675.37	2856.14	927.20
1997	1573.09	412.94	516.04	716.74	3068.23	764.56
1998	1759.52	512.46	557.13	815.93	3461.31	860.79
1999	2093.07	587.79	640.82	931.07	3912.78	982.90
2000	2406.72	658.32	741.09	1040.17	4368.98	1113.64
2001	2713.62	736.00	828.74	1142.11	4752.75	1268.28
2002	3092.35	852.29	953.04	1297.43	5274.29	1454.27
2003	3526.23	994.62	1091.62	1450.09	5947.59	1675.05
2004	4004.26	1142.82	1273.52	1645.92	6697.88	1936.41
2005	4534.98	1314.71	1442.62	1854.79	7501.47	2191.62
2006	5315.46	1516.41	1629.92	2107.57	8486.01	2484.42
2007	6406.42	1752.53	1824.55	2346.45	9626.79	2824.17
2008	6923.92	1939.50	2005.05	2519.62	10554.62	3081.57
2009	6756.93	2106.92	2144.51	2740.48	11523.44	3390.71
2010	8130.82	2375.97	2370.66	3098.39	12710.97	3818.59

1－42 企 业 景 气 指 数(一)

(1999－2010 年)

年 份	企业景气总指数				# 工 业			
	第一季度	第二季度	第三季度	第四季度	第一季度	第二季度	第三季度	第四季度
1999	142.7	126.4	131.9	140.9	153.5	144.8	142.2	151.6
2000	138.1	150.3	137.3	140.3	139.6	153.5	156.6	147.9
2001	148.7	145.2	148.8	142.9	153.2	149.5	150.5	136.1
2002	146.2	143.7	154.3	148.3	136.5	144.2	156.3	144.2
2003	151.5	137.9	150.9	157.0	149.3	148.8	150.4	158.0
2004	145.7	147.0	137.4	150.9	142.2	146.4	136.1	152.9
2005	147.4	145.3	139.8	144.8	157.8	150.9	145.4	153.6
2006	146.7	151.6	147.9	151.7	147.6	156.4	149.2	153.3
2007	157.2	158.7	158.4	157.0	153.7	160.5	161.8	159.9
2008	138.0	121.1	118.0	112.6	130.4	118.7	108.9	103.3
2009	113.6	124.4	137.3	146.2	111.8	120.7	135.7	144.2
2010	145.1	144.8	151.0	148.7	144.8	147.7	153.4	151.2

1－43 企 业 景 气 指 数(二)

(1999－2010 年)

年 份	# 建 筑 业				# 交通运输业			
	第一季度	第二季度	第三季度	第四季度	第一季度	第二季度	第三季度	第四季度
1999	151.4	117.0	117.0	134.2	125.0	125.0	150.0	175.0
2000	119.1	124.0	114.4	147.1	150.0	175.0	125.0	150.0
2001	170.8	160.0	171.2	174.4	150.0	133.3	150.0	200.0
2002	178.3	145.4	172.5	164.9	168.0	151.9	143.9	168.5
2003	123.6	127.0	143.6	145.7	152.1	69.40	138.0	161.9
2004	145.4	127.9	156.2	168.0	163.6	161.4	146.7	148.1
2005	140.7	161.4	127.9	147.5	122.4	140.6	146.9	100.9
2006	145.4	173.2	168.1	167.3	142.5	134.0	172.8	145.5
2007	176.2	172.4	168.9	157.8	170.1	138.3	146.0	150.0
2008	158.2	146.5	146.4	124.8	131.0	130.7	110.0	99.2
2009	142.3	159.5	162.0	172.1	83.3	99.4	99.4	102.3
2010	161.5	173.4	175.9	163.9	107.7	116.7	115.4	115.4

1－44 企 业 景 气 指 数(三)

(1999－2010 年)

年　份	#批发零售业				#房地产业			
	第一季度	第二季度	第三季度	第四季度	第一季度	第二季度	第三季度	第四季度
1999	83.3	57.1	71.4	71.4	118.2	100.0	127.3	118.2
2000	112.0	112.0	100.6	91.75	121.4	142.9	128.6	128.6
2001	114.8	125.2	127.7	131.7	156.3	137.5	150.0	143.8
2002	155.1	131.0	149.2	140.8	155.0	160.0	165.0	160.0
2003	166.8	149.2	160.0	155.0	163.2	163.2	147.4	142.1
2004	136.2	144.8	133.1	146.6	147.4	110.5	115.8	115.8
2005	129.2	124.4	127.3	135.3	129.4	117.7	123.5	120.0
2006	155.7	144.5	129.7	145.9	116.7	105.6	110.5	115.1
2007	156.0	164.2	137.5	161.6	133.7	133.7	137.8	114.4
2008	170.3	124.0	156.1	136.8	108.1	100.0	94.1	100.0
2009	127.2	126.2	145.1	134.6	88.5	112.0	134.0	152.9
2010	152.3	140.3	147.7	153.9	141.5	117.3	130.5	121.7

1－45 企 业 景 气 指 数(四)

(1999－2010 年)

年　份	#社会服务业				#住宿餐饮业			
	第一季度	第二季度	第三季度	第四季度	第一季度	第二季度	第三季度	第四季度
1999	166.7	100.0	133.3	133.3				
2000	155.6	155.6	71.4	122.2				
2001	125.0	130.8	138.5	115.4				
2002	152.4	138.1	119.1	147.6				
2003	166.7	80.0	113.3	133.3	161.5	53.9	166.7	158.3
2004	146.2	153.9	107.7	146.2	172.7	136.4	127.3	136.4
2005	130.8	138.5	123.1	146.2	127.3	127.3	109.1	127.3
2006	121.4	164.3	150.0	157.1	145.5	109.1	139.6	151.9
2007	157.1	150.0	164.3	142.9	135.9	97.0	131.0	133.1
2008	138.5	116.7	108.3	136.4	148.8	81.8	102.5	130.5
2009	109.8	133.3	134.0	129.4	127.4	146.6	126.0	160.7
2010	138.1	138.1	155.0	145.0	155.0	115.8	130.0	155.0

1-46 企业家信心指数(一)

(1999-2010年)

年份	企业家信心指数				#工业			
	第一季度	第二季度	第三季度	第四季度	第一季度	第二季度	第三季度	第四季度
1999	126.5	125.6	133.8	145.7	130.4	132.7	136.6	150.4
2000	136.8	143.1	140.3	131.4	147.7	149.4	148.5	134.6
2001	150.0	139.3	144.3	145.6	151.6	134.6	140.8	144.8
2002	154.8	152.6	157.3	155.6	150.0	151.1	161.8	152.1
2003	158.1	140.5	161.4	158.1	157.8	150.3	160.5	158.0
2004	161.5	152.6	156.7	149.7	161.0	152.6	155.5	147.2
2005	149.7	139.1	142.0	147.2	151.0	145.2	147.1	153.6
2006	146.4	141.2	138.6	145.3	148.6	144.4	141.2	146.0
2007	157.0	154.7	156.9	155.4	159.7	152.3	157.1	151.5
2008	134.0	121.3	118.8	93.7	129.1	119.8	115.2	87.1
2009	104.8	119.1	130.2	144.9	104.7	115.3	128.9	143.6
2010	143.5	140.4	151.7	150.1	145.6	144.6	154.8	152.0

1-47 企业家信心指数(二)

(1999-2010年)

年份	#建筑业				#交通运输业			
	第一季度	第二季度	第三季度	第四季度	第一季度	第二季度	第三季度	第四季度
1999	185.8	168.6	140.0	168.6	100.0	100.0	100.0	100.0
2000	120.2	139.3	125.0	125.0	100.0	125.0	125.0	150.0
2001	171.4	171.4	173.7	168.2	183.3	166.7	166.7	166.7
2002	192.9	179.4	169.2	184.6	184.0	184.0	153.1	176.9
2003	169.0	147.2	169.0	149.8	148.8	100.1	157.9	152.9
2004	169.0	156.8	181.6	181.6	181.8	168.1	172.7	148.1
2005	167.2	153.9	161.0	148.3	142.0	133.0	139.2	126.8
2006	168.5	168.5	157.1	176.6	135.4	126.3	154.6	163.7
2007	177.6	169.8	184.6	162.1	180.1	156.0	156.0	146.0
2008	147.8	142.7	138.6	139.3	141.0	140.7	126.9	86.9
2009	119.9	152.1	136.2	160.0	94.2	99.2	112.1	122.0
2010	171.0	157.1	162.6	151.5	100.0	91.7	107.7	100.0

1-48 企业家信心指数(三)

(1999-2010年)

年份	#批发零售业				#房地产业			
	第一季度	第二季度	第三季度	第四季度	第一季度	第二季度	第三季度	第四季度
1999	66.7	57.1	114.3	128.6	145.5	136.4	163.6	154.6
2000	122.6	122.6	122.6	114.0	157.1	171.4	171.4	171.4
2001	109.8	125.2	121.7	121.7	181.3	168.8	168.8	168.8
2002	128.7	112.9	126.8	132.6	155.0	160.0	170.0	185.0
2003	163.4	120.6	160.7	150.0	152.6	157.9	157.9	194.7
2004	142.6	137.7	149.5	147.9	152.6	131.6	131.6	121.1
2005	143.3	129.5	117.7	122.0	141.2	94.1	111.8	93.3
2006	135.2	134.0	131.8	137.0	116.7	100.0	82.1	82.1
2007	134.2	147.9	144.1	156.3	116.1	122.4	135.3	141.6
2008	166.0	123.2	135.4	101.8	70.2	88.2	82.4	70.6
2009	85.4	116.9	134.4	140.1	66.0	112.0	134.2	152.9
2010	130.4	145.1	149.3	158.4	137.2	95.2	137.7	134.2

1-49 企业家信心指数(四)

(1999-2010年)

年份	#社会服务业				#住宿餐饮业			
	第一季度	第二季度	第三季度	第四季度	第一季度	第二季度	第三季度	第四季度
1999	166.7	166.7	166.7	166.7				
2000	133.3	144.4	128.6	100.0				
2001	116.7	138.5	169.2	138.5				
2002	157.1	152.4	152.4	157.1				
2003	160.0	93.3	140.0	166.7	153.9	69.2	158.3	166.7
2004	161.5	153.9	146.2	153.9	172.7	136.4	127.3	127.3
2005	138.5	123.1	123.1	153.9	136.4	109.1	127.3	118.2
2006	164.3	135.7	128.6	142.9	118.2	118.2	108.9	121.3
2007	150.0	157.1	157.1	157.1	130.1	111.0	103.2	115.2
2008	138.5	108.3	100.0	109.1	130.9	102.5	121.4	102.5
2009	119.6	137.2	137.2	135.3	121.1	125.2	132.4	146.4
2010	152.4	147.6	160.0	155.0	170.0	131.6	140.0	155.0

主要统计指标解释

生产总值(GDP) 指一国(或地区)所有常住单位在一定时期内生产活动的最终成果。生产总值有三种表现形态,即价值形态、收入形态和产品形态。从价值形态看,它是所有常住单位在一定时期内生产的全部货物和服务的价值超过同期投入的全部非固定资产货物和服务价值的差额,即所有常住单位的增加值之和;从收入形态看,它是所有常住单位在一定时期内创造并分配给常住单位和非常住单位的初次收入分配之和;从产品形态看,它是所有常住单位在一定时期内最终使用的货物和服务价值与货物和服务净出口价值之和。在实际核算中,生产总值有三种计算方法,即生产法、收入法和支出法。三种方法分别从不同的方面反映生产总值及其构成,即从不同的角度反映国民经济生产活动成果。

1. 生产法:

生产总值 = 总产出 - 中间投入

2. 收入法(也称分配法)

生产总值 = 劳动者报酬 + 固定资产折旧 + 生产税净额 + 营业盈余

3. 支出法

生产总值 = 最终消费支出 + 资本形成总额 + 货物和服务净出口

根据国民经济核算范围的整体性与一致性原则,从三个角度测算的生产总值理论上是一致的。即:生产法计算的生产总值 = 分配法(收入法)计算的生产总值 = 支出法计算的生产总值在我国的生产总值核算中,最常用的方法是分配法。

三次产业 是根据社会生产活动历史发展的顺序对产业结构的划分,产品直接取自自然界的部门称为第一产业,对初级产品进行再加工的部门称为第二产业,为生产和消费提供各种服务的部门称为第三产业。它是世界上较为通用的产业结构分类,但各国的划分不尽一致。我国的三次产业划分是:

第一产业:农、林、牧、渔业(包括农业、林业、牧业、渔业和农林牧渔服务业)。

第二产业:工业(包括采矿业;制造业;电力、燃气及水的生产和供应业)和建筑业。

第三产业:除第一、第二产业以外的其他各业。由于第三产业包括的行业多、范围广,根据我国的实际情况,第三产业可分为:1. 交通运输、仓储和邮电业;2. 信息传输、计算机服务和软件业;3. 批发与零售业;4. 住宿和餐饮业;5. 金融业;6. 房地产业;7. 租赁与商务服务业;8. 科学研究、技术服务与地质勘查业;9. 水利、环境和公共设施管理业;10. 居民服务和其他服务业;11. 教育;12. 卫生、社会保障和社会福利业;13. 文化、体育和娱乐业;14. 公共管理和社会组织;15. 国际组织。

当年价格 指报告期的实际价格。

可比价格 指计算各种总量指标所采用的扣除了价格变动因素的价格,可进行不同时期总量指标的对比。按可比价格计算总量指标有两种方法:一种是直接用产品产量乘某一年的不变价格计算;另一种是用价格指数进行缩减。

不变价格 指以同类产品某年的平均价格作为固定价格,用于计算各年的产品价值。按不变价格计算的产品价值消除了价格变动因素,不同时期对比可以反映生产的发展速度。本《年鉴》所列的农业总产值指数是按不变价格计算的。计算有关年份产值增长速度,可用指数直接进行计算。

平均增长速度 在我国计算平均速度有两种方法,一种是“水平法”,又称几何平均法,是以间隔期最后一年的水平同基期水平对比来计算平均每年增长(或下降)速度;另一种是“累计法”,又称代数平均法或方程法,是以间隔期内各年水平的总和同基期对比来计算平均每年增长(或下降)速度。本《年鉴》内所列的平均增长速度,除固定资产投资用“累计法”计算外,其余都是用“水平法”计算的。

景气指数 又称景气度,是对企业景气调查中定性指标的定量描述,以直观地反映经济所处的状态。景气指数采用纯正数形式表示,以 100 为临界值,取值范围在 0 - 200 之间。当景气指数大于 100 点时,表明经济状况趋于上升或改善,处于景气状态;当景气指数小于 100 点时,表明经济状况趋于下降或恶化,处于不景气状态。

企业家信心指数 亦称宏观经济景气指数,是根据企业决策者对企业外部市场经济环境与宏观政策的认识、看法、判断与预期(对“乐观”、“一般”、“不乐观”的选择)而编制的指数,反映企业决策者对国家宏观经济发展的信心和预期,是企业决策者对当前宏观经济状况及未来走势的一种感受、体验与期望。

企业景气指数 亦称企业综合生产经营景气指数,是根据企业决策者对本企业当前生产经营情况的判断及未来企业生产经营状况的预期(对“良好”、“一般”、“不佳”的选择)而编制的指数,是企业决策者对企业生产经营现状及未来景气动向的一种综合评价和判断。

人口和从业人员

Population and Employment

2-1 主要年份年末总户数和总人口数

年份	总户数（万户）	总人口数（万人）	按性别分		按户籍分	
			男性	女性	农业人口	非农业人口
1949	60.43	240.57	123.10	117.47	222.36	18.21
1952	67.32	251.74	128.75	122.99	229.63	22.11
1957	72.16	282.99	145.03	137.96	256.58	26.41
1962	77.94	306.74	156.57	150.17	278.87	27.87
1965	79.52	339.84	174.44	165.40	315.60	24.24
1970	87.58	391.75	201.04	190.71	366.17	25.58
1975	97.41	434.56	223.58	210.98	408.47	26.09
1978	105.70	452.71	233.41	219.30	426.73	25.98
1980	109.92	461.61	237.98	223.63	430.09	31.52
1985	126.03	490.08	253.72	236.36	448.94	41.14
1990	149.29	515.49	267.27	248.22	468.42	47.07
1991	151.45	518.34	268.76	249.58	470.38	47.96
1992	153.08	520.51	269.84	250.67	470.96	49.55
1993	154.90	523.43	271.51	251.92	471.53	51.90
1994	157.40	526.31	272.83	253.48	472.42	53.89
1995	159.04	529.56	274.51	255.05	471.88	57.68
1996	161.42	532.98	276.21	256.77	471.61	61.37
1997	164.61	535.98	277.63	258.35	469.72	66.26
1998	168.15	539.51	279.53	259.98	463.88	75.63
1999	173.26	542.98	281.13	261.85	461.41	81.57
2000	175.56	546.62	282.77	263.85	455.83	90.79
2001	177.49	548.52	283.63	264.89	456.43	92.09
2002	179.71	550.46	284.42	266.04	456.65	93.81
2003	182.03	552.61	285.38	267.23	457.26	95.35
2004	183.89	555.92	286.87	269.05	459.23	96.69
2005	186.83	559.85	288.71	271.14	461.54	98.31
2006	189.12	564.66	291.01	273.65	464.86	99.80
2007	191.99	569.39	293.25	276.15	467.51	101.88
2008	193.69	574.06	295.38	278.68	470.71	103.35
2009	193.34	578.47	297.54	280.93	474.08	104.39
2010	192.68	583.14	299.68	283.46	477.48	105.67

2-2 市区年末总人口数

（1978-2010年）

单位:万人

年份	市区	椒江区	黄岩区	路桥区
1978	117.37	34.86	49.32	33.19
1979	118.45	35.34	49.65	33.46
1980	119.31	35.74	49.99	33.58
1981	120.53	36.16	50.48	33.89
1982	122.61	36.89	51.21	34.51
1983	124.07	37.34	51.85	34.88
1984	125.32	38.01	52.31	35.00
1985	126.97	38.52	53.02	35.43
1986	128.57	39.06	53.69	35.82
1987	130.34	39.68	54.38	36.28
1988	131.99	40.43	54.83	36.73
1989	132.96	40.90	55.03	37.03
1990	133.77	41.41	55.17	37.19
1991	134.47	41.73	55.36	37.38
1992	136.14	42.08	55.48	38.58
1993	135.91	42.39	55.73	37.79
1994	136.73	42.66	55.96	38.11
1995	137.70	43.03	56.16	38.51
1996	138.79	43.40	56.54	38.85
1997	139.67	43.73	56.73	39.21
1998	140.83	44.22	56.77	39.84
1999	142.03	44.78	57.03	40.22
2000	143.17	45.31	57.27	40.59
2001	143.90	45.93	57.01	40.96
2002	144.93	46.53	57.09	41.31
2003	146.05	47.15	57.19	41.71
2004	147.37	47.79	57.47	42.11
2005	148.75	48.37	57.86	42.52
2006	150.20	48.94	58.33	42.93
2007	151.56	49.51	58.77	43.27
2008	152.75	49.98	59.14	43.64
2009	153.77	50.40	59.41	43.96
2010	154.89	50.92	59.67	44.30

2-3 各县市年末总人口数

（1978-2010年）

单位:万人

年　份	玉环县	三门县	天台县	仙居县	温岭市	临海市
1978	31.84	33.17	45.40	38.76	94.18	91.99
1979	32.42	33.64	46.00	38.90	95.07	93.21
1980	32.86	33.99	46.49	39.07	95.71	94.19
1981	33.37	34.46	47.14	39.40	96.46	95.34
1982	33.85	35.09	47.93	39.89	98.13	97.00
1983	34.35	35.69	48.62	40.23	99.25	98.30
1984	34.78	36.23	49.05	40.34	100.24	98.94
1985	35.32	36.65	49.47	40.40	101.26	100.01
1986	35.79	37.15	49.91	40.74	102.46	101.19
1987	36.35	37.98	50.62	41.16	103.75	102.58
1988	36.77	38.57	51.37	41.65	105.20	103.56
1989	37.12	38.84	51.68	41.91	106.58	104.03
1990	37.36	38.65	51.71	42.05	107.72	104.23
1991	37.50	38.88	52.12	42.35	108.48	104.54
1992	37.59	38.98	52.23	42.57	109.01	105.05
1993	37.73	39.16	52.48	42.93	109.50	105.72
1994	37.89	39.25	52.78	43.34	110.06	106.27
1995	38.07	39.35	53.14	43.67	110.79	106.84
1996	38.23	39.47	53.50	43.98	111.58	107.44
1997	38.37	39.61	53.88	44.27	112.23	107.95
1998	38.56	39.79	54.52	44.56	112.83	108.39
1999	38.79	39.88	55.12	44.88	113.28	109.00
2000	38.89	40.02	55.44	45.48	113.80	109.83
2001	39.03	40.06	55.47	45.82	114.09	110.15
2002	39.13	40.11	55.52	46.12	114.28	110.37
2003	39.28	40.25	55.52	46.43	114.50	110.58
2004	39.50	40.57	55.66	46.82	114.82	111.18
2005	39.84	40.97	55.88	47.39	115.09	111.92
2006	40.23	41.42	56.26	48.01	115.70	112.86
2007	40.66	41.86	56.50	48.44	116.56	113.82
2008	41.10	42.27	56.89	48.80	117.58	114.66
2009	41.47	42.60	57.50	49.21	118.45	115.47
2010	41.96	42.92	58.16	49.53	119.29	116.40

2－4 主要年份人口自然变动情况

年份	出生		死亡		自然增长	
	人数（人）	出生率（‰）	人数（人）	死亡率（‰）	人数（人）	自然增长率（‰）
1949	61063	25.58	32794	13.74	28269	11.84
1952	70721	28.27	30600	12.23	40121	16.04
1957	105765	38.05	25120	9.04	80645	29.01
1962	103246	34.08	24548	8.10	78698	25.98
1965	135207	40.43	28458	8.51	106749	31.92
1970	119335	30.87	23123	5.98	96212	24.89
1975	96398	22.37	27793	6.45	68605	15.92
1978	77592	17.25	25928	5.76	51664	11.49
1980	61815	13.45	26211	5.70	35604	7.75
1985	70894	14.54	27879	5.72	43015	8.82
1990	58776	11.43	27818	5.41	30958	6.02
1991	53615	10.37	27379	5.30	26236	5.07
1992	56418	10.86	30167	5.81	26251	5.05
1993	63879	12.24	29461	5.64	34418	6.60
1994	66000	12.57	29922	5.70	36078	6.87
1995	67425	12.77	32057	6.07	35368	6.70
1996	68640	12.92	32010	6.03	36630	6.89
1997	63482	11.88	31319	5.86	32163	6.02
1998	68263	12.69	32162	5.98	36101	6.71
1999	68220	12.60	31945	5.90	36275	6.70
2000	72905	13.38	33565	6.16	39340	7.22
2001	61712	11.27	31417	5.74	30295	5.53
2002	64052	11.66	33072	6.02	30980	5.64
2003	66612	12.08	33478	6.07	33134	6.01
2004	75969	13.71	32927	5.94	43042	7.77
2005	74640	13.37	34823	6.24	39817	7.13
2006	73612	13.09	32502	5.78	41110	7.31
2007	67765	11.95	32665	5.76	35100	6.19
2008	65301	11.42	34478	6.03	30823	5.39
2009	66741	11.58	34660	6.01	32081	5.57
2010	72862	12.54	36699	6.32	36163	6.22

2－5 主要年份年末从业人员数

单位：万人

年份	从业人员总数	第一产业	第二产业	第三产业	#城镇集体以上单位在岗职工	国有经济单位	城镇集体经济单位	其他经济单位	#城镇私营和个体从业人员
1952	100.74				3.34	2.55	0.79		2.89
1957	114.39				6.40	4.14	2.26		2.94
1962	122.02				9.30	5.08	4.22		0.70
1965	129.82				9.74	5.41	4.33		0.62
1970	145.58				12.59	7.33	5.26		0.50
1975	157.86				16.75	9.41	7.34		0.26
1978	176.88				22.90	12.06	10.84		0.34
1980	185.19				23.93	13.95	9.98		0.60
1985	268.79				29.94	15.99	13.90	0.05	1.14
1990	307.23				33.49	17.90	15.41	0.18	2.16
1991	317.03				34.87	18.86	15.53	0.48	2.51
1992	322.16				33.36	19.17	13.88	0.31	3.42
1993	324.85				34.07	19.14	14.04	0.89	4.58
1994	330.65				33.64	19.32	13.24	1.08	9.37
1995	341.04	161.18	102.10	77.76	34.18	20.34	12.57	1.27	11.99
1996	341.23	157.20	104.77	79.26	34.32	20.47	12.34	1.51	11.87
1997	340.75	152.99	111.38	76.38	34.70	20.94	12.11	1.65	12.36
1998	341.19	147.52	113.92	79.75	34.42	20.13	10.32	3.97	11.28
1999	340.70	143.48	114.87	82.35	34.19	19.41	9.36	5.42	13.21
2000	340.48	135.52	116.03	88.93	32.56	17.99	7.40	7.17	13.82
2001	343.24	130.21	119.15	93.88	31.74	16.94	5.52	9.28	26.15
2002	347.25	125.90	120.85	100.50	31.77	15.95	4.19	11.63	29.84
2003	358.87	122.31	127.40	109.16	32.87	15.04	3.75	14.08	33.69
2004	364.13	106.21	136.89	121.03	35.31	15.49	3.84	15.98	42.22
2005	368.67	103.83	140.06	124.78	39.13	15.43	3.21	20.48	44.57
2006	370.21	101.43	142.50	126.28	40.22	15.63	2.66	21.93	45.69
2007	373.14	88.60	152.84	131.70	47.53	16.39	3.51	27.63	51.25
2008	375.57	83.76	157.34	134.47	54.92	16.82	2.65	35.45	56.36
2009	378.55	78.12	162.12	138.31	59.71	16.57	2.59	40.55	56.48
2010	367.56	75.25	160.28	132.03	64.81	16.65	2.66	45.50	95.50

注：2001 年开始个体私营从业人员统计口径扩大，包括股份合作企业从业人员；2003 年以前在岗职工为职工资料。

2－6　分行业全部在岗职工年末人数

（2005－2010 年）

单位：人

行　　　　业	2005 年	2006 年	2007 年	2008 年	2009 年	2010 年
总　　计	**391250**	**402170**	**475297**	**549196**	**597122**	**648104**
按企业、事业、机关分						
企　业	258744	265799	330684	405113	452135	499053
事　业	98041	100820	105961	105702	105407	108300
机　关	34465	35551	38652	38381	38655	39384
民间非营利组织					810	1081
其　它					115	286
按国民经济行业分						
农、林、牧、渔业	4773	4519	4626	4424	4252	4054
采矿业	753	127	144	302	147	196
制造业	74563	74664	121275	166045	202452	226245
电力、燃气及水的生产和供应业	10028	10075	10181	10547	9881	10086
建筑业	106228	112050	130816	153392	159716	176283
交通运输、仓储和邮政业	10398	11612	11025	11112	11524	11670
信息传输、计算机服务和软件业	3676	3583	3557	3797	3785	3966
批发和零售业	16105	16716	16623	17147	18312	19076
住宿和餐饮业	10038	9570	8135	8388	8618	7927
金融业	14521	15905	16934	18302	20207	23994
房地产业	5424	5072	5428	6014	5457	7251
租赁和商务服务业	7835	7562	7887	11567	10818	11237
科学研究、技术服务和地质勘查业	5220	5445	5773	5409	5502	5809
水利、环境和公共设施管理业	4998	4971	4570	5539	5243	5490
居民服务和其他服务业	670	849	731	526	1350	1355
教　育	50176	51836	53451	53074	53570	54659
卫生、社会保障和社会福利业	23745	24400	25735	25657	26294	27659
文化、体育和娱乐业	2560	2581	2694	2619	3215	3483
公共管理和社会组织	39539	40633	45712	45335	46779	47664

注：本表统计范围为城镇集体以上各类单位。

2－7　分行业国有经济在岗职工年末人数

（2005－2010 年）

单位:人

行　　业	2005 年	2006 年	2007 年	2008 年	2009 年	2010 年
总　　计	**154303**	**156289**	**163866**	**168239**	**165694**	**166481**
按企业、事业、机关分						
企　业	29608	27917	27857	33104	28867	27609
事　业	90269	92858	97400	96803	97789	99054
机　关	34426	35514	38609	38332	38576	39384
民间非营利组织					419	396
其　它					43	38
按国民经济行业分						
农、林、牧、渔业	4565	4286	4477	4329	4137	3961
采矿业						
制造业	2804	2196	2347	2710	1617	1727
电力、燃气及水的生产和供应业	8505	6175	6412	9146	8363	8507
建筑业	976	1240	1309	3954	1137	1004
交通运输、仓储和邮政业	5222	5413	5182	5089	5425	4939
信息传输、计算机服务和软件业	873	985	1071	1115	973	1002
批发和零售业	4446	4956	4124	3609	3205	2893
住宿和餐饮业	1128	764	672	512	588	496
金融业	4308	5113	5851	5648	4287	4272
房地产业	1246	1239	1115	1113	744	908
租赁和商务服务业	3516	3495	3452	3771	4582	4078
科学研究、技术服务和地质勘查业	4495	4720	4816	4586	4764	4728
水利、环境和公共设施管理业	2556	2703	2325	3054	3066	3113
居民服务和其他服务业	333	355	359	353	380	379
教　育	48135	49591	50801	50250	51203	50850
卫生、社会保障和社会福利业	19290	19906	21202	21109	21494	22925
文化、体育和娱乐业	2435	2566	2694	2619	3013	3271
公共管理和社会组织	39470	40586	45657	45272	46716	47428

2－8　分行业城镇集体经济在岗职工年末人数

（2005－2010 年）

单位：人

行　　业	2005 年	2006 年	2007 年	2008 年	2009 年	2010 年
总　　计	**32147**	**26558**	**35147**	**26481**	**25939**	**26567**
按企业、事业、机关分						
企　业	25957	20632	28990	20279	19553	18896
事　业	6151	5889	6114	6153	6276	7645
机　关	39	37	43	49	79	
民间非营利组织					3	3
其　它					28	23
按国民经济行业分						
农、林、牧、渔业	96	131	71	18	27	16
采矿业			20	12		
制造业	1803	1281	1730	3596	3424	3272
电力、燃气及水的生产和供应业	292	265	265	290	297	282
建筑业	17876	14277	22500	11319	11627	13580
交通运输、仓储和邮政业	252	266	299	25	23	
信息传输、计算机服务和软件业						
批发和零售业	1402	847	615	547	422	248
住宿和餐饮业	399	301	282	185	60	42
金融业	2111	1481	1410	2073	2606	428
房地产业	146	161	111	82	103	97
租赁和商务服务业	1534	1451	1637	2110	934	886
科学研究、技术服务和地质勘查业	141	135	218	207	87	142
水利、环境和公共设施管理业	1704	1675	1631	1779	1453	1731
居民服务和其他服务业	82	113	126	70	14	13
教　育	395	248	275	234	651	1661
卫生、社会保障和社会福利业	3848	3882	3909	3897	4180	4048
文化、体育和娱乐业						2
公共管理和社会组织	66	44	48	37	31	119

2－9　分行业其他经济在岗职工年末人数

（2005－2010 年）

单位：人

行　　业	2005 年	2006 年	2007 年	2008 年	2009 年	2010 年
总　　计	**204800**	**219323**	**276284**	**354476**	**405489**	**455056**
按企业、事业、机关分						
企　业	203179	217250	273837	351730	403715	452548
事　业	1621	2073	2447	2746	1342	1601
机　关						
民间非营利组织					388	682
其　它					44	225
按国民经济行业分						
农、林、牧、渔业	112	102	78	77	88	77
采矿业	753	127	124	290	147	196
制造业	69956	71187	117198	159739	197411	221246
电力、燃气及水的生产和供应业	1231	3635	3504	1111	1221	1297
建筑业	87376	96533	107007	138119	146952	161699
交通运输、仓储和邮政业	4924	5933	5544	5998	6076	6731
信息传输、计算机服务和软件业	2803	2598	2486	2682	2812	2964
批发和零售业	10257	10913	11884	12991	14685	15935
住宿和餐饮业	8511	8505	7181	7691	7970	7389
金融业	8102	9311	9673	10581	13314	19294
房地产业	4032	3672	4202	4819	4610	6246
租赁和商务服务业	2785	2616	2798	5686	5302	6273
科学研究、技术服务和地质勘查业	584	590	739	616	651	939
水利、环境和公共设施管理业	738	593	614	706	724	646
居民服务和其他服务业	255	381	246	103	956	963
教　育	1646	1997	2375	2590	1716	2148
卫生、社会保障和社会福利业	607	612	624	651	620	686
文化、体育和娱乐业	125	15			202	210
公共管理和社会组织	3	3	7	26	32	117

2－10　各经济类型分行业全部在岗职工年末人数

（2010 年）

单位：人

行　　业	在岗职工年末人数	国有经济单位	城镇集体经济单位	其他经济单位
总　计	**648104**	**166481**	**26567**	**455056**
按企业、事业、机关分				
企　业	499053	27609	18896	452548
事　业	108300	99054	7645	1601
机　关	39384	39384		
民间非营利组织	1081	396	3	682
其　它	286	38	23	225
按国民经济行业分				
农、林、牧、渔业	**4054**	**3961**	**16**	**77**
农　业	620	616	4	
林　业	232	218		14
畜牧业	64	1		63
渔　业	6		6	
农、林、牧、渔服务业	3132	3126	6	
采矿业	**196**			**196**
非金属矿采选业	196			196
制造业	**226245**	**1727**	**3272**	**221246**
农副食品加工业	1031		35	996
食品制造业	6756			6756
饮料制造业	1571	247	6	1318
纺织业	9803			9803
纺织服装、鞋、帽制造业	2430		69	2361
皮革、毛皮、羽毛（绒）及其制品业	2441			2441
木材加工及木、竹、藤、棕、草制品业	985			985
家具制造业	6825			6825
造纸及纸制品业	940		76	864
印刷业和记录媒介的复制	985	98	44	843
文教体育用品制造业	1084			1084

注：本表统计范围为城镇集体以上各类单位。

2－10续表1

单位:人

行业	在岗职工年末人数	国有经济单位	城镇集体经济单位	其他经济单位
化学原料及化学制品制造业	7468			7468
医药制造业	18572			18572
橡胶制品业	3095		57	3038
塑料制品业	15158		2033	13125
非金属矿物制品业	3660	200	102	3358
黑色金属冶炼及压延加工业	267			267
有色金属冶炼及压延加工业	1682			1682
金属制品业	10254			10254
通用设备制造业	28747	693	313	27741
专用设备制造业	20062			20062
交通运输设备制造业	35773	489	18	35266
电气机械及器材制造业	20584		458	20126
通信设备、计算机及其他电子设备制造业	3513			3513
仪器仪表及文化、办公用机械制造业	3576		42	3534
工艺品及其他制造业	14387		19	14368
废弃资源和废旧材料回收加工业	4596			4596
电力、燃气及水的生产和供应业	**10086**	**8507**	**282**	**1297**
电力、热力的生产和供应业	7886	7210	14	662
燃气生产和供应业	211		74	137
水的生产和供应业	1989	1297	194	498
建筑业	**176283**	**1004**	**13580**	**161699**
房屋和土木工程建筑业	172302	1004	13490	157808
建筑安装业	1498			1498
建筑装饰业	2114		90	2024
其他建筑业	369			369
交通运输、仓储和邮政业	**11670**	**4939**		**6731**
道路运输业	6195	2769		3426

2－10续表2

单位：人

行　　业	在岗职工年末人数	国　有经济单位	城镇集体经济单位	其　他经济单位
城市公共交通业	1256	235		1021
水上运输业	1263	340		923
装卸搬运及其他运输服务业	1622	388		1234
仓储业	109	33		76
邮政业	1225	1174		51
信息传输、计算机服务和软件业	**3966**	**1002**		**2964**
电信和其他信息传输服务业	3774	977		2797
计算机服务业	68	25		43
软件业	124			124
批发和零售业	**19076**	**2893**	**248**	**15935**
批发业	10776	2230	171	8375
零售业	8300	663	77	7560
住宿和餐饮业	**7927**	**496**	**42**	**7389**
住宿业	6547	456	18	6073
餐饮业	1380	40	24	1316
金融业	**23994**	**4272**	**428**	**19294**
银行业	20343	4183	428	15732
保险业	3070			3070
其他金融活动	581	89		492
房地产业	**7251**	**908**	**97**	**6246**
房地产业	5133	105		5028
物业管理	1150	61		1089
房地产中介服务	138	46		92
租赁和商务服务业	**11237**	**4078**	**886**	**6273**
商务服务业	11237	4078	886	6273
科学研究、技术服务和地质勘查业	**5809**	**4728**	**142**	**939**
研究与试验发展	920	920		
专业技术服务业	3350	2328	116	906

2－10 续表 3

单位：人

行　　　业	在岗职工年末人数	国　　有经济单位	城镇集体经济单位	其　　他经济单位
科技交流和推广服务业	1530	1471	26	33
地质勘查业	9	9		
水利、环境和公共设施管理业	**5490**	**3113**	**1731**	**646**
水利管理业	1281	1281		
环境管理业	2679	1053	1491	135
公共设施管理业	1530	779	240	511
居民服务和其他服务业	**1355**	**379**	**13**	**963**
居民服务业	1167	362	13	792
其他服务业	188	17		171
教　育	**54659**	**50850**	**1661**	**2148**
其中：初等教育	22426	21746	502	178
中等教育	26879	24756	1073	1050
高等教育	3085	2592	25	468
卫生、社会保障和社会福利业	**27659**	**22925**	**4048**	**686**
卫　生	27002	22272	4048	682
社会保障业	437	437		
社会福利业	220	216		4
文化、体育和娱乐业	**3483**	**3271**	**2**	**210**
新闻出版业	539	539		
广播、电视、电影和音像业	1741	1735		6
文化艺术业	824	781	2	41
体　育	230	143		87
娱乐业	149	73		76
公共管理和社会组织	**47664**	**47428**	**119**	**117**
中国共产党机关	2025	2025		
国家机构	44422	44329	93	
人民政协和民主党派	290	290		
群众团体、社会团体和宗教组织	927	784	26	117

2－11　分行业全部从业人员素质情况(一)

(2010年)

单位:人

行　　业	从业人员年末人数	大学本科及以上	大　专	中专及高　中	初中及以　下
总　　计	**697831**	**113669**	**117410**	**181061**	**285691**
按企业、事业、机关分					
企　业	532238	39511	72296	152135	268296
事　业	120453	52745	30881	21224	15603
机　关	43693	20919	13791	7361	1622
民间非营利组织	1146	456	305	228	157
其　它	301	38	137	113	13
按国民经济行业分					
农、林、牧、渔业	**4777**	**1102**	**1197**	**1249**	**1229**
农　业	621	5	22	115	479
林　业	241	9	35	77	120
畜牧业	65		3	3	59
渔　业	6			2	4
农、林、牧、渔服务业	3844	1088	1137	1052	567
采矿业	**197**	**1**	**32**	**91**	**73**
非金属矿采选业	197	1	32	91	73
制造业	**228727**	**11849**	**25008**	**69790**	**122080**
农副食品加工业	1086	19	75	307	685
食品制造业	6795	83	214	806	5692
饮料制造业	1887	142	436	578	731
纺织业	9820	329	690	2323	6478
纺织服装、鞋、帽制造业	2471	49	127	616	1679
皮革、毛皮、羽毛(绒)及其制品业	2471	33	178	1016	1244
木材加工及木、竹、藤、棕、草制品业	985	56	98	396	435
家具制造业	6850	213	919	2187	3531
造纸及纸制品业	955	17	58	200	680
印刷业和记录媒介的复制	995	26	97	367	505
文教体育用品制造业	1085	14	73	207	791

注:本表统计范围为城镇集体以上各类单位。

2－11 续表 1

单位:人

行业	从业人员年末人数	大学本科及以上	大专	中专及高中	初中及以下
化学原料及化学制品制造业	7573	692	1068	2724	3089
医药制造业	18675	2767	3173	6382	6353
橡胶制品业	3100	63	274	844	1919
塑料制品业	15217	578	1407	3628	9604
非金属矿物制品业	3691	175	480	1076	1960
黑色金属冶炼及压延加工业	267	10	35	85	137
有色金属冶炼及压延加工业	1726	71	170	544	941
金属制品业	10256	284	923	3542	5507
通用设备制造业	28876	1206	2961	8936	15773
专用设备制造业	20128	1134	2649	6881	9464
交通运输设备制造业	36342	2176	4599	12083	17484
电气机械及器材制造业	20997	985	2618	6068	11326
通信设备、计算机及其他电子设备制造业	3562	169	357	1234	1802
仪器仪表及文化、办公用机械制造业	3578	161	361	1272	1784
工艺品及其他制造业	14741	353	876	5029	8483
废弃资源和废旧材料回收加工业	4598	44	92	459	4003
电力、燃气及水的生产和供应业	**10506**	**1885**	**3280**	**3558**	**1783**
电力、热力的生产和供应业	8202	1586	2569	2846	1201
燃气生产和供应业	220	40	83	74	23
水的生产和供应业	2084	259	628	638	559
建筑业	**188575**	**5425**	**14923**	**46337**	**121890**
房屋和土木工程建筑业	184446	5046	14034	44923	120443
建筑安装业	1580	183	376	688	333
建筑装饰业	2175	166	402	626	981
其他建筑业	374	30	111	100	133
交通运输、仓储和邮政业	**13529**	**1298**	**3165**	**5055**	**4011**
道路运输业	6664	858	1874	2448	1484

2－11 续表2

单位：人

行业	从业人员年末人数	大学本科及以上	大专	中专及高中	初中及以下
城市公共交通业	1265	43	171	434	617
水上运输业	1365	111	225	635	394
装卸搬运及其他运输服务业	1627	36	125	302	1164
仓储业	109	8	20	50	31
邮政业	2499	242	750	1186	321
信息传输、计算机服务和软件业	**6039**	**1914**	**2514**	**1335**	**276**
电信和其他信息传输服务业	5847	1875	2420	1296	256
计算机服务业	68	23	19	6	20
软件业	124	16	75	33	
批发和零售业	**20037**	**1958**	**5068**	**7558**	**5453**
批发业	11258	1367	3226	3831	2834
零售业	8779	591	1842	3727	2619
住宿和餐饮业	**8022**	**255**	**1197**	**3338**	**3232**
住宿业	6638	174	905	2801	2758
餐饮业	1384	81	292	537	474
金融业	**33985**	**12163**	**11608**	**8241**	**1973**
银行业	21253	10259	7898	2547	549
保险业	11786	1635	3246	5486	1419
其他金融活动	946	269	464	208	5
房地产业	**7557**	**1350**	**2613**	**2106**	**1488**
房地产业	5362	1040	2149	1503	670
物业管理	1156	49	109	293	705
房地产中介服务	138	25	64	46	3
租赁和商务服务业	**13936**	**1668**	**3112**	**4639**	**4517**
商务服务业	13936	1668	3112	4639	4517
科学研究、技术服务和地质勘查业	**6482**	**2719**	**2055**	**1130**	**578**
研究与试验发展	932	512	218	119	83
专业技术服务业	3872	1719	1322	560	271

2－11 续表3

单位:人

行　　　业	从业人员年末人数	大学本科及以上	大　专	中专及高　中	初中及以　下
科技交流和推广服务业	1661	483	511	451	216
地质勘查业	17	5	4		8
水利、环境和公共设施管理业	**7063**	**561**	**1163**	**991**	**4348**
水利管理业	1341	269	628	297	147
环境管理业	3811	84	179	232	3316
公共设施管理业	1911	208	356	462	885
居民服务和其他服务业	**1369**	**59**	**120**	**426**	**764**
居民服务业	1180	48	100	367	665
其他服务业	189	11	20	59	99
教　育	**59172**	**34305**	**12947**	**6900**	**5020**
其中：初等教育	24086	9221	8453	4442	1970
中等教育	29143	21669	3429	1670	2375
高等教育	3348	2702	227	195	224
卫生、社会保障和社会福利业	**30687**	**9930**	**9458**	**7570**	**3729**
卫　生	29909	9634	9229	7445	3601
社会保障业	506	225	188	59	34
社会福利业	272	71	41	66	94
文化、体育和娱乐业	**3680**	**1033**	**1101**	**1089**	**457**
新闻出版业	545	298	139	102	6
广播、电视、电影和音像业	1806	392	576	625	213
文化艺术业	932	241	290	227	174
体　育	246	80	64	74	28
娱乐业	151	22	32	61	36
公共管理和社会组织	**53491**	**24194**	**16849**	**9658**	**2790**
中国共产党机关	2170	1460	454	211	45
国家机构	49918	22143	15929	9157	2689
人民政协和民主党派	333	151	115	64	3
群众团体、社会团体和宗教组织	1070	440	351	226	53

2－12　分行业全部从业人员素质情况(二)

(2010 年)

单位:人

行　　业	从业人员中经营管理人员	从业人员中专业技术人员	高级专业技术人员	中级专业技术人员	初级专业技术人员	在专业技术岗位工作人员	从业人员中技术工人
总　　计	**53153**	**169743**	**12199**	**48012**	**73719**	**35813**	**147011**
按企业、事业、机关分							
企　业	46147	84489	3379	18222	34131	28757	136021
事　业	6824	84581	8781	29643	39296	6861	8811
机　关							2111
民间非营利组织	127	549	38	134	201	176	60
其　它	55	124	1	13	91	19	8
按国民经济行业分							
农、林、牧、渔业	**347**	**2140**	**70**	**609**	**991**	**470**	**481**
农　业	70	23		3	18	2	23
林　业	25	53		26	24	3	145
畜牧业	6	3			3		5
渔　业	1						
农、林、牧、渔服务业	245	2061	70	580	946	465	308
采矿业	**6**	**5**		**1**	**2**	**2**	**22**
非金属矿采选业	6	5		1	2	2	22
制造业	**21216**	**27057**	**1290**	**4495**	**8921**	**12351**	**52109**
农副食品加工业	133	82		19	47	16	181
食品制造业	302	227	7	23	76	121	543
饮料制造业	259	299	12	71	131	85	165
纺织业	710	978	20	57	413	488	1321
纺织服装、鞋、帽制造业	218	116	2	9	51	54	337
皮革、毛皮、羽毛(绒)及其制品业	107	179	29	54	72	24	415
木材加工及木、竹、藤、棕、草制品业	95	95	3	10	31	51	139
家具制造业	873	423	12	48	128	235	553
造纸及纸制品业	109	62	3	7	36	16	122
印刷业和记录媒介的复制	87	102		26	36	40	190
文教体育用品制造业	119	36		4	17	15	68

注:本表统计范围为城镇集体以上各类单位。

2－12 续表1

单位:人

行业	从业人员中经营管理人员	从业人员中专业技术人员	高级专业技术人员	中级专业技术人员	初级专业技术人员	在专业技术岗位工作人员	从业人员中技术工人
化学原料及化学制品制造业	1222	1380	143	317	428	492	1750
医药制造业	1725	5302	111	821	2070	2300	5764
橡胶制品业	360	212	14	40	73	85	339
塑料制品业	1190	1144	39	135	324	646	2753
非金属矿物制品业	362	545	27	91	181	246	676
黑色金属冶炼及压延加工业	52	58	4	7	21	26	46
有色金属冶炼及压延加工业	79	61	2	10	22	27	184
金属制品业	746	855	29	107	162	557	2480
通用设备制造业	2789	3628	278	914	1007	1429	8180
专用设备制造业	1837	3043	177	463	785	1618	5001
交通运输设备制造业	3387	4260	178	703	1793	1586	11915
电气机械及器材制造业	2358	2546	146	357	575	1468	5086
通信设备、计算机及其他电子设备制造业	220	351	9	33	74	235	1958
仪器仪表及文化、办公用机械制造业	223	283	11	45	112	115	367
工艺品及其他制造业	1497	697	33	106	227	331	1475
废弃资源和废旧材料回收加工业	157	93	1	18	29	45	101
电力、燃气及水的生产和供应业	**1259**	**3074**	**76**	**698**	**1563**	**737**	**4635**
电力、热力的生产和供应业	901	2474	54	533	1290	597	3880
燃气生产和供应业	41	67	2	11	18	36	82
水的生产和供应业	317	533	20	154	255	104	673
建筑业	**12423**	**27548**	**1227**	**6623**	**12682**	**7016**	**65333**
房屋和土木工程建筑业	12085	26417	1170	6237	12204	6806	64370
建筑安装业	147	415	28	128	205	54	655
建筑装饰业	148	573	25	212	213	123	252
其他建筑业	43	143	4	46	60	33	56
交通运输、仓储和邮政业	**1661**	**2078**	**98**	**628**	**928**	**424**	**4563**
道路运输业	937	1158	68	388	636	66	1746

2－12 续表 2

单位:人

行　　业	从业人员中经营管理人员	从业人员中专业技术人员	高级专业技术人员	中级专业技术人员	初级专业技术人员	在专业技术岗位工作人员	从业人员中技术工人
城市公共交通业	156	131		9	29	93	585
水上运输业	171	508	30	165	111	202	373
装卸搬运及其他运输服务业	242	106		17	63	26	81
仓储业	16	28		12	8	8	5
邮政业	139	147		37	81	29	1773
信息传输、计算机服务和软件业	**463**	**2161**	**77**	**498**	**823**	**763**	**914**
电信和其他信息传输服务业	428	2119	69	486	811	753	835
计算机服务业	12	20	8	6	6		3
软件业	23	22		6	6	10	76
批发和零售业	**2841**	**3898**	**122**	**645**	**1827**	**1304**	**3186**
批发业	1663	2731	74	427	1289	941	1860
零售业	1178	1167	48	218	538	363	1326
住宿和餐饮业	**661**	**548**	**27**	**78**	**194**	**249**	**1203**
住宿业	578	412	23	66	171	152	1040
餐饮业	83	136	4	12	23	97	163
金融业	**3576**	**11272**	**113**	**2557**	**4605**	**3997**	**2654**
银行业	2859	10452	86	2378	4323	3665	1942
保险业	477	758	25	169	271	293	282
其他金融活动	240	62	2	10	11	39	430
房地产业	**1447**	**2958**	**217**	**1301**	**991**	**449**	**491**
房地产业	991	2513	197	1162	794	360	262
物业管理	120	91	2	17	47	25	146
房地产中介服务	25	58	2	8	11	37	16
租赁和商务服务业	**1138**	**2949**	**67**	**406**	**1305**	**1171**	**1009**
商务服务业	1138	2949	67	406	1305	1171	1009
科学研究、技术服务和地质勘查业	**687**	**4054**	**557**	**1482**	**1556**	**459**	**666**
研究与试验发展	40	508	196	155	134	23	175
专业技术服务业	399	2613	315	1016	929	353	306

2－12 续表3

单位:人

行　　业	从业人员中经营管理人员	从业人员中专业技术人员	高级专业技术人员	中级专业技术人员	初级专业技术人员	在专业技术岗位工作人员	从业人员中技术工人
科技交流和推广服务业	248	916	45	306	490	75	185
地质勘查业		17	1	5	3	8	
水利、环境和公共设施管理业	**616**	**1036**	**77**	**339**	**449**	**171**	**1157**
水利管理业	161	583	30	206	258	89	401
环境管理业	143	61	5	9	28	19	385
公共设施管理业	312	392	42	124	163	63	371
居民服务和其他服务业	**110**	**101**	**6**	**32**	**46**	**17**	**163**
居民服务业	89	89	4	26	43	16	141
其他服务业	21	12	2	6	3	1	22
教　育	**1070**	**49215**	**5776**	**20132**	**20784**	**2523**	**2454**
其中：初等教育	185	20870	506	8929	10687	748	640
中等教育	494	24494	4526	9575	9144	1249	1263
高等教育	241	2512	646	1180	373	313	250
卫生、社会保障和社会福利业	**932**	**24391**	**2049**	**5919**	**13804**	**2619**	**2163**
卫　生	807	24107	2040	5803	13694	2570	2108
社会保障业	72	233	5	102	84	42	15
社会福利业	53	51	4	14	26	7	40
文化、体育和娱乐业	**582**	**1604**	**89**	**418**	**740**	**357**	**662**
新闻出版业	49	232	21	87	91	33	13
广播、电视、电影和音像业	364	649	23	155	352	119	537
文化艺术业	129	574	37	129	247	161	32
体　育	24	137	8	44	41	44	30
娱乐业	16	12		3	9		50
公共管理和社会组织	**2118**	**3654**	**261**	**1151**	**1508**	**734**	**3146**
中国共产党机关	15	2			2		143
国家机构	1912	3549	258	1117	1459	715	2894
人民政协和民主党派							36
群众团体、社会团体和宗教组织	191	103	3	34	47	19	73

主要统计指标解释

人口数　指一定时点全市行政管辖范围内的有生命的个人的总和。年度统计的年末人口数是指12月31日24时常住户口和未落户口的人口数。

农业人口　指凡在农村从事农、林、牧、副、渔的劳动者，以及乡（不包括乡）以下，不直接从事农业生产的各种人员及其抚养的家属。

非农业人口　指从事农、林、牧、副、渔业以外各种行业的人员。包括国营的农、林、牧、渔、园艺场、拖拉机站、抽水机站等，在编的行政管理人员、文教卫生、财贸、邮电等人员，以及附属的独立核算的工业企业中常年不从事农业生产的国家职工。包括抚养的家属。

出生率　指一年内平均每千人所出生的人数比例，一般以千分率表示。计算公式：

$$出生率 = \frac{全年出生人数}{年平均人数} \times 1000‰$$

出生人数指活产婴儿，即胎儿脱离母体时（不管怀孕月数），有过呼吸或其他生命现象。

死亡率　指一年内平均每千人所死亡的人数比例，一般以千分率表示。计算公式：

$$死亡率 = \frac{全年死亡人数}{年平均人数} \times 1000‰$$

人口自然增长率　指一年内人口自然增长数（出生人数减死亡人数）与平均人数之比例，一般以千分率表示。计算公式：

$$人口自然增长率 = \frac{年内出生人数 - 年内死亡人数}{年平均人数} \times 1000‰$$

或　人口自然增长率 = 人口出生率 - 人口死亡率

人口密度　指在一定时点一定地区的人口数与该地区的面积数之比，即一定时点的单位土地面积上的人口数，通常以每平方公里的居民人数来表示。计算公式：

$$人口密度 = \frac{该地区的人口数}{该地区的土地面积数}$$

从业人员　指从事一定社会劳动并取得劳动报酬或经营收入的全部劳动力。包括国有经济单位、城镇集体经济单位、其他各种经济类型单位的全部职工。城镇私营和个体从业人员和其他从业人员，乡村从业人员，从事家庭副业，其收入相当于当地一个从业人员最低收入水平或参加社会劳动累计在三个月以上的乡、村从业人员也包括在内。

在岗职工　指调查时期（点）在本单位工作并由单位支付劳动报酬的职工。包括由单位派出学习、劳务及病伤产假且仍由单位支付劳动报酬的人员。

城镇私营和个体从业人员　城镇私营从业人员指在工商行政管理部门注册登记，其经营地址设在县城关镇（含城关镇）以上的私营企业从业人员，包括私营企业投资者和雇工。城镇个体从业人员指在工商管理部门注册登记，并持有城镇户口或在城镇长期居住，经批准从事个体工商经营的从业人员，包括个体经营者和在个体工商户劳动的家庭帮工和雇工。

经营管理人员　指在企业、事业单位和其他非公有制经济组织经营管理岗位上工作的人员。统计对象为企业、事业单位中中层及以上管理人员（不包括专业技术管理工作的人员，专业技术管理工作的人员作为专业技术人员统计）。

专业技术人员　指在企业、事业单位和其他非公有制经济组织中从事专业技术工作或专业技术管理工作的人员。并符合下列条件之一的人员：1、受聘初级及以上专业技术职务；2、取得专业技术职务任职资格或专业技术职务资格；3、具有大专及以上学历；4、获得省部级及以上科学技术奖励；5、持有政府有关部门认定的发明专利。专业技术人员还包括未聘任专业技术职务，但在专业技术岗位上工作的人员。按照公务员管理或参照公务员管理的人员不统计为专业技术人员。

农 业
Agriculture

3-1 农村基本情况

（1990－2010年）

单位：个

年份	乡镇政府、街道办事处	#镇政府	村民委员会	自来水受益村数	通公路村数	通电话村数	通有线电视村数
1990	367	81	5627				
1991	361	83	5638				
1992	167	92	5609				
1993	167	94	5601	2657	3298	2432	
1994	167	99	5600	3011	3480	3006	
1995	169	97	5600	3354	3963	3678	
1996	169	99	5603	3496	4112	4128	
1997	169	102	5586	3718	4413	4624	
1998	169	103	5560	3892	4523	5014	
1999	169	103	5570	4064	4684	5163	
2000	167	101	5567	4169	4830	5297	
2001	127	68	5536	4323	4963	5380	
2002	127	68	5150	4021	4654	5022	
2003	131	66	5134	4209	4715	5012	4473
2004	131	65	5109	4282	4790	5005	4543
2005	131	65	5037	4356	4794	4987	4571
2006	131	65	5034	4474	4852	4996	4611
2007	131	65	5029	4528	4900	4999	4650
2008	131	65	5028	4567	4920	5007	4706
2009	133	64	5028	4617	4937	5008	4744
2010	133	64	5028	4674	4976	5009	4782

3-2 农村人口和从业人员情况

（1990-2010年）

单位:万人

年份	农村住户数（万户）	#外来住户数	农村人口	#外来人口数	农村劳动力资源总数	农村从业人员数	男性	女性
1990	137.59		469.16		285.13	271.58	151.66	119.92
1991	137.35		470.35		286.28	279.65	154.52	125.13
1992	138.70		471.99		293.60	285.38	156.00	129.38
1993	139.93		473.44		295.67	286.20	156.53	129.67
1994	140.86		475.04		296.83	287.64	156.65	130.99
1995	142.00		475.68		299.48	289.79	157.67	132.12
1996	142.58		475.72		300.92	290.28	157.56	132.72
1997	143.26		477.23		302.04	290.86	157.48	133.38
1998	144.20		473.74		302.27	290.49	156.96	133.53
1999	146.56		474.56		303.35	291.23	157.07	134.16
2000	146.93		471.91		303.87	291.49	157.06	134.43
2001	151.64	6.45	481.25	20.35	313.49	302.20	162.75	139.45
2002	155.05	7.05	491.87	22.71	318.48	306.03	164.41	141.62
2003	154.32	9.68	487.17	28.40	320.43	307.04	163.73	143.31
2004	156.98	10.84	488.49	32.20	322.53	307.75	163.68	144.07
2005	158.38	11.94	493.51	35.44	324.78	309.44	165.27	144.17
2006	158.86	12.28	497.03	36.96	327.52	310.61	165.50	145.11
2007	163.10	13.15	499.13	40.16	332.65	316.38	168.16	148.22
2008	164.44	13.39	498.51	40.77	332.57	313.59	166.51	147.08
2009	163.59	13.23	498.75	39.29	333.05	312.98	165.70	147.28
2010	163.95	14.50	504.92	43.82	337.59	317.56	168.16	149.40

3-3 主要年份农林牧渔业总产值

单位:万元

年份	农林牧渔业总产值	农业产值	林业产值	牧业产值	渔业产值	农林牧渔服务业产值
1949	14081	10479	1180	1215	1207	
1952	19267	14615	1346	1714	1592	
1957	24190	16789	1714	2693	2994	
1962	29111	20888	1672	2758	3793	
1965	37545	26121	1794	5287	4343	
1970	46703	32750	1520	7383	5050	
1975	50669	34762	1127	7395	7385	
1978	67698	51211	1062	8993	6432	
1980	90813	66341	1683	14321	8468	
1985	183311	111219	5506	39892	26694	
1990	336931	173445	9212	72854	81420	
1991	424828	212210	13875	78837	119906	
1992	479188	220023	9990	90663	158512	
1993	610251	255067	13850	109180	232154	
1994	954595	357971	19578	158077	418969	
1995	1280014	433670	17573	173121	655650	
1996	1383990	472623	22424	183638	705305	
1997	1330376	392998	20096	180948	736334	
1998	1444665	460390	19445	154657	810173	
1999	1480847	465720	18585	142816	853726	
2000	1532112	478300	22084	144697	887031	
2001	1589394	524114	24193	150231	890856	
2002	1629779	551293	27798	154162	896526	
2003	1677748	583703	29265	158381	892933	13466
2004	1741193	610132	28694	174358	913443	14566
2005	1847928	658669	28443	182672	961644	16500
2006	1956767	710811	32408	173613	1023038	16897
2007	2161607	778134	36307	233165	1095979	18022
2008	2119570	803703	37606	245845	1008642	23774
2009	2303842	871347	40933	238196	1127846	25520
2010	2760166	1055423	53696	271418	1351987	27642

注:2009 年农林牧渔业总产值、渔业产值数据有所调整,下同。

3－4　主要年份农林牧渔业总产值构成

单位:%

年　　份	农林牧渔业总产值	农业产值	林业产值	牧业产值	渔业产值	农林牧渔服务业产值
1949	100.00	74.42	8.38	8.63	8.57	
1952	100.00	75.86	6.99	8.90	8.26	
1957	100.00	69.40	7.09	11.13	12.38	
1962	100.00	71.75	5.74	9.47	13.03	
1965	100.00	69.57	4.78	14.08	11.57	
1970	100.00	70.12	3.25	15.81	10.81	
1975	100.00	68.61	2.22	14.59	14.57	
1978	100.00	75.65	1.57	13.28	9.50	
1980	100.00	73.05	1.85	15.77	9.32	
1985	100.00	60.67	3.00	21.76	14.56	
1990	100.00	51.48	2.73	21.62	24.17	
1991	100.00	49.95	3.27	18.56	28.22	
1992	100.00	45.92	2.08	18.92	33.08	
1993	100.00	41.80	2.27	17.89	38.04	
1994	100.00	37.50	2.05	16.56	43.89	
1995	100.00	33.88	1.37	13.52	51.22	
1996	100.00	34.15	1.62	13.27	50.96	
1997	100.00	29.54	1.51	13.60	55.35	
1998	100.00	31.87	1.35	10.71	56.08	
1999	100.00	31.45	1.26	9.64	57.65	
2000	100.00	31.22	1.44	9.44	57.90	
2001	100.00	32.98	1.52	9.45	56.05	
2002	100.00	33.83	1.71	9.46	55.01	
2003	100.00	34.79	1.74	9.44	53.22	0.80
2004	100.00	35.04	1.65	10.01	52.46	0.84
2005	100.00	35.64	1.54	9.89	52.04	0.89
2006	100.00	36.33	1.66	8.87	52.28	0.86
2007	100.00	36.00	1.68	10.79	50.70	0.83
2008	100.00	37.92	1.77	11.60	47.59	1.12
2009	100.00	37.82	1.78	10.34	48.95	1.11
2010	100.00	38.24	1.95	9.83	48.98	1.00

3－5 主要年份农林牧渔业总产值指数

（1952 年为 100）

年 份	农林牧渔业总产值	农业产值	林业产值	牧业产值	渔业产值	农林牧渔服务业产值
1949	75.05	73.63	90.06	72.79	77.84	
1952	100.00	100.00	100.00	100.00	100.00	
1957	128.50	117.57	130.36	160.84	192.42	
1962	119.77	113.29	98.49	127.57	188.83	
1965	156.29	143.34	106.93	247.41	218.75	
1970	181.53	167.82	84.60	322.60	237.50	
1975	167.84	152.21	53.15	273.74	294.24	
1978	213.42	213.62	47.12	313.46	241.29	
1980	242.71	234.60	62.98	420.76	267.78	
1985	339.22	290.97	99.32	743.12	473.70	
1990	361.74	296.81	99.89	758.92	594.84	
1991	432.00	370.15	151.15	848.66	676.14	
1992	449.57	356.87	103.85	926.43	793.58	
1993	472.38	342.48	125.99	926.24	946.27	
1994	605.48	362.83	144.00	957.84	1563.68	
1995	726.87	380.87	114.97	919.57	2184.06	
1996	763.20	411.19	134.53	919.72	2275.29	
1997	737.46	382.03	128.87	857.03	2260.69	
1998	786.06	385.57	128.53	802.28	2534.14	
1999	862.35	432.57	115.55	898.56	2754.61	
2000	861.27	384.58	138.70	925.68	2867.88	
2001	890.85	441.17	149.40	976.94	2823.74	
2002	900.60	432.00	159.56	1023.83	2874.57	
2003	922.21	466.56	166.10	1041.24	2837.20	100.00
2004	923.13	470.76	149.16	1036.08	2837.20	102.24
2005	932.36	465.11	137.38	1142.80	2857.06	113.88
2006	960.33	492.09	147.96	1098.23	2919.92	113.55
2007	984.34	504.88	152.84	1135.57	2984.16	119.67
2008	1007.96	519.52	151.62	1203.70	3025.94	154.77
2009	1027.11	534.59	154.65	1238.61	3047.12	167.48
2010	1074.36	547.42	150.47	1311.69	3239.09	173.68

注：本表按可比价格计算。农林牧渔服务业产值指数以 2003 年为 100。

3-6 农林牧渔业分项产值(一)

(1990-2010年)

单位:万元

年份	农林牧渔业总产值	农业产值	#粮食作物	#谷物	#豆类	#薯类
1990	336931	173445	94301	63671	1521	3090
1991	424828	212210	121014	77411	1849	3756
1992	479188	220023	117090	90770	2168	4405
1993	610251	255060	128552	106223	3477	8244
1994	954595	357971	199308	184616	4594	10098
1995	1280014	433670	241657	220079	5136	16442
1996	1383990	472623	266108	239675	6823	19610
1997	1330376	392998	223484	198442	6984	18058
1998	1444665	460390	252813	221467	8772	22574
1999	1480847	465720	243693	211266	8608	23819
2000	1532112	478300	197896	165872	9968	22056
2001	1589394	524114	158515	133643	10461	14411
2002	1629779	551293	126422	100148	10141	16134
2003	1677748	583703	104380	80187	10508	13685
2004	1741193	610132	137506	105157	12898	19451
2005	1847928	658669	135755	101953	13956	19846
2006	1956767	710811	152677	115841	15170	21666
2007	2161607	778134	151196	111399	16993	22804
2008	2119570	803703	189066	134015	17266	37785
2009	2303842	871347	178975	126265	16106	36604
2010	2760166	1055423	195511	137442	15964	42105

3-7 农林牧渔业分项产值(二)

(1990-2010年)

单位:万元

年 份	#油料	#甘蔗	#药材	#蔬菜	#花卉园艺	#茶、桑、果
1990	607	764	262	25100		33495
1991	849	73	240	26422		41363
1992	1037	1022	251	26419		52926
1993	435	2033	435	45873		54243
1994	599	2507	684	53691		75515
1995	934	2487	888	64200		93303
1996	948	2750	861	65280		108664
1997	969	2221	747	64748		76571
1998	1240	3479	1288	72520		95958
1999	1180	5792	4095	85135		92962
2000	1508	19482	5428	120093		98054
2001	1761	18644	7993	162047	8195	140936
2002	1679	22190	9220	187697	15427	164566
2003	1872	30179	13150	196251	24227	194029
2004	2051	27122	13168	189322	24676	196935
2005	2222	23762	13638	205584	26497	228925
2006	2398	19759	16991	215893	28505	253450
2007	3401	23558	18453	230164	30018	296673
2008	6460	22234	20600	221960	24742	294198
2009	6122	20464	21827	240836	26026	352843
2010	7197	23146	47090	296131	30653	442467

注:2010年开始,坚果产值列入农业统计,不再作为林业统计,下同。

3－8 农林牧渔业分项产值(三)

(1990－2010 年)

单位:万元

年份	林业产值	#人造林生长	林产品	#竹木采运	牧业产值	牲畜	家禽饲养
1990	9212	2992	1135	5085	72854	53604	4620
1991	13875	2434	1423	10018	78837	54084	6419
1992	9990	3016	1649	5325	90663	60560	6942
1993	13857	2937	1535	9385	109180	73495	8658
1994	19578	3008	2597	13973	158077	111139	10516
1995	17573	3922	3706	9945	173121	123796	13019
1996	22424	5377	5878	11169	183638	125791	20325
1997	20096	4937	3773	11386	180948	126306	15402
1998	19445	4480	4348	10617	154657	114090	13695
1999	18585	3970	4411	10204	142816	93259	16788
2000	22084	5242	6355	10487	144697	95779	16259
2001	24193	5452	6914	11827	150231	98318	14632
2002	27798	6915	6453	14430	154162	100757	14533
2003	29265	7229	6995	15041	158381	101567	17483
2004	28694	6247	6194	16253	174358	118427	17574
2005	28443	6683	9050	12710	182672	116313	20787
2006	32408	6524	9680	16204	173613	105097	20207
2007	36307	6280	11636	18391	233165	155562	22852
2008	37606	5480	12004	20122	245845	164734	25549
2009	40933	6599	13076	21258	238196	153691	26804
2010	53696	6152	11645	23105	271418	176878	32541

3－9 农林牧渔业分项产值(四)

(1990－2010年)

单位:万元

年 份	活的畜产品	其他动物	渔业产值	海水产品	淡水产品	农林牧渔服务业产值
1990	10148	4482	81420	76940	4480	
1991	12840	5494	119906	114791	5115	
1992	18184	4977	158512	152093	6419	
1993	22303	4724	232154	221276	10878	
1994	28534	7888	418969	403534	15435	
1995	29866	6440	655650	622675	32975	
1996	32811	4711	705305	648900	56405	
1997	23389	15851	736334	697949	38385	
1998	19910	6962	810173	768293	41880	
1999	19096	13673	853726	805164	48562	
2000	18343	14316	887031	841151	45880	
2001	21433	15848	890856	841461	49395	
2002	23018	15854	896526	838559	57967	
2003	23700	15631	892933	832365	60568	13466
2004	23696	14661	913443	858067	55376	14566
2005	24749	20823	961644	914495	47149	16500
2006	25707	22602	1023038	975657	47381	16897
2007	32069	22682	1095979	1051285	44694	18022
2008	33219	22343	1008642	969421	39221	23774
2009	33754	23947	1127846	1085872	41974	25520
2010	39850	22149	1351987	1305542	46445	27642

3-10 农村经济收入和分配(一)

(1990-2010年)

单位:亿元

年份	农村经济总收入	农业收入	林业收入	牧业收入	渔业收入	工业收入	建筑业收入	交通运输业收入
1990	83.66	14.15	0.57	6.43	1.49	46.07	4.72	2.52
1991	110.52	16.30	0.66	6.98	1.81	66.08	5.77	2.95
1992	150.81	17.80	0.61	8.04	2.32	97.54	7.39	4.00
1993	267.43	21.59	1.07	9.39	4.23	194.64	11.86	6.19
1994	535.64	31.99	1.40	13.95	9.05	423.64	16.98	9.73
1995	956.15	40.44	1.84	15.94	16.32	804.81	21.62	12.35
1996	1085.30	49.39	1.90	17.64	23.38	871.10	27.65	17.77
1997	1174.51	43.11	2.22	20.30	21.99	927.20	31.27	20.39
1998	1326.39	51.33	2.31	20.02	26.86	1054.12	34.88	22.26
1999	1498.97	53.29	2.42	19.97	27.90	1209.12	38.64	25.10
2000	1669.56	53.68	2.41	20.29	28.40	1362.85	43.71	28.38
2001	1812.02	56.46	2.57	20.12	30.01	1509.79	41.27	27.83
2002	2023.24	56.68	2.74	19.67	30.13	1706.99	42.33	28.20
2003	2268.96	56.93	2.89	19.87	29.33	1935.92	48.20	30.45
2004	2562.93	59.32	3.09	21.36	28.80	2203.45	51.49	33.19
2005	2988.80	60.20	3.19	21.05	30.85	2563.07	59.07	39.60
2006	3423.87	63.29	3.33	20.30	32.02	2961.18	67.91	41.87
2007	4012.01	68.90	4.06	22.10	35.27	3491.30	82.90	47.51
2008	4243.30	72.82	3.80	24.19	36.83	3664.65	89.06	50.88
2009	4341.12	87.32	4.76	29.83	41.10	3682.35	102.29	54.32
2010	4836.05	99.73	5.42	31.82	43.96	4095.72	118.42	58.87

注：本表按当年价格计算，不包括纯渔区。

3-11 农村经济收入和分配(二)

(1990-2010年)

单位:亿元

年份	批发零售贸易、餐饮业收入	服务业收入	其他收入	总费用	可分配净收入	#国家税金	#乡村集体所得	#农民经营所得	年末生产性固定资产原值
1990	2.28	3.29	2.15	50.60	33.06	3.07	1.95	28.04	15.05
1991	2.96	3.78	3.23	70.56	39.96	4.42	3.05	32.50	15.90
1992	4.70	4.80	3.63	99.94	50.87	6.22	4.59	40.05	23.15
1993	6.49	4.52	7.45	196.93	70.51	10.30	8.30	51.90	31.83
1994	10.24	8.69	9.97	422.51	113.13	18.66	15.19	79.28	53.84
1995	17.41	11.83	13.59	803.78	152.37	22.60	20.02	109.74	76.89
1996	34.84	19.03	22.60	896.03	199.33	27.15	5.68	141.10	85.06
1997	53.60	24.67	29.77	974.82	213.57	2.94	5.90	150.19	91.75
1998	56.39	28.26	29.96	1108.66	232.87	32.75	5.33	163.70	108.43
1999	59.67	31.75	31.11	1258.69	257.05	35.64	5.33	178.52	120.90
2000	64.71	31.35	33.77	1408.02	280.67	39.08	5.75	188.56	127.61
2001	60.30	29.95	33.71	1535.84	296.33	41.90	6.27	192.97	145.03
2002	65.19	32.13	39.18	1717.89	328.38	47.18	5.86	206.52	166.50
2003	72.75	36.19	36.42	1926.51	367.95	53.16	5.71	224.88	190.07
2004	82.05	36.95	43.23	2185.01	407.83	60.80	4.28	243.15	30.50
2005	100.38	48.70	62.69	2563.51	461.74	71.92	4.46	269.60	31.80
2006	116.89	49.74	67.32	2939.31	526.68	85.02	4.40	297.49	36.08
2007	132.06	52.99	74.92	3457.06	607.74	99.21	5.15	333.06	35.86
2008	155.26	62.80	82.99	3609.45	692.36	119.11	6.39	365.72	34.36
2009	174.92	69.82	94.41	3684.01	722.11	110.09	6.53	406.46	33.64
2010	197.06	78.27	106.78	4068.13	842.28	128.52	13.14	455.33	33.64

注：可分配净收入指标1995年及以前用净收入指标代替。

3-12 主要农作物播种面积(一)

(1990-2010年)

单位:千公顷

年份	农作物播种面积	粮食作物	谷物	稻谷	早稻	晚稻及单季稻	小麦	大麦	玉米	其他谷物
1990	436.09	347.14	314.69	239.81	109.83	129.98	38.68	33.04	2.43	0.73
1991	439.67	351.12	318.95	239.61	110.08	129.53	40.77	35.17	2.90	0.50
1992	433.49	345.89	312.84	237.32	108.78	128.54	40.21	30.65	3.96	0.70
1993	412.70	316.19	283.74	227.31	102.75	124.56	37.59	15.50	3.00	0.34
1994	401.30	304.58	276.73	223.96	100.98	122.98	36.01	13.77	2.73	0.26
1995	401.00	307.06	277.70	226.03	102.62	123.41	35.01	13.41	3.07	0.18
1996	404.34	312.20	280.39	225.74	102.84	122.90	36.62	14.65	3.11	0.27
1997	407.50	315.23	280.97	225.53	102.70	122.83	37.60	14.29	3.35	0.20
1998	408.21	313.01	278.60	224.54	102.29	122.25	36.71	13.75	3.47	0.13
1999	407.45	310.53	275.64	222.63	101.20	121.43	36.67	12.90	3.24	0.20
2000	377.45	270.63	235.77	190.78	79.19	111.59	32.30	8.82	3.66	0.21
2001	339.72	219.05	185.33	150.24	51.41	98.83	24.86	6.37	3.52	0.34
2002	308.55	179.56	145.72	116.08	29.05	87.03	21.13	4.64	3.64	0.23
2003	276.82	144.62	111.71	87.49	11.36	76.13	17.08	3.50	3.54	0.10
2004	284.02	162.45	121.42	98.33	15.27	83.05	14.66	2.78	5.45	0.21
2005	286.01	165.86	123.32	97.75	13.72	84.02	16.62	3.00	5.80	0.16
2006	282.87	165.86	122.78	96.93	13.72	83.22	16.48	3.18	6.03	0.15
2007	280.16	163.08	118.98	92.64	11.80	80.84	16.33	3.18	6.72	0.11
2008	283.69	173.87	122.90	96.88	14.17	82.71	15.98	3.02	6.87	0.15
2009	271.54	158.65	110.34	84.81	8.56	76.25	16.05	3.05	6.33	0.10
2010	265.43	152.37	107.35	82.07	8.08	73.99	15.98	2.69	6.52	0.09

注:从2008年开始,马铃薯归入薯类,作粮食统计,不再作蔬菜统计。

3-13 主要农作物播种面积(二)

(1990-2010年)

单位:千公顷

年份	豆类	#大豆	薯类	油料	#油菜籽	甘蔗	药材类	蔬菜	果用瓜	花卉园艺
1990	12.12	5.78	16.13	2.56	2.09	0.53	0.20	19.47		
1991	11.97	5.62	16.17	3.32	2.93	0.58	0.23	21.03		
1992	12.88	5.46	15.65	4.93	4.54	0.67	0.25	20.49		
1993	13.21	5.35	15.02	1.89	1.53	0.80	0.23	27.23		
1994	13.33	6.08	14.52	1.64	1.27	0.90	0.16	26.87		
1995	13.85	6.23	15.51	2.46	2.09	0.67	0.22	25.94		
1996	15.94	6.30	15.87	2.42	2.07	0.70	0.22	29.79		
1997	17.44	6.74	16.82	2.30	1.90	0.68	0.22	31.92		
1998	18.10	6.69	16.31	2.51	2.09	0.70	0.44	35.29		
1999	18.39	6.57	16.50	2.63	2.15	0.80	0.36	38.67		
2000	19.84	8.60	15.02	3.35	2.78	3.26	1.01	49.29		
2001	20.06	9.55	13.67	3.68	2.91	4.19	1.23	61.08	10.89	0.33
2002	19.43	8.75	14.41	3.94	3.22	4.67	1.71	73.62	11.74	0.97
2003	19.30	9.08	13.61	4.12	3.29	6.41	3.17	76.49	14.31	2.19
2004	23.35	12.27	17.68	4.37	3.45	5.92	3.53	71.95	16.24	2.66
2005	24.59	12.87	17.95	4.83	3.89	4.57	2.57	72.22	16.90	2.65
2006	24.63	13.18	18.45	4.94	3.94	3.41	2.47	72.33	15.93	2.73
2007	25.06	13.38	19.04	5.00	3.97	3.09	2.46	73.63	15.40	2.92
2008	25.09	13.49	25.88	9.10	8.05	3.13	2.52	65.08	14.31	2.74
2009	23.38	12.48	24.93	11.28	10.25	2.93	2.48	66.77	14.49	2.59
2010	21.51	11.30	23.50	11.65	10.58	2.86	2.76	67.08	14.32	2.57

3－14 主要农作物总产量(一)

(1990－2010年)

单位:吨

年份	粮食作物	谷物							
			稻谷			小麦	大麦	玉米	其他谷物
				早稻	晚稻及单季稻				
1990	1506974	1401447	1165457	634602	530855	108575	107683	4986	14746
1991	1904769	1786667	1543389	699609	843780	104012	116064	10504	12698
1992	1727967	1617038	1371483	645090	726393	114290	102599	13017	15649
1993	1606793	1495561	1321880	537932	783948	110033	51818	10386	1444
1994	1607359	1497309	1347863	591965	755898	96472	42473	9431	1070
1995	1648568	1524576	1382964	588839	794125	88675	41729	10363	845
1996	1758021	1628393	1459164	636986	822178	108885	47939	10830	1575
1997	1521940	1404532	1232347	633022	599325	111945	47735	11641	855
1998	1643871	1506501	1349478	537881	811597	102030	41974	12503	516
1999	1664773	1524024	1362509	567795	794714	107809	40784	12246	676
2000	1386973	1255201	1115651	438107	677544	96968	27948	13803	831
2001	1161195	1033880	927998	287213	640785	72153	19716	13277	736
2002	925879	791428	709048	154397	554651	54093	13459	13915	913
2003	756978	634038	562509	61928	500581	46893	10676	13548	412
2004	851126	691477	615716	85716	530000	43919	9242	21735	865
2005	824828	661446	579605	76248	503357	47605	9640	23943	653
2006	895013	724448	638626	76252	562374	49771	10584	24876	591
2007	841768	666153	576108	62345	513763	51225	10975	27483	362
2008	934734	730189	640094	78046	562048	50647	10648	28303	497
2009	846018	660502	572491	46440	526051	50761	10557	26321	372
2010	827542	653485	568240	44772	523468	47853	9080	27983	329

3－15 主要农作物总产量(二)

(1990－2010 年)

单位:吨

年份	豆类	#大豆	薯类	油料	#油菜籽	甘蔗	药材类	蔬菜	果用瓜
1990	17752	7480	87775	3585	3003	23294		687561	
1991	18603	8071	99499	5192	4629	32433		705533	
1992	20814	7883	90115	6440	6029	31107		632200	
1993	22825	9301	88407	2372	1873	51967		847477	
1994	22008	9553	88042	2276	1725	57157		768258	
1995	22093	9732	101899	3369	2835	46732		734429	
1996	27774	11115	101854	3373	2849	48554		762027	
1997	29125	9720	88283	3331	2763	35904		750727	
1998	34019	13301	103351	3863	3165	53220		820784	
1999	35323	12705	105426	4022	3224	60055		915949	
2000	38014	15987	93758	5571	4439	252639		1197250	
2001	39882	18392	87433	6332	4678	330094		1590930	
2002	38828	17384	95623	6437	5031	361341	6617	1885196	439210
2003	40066	18030	82874	7229	5562	513605	9336	1969596	533784
2004	46669	22623	112980	7820	5966	424731	30502	1831261	597649
2005	49504	23873	113878	8303	6461	312315	20133	1793418	572043
2006	53641	27500	116924	8625	6628	254215	20120	1838069	541441
2007	55592	28406	120023	8994	6956	245934	21577	1883959	533346
2008	55098	28546	149447	15352	13239	251533	20445	1681210	492715
2009	51137	25944	134379	18348	16269	223115	20242	1708827	502677
2010	46791	24675	127266	18115	15935	214234	23704	1722747	506983

3－16 主要果园面积

（1990－2010年）

单位：公顷

年份	果园面积	柑桔	梨	桃子	葡萄	柿子	枇杷	杨梅	其他
1990	50837	32300	443	3211	309	381	4970	7833	1390
1991	51335	33723	464	2616	332	413	4674	8067	1046
1992	49489	33146	394	2100	325	296	4428	7872	928
1993	50440	34091	392	1702	497	491	4391	7848	1028
1994	50002	33666	350	1907	404	563	4770	6851	1491
1995	53925	36163	413	2071	392	653	4574	8004	1655
1996	55168	36757	376	2193	435	668	4478	8808	1453
1997	49903	35581	421	1113	331	617	3735	6938	1167
1998	49891	34738	497	1203	332	683	3462	7389	1587
1999	49790	34619	571	1224	356	648	3402	7723	1247
2000	49696	33491	741	1331	414	662	3277	8514	1266
2001	49599	32729	1106	1534	435	739	3040	8912	1104
2002	51162	31588	1443	1674	638	816	3400	10243	1360
2003	55381	31256	1851	1649	1003	786	3155	12371	3310
2004	57827	31510	2289	1790	1495	772	3318	14718	1935
2005	58950	31405	2305	1807	1614	791	3351	15892	1785
2006	58888	30664	2338	1839	1710	817	3219	16311	1990
2007	62111	29580	2620	2085	1811	895	3207	19371	2542
2008	61644	28537	2644	2099	2070	906	3220	20006	2162
2009	61092	26192	2567	2212	2631	975	3191	21118	2206
2010	63474	26244	2492	2406	3166	986	3294	22816	2070

注：从2001年开始，果园面积和产量包括果用瓜及草莓。

3－17 主 要 水 果 产 量

（1990－2010年）

单位:吨

年份	水果产量	柑桔	梨头	桃子	葡萄	柿子	枇杷	杨梅	其他
1990	262977	217088	2507	9858	901	1944	16723	13070	886
1991	340302	286415	2547	6677	915	2080	25302	15555	811
1992	395740	336354	1919	8172	1508	1874	25676	18985	1252
1993	372777	320378	2237	8337	1781	1986	20197	14952	2909
1994	489773	423938	3327	9072	2573	2786	28253	17129	2695
1995	560100	484772	2781	10424	3549	3242	19135	33154	3043
1996	638498	531798	2802	11269	3311	4045	45285	35873	4115
1997	628851	524360	2881	12135	4258	5806	32103	42165	5143
1998	515846	413770	4324	12896	4607	6526	25422	40860	7441
1999	632272	520035	3894	13338	5077	6138	30640	46254	6896
2000	387418	274920	5268	15535	7247	6532	26615	43677	7624
2001	910550	441419	7226	13898	7919	8435	30690	49186	351777
2002	896860	323397	8610	16839	12035	8172	31332	55336	441139
2003	1081139	386998	13356	15279	18989	4812	28559	73548	539598
2004	1158327	370147	19554	17430	22569	4419	30581	90019	603608
2005	1069970	314849	22442	18920	28270	4433	18013	84509	578534
2006	1106719	365314	25197	21702	32452	4783	23073	85345	548853
2007	1156927	390875	27520	22219	36028	5233	23665	108204	543183
2008	1205779	462443	30476	24646	41897	5443	24567	113467	502840
2009	1165807	372652	27792	27079	55754	5821	24834	136643	515232
2010	1245474	435342	27767	29686	60678	6369	21802	144445	519385

3－18 林 业 生 产 情 况

（1990－2010 年）

单位：公顷

年份	造林面积	#用材林	#经济林	#防护林	零星（四旁）植树（万株）	幼林抚育实际面积	育苗面积	更新造林面积	主要林产品产量(吨)	
									竹笋干	板栗
1990	9380	8240	155	606	489.6	7015	99	546	967	753
1991	11772	9412	210	306	377.0	8906	110	624	781	399
1992	7847	6533	510	291	424.0	13229	91	293	894	415
1993	6638	3336	2055	267	337.1	10653	73	540	786	291
1994	8173	3951	3535	333	271.0	12863	385	542	803	410
1995	6058	1521	3912	457	256.0	9567	32	784	41221	1184
1996	4090	1461	1888	418	246.9	9340	32	1213	5543	2465
1997	5269	1538	3076	508	287.0	7354	34	1375	812	535
1998	4942	2055	2212	675	321.0	9828	102	1070	940	667
1999	2688	730	1210	748	310.5	6063	53	1296	920	2273
2000	3537	394	1580	1505	164.0	2188	71	1522	1894	1059
2001	3160	275	1213	1669	174.0	6994	92	1541	2615	1160
2002	2664	36	547	1978	181.0	4402	218	411	3740	1200
2003	2867	19	409	2160	146.0	4595	763	513	3980	1320
2004	3207	45	670	2392	141.0	5792	210	375	2908	1301
2005	3804	495	541	2765	117.0	7556	849	234	2566	1338
2006	2213	508	214	1491	129.5	3810	777	655	2788	1361
2007	2002	94	154	1401	103.8	2726	591	1189	2880	1515
2008	1521	17	69	1435	121.7	1940	1700	1113	2717	1639
2009	6352	9		6343	110.0	1395	1556	317	3358	1745
2010	1728		45	1683	115.5	1209	1521	934	3514	1598

注：1. 从 2002 年开始，育苗面积中包含绿化苗木。

2. 从 2007 年开始，造林面积中包含无林地和疏林地新封面积。

3－19 畜牧业生产情况(一)

(1990－2010年)

年份	生猪年末存栏头数(万头)	#能繁殖的母猪	年内肥猪出栏头数(万头)	生猪饲养量(万头)	牛年末存栏头数(头)	#良种及良种乳牛	羊年末存栏只数(万只)	兔年末存栏只数(万只)	家禽年末存栏只数(万只)
1990	116.83	6.39	100.69	217.52	80518	2851	4.47	21.74	608.23
1991	113.44	6.89	97.87	211.31	76176	3199	4.28	20.66	741.55
1992	114.10	8.18	99.78	213.88	69543	3247	4.33	24.67	837.18
1993	108.86	7.01	93.64	202.50	64827	2580	4.65	21.56	909.94
1994	105.81	6.53	91.59	197.40	60487	1945	5.20	29.66	948.54
1995	99.44	6.05	88.10	187.54	58713	1943	5.27	29.45	904.93
1996	86.70	5.83	80.74	167.44	57384	1617	5.23	26.54	1015.34
1997	92.65	5.82	82.86	175.51	51900	1655	4.90	23.75	939.23
1998	105.65	6.51	97.72	203.37	48828	1526	5.24	26.63	842.89
1999	109.52	6.36	106.07	215.59	48487	1705	5.48	28.64	896.07
2000	112.04	6.51	113.29	225.33	47179	2263	5.92	29.41	891.45
2001	112.91	7.04	118.83	231.74	44254	4208	6.13	42.75	888.02
2002	109.25	6.16	121.52	230.77	44018	5038	6.34	38.38	822.28
2003	104.08	5.36	118.12	222.20	39654	4593	6.29	33.49	895.61
2004	100.96	5.49	112.27	213.23	39122	4703	6.33	41.35	883.98
2005	100.10	5.33	117.79	217.89	38723	4592	6.47	51.04	866.60
2006	58.25	3.64	71.46	129.71	27197	3390	3.72	55.78	890.62
2007	65.54	4.48	79.06	144.60	27621	4010	4.46	66.63	905.25
2008	75.61	6.22	85.21	160.82	28447	4306	5.41	59.05	925.82
2009	78.32	6.55	87.62	165.94	29741	4035	5.67	52.48	981.18
2010	77.80	6.69	91.51	169.31	31426	4146	5.82	54.69	1052.69

注：2006年、2007年畜牧生产数据根据农业普查结果有所调整，下同。

3－20 畜牧业生产情况(二)

(1990－2010年)

年份	家禽饲养量(万只)	肉类总产量(吨)	#猪肉产量	禽蛋产量(吨)	养蜂年末箱数(箱)	蜂蜜产量(吨)	蚕茧产量(吨)	饲养蚕种张数(张)
1990	1125.50	92729	86200	22208	58886	2800	1486	43088
1991	1358.36	92230	85015	32043	49935	2756	1747	53693
1992	1526.10	98750	90327	41988	38274	2061	2355	65222
1993	1737.68	94515	83692	46203	32227	1583	2246	63396
1994	1871.23	98140	85891	45511	27661	1906	2373	65085
1995	1880.60	97280	84041	40336	25180	1450	1670	53706
1996	2217.71	92501	76808	40373	28040	1427	500	14752
1997	2045.68	92721	79257	34961	32091	2133	658	14896
1998	1658.91	104986	91653	30205	45804	1500	776	19658
1999	2127.84	114037	99577	29774	43432	2100	673	17165
2000	2045.63	120868	106562	30356	42911	2458	625	15534
2001	2050.53	123988	108222	33139	40271	2370	675	17076
2002	1997.05	128457	111492	35882	40850	2564	652	15984
2003	2348.17	128890	109031	37479	37181	2340	472	11875
2004	2361.61	125433	104561	36239	40942	2203	495	11623
2005	2468.17	132300	108590	37919	40228	2195	461	11023
2006	2443.33	90367	67723	38307	40537	2197	613	13710
2007	2501.61	98414	75249	41643	41562	1927	618	14011
2008	2529.52	105776	82590	42971	41773	1996	525	12434
2009	2723.69	109039	84080	43758	46905	2359	401	8985
2010	3154.10	117952	87999	46574	47464	2589	388	8456

3－21 渔业生产情况（一）

（1990－2010年）

单位：吨

年份	水产品总产量	海水产品产量	海洋捕捞	海水养殖	鱼类	甲壳类	贝类	藻类	头足类	其他
1990	280670	269772	197530	72242	104735	89337	74380	593		727
1991	318813	306838	226674	80164	106947	120560	78652	679		
1992	368344	355654	267232	88422	138469	127016	89300	869		
1993	459446	443460	346112	97348	161630	150439	108127	1090		22174
1994	753547	735327	588107	147220	287361	201912	186947	1142		57965
1995	987950	964316	763355	200961	458969	227436	260650	1694		15567
1996	1034042	1005520	767800	237720	497964	217711	267955	1890		20000
1997	1114878	1089952	869334	220618	544447	252652	290715	1779		359
1998	1309819	1278913	1024760	254153	695577	281718	299110	2342		166
1999	1329413	1294720	988026	306694	618321	301192	370434	3312		1461
2000	1392848	1352453	990625	361828	610270	324945	410620	6030		588
2001	1384249	1340823	961501	379322	588381	321029	416274	8596		6543
2002	1411019	1363574	972447	391127	631214	300063	418487	12898		912
2003	1382628	1334501	927268	407233	632995	256115	355496	16085	64640	9170
2004	1383814	1339435	945247	394188	519902	280777	349350	11750	75791	101865
2005	1350028	1308430	941075	367355	620817	280631	326126	9242	63827	7787
2006	1355067	1317234	952716	364518	610345	307456	321037	10192	62129	6075
2007	1375594	1335572	986118	349454	647173	300884	304129	9271	67727	6388
2008	1387283	1349301	1004437	344864	672002	301122	299050	9310	63106	4699
2009	1340491	1302200	968103	334097	633754	300232	288583	10530	60777	7151
2010	1403826	1360501	1005827	354674	650532	311887	303743	10893	67679	9778

注：从2003年开始，按类别分产品产量口径有所调整，与以前年份不可比。

3－22 渔业生产情况（二）

（1990－2010年）

单位：吨

年份	淡水产品产量	淡水捕捞	淡水养殖	鱼类	甲壳类	贝类	其他类	海水养殖面积（公顷）	淡水养殖面积（公顷）
1990	10898	2673	8225	9922	233	265	478	12450	3874
1991	11975	2603	9372	11403	165	290	117	12826	12892
1992	12690	2672	10018	11999	207	382	102	13266	12954
1993	15986	2287	13699	13135	226	575	2050	14792	13718
1994	18220	3099	15121	15697	362	820	1341	18416	13228
1995	23631	4141	19493	21002	542	1279	811	21897	13735
1996	28522	4890	23632	24496	667	1970	1389	24297	13862
1997	24926	4556	20370	20203	1132	1821	1770	26002	14606
1998	30906	5163	25743	25699	1155	2207	1845	27872	14156
1999	34693	6369	28324	28250	1737	2479	2227	32671	14639
2000	40395	5472	34923	31115	2084	3658	3538	38648	14754
2001	43426	6012	37414	33980	2597	3215	3634	38834	15345
2002	47445	6840	40605	37000	3196	3392	3857	40386	14992
2003	48127	5351	42776	38413	3885	2814	3015	39973	15404
2004	44379	4672	39707	34642	3917	2648	3172	38734	13780
2005	41598	5217	36381	32984	3554	2727	2333	36637	13234
2006	37833	5007	32826	30141	3388	2557	1747	35882	12549
2007	40022	5520	34502	30289	5790	2357	1586	34206	12611
2008	37982	4761	33221	29177	4954	2168	1683	31493	12083
2009	38291	4942	33349	28606	5446	2339	1900	29316	11719
2010	43325	4746	38579	28081	6230	3287	5727	28422	12044

3－23 农业机械年末拥有量(一)

(1990－2010年)

单位:千瓦

年份	农业机械总动力	耕作机械动力	#农用小型拖拉机	#农用小型拖拉机(台)	收获机械动力	植保机械动力	排灌机械动力
1990	1202167	228375	213427	24646	122757	3484	107752
1991	1337189	231738	217389	25086	130693	3254	109353
1992	1462999	233744	219894	25370	135211	3257	109047
1993	1501218	235935	222059	25602	145282	3475	111420
1994	1700908	238782	222954	25711	154315	3214	112606
1995	2000643	240799	223395	25720	163317	3079	114804
1996	2098437	238872	222987	25676	173621	3125	111988
1997	2124715	234306	217047	24989	179186	3170	113686
1998	2246400	233623	216445	24625	187684	3380	111414
1999	2411183	231289	209800	24082	204087	3458	118004
2000	2557648	232801	204753	23589	220529	4548	122055
2001	2698458	215079	192247	21888	246146	4859	132394
2002	2734070	199085	178487	20829	251589	4733	133604
2003	2799713	181639	167356	19280	248485	5411	134325
2004	2643820	176498	159085	17856	236057	5229	130534
2005	2886333	178914	159876	18006	247515	8936	174382
2006	3500146	161264	135870	14589	360295	23190	336879
2007	3473685	165438	134202	14446	356135	25281	332076
2008	3394747	164170	129477	14061	348240	27703	317250
2009	3434370	186708	138207	14713	357624	42727	319920
2010	3411345	194475	134849	14244	331534	60111	323386

3-24 农业机械年末拥有量(二)

(1990-2010年)

单位:千瓦

年份	农副产品加工机械动力	运输机械动力	渔业机械动力	#机动渔船动力	#机动渔船艘数(艘)	#机动渔船吨位(吨位)	其它农业机械动力
1990	114858	157211	455745	455745	8901	225589	11985
1991	115966	168478	562980	562980	10764	300597	14727
1992	116459	234488	612005	607882	9847	324028	18788
1993	117275	266409	601170	598424	9066	320380	20252
1994	116984	327279	728205	725243	10396	393464	19523
1995	115724	389976	951727	948304	12362	509135	21217
1996	116573	423969	1007802	1005606	11456	532786	22487
1997	117573	430258	1023832	1018842	11369	545739	22704
1998	120580	425509	1141492	1134504	10534	574089	22718
1999	122740	510551	1186502	1178865	10397	614507	34552
2000	126686	533569	1282908	1269083	10839	652992	34552
2001	127317	584008	1315854	1299104	10749	681527	72801
2002	126644	593141	1316564	1300746	9945	707028	108710
2003	125009	699191	1290879	1290879	9622	686871	114774
2004	121787	667999	1229010	1229010	8868	648426	76706
2005	124331	723434	1227233	1227233	8716	647240	201588
2006	125697	626014	1351774	1351774	8884	701970	515033
2007	127393	638617	1403511	1403511	9001	718315	425234
2008	129048	594476	1397377	1397377	8467	703378	416483
2009	127761	597716	1377372	1358856	7948	711084	424542
2010	128760	599403	1334626	1301595	6802	687962	439050

3－25 农田水利建设情况

（1990－2010年）

单位：千公顷

指标	有效灌溉面积	林地灌溉面积	园地灌溉面积	旱涝保收面积	机电排灌面积	水土流失治理面积	堤防总长度（公里）	已建成水库（座）	总库容（万立方米）
1990	127.40	0.78	7.94	79.7	104.32	148.21	631	293	86969
1991	128.63	0.83	8.35	80.15	103.64	147.31	645	300	87078
1992	127.79	0.69	6.42	80.37	104.00	144.27	645	305	130079
1993	126.28	0.72	7.28	80.68	104.43	349.21	638	306	160329
1994	124.54	0.74	7.16	80.14	101.53	349.21	638	307	160343
1995	123.25	0.74	7.18	72.57	68.44	348.71	641	311	162176
1996	121.76	0.72	7.12	78.04	100.02	348.71	642	314	162544
1997	121.69	0.73	7.10	74.47	99.17	348.71	629	314	162543
1998	121.67	0.73	8.37	73.77	99.96	348.71	629	314	162637
1999	122.45	0.73	7.91	82.67	100.30	392.60	629	317	163714
2000	124.03	0.73	7.96	82.00	100.83	224.88	633	316	163605
2001	125.03	0.75	8.09	81.83	100.42	293.11	681	322	164098
2002	126.03	3.37	5.48	83.95	100.54	238.56	707	327	164144
2003	126.26	3.35	13.23	81.72	100.51	238.88	710	328	177602
2004	127.95	3.44	13.52	83.78	101.54	249.40	739	328	177587
2005	126.86	3.50	13.21	83.37	98.47	253.55	758	326	181664
2006	127.14	4.16	13.47	84.98	98.05	264.48	1189	323	182769
2007	125.88	4.85	13.37	84.89	89.39	269.08	1266	327	188027
2008	127.67	4.85	13.57	84.94	91.08	267.81	1343	324	182716
2009	127.67	4.95	13.87	85.34	91.89	272.61	1390	325	185361
2010	127.35	4.95	13.97	85.54	92.79	275.29	1412	326	185373

3-26 农村用电量及化肥施用量

（1990-2010年）

单位：吨

年份	农村用电量(万千瓦时)	农用化肥施用量(折纯量)		农用塑料薄膜使用量	农用柴油使用量	农药使用量
		合计	每公顷播种面积施用量(千克)			
1990	48022	78955	181	835		4682
1991	61544	87255	198	1025		5066
1992	73877	88439	204	1030		4315
1993	94785	91072	221	1226	103884	4212
1994	110137	89957	224	1491	134547	4749
1995	131166	106371	265	3200	230696	5742
1996	142967	107856	267	3249	252132	5710
1997	154907	109638	269	3445	328071	6334
1998	167880	110055	270	3742	337194	6499
1999	198862	109314	268	3978	331624	6457
2000	227818	105913	281	4558	351640	6414
2001	237471	96388	284	5726	499103	6007
2002	299886	90613	294	6318	498723	5862
2003	346952	87727	317	6656	501040	5574
2004	372411	88932	313	7020	517635	5597
2005	468125	89625	313	7405	532714	5610
2006	506716	88848	314	7471	544063	5561
2007	572777	87047	311	7541	547733	5415
2008	633158	88334	311	7775	521620	5340
2009	706158	91545	337	7898	541420	5093
2010	807710	90977	343	8152	593300	4850

主要统计指标解释

农、林、牧、渔业的统计范围是：

1. 农业：包括种植业和其他农业。

种植业包括谷物、豆类、油料、棉花、麻类、糖料、烟叶、药材、薯类、蔬菜、瓜类、饲料作物等种植业，茶、桑、果种植业。

其他农业包括野生植物的果实、纤维、油料和野生药物、菌类、柴草等的采集等。

2. 林业：包括人工植树造林、森林抚育、迹地更新，村及村以下竹、木材采伐。油桐籽、油茶籽、核桃等林产品的采集。

3. 牧业：包括猪、牛、羊等的饲养和放牧业，鸡、鸭、鹅等有家畜养殖业以及兔、蚕、蜂等小动物饲养，野生动物的狩猎、诱捕、猎物饲养，野生动物产品的采集。

4. 渔业：包括利用海水进行鱼、虾、贝、藻类等水生动、植物的养殖和对海洋水生动、植物的捕捞；还包括在内陆水域进行鱼、虾、蟹、贝类、珍珠等水生动物的养殖和捕捞。

农林牧渔业总产值 指以货币表现的农林牧渔业全部产品总量。它用价值量形式综合反映一定时期内农林牧渔业生产的总成果和总规模。农林牧渔业总产值的计算方法，一般采用"产品法"进行计算，即凡是有产品产量的，都按产品产量乘以其产品单价求得每一种农产品的产值，然后将四业产品的产值相加求得。

农村经济总收入 指农村集体经济组织和农民在一年之中经营生产性和服务性活动所得到的可以用于抵偿本年开支，并在国家、集体和农民个人之间进行分配的全部收入。包括农林牧渔业、农村工业、建筑业、运输业、贸易业、餐饮业、服务业劳务等各项经营收入和利息、租金等收入，不包括那些不能用来分配，属于借贷性质或暂收性质的收入，如贷款收入、预购定金、国家投资、农民投资等。

农村经济总收入和农林牧渔业总产值是两个不同的概念：第一、两者的统计范围不同。总产值是以农、林、牧、渔四业为统计范围，总收入除了包括农、林、牧、渔四业收入外，还包括工业、建筑业、交通运输业、贸易业、餐饮业、服务业、生产性劳务收入以及一些非生产性的收入。第二、两者的计算口径不同。总产值要计算的是当年全部生产成果，而总收入要计算的是当年可以支配的部分。例如，总产值要计算人造林木的生长量、大小家禽的繁殖、增长和增重的产值，总收入则不包括。又当年实现能支配的收入，不一定是当年的生产成果。第三、两者的计价原则不同。计算总产值，全部产品都按统一的不变价格或当年价格计算，而计算总收入一般按当年价格计算，产品中的出售部分按实际出售价格计算。

农作物播种面积 指实际播种或移植有农作物的面积。凡是实际种植有农作物的面积，不论种植在耕地上还是非耕地上的，也不论面积大小，均应包括在内。统计播种面积，按种植一次算一次，但移植作物的，按移植后的面积计算。

粮食产量 指全社会的产量，包括国营农场等全民所有制经营、集体统一经营的和农民家庭经营的产量，还包括工矿企业家属办的农场和其他生产单位的产量。粮食在统计上分为谷物、豆类、薯类。从浙江的实际种植结构看，谷物包括稻谷、小麦、玉米和其他谷物，按脱粒后的原粮计算；豆类包括大豆、蚕(豌)豆、杂豆，按去豆荚后的干豆计算；蕃薯按5千克鲜薯折1千克粮食计算。

粮食产量统计方法主要有两种：全面统计和农产量抽样调查。从1988年起，国家统计局统一规定，全国和各省(区、市)的粮食产量一律以农产量抽样调查数为准。农产量抽样调查主要分两部分：一是抽选网点，二是调查推算。

造林面积 指本年度内在荒山、荒地、沙丘等一切可以造林的土地上，采取人工播种、植苗、飞机播种等方法，新植的成片乔木林和灌木林，经过检查验收，符合"造林技术规程"要求的株数，成活率达85%以上(1986年以前成活率按40%以上计算)的面积。四旁植树在四行以上，连续面积在一亩以上，应统计在造林面积内，但不包括补植面积、重造面积、迹地更新面积、低产林改造面积和零星植树折算面积。

迹地更新面积 指在采伐或火灾毁损后的森地上进行人工更新或人工促进天然更新的面积，不包括天然更新面积。

当年出栏肥猪头数 指年内农村合作经济组织、农民、国营农场、机关、团体、工矿企业、部队等单位以及城镇居民饲养的，供屠宰并已出栏的全部肉猪头数，包括交售给国家、集市上出售和农民自食的部分。

猪、牛、羊肉产量 指当年出栏并已屠宰的猪、牛、羊的肉产量。即屠宰后除去头蹄下水后带骨的重量(即胴体重)。

水产品产量 指本年度内捕捞的水产品产量(包括人工养殖和天然生长)。海水生长的藻类计入海水产品产量。淡水生长的各种水生植物,不计算为水产品产量。除海蜇按三矾后,海藻按干品计量外,其余均按捕捞起水时的鲜活实重计量。

有效灌溉面积 是指灌溉工程设施基本配套,有一定灌溉水源,土地比较平整,抗旱能力达到30天以上的耕地面积。由于雨水及时或所种的农作物不需要灌溉等原因,当年没有进行灌溉或遇较大干旱年份当年不能进行灌溉,而以往年份已统计为有效灌溉面积的耕地,也都应统计在内。

农业机械总动力 指主要用于农、林、牧、副、渔业的耕地机械、排灌机械、收获机械、农产品加工机械、运输机械、植保机械、林业机械、渔业机械和其他农业机械等各种动力机械的动力总和。电动机楞率按千瓦计算,内燃机功力按引擎马力折成千瓦计算。

农用化肥施用量 指在本年度内实际用于农业生产的化肥数量。包括氮肥、磷肥、钾肥及复合肥。施用量按标准及折纯量两种方法计算。标准量,是指化肥将实物量按统一规定的折合标准计算。实物量折合标准量的标准是:尿素1:2,硝酸铵1:1.65,石灰氮、碳酸氢铵、氨水均为1:0.67,氨磷钾复合肥1:2(也可根据具体情况进行折算),其他化肥按实际含量进行折算。折纯法,即把氮肥、磷肥、钾肥分别按含氮、含五氧化二磷、含氧化钾100%折算,标准量换算折纯量的比例是:氮肥1:0.21,磷肥1:0.18,钾肥1:0.25。

农村用电量 指本年度内扣除在农村中的全民所有制工业、交通、基建单位的用电量以后的农村生产和生活上的全年用电总度数(全年累计数),包括国家电网的供电量,也包括农村自办电站的供电量。

农村住户数 按"常住地"统计。是指长期(一年以上)居住在除县级以上政府所在地和原来老的工矿企业的镇以外的乡镇和农村街道办事处行政管理区域内的住户,以及居住在城关镇所辖行政村范围内的农村住户。户口不在本地而在本地居住一年及以上的住户也包括在本地农村住户内;有本地户口,但举家外出谋生一年以上的住户,无论是否保留承包耕地都不包括在本地农村住户范围内。

农村人口数 指农村户数中的常住人口数,即经常在家或在家居住六个月以上,而且经济和生活与本户连成一体的人口。外出从业人员在外居住时间虽然在六个月以上,但收入主要带回家中,经济与本户连成一体,仍视为家庭常住人口;在家居住,生活和本户连成一体的国家职工、退休人员也为家庭常住人口。但现役军人、中专及以上(走读生除外)的在校生以及常年在外(不包括探亲、看病等)且已有稳定职业与居住场所的外出人员,不应当作家庭常住人口。

外来住户、人口数 指户口不在本乡镇而举家到本乡镇居住一年以上,并从事生产经营活动的住户数和人口数。

外出住户、人口数 是指户口在本乡镇而举家离开本乡镇外出一年以上的住户数和人口数。

农村劳动力资源 指农村人口中在劳动年龄内(男16周岁至60周岁、女16周岁至55周岁),并具有劳动能力的人数和虽在劳动年龄以外,却能经常参加农业生产劳动或家庭副业劳动并顶上一个或半个劳动力的人数。不包因病长期不能参加生产劳动和因残疾而丧失劳动能力的人数。

农村从业人员 指农村人口中16岁以上实际参加生产经营活动并取得实物或货币收入的人员,既包括劳动年龄内经常参加劳动的人员,也包括超过劳动年龄但经常参加劳动的人员。但不包括户口在家的在外学生、现役军人和丧失劳动能力的人,也不包括待业人员和家务劳动者。从业人员年龄为16岁以上。从业人员按从事主业时间最长(时间相同按收入)分为农业从业人员、工业从业人员、建筑业从业人员、交运仓储及邮政从业人员、信息传输、计算机服务和软件业从业人员、批发与零售业从业人员、住宿和餐饮业从业人员、其他行业从业人员等。

工 业
Industry

4-1 主要年份工业企业单位数

单位:个

年 份	全部工业单位数	国有企业	集体企业	其他各种类型企业	股份合作企业	私营个体
1949	386	12	1	246		127
1952	678	32	25	262		359
1957	1000	141	634	204		21
1962	1226	171	692	269		94
1965	1099	144	563	301		91
1970	1551	217	841	387		106
1975	2370	271	1620	364		115
1978	4669	303	2141	1813		412
1980	7162	314	2872	3469		507
1985	25751	334	3672	3238	5197	13310
1990	37446	364	3521	2228	7519	23814
1991	36759	355	3515	2188	7831	22870
1992	43346	276	3551	2148	8978	28393
1993	58484	328	3154	2140	11405	41457
1994	79722	283	2649	1862	16001	58927
1995	87510	303	2465	3930	13682	67130
1996	85271	286	2173	1674	13232	67906
1997	84203	248	1373	1780	8185	72617
1998	87564	159	1565	508	10427	74905
1999	87436	123	876	647	9912	75878
2000	87381	93	601	1013	11002	74672
2001	89449	94	658	2761	9551	76385
2002	86479	90	634	3138	9394	73223
2003	89209	81	558	2984	7661	77925
2004	99758	47	445	3958	5818	89490
2005	102361	47	431	4105	5859	91919
2006	101443	47	392	4686	3958	92360
2007	103983	50	343	4899	3681	95010
2008	106598	50	211	5819	3080	97438
2009	108629	55	218	5844	2196	100316
2010	110886	52	207	5935	1848	102844

4-2 规模以上工业单位数

(1997-2010年)

单位:个

年　份	工业单位数	#国有及国有控股企业	轻工业	重工业	大型企业	中型企业	小型企业
1997	1331	256	817	514	10	58	1263
1998	1432	200	844	588	10	52	1370
1999	1384	139	809	575	10	50	1324
2000	1564	119	871	693	3	85	1476
2001	2411	92	1328	1083	3	95	2313
2002	2257	71	1227	1030	4	121	2132
2003	2634	70	1386	1248	8	154	2472
2004	3825	75	1823	2002	10	211	3604
2005	3945	60	1833	2112	14	250	3681
2006	4547	60	2059	2488	14	317	4216
2007	5474	50	2378	3096	18	375	5081
2008	5973	53	2503	3470	17	393	5563
2009	6210	54	2581	3629	19	371	5820
2010	7308	52	2941	4367	24	436	6848

注：规模以上工业统计范围是指年主营业务收入500万元及以上工业（不包括华能国际电力股份有限公司浙江分公司、台州电业局），2007年和2008年统计范围为年主营业务收入500万元及以上工业（不包括华能国际电力股份有限公司浙江分公司、台州电业局和台州电业局直属供电局），2006年及以前统计范围为国有和年销售收入500万元以上工业，下同。

4-3 分注册类型规模以上工业单位数

(1997-2010年)

单位:个

年　份	国有企业	集体企业	股份合作企业	联营企业	有限责任公司	股份有限公司	私营企业	港澳台商投资公司	外商投资企业
1997	248	288	622	12			68	33	60
1998	159	152	582	28	83	31	292	57	48
1999	123	106	554	21	141	26	299	69	45
2000	93	75	642	5	228	44	335	80	62
2001	66	51	891	6	580	29	586	103	99
2002	50	40	712	5	675	24	546	103	102
2003	47	39	642	2	671	26	974	119	114
2004	47	49	706	6	1409	26	1226	169	187
2005	44	29	679	5	1291	25	1520	170	182
2006	40	25	514	7	1471	31	2074	185	200
2007	32	25	508	10	1511	40	2926	197	225
2008	30	17	413	3	1522	28	3510	200	250
2009	35	23	401	3	1574	34	3694	206	240
2010	34	21	274	3	1699	45	4799	207	226

4-4 分行业规模以上工业单位数(一)

(1997-2010年)

单位:个

年份	有色金属矿采选业	非金属矿采选业	农副食品加工业	食品制造业	饮料制造业	纺织业	纺织服装鞋帽制造业	皮革毛皮羽毛(绒)及其制品业	木材加工及木竹藤棕草制品业
1997	3	7	141	29	27	52	45	40	5
1998	2	5	115	25	15	55	34	63	12
1999	2	4	97	23	16	51	30	58	10
2000	3	2	80	23	14	55	29	50	11
2001	2	3	96	27	14	74	49	116	17
2002	1	2	89	21	15	72	39	116	15
2003	1	2	83	22	15	73	40	137	12
2004	2	3	77	24	18	132	42	239	36
2005	3	2	77	20	15	131	44	236	39
2006	2	1	86	22	15	154	51	255	45
2007	1	3	99	23	15	167	63	323	56
2008	1	4	107	21	17	184	62	314	46
2009	1	4	118	23	19	194	71	334	42
2010	1	5	123	25	20	210	74	377	45

4-5 分行业规模以上工业单位数(二)

(1997-2010年)

单位:个

年份	家具制造业	造纸及纸制品业	印刷业和记录媒介的复制	文教体育用品制造业	石油加工炼焦及核燃料加工业	化学原料及化学制品制造业	医药制造业	化学纤维制造业	橡胶制品业
1997	7	25	10	16		82	53	1	30
1998	8	28	13	10		91	51		30
1999	8	26	14	9		85	53		32
2000	6	32	20	12		89	63		41
2001	11	42	28	20		100	83		62
2002	13	39	25	18		84	84		55
2003	21	54	30	18		89	89		71
2004	45	85	42	26		124	96	1	107
2005	51	79	40	32		120	99		110
2006	59	96	50	30		114	96	1	118
2007	82	115	60	37	1	124	97	1	141
2008	106	115	69	34	1	132	108	1	163
2009	114	115	64	33	1	133	113	1	180
2010	122	137	75	37	1	145	113	2	230

4－6　分行业规模以上工业单位数(三)

(1997－2010年)

单位:个

年　　份	塑　料制品业	非金属矿　物制品业	黑色金属冶炼及压延加工业	有色金属冶炼及压延加工业	金　属制品业	通用设备制　造　业	专用设备制　造　业	交通运输设备制造业
1997	83	29	7	5	68	121	48	128
1998	108	23	6	6	87	137	56	140
1999	102	22	6	6	80	135	55	145
2000	118	18	5	7	60	181	72	194
2001	194	29	7	17	110	329	102	304
2002	197	29	10	17	109	313	96	263
2003	240	37	11	21	128	376	126	320
2004	334	62	18	78	130	616	179	516
2005	348	59	19	81	168	608	192	532
2006	405	66	23	101	183	708	237	621
2007	478	99	24	101	254	908	302	718
2008	555	83	28	97	287	1065	330	769
2009	599	91	33	99	285	1142	347	784
2010	812	106	40	119	354	1331	432	894

4－7　分行业规模以上工业单位数(四)

(1997－2010年)

单位:个

年　　份	电气机械及器材制造业	通信计算机及其他电子设备制造业	仪器仪表及文化办公用机械制造业	工艺品及其他制造业	废弃资源和废旧材料回收加工业	电力热力的生产和供应业	燃气生产和供应业	水的生产和供应业
1997	91	8	10	120		28	2	10
1998	106	10	10	149		23	2	12
1999	96	9	11	161		24	2	12
2000	113	10	18	200		25	1	12
2001	160	16	26	334		26	1	12
2002	180	31	27	258		26	1	12
2003	210	38	36	288	7	26	1	12
2004	303	32	60	325	29	27	2	15
2005	284	54	86	348	24	29	2	13
2006	329	68	136	389	41	30	2	13
2007	445	61	165	421	48	25	3	14
2008	522	66	157	423	59	26	3	18
2009	540	58	144	418	58	28	5	19
2010	628	69	204	461	61	30	5	20

4－8　规模以上工业总产值

（1997－2010 年）

单位:万元

年　份	工业总产值	#国有及国有控股企业	轻工业	重工业	大型企业	中型企业	小型企业
1997	2798794	555413	1735204	1063590	324913	516146	1957735
1998	3322647	782685	1952035	1370613	133557	884159	2304931
1999	3820161	862674	2196216	1623945	295009	1131266	2393887
2000	4815486	1017537	2597324	2218162	478016	1393412	2944058
2001	6106561	566691	3305516	2801045	394917	1751448	3960196
2002	7269245	837513	3840413	3428832	546284	2340532	4382430
2003	9558209	1145660	4877725	4680485	1045705	2955365	5557139
2004	13529156	1546364	5860722	7668434	1656601	3873957	7998597
2005	17376957	2096616	7262286	10114671	2437585	5845924	9093448
2006	22288036	2482361	8618563	13669474	2500613	7566852	12220572
2007	27406557	2656289	10460812	16945745	3337383	9642839	14426336
2008	28776593	2255599	11091360	17685233	3016513	10135687	15624393
2009	28698750	2412672	10914002	17784748	3257893	9437875	16002981
2010	36307993	2512402	13234098	23073895	4206081	11991528	20110384

4－9　分注册类型规模以上工业总产值

（1997－2010 年）

单位:万元

年　份	国有企业	集体企业	股份合作企业	联营企业	有限责任公司	股份有限公司	私营企业	港澳台商投资公司	外商投资企业
1997	515435	1544054	332485	53241			102073	88287	163219
1998	283572	455126	951398	55471	364536	359047	553678	170311	129509
1999	258887	405379	880908	134378	690687	410775	660874	208447	169827
2000	230543	264297	1078390	90283	1172810	627069	803855	278277	269963
2001	153655	237369	1376518	140058	1936634	205229	1010040	332562	714497
2002	156206	128303	1301522	185818	2774531	387968	1185245	401035	748617
2003	181072	125403	1242559	46000	3482787	334429	2616164	521920	1007875
2004	806628	326278	1171836	51784	5503521	938935	2732149	870150	1127876
2005	1392336	369796	1467859	56945	6603203	798312	4400255	943672	1344579
2006	1646126	435388	1191946	56514	8242000	872554	6637474	1245250	1960784
2007	1786410	189356	1143417	74607	9348072	1410040	9655624	1343894	2455138
2008	1333741	30889	920398	53390	10157156	1215391	11316230	1461893	2287506
2009	1527561	48367	814169	52861	9567032	1138748	12099779	1447964	2002270
2010	1654347	48841	596434	46363	10632452	2014041	16568499	1901632	2845384

4－10 分行业规模以上工业总产值(一)

(1997－2010 年)

单位:万元

年份	有色金属矿采选业	非金属矿采选业	农副食品加工业	食品制造业	饮料制造业	纺织业	纺织服装鞋帽制造业	皮革毛皮羽毛(绒)及其制品业	木材加工及木竹藤棕草制品业
1997	2498	4378	215813	46987	36625	72540	71173	66569	29514
1998	1809	3790	190869	51909	31712	82500	45050	105902	53606
1999	1663	2762	139447	61087	38148	89681	35704	113302	72307
2000	5438	2246	125122	78518	34672	110624	43295	134581	108087
2001	3699	10114	150346	60814	39477	125294	54518	238598	122763
2002	444	1446	154486	76485	48740	141875	58336	246878	125837
2003	4461	1532	140875	83235	56859	179547	63231	311618	156326
2004	4925	1575	168514	73773	62964	304050	67996	488822	183701
2005	10826	575	180872	91369	77310	343804	82771	581061	189680
2006	1898	1378	236120	95231	89420	405945	99176	734082	124287
2007	1373	2420	269837	104175	99250	466128	117544	904699	183477
2008	1660	4044	308520	125358	132843	636149	117004	865254	112899
2009	803	6831	338860	119275	109079	618096	107954	914255	112393
2010	2520	9077	438747	137647	127269	765929	121762	1095485	129790

4－11 分行业规模以上工业总产值(二)

(1997－2010 年)

单位:万元

年份	家具制造业	造纸及纸制品业	印刷业和记录媒介的复制	文教体育用品制造业	石油加工炼焦及核燃料加工业	化学原料及化学制品制造业	医药制造业	化学纤维制造业	橡胶制品业
1997	27250	35533	4895	20663		250611	198938	1893	46964
1998	22266	38231	12050	6843		270128	235116		44168
1999	27983	37362	14946	4805		268351	253189		50175
2000	5679	48522	20169	8501		321419	310454		69256
2001	14185	57842	29109	19823		351340	449084		94285
2002	26289	68359	31171	23006		432774	537297		103836
2003	69951	109728	37838	24634		449932	721966		135841
2004	153301	160932	51097	27141		598352	826650	802	212675
2005	195299	187103	59077	41646		584139	1103506		261023
2006	287103	235851	78449	43029		578750	1255932	944	342976
2007	379483	278259	105782	47803	591	677025	1447448	1136	454164
2008	544220	301648	103595	60013	859	715891	1808101	2428	524852
2009	495486	287602	94087	47517	1165	716000	1850466	2265	525073
2010	593613	424315	127420	59927	1579	916766	2112764	4932	737725

4－12　分行业规模以上工业总产值（三）

（1997－2010年）

单位：万元

年　份	塑　料制品业	非金属矿　物制品业	黑色金属冶炼及压延加工业	有色金属冶炼及压延加工业	金　属制品业	通用设备制 造 业	专用设备制 造 业	交通运输设备制造业
1997	168375	35549	6659	19112	150817	172377	97609	399403
1998	219877	30758	9186	22827	136664	206701	152556	445109
1999	269614	32115	10721	18366	143042	258439	213416	641194
2000	343414	47744	13579	25702	192139	360243	292648	788091
2001	467402	53792	13277	54578	282795	586380	379437	876892
2002	577237	54656	32906	115767	375243	638309	522836	1058077
2003	783713	109873	49861	172057	507983	902957	694309	1440515
2004	1023811	168350	99275	492988	493795	1724768	713493	2160492
2005	1399220	161336	95217	593176	787332	1775840	1013539	2763021
2006	1620716	216008	71513	997081	888989	2389167	1359241	3839708
2007	2005088	279442	99697	948656	1402047	3328573	1661758	4708210
2008	1989900	343361	173110	961655	1210104	3847520	1278995	5477767
2009	2175863	381464	225368	768440	1051957	3505679	1330988	5865355
2010	3024387	452874	321823	1156964	1456205	4546467	1806644	6633275

4－13　分行业规模以上工业总产值（四）

（1997－2010年）

单位：万元

年　份	电气机械及 器 材制 造 业	通信计算机及其他电子设备制 造 业	仪器仪表及文化办公用机械制 造 业	工艺品及其他制造业	废弃资源和 废 旧材料回收加 工 业	电力热力的生产和供 应 业	燃气生产和供应业	水的生产和供应业
1997	257118	7266	13261	162493		166578	558	8775
1998	343349	11144	16475	213227		301837	969	16021
1999	322023	16170	24922	312353		327642	690	18543
2000	413795	20023	37607	444395		387447	123	21955
2001	490233	18693	39318	626343		372717	142	23272
2002	692101	70760	48463	590507		389002	151	25969
2003	888401	116021	59821	721587	82869	450690	255	29725
2004	1210128	88059	91777	691921	367492	776849	1006	37682
2005	1472178	229583	312555	1068777	354924	1319291	1528	39381
2006	1722493	319894	775464	1165572	663321	1600507	1967	45825
2007	2362380	269380	812899	1434397	736142	1753057	13968	50272
2008	2775423	302716	407238	1270816	1006150	1283916	19405	63179
2009	2622589	358343	303109	1225494	957859	1474619	29191	75227
2010	3314844	457338	843446	1516560	1257792	1596378	26600	89131

4－14 规模以上工业主要产品产量

（2010 年）

产品名称		产量	产品名称		产量
原盐	（万吨）	1.60	家具	（万件）	1918.01
配混合饲料	（万吨）	1.85	其中：木质家具	（万件）	301.24
精制食用植物油	（万吨）	0.27	金属家具	（万件）	1344.35
冷冻水产品	（万吨）	26.14	软体家具	（万件）	16.32
罐头	（万吨）	10.13	机制纸及纸板（外购原纸加工除外）	（万吨）	24.46
冷冻饮品	（万吨）	0.62	纸制品	（万吨）	54.60
饮料酒	（万千升）	41.58	本册	（万本）	4027
其中：白酒（折 65 度，商品量）	（万千升）	0.22	化学农药原药（折有效成分 100%）	（万吨）	0.88
啤酒	（万千升）	40.23	其中：杀虫剂原药	（万吨）	0.02
黄酒	（万千升）	1.13	涂料	（万吨）	3.56
软饮料	（万吨）	4.27	其中：建筑涂料	（万吨）	0.56
其中：果汁和蔬菜汁饮料类	（万吨）	3.08	油墨	（万吨）	0.79
纱	（万吨）	3.90	染料	（万吨）	4.64
布	（万米）	30482	初级形态的塑料	（万吨）	6.4
其中：棉布	（万米）	1593	合成橡胶	（万吨）	0.49
棉混纺布	（万米）	3279	化学药品原药	（万吨）	5.93
化学纤维布	（万米）	25611	橡胶轮胎外胎	（万条）	307.07
印染布	（万米）	13603	胶鞋类	（万双）	947
绒线（俗称毛线）	（万吨）	0.15	塑料制品	（万吨）	129.12
无纺布（无纺织物）	（万吨）	1.11	其中：塑料薄膜	（万吨）	0.81
服装	（万件）	3067	塑料板、片	（万吨）	3.84
其中：梭织服装	（万件）	1990	塑料管及其附件	（万吨）	26.97
针织服装	（万件）	1077	泡沫塑料	（万吨）	1.50
轻革	（万平方米）	1551.25	塑料人造革、合成革	（万吨）	0.73
皮革鞋靴	（万双）	42817	塑料包装箱及容器	（万吨）	7.72
人造板	（万立方米）	35.66	日用塑料制品	（万吨）	65.19
人造板表面装饰板	（万平方米）	20.68	水泥	（万吨）	210.32

4－14续表

产　品　名　称		产　量	产　品　名　称		产　量
砖	（万块）	10723	汽车	（万辆）	16.70
钢化玻璃	（万平方米）	191.41	其中：基本型乘用车(轿车)	（万辆）	12.81
日用玻璃制品	（万吨）	0.21	摩托车整车	（万辆）	183.33
玻璃保温容器	（万个）	520	电动自行车	（万辆）	24.17
卫生陶瓷制品	（万件）	29.70	民用钢质船舶	（万载重吨）	234.46
粗钢	（万吨）	3.27	船舶修理	（万载重吨）	0.91
钢材	（万吨）	31.30	交流电动机	（万千瓦）	408.96
白银（银锭）	（千克）	4335	变压器	（万千伏安）	1820.15
铝合金	（万吨）	2.00	高压开关板	（万面）	0.41
铜材	（万吨）	13.89	电力电缆	（万米）	20711.30
铝材	（万吨）	6.63	绝缘制品	（万吨）	0.19
搪瓷制品	（万吨）	0.21	家用电冰箱	（万台）	174.37
不锈钢日用制品	（万吨）	0.18	家用冷柜（家用冷冻箱）	（万台）	183.48
发动机	（万千瓦）	723.61	房间空气调节器	（万台）	9.47
电站水轮机	（万千瓦）	6.67	家用电风扇	（万台）	83.66
金属切削机床	（万台）	7.08	家用吸尘器	（万台）	150.46
输送机械（输送机和提升机）	（万吨）	0.58	灯具及照明装置	（万套）	1870.46
泵	（万台）	2518.64	彩色电视机	（万台）	97.71
阀门	（万吨）	27.11	电工仪器仪表	（万台）	9.25
滚动轴承	（万套）	20723	分析仪器及装置	（万台）	0.10
减速机	（万台）	45.24	眼镜成镜	（万副）	9357.08
塑料加工专用设备	（万台）	0.22	伞类制品	（万把）	784.84
模具	（万套）	4.37	发电量	（亿千瓦小时）	342.57
缝纫机	（万台）	262.83	其中：火力发电量	（亿千瓦小时）	325.48
农作物收获机械	（万台）	0.93	水力发电量	（亿千瓦小时）	15.43

4－15 规模以上工业主要财务指标(一)

(2010 年)

单位:万元

项目	企业单位数(个)	工业总产值	工业销售产值	出口交货值	年末资产总计	从业人员年平均人数(人)
总计	**7308**	**36307993**	**35347711**	**10530515**	**32592219**	**874493**
其中:国有控股企业	52	2512402	2507626	248253	3005542	26282
按登记注册类型分组						
国有企业	34	1654347	1650605	13515	1109796	9285
集体企业	21	48841	46555	10218	52755	1688
股份合作企业	274	596434	583525	53777	414614	17472
联营企业	3	46363	46194	4991	58007	1213
有限责任公司	1699	10632452	10323618	3014328	11096264	248035
股份有限公司	45	2014041	1938685	823787	2695445	38361
私营企业	4799	16568499	16145048	4755529	13185500	447447
港、澳、台商投资公司	207	1901632	1877559	823574	1749908	51051
外商投资企业公司	226	2845384	2735923	1030796	2229931	59941
按轻重工业分						
轻工业	2941	13234098	12791807	5591438	13031095	390531
重工业	4367	23073895	22555904	4939077	19561125	483962
按大中小型分						
大型企业	24	4206081	4142797	1556935	5155756	78386
中型企业	436	11991528	11695357	4447905	11225474	262840
小型企业	6848	20110384	19509557	4525674	16210989	533267
按工业行业分						
有色金属矿采选业	**1**	**2520**	**2582**		**3383**	**81**
贵金属矿采选业	1	2520	2582		3383	81
非金属矿采选业	**5**	**9077**	**8030**		**5688**	**703**
土砂石开采	4	8490	7435		4700	412
采　盐	1	587	596		988	291
农副食品加工业	**123**	**438747**	**410163**	**91348**	**273143**	**9963**
饲料加工	4	26814	26707	21704	9739	1048
植物油加工	1	5132	4893		4486	123
屠宰及肉类加工	2	11624	11480		3377	97
水产品加工	113	386800	359376	66258	248683	8428
蔬菜、水果和坚果加工	1	3721	3721	3386	1734	42
其他农副食品加工	2	4657	3985		5124	225
食品制造业	**25**	**137647**	**132393**	**66734**	**130758**	**5019**
焙烤食品制造	2	5187	5058		3849	129
糖果、巧克力及蜜饯制造	2	5736	5556		4819	187

4－15 续表 1

单位:万元

项　　目	企业单位数（个）	工业总产值	工业销售产值	出口交货值	年末资产总计	从业人员年平均人数（人）
罐头制造	10	64502	64909	53574	68528	3738
其他食品制造	11	62222	56870	13160	53563	965
饮料制造业	**20**	**127269**	**116607**		**215205**	**2865**
酒的制造	10	96810	86705		177263	2191
软饮料制造	8	26893	26437		32328	613
精制茶加工	2	3566	3465		5614	61
纺织业	**210**	**765929**	**739394**	**263298**	**739864**	**23198**
棉、化纤纺织及印染精加工	46	275883	259998	33070	286509	4784
毛纺织和染整精加工	8	18030	18202	3274	20761	967
麻纺织	2	4962	4725	1382	3320	161
丝绢纺织及精加工	2	4903	4694		6337	129
纺织制成品制造	111	388047	380031	208491	323399	12879
针织品、编织品及其制品制造	41	74103	71744	17082	99538	4278
纺织服装、鞋、帽制造业	**74**	**121762**	**119478**	**67220**	**85501**	**7567**
纺织服装制造	53	77798	76350	46050	66125	5052
纺织面料鞋的制造	17	38139	37335	16871	15000	2123
制　帽	4	5825	5793	4300	4376	392
皮革、毛皮、羽毛(绒)及其制品业	**377**	**1095485**	**1079471**	**672375**	**495103**	**55225**
皮革鞣制加工	3	26450	26413		23653	367
皮革制品制造	374	1069035	1053058	672375	471449	54858
木材加工及木、竹、藤、棕、草制品业	**45**	**129790**	**124467**	**33865**	**104941**	**3897**
锯材、木片加工	1	1544	1530		682	50
人造板制造	8	70288	67250	9516	63970	1084
木制品制造	20	24810	24065	10403	17301	1525
竹、藤、棕、草制品制造	16	33147	31623	13946	22989	1238
家具制造业	**122**	**593613**	**573866**	**435420**	**470928**	**26161**
木质家具制造	73	298994	282596	231400	193635	14350
竹、藤家具制造	1	5112	5082		1185	175
金属家具制造	34	232310	230068	159139	240166	10210
塑料家具制造	8	48169	48104	41636	28157	1057
其他家具制造	6	9027	8016	3245	7786	369
造纸及纸制品业	**137**	**424315**	**411876**	**5644**	**402859**	**10594**
造　纸	19	81208	77104		52594	1533
纸制品制造	118	343108	334772	5644	350265	9061

4－15 续表 2

单位:万元

项目	企业单位数（个）	工业总产值	工业销售产值	出口交货值	年末资产总计	从业人员年平均人数（人）
印刷业和记录媒介的复制	**75**	**127420**	**123815**	**25503**	**128787**	**4478**
印　刷	75	127420	123815	25503	128787	4478
文教体育用品制造业	**37**	**59927**	**58342**	**42928**	**44462**	**3045**
文化用品制造	8	14937	14343	8720	14013	684
体育用品制造	4	5796	5732	2434	3229	276
乐器制造	1	1552	1440		1873	45
玩具制造	22	33856	33060	31774	23880	1925
游艺器材及娱乐用品制造	2	3786	3768		1468	115
石油加工、炼焦及核燃料加工业	**1**	**1579**	**1523**		**871**	**14**
精炼石油产品的制造	1	1579	1523		871	14
化学原料及化学制品制造业	**145**	**916766**	**917266**	**224039**	**856243**	**12814**
基础化学原料制造	29	274772	257183	104913	271742	3567
肥料制造	1	850	816		388	15
农药制造	5	53370	47709	22066	40481	1023
涂料、油墨、颜料及类似产品制造	52	231521	233429	23761	236673	3730
合成材料制造	14	101973	127458	4315	71667	1243
专用化学产品制造	34	223786	220523	61290	215366	2544
日用化学产品制造	10	30493	30150	7694	19927	692
医药制造业	**113**	**2112764**	**1968746**	**951285**	**2824899**	**35226**
化学药品原药制造	91	1835830	1700843	885295	2469108	29756
化学药品制剂制造	5	164137	162675	42402	233668	3481
中药饮片加工	1	1667	1652	1652	748	206
中成药制造	5	55327	51135	408	82972	831
兽用药品制造	1	6110	5640	1651	4165	94
生物、生化制品的制造	6	45861	43153	19854	29287	618
卫生材料及医药用品制造	4	3832	3648	24	4951	240
化学纤维制造业	**2**	**4932**	**4674**		**2502**	**70**
合成纤维制造	2	4932	4674		2502	70
橡胶制品业	**230**	**737725**	**709052**	**176717**	**660709**	**19349**
轮胎制造	6	7339	6832	953	8662	343
橡胶板、管、带的制造	113	417131	403745	128430	375818	9019
橡胶零件制造	76	234400	226244	31965	184318	8115
再生橡胶制造	4	4108	3871		2217	136
日用及医用橡胶制品制造	5	20773	20238	9630	26863	506
橡胶靴鞋制造	10	9978	9790	1185	6959	385
其他橡胶制品制造	16	43996	38333	4554	55873	845

4－15 续表3

单位:万元

项　　目	企业单位数(个)	工业总产值	工业销售产值	出口交货值	年末资产总计	从业人员年平均人数(人)
塑料制品业	**812**	**3024387**	**2928777**	**792862**	**2527090**	**72566**
塑料薄膜制造	18	55948	60254	9471	53146	1240
塑料板、管、型材的制造	86	651687	625759	233029	736969	11932
塑料丝、绳及编织品的制造	32	65955	62220	11718	30995	1878
泡沫塑料制造	48	137319	134176	57675	127971	3616
塑料人造革、合成革制造	25	206971	185180	1336	233254	4436
塑料包装箱及容器制造	61	153170	147578	11681	123012	4118
塑料零件制造	109	309976	298393	20964	298040	8609
日用塑料制造	379	1293024	1264788	398102	805581	32716
其他塑料制品制造	54	150336	150429	48887	118122	4021
非金属矿物制品业	**106**	**452874**	**436982**	**54417**	**554206**	**9834**
水泥、石灰和石膏的制造	8	68410	71019		54845	447
水泥及石膏制品制造	35	191086	185386		277930	3287
砖瓦、石材及其他建筑材料制造	18	24079	21806	265	39198	796
玻璃及玻璃制品制造	27	99589	93575	32616	105459	2690
陶瓷制品制造	10	58379	54225	21537	70375	2267
耐火材料制品制造	2	2640	2559		3081	83
石墨及其他非金属矿物制品制造	6	8692	8411		3320	264
黑色金属冶炼及压延加工业	**40**	**321823**	**309542**	**2267**	**304890**	**2853**
钢压延加工	40	321823	309542	2267	304890	2853
有色金属冶炼及压延加工业	**119**	**1156964**	**1121809**	**65188**	**701683**	**9165**
常用有色金属冶炼	7	40582	38759		35210	361
贵金属冶炼	4	40233	39910		12459	168
有色金属合金制造	11	66498	67305	645	29053	686
有色金属压延加工	97	1009651	975835	64543	624962	7950
金属制品业	**354**	**1456205**	**1384971**	**489046**	**1077379**	**37757**
结构性金属制品制造	16	40903	37852	2354	33274	1040
金属工具制造	51	80614	77818	7840	55171	3118
集装箱及金属包装容器制造	7	23549	21787		16791	515
金属丝绳及其制品的制造	33	226692	212971	4017	136929	1895
建筑、安全用金属制品制造	144	439794	420851	203450	280198	13923
金属表面处理及热处理加工	57	124907	120268	1034	98548	6082

4－15 续表 4

单位:万元

项　　目	企业单位数（个）	工业总产值	工业销售产值	出口交货值	年末资产总计	从业人员年平均人数（人）
搪瓷制品制造	10	17027	16016	9881	25011	844
不锈钢及类似日用金属制品制造	29	483956	459397	259597	409725	9844
其他金属制品制造	7	18765	18012	871	21733	496
通用设备制造业	**1331**	**4546467**	**4393700**	**1685553**	**3544691**	**133606**
锅炉及原动机制造	11	47806	47322	8401	47553	1346
金属加工机械制造	76	259409	252287	83545	251090	10409
起重运输设备制造	16	50996	48265	1443	46381	1495
泵、阀门、压缩机及类似机械的制造	775	2869360	2779002	1408546	2062877	81067
轴承、齿轮、传动和驱动部件的制造	91	386666	369817	30426	424171	11201
烘炉、熔炉及电炉制造	2	1547	1470		3521	74
风机、衡器、包装设备等通用设备制造	93	377323	362474	127990	287703	11164
通用零部件制造及机械修理	96	154541	149734	15443	125618	6004
金属铸、锻加工	171	398820	383328	9759	295779	10846
专用设备制造业	**432**	**1806644**	**1734651**	**561449**	**1986674**	**47755**
矿山、冶金、建筑专用设备制造	18	55163	53750	11073	49014	1699
化工、木材、非金属加工专用设备制造	187	471251	452631	134157	511919	13714
食品、饮料、烟草及饲料生产专用设备制造	10	22590	21119	9932	21974	588
印刷、制药、日化生产专用设备制造	17	26049	24776	431	25290	1040
纺织、服装和皮革工业专用设备制造	125	930848	898505	329500	1129251	21326
电子和电工机械专用设备制造	1	550	550		1469	50
农、林、牧、渔专用机械制造	41	208314	197781	72244	154661	5455
医疗仪器设备及器械制造	15	60715	55501	2782	68887	2826
环保、社会公共安全及其他专用设备制造	18	31166	30039	1332	24209	1057
交通运输设备制造业	**894**	**6633275**	**6569404**	**1248057**	**6189596**	**146807**
铁路运输设备制造	3	34033	33486	1326	38396	506
汽车制造	567	3484411	3381542	567350	2889564	84765
摩托车制造	189	1254825	1230250	270680	1550842	33177
自行车制造	37	119064	115494	7975	136358	3286
船舶及浮动装置制造	94	1730887	1798647	399682	1565210	24741
航空航天器制造	2	4732	4662		4400	131
交通器材及其他交通运输设备制造	2	5324	5324	1044	4826	201
电气机械及器材制造业	**628**	**3314844**	**3227821**	**980624**	**3211009**	**71870**
电机制造	253	1026907	998763	255364	858097	27046
输配电及控制设备制造	95	358056	346218	13720	374141	8147
电线、电缆、光缆及电工器材制造	85	466428	453310	10067	383078	4726
电池制造	17	249787	251301	198005	238704	2840
家用电力器具制造	39	666595	648828	194028	829742	13169

4－15 续表5

单位:万元

项　　目	企业单位数（个）	工业总产值	工业销售产值	出口交货值	年末资产总计	从业人员年平均人数（人）
非电力家用器具制造	7	73762	71499	66958	47064	2135
照明器具制造	127	422945	407962	242482	416083	12952
其他电气机械及器材制造	5	50366	49940		64102	855
通信设备、计算机及其他电子设备制造业	**69**	**457338**	**447283**	**263522**	**425910**	**9692**
通信设备制造	3	20135	20338	12630	23324	541
广播电视设备制造	1	2853	2612	2071	6538	107
电子计算机制造	2	40295	37181	35028	19228	536
电子器件制造	13	49891	48626	23861	68395	2376
电子元件制造	40	135125	133370	17078	183889	4095
家用视听设备制造	2	168911	168050	167017	87007	800
其他电子设备制造	8	40129	37107	5837	37530	1237
仪器仪表及文化、办公用机械制造业	**204**	**843446**	**794730**	**345927**	**767180**	**29901**
通用仪器仪表制造	95	540350	515765	287921	481254	14974
专用仪器仪表制造	23	99841	92156	5215	60633	2939
钟表及计时仪器制造	1	850	800	800	1673	30
光学仪器及眼镜制造	77	162945	152713	44677	183789	10269
文化、办公用机械制造	8	39460	33296	7314	39831	1689
工艺品及其他制造业	**461**	**1516560**	**1492642**	**984564**	**1552928**	**63939**
工艺美术品制造	419	824166	806039	581657	608559	44176
日用杂品制造	41	691893	686102	402907	944167	19748
煤制品制造	1	501	501		201	15
废弃资源和废旧材料回收加工业	**61**	**1257792**	**1292560**	**663**	**635867**	**8973**
金属废料和碎屑的加工处理	40	1231743	1267020		619624	8466
非金属废料和碎屑的加工处理	21	26048	25541	663	16244	507
电力、热力的生产和供应业	**30**	**1596378**	**1596281**		**1246224**	**7385**
电力生产	15	425101	425003		732071	2917
电力供应	10	1141887	1141887		481878	3914
热力生产和供应	5	29391	29391		32276	554
燃气生产和供应业	**5**	**26600**	**26230**		**22335**	**275**
水的生产和供应业	**20**	**89131**	**88584**		**398712**	**1846**
自来水的生产和供应	15	78496	77949		310762	1658
污水处理及其再生利用	5	10635	10635		87950	188

4－16 规模以上工业主要财务指标(二)

(2010 年)

单位:万元

项目	流动资产合计	存货	固定资产合计	固定资产原价	固定资产净值	年末负债合计
总　　计	**20017671**	**4731834**	**8156706**	**11036588**	**7225454**	**20116668**
其中:国有控股企业	1095300	194416	1399495	2245844	1244217	1645566
按登记注册类型分组						
国有企业	276835	54771	784229	1318825	706912	583004
集体企业	32012	10870	15919	23907	13288	36029
股份合作企业	294495	87961	83870	112057	74332	281270
联营企业	39468	11495	12120	23967	11332	49582
有限责任公司	6775347	1527940	2621868	3654030	2334753	6946540
股份有限公司	1499996	336099	530752	662973	442770	1190959
私营企业	8498011	2010551	3145556	4016736	2824298	8686590
港、澳、台商投资公司	1218678	336232	356269	469243	323427	973388
外商投资企业公司	1382829	355915	606123	754850	494340	1369306
按轻重工业分						
轻工业	7945574	1741718	3013568	4058372	2625653	7807276
重工业	12072097	2990116	5143138	6978216	4599801	12309392
按大中小型分						
大型企业	2786959	842062	1147041	1887181	1039256	2689579
中型企业	7067283	1642774	2654321	3380004	2288051	6805710
小型企业	10163430	2246998	4355344	5769402	3898147	10621378
按工业行业分						
有色金属矿采选业	**617**	**109**	**464**	**566**	**464**	**1866**
贵金属矿采选业	617	109	464	566	464	1866
非金属矿采选业	**2963**	**900**	**1883**	**2841**	**1850**	**4441**
土砂石开采	2519	833	1409	2367	1399	4078
采　盐	444	67	474	474	450	364
农副食品加工业	**171632**	**58257**	**69807**	**85641**	**63124**	**168180**
饲料加工	7462	1489	1685	2607	1685	5647
植物油加工	2093	678	1918	2687	1521	2059
屠宰及肉类加工	1197	572	1502	2042	1302	1738
水产品加工	157808	54406	61318	75305	56282	154776
蔬菜、水果和坚果加工	963	570	771	948	771	602
其他农副食品加工	2110	542	2614	2052	1565	3358
食品制造业	**87096**	**37376**	**34615**	**48144**	**31094**	**86512**
焙烤食品制造	1877	633	1972	2161	1641	2343
糖果、巧克力及蜜饯制造	1802	468	2056	2807	2056	1050

4－16 续表1

单位:万元

项目	流动资产合计	存货	固定资产合计	固定资产原价	固定资产净值	年末负债合计
罐头制造	52289	24213	12862	17670	11159	53247
其他食品制造	31128	12062	17726	25506	16237	29871
饮料制造业	**99935**	**48644**	**94032**	**125846**	**86395**	**167222**
酒的制造	80300	42752	81273	112751	77278	143913
软饮料制造	16665	5756	10394	11174	7831	19831
精制茶加工	2970	136	2365	1921	1286	3479
纺织业	**435744**	**97634**	**210403**	**270163**	**179132**	**501345**
棉、化纤纺织及印染精加工	171799	40854	67283	87019	56013	186525
毛纺织和染整精加工	13813	2194	6501	10955	4875	15396
麻纺织	2889	1770	380	1005	380	3046
丝绢纺织及精加工	4108	1504	1708	2356	1708	4848
纺织制成品制造	198287	41090	89926	113430	76461	224904
针织品、编织品及其制品制造	44849	10223	44605	55397	39696	66626
纺织服装、鞋、帽制造业	**58828**	**14631**	**21477**	**28836**	**19840**	**60923**
纺织服装制造	45814	11365	15535	21757	14777	49089
纺织面料鞋的制造	10530	2673	4050	5100	4007	8811
制　帽	2484	592	1892	1979	1056	3023
皮革、毛皮、羽毛(绒)及其制品业	**380943**	**71510**	**93996**	**126990**	**86724**	**311685**
皮革鞣制加工	17642	8179	6011	6414	4270	18033
皮革制品制造	363301	63331	87985	120576	82454	293652
木材加工及木、竹、藤、棕、草制品业	**75154**	**15678**	**21482**	**28973**	**20806**	**69347**
锯材、木片加工	416	30	265	256	61	532
人造板制造	50693	9294	9747	13294	9548	44077
木制品制造	11153	2403	3954	5511	3829	11436
竹、藤、棕、草制品制造	12892	3951	7516	9912	7368	13302
家具制造业	**298025**	**97791**	**115200**	**138128**	**100130**	**339077**
木质家具制造	111161	42101	57398	71112	51497	133003
竹、藤家具制造	1126	26	59	82	56	1149
金属家具制造	168045	50689	43724	51161	36790	183039
塑料家具制造	13170	3347	11458	12740	9237	15319
其他家具制造	4523	1629	2560	3032	2550	6568
造纸及纸制品业	**258162**	**40343**	**86552**	**125550**	**81752**	**278554**
造　纸	37492	5294	11444	15743	10527	41830
纸制品制造	220670	35049	75108	109807	71225	236724

4－16 续表 2

单位:万元

项　　目	流动资产合计	存货	固定资产合计	固定资产原价	固定资产净值	年末负债合计
印刷业和记录媒介的复制	**67796**	**10757**	**50634**	**74711**	**48248**	**86541**
印　刷	67796	10757	50634	74711	48248	86541
文教体育用品制造业	**26856**	**6000**	**13399**	**17212**	**12939**	**31690**
文化用品制造	7740	1303	3984	4521	3834	10744
体育用品制造	1874	1142	1148	1585	1148	2155
乐器制造	952	179	670	793	670	1667
玩具制造	15207	3199	7237	9930	6938	16426
游艺器材及娱乐用品制造	1082	178	360	383	348	697
石油加工、炼焦及核燃料加工业	**626**	**202**	**155**	**218**	**155**	**643**
精炼石油产品的制造	626	202	155	218	155	643
化学原料及化学制品制造业	**549602**	**113051**	**207785**	**250063**	**160003**	**459575**
基础化学原料制造	147985	37455	95674	92042	60397	144333
肥料制造	201	139	87	283	87	104
农药制造	23185	6418	7657	16718	7657	26558
涂料、油墨、颜料及类似产品制造	153360	37445	53184	64017	43952	129213
合成材料制造	55151	6700	10027	15410	9386	44455
专用化学产品制造	157167	21327	34991	51974	32991	106058
日用化学产品制造	12553	3567	6165	9620	5533	8854
医药制造业	**1505679**	**425010**	**767491**	**1083069**	**647335**	**1414174**
化学药品原药制造	1255253	383967	685432	979527	580624	1175289
化学药品制剂制造	175956	21387	51578	64349	41817	156734
中药饮片加工	361	101	351	385	232	504
中成药制造	50591	15783	19409	25074	16901	58679
兽用药品制造	2900	567	1201	2115	1201	1638
生物、生化制品的制造	16905	2759	8658	10240	5853	17375
卫生材料及医药用品制造	3714	446	861	1380	708	3955
化学纤维制造业	**1802**	**36**	**510**	**585**	**468**	**2190**
合成纤维制造	1802	36	510	585	468	2190
橡胶制品业	**430298**	**83706**	**170019**	**225547**	**157496**	**384625**
轮胎制造	5420	1131	2838	3883	2775	5691
橡胶板、管、带的制造	239462	48264	98321	125740	93158	212534
橡胶零件制造	117806	19873	49186	74915	45896	108328
再生橡胶制造	1410	319	780	1248	780	1638
日用及医用橡胶制品制造	19140	2183	4666	4488	2959	18643
橡胶靴鞋制造	4584	860	1842	2873	1688	3635
其他橡胶制品制造	42476	11077	12386	12399	10240	34156

4－16 续表3

单位:万元

项目	流动资产合计	存货	固定资产合计	固定资产原价	固定资产净值	年末负债合计
塑料制品业	**1568704**	**308890**	**650431**	**879643**	**597272**	**1516410**
塑料薄膜制造	34975	5408	8738	12228	8531	27026
塑料板、管、型材的制造	478720	90412	146060	201533	133888	386732
塑料丝、绳及编织品的制造	22134	4421	7121	10745	6908	21260
泡沫塑料制造	75444	8923	30377	39359	27933	82033
塑料人造革、合成革制造	125859	23708	71316	70586	61395	178388
塑料包装箱及容器制造	72160	12052	39654	57455	37650	65683
塑料零件制造	177826	33332	79899	123282	74302	179399
日用塑料制造	500207	112447	239588	321457	220028	508290
其他塑料制品制造	81381	18187	27678	42998	26637	67600
非金属矿物制品业	**340867**	**69802**	**144469**	**201082**	**130630**	**368990**
水泥、石灰和石膏的制造	20752	1870	27638	31761	25190	33132
水泥及石膏制品制造	194487	39870	57934	92976	53332	203670
砖瓦、石材及其他建筑材料制造	18079	4102	15375	17544	13747	19210
玻璃及玻璃制品制造	62193	11482	27128	39396	25854	61828
陶瓷制品制造	40908	11751	15592	18087	11732	47829
耐火材料制品制造	1676	298	303	549	289	1620
石墨及其他非金属矿物制品制造	2772	428	499	771	488	1702
黑色金属冶炼及压延加工业	**188549**	**44443**	**65972**	**67755**	**52063**	**252884**
钢压延加工	188549	44443	65972	67755	52063	252884
有色金属冶炼及压延加工业	**514257**	**109730**	**104257**	**142530**	**95869**	**498043**
常用有色金属冶炼	26290	2422	4000	3241	2046	29173
贵金属冶炼	6453	1966	2032	2713	2011	10663
有色金属合金制造	20141	6179	6181	6570	4865	18625
有色金属压延加工	461372	99163	92044	130006	86947	439583
金属制品业	**699917**	**184883**	**194677**	**246995**	**167165**	**539819**
结构性金属制品制造	20367	7011	8501	8695	6879	21718
金属工具制造	35221	8757	16669	21603	16447	39707
集装箱及金属包装容器制造	10349	1819	5007	6530	4843	9245
金属丝绳及其制品的制造	117274	22687	15223	21221	13314	108034
建筑、安全用金属制品制造	197001	45878	59487	73260	52114	175598
金属表面处理及热处理加工	58755	8939	29582	43211	27859	63060

4－16续表4

单位:万元

项目	流动资产合计	存货	固定资产合计	固定资产原价	固定资产净值	年末负债合计
搪瓷制品制造	16407	5067	4508	3510	2342	17076
不锈钢及类似日用金属制品制造	231606	82321	49361	63250	38904	87661
其他金属制品制造	12937	2404	6340	5715	4462	17720
通用设备制造业	**2295578**	**602604**	**873905**	**1147022**	**788103**	**2183752**
锅炉及原动机制造	34828	3789	11263	13252	8448	31138
金属加工机械制造	160685	55273	64544	80036	55430	167997
起重运输设备制造	26046	7241	9401	13157	8472	24476
泵、阀门、压缩机及类似机械的制造	1344027	372765	480761	633924	434240	1280277
轴承、齿轮、传动和驱动部件的制造	265658	68248	118322	168895	116692	212679
烘炉、熔炉及电炉制造	2365	241	338	614	334	1354
风机、衡器、包装设备等通用设备制造	185231	51393	76258	95652	66105	184893
通用零部件制造及机械修理	82494	12208	30853	38837	26536	82030
金属铸、锻加工	194245	31446	82166	102654	71847	198909
专用设备制造业	**1162138**	**308432**	**517461**	**666331**	**470044**	**1277656**
矿山、冶金、建筑专用设备制造	31585	10031	13506	17854	13328	32896
化工、木材、非金属加工专用设备制造	263175	59324	198606	271310	184436	321315
食品、饮料、烟草及饲料生产专用设备制造	10417	2461	6846	9019	6635	12888
印刷、制药、日化生产专用设备制造	14868	1994	8302	12058	8100	14884
纺织、服装和皮革工业专用设备制造	663818	190722	240558	294972	218255	730492
电子和电工机械专用设备制造业	1435	67	35	35	26	1245
农、林、牧、渔专用机械制造	120963	34588	27455	29805	20887	104197
医疗仪器设备及器械制造	39333	5596	15763	22864	12651	46663
环保、社会公共安全及其他专用设备制造	16545	3648	6391	8417	5727	13076
交通运输设备制造业	**4043435**	**1009969**	**1314174**	**1696508**	**1157997**	**4103387**
铁路运输设备制造	31224	5004	5079	6999	3709	15411
汽车制造	1719820	264804	685187	910739	606801	1828548
摩托车制造	1085162	153068	245874	369966	212518	1078338
自行车制造	96385	25350	21266	18976	13014	92841
船舶及浮动装置制造	1105361	561086	353851	385747	319176	1081779
航空航天器制造	2395	446	1845	2676	1840	2894
交通器材及其他交通运输设备制造	3089	212	1072	1406	939	3575
电气机械及器材制造业	**2020513**	**382519**	**549558**	**714126**	**490428**	**2054107**
电机制造	549022	126548	197556	238299	164708	575574
输配电及控制设备制造	255096	65795	82309	104786	75883	206348
电线、电缆、光缆及电工器材制造	293252	38244	46411	58439	38613	247643
电池制造	187804	38748	32922	38250	32576	188962
家用电力器具制造	401395	53771	66873	95324	60777	475751

4－16 续表 5

单位:万元

项目	流动资产合计	存货	固定资产合计	固定资产原价	固定资产净值	年末负债合计
非电力家用器具制造	27726	9995	9833	16896	9628	9956
照明器具制造	262328	45416	97524	137402	92980	303163
其他电气机械及器材制造	43891	4002	16131	24731	15265	46711
通信设备、计算机及其他电子设备制造业	**295249**	**37749**	**94420**	**123006**	**81360**	**223076**
通信设备制造	16653	1345	5860	3995	2819	17935
广播电视设备制造	1744	242	4717	785	487	6373
电子计算机制造	16691	4403	1821	3276	1809	11584
电子器件制造	41136	6418	18739	23877	17663	33264
电子元件制造	128712	15787	36421	61045	34253	74237
家用视听设备制造	72865	4658	11809	12416	11491	54703
其他电子设备制造	17449	4897	15054	17614	12839	24982
仪器仪表及文化、办公用机械制造业	**467845**	**137114**	**189828**	**249315**	**170742**	**428512**
通用仪器仪表制造	306260	91360	100611	131182	89313	271361
专用仪器仪表制造	31208	7060	19211	25450	16154	38051
钟表及计时仪器制造	800	290	800	997	800	1300
光学仪器及眼镜制造	103967	29206	57737	75770	53214	91064
文化、办公用机械制造	25610	9199	11469	15915	11261	26736
工艺品及其他制造业	**1047992**	**175448**	**314025**	**387308**	**265891**	**841780**
工艺美术品制造	375848	85919	170074	219944	149577	390845
日用杂品制造	672028	89498	143867	167276	116229	450806
煤制品制造	116	31	85	88	85	129
废弃资源和废旧材料回收加工业	**566740**	**203532**	**36664**	**44701**	**31378**	**503199**
金属废料和碎屑的加工处理	553783	200118	34308	41957	29249	491135
非金属废料和碎屑的加工处理	12957	3414	2356	2745	2129	12065
电力、热力的生产和供应业	**204234**	**29357**	**927937**	**1598464**	**872081**	**656762**
电力生产	59784	11392	579284	1123662	568974	392056
电力供应	133279	17132	329596	434666	284931	247153
热力生产和供应	11172	832	19057	40137	18176	17554
燃气生产和供应业	**8498**	**1191**	**10677**	**14925**	**8931**	**6582**
水的生产和供应业	**141397**	**4539**	**208347**	**223796**	**147546**	**293118**
自来水的生产和供应	124982	4365	149005	180984	117249	227445
污水处理及其再生利用	16415	173	59341	42811	30298	65673

4－17 规模以上工业主要财务指标(三)

(2010 年)

单位:万元

项目	流动负债	长期负债	年末所有者权益合计	实收资本	主营业务收入	主营业务成本
总计	**18529510**	**1371277**	**12475552**	**5809611**	**34870048**	**29850071**
其中:国有控股企业	1149388	432637	1359976	462492	2540668	2186992
按登记注册类型分组						
国有企业	490560	92138	526791	262116	1655199	1491781
集体企业	32087	2828	16726	11859	45845	35254
股份合作企业	277893	2426	133344	58397	582766	525695
联营企业	45542	4040	8425	5420	37631	27670
有限责任公司	6266515	646024	4149725	1880882	10279581	8704725
股份有限公司	909773	222190	1504486	374642	1861503	1427492
私营企业	8261903	310303	4498910	2296919	15872774	13773558
港、澳、台商投资公司	958383	13163	776520	417135	1861301	1596638
外商投资企业公司	1286853	78166	860626	502241	2673448	2267258
按轻重工业分						
轻工业	6984922	718904	5223819	2025668	12599848	10522192
重工业	11544588	652373	7251733	3783943	22270200	19327878
按大中小型分						
大型企业	2289208	389301	2466176	717750	4072894	3342073
中型企业	6342034	441841	4419764	1689198	11575929	9744371
小型企业	9898269	540135	5589611	3402663	19221224	16763627
按工业行业分						
有色金属矿采选业	**1866**		**1517**	**1880**	**2607**	**2016**
贵金属矿采选业	1866		1517	1880	2607	2016
非金属矿采选业	**4361**	**81**	**1246**	**1020**	**8010**	**6235**
土砂石开采	3997	81	622	780	7435	5791
采盐	364		625	240	576	444
农副食品加工业	**151940**	**15840**	**104963**	**62799**	**404954**	**362724**
饲料加工	5647		4092	1897	26707	23307
植物油加工	1429	631	2427	1980	4893	4129
屠宰及肉类加工	1494	244	1638	600	11340	10737
水产品加工	139909	14467	93908	56235	354308	318372
蔬菜、水果和坚果加工	602		1132	525	3721	2831
其他农副食品加工	2860	498	1766	1563	3985	3348
食品制造业	**78948**	**3415**	**44247**	**16832**	**132754**	**109276**
焙烤食品制造	2343		1505	608	5079	4404
糖果、巧克力及蜜饯制造	1050		3769	1021	5567	4719

4－17 续表1

单位:万元

项目	流动负债	长期负债	年末所有者权益合计	实收资本	主营业务收入	主营业务成本
罐头制造	47511	1587	15280	6139	64943	55262
其他食品制造	28043	1828	23692	9064	57166	44891
饮料制造业	**156773**	**9317**	**47983**	**63497**	**114733**	**75610**
酒的制造	135337	8575	33351	53752	85269	53181
软饮料制造	19526	287	12497	9130	26012	20774
精制茶加工	1911	455	2136	615	3451	1655
纺织业	**482587**	**14508**	**238519**	**136165**	**733270**	**640579**
棉、化纤纺织及印染精加工	181569	2929	99984	49669	256941	230098
毛纺织和染整精加工	14228	1168	5365	3907	18302	15821
麻纺织	2636	410	274	756	4287	3880
丝绢纺织及精加工	4572		1489	1538	3837	3224
纺织制成品制造	218922	4626	98495	53483	378447	325177
针织品、编织品及其制品制造	60660	5375	32912	26812	71455	62378
纺织服装、鞋、帽制造业	**59679**	**1144**	**24578**	**19822**	**117836**	**102054**
纺织服装制造	49045	44	17036	17622	74963	64617
纺织面料鞋的制造	8711		6189	1879	37048	32541
制　帽	1923	1100	1353	321	5825	4895
皮革、毛皮、羽毛(绒)及其制品业	**308913**	**684**	**183418**	**88245**	**1078421**	**946580**
皮革鞣制加工	18033		5620	5357	26539	23632
皮革制品制造	290880	684	177798	82888	1051882	922948
木材加工及木、竹、藤、棕、草制品业	**69346**	**1**	**35594**	**24682**	**123675**	**108554**
锯材、木片加工	531	1	150	106	1530	1292
人造板制造	44077		19893	15731	66610	60380
木制品制造	11436		5865	3996	23977	20274
竹、藤、棕、草制品制造	13302		9686	4850	31558	26609
家具制造业	**334488**	**1435**	**131852**	**76292**	**582553**	**491782**
木质家具制造	131518	1409	60632	40509	280116	237424
竹、藤家具制造	671		36	100	4597	4433
金属家具制造	180628		57127	27353	241400	201400
塑料家具制造	15290	26	12838	7174	48565	41845
其他家具制造	6381		1219	1155	7876	6680
造纸及纸制品业	**266268**	**11245**	**124305**	**84684**	**398633**	**350562**
造　纸	39309	1516	10764	8216	70619	62336
纸制品制造	226960	9729	113541	76469	328014	288226

4－17 续表2

单位:万元

项　　目	流动负债	长期负债	年末所有者权益合计	实收资本	主营业务收入	主营业务成本
印刷业和记录媒介的复制	**80956**	**5586**	**42245**	**27281**	**120092**	**103912**
印　刷	80956	5586	42245	27281	120092	103912
文教体育用品制造业	**31251**	**439**	**12772**	**9676**	**57950**	**49352**
文化用品制造	10744		3268	2981	14328	12230
体育用品制造	2035	120	1074	704	5713	4817
乐器制造	1667		206	218	1113	966
玩具制造	16108	319	7453	5094	33029	28043
游艺器材及娱乐用品制造	697		771	680	3768	3295
石油加工、炼焦及核燃料加工业	**643**		**228**	**200**	**1523**	**1304**
精炼石油产品的制造	643		228	200	1523	1304
化学原料及化学制品制造业	**429125**	**30364**	**396668**	**146737**	**901971**	**731273**
基础化学原料制造	140130	4200	127409	41859	260234	203956
肥料制造	104		284	218	870	833
农药制造	23951	2607	13923	7446	45413	34458
涂料、油墨、颜料及类似产品制造	127453	1688	107459	41428	224854	178102
合成材料制造	44163	282	27212	9388	127354	113625
专用化学产品制造	84588	21469	109308	41211	213421	177783
日用化学产品制造	8736	118	11073	5187	29825	22518
医药制造业	**1268223**	**144577**	**1410725**	**386528**	**1944501**	**1448245**
化学药品原药制造	1061110	112905	1293819	334060	1673384	1248885
化学药品制剂制造	134234	22500	76934	28164	171213	132250
中药饮片加工	504		245	50	1652	1419
中成药制造	49507	9172	24293	15320	47487	23140
兽用药品制造	1638		2527	100	5516	4281
生物、生化制品的制造	17375		11912	6936	41537	35544
卫生材料及医药用品制造	3855		996	1898	3713	2725
化学纤维制造业	**2115**	**35**	**312**	**308**	**4800**	**4527**
合成纤维制造	2115	35	312	308	4800	4527
橡胶制品业	**365265**	**17820**	**276084**	**133789**	**777067**	**667309**
轮胎制造	5691		2972	2488	7200	6348
橡胶板、管、带的制造	206785	5698	163283	80247	400619	348258
橡胶零件制造	100227	6632	75990	32704	223737	183341
再生橡胶制造	1488	150	580	338	4757	4199
日用及医用橡胶制品制造	18622		8220	6124	20148	17911
橡胶靴鞋制造	3635		3324	1120	8798	7707
其他橡胶制品制造	28817	5340	21716	10768	111807	99545

4－17 续表 3

单位:万元

项目	流动负债	长期负债	年末所有者权益合计	实收资本	主营业务收入	主营业务成本
塑料制品业	**1442447**	**49248**	**1010679**	**466611**	**2888891**	**2449514**
塑料薄膜制造	26190	836	26120	7914	53324	43834
塑料板、管、型材的制造	360541	17036	350237	134362	620268	509926
塑料丝、绳及编织品的制造	20688	299	9735	6005	62188	55153
泡沫塑料制造	78898	3135	45938	26935	134017	116839
塑料人造革、合成革制造	175175	3100	54866	42120	183818	170283
塑料包装箱及容器制造	63436	2235	57329	26205	145276	122385
塑料零件制造	170811	4007	118642	55269	296351	245912
日用塑料制造	482635	15181	297291	149090	1246457	1066636
其他塑料制品制造	64075	3419	50522	18710	147194	118546
非金属矿物制品业	**338400**	**25508**	**185216**	**137620**	**427121**	**361096**
水泥、石灰和石膏的制造	19818	13314	21713	12858	71994	57679
水泥及石膏制品制造	197415	5135	74259	69987	179688	154702
砖瓦、石材及其他建筑材料制造	19210		19988	14904	21519	18345
玻璃及玻璃制品制造	51545	6323	43631	26273	86806	73576
陶瓷制品制造	47759	69	22546	12573	55864	47007
耐火材料制品制造	953	667	1461	93	2559	2308
石墨及其他非金属矿物制品制造	1702		1618	932	8691	7479
黑色金属冶炼及压延加工业	**240654**	**11468**	**52006**	**59945**	**304907**	**288450**
钢压延加工	240654	11468	52006	59945	304907	288450
有色金属冶炼及压延加工业	**488374**	**6251**	**203640**	**94942**	**1116908**	**1037943**
常用有色金属冶炼	29173		6036	3286	38725	33908
贵金属冶炼	7345	270	1796	2550	40094	38367
有色金属合金制造	18613	12	10428	9821	67451	64090
有色金属压延加工	433243	5969	185379	79285	970637	901578
金属制品业	**529600**	**9038**	**537560**	**218795**	**1340475**	**1146960**
结构性金属制品制造	20448	932	11556	8818	38798	34858
金属工具制造	39607	100	15463	9580	75636	66388
集装箱及金属包装容器制造	8727	512	7546	2736	21454	18934
金属丝绳及其制品的制造	105253	2078	28895	19477	212512	202338
建筑、安全用金属制品制造	172840	2704	104600	56318	415727	361757
金属表面处理及热处理加工	60831	2229	35488	21014	116493	99769

4－17 续表4

单位:万元

项　　目	流动负债	长期负债	年末所有者权益合计	实收资本	主营业务收入	主营业务成本
搪瓷制品制造	17076		7935	8470	15871	12469
不锈钢及类似日用金属制品制造	87099	484	322064	88303	426418	337511
其他金属制品制造	17720		4013	4080	17565	12937
通用设备制造业	**2088647**	**91071**	**1360940**	**638249**	**4365482**	**3745037**
锅炉及原动机制造	30253	885	16415	7858	47029	38860
金属加工机械制造	164305	3671	83093	55630	251584	216556
起重运输设备制造	24476		21905	13801	48216	40609
泵、阀门、压缩机及类似机械的制造	1231075	46429	782601	368897	2774585	2393122
轴承、齿轮、传动和驱动部件的制造	203191	9191	211492	52828	367721	300299
烘炉、熔炉及电炉制造	1354		2167	1600	1470	1277
风机、衡器、包装设备等通用设备制造	175017	9205	102810	51315	358380	300144
通用零部件制造及机械修理	71411	10523	43588	26269	147786	127822
金属铸、锻加工	187567	11167	96870	60053	368710	326349
专用设备制造业	**1177869**	**92886**	**709018**	**459316**	**1690244**	**1430528**
矿山、冶金、建筑专用设备制造	32820	61	16119	12466	54145	47145
化工、木材、非金属加工专用设备制造	304588	10033	190603	119504	445106	368298
食品、饮料、烟草及饲料生产专用设备制造	11125	1763	9086	2332	21208	17558
印刷、制药、日化生产专用设备制造	14581	304	10406	6167	25027	20877
纺织、服装和皮革工业专用设备制造	653513	76788	398759	266855	872094	747424
电子和电工机械专用设备制造	1245		224	318	550	507
农、林、牧、渔专用机械制造	103114	1083	50464	31352	190022	161726
医疗仪器设备及器械制造	43820	2843	22225	10569	55239	44494
环保、社会公共安全及其他专用设备制造	13064	12	11133	9754	26853	22500
交通运输设备制造业	**3665784**	**399821**	**2086209**	**1015883**	**6344221**	**5471958**
铁路运输设备制造	13144	2267	22985	6978	31304	19083
汽车制造	1699316	115826	1061016	486915	3296320	2765210
摩托车制造	817455	254951	472504	172570	1254279	1091922
自行车制造	89914	811	43517	37659	103328	89337
船舶及浮动装置制造	1039486	25967	483431	309980	1649106	1497767
航空航天器制造	2894		1506	930	4552	3874
交通器材及其他交通运输设备制造	3575		1250	850	5332	4765
电气机械及器材制造业	**1854924**	**194621**	**1156902**	**514780**	**3160079**	**2728920**
电机制造	543951	29985	282524	141131	996771	868079
输配电及控制设备制造	194520	10802	167793	65459	351560	284050
电线、电缆、光缆及电工器材制造	245805	621	135434	113256	450833	413966
电池制造	186952	2010	49742	32253	236723	206517
家用电力器具制造	335033	140465	353991	68872	604815	512595

4－17 续表 5

单位:万元

项　　目	流动负债	长期负债	年末所有者权益合计	实收资本	主营业务收入	主营业务成本
非电力家用器具制造	9956		37108	6174	70749	52399
照明器具制造	297475	5295	112920	80081	400583	355826
其他电气机械及器材制造	41233	5443	17390	7554	48046	35488
通信设备、计算机及其他电子设备制造业	**209575**	**13502**	**202834**	**71241**	**451486**	**387114**
通信设备制造	17748	187	5388	2968	19678	16142
广播电视设备制造	5567	806	165	120	2612	2473
电子计算机制造	11584		7644	9006	39630	36488
电子器件制造	32170	1094	35132	13142	48418	35636
电子元件制造	65898	8339	109652	24207	135077	109847
家用视听设备制造	54703		32304	14202	168050	154418
其他电子设备制造	21906	3075	12549	7596	38022	32109
仪器仪表及文化、办公用机械制造业	**416968**	**11436**	**338669**	**141889**	**787950**	**651828**
通用仪器仪表制造	269138	2116	209893	93355	511556	428426
专用仪器仪表制造	36466	1585	22582	7128	90664	78038
钟表及计时仪器制造	1300		373	202	800	598
光学仪器及眼镜制造	83623	7441	92725	33454	151795	118005
文化、办公用机械制造	26442	294	13096	7750	33136	26762
工艺品及其他制造业	**826923**	**7591**	**711147**	**194877**	**1474076**	**1217339**
工艺美术品制造	383435	5754	217714	122113	800368	665426
日用杂品制造	443360	1838	493361	72714	673207	551467
煤制品制造	129		73	50	501	446
废弃资源和废旧材料回收加工业	**461530**	**32**	**132668**	**87693**	**1294942**	**1193120**
金属废料和碎屑的加工处理	449497		128489	85058	1269369	1169856
非金属废料和碎屑的加工处理	12033	32	4179	2635	25573	23264
电力、热力的生产和供应业	**570769**	**85932**	**589463**	**348900**	**1606948**	**1450008**
电力生产	316848	75207	340015	322149	424758	355172
电力供应	238179	8913	234725	17443	1149231	1065469
热力生产和供应	15741	1812	14722	9308	32959	29368
燃气生产和供应业	**4907**	**1676**	**15753**	**8589**	**26238**	**22667**
水的生产和供应业	**119393**	**114710**	**105594**	**69844**	**84733**	**65695**
自来水的生产和供应	104795	63635	83317	49754	74104	57978
污水处理及其再生利用	14598	51076	22277	20090	10629	7717

4-18 规模以上工业主要财务指标(四)

(2010年)

单位:万元

项　　目	营业费用	主营业务税金及附加	利润总额	利税总额	本年应交增值税	本年销项税
总　计	**855587**	**159862**	**1882838**	**3071691**	**1028991**	**4806104**
其中:国有控股企业	21278	24532	134130	248052	89390	434935
按登记注册类型分组						
国有企业	3575	7951	73727	135284	53606	225072
集体企业	1887	326	5055	7367	1986	5719
股份合作企业	6155	2072	26624	46151	17455	82208
联营企业	2128	225	2574	3935	1135	5532
有限责任公司	261103	57309	575022	931315	298984	1528840
股份有限公司	118572	9610	164744	240059	65705	220787
私营企业	347568	63651	768660	1295005	462694	2175247
港、澳、台商投资公司	41503	3741	105157	162630	53732	217264
外商投资企业公司	73096	14977	161275	249946	73694	345436
按轻重工业分						
轻工业	414141	74505	694320	1167227	398402	1682638
重工业	441446	85357	1188518	1904463	630588	3123466
按大中小型分						
大型企业	139167	26095	307859	456554	122600	579601
中型企业	310283	52419	756839	1149368	340111	1540326
小型企业	406137	81349	818139	1465768	566280	2686178
按工业行业分						
有色金属矿采选业	**64**	**110**	**608**	**1037**	**320**	**435**
贵金属矿采选业	64	110	608	1037	320	435
非金属矿采选业	**160**	**177**	**614**	**1320**	**529**	**1342**
土砂石开采	160	169	614	1228	446	1244
采　盐		8		92	84	98
农副食品加工业	**5399**	**768**	**21857**	**27570**	**4946**	**42343**
饲料加工	946	83	1193	2026	751	3809
植物油加工	91	26	117	340	197	730
屠宰及肉类加工	130	12	164	180	4	1305
水产品加工	4010	578	19673	24043	3792	35374
蔬菜、水果和坚果加工	178	45	562	628	22	446
其他农副食品加工	44	24	148	353	180	678
食品制造业	**5289**	**723**	**8147**	**15371**	**6501**	**15586**
焙烤食品制造	45	25	275	433	134	863
糖果、巧克力及蜜饯制造	298	32	242	504	230	946

4－18 续表 1

单位:万元

项　　目	营业费用	主营业务税金及附加	利润总额	利税总额	本年应交增值税	本年销项税
罐头制造	2176	405	2172	6600	4024	7725
其他食品制造	2770	262	5458	7834	2114	6052
饮料制造业	**20343**	**9686**	**－6025**	**9553**	**5892**	**17724**
酒的制造	17997	9511	－7732	6661	4882	13208
软饮料制造	1339	172	1074	2234	988	4422
精制茶加工	1007	3	633	658	23	94
纺织业	**15544**	**2400**	**28621**	**50126**	**19105**	**91225**
棉、化纤纺织及印染精加工	3230	495	11298	19780	7987	37855
毛纺织和染整精加工	375	112	370	1348	866	2461
麻纺织	46	28	23	251	200	662
丝绢纺织及精加工	59	17	306	461	139	652
纺织制成品制造	10464	1453	14702	23718	7563	38222
针织品、编织品及其制品制造	1371	297	1921	4569	2350	11372
纺织服装、鞋、帽制造业	**2457**	**473**	**4062**	**8495**	**3960**	**16208**
纺织服装制造	1820	347	1360	4424	2716	9068
纺织面料鞋的制造	399	115	2473	3582	995	6247
制　帽	238	11	229	489	250	893
皮革、毛皮、羽毛(绒)及其制品业	**20999**	**3169**	**64272**	**99672**	**32232**	**165606**
皮革鞣制加工	156	36	682	1603	885	4508
皮革制品制造	20843	3132	63590	98069	31346	161098
木材加工及木、竹、藤、棕、草制品业	**2393**	**381**	**4855**	**8873**	**3637**	**14756**
锯材、木片加工	155	9	23	116	84	191
人造板制造	857	148	1910	3116	1059	6084
木制品制造	547	133	981	2132	1018	3299
竹、藤、棕、草制品制造	834	91	1942	3509	1476	5183
家具制造业	**22078**	**2391**	**29207**	**48476**	**16878**	**54141**
木质家具制造	12748	1117	8845	18501	8540	28716
竹、藤家具制造	33	18	23	141	101	666
金属家具制造	7223	1055	18293	25857	6509	17971
塑料家具制造	1743	166	2024	3722	1532	5615
其他家具制造	330	37	22	255	196	1174
造纸及纸制品业	**6942**	**1472**	**17645**	**31338**	**12221**	**67003**
造　纸	921	267	4055	6843	2521	11657
纸制品制造	6021	1205	13591	24495	9700	55345

4－18 续表2

单位:万元

项目	营业费用	主营业务税金及附加	利润总额	利税总额	本年应交增值税	本年销项税
印刷业和记录媒介的复制	**2072**	**507**	**5153**	**9916**	**4256**	**16791**
印　刷	2072	507	5153	9916	4256	16791
文教体育用品制造业	**2124**	**266**	**1119**	**3718**	**2333**	**7079**
文化用品制造	754	34	167	499	298	1835
体育用品制造	167	25	127	233	81	789
乐器制造		6	14	70	50	189
玩具制造	1115	186	635	2632	1812	3804
游艺器材及娱乐用品制造	89	16	176	284	92	462
石油加工、炼焦及核燃料加工业	**24**	**5**	**37**	**64**	**21**	**283**
精炼石油产品的制造	24	5	37	64	21	283
化学原料及化学制品制造业	**25210**	**3610**	**93547**	**121224**	**24067**	**129010**
基础化学原料制造	6091	1227	31860	38860	5774	30975
肥料制造		1	15	16		
农药制造	2819	134	2820	3766	813	6171
涂料、油墨、颜料及类似产品制造	6595	906	19902	28137	7330	34849
合成材料制造	1928	389	6585	10044	3070	24580
专用化学产品制造	6098	767	29640	36185	5778	28332
日用化学产品制造	1679	187	2727	4217	1303	4103
医药制造业	**49815**	**10358**	**194622**	**271727**	**66746**	**257975**
化学药品原药制造	33788	8527	166772	229016	53718	217820
化学药品制剂制造	10294	1203	10700	19363	7460	26339
中药饮片加工	25	9	67	134	58	182
中成药制造	4297	438	14560	18914	3917	7770
兽用药品制造	35	21	796	995	178	931
生物、生化制品的制造	1130	135	1555	2887	1197	4606
卫生材料及医药用品制造	247	26	171	417	219	327
化学纤维制造业	**28**	**26**	**134**	**300**	**140**	**802**
合成纤维制造	28	26	134	300	140	802
橡胶制品业	**17378**	**2515**	**47581**	**71091**	**20995**	**104924**
轮胎制造	111	27	5	170	138	1014
橡胶板、管、带的制造	7995	1160	24184	35057	9713	60622
橡胶零件制造	7187	1017	16590	26789	9182	34323
再生橡胶制造	83	30	92	304	182	385
日用及医用橡胶制品制造	620	56	207	796	534	1170
橡胶靴鞋制造	108	47	392	762	324	1376
其他橡胶制品制造	1275	179	6111	7213	922	6034

4－18 续表3

单位:万元

项目	营业费用	主营业务税金及附加	利润总额	利税总额	本年应交增值税	本年销项税
塑料制品业	**80099**	**10763**	**175492**	**281905**	**95651**	**404524**
塑料薄膜制造	1303	265	4076	5786	1445	6974
塑料板、管、型材的制造	17852	2295	57698	78225	18231	78139
塑料丝、绳及编织品的制造	1209	207	2588	4141	1347	9314
泡沫塑料制造	2683	255	5630	9709	3824	22548
塑料人造革、合成革制造	1317	417	1807	5143	2918	29262
塑料包装箱及容器制造	5686	600	7969	13246	4677	22738
塑料零件制造	10985	1733	16097	29215	11385	46665
日用塑料制造	34018	4117	70937	121025	45971	171060
其他塑料制品制造	5048	873	8690	15418	5855	17824
非金属矿物制品业	**13753**	**2517**	**19162**	**39035**	**17357**	**48484**
水泥、石灰和石膏的制造	1701	397	10254	14214	3563	11562
水泥及石膏制品制造	6783	1420	2113	12916	9383	16392
砖瓦、石材及其他建筑材料制造	445	187	1420	2179	571	2334
玻璃及玻璃制品制造	2317	268	2945	6143	2930	10777
陶瓷制品制造	2384	198	1958	2668	512	5520
耐火材料制品制造	36	13	31	130	87	439
石墨及其他非金属矿物制品制造	88	34	441	786	311	1459
黑色金属冶炼及压延加工业	**2150**	**796**	**1872**	**7869**	**5202**	**52052**
钢压延加工	2150	796	1872	7869	5202	52052
有色金属冶炼及压延加工业	**7069**	**2704**	**36915**	**63044**	**23425**	**183935**
常用有色金属冶炼	68	308	3114	4828	1406	6583
贵金属冶炼	59	23	787	1179	369	7042
有色金属合金制造	456	66	1557	2694	1071	10891
有色金属压延加工	6486	2307	31458	54343	20579	159419
金属制品业	**54775**	**4196**	**54787**	**95118**	**36136**	**179962**
结构性金属制品制造	493	227	263	1375	885	5835
金属工具制造	932	242	4004	6387	2141	12176
集装箱及金属包装容器制造	230	69	992	1762	702	3676
金属丝绳及其制品的制造	1459	375	2628	5769	2766	35456
建筑、安全用金属制品制造	10553	1108	11151	23669	11409	51524
金属表面处理及热处理加工	2165	534	5963	11358	4861	18783

4－18 续表4

单位:万元

项 目	产品费用	主营业务税金及附加	利润总额	利税总额	本年应交增值税	本年销项税
搪瓷制品制造	1454	63	45	723	616	1816
不锈钢及类似日用金属制品制造	37023	1532	26841	40746	12373	48123
其他金属制品制造	467	47	2902	3331	382	2573
通用设备制造业	**95241**	**14425**	**234569**	**379038**	**130043**	**601795**
锅炉及原动机制造	1497	204	2523	4505	1778	6977
金属加工机械制造	4496	988	12183	20381	7211	32481
起重运输设备制造	1728	171	2476	4405	1758	8067
泵、阀门、压缩机及类似机械的制造	59290	8066	142896	228610	77648	361557
轴承、齿轮、传动和驱动部件的制造	10077	1589	31004	45823	13230	58420
烘炉、熔炉及电炉制造	23	6	58	119	54	241
风机、衡器、包装设备等通用设备制造	10539	1156	21585	33488	10747	50365
通用零部件制造及机械修理	3518	660	5556	11485	5269	22328
金属铸、锻加工	4074	1586	16288	30222	12348	61359
专用设备制造业	**47536**	**6045**	**76261**	**146486**	**64180**	**222346**
矿山、冶金、建筑专用设备制造	1303	166	1600	3960	2195	7419
化工、木材、非金属加工专用设备制造	12581	2259	23235	46919	21425	59142
食品、饮料、烟草及饲料生产专用设备制造	336	100	1280	2121	741	2505
印刷、制药、日化生产专用设备制造	680	117	1452	2605	1036	3974
纺织、服装和皮革工业专用设备制造	22472	2640	37090	71333	31603	118302
电子和电工机械专用设备制造	4		－94	－93		5
农、林、牧、渔专用机械制造	7168	414	8406	12919	4099	17978
医疗仪器设备及器械制造	2123	249	2262	4609	2098	8747
环保、社会公共安全及其他专用设备制造	870	100	1030	2114	984	4273
交通运输设备制造业	**140829**	**48828**	**324728**	**556809**	**183252**	**936044**
铁路运输设备制造	1569	221	6984	8902	1697	5322
汽车制造	87006	22535	211204	340029	106290	492266
摩托车制造	30335	18573	35921	95227	40733	263765
自行车制造	4776	418	2323	5524	2784	15616
船舶及浮动装置制造	16894	7043	68049	106594	31503	157571
航空航天器制造	132	21	165	321	135	776
交通器材及其他交通运输设备制造	118	18	82	212	112	728
电气机械及器材制造业	**98876**	**10567**	**150079**	**256513**	**95867**	**451071**
电机制造	18164	3042	56754	89652	29856	151411
输配电及控制设备制造	11891	1621	25351	41704	14731	57186
电线、电缆、光缆及电工器材制造	3532	946	13392	24023	9685	74676
电池制造	3242	295	13667	17332	3370	31927
家用电力器具制造	47985	2898	18947	42165	20320	74965

4－18 续表 5

单位:万元

项　　目	营业费用	主营业务税金及附加	利润总额	利税总额	本年应交增值税	本年销项税
非电力家用器具制造	4124	266	10176	14354	3912	2687
照明器具制造	7683	1259	7577	21116	12280	46780
其他电气机械及器材制造	2255	239	4215	6168	1713	11441
通信设备、计算机及其他电子设备制造业	**7135**	**1277**	**33466**	**42652**	**7910**	**34263**
通信设备制造	819	231	1005	1714	478	719
广播电视设备制造	29	27	14	126	86	444
电子计算机制造	1136	17	405	433	11	361
电子器件制造	798	218	6845	7694	632	4435
电子元件制造	2624	557	13943	19318	4818	21575
家用视听设备制造	970	81	9228	9821	512	715
其他电子设备制造	761	146	2027	3546	1373	6013
仪器仪表及文化、办公用机械制造业	**22014**	**2718**	**52155**	**78433**	**23560**	**95501**
通用仪器仪表制造	15382	1355	27119	43484	15010	55848
专用仪器仪表制造	2118	342	4579	7613	2693	13235
钟表及计时仪器制造	54	9	32	71	30	135
光学仪器及眼镜制造	3182	936	18499	24425	4990	21881
文化、办公用机械制造	1279	77	1926	2840	837	4401
工艺品及其他制造业	**60274**	**8008**	**78817**	**133352**	**46527**	**146480**
工艺美术品制造	34887	4762	24141	59345	30442	85306
日用杂品制造	25386	3245	54648	73961	16069	61088
煤制品制造	1	1	28	46	17	85
废弃资源和废旧材料回收加工业	**24079**	**934**	**51895**	**68437**	**15608**	**216503**
金属废料和碎屑的加工处理	23884	864	51128	67031	15039	212282
非金属废料和碎屑的加工处理	195	70	766	1406	570	4221
电力、热力的生产和供应业	**457**	**6027**	**77356**	**139053**	**55670**	**222521**
电力生产		1709	44260	61743	15774	17493
电力供应	457	4236	32357	75758	39165	200452
热力生产和供应		82	740	1553	731	4577
燃气生产和供应业	**912**	**97**	**2006**	**2564**	**460**	**3352**
水的生产和供应业	**2072**	**924**	**－2777**	**1511**	**3365**	**4040**
自来水的生产和供应	2072	919	－2776	1506	3364	3971
污水处理及其再生利用		5	－1	5	1	69

4－19 规模以上工业主要经济效益指标(一)

(2010年)

项　　目	企　业 亏损面 (%)	资　产 负债率 (%)	流　动 比　率	存货周 转次数 (次)	产　品 销售率 (%)
总　　计	**6.69**	**61.72**	**1.08**	**6.31**	**97.36**
其中:国有控股企业	26.92	54.75	0.95	11.25	99.81
按轻重工业分					
轻工业	8.94	59.91	1.14	6.04	96.66
重工业	5.18	62.93	1.05	6.46	97.76
按工业行业分					
有色金属矿采选业		55.15	0.33	18.46	102.43
非金属矿采选业	20.00	78.09	0.68	6.93	88.46
农副食品加工业	3.25	61.57	1.13	6.23	93.49
食品制造业	8.00	66.16	1.10	2.92	96.18
饮料制造业	35.00	77.70	0.64	1.55	91.62
纺织业	14.76	67.76	0.90	6.56	96.54
纺织服装、鞋、帽制造业	20.27	71.25	0.99	6.98	98.12
皮革、毛皮、羽毛(绒)及其制品业	1.06	62.95	1.23	13.24	98.54
木材加工及木、竹、藤、棕、草制品业	8.89	66.08	1.08	6.92	95.90
家具制造业	13.11	72.00	0.89	5.03	96.67
造纸及纸制品业	9.49	69.14	0.97	8.69	97.07
印刷业和记录媒介的复制	2.67	67.20	0.84	9.66	97.17
文教体育用品制造业	18.92	71.27	0.86	8.23	97.36
石油加工、炼焦及核燃料加工业		73.79	0.97	6.47	96.48
化学原料及化学制品制造业	2.76	53.67	1.28	6.47	100.05
医药制造业	19.47	50.06	1.19	3.41	93.18
化学纤维制造业		87.54	0.85	127.15	94.76
橡胶制品业	6.09	58.21	1.18	7.97	96.11
塑料制品业	4.93	60.01	1.09	7.93	96.84
非金属矿物制品业	17.92	66.58	1.01	5.17	96.49
黑色金属冶炼及压延加工业	17.50	82.94	0.78	6.49	96.18
有色金属冶炼及压延加工业	6.72	70.98	1.05	9.46	96.96
金属制品业	4.80	50.10	1.32	6.20	95.11
通用设备制造业	2.93	61.61	1.10	6.21	96.64
专用设备制造业	4.40	64.31	0.99	4.64	96.02
交通运输设备制造业	7.16	66.29	1.10	5.42	99.04
电气机械及器材制造业	5.10	63.97	1.09	7.13	97.37
通信设备、计算机及其他电子设备制造业	1.45	52.38	1.41	10.26	97.80
仪器仪表及文化、办公用机械制造业	4.90	55.86	1.12	4.75	94.22
工艺品及其他制造业	14.10	54.21	1.27	6.94	98.42
废弃资源和废旧材料回收加工业	11.48	79.14	1.23	5.86	102.76
电力、热力的生产和供应业	20.00	52.70	0.36	49.39	99.99
燃气生产和供应业		29.47	1.73	19.04	98.61
水的生产和供应业	45.00	73.52	1.18	14.47	99.39

4－20　规模以上工业主要经济效益指标(二)

(2010年)

项　　目	企　业 亏损率 (%)	成本费用 利润率 (%)	百元销售收 入实现利税 (元)	百元固定 资产原值 实现利税 (元)	出口交货值 占工业销售 (%)
总　计	**4.58**	**5.71**	**8.81**	**27.83**	**29.79**
其中:国有控股企业	6.56	5.58	9.76	11.04	9.90
按轻重工业分					
轻工业	5.97	5.84	9.26	28.76	43.71
重工业	3.75	5.64	8.55	27.29	21.90
按工业行业分					
有色金属矿采选业		24.23	39.79	183.32	
非金属矿采选业	0.03	8.51	16.48	46.46	
农副食品加工业	1.84	5.71	6.81	32.19	22.27
食品制造业	1.94	6.51	11.58	31.93	50.41
饮料制造业	245.18	-5.52	8.33	7.59	
纺织业	5.95	4.06	6.84	18.55	35.61
纺织服装、鞋、帽制造业	12.72	3.58	7.21	29.46	56.26
皮革、毛皮、羽毛(绒)及其制品业	0.86	6.37	9.24	78.49	62.29
木材加工及木、竹、藤、棕、草制品业	8.22	4.11	7.17	30.63	27.21
家具制造业	4.93	5.28	8.32	35.10	75.87
造纸及纸制品业	3.92	4.63	7.86	24.96	1.37
印刷业和记录媒介的复制	7.09	4.49	8.26	13.27	20.60
文教体育用品制造业	20.73	1.98	6.42	21.60	73.58
石油加工、炼焦及核燃料加工业		2.67	4.17	29.18	
化学原料及化学制品制造业	0.21	11.29	13.44	48.48	24.42
医药制造业	4.56	11.00	13.97	25.09	48.32
化学纤维制造业		2.81	6.24	51.26	
橡胶制品业	1.20	6.51	9.15	31.52	24.92
塑料制品业	2.14	6.46	9.76	32.05	27.07
非金属矿物制品业	15.50	4.69	9.14	19.41	12.45
黑色金属冶炼及压延加工业	52.74	0.62	2.58	11.61	0.73
有色金属冶炼及压延加工业	3.12	3.40	5.64	44.23	5.81
金属制品业	9.51	4.29	7.10	38.51	35.31
通用设备制造业	1.69	5.68	8.68	33.05	38.36
专用设备制造业	2.12	4.72	8.67	21.98	32.37
交通运输设备制造业	6.07	5.43	8.78	32.82	19.00
电气机械及器材制造业	2.74	4.97	8.12	35.92	30.38
通信设备、计算机及其他电子设备制造业	1.04	8.01	9.45	34.68	58.92
仪器仪表及文化、办公用机械制造业	4.96	7.04	9.95	31.46	43.53
工艺品及其他制造业	3.40	5.67	9.05	34.43	65.96
废弃资源和废旧材料回收加工业	5.22	4.18	5.28	153.10	0.05
电力、热力的生产和供应业	3.84	5.06	8.65	8.70	
燃气生产和供应业		7.94	9.77	17.18	
水的生产和供应业	298.68	-3.14	1.78	0.68	

4－21　国有及国有控股工业主要财务指标(一)

(2010年)

单位:万元

项　　目	企业单位数(个)	工业总产值	工业销售产值	出口交货值	年末资产总计	从业人员年平均人数(人)
总　　计	**52**	**2512402**	**2507626**	**248253**	**3005542**	**26282**
按轻重工业分						
轻工业	20	826341	825975	229821	1662088	17040
重工业	32	1686061	1681652	18431	1343454	9242
按大中小型分						
大型企业	3	989570	990775	228385	1525829	16222
中型企业	10	908816	907571	4916	505498	5049
小型企业	39	614017	609281	14952	974214	5011
按工业行业分						
非金属矿采选业	**1**	**2460**	**1806**		**1563**	**172**
土砂石开采	1	2460	1806		1563	172
农副食品加工业	**1**	**8747**	**8747**		**1219**	**86**
屠宰及肉类加工	1	8747	8747		1219	86
食品制造业	**1**	**3692**	**3519**		**4904**	**17**
其他食品制造	1	3692	3519		4904	17
饮料制造业	**2**	**14981**	**14523**		**13374**	**362**
酒的制造	2	14981	14523		13374	362
医药制造业	**2**	**230568**	**233159**	**152163**	**602925**	**4572**
化学药品原药制造	2	230568	233159	152163	602925	4572

4－21 续表

单位:万元

项　　目	企　业 单位数 (个)	工　业 总产值	工　业 销　售 产　值	出　口 交货值	年　末 资　产 总　计	从业人员 年平均人数 (人)
非金属矿物制品业	**2**	**40232**	**40939**		**21568**	**174**
水泥、石灰和石膏的制造	1	39714	40417		20891	153
水泥及石膏制品制造	1	518	522		677	21
通用设备制造业	**3**	**30820**	**30654**		**35571**	**1065**
锅炉及原动机制造	1	20032	20250		15262	407
泵、阀门、压缩机及类似机械的制造	2	10788	10405		20308	658
交通运输设备制造业	**4**	**525018**	**519782**	**91174**	**775629**	**10805**
摩托车制造	2	494135	492240	77658	733330	10408
船舶及浮动装置制造	2	30883	27542	13515	42299	397
电气机械及器材制造业	**1**	**10002**	**9124**	**4916**	**12666**	**353**
电机制造	1	10002	9124	4916	12666	353
电力、热力的生产和供应业	**22**	**1567390**	**1567313**		**1180567**	**6997**
电力生产	11	416595	416518		685306	2827
电力供应	10	1141887	1141887		481878	3914
热力生产和供应	1	8908	8908		13384	256
水的生产和供应业	**13**	**78493**	**78062**		**355558**	**1679**
自来水的生产和供应	12	74218	73788		306337	1595
污水处理及其再生利用	1	4275	4275		49221	84

4－22 国有及国有控股工业主要财务指标(二)

(2010年)

单位:万元

项目	流动资产合计	存货	固定资产合计	固定资产原价	固定资产净值	年末负债合计
总计	**1095300**	**194416**	**1399495**	**2245844**	**1244217**	**1645566**
按轻重工业分						
轻工业	820493	141295	444355	645259	372043	915525
重工业	274807	53121	955140	1600585	872175	730041
按大中小型分						
大型企业	571748	139319	588442	1144891	554346	695250
中型企业	238561	16049	247563	317465	211172	295546
小型企业	284991	39048	563489	783488	478699	654770
按工业行业分						
非金属矿采选业	**849**	**553**	**146**	**728**	**142**	**2217**
土砂石开采	849	553	146	728	142	2217
农副食品加工业	**375**	**22**	**834**	**1239**	**834**	**523**
屠宰及肉类加工	375	22	834	1239	834	523
食品制造业	**1546**	**1010**	**2028**	**2262**	**2028**	**3686**
其他食品制造	1546	1010	2028	2262	2028	3686
饮料制造业	**6920**	**3812**	**4703**	**9041**	**4256**	**6643**
酒的制造	6920	3812	4703	9041	4256	6643
医药制造业	**134481**	**61212**	**207706**	**309773**	**177965**	**192337**
化学药品原药制造	134481	61212	207706	309773	177965	192337

4－22 续表

单位:万元

项　　目	流动资产合计	存货	固定资产合计	固定资产原价	固定资产净值	年末负债合计
非金属矿物制品业	**6125**	**461**	**15115**	**17328**	**14352**	**15141**
水泥、石灰和石膏的制造	5463	336	15099	17143	14337	14988
水泥及石膏制品制造	661	125	16	185	16	153
通用设备制造业	**21972**	**4349**	**13424**	**17739**	**12935**	**18099**
锅炉及原动机制造	12948	794	2314	4654	1969	8034
泵、阀门、压缩机及类似机械的制造	9025	3555	11109	13086	10967	10065
交通运输设备制造业	**587320**	**87905**	**91609**	**157605**	**80721**	**520884**
摩托车制造	553510	70996	83175	145999	72672	486407
船舶及浮动装置制造	33810	16909	8435	11606	8049	34477
电气机械及器材制造业	**9881**	**2121**	**1807**	**4542**	**1766**	**2978**
电机制造	9881	2121	1807	4542	1766	2978
电力、热力的生产和供应业	**189772**	**28728**	**879390**	**1529454**	**825103**	**617672**
电力生产	53012	11382	540142	1074597	530520	361933
电力供应	133279	17132	329596	434666	284931	247153
热力生产和供应	3481	213	9652	20192	9652	8586
水的生产和供应业	**136058**	**4244**	**182733**	**196134**	**124115**	**265387**
自来水的生产和供应	123661	4244	145909	176945	114288	225928
污水处理及其再生利用	12398		36823	19189	9828	39459

4-23　国有及国有控股工业主要财务指标(三)

(2010年)

单位:万元

项　　目	流动负债	长期负债	年末所有者权益合计	实收资本	主营业务收入	主营业务成本
总　计	**1149388**	**432637**	**1359976**	**462492**	**2540668**	**2186992**
按轻重工业分						
轻工业	525511	326535	746563	108347	850021	668117
重工业	623878	106102	613413	354146	1690647	1518875
按大中小型分						
大型企业	530347	164903	830580	223314	1011318	806894
中型企业	184427	106656	209952	42676	917163	848829
小型企业	434614	161079	319444	196502	612187	531269
按工业行业分						
非金属矿采选业	**2217**		**-654**	**310**	**1806**	**1394**
土砂石开采	2217		-654	310	1806	1394
农副食品加工业	**432**	**92**	**695**	**500**	**8606**	**8221**
屠宰及肉类加工	432	92	695	500	8606	8221
食品制造业	**3686**		**1218**	**100**	**4206**	**3741**
其他食品制造	3686		1218	100	4206	3741
饮料制造业	**6224**	**420**	**6730**	**7545**	**14580**	**9106**
酒的制造	6224	420	6730	7545	14580	9106
医药制造业	**154091**	**38247**	**410588**	**25330**	**235574**	**147775**
化学药品原药制造	154091	38247	410588	25330	235574	147775

4－23 续表

单位:万元

项目	流动负债	长期负债	年末所有者权益合计	实收资本	主营业务收入	主营业务成本
非金属矿物制品业	**5141**	**10000**	**6427**	**2502**	**40975**	**33354**
水泥、石灰和石膏的制造	4988	10000	5902	2000	40453	32972
水泥及石膏制品制造	153		524	502	522	382
通用设备制造业	**15471**	**2627**	**17472**	**5096**	**30806**	**23209**
锅炉及原动机制造	8034		7228	1100	19993	15649
泵、阀门、压缩机及类似机械的制造	7437	2627	10244	3996	10813	7560
交通运输设备制造业	**291593**	**224827**	**254745**	**32517**	**545474**	**467727**
摩托车制造	257616	224327	246923	27432	517128	444464
船舶及浮动装置制造	33977	500	7822	5085	28346	23263
电气机械及器材制造业	**2978**		**9688**	**2000**	**9754**	**7003**
电机制造	2978		9688	2000	9754	7003
电力、热力的生产和供应业	**559336**	**58275**	**562896**	**330816**	**1574686**	**1427043**
电力生产	313793	48139	323372	307665	416547	351917
电力供应	238179	8913	234725	17443	1149231	1065469
热力生产和供应	7363	1223	4798	5708	8909	9657
水的生产和供应业	**108221**	**98151**	**90171**	**55777**	**74201**	**58417**
自来水的生产和供应	103462	63451	80409	47440	69926	54808
污水处理及其再生利用	4759	34700	9762	8337	4275	3609

4－24 国有及国有控股工业主要财务指标(四)

(2010年)

单位:万元

项目	营业费用	主营业务税金及附加	利润总额	利税总额	本年应交增值税	本年销项税
总　计	**21278**	**24532**	**134130**	**248052**	**89390**	**434935**
按轻重工业分						
轻工业	18540	17743	50061	97541	29737	200706
重工业	2739	6790	84069	150512	59653	234229
按大中小型分						
大型企业	16082	15552	86191	133651	31909	183727
中型企业	1289	3299	23901	58871	31671	184355
小型企业	3907	5682	24039	55531	25810	66853
按工业行业分						
非金属矿采选业	**24**	**51**	**130**	**377**	**197**	**307**
土砂石开采	24	51	130	377	197	307
农副食品加工业	**88**	**9**	**5**	**14**		**1223**
屠宰及肉类加工	88	9	5	14		1223
食品制造业	**52**		**32**	**32**		**579**
其他食品制造	52		32	32		579
饮料制造业	**31**	**2031**	**2007**	**4985**	**947**	**2516**
酒的制造	31	2031	2007	4985	947	2516
医药制造业	**3486**	**1748**	**34888**	**44742**	**8106**	**29939**
化学药品原药制造	3486	1748	34888	44742	8106	29939

4－24 续表

单位:万元

项　　目	营业费用	主营业务税金及附加	利润总额	利税总额	本年应交增值税	本年销项税
非金属矿物制品业	**1114**	**183**	**5311**	**7311**	**1817**	**6966**
水泥、石灰和石膏的制造	1100	179	5301	7271	1791	6877
水泥及石膏制品制造	14	4	10	40	26	89
通用设备制造业	**904**	**234**	**1837**	**4077**	**2006**	**5415**
锅炉及原动机制造	646	139	1652	3010	1219	3557
泵、阀门、压缩机及类似机械的制造	258	95	185	1067	787	1858
交通运输设备制造业	**12872**	**13379**	**19665**	**50912**	**17868**	**165274**
摩托车制造	12843	13060	16533	47113	17520	162992
船舶及浮动装置制造	29	320	3132	3799	348	2282
电气机械及器材制造业	**211**	**64**	**1050**	**1532**	**418**	**882**
电机制造	211	64	1050	1532	418	882
电力、热力的生产和供应业	**457**	**5939**	**72720**	**133526**	**54867**	**218377**
电力生产		1685	41888	59124	15552	16672
电力供应	457	4236	32357	75758	39165	200452
热力生产和供应		18	－1524	－1356	150	1253
水的生产和供应业	**2040**	**896**	**－3515**	**544**	**3163**	**3458**
自来水的生产和供应	2040	896	－3404	654	3163	3458
污水处理及其再生利用			－111	－111		

4-25 国有及国有控股工业主要经济效益指标(一)

(2010年)

项目	企业亏损面(%)	资产负债率(%)	流动比率	存货周转次数(次)	产品销售率(%)
总计	**26.92**	**54.75**	**0.95**	**11.25**	**99.81**
按轻重工业					
轻工业	40.00	55.08	1.56	4.73	99.96
重工业	18.75	54.34	0.44	28.59	99.74
按工业行业分					
非金属矿采选业		**141.81**	**0.38**	**2.52**	**73.39**
土砂石开采		141.81	0.38	2.52	73.39
农副食品加工业		**42.94**	**0.87**	**382.38**	**100.00**
屠宰及肉类加工		42.94	0.87	382.38	100.00
食品制造业		**75.16**	**0.42**	**3.70**	**95.31**
其他食品制造		75.16	0.42	3.70	95.31
饮料制造业		**49.68**	**1.11**	**2.39**	**96.94**
酒的制造		49.68	1.11	2.39	96.94
医药制造业	**50.00**	**31.90**	**0.87**	**2.41**	**101.12**
化学药品原药制造	50.00	31.90	0.87	2.41	101.12
非金属矿物制品业		**70.20**	**1.19**	**72.37**	**101.76**
水泥、石灰和石膏的制造		71.75	1.10	98.10	101.77
水泥及石膏制品制造		22.59	4.32	3.06	100.75
通用设备制造业	**33.33**	**50.88**	**1.42**	**5.34**	**99.46**
锅炉及原动机制造		52.64	1.61	19.71	101.09
泵、阀门、压缩机及类似机械的制造	50.00	49.56	1.21	2.13	96.44
交通运输设备制造业	**25.00**	**67.16**	**2.01**	**5.32**	**99.00**
摩托车制造	50.00	66.33	2.15	6.26	99.62
船舶及浮动装置制造		81.51	1.00	1.38	89.18
电气机械及器材制造业		**23.51**	**3.32**	**3.30**	**91.22**
电机制造		23.51	3.32	3.30	91.22
电力、热力的生产和供应业	**18.18**	**52.32**	**0.34**	**49.67**	**100.00**
电力生产	27.27	52.81	0.17	30.92	99.98
电力供应		51.29	0.56	62.19	100.00
热力生产和供应	100.00	64.15	0.47	45.27	100.00
水的生产和供应业	**53.85**	**74.64**	**1.26**	**13.76**	**99.45**
自来水的生产和供应	50.00	73.75	1.20	12.91	99.42
污水处理及其再生利用	100.00	80.17	2.61	36086.00	100.00

4-26 国有及国有控股工业主要经济效益指标(二)

(2010年)

项　　目	企　业亏损率(%)	成本费用利润率(%)	百元销售收入实现利税(元)	百元固定资产原值实现利税(元)	出口交货值占工业销售(%)
总　　计	**6.56**	**5.58**	**9.76**	**11.04**	**9.90**
按轻重工业					
轻工业	12.05	6.31	11.48	15.12	27.82
重工业	2.95	5.23	8.90	9.40	1.10
按工业行业分					
非金属矿采选业		**7.80**	**20.87**	**51.80**	
土砂石开采		7.80	20.87	51.80	
农副食品加工业		**0.06**	**0.17**	**1.16**	
屠宰及肉类加工		0.06	0.17	1.16	
食品制造业		**0.76**	**0.76**	**1.41**	
其他食品制造		0.76	0.76	1.41	
饮料制造业		**18.83**	**34.19**	**55.14**	
酒的制造		18.83	34.19	55.14	
医药制造业	**0.45**	**16.83**	**18.99**	**14.44**	**65.26**
化学药品原药制造	0.45	16.83	18.99	14.44	65.26
非金属矿物制品业		**14.78**	**17.84**	**42.19**	
水泥、石灰和石膏的制造		14.94	17.97	42.42	
水泥及石膏制品制造		2.27	7.64	21.60	
通用设备制造业	**7.14**	**6.26**	**13.23**	**22.98**	
锅炉及原动机制造		8.95	15.06	64.68	
泵、阀门、压缩机及类似机械的制造	43.36	1.69	9.86	8.15	
交通运输设备制造业	**12.38**	**3.82**	**9.33**	**32.30**	**17.54**
摩托车制造	14.39	3.38	9.11	32.27	15.78
船舶及浮动装置制造		12.18	13.40	32.74	49.07
电气机械及器材制造业		**12.08**	**15.71**	**33.74**	**53.88**
电机制造		12.08	15.71	33.74	53.88
电力、热力的生产和供应业	**3.07**	**4.84**	**8.48**	**8.73**	
电力生产	1.83	11.14	14.19	5.50	
电力供应		2.90	6.59	17.43	
热力生产和供应		-14.24	-15.22	-6.72	
水的生产和供应业	**779.75**	**-4.49**	**0.73**	**0.28**	
自来水的生产和供应	758.31	-4.60	0.94	0.37	
污水处理及其再生利用		-2.52	-2.59	-0.58	

4－27 大中型工业主要财务指标(一)

(2010年)

单位:万元

项　　目	企　业 单位数 (个)	工　业 总产值	工　业 销　售 产　值	出　口 交货值	年　末 资　产 总　计	从业人员 年平均人数 (人)
总　　计	**460**	**16197609**	**15838154**	**6004840**	**16381230**	**341226**
按轻重工业分						
轻工业	184	6388652	6206950	3187211	7495332	161142
重工业	276	9808957	9631204	2817630	8885898	180084
按大中型分						
大型企业	24	4206081	4142797	1556935	5155756	78386
中型企业	436	11991528	11695357	4447905	11225474	262840
按工业行业分						
农副食品加工业	**5**	**86097**	**80380**	**43304**	**63525**	**3651**
饲料加工	1	21704	21704	21704	7054	1000
水产品加工	4	64393	58676	21600	56471	2651
食品制造业	**4**	**52008**	**51061**	**39946**	**54830**	**2973**
罐头制造	3	38882	38591	36828	37482	2531
其他食品制造	1	13126	12470	3117	17348	442
饮料制造业	**1**	**42925**	**43055**		**70078**	**1073**
酒的制造	1	42925	43055		70078	1073
纺织业	**14**	**296429**	**282796**	**161622**	**316201**	**9082**
棉、化纤纺织及印染精加工	2	82713	73225	20400	113770	1352
毛纺织和染整精加工	1	4950	4950		9958	451
纺织制成品制造	9	188343	185159	140815	176410	6022
针织品、编织品及其制品制造	2	20424	19463	408	16062	1257
纺织服装、鞋、帽制造业	**1**	**15625**	**15599**	**13973**	**4464**	**1172**
纺织面料鞋的制造	1	15625	15599	13973	4464	1172
皮革、毛皮、羽毛(绒)及其制品业	**20**	**295286**	**290270**	**252521**	**149139**	**18364**
皮革制品制造	20	295286	290270	252521	149139	18364
木材加工及木、竹、藤、棕、草制品业	**2**	**21479**	**21059**	**13609**	**35648**	**657**
人造板制造	1	11548	11426	6105	28006	317
竹、藤、棕、草制品制造	1	9931	9633	7505	7642	340
家具制造业	**18**	**282218**	**273064**	**227811**	**255158**	**13116**
木质家具制造	9	113960	105106	90406	69144	5198
金属家具制造	9	168258	167958	137406	186014	7918
造纸及纸制品业	**3**	**66530**	**66070**		**75062**	**1976**
纸制品制造	3	66530	66070		75062	1976
化学原料及化学制品制造业	**7**	**253581**	**249009**	**98796**	**291832**	**3506**
基础化学原料制造	2	94626	95500	61405	137999	1199
农药制造	1	40717	36559	20383	31185	702
涂料、油墨、颜料及类似产品制造	3	87938	86650	17008	103411	1246
合成材料制造	1	30300	30300		19237	359
医药制造业	**23**	**1399084**	**1339883**	**724745**	**2150205**	**24408**

4－27 续表1

单位:万元

项目	企业单位数（个）	工业总产值	工业销售产值	出口交货值	年末资产总计	从业人员年平均人数（人）
化学药品原药制造	21	1241754	1183923	682343	1927304	21192
化学药品制剂制造	2	157330	155960	42402	222901	3216
橡胶制品业	**12**	**265805**	**252013**	**70710**	**239364**	**6025**
橡胶板、管、带的制造	4	125571	117780	44257	124084	2383
橡胶零件制造	7	122146	116653	16824	90874	3277
日用及医用橡胶制品制造	1	18088	17581	9630	24406	365
塑料制品业	**38**	**1187699**	**1163693**	**420194**	**1057599**	**24251**
塑料薄膜制造	1	16511	21081	4634	21251	328
塑料板、管、型材的制造	8	403487	390755	171297	464689	6861
泡沫塑料制造	2	65418	63779	52452	85960	1799
塑料人造革、合成革制造	4	67103	60094	1336	77475	1537
塑料包装箱及容器制造	1	10061	10031		5645	366
塑料零件制造	4	81395	77868	238	75929	2567
日用塑料制造	15	494019	492007	155865	280622	9259
其他塑料制品制造	3	49705	48078	34373	46028	1534
非金属矿物制品业	**5**	**81795**	**73084**	**26500**	**86645**	**2586**
玻璃及玻璃制品制造	2	38274	33536	10537	31334	970
陶瓷制品制造	3	43521	39548	15963	55312	1616
有色金属冶炼及压延加工业	**4**	**269423**	**255537**	**54540**	**236508**	**2287**
有色金属压延加工	4	269423	255537	54540	236508	2287
金属制品业	**12**	**666899**	**630177**	**319452**	**537378**	**12884**
金属工具制造	1	9271	8940	3617	4276	322
金属丝绳及其制品的制造	1	77155	72464		45794	358
建筑、安全用金属制品制造	7	158739	149498	81083	112030	4298
金属表面处理及热处理加工	1	8081	8001		5073	605
不锈钢及类似日用金属制品制造	2	413654	391274	234752	370206	7301
通用设备制造业	**71**	**1538697**	**1487303**	**800407**	**1596077**	**42931**
锅炉及原动机制造	1	20032	20250		15262	407
金属加工机械制造	5	123333	120043	59588	146403	4980
泵、阀门、压缩机及类似机械的制造	45	975665	952485	646140	949975	26222
轴承、齿轮、传动和驱动部件的制造	8	196470	184683	14686	280494	5208
风机、衡器、包装设备等通用设备制造	10	193747	183673	79404	177101	5031
金属铸、锻加工	2	29450	26170	589	26843	1083
专用设备制造业	**21**	**851344**	**817032**	**315343**	**1114457**	**18108**

4－27 续表2

单位:万元

项　　目	企业单位数（个）	工业总产值	工业销售产值	出口交货值	年末资产总计	从业人员年平均人数（人）
化工、木材、非金属加工专用设备制造	5	72312	71962	14299	98283	2145
纺织、服装和皮革工业专用设备制造	8	656768	632152	272566	884187	12015
农、林、牧、渔专用机械制造	5	88347	81467	26614	85466	2287
医疗仪器设备及器械制造	3	33918	31451	1865	46521	1661
交通运输设备制造业	**98**	**3800149**	**3767512**	**972683**	**3728413**	**74039**
汽车制造	62	2035356	1979341	391494	1783057	38290
摩托车制造	16	805056	791539	200565	1127320	18750
自行车制造	3	54679	55221	239	53729	1391
船舶及浮动装置制造	17	905057	941411	380386	764307	15608
电气机械及器材制造业	**40**	**1533836**	**1486751**	**564218**	**1766041**	**29614**
电机制造	15	413364	396685	139144	392028	10001
输配电及控制设备制造	4	143939	138182	3473	160101	2239
电线、电缆、光缆及电工器材制造	1	39569	39722		33982	300
电池制造	3	190278	187252	159881	190683	1774
家用电力器具制造	6	540485	524466	135840	734800	9673
非电力家用器具制造	2	53052	51651	51272	39628	1387
照明器具制造	8	110618	106472	74608	158968	3607
其他电气机械及器材制造	1	42532	42322		55851	633
通信设备、计算机及其他电子设备制造业	**6**	**229361**	**226635**	**180072**	**158147**	**3750**
电子器件制造	1	31217	30570	21396	45340	1589
电子元件制造	3	36008	34665	7770	36183	1203
家用视听设备制造	1	150248	150028	148995	67007	600
其他电子设备制造	1	11888	11373	1911	9618	358
仪器仪表及文化、办公用机械制造业	**21**	**398062**	**373457**	**224728**	**424758**	**13055**
通用仪器仪表制造	13	251015	241537	190159	258904	6491
专用仪器仪表制造	3	53792	49374	3630	30892	1596
光学仪器及眼镜制造	4	67579	62253	24147	106141	3918
文化、办公用机械制造	1	25676	20293	6792	28820	1050
工艺品及其他制造业	**23**	**765591**	**759021**	**479666**	**1017810**	**22029**
工艺美术品制造	13	166427	160662	118893	160007	6405
日用杂品制造	10	599164	598358	360773	857803	15624
废弃资源和废旧材料回收加工业	**4**	**661734**	**697739**		**300108**	**4606**
金属废料和碎屑的加工处理	4	661734	697739		300108	4606
电力、热力的生产和供应业	**7**	**1135957**	**1135957**		**651785**	**5083**
电力生产	1	355863	355863		330896	2073
电力供应	6	780094	780094		320889	3010

4－28 大中型工业主要财务指标(二)

(2010年)

单位:万元

项目	流动资产合计	存货	固定资产合计	固定资产原价	固定资产净值	年末负债合计
总计	**9854241**	**2484836**	**3801361**	**5267186**	**3327307**	**9495289**
按轻重工业分						
轻工业	4543354	968856	1448742	1999649	1237902	4184977
重工业	5310887	1515980	2352619	3267537	2089406	5310312
按大中型分						
大型企业	2786959	842062	1147041	1887181	1039256	2689579
中型企业	7067283	1642774	2654321	3380004	2288051	6805710
按工业行业分						
农副食品加工业	**43116**	**16692**	**14498**	**20069**	**13531**	**42378**
饲料加工	6007	909	1047	1846	1047	4295
水产品加工	37109	15783	13451	18223	12484	38083
食品制造业	**38144**	**15871**	**13468**	**20783**	**13011**	**38102**
罐头制造	30582	12918	5650	9232	5650	31516
其他食品制造	7562	2953	7819	11551	7361	6586
饮料制造业	**28575**	**20353**	**38266**	**62161**	**37997**	**69175**
酒的制造	28575	20353	38266	62161	37997	69175
纺织业	**176922**	**47003**	**78416**	**101301**	**67383**	**222590**
棉、化纤纺织及印染精加工	60213	21905	19319	28440	16914	75109
毛纺织和染整精加工	6472	695	3214	5838	2086	6957
纺织制成品制造	101502	21749	48564	58685	41074	126685
针织品、编织品及其制品制造	8735	2654	7319	8338	7310	13840
纺织服装、鞋、帽制造业	**3825**	**1440**	**634**	**1064**	**634**	**3551**
纺织面料鞋的制造	3825	1440	634	1064	634	3551
皮革、毛皮、羽毛(绒)及其制品业	**120917**	**18309**	**20255**	**30331**	**17810**	**97540**
皮革制品制造	120917	18309	20255	30331	17810	97540
木材加工及木、竹、藤、棕、草制品业	**28166**	**6220**	**4761**	**7063**	**4761**	**21993**
人造板制造	24107	3895	1375	3480	1375	19548
竹、藤、棕、草制品制造	4059	2326	3385	3583	3385	2445
家具制造业	**170265**	**56366**	**57360**	**68776**	**47939**	**191088**
木质家具制造	40390	17757	18421	23501	15495	50124
金属家具制造	129875	38609	38939	45276	32444	140964
造纸及纸制品业	**45506**	**7749**	**16728**	**25062**	**16222**	**50481**
纸制品制造	45506	7749	16728	25062	16222	50481
化学原料及化学制品制造业	**155417**	**40412**	**96546**	**90393**	**61159**	**159217**
基础化学原料制造	63993	13529	58573	41411	28256	61964
农药制造	16757	5390	5429	11887	5429	21639
涂料、油墨、颜料及类似产品制造	60457	20329	27518	31431	22923	62122
合成材料制造	14210	1165	5027	5664	4552	13491
医药制造业	**1116781**	**290474**	**557674**	**808907**	**466407**	**983764**

4－28 续表 1

单位:万元

项　　目	流动资产合计	存　货	固定资产合计	固定资产原价	固定资产净值	年末负债合计
化学药品原药制造	947737	270280	508039	748247	426028	832940
化学药品制剂制造	169045	20194	49635	60660	40379	150824
橡胶制品业	**157093**	**32216**	**52414**	**75770**	**47818**	**134740**
橡胶板、管、带的制造	77615	18376	26163	35554	24821	71566
橡胶零件制造	62395	11870	21865	36274	20306	46460
日用及医用橡胶制品制造	17083	1969	4386	3942	2691	16714
塑料制品业	**656101**	**135471**	**252502**	**338069**	**229638**	**577642**
塑料薄膜制造	16516	1993	1545	2126	1545	8333
塑料板、管、型材的制造	292558	53751	101493	135645	92551	205864
泡沫塑料制造	45002	5514	20467	25583	18471	56114
塑料人造革、合成革制造	48151	9191	21874	23088	19462	64896
塑料包装箱及容器制造	1886	929	3238	3765	3238	4956
塑料零件制造	51301	15295	19745	33553	19025	42106
日用塑料制造	168946	38359	72857	93346	64500	170245
其他塑料制品制造	31742	10440	11283	20963	10846	25129
非金属矿物制品业	**51336**	**14286**	**23519**	**28095**	**19192**	**60174**
玻璃及玻璃制品制造	16706	4970	11343	13978	10755	23169
陶瓷制品制造	34630	9316	12176	14117	8437	37005
有色金属冶炼及压延加工业	**149005**	**32052**	**42592**	**60164**	**42504**	**162848**
有色金属压延加工	149005	32052	42592	60164	42504	162848
金属制品业	**340573**	**107463**	**63195**	**82973**	**51090**	**163656**
金属工具制造	2527	541	1620	1945	1557	3151
金属丝绳及其制品的制造	43726	7794	2061	2833	1990	38110
建筑、安全用金属制品制造	82217	22085	21720	27679	19750	60410
金属表面处理及热处理加工	2252	918	2406	3318	2406	4167
不锈钢及类似日用金属制品制造	209850	76127	35388	47197	25388	57818
通用设备制造业	**992856**	**293521**	**375838**	**473537**	**331947**	**920664**
锅炉及原动机制造	12948	794	2314	4654	1969	8034
金属加工机械制造	96006	39816	35030	40731	27372	101497
泵、阀门、压缩机及类似机械的制造	585335	164566	207884	253017	181656	567948
轴承、齿轮、传动和驱动部件的制造	172307	50032	75523	107702	75204	112253
风机、衡器、包装设备等通用设备制造	110756	35913	44844	51856	35738	111900
金属铸、锻加工	15503	2400	10243	15579	10009	19032
专用设备制造业	**647614**	**191764**	**244598**	**303424**	**223634**	**697362**

4－28 续表 2

单位:万元

项　　目	流动资产合计	存货	固定资产合计	固定资产原价	固定资产净值	年末负债合计
化工、木材、非金属加工专用设备制造	50201	11756	39169	53253	37519	50396
纺织、服装和皮革工业专用设备制造	499110	154544	183451	219491	167567	555096
农、林、牧、渔专用机械制造	71761	23022	12410	16666	11228	60117
医疗仪器设备及器械制造	26543	2443	9568	14014	7320	31753
交通运输设备制造业	**2468205**	**606705**	**725453**	**944824**	**614138**	**2504780**
汽车制造	1036628	158957	412565	544618	353179	1093796
摩托车制造	816804	101811	152563	243474	133974	788069
自行车制造	39813	14831	9507	3288	2655	43380
船舶及浮动装置制造	574960	331108	150819	153444	124330	579536
电气机械及器材制造业	**1012241**	**197043**	**268703**	**340724**	**239906**	**1097172**
电机制造	238806	61565	94822	108671	77283	254189
输配电及控制设备制造	106660	33635	41542	52637	39750	88042
电线、电缆、光缆及电工器材制造	28096	6490	5883	5883	4187	20457
电池制造	148942	31940	24838	27839	24698	159014
家用电力器具制造	339023	38677	41293	61365	35944	409722
非电力家用器具制造	21726	7795	8920	15816	8773	6021
照明器具制造	90662	13419	37092	46173	35680	118444
其他电气机械及器材制造	38327	3521	14312	22340	13593	41284
通信设备、计算机及其他电子设备制造业	**111730**	**16240**	**32843**	**40971**	**31329**	**99357**
电子器件制造	27786	3846	12550	16054	12539	20863
电子元件制造	22571	7466	9455	12269	8056	26556
家用视听设备制造	57976	3458	7728	8309	7728	45691
其他电子设备制造	3397	1469	3110	4338	3006	6248
仪器仪表及文化、办公用机械制造业	**258451**	**84435**	**93006**	**123703**	**83656**	**203377**
通用仪器仪表制造	165470	55833	42720	58241	38911	123820
专用仪器仪表制造	13085	2894	9448	12484	7146	17621
光学仪器及眼镜制造	61027	17703	33337	42424	30098	41991
文化、办公用机械制造	18869	8006	7501	10554	7501	19945
工艺品及其他制造业	**719216**	**104775**	**176529**	**205511**	**144005**	**487855**
工艺美术品制造	98043	27711	46597	56928	40714	104902
日用杂品制造	621173	77064	129932	148584	103291	382953
废弃资源和废旧材料回收加工业	**268243**	**129049**	**20237**	**27216**	**20170**	**211387**
金属废料和碎屑的加工处理	268243	129049	20237	27216	20170	211387
电力、热力的生产和供应业	**93945**	**18929**	**531328**	**986296**	**501425**	**294396**
电力生产	13333	9935	301044	695980	305895	136562
电力供应	80612	8994	230284	290316	195530	157834

4－29 大中型工业主要财务指标(三)

(2010年)

单位:万元

项目	流动负债	长期负债	年末所有者权益合计	实收资本	主营业务收入	主营业务成本
总　计	**8631242**	**831142**	**6885941**	**2406948**	**15648824**	**13086444**
按轻重工业分						
轻工业	3631001	542379	3310355	833714	6126891	4975352
重工业	5000241	288763	3575586	1573234	9521933	8111092
按大中型分						
大型企业	2289208	389301	2466176	717750	4072894	3342073
中型企业	6342034	441841	4419764	1689198	11575929	9744371
按工业行业分						
农副食品加工业	**34696**	**7682**	**21147**	**13582**	**75753**	**68231**
饲料加工	4295		2759	1697	21704	18763
水产品加工	30401	7682	18388	11885	54049	49468
食品制造业	**31779**	**2173**	**16729**	**6156**	**51729**	**43358**
罐头制造	25797	1570	5966	1156	38603	32471
其他食品制造	5982	603	10762	5000	13126	10887
饮料制造业	**69175**		**903**	**16000**	**44035**	**27653**
酒的制造	69175		903	16000	44035	27653
纺织业	**215602**	**6494**	**93610**	**38178**	**283423**	**243327**
棉、化纤纺织及印染精加工	75093	16	38661	11059	73225	64276
毛纺织和染整精加工	6957		3002	2420	4950	4035
纺织制成品制造	124675	2010	49725	23688	185784	157395
针织品、编织品及其制品制造	8877	4468	2223	1010	19464	17622
纺织服装、鞋、帽制造业	**3551**		**913**	**496**	**15599**	**13726**
纺织面料鞋的制造	3551		913	496	15599	13726
皮革、毛皮、羽毛(绒)及其制品业	**97540**		**51599**	**26503**	**290269**	**254528**
皮革制品制造	97540		51599	26503	290269	254528
木材加工及木、竹、藤、棕、草制品业	**21993**		**13655**	**6800**	**21437**	**17683**
人造板制造	19548		8458	5800	11805	10618
竹、藤、棕、草制品制造	2445		5197	1000	9633	7065
家具制造业	**188601**		**64070**	**26571**	**285699**	**236669**
木质家具制造	50048		19020	9032	105248	89872
金属家具制造	138553		45050	17538	180451	146798
造纸及纸制品业	**50481**		**24581**	**18188**	**66940**	**56878**
纸制品制造	50481		24581	18188	66940	56878
化学原料及化学制品制造业	**154428**	**4786**	**132615**	**43480**	**253518**	**193919**
基础化学原料制造	60102	1859	76035	25537	100939	72581
农药制造	19212	2427	9546	4550	34263	25653
涂料、油墨、颜料及类似产品制造	61622	500	41289	11076	88016	68665
合成材料制造	13491		5746	2317	30300	27020
医药制造业	**864590**	**119175**	**1166441**	**232611**	**1325112**	**953819**

4－29 续表 1

单位:万元

项　　目	流动负债	长期负债	年末所有者权益合计	实收资本	主营业务收入	主营业务成本
化学药品原药制造	736140	96800	1094364	210475	1160081	825209
化学药品制剂制造	128450	22375	72076	22136	165031	128610
橡胶制品业	**129913**	**3841**	**104624**	**33610**	**251717**	**208293**
橡胶板、管、带的制造	69406	2161	52518	11300	117396	99797
橡胶零件制造	43794	1680	44414	16510	116741	92855
日用及医用橡胶制品制造	16714		7693	5800	17581	15640
塑料制品业	**549929**	**19041**	**479957**	**168155**	**1146867**	**942777**
塑料薄膜制造	7512	821	12919	2038	16511	12284
塑料板、管、型材的制造	182549	14655	258825	76885	386492	309478
泡沫塑料制造	54114	2000	29846	21256	63884	54723
塑料人造革、合成革制造	64896		12579	9578	60665	56843
塑料包装箱及容器制造	4956		689	518	10031	8912
塑料零件制造	41846	250	33823	12945	78011	57917
日用塑料制造	168940	1304	110377	37975	486219	409609
其他塑料制品制造	25118	11	20899	6960	45054	33012
非金属矿物制品业	**60158**	**16**	**26472**	**18013**	**71832**	**62051**
玻璃及玻璃制品制造	23153	16	8165	8235	30556	27133
陶瓷制品制造	37005		18307	9778	41276	34918
有色金属冶炼及压延加工业	**157952**	**4896**	**73660**	**32893**	**251227**	**226629**
有色金属压延加工	157952	4896	73660	32893	251227	226629
金属制品业	**161824**	**1832**	**373722**	**114373**	**593699**	**486474**
金属工具制造	3151		1125	501	6776	6138
金属丝绳及其制品的制造	38110		7684	5188	72272	71499
建筑、安全用金属制品制造	59040	1370	51619	26759	148441	125638
金属表面处理及热处理加工	4167		906	200	6266	5426
不锈钢及类似日用金属制品制造	57356	462	312388	81725	359944	277772
通用设备制造业	**882981**	**37683**	**675414**	**240227**	**1490113**	**1236636**
锅炉及原动机制造	8034		7228	1100	19993	15649
金属加工机械制造	98797	2700	44906	28370	117813	101425
泵、阀门、压缩机及类似机械的制造	545024	22924	382027	147871	959064	807866
轴承、齿轮、传动和驱动部件的制造	107716	4537	168241	27274	186296	142291
风机、衡器、包装设备等通用设备制造	104378	7523	65201	31905	181036	146870
金属铸、锻加工	19032		7811	3708	25912	22535
专用设备制造业	**620997**	**76364**	**417095**	**275297**	**790811**	**665368**

4－29 续表 2

单位:万元

项　　目	流动负债	长期负债	年末所有者权益合计	实收资本	主营业务收入	主营业务成本
化工、木材、非金属加工专用设备制造	46942	3454	47887	32350	72440	59100
纺织、服装和皮革工业专用设备制造	483296	71800	329091	224280	605999	516611
农、林、牧、渔专用机械制造	60117		25349	13309	80174	64737
医疗仪器设备及器械制造	30643	1110	14768	5358	32198	24920
交通运输设备制造业	**2142399**	**346303**	**1223633**	**469142**	**3712547**	**3169218**
汽车制造	996373	85952	689262	259132	1922484	1578266
摩托车制造	534446	249159	339251	84295	815695	705486
自行车制造	43380		10349	7880	46479	40635
船舶及浮动装置制造	568200	11191	184771	117834	927889	844832
电气机械及器材制造业	**921360**	**175778**	**668869**	**204723**	**1441156**	**1203751**
电机制造	237096	17093	137840	57479	399874	340545
输配电及控制设备制造	79988	8054	72059	19019	138379	107068
电线、电缆、光缆及电工器材制造	20457		13525	10032	40110	34157
电池制造	157064	1950	31669	22605	184495	160044
家用电力器具制造	269314	140408	325078	54665	481406	405191
非电力家用器具制造	6021		33608	4118	51426	35330
照明器具制造	115614	2830	40524	31543	105011	92458
其他电气机械及器材制造	35806	5443	14567	5263	40455	28957
通信设备、计算机及其他电子设备制造业	**91926**	**7431**	**58790**	**17276**	**227289**	**197387**
电子器件制造	20311	552	24477	7500	30369	20455
电子元件制造	19677	6879	9627	2758	35597	28986
家用视听设备制造	45691		21316	5000	150028	138578
其他电子设备制造	6248		3370	2018	11295	9369
仪器仪表及文化、办公用机械制造业	**195360**	**8017**	**221381**	**72290**	**371292**	**296967**
通用仪器仪表制造	123554	266	135084	49006	238995	197848
专用仪器仪表制造	16696	925	13272	3308	48446	41227
光学仪器及眼镜制造	35172	6820	64150	14759	63557	42266
文化、办公用机械制造	19939	6	8876	5218	20293	15626
工艺品及其他制造业	**484580**	**3275**	**529955**	**84774**	**750831**	**609909**
工艺美术品制造	102511	2391	55105	25901	163448	132300
日用杂品制造	382069	884	474850	58873	587383	477608
废弃资源和废旧材料回收加工业	**211387**		**88721**	**40824**	**698070**	**635775**
金属废料和碎屑的加工处理	211387		88721	40824	698070	635775
电力、热力的生产和供应业	**288039**	**6357**	**357389**	**206788**	**1137863**	**1035418**
电力生产	132679	3882	194334	194334	355863	310035
电力供应	155359	2475	163055	12454	782000	725383

4－30 大中型工业主要财务指标（四）

（2010 年）

单位:万元

项目	营业费用	主营业务税金及附加	利润总额	利税总额	本年应交增值税	本年销项税
总　　计	**449450**	**78513**	**1064698**	**1605922**	**462711**	**2119927**
按轻重工业分						
轻工业	247672	43183	417610	657486	196693	809619
重工业	201778	35331	647088	948437	266018	1310308
按大中型分						
大型企业	139167	26095	307859	456554	122600	579601
中型企业	310283	52419	756839	1149368	340111	1540326
按工业行业分						
农副食品加工业	**1741**	**127**	**2387**	**4004**	**1490**	**7138**
饲料加工	933	77	890	1705	738	3690
水产品加工	808	50	1498	2299	752	3449
食品制造业	**1844**	**366**	**2023**	**6171**	**3782**	**5962**
罐头制造	1235	295	1486	4844	3064	3757
其他食品制造	609	71	537	1327	719	2205
饮料制造业	**14405**	**5907**	**－7496**	**1319**	**2908**	**7628**
酒的制造	14405	5907	－7496	1319	2908	7628
纺织业	**7044**	**902**	**12817**	**21761**	**8041**	**27554**
棉、化纤纺织及印染精加工	1325	67	3246	8126	4813	10417
毛纺织和染整精加工	160	33	38	362	290	917
纺织制成品制造	5212	728	9019	12230	2483	12977
针织品、编织品及其制品制造	347	74	514	1044	456	3243
纺织服装、鞋、帽制造业	**239**	**15**	**702**	**1248**	**530**	**2652**
纺织面料鞋的制造	239	15	702	1248	530	2652
皮革、毛皮、羽毛(绒)及其制品业	**6502**	**574**	**16376**	**25781**	**8831**	**38647**
皮革制品制造	6502	574	16376	25781	8831	38647
木材加工及木、竹、藤、棕、草制品业	**878**	**64**	**1635**	**2404**	**705**	**2582**
人造板制造	477	54	83	148	11	944
竹、藤、棕、草制品制造	401	10	1553	2256	694	1638
家具制造业	**10503**	**1195**	**20562**	**29711**	**7954**	**18565**
木质家具制造	4477	349	3801	7691	3541	8556
金属家具制造	6026	846	16761	22020	4413	10009
造纸及纸制品业	**2295**	**174**	**3197**	**4942**	**1571**	**11480**
纸制品制造	2295	174	3197	4942	1571	11480
化学原料及化学制品制造业	**9217**	**894**	**31346**	**37793**	**5553**	**32369**
基础化学原料制造	3812	472	19662	21696	1561	10125
农药制造	2368	84	2036	2583	463	4867
涂料、油墨、颜料及类似产品制造	2720	325	7968	10743	2451	12226
合成材料制造	317	13	1681	2772	1078	5151
医药制造业	**37237**	**7438**	**151181**	**207682**	**49063**	**180658**

4－30续表1

单位:万元

项目	营业费用	主营业务税金及附加	利润总额	利税总额	本年应交增值税	本年销项税
化学药品原药制造	27631	6283	141792	190129	42054	155351
化学药品制剂制造	9606	1155	9390	17554	7010	25307
橡胶制品业	**7794**	**954**	**21881**	**30525**	**7690**	**38035**
橡胶板、管、带的制造	2471	337	10545	13362	2480	19957
橡胶零件制造	4738	576	11219	16606	4811	17348
日用及医用橡胶制品制造	585	41	117	557	399	730
塑料制品业	**33015**	**3623**	**103018**	**146319**	**39678**	**146062**
塑料薄膜制造	636	136	1877	2643	630	1909
塑料板、管、型材的制造	11602	1452	46454	60219	12314	42737
泡沫塑料制造	1947	76	1574	3135	1485	10860
塑料人造革、合成革制造	277	146	34	1059	880	10067
塑料包装箱及容器制造	240	16	257	403	130	1705
塑料零件制造	3981	368	9457	13002	3178	12751
日用塑料制造	11964	1141	39422	59170	18607	63191
其他塑料制品制造	2370	288	3943	6687	2455	2840
非金属矿物制品业	**2410**	**182**	**1674**	**3148**	**1293**	**6613**
玻璃及玻璃制品制造	799	35	340	1492	1117	3340
陶瓷制品制造	1611	146	1334	1657	176	3274
有色金属冶炼及压延加工业	**2425**	**1003**	**13538**	**22632**	**8092**	**42748**
有色金属压延加工	2425	1003	13538	22632	8092	42748
金属制品业	**41320**	**1764**	**27413**	**44165**	**14989**	**69443**
金属工具制造	121	22	271	564	271	1152
金属丝绳及其制品的制造	9	97	288	1187	802	12319
建筑、安全用金属制品制造	5114	252	2218	6024	3554	16198
金属表面处理及热处理加工	72	35	13	339	291	1091
不锈钢及类似日用金属制品制造	36004	1358	24622	36051	10072	38683
通用设备制造业	**40864**	**4296**	**99273**	**144975**	**41406**	**183530**
锅炉及原动机制造	646	139	1652	3010	1219	3557
金属加工机械制造	2183	405	5767	8362	2190	11137
泵、阀门、压缩机及类似机械的制造	23782	2433	56882	84223	24909	108480
轴承、齿轮、传动和驱动部件的制造	7124	861	21431	29261	6969	31049
风机、衡器、包装设备等通用设备制造	6742	352	12394	17936	5191	25012
金属铸、锻加工	387	107	1147	2183	929	4295
专用设备制造业	**24013**	**2109**	**38046**	**68676**	**28521**	**105426**

4－30续表2

单位:万元

项目	营业费用	主营业务税金及附加	利润总额	利税总额	本年应交增值税	本年销项税
化工、木材、非金属加工专用设备制造	2222	314	4948	8303	3041	10286
纺织、服装和皮革工业专用设备制造	16659	1453	27071	50911	22387	82153
农、林、牧、渔专用机械制造	3796	179	4411	6315	1725	7713
医疗仪器设备及器械制造	1335	163	1617	3148	1368	5274
交通运输设备制造业	**82816**	**32292**	**230337**	**371307**	**108678**	**591127**
汽车制造	48871	14096	162770	242331	65465	287001
摩托车制造	21752	15647	23336	65831	26848	200900
自行车制造	2903	156	1090	2110	863	7670
船舶及浮动装置制造	9290	2392	43141	61036	15502	95557
电气机械及器材制造业	**71473**	**5196**	**82472**	**133298**	**45629**	**198132**
电机制造	8195	1146	28594	41342	11602	58145
输配电及控制设备制造	8121	696	9682	16049	5672	22903
电线、电缆、光缆及电工器材制造	445	73	2317	3192	802	6819
电池制造	2420	176	11134	14001	2691	27334
家用电力器具制造	44748	2445	14094	33249	16710	60593
非电力家用器具制造	3508	199	9512	13137	3426	169
照明器具制造	1993	258	3222	6801	3321	11816
其他电气机械及器材制造	2045	204	3918	5527	1405	10354
通信设备、计算机及其他电子设备制造业	**2799**	**413**	**17882**	**20236**	**1942**	**8576**
电子器件制造	420	147	6154	6305	4	1595
电子元件制造	1168	140	2656	4043	1246	4809
家用视听设备制造	860	81	8580	9173	512	546
其他电子设备制造	351	44	492	716	180	1626
仪器仪表及文化、办公用机械制造业	**11384**	**1021**	**33130**	**45011**	**10861**	**40293**
通用仪器仪表制造	7365	364	14740	22491	7386	23252
专用仪器仪表制造	1360	163	2537	4185	1485	6967
光学仪器及眼镜制造	1630	447	14708	16645	1490	7830
文化、办公用机械制造	1029	46	1144	1691	500	2245
工艺品及其他制造业	**30163**	**3934**	**60198**	**83755**	**19624**	**65597**
工艺美术品制造	7097	1103	7400	14079	5576	15155
日用杂品制造	23066	2831	52798	69677	14048	50443
废弃资源和废旧材料回收加工业	**7071**	**318**	**45624**	**54213**	**8272**	**119850**
金属废料和碎屑的加工处理	7071	318	45624	54213	8272	119850
电力、热力的生产和供应业		**3755**	**55484**	**94846**	**35607**	**169261**
电力生产		871	31832	40006	7303	7303
电力供应		2884	23651	54840	28304	161958

4－31　大中型工业主要经济效益指标(一)

(2010 年)

项　　目	企　业 亏损面 (%)	资　产 负债率 (%)	流　动 比　率	存货周 转次数 (次)	产　品 销售率 (%)
总　　计	**4.35**	**57.96**	**1.14**	**5.27**	**97.78**
按轻重工业分					
轻工业	3.26	55.83	1.25	5.14	97.16
重工业	5.07	59.76	1.06	5.35	98.19
按大中型分					
大型企业		52.17	1.22	3.97	98.50
中型企业	4.59	60.63	1.11	5.93	97.53
按工业行业分					
农副食品加工业		66.71	1.24	4.09	93.36
食品制造业	25.00	69.49	1.20	2.73	98.18
饮料制造业	100.00	98.71	0.41	1.36	100.30
纺织业	7.14	70.40	0.82	5.18	95.40
纺织服装、鞋、帽制造业		79.54	1.08	9.53	99.83
皮革、毛皮、羽毛(绒)及其制品业		65.40	1.24	13.90	98.30
木材加工及木、竹、藤、棕、草制品业		61.70	1.28	2.84	98.05
家具制造业		74.89	0.90	4.20	96.76
造纸及纸制品业		67.25	0.90	7.34	99.31
化学原料及化学制品制造业		54.56	1.01	4.80	98.20
医药制造业	8.70	45.75	1.29	3.28	95.77
橡胶制品业		56.29	1.21	6.47	94.81
塑料制品业	7.89	54.62	1.19	6.96	97.98
非金属矿物制品业	20.00	69.45	0.85	4.34	89.35
有色金属冶炼及压延加工业		68.86	0.94	7.07	94.85
金属制品业	16.67	30.45	2.10	4.53	94.49
通用设备制造业	2.82	57.68	1.12	4.21	96.66
专用设备制造业	4.76	62.57	1.04	3.47	95.97
交通运输设备制造业	4.08	67.18	1.15	5.22	99.14
电气机械及器材制造业		62.13	1.10	6.11	96.93
通信设备、计算机及其他电子设备制造业		62.83	1.22	12.15	98.81
仪器仪表及文化、办公用机械制造业	9.52	47.88	1.32	3.52	93.82
工艺品及其他制造业		47.93	1.48	5.82	99.14
废弃资源和废旧材料回收加工业		70.44	1.27	4.93	105.44
电力、热力的生产和供应业		45.17	0.33	54.70	100.00

4－32 大中型工业主要经济效益指标(二)

(2010 年)

项目	企业亏损率(%)	成本费用利润率(%)	百元销售收入实现利税(元)	百元固定资产原值实现利税(元)	出口交货值占工业销售(%)
总计	**2.22**	**7.29**	**10.26**	**30.49**	**37.91**
按轻重工业分					
轻工业	2.81	7.30	10.73	32.88	51.35
重工业	1.84	7.28	9.96	29.03	29.26
按大中型分					
大型企业		8.17	11.21	24.19	37.58
中型企业	3.10	6.98	9.93	34.00	38.03
按工业行业分					
农副食品加工业		3.25	5.29	19.95	53.87
食品制造业	4.64	4.06	11.93	29.69	78.23
饮料制造业		-16.29	3.00	2.12	
纺织业	2.81	4.74	7.68	21.48	57.15
纺织服装、鞋、帽制造业		4.72	8.00	117.33	89.58
皮革、毛皮、羽毛(绒)及其制品业		6.00	8.88	85.00	87.00
木材加工及木、竹、藤、棕、草制品业		8.26	11.21	34.03	64.62
家具制造业		7.75	10.40	43.20	83.43
造纸及纸制品业		5.00	7.38	19.72	
化学原料及化学制品制造业		13.66	14.91	41.81	39.68
医药制造业	0.88	12.66	15.67	25.67	54.09
橡胶制品业		9.43	12.13	40.29	28.06
塑料制品业	0.54	9.79	12.76	43.28	36.11
非金属矿物制品业	11.82	2.39	4.38	11.21	36.26
有色金属冶炼及压延加工业		5.53	9.01	37.62	21.34
金属制品业	11.26	4.90	7.44	53.23	50.69
通用设备制造业	0.89	7.11	9.73	30.62	53.82
专用设备制造业	0.64	5.05	8.68	22.63	38.60
交通运输设备制造业	3.31	6.67	10.00	39.30	25.82
电气机械及器材制造业		6.02	9.25	39.12	37.95
通信设备、计算机及其他电子设备制造业		8.56	8.90	49.39	79.45
仪器仪表及文化、办公用机械制造业	4.65	9.68	12.12	36.39	60.18
工艺品及其他制造业		8.72	11.16	40.75	63.20
废弃资源和废旧材料回收加工业		7.00	7.77	199.20	
电力、热力的生产和供应业		5.13	8.34	9.62	

4－33　规模以上非国有工业主要财务指标(一)

(2010年)

单位:万元

项目	企业单位数(个)	工业总产值	工业销售产值	出口交货值	年末资产总计	从业人员年平均人数(人)
总计	**7256**	**33795591**	**32840085**	**10282262**	**29586678**	**848211**
按轻重工业分						
轻工业	2921	12407757	11965832	5361617	11369007	373491
重工业	4335	21387834	20874253	4920645	18217671	474720
按大中小型分						
大型企业	21	3216511	3152023	1328551	3629926	62164
中型企业	426	11082712	10787786	4442989	10719976	257791
小型企业	6809	19496368	18900276	4510723	15236775	528256
按工业行业分						
有色金属矿采选业	**1**	**2520**	**2582**		**3383**	**81**
贵金属矿采选	1	2520	2582		3383	81
非金属矿采选业	**4**	**6617**	**6225**		**4125**	**531**
土砂石开采	3	6030	5629		3137	240
采盐	1	587	596		988	291
农副食品加工业	**122**	**430000**	**401416**	**91348**	**271924**	**9877**
饲料加工	4	26814	26707	21704	9739	1048
植物油加工	1	5132	4893		4486	123
屠宰及肉类加工	1	2877	2733		2158	11
水产品加工	113	386800	359376	66258	248683	8428
蔬菜、水果和坚果加工	1	3721	3721	3386	1734	42
其他农副食品加工	2	4657	3985		5124	225
食品制造业	**24**	**133955**	**128874**	**66734**	**125854**	**5002**
焙烤食品制造	2	5187	5058		3849	129
糖果、巧克力及蜜饯制造	2	5736	5556		4819	187
罐头制造	10	64502	64909	53574	68528	3738
其他食品制造	10	58530	53351	13160	48659	948
饮料制造业	**18**	**112288**	**102085**		**201832**	**2503**
酒的制造	8	81829	72182		163890	1829
软饮料制造	8	26893	26437		32328	613
精制茶加工	2	3566	3465		5614	61
纺织业	**210**	**765929**	**739394**	**263298**	**739864**	**23198**
棉、化纤纺织及印染精加工	46	275883	259998	33070	286509	4784
毛纺织和染整精加工	8	18030	18202	3274	20761	967

4－33 续表1

单位:万元

项目	企业单位数（个）	工业总产值	工业销售产值	出口交货值	年末资产总计	从业人员年平均人数（人）
麻纺织	2	4962	4725	1382	3320	161
丝绢纺织及精加工	2	4903	4694		6337	129
纺织制成品制造	111	388047	380031	208491	323399	12879
针织品、编织品及其制品制造	41	74103	71744	17082	99538	4278
纺织服装、鞋、帽制造业	**74**	**121762**	**119478**	**67220**	**85501**	**7567**
纺织服装制造	53	77798	76350	46050	66125	5052
纺织面料鞋的制造	17	38139	37335	16871	15000	2123
制　帽	4	5825	5793	4300	4376	392
皮革、毛皮、羽毛(绒)及其制品业	**377**	**1095485**	**1079471**	**672375**	**495103**	**55225**
皮革鞣制加工	3	26450	26413		23653	367
皮革制品制造	374	1069035	1053058	672375	471449	54858
木材加工及木、竹、藤、棕、草制品业	**45**	**129790**	**124467**	**33865**	**104941**	**3897**
锯材、木片加工	1	1544	1530		682	50
人造板制造	8	70288	67250	9516	63970	1084
木制品制造	20	24810	24065	10403	17301	1525
竹、藤、棕、草制品制造	16	33147	31623	13946	22989	1238
家具制造业	**122**	**593613**	**573866**	**435420**	**470928**	**26161**
木质家具制造	73	298994	282596	231400	193635	14350
竹、藤家具制造	1	5112	5082		1185	175
金属家具制造	34	232310	230068	159139	240166	10210
塑料家具制造	8	48169	48104	41636	28157	1057
其他家具制造	6	9027	8016	3245	7786	369
造纸及纸制品业	**137**	**424315**	**411876**	**5644**	**402859**	**10594**
造　纸	19	81208	77104		52594	1533
纸制品制造	118	343108	334772	5644	350265	9061
印刷业和记录媒介的复制	**75**	**127420**	**123815**	**25503**	**128787**	**4478**
印　刷	75	127420	123815	25503	128787	4478
文教体育用品制造业	**37**	**59927**	**58342**	**42928**	**44462**	**3045**
文化用品制造	8	14937	14343	8720	14013	684
体育用品制造	4	5796	5732	2434	3229	276
乐器制造	1	1552	1440		1873	45
玩具制造	22	33856	33060	31774	23880	1925

4－33 续表 2

单位：万元

项目	企业单位数（个）	工业总产值	工业销售产值	出口交货值	年末资产总计	从业人员年平均人数（人）
游艺器材及娱乐用品制造	2	3786	3768		1468	115
石油加工、炼焦及核燃料加工业	**1**	**1579**	**1523**		**871**	**14**
精炼石油产品的制造	1	1579	1523		871	14
化学原料及化学制品制造业	**145**	**916766**	**917266**	**224039**	**856243**	**12814**
基础化学原料制造	29	274772	257183	104913	271742	3567
肥料制造	1	850	816		388	15
农药制造	5	53370	47709	22066	40481	1023
涂料、油墨、颜料及类似产品制造	52	231521	233429	23761	236673	3730
合成材料制造	14	101973	127458	4315	71667	1243
专用化学产品制造	34	223786	220523	61290	215366	2544
日用化学产品制造	10	30493	30150	7694	19927	692
医药制造业	**111**	**1882196**	**1735587**	**799122**	**2221974**	**30654**
化学药品原药制造	89	1605263	1467684	733132	1866183	25184
化学药品制剂制造	5	164137	162675	42402	233668	3481
中药饮片加工	1	1667	1652	1652	748	206
中成药制造	5	55327	51135	408	82972	831
兽用药品制造	1	6110	5640	1651	4165	94
生物、生化制品的制造	6	45861	43153	19854	29287	618
卫生材料及医药用品制造	4	3832	3648	24	4951	240
化学纤维制造业	**2**	**4932**	**4674**		**2502**	**70**
合成纤维制造	2	4932	4674		2502	70
橡胶制品业	**230**	**737725**	**709052**	**176717**	**660709**	**19349**
轮胎制造	6	7339	6832	953	8662	343
橡胶板、管、带的制造	113	417131	403745	128430	375818	9019
橡胶零件制造	76	234400	226244	31965	184318	8115
再生橡胶制造	4	4108	3871		2217	136
日用及医用橡胶制品制造	5	20773	20238	9630	26863	506
橡胶靴鞋制造	10	9978	9790	1185	6959	385
其他橡胶制品制造	16	43996	38333	4554	55873	845
塑料制品业	**812**	**3024387**	**2928777**	**792862**	**2527090**	**72566**
塑料薄膜制造	18	55948	60254	9471	53146	1240
塑料板、管、型材的制造	86	651687	625759	233029	736969	11932
塑料丝、绳及编织品的制造	32	65955	62220	11718	30995	1878

4－33 续表3

单位:万元

项目	企业单位数（个）	工业总产值	工业销售产值	出口交货值	年末资产总计	从业人员年平均人数（人）
泡沫塑料制造	48	137319	134176	57675	127971	3616
塑料人造革、合成革制造	25	206971	185180	1336	233254	4436
塑料包装箱及容器制造	61	153170	147578	11681	123012	4118
塑料零件制造	109	309976	298393	20964	298040	8609
日用塑料制造	379	1293024	1264788	398102	805581	32716
其他塑料制品制造	54	150336	150429	48887	118122	4021
非金属矿物制品业	**104**	**412642**	**396043**	**54417**	**532639**	**9660**
水泥、石灰和石膏的制造	7	28696	30602		33954	294
水泥及石膏制品制造	34	190568	184864		277253	3266
砖瓦、石材及其他建筑材料制造	18	24079	21806	265	39198	796
玻璃及玻璃制品制造	27	99589	93575	32616	105459	2690
陶瓷制品制造	10	58379	54225	21537	70375	2267
耐火材料制品制造	2	2640	2559		3081	83
石墨及其他非金属矿物制品制造	6	8692	8411		3320	264
黑色金属冶炼及压延加工业	**40**	**321823**	**309542**	**2267**	**304890**	**2853**
钢压延加工	40	321823	309542	2267	304890	2853
有色金属冶炼及压延加工业	**119**	**1156964**	**1121809**	**65188**	**701683**	**9165**
常用有色金属冶炼	7	40582	38759		35210	361
贵金属冶炼	4	40233	39910		12459	168
有色金属合金制造	11	66498	67305	645	29053	686
有色金属压延加工	97	1009651	975835	64543	624962	7950
金属制品业	**354**	**1456205**	**1384971**	**489046**	**1077379**	**37757**
结构性金属制品制造	16	40903	37852	2354	33274	1040
金属工具制造	51	80614	77818	7840	55171	3118
集装箱及金属包装容器制造	7	23549	21787		16791	515
金属丝绳及其制品的制造	33	226692	212971	4017	136929	1895
建筑、安全用金属制品制造	144	439794	420851	203450	280198	13923
金属表面处理及热处理加工	57	124907	120268	1034	98548	6082
搪瓷制品制造	10	17027	16016	9881	25011	844

4－33 续表4

单位:万元

项　　目	企业单位数（个）	工业总产值	工业销售产值	出口交货值	年末资产总计	从业人员年平均人数（人）
不锈钢及类似日用金属制品制造	29	483956	459397	259597	409725	9844
其他金属制品制造	7	18765	18012	871	21733	496
通用设备制造业	**1328**	**4515648**	**4363046**	**1685553**	**3509121**	**132541**
锅炉及原动机制造	10	27774	27073	8401	32290	939
金属加工机械制造	76	259409	252287	83545	251090	10409
起重运输设备制造	16	50996	48265	1443	46381	1495
泵、阀门、压缩机及类似机械的制造	773	2858572	2768598	1408546	2042569	80409
轴承、齿轮、传动和驱动部件的制造	91	386666	369817	30426	424171	11201
烘炉、熔炉及电炉制造	2	1547	1470		3521	74
风机、衡器、包装设备等通用设备制造	93	377323	362474	127990	287703	11164
通用零部件制造及机械修理	96	154541	149734	15443	125618	6004
金属铸、锻加工	171	398820	383328	9759	295779	10846
专用设备制造业	**432**	**1806644**	**1734651**	**561449**	**1986674**	**47755**
矿山、冶金、建筑专用设备制造	18	55163	53750	11073	49014	1699
化工、木材、非金属加工专用设备制造	187	471251	452631	134157	511919	13714
食品、饮料、烟草及饲料生产专用设备制造	10	22590	21119	9932	21974	588
印刷、制药、日化生产专用设备制造	17	26049	24776	431	25290	1040
纺织、服装和皮革工业专用设备制造	125	930848	898505	329500	1129251	21326
电子和电工机械专用设备制造	1	550	550		1469	50
农、林、牧、渔专用机械制造	41	208314	197781	72244	154661	5455
医疗仪器设备及器械制造	15	60715	55501	2782	68887	2826
环保、社会公共安全及其他专用设备制造	18	31166	30039	1332	24209	1057
交通运输设备制造业	**890**	**6108257**	**6049622**	**1156884**	**5413967**	**136002**
铁路运输设备制造	3	34033	33486	1326	38396	506
汽车制造	567	3484411	3381542	567350	2889564	84765
摩托车制造	187	760689	738009	193022	817512	22769
自行车制造	37	119064	115494	7975	136358	3286
船舶及浮动装置制造	92	1700004	1771105	386167	1522911	24344
航空航天器制造	2	4732	4662		4400	131
交通器材及其他交通运输设备制造	2	5324	5324	1044	4826	201
电气机械及器材制造业	**627**	**3304843**	**3218697**	**975708**	**3198343**	**71517**
电机制造	252	1016905	989639	250448	845432	26693
输配电及控制设备制造	95	358056	346218	13720	374141	8147
电线、电缆、光缆及电工器材制造	85	466428	453310	10067	383078	4726

4－33 续表5

单位:万元

项　　目	企业单位数（个）	工业总产值	工业销售产值	出口交货值	年末资产总计	从业人员年平均人数（人）
电池制造	17	249787	251301	198005	238704	2840
家用电力器具制造	39	666595	648828	194028	829742	13169
非电力家用器具制造	7	73762	71499	66958	47064	2135
照明器具制造	127	422945	407962	242482	416083	12952
其他电气机械及器材制造	5	50366	49940		64102	855
通信设备、计算机及其他电子设备制造业	**69**	**457338**	**447283**	**263522**	**425910**	**9692**
通信设备制造	3	20135	20338	12630	23324	541
广播电视设备制造	1	2853	2612	2071	6538	107
电子计算机制造	2	40295	37181	35028	19228	536
电子器件制造	13	49891	48626	23861	68395	2376
电子元件制造	40	135125	133370	17078	183889	4095
家用视听设备制造	2	168911	168050	167017	87007	800
其他电子设备制造	8	40129	37107	5837	37530	1237
仪器仪表及文化、办公用机械制造业	**204**	**843446**	**794730**	**345927**	**767180**	**29901**
通用仪器仪表制造	95	540350	515765	287921	481254	14974
专用仪器仪表制造	23	99841	92156	5215	60633	2939
钟表及计时仪器制造	1	850	800	800	1673	30
光学仪器及眼镜制造	77	162945	152713	44677	183789	10269
文化、办公用机械制造	8	39460	33296	7314	39831	1689
工艺品及其他制造业	**461**	**1516560**	**1492642**	**984564**	**1552928**	**63939**
工艺美术品制造	419	824166	806039	581657	608559	44176
日用杂品制造	41	691893	686102	402907	944167	19748
煤制品制造	1	501	501		201	15
废弃资源和废旧材料回收加工业	**61**	**1257792**	**1292560**	**663**	**635867**	**8973**
金属废料和碎屑的加工处理	40	1231743	1267020		619624	8466
非金属废料和碎屑的加工处理	21	26048	25541	663	16244	507
电力、热力的生产和供应业	**8**	**28989**	**28968**		**65657**	**388**
电力生产	4	8506	8485		46765	90
热力生产和供应	4	20483	20483		18892	298
燃气生产和供应业	**5**	**26600**	**26230**		**22335**	**275**
水的生产和供应业	**7**	**10638**	**10522**		**43154**	**167**
自来水的生产和供应	3	4278	4162		4424	63
污水处理及其再生利用	4	6360	6360		38730	104

4－34 规模以上非国有工业主要财务指标(二)

(2010 年)

单位:万元

项　　目	流动资产合计	存货	固定资产合计	固定资产原价	固定资产净值	年末负债合计
总　　计	**18922371**	**4537418**	**6757211**	**8790744**	**5981237**	**18471102**
按轻重工业分						
轻工业	7125081	1600423	2569213	3413113	2253610	6891751
重工业	11797290	2936995	4187998	5377631	3727627	11579351
按大中小型分						
大型企业	2215210	702743	558598	742291	484910	1994330
中型企业	6828722	1626725	2406758	3062539	2076879	6510164
小型企业	9878439	2207950	3791855	4985915	3419448	9966608
按工业行业分						
有色金属矿采选业	**617**	**109**	**464**	**566**	**464**	**1866**
贵金属矿采选	617	109	464	566	464	1866
非金属矿采选业	**2113**	**347**	**1737**	**2113**	**1708**	**2225**
土砂石开采	1670	280	1263	1639	1257	1861
采　盐	444	67	474	474	450	364
农副食品加工业	**171257**	**58235**	**68973**	**84402**	**62290**	**167657**
饲料加工	7462	1489	1685	2607	1685	5647
植物油加工	2093	678	1918	2687	1521	2059
屠宰及肉类加工	821	550	668	802	468	1215
水产品加工	157808	54406	61318	75305	56282	154776
蔬菜、水果和坚果加工	963	570	771	948	771	602
其他农副食品加工	2110	542	2614	2052	1565	3358
食品制造业	**85550**	**36366**	**32587**	**45882**	**29066**	**82826**
焙烤食品制造	1877	633	1972	2161	1641	2343
糖果、巧克力及蜜饯制造	1802	468	2056	2807	2056	1050
罐头制造	52289	24213	12862	17670	11159	53247
其他食品制造	29582	11052	15698	23244	14209	26185
饮料制造业	**93014**	**44832**	**89329**	**116805**	**82139**	**160579**
酒的制造	73380	38940	76570	103710	73021	137269
软饮料制造	16665	5756	10394	11174	7831	19831
精制茶加工	2970	136	2365	1921	1286	3479
纺 织 业	**435744**	**97634**	**210403**	**270163**	**179132**	**501345**
棉、化纤纺织及印染精加工	171799	40854	67283	87019	56013	186525
毛纺织和染整精加工	13813	2194	6501	10955	4875	15396

4-34 续表1

单位:万元

项目	流动资产合计	存货	固定资产合计	固定资产原价	固定资产净值	年末负债合计
麻纺织	2889	1770	380	1005	380	3046
丝绢纺织及精加工	4108	1504	1708	2356	1708	4848
纺织制成品制造	198287	41090	89926	113430	76461	224904
针织品、编织品及其制品制造	44849	10223	44605	55397	39696	66626
纺织服装、鞋、帽制造业	**58828**	**14631**	**21477**	**28836**	**19840**	**60923**
纺织服装制造	45814	11365	15535	21757	14777	49089
纺织面料鞋的制造	10530	2673	4050	5100	4007	8811
制帽	2484	592	1892	1979	1056	3023
皮革、毛皮、羽毛(绒)及其制品业	**380943**	**71510**	**93996**	**126990**	**86724**	**311685**
皮革鞣制加工	17642	8179	6011	6414	4270	18033
皮革制品制造	363301	63331	87985	120576	82454	293652
木材加工及木、竹、藤、棕、草制品业	**75154**	**15678**	**21482**	**28973**	**20806**	**69347**
锯材、木片加工	416	30	265	256	61	532
人造板制造	50693	9294	9747	13294	9548	44077
木制品制造	11153	2403	3954	5511	3829	11436
竹、藤、棕、草制品制造	12892	3951	7516	9912	7368	13302
家具制造业	**298025**	**97791**	**115200**	**138128**	**100130**	**339077**
木质家具制造	111161	42101	57398	71112	51497	133003
竹、藤家具制造	1126	26	59	82	56	1149
金属家具制造	168045	50689	43724	51161	36790	183039
塑料家具制造	13170	3347	11458	12740	9237	15319
其他家具制造	4523	1629	2560	3032	2550	6568
造纸及纸制品业	**258162**	**40343**	**86552**	**125550**	**81752**	**278554**
造纸	37492	5294	11444	15743	10527	41830
纸制品制造	220670	35049	75108	109807	71225	236724
印刷业和记录媒介的复制	**67796**	**10757**	**50634**	**74711**	**48248**	**86541**
印刷	67796	10757	50634	74711	48248	86541
文教体育用品制造业	**26856**	**6000**	**13399**	**17212**	**12939**	**31690**
文化用品制造	7740	1303	3984	4521	3834	10744
体育用品制造	1874	1142	1148	1585	1148	2155
乐器制造	952	179	670	793	670	1667
玩具制造	15207	3199	7237	9930	6938	16426

4－34 续表 2

单位:万元

项　　目	流动资产合计	存货	固定资产合计	固定资产原价	固定资产净值	年末负债合计
游艺器材及娱乐用品制造	1082	178	360	383	348	697
石油加工、炼焦及核燃料加工业	**626**	**202**	**155**	**218**	**155**	**643**
精炼石油产品的制造	626	202	155	218	155	643
化学原料及化学制品制造业	**549602**	**113051**	**207785**	**250063**	**160003**	**459575**
基础化学原料制造	147985	37455	95674	92042	60397	144333
肥料制造	201	139	87	283	87	104
农药制造	23185	6418	7657	16718	7657	26558
涂料、油墨、颜料及类似产品制造	153360	37445	53184	64017	43952	129213
合成材料制造	55151	6700	10027	15410	9386	44455
专用化学产品制造	157167	21327	34991	51974	32991	106058
日用化学产品制造	12553	3567	6165	9620	5533	8854
医药制造业	**1371198**	**363798**	**559785**	**773296**	**469371**	**1221837**
化学药品原药制造	1120772	322755	477726	669754	402659	982952
化学药品制剂制造	175956	21387	51578	64349	41817	156734
中药饮片加工	361	101	351	385	232	504
中成药制造	50591	15783	19409	25074	16901	58679
兽用药品制造	2900	567	1201	2115	1201	1638
生物、生化制品的制造	16905	2759	8658	10240	5853	17375
卫生材料及医药用品制造	3714	446	861	1380	708	3955
化学纤维制造业	**1802**	**36**	**510**	**585**	**468**	**2190**
合成纤维制造	1802	36	510	585	468	2190
橡胶制品业	**430298**	**83706**	**170019**	**225547**	**157496**	**384625**
轮胎制造	5420	1131	2838	3883	2775	5691
橡胶板、管、带的制造	239462	48264	98321	125740	93158	212534
橡胶零件制造	117806	19873	49186	74915	45896	108328
再生橡胶制造	1410	319	780	1248	780	1638
日用及医用橡胶制品制造	19140	2183	4666	4488	2959	18643
橡胶靴鞋制造	4584	860	1842	2873	1688	3635
其他橡胶制品制造	42476	11077	12386	12399	10240	34156
塑料制品业	**1568704**	**308890**	**650431**	**879643**	**597272**	**1516410**
塑料薄膜制造	34975	5408	8738	12228	8531	27026
塑料板、管、型材的制造	478720	90412	146060	201533	133888	386732
塑料丝、绳及编织品的制造	22134	4421	7121	10745	6908	21260

4－34 续表3

单位:万元

项　　目	流动资产合计	存货	固定资产合计	固定资产原价	固定资产净值	年末负债合计
泡沫塑料制造	75444	8923	30377	39359	27933	82033
塑料人造革、合成革制造	125859	23708	71316	70586	61395	178388
塑料包装箱及容器制造	72160	12052	39654	57455	37650	65683
塑料零件制造	177826	33332	79899	123282	74302	179399
日用塑料制造	500207	112447	239588	321457	220028	508290
其他塑料制品制造	81381	18187	27678	42998	26637	67600
非金属矿物制品业	**334742**	**69341**	**129354**	**183754**	**116278**	**353849**
水泥、石灰和石膏的制造	15288	1534	12539	14618	10853	18144
水泥及石膏制品制造	193825	39746	57919	92791	53316	203517
砖瓦、石材及其他建筑材料制造	18079	4102	15375	17544	13747	19210
玻璃及玻璃制品制造	62193	11482	27128	39396	25854	61828
陶瓷制品制造	40908	11751	15592	18087	11732	47829
耐火材料制品制造	1676	298	303	549	289	1620
石墨及其他非金属矿物制品制造	2772	428	499	771	488	1702
黑色金属冶炼及压延加工业	**188549**	**44443**	**65972**	**67755**	**52063**	**252884**
钢压延加工	188549	44443	65972	67755	52063	252884
有色金属冶炼及压延加工业	**514257**	**109730**	**104257**	**142530**	**95869**	**498043**
常用有色金属冶炼	26290	2422	4000	3241	2046	29173
贵金属冶炼	6453	1966	2032	2713	2011	10663
有色金属合金制造	20141	6179	6181	6570	4865	18625
有色金属压延加工	461372	99163	92044	130006	86947	439583
金属制品业	**699917**	**184883**	**194677**	**246995**	**167165**	**539819**
结构性金属制品制造	20367	7011	8501	8695	6879	21718
金属工具制造	35221	8757	16669	21603	16447	39707
集装箱及金属包装容器制造	10349	1819	5007	6530	4843	9245
金属丝绳及其制品的制造	117274	22687	15223	21221	13314	108034
建筑、安全用金属制品制造	197001	45878	59487	73260	52114	175598
金属表面处理及热处理加工	58755	8939	29582	43211	27859	63060
搪瓷制品制造	16407	5067	4508	3510	2342	17076

4-34 续表4

单位:万元

项目	流动资产合计	存货	固定资产合计	固定资产原价	固定资产净值	年末负债合计
不锈钢及类似日用金属制品制造	231606	82321	49361	63250	38904	87661
其他金属制品制造	12937	2404	6340	5715	4462	17720
通用设备制造业	**2273606**	**598256**	**860481**	**1129283**	**775168**	**2165653**
锅炉及原动机制造	21880	2995	8949	8599	6479	23104
金属加工机械制造	160685	55273	64544	80036	55430	167997
起重运输设备制造	26046	7241	9401	13157	8472	24476
泵、阀门、压缩机及类似机械的制造	1335003	369210	469651	620838	423273	1270212
轴承、齿轮、传动和驱动部件的制造	265658	68248	118322	168895	116692	212679
烘炉、熔炉及电炉制造	2365	241	338	614	334	1354
风机、衡器、包装设备等通用设备制造	185231	51393	76258	95652	66105	184893
通用零部件制造及机械修理	82494	12208	30853	38837	26536	82030
金属铸、锻加工	194245	31446	82166	102654	71847	198909
专用设备制造业	**1162138**	**308432**	**517461**	**666331**	**470044**	**1277656**
矿山、冶金、建筑专用设备制造	31585	10031	13506	17854	13328	32896
化工、木材、非金属加工专用设备制造	263175	59324	198606	271310	184436	321315
食品、饮料、烟草及饲料生产专用设备制造	10417	2461	6846	9019	6635	12888
印刷、制药、日化生产专用设备制造	14868	1994	8302	12058	8100	14884
纺织、服装和皮革工业专用设备制造	663818	190722	240558	294972	218255	730492
电子和电工机械专用设备制造	1435	67	35	35	26	1245
农、林、牧、渔专用机械制造	120963	34588	27455	29805	20887	104197
医疗仪器设备及器械制造	39333	5596	15763	22864	12651	46663
环保、社会公共安全及其他专用设备制造	16545	3648	6391	8417	5727	13076
交通运输设备制造业	**3456115**	**922063**	**1222565**	**1538904**	**1077277**	**3582503**
铁路运输设备制造	31224	5004	5079	6999	3709	15411
汽车制造	1719820	264804	685187	910739	606801	1828548
摩托车制造	531652	82072	162699	223967	139846	591931
自行车制造	96385	25350	21266	18976	13014	92841
船舶及浮动装置制造	1071550	544176	345416	374141	311128	1047302
航空航天器制造	2395	446	1845	2676	1840	2894
交通器材及其他交通运输设备制造	3089	212	1072	1406	939	3575
电气机械及器材制造业	**2010632**	**380398**	**547752**	**709585**	**488663**	**2051129**
电机制造	539140	124428	195749	233757	162942	572596
输配电及控制设备制造	255096	65795	82309	104786	75883	206348
电线、电缆、光缆及电工器材制造	293252	38244	46411	58439	38613	247643

4－34 续表 5

单位:万元

项目	流动资产合计	存货	固定资产合计	固定资产原价	固定资产净值	年末负债合计
电池制造	187804	38748	32922	38250	32576	188962
家用电力器具制造	401395	53771	66873	95324	60777	475751
非电力家用器具制造	27726	9995	9833	16896	9628	9956
照明器具制造	262328	45416	97524	137402	92980	303163
其他电气机械及器材制造	43891	4002	16131	24731	15265	46711
通信设备、计算机及其他电子设备制造业	**295249**	**37749**	**94420**	**123006**	**81360**	**223076**
通信设备制造	16653	1345	5860	3995	2819	17935
广播电视设备制造	1744	242	4717	785	487	6373
电子计算机制造	16691	4403	1821	3276	1809	11584
电子器件制造	41136	6418	18739	23877	17663	33264
电子元件制造	128712	15787	36421	61045	34253	74237
家用视听设备制造	72865	4658	11809	12416	11491	54703
其他电子设备制造	17449	4897	15054	17614	12839	24982
仪器仪表及文化、办公用机械制造业	**467845**	**137114**	**189828**	**249315**	**170742**	**428512**
通用仪器仪表制造	306260	91360	100611	131182	89313	271361
专用仪器仪表制造	31208	7060	19211	25450	16154	38051
钟表及计时仪器制造	800	290	800	997	800	1300
光学仪器及眼镜制造	103967	29206	57737	75770	53214	91064
文化、办公用机械制造	25610	9199	11469	15915	11261	26736
工艺品及其他制造业	**1047992**	**175448**	**314025**	**387308**	**265891**	**841780**
工艺美术品制造	375848	85919	170074	219944	149577	390845
日用杂品制造	672028	89498	143867	167276	116229	450806
煤制品制造	116	31	85	88	85	129
废弃资源和废旧材料回收加工业	**566740**	**203532**	**36664**	**44701**	**31378**	**503199**
金属废料和碎屑的加工处理	553783	200118	34308	41957	29249	491135
非金属废料和碎屑的加工处理	12957	3414	2356	2745	2129	12065
电力、热力的生产和供应业	**14463**	**629**	**48547**	**69010**	**46978**	**39090**
电力生产	6772	10	39142	49066	38454	30122
热力生产和供应	7691	619	9405	19945	8524	8968
燃气生产和供应业	**8498**	**1191**	**10677**	**14925**	**8931**	**6582**
水的生产和供应业	**5339**	**294**	**25614**	**27662**	**23431**	**27731**
自来水的生产和供应	1322	121	3096	4040	2961	1517
污水处理及其再生利用	4017	173	22518	23622	20470	26215

4－35　规模以上非国有工业主要财务指标(三)

(2010年)

单位:万元

项　　目	流动负债	长期负债	年末所有者权益合计	实收资本	主营业务收入	主营业务成本
总　　计	**17380122**	**938640**	**11115576**	**5347118**	**32329380**	**27663079**
按轻重工业分						
轻工业	6459412	392369	4477256	1917321	11749827	9854076
重工业	10920711	546271	6638320	3429797	20579553	17809003
按大中小型分						
大型企业	1758860	224398	1635597	494436	3061576	2535179
中型企业	6157607	335186	4209812	1646522	10658767	8895542
小型企业	9463654	379056	5270167	3206161	18609037	16232358
按工业行业分						
有色金属矿采选业	**1866**		**1517**	**1880**	**2607**	**2016**
贵金属矿采选	1866		1517	1880	2607	2016
非金属矿采选业	**2144**	**81**	**1900**	**710**	**6205**	**4841**
土砂石开采	1781	81	1275	470	5629	4396
采　盐	364		625	240	576	444
农副食品加工业	**151508**	**15748**	**104267**	**62299**	**396348**	**354503**
饲料加工	5647		4092	1897	26707	23307
植物油加工	1429	631	2427	1980	4893	4129
屠宰及肉类加工	1062	153	943	100	2733	2516
水产品加工	139909	14467	93908	56235	354308	318372
蔬菜、水果和坚果加工	602		1132	525	3721	2831
其他农副食品加工	2860	498	1766	1563	3985	3348
食品制造业	**75262**	**3415**	**43029**	**16732**	**128548**	**105535**
焙烤食品制造	2343		1505	608	5079	4404
糖果、巧克力及蜜饯制造	1050		3769	1021	5567	4719
罐头制造	47511	1587	15280	6139	64943	55262
其他食品制造	24357	1828	22474	8964	52960	41150
饮料制造业	**150550**	**8897**	**41253**	**55952**	**100153**	**66504**
酒的制造	129114	8156	26621	46207	70690	44075
软饮料制造	19526	287	12497	9130	26012	20774
精制茶加工	1911	455	2136	615	3451	1655
纺织业	**482587**	**14508**	**238519**	**136165**	**733270**	**640579**
棉、化纤纺织及印染精加工	181569	2929	99984	49669	256941	230098
毛纺织和染整精加工	14228	1168	5365	3907	18302	15821

4－35 续表1

单位:万元

项目	流动负债	长期负债	年末所有者权益合计	实收资本	主营业务收入	主营业务成本
麻纺织	2636	410	274	756	4287	3880
丝绢纺织及精加工	4572		1489	1538	3837	3224
纺织制成品制造	218922	4626	98495	53483	378447	325177
针织品、编织品及其制品制造	60660	5375	32912	26812	71455	62378
纺织服装、鞋、帽制造业	**59679**	**1144**	**24578**	**19822**	**117836**	**102054**
纺织服装制造	49045	44	17036	17622	74963	64617
纺织面料鞋的制造	8711		6189	1879	37048	32541
制　帽	1923	1100	1353	321	5825	4895
皮革、毛皮、羽毛(绒)及其制品业	**308913**	**684**	**183418**	**88245**	**1078421**	**946580**
皮革鞣制加工	18033		5620	5357	26539	23632
皮革制品制造	290880	684	177798	82888	1051882	922948
木材加工及木、竹、藤、棕、草制品业	**69346**	**1**	**35594**	**24682**	**123675**	**108554**
锯材、木片加工	531	1	150	106	1530	1292
人造板制造	44077		19893	15731	66610	60380
木制品制造	11436		5865	3996	23977	20274
竹、藤、棕、草制品制造	13302		9686	4850	31558	26609
家具制造业	**334488**	**1435**	**131852**	**76292**	**582553**	**491782**
木质家具制造	131518	1409	60632	40509	280116	237424
竹、藤家具制造	671		36	100	4597	4433
金属家具制造	180628		57127	27353	241400	201400
塑料家具制造	15290	26	12838	7174	48565	41845
其他家具制造	6381		1219	1155	7876	6680
造纸及纸制品业	**266268**	**11245**	**124305**	**84684**	**398633**	**350562**
造　纸	39309	1516	10764	8216	70619	62336
纸制品制造	226960	9729	113541	76469	328014	288226
印刷业和记录媒介的复制	**80956**	**5586**	**42245**	**27281**	**120092**	**103912**
印　刷	80956	5586	42245	27281	120092	103912
文教体育用品制造业	**31251**	**439**	**12772**	**9676**	**57950**	**49352**
文化用品制造	10744		3268	2981	14328	12230
体育用品制造	2035	120	1074	704	5713	4817
乐器制造	1667		206	218	1113	966
玩具制造	16108	319	7453	5094	33029	28043

4－35 续表 2

单位：万元

项　　目	流动负债	长期负债	年末所有者权益合计	实收资本	主营业务收入	主营业务成本
游艺器材及娱乐用品制造	697		771	680	3768	3295
石油加工、炼焦及核燃料加工业	**643**		**228**	**200**	**1523**	**1304**
精炼石油产品的制造	643		228	200	1523	1304
化学原料及化学制品制造业	**429125**	**30364**	**396668**	**146737**	**901971**	**731273**
基础化学原料制造	140130	4200	127409	41859	260234	203956
肥料制造	104		284	218	870	833
农药制造	23951	2607	13923	7446	45413	34458
涂料、油墨、颜料及类似产品制造	127453	1688	107459	41428	224854	178102
合成材料制造	44163	282	27212	9388	127354	113625
专用化学产品制造	84588	21469	109308	41211	213421	177783
日用化学产品制造	8736	118	11073	5187	29825	22518
医药制造业	**1114132**	**106330**	**1000137**	**361198**	**1708927**	**1300470**
化学药品原药制造	907020	74658	883231	308730	1437810	1101110
化学药品制剂制造	134234	22500	76934	28164	171213	132250
中药饮片加工	504		245	50	1652	1419
中成药制造	49507	9172	24293	15320	47487	23140
兽用药品制造	1638		2527	100	5516	4281
生物、生化制品的制造	17375		11912	6936	41537	35544
卫生材料及医药用品制造	3855		996	1898	3713	2725
化学纤维制造业	**2115**	**35**	**312**	**308**	**4800**	**4527**
合成纤维制造	2115	35	312	308	4800	4527
橡胶制品业	**365265**	**17820**	**276084**	**133789**	**777067**	**667309**
轮胎制造	5691		2972	2488	7200	6348
橡胶板、管、带的制造	206785	5698	163283	80247	400619	348258
橡胶零件制造	100227	6632	75990	32704	223737	183341
再生橡胶制造	1488	150	580	338	4757	4199
日用及医用橡胶制品制造	18622		8220	6124	20148	17911
橡胶靴鞋制造	3635		3324	1120	8798	7707
其他橡胶制品制造	28817	5340	21716	10768	111807	99545
塑料制品业	**1442447**	**49248**	**1010679**	**466611**	**2888891**	**2449514**
塑料薄膜制造	26190	836	26120	7914	53324	43834
塑料板、管、型材的制造	360541	17036	350237	134362	620268	509926
塑料丝、绳及编织品的制造	20688	299	9735	6005	62188	55153

4－35 续表3

单位:万元

项　　目	流动负债	长期负债	年末所有者权益合计	实收资本	主营业务收入	主营业务成本
泡沫塑料制造	78898	3135	45938	26935	134017	116839
塑料人造革、合成革制造	175175	3100	54866	42120	183818	170283
塑料包装箱及容器制造	63436	2235	57329	26205	145276	122385
塑料零件制造	170811	4007	118642	55269	296351	245912
日用塑料制造	482635	15181	297291	149090	1246457	1066636
其他塑料制品制造	64075	3419	50522	18710	147194	118546
非金属矿物制品业	**333259**	**15508**	**178790**	**135118**	**386146**	**327742**
水泥、石灰和石膏的制造	14830	3314	15811	10858	31541	24707
水泥及石膏制品制造	197262	5135	73735	69485	179166	154320
砖瓦、石材及其他建筑材料制造	19210		19988	14904	21519	18345
玻璃及玻璃制品制造	51545	6323	43631	26273	86806	73576
陶瓷制品制造	47759	69	22546	12573	55864	47007
耐火材料制品制造	953	667	1461	93	2559	2308
石墨及其他非金属矿物制品制造	1702		1618	932	8691	7479
黑色金属冶炼及压延加工业	**240654**	**11468**	**52006**	**59945**	**304907**	**288450**
钢压延加工	240654	11468	52006	59945	304907	288450
有色金属冶炼及压延加工业	**488374**	**6251**	**203640**	**94942**	**1116908**	**1037943**
常用有色金属冶炼	29173		6036	3286	38725	33908
贵金属冶炼	7345	270	1796	2550	40094	38367
有色金属合金制造	18613	12	10428	9821	67451	64090
有色金属压延加工	433243	5969	185379	79285	970637	901578
金属制品业	**529600**	**9038**	**537560**	**218795**	**1340475**	**1146960**
结构性金属制品制造	20448	932	11556	8818	38798	34858
金属工具制造	39607	100	15463	9580	75636	66388
集装箱及金属包装容器制造	8727	512	7546	2736	21454	18934
金属丝绳及其制品的制造	105253	2078	28895	19477	212512	202338
建筑、安全用金属制品制造	172840	2704	104600	56318	415727	361757
金属表面处理及热处理加工	60831	2229	35488	21014	116493	99769
搪瓷制品制造	17076		7935	8470	15871	12469

4－35 续表 4

单位:万元

项目	流动负债	长期负债	年末所有者权益合计	实收资本	主营业务收入	主营业务成本
不锈钢及类似日用金属制品制造	87099	484	322064	88303	426418	337511
其他金属制品制造	17720		4013	4080	17565	12937
通用设备制造业	**2073176**	**88443**	**1343468**	**633153**	**4334676**	**3721828**
锅炉及原动机制造	22219	885	9187	6758	27036	23211
金属加工机械制造	164305	3671	83093	55630	251584	216556
起重运输设备制造	24476		21905	13801	48216	40609
泵、阀门、压缩机及类似机械的制造	1223637	43802	772357	364901	2763772	2385562
轴承、齿轮、传动和驱动部件的制造	203191	9191	211492	52828	367721	300299
烘炉、熔炉及电炉制造	1354		2167	1600	1470	1277
风机、衡器、包装设备等通用设备制造	175017	9205	102810	51315	358380	300144
通用零部件制造及机械修理	71411	10523	43588	26269	147786	127822
金属铸、锻加工	187567	11167	96870	60053	368710	326349
专用设备制造业	**1177869**	**92886**	**709018**	**459316**	**1690244**	**1430528**
矿山、冶金、建筑专用设备制造	32820	61	16119	12466	54145	47145
化工、木材、非金属加工专用设备制造	304588	10033	190603	119504	445106	368298
食品、饮料、烟草及饲料生产专用设备制造	11125	1763	9086	2332	21208	17558
印刷、制药、日化生产专用设备制造	14581	304	10406	6167	25027	20877
纺织、服装和皮革工业专用设备制造	653513	76788	398759	266855	872094	747424
电子和电工机械专用设备制造	1245		224	318	550	507
农、林、牧、渔专用机械制造	103114	1083	50464	31352	190022	161726
医疗仪器设备及器械制造	43820	2843	22225	10569	55239	44494
环保、社会公共安全及其他专用设备制造	13064	12	11133	9754	26853	22500
交通运输设备制造业	**3374192**	**174994**	**1831464**	**983366**	**5798747**	**5004231**
铁路运输设备制造	13144	2267	22985	6978	31304	19083
汽车制造	1699316	115826	1061016	486915	3296320	2765210
摩托车制造	559838	30624	225581	145138	737151	647458
自行车制造	89914	811	43517	37659	103328	89337
船舶及浮动装置制造	1005509	25467	475609	304895	1620761	1474504
航空航天器制造	2894		1506	930	4552	3874
交通器材及其他交通运输设备制造	3575		1250	850	5332	4765
电气机械及器材制造业	**1851947**	**194621**	**1147214**	**512780**	**3150325**	**2721917**
电机制造	540973	29985	272836	139131	987017	861077
输配电及控制设备制造	194520	10802	167793	65459	351560	284050
电线、电缆、光缆及电工器材制造	245805	621	135434	113256	450833	413966

4－35 续表5

单位:万元

项　　目	流动负债	长期负债	年末所有者权益合计	实收资本	主营业务收入	主营业务成本
电池制造	186952	2010	49742	32253	236723	206517
家用电力器具制造	335033	140465	353991	68872	604815	512595
非电力家用器具制造	9956		37108	6174	70749	52399
照明器具制造	297475	5295	112920	80081	400583	355826
其他电气机械及器材制造	41233	5443	17390	7554	48046	35488
通信设备、计算机及其他电子设备制造业	**209575**	**13502**	**202834**	**71241**	**451486**	**387114**
通信设备制造	17748	187	5388	2968	19678	16142
广播电视设备制造	5567	806	165	120	2612	2473
电子计算机制造	11584		7644	9006	39630	36488
电子器件制造	32170	1094	35132	13142	48418	35636
电子元件制造	65898	8339	109652	24207	135077	109847
家用视听设备制造	54703		32304	14202	168050	154418
其他电子设备制造	21906	3075	12549	7596	38022	32109
仪器仪表及文化、办公用机械制造业	**416968**	**11436**	**338669**	**141889**	**787950**	**651828**
通用仪器仪表制造	269138	2116	209893	93355	511556	428426
专用仪器仪表制造	36466	1585	22582	7128	90664	78038
钟表及计时仪器制造	1300		373	202	800	598
光学仪器及眼镜制造	83623	7441	92725	33454	151795	118005
文化、办公用机械制造	26442	294	13096	7750	33136	26762
工艺品及其他制造业	**826923**	**7591**	**711147**	**194877**	**1474076**	**1217339**
工艺美术品制造	383435	5754	217714	122113	800368	665426
日用杂品制造	443360	1838	493361	72714	673207	551467
煤制品制造	129		73	50	501	446
废弃资源和废旧材料回收加工业	**461530**	**32**	**132668**	**87693**	**1294942**	**1193120**
金属废料和碎屑的加工处理	449497		128489	85058	1269369	1169856
非金属废料和碎屑的加工处理	12033	32	4179	2635	25573	23264
电力、热力的生产和供应业	**11433**	**27657**	**26567**	**18084**	**32261**	**22965**
电力生产	3055	27067	16643	14484	8211	3255
热力生产和供应	8378	590	9924	3600	24051	19710
燃气生产和供应业	**4907**	**1676**	**15753**	**8589**	**26238**	**22667**
水的生产和供应业	**11172**	**16560**	**15422**	**14067**	**10532**	**7278**
自来水的生产和供应	1333	184	2907	2314	4178	3170
污水处理及其再生利用	9839	16376	12515	11753	6354	4109

4-36 规模以上非国有工业主要财务指标(四)

(2010年)

单位:万元

项目	营业费用	主营业务税金及附加	利润总额	利税总额	本年应交增值税	本年销项税
总计	**834309**	**135330**	**1748708**	**2823638**	**939601**	**4371169**
按轻重工业分						
轻工业	395601	56763	644259	1069687	368665	1481932
重工业	438707	78567	1104449	1753952	570936	2889237
按大中小型分						
大型企业	123084	10543	221669	322903	90691	395873
中型企业	308995	49120	732938	1090498	308440	1355972
小型企业	402230	75667	794101	1410237	540470	2619324
按工业行业分						
有色金属矿采选业	**64**	**110**	**608**	**1037**	**320**	**435**
贵金属矿采选	64	110	608	1037	320	435
非金属矿采选业	**136**	**126**	**484**	**943**	**333**	**1035**
土砂石开采	136	118	484	851	249	937
采盐		8		92	84	98
农副食品加工业	**5311**	**758**	**21852**	**27556**	**4946**	**41120**
饲料加工	946	83	1193	2026	751	3809
植物油加工	91	26	117	340	197	730
屠宰及肉类加工	42	3	159	166	4	82
水产品加工	4010	578	19673	24043	3792	35374
蔬菜、水果和坚果加工	178	45	562	628	22	446
其他农副食品加工	44	24	148	353	180	678
食品制造业	**5237**	**723**	**8115**	**15339**	**6501**	**15007**
焙烤食品制造	45	25	275	433	134	863
糖果、巧克力及蜜饯制造	298	32	242	504	230	946
罐头制造	2176	405	2172	6600	4024	7725
其他食品制造	2718	262	5426	7802	2114	5473
饮料制造业	**20311**	**7656**	**-8032**	**4568**	**4945**	**15208**
酒的制造	17966	7481	-9739	1676	3934	10693
软饮料制造	1339	172	1074	2234	988	4422
精制茶加工	1007	3	633	658	23	94
纺织业	**15544**	**2400**	**28621**	**50126**	**19105**	**91225**
棉、化纤纺织及印染精加工	3230	495	11298	19780	7987	37855
毛纺织和染整精加工	375	112	370	1348	866	2461

4－36 续表 1

单位：万元

项目	营业费用	主营业务税金及附加	利润总额	利税总额	本年应交增值税	本年销项税
麻纺织	46	28	23	251	200	662
丝绢纺织及精加工	59	17	306	461	139	652
纺织制成品制造	10464	1453	14702	23718	7563	38222
针织品、编织品及其制品制造	1371	297	1921	4569	2350	11372
纺织服装、鞋、帽制造业	**2457**	**473**	**4062**	**8495**	**3960**	**16208**
纺织服装制造	1820	347	1360	4424	2716	9068
纺织面料鞋的制造	399	115	2473	3582	995	6247
制帽	238	11	229	489	250	893
皮革、毛皮、羽毛(绒)及其制品业	**20999**	**3169**	**64272**	**99672**	**32232**	**165606**
皮革鞣制加工	156	36	682	1603	885	4508
皮革制品制造	20843	3132	63590	98069	31346	161098
木材加工及木、竹、藤、棕、草制品业	**2393**	**381**	**4855**	**8873**	**3637**	**14756**
锯材、木片加工	155	9	23	116	84	191
人造板制造	857	148	1910	3116	1059	6084
木制品制造	547	133	981	2132	1018	3299
竹、藤、棕、草制品制造	834	91	1942	3509	1476	5183
家具制造业	**22078**	**2391**	**29207**	**48476**	**16878**	**54141**
木质家具制造	12748	1117	8845	18501	8540	28716
竹、藤家具制造	33	18	23	141	101	666
金属家具制造	7223	1055	18293	25857	6509	17971
塑料家具制造	1743	166	2024	3722	1532	5615
其他家具制造	330	37	22	255	196	1174
造纸及纸制品业	**6942**	**1472**	**17645**	**31338**	**12221**	**67003**
造纸	921	267	4055	6843	2521	11657
纸制品制造	6021	1205	13591	24495	9700	55345
印刷业和记录媒介的复制	**2072**	**507**	**5153**	**9916**	**4256**	**16791**
印刷	2072	507	5153	9916	4256	16791
文教体育用品制造业	**2124**	**266**	**1119**	**3718**	**2333**	**7079**
文化用品制造	754	34	167	499	298	1835
体育用品制造	167	25	127	233	81	789
乐器制造		6	14	70	50	189
玩具制造	1115	186	635	2632	1812	3804

4－36 续表 2

单位:万元

项　　目	营业费用	主营业务税金及附加	利润总额	利税总额	本年应交增值税	本年销项税
游艺器材及娱乐用品制造	89	16	176	284	92	462
石油加工、炼焦及核燃料加工业	**24**	**5**	**37**	**64**	**21**	**283**
精炼石油产品的制造	24	5	37	64	21	283
化学原料及化学制品制造业	**25210**	**3610**	**93547**	**121224**	**24067**	**129010**
基础化学原料制造	6091	1227	31860	38860	5774	30975
肥料制造		1	15	16		
农药制造	2819	134	2820	3766	813	6171
涂料、油墨、颜料及类似产品制造	6595	906	19902	28137	7330	34849
合成材料制造	1928	389	6585	10044	3070	24580
专用化学产品制造	6098	767	29640	36185	5778	28332
日用化学产品制造	1679	187	2727	4217	1303	4103
医药制造业	**46329**	**8611**	**159734**	**226984**	**58640**	**228037**
化学药品原药制造	30302	6779	131884	184274	45611	187882
化学药品制剂制造	10294	1203	10700	19363	7460	26339
中药饮片加工	25	9	67	134	58	182
中成药制造	4297	438	14560	18914	3917	7770
兽用药品制造	35	21	796	995	178	931
生物、生化制品的制造	1130	135	1555	2887	1197	4606
卫生材料及医药用品制造	247	26	171	417	219	327
化学纤维制造业	**28**	**26**	**134**	**300**	**140**	**802**
合成纤维制造	28	26	134	300	140	802
橡胶制品业	**17378**	**2515**	**47581**	**71091**	**20995**	**104924**
轮胎制造	111	27	5	170	138	1014
橡胶板、管、带的制造	7995	1160	24184	35057	9713	60622
橡胶零件制造	7187	1017	16590	26789	9182	34323
再生橡胶制造	83	30	92	304	182	385
日用及医用橡胶制品制造	620	56	207	796	534	1170
橡胶靴鞋制造	108	47	392	762	324	1376
其他橡胶制品制造	1275	179	6111	7213	922	6034
塑料制品业	**80099**	**10763**	**175492**	**281905**	**95651**	**404524**
塑料薄膜制造	1303	265	4076	5786	1445	6974
塑料板、管、型材的制造	17852	2295	57698	78225	18231	78139
塑料丝、绳及编织品的制造	1209	207	2588	4141	1347	9314

4－36 续表3

单位:万元

项　　目	营业费用	主营业务税金及附加	利润总额	利税总额	本年应交增值税	本年销项税
泡沫塑料制造	2683	255	5630	9709	3824	22548
塑料人造革、合成革制造	1317	417	1807	5143	2918	29262
塑料包装箱及容器制造	5686	600	7969	13246	4677	22738
塑料零件制造	10985	1733	16097	29215	11385	46665
日用塑料制造	34018	4117	70937	121025	45971	171060
其他塑料制品制造	5048	873	8690	15418	5855	17824
非金属矿物制品业	**12639**	**2334**	**13850**	**31724**	**15540**	**41518**
水泥、石灰和石膏的制造	601	218	4953	6943	1772	4685
水泥及石膏制品制造	6769	1417	2102	12876	9357	16303
砖瓦、石材及其他建筑材料制造	445	187	1420	2179	571	2334
玻璃及玻璃制品制造	2317	268	2945	6143	2930	10777
陶瓷制品制造	2384	198	1958	2668	512	5520
耐火材料制品制造	36	13	31	130	87	439
石墨及其他非金属矿物制品制造	88	34	441	786	311	1459
黑色金属冶炼及压延加工业	**2150**	**796**	**1872**	**7869**	**5202**	**52052**
钢压延加工	2150	796	1872	7869	5202	52052
有色金属冶炼及压延加工业	**7069**	**2704**	**36915**	**63044**	**23425**	**183935**
常用有色金属冶炼	68	308	3114	4828	1406	6583
贵金属冶炼	59	23	787	1179	369	7042
有色金属合金制造	456	66	1557	2694	1071	10891
有色金属压延加工	6486	2307	31458	54343	20579	159419
金属制品业	**54775**	**4196**	**54787**	**95118**	**36136**	**179962**
结构性金属制品制造	493	227	263	1375	885	5835
金属工具制造	932	242	4004	6387	2141	12176
集装箱及金属包装容器制造	230	69	992	1762	702	3676
金属丝绳及其制品的制造	1459	375	2628	5769	2766	35456
建筑、安全用金属制品制造	10553	1108	11151	23669	11409	51524
金属表面处理及热处理加工	2165	534	5963	11358	4861	18783
搪瓷制品制造	1454	63	45	723	616	1816

4－36 续表4

单位：万元

项目	营业费用	主营业务税金及附加	利润总额	利税总额	本年应交增值税	本年销项税
不锈钢及类似日用金属制品制造	37023	1532	26841	40746	12373	48123
其他金属制品制造	467	47	2902	3331	382	2573
通用设备制造业	**94337**	**14191**	**232733**	**374961**	**128037**	**596380**
锅炉及原动机制造	851	64	871	1495	559	3420
金属加工机械制造	4496	988	12183	20381	7211	32481
起重运输设备制造	1728	171	2476	4405	1758	8067
泵、阀门、压缩机及类似机械的制造	59032	7971	142712	227544	76861	359699
轴承、齿轮、传动和驱动部件的制造	10077	1589	31004	45823	13230	58420
烘炉、熔炉及电炉制造	23	6	58	119	54	241
风机、衡器、包装设备等通用设备制造	10539	1156	21585	33488	10747	50365
通用零部件制造及机械修理	3518	660	5556	11485	5269	22328
金属铸、锻加工	4074	1586	16288	30222	12348	61359
专用设备制造业	**47536**	**6045**	**76261**	**146486**	**64180**	**222346**
矿山、冶金、建筑专用设备制造	1303	166	1600	3960	2195	7419
化工、木材、非金属加工专用设备制造	12581	2259	23235	46919	21425	59142
食品、饮料、烟草及饲料生产专用设备制造	336	100	1280	2121	741	2505
印刷、制药、日化生产专用设备制造	680	117	1452	2605	1036	3974
纺织、服装和皮革工业专用设备制造	22472	2640	37090	71333	31603	118302
电子和电工机械专用设备制造	4		－94	－93		5
农、林、牧、渔专用机械制造	7168	414	8406	12919	4099	17978
医疗仪器设备及器械制造	2123	249	2262	4609	2098	8747
环保、社会公共安全及其他专用设备制造	870	100	1030	2114	984	4273
交通运输设备制造业	**127958**	**35449**	**305064**	**505897**	**165384**	**770770**
铁路运输设备制造	1569	221	6984	8902	1697	5322
汽车制造	87006	22535	211204	340029	106290	492266
摩托车制造	17492	5514	19389	48114	23212	100773
自行车制造	4776	418	2323	5524	2784	15616
船舶及浮动装置制造	16865	6723	64917	102795	31155	155290
航空航天器制造	132	21	165	321	135	776
交通器材及其他交通运输设备制造	118	18	82	212	112	728
电气机械及器材制造业	**98666**	**10503**	**149029**	**254981**	**95449**	**450189**
电机制造	17953	2978	55704	88119	29438	150528
输配电及控制设备制造	11891	1621	25351	41704	14731	57186
电线、电缆、光缆及电工器材制造	3532	946	13392	24023	9685	74676

4－36 续表5

单位:万元

项　　目	营业费用	主营业务税金及附加	利润总额	利税总额	本年应交增值税	本年销项税
电池制造	3242	295	13667	17332	3370	31927
家用电力器具制造	47985	2898	18947	42165	20320	74965
非电力家用器具制造	4124	266	10176	14354	3912	2687
照明器具制造	7683	1259	7577	21116	12280	46780
其他电气机械及器材制造	2255	239	4215	6168	1713	11441
通信设备、计算机及其他电子设备制造业	**7135**	**1277**	**33466**	**42652**	**7910**	**34263**
通信设备制造	819	231	1005	1714	478	719
广播电视设备制造	29	27	14	126	86	444
电子计算机制造	1136	17	405	433	11	361
电子器件制造	798	218	6845	7694	632	4435
电子元件制造	2624	557	13943	19318	4818	21575
家用视听设备制造	970	81	9228	9821	512	715
其他电子设备制造	761	146	2027	3546	1373	6013
仪器仪表及文化、办公用机械制造业	**22014**	**2718**	**52155**	**78433**	**23560**	**95501**
通用仪器仪表制造	15382	1355	27119	43484	15010	55848
专用仪器仪表制造	2118	342	4579	7613	2693	13235
钟表及计时仪器制造	54	9	32	71	30	135
光学仪器及眼镜制造	3182	936	18499	24425	4990	21881
文化、办公用机械制造	1279	77	1926	2840	837	4401
工艺品及其他制造业	**60274**	**8008**	**78817**	**133352**	**46527**	**146480**
工艺美术品制造	34887	4762	24141	59345	30442	85306
日用杂品制造	25386	3245	54648	73961	16069	61088
煤制品制造	1	1	28	46	17	85
废弃资源和废旧材料回收加工业	**24079**	**934**	**51895**	**68437**	**15608**	**216503**
金属废料和碎屑的加工处理	23884	864	51128	67031	15039	212282
非金属废料和碎屑的加工处理	195	70	766	1406	570	4221
电力、热力的生产和供应业		**88**	**4636**	**5527**	**803**	**4144**
电力生产		24	2372	2618	222	820
热力生产和供应		64	2264	2909	581	3324
燃气生产和供应业	**912**	**97**	**2006**	**2564**	**460**	**3352**
水的生产和供应业	**32**	**28**	**738**	**968**	**202**	**582**
自来水的生产和供应	32	23	628	852	201	513
污水处理及其再生利用		5	110	116	1	69

4－37　规模以上非国有工业主要经济效益指标(一)

(2010 年)

项　　目	企　业 亏损面 (%)	资　产 负债率 (%)	流　动 比　率	存货周 转次数 (次)	产　品 销售率 (%)
总　　计	**6.55**	**62.43**	**1.09**	**6.10**	**97.17**
按轻重工业分					
轻工业	8.73	60.62	1.10	6.16	96.44
重工业	5.08	63.56	1.08	6.06	97.60
按工业行业分					
有色金属矿采选业		55.15	0.33	18.46	102.43
非金属矿采选业	25.00	53.94	0.99	13.97	94.07
农副食品加工业	3.28	61.66	1.13	6.09	93.35
食品制造业	8.33	65.81	1.14	2.90	96.21
饮料制造业	38.89	79.56	0.62	1.48	90.91
纺织业	14.76	67.76	0.90	6.56	96.54
纺织服装、鞋、帽制造业	20.27	71.25	0.99	6.98	98.12
皮革、毛皮、羽毛(绒)及其制品业	1.06	62.95	1.23	13.24	98.54
木材加工及木、竹、藤、棕、草制品业	8.89	66.08	1.08	6.92	95.90
家具制造业	13.11	72.00	0.89	5.03	96.67
造纸及纸制品业	9.49	69.14	0.97	8.69	97.07
印刷业和记录媒介的复制	2.67	67.20	0.84	9.66	97.17
文教体育用品制造业	18.92	71.27	0.86	8.23	97.36
石油加工、炼焦及核燃料加工业		73.79	0.97	6.47	96.48
化学原料及化学制品制造业	2.76	53.67	1.28	6.47	100.05
医药制造业	18.92	54.99	1.23	3.57	92.21
化学纤维制造业		87.54	0.85	127.15	94.76
橡胶制品业	6.09	58.21	1.18	7.97	96.11
塑料制品业	4.93	60.01	1.09	7.93	96.84
非金属矿物制品业	18.27	66.43	1.00	4.73	95.98
黑色金属冶炼及压延加工业	17.50	82.94	0.78	6.49	96.18
有色金属冶炼及压延加工业	6.72	70.98	1.05	9.46	96.96
金属制品业	4.80	50.10	1.32	6.20	95.11
通用设备制造业	2.86	61.72	1.10	6.22	96.62
专用设备制造业	4.40	64.31	0.99	4.64	96.02
交通运输设备制造业	7.08	66.17	1.02	5.43	99.04
电气机械及器材制造业	5.10	64.13	1.09	7.16	97.39
通信设备、计算机及其他电子设备制造业	1.45	52.38	1.41	10.26	97.80
仪器仪表及文化、办公用机械制造业	4.90	55.86	1.12	4.75	94.22
工艺品及其他制造业	14.10	54.21	1.27	6.94	98.42
废弃资源和废旧材料回收加工业	11.48	79.14	1.23	5.86	102.76
电力、热力的生产和供应业	25.00	59.54	1.27	36.51	99.93
燃气生产和供应业		29.47	1.73	19.04	98.61
水的生产和供应业	28.57	64.26	0.48	24.73	98.91

4-38 规模以上非国有工业主要经济效益指标(二)

(2010年)

项　　目	企　业亏损率(%)	成本费用利润率(%)	百元销售收入实现利税(元)	百元固定资产原值实现利税(元)	出口交货值占工业销售(%)
总　　计	**4.43**	**5.72**	**8.73**	**32.12**	**31.31**
按轻重工业分					
轻工业	5.47	5.80	9.10	31.34	44.81
重工业	3.81	5.67	8.52	32.62	23.57
按工业行业分					
有色金属矿采选业		24.23	39.79	183.32	
非金属矿采选业	0.04	8.73	15.20	44.62	
农副食品加工业	1.84	5.84	6.95	32.65	22.76
食品制造业	1.95	6.71	11.93	33.43	51.78
饮料制造业	474.71	-8.15	4.56	3.91	
纺织业	5.95	4.06	6.84	18.55	35.61
纺织服装、鞋、帽制造业	12.72	3.58	7.21	29.46	56.26
皮革、毛皮、羽毛(绒)及其制品业	0.86	6.37	9.24	78.49	62.29
木材加工及木、竹、藤、棕、草制品业	8.22	4.11	7.17	30.63	27.21
家具制造业	4.93	5.28	8.32	35.10	75.87
造纸及纸制品业	3.92	4.63	7.86	24.96	1.37
印刷业和记录媒介的复制	7.09	4.49	8.26	13.27	20.60
文教体育用品制造业	20.73	1.98	6.42	21.60	73.58
石油加工、炼焦及核燃料加工业		2.67	4.17	29.18	
化学原料及化学制品制造业	0.21	11.29	13.44	48.48	24.42
医药制造业	5.41	10.23	13.28	29.35	46.04
化学纤维制造业		2.81	6.24	51.26	
橡胶制品业	1.20	6.51	9.15	31.52	24.92
塑料制品业	2.14	6.46	9.76	32.05	27.07
非金属矿物制品业	20.24	3.72	8.22	17.26	13.74
黑色金属冶炼及压延加工业	52.74	0.62	2.58	11.61	0.73
有色金属冶炼及压延加工业	3.12	3.40	5.64	44.23	5.81
金属制品业	9.51	4.29	7.10	38.51	35.31
通用设备制造业	1.65	5.67	8.65	33.20	38.63
专用设备制造业	2.12	4.72	8.67	21.98	32.37
交通运输设备制造业	5.64	5.58	8.72	32.87	19.12
电气机械及器材制造业	2.76	4.95	8.09	35.93	30.31
通信设备、计算机及其他电子设备制造业	1.04	8.01	9.45	34.68	58.92
仪器仪表及文化、办公用机械制造业	4.96	7.04	9.95	31.46	43.53
工艺品及其他制造业	3.40	5.67	9.05	34.43	65.96
废弃资源和废旧材料回收加工业	5.22	4.18	5.28	153.10	0.05
电力、热力的生产和供应业	14.47	16.75	17.13	8.01	
燃气生产和供应业		7.94	9.77	17.18	
水的生产和供应业	16.23	7.40	9.19	3.50	

主 要 统 计 指 标 解 释

工业 我国的工业,包括:

1. 自然资源的开采,如采矿、晒盐、森林采伐等(但不包括禽兽捕猎和水产捕捞);

2. 对农副产品的加工、再加工,如:粮油加工、食品加工、轧花、缫丝、纺织、制革等;

3. 对采掘品的加工、再加工,如:冶金加工、石油加工、化学加工、机械加工、木材加工等,以及电力、煤气及水的生产和供应等;

4. 对生产资料的修理、翻新,如:机器设备的修理、交通运输工具(包括小汽车)的修理等。

轻工业 指提供生活消费品和制作手工工具的工业。按其所使用的原料不同,可分为:

1. 以农产品为原料的轻工业,指直接或间接以农产品为基本原料的轻工业。主要包括食品饮料制造、烟草加工、纺织、缝纫、毛皮制作、造纸以及印刷等工业。

2. 以非农产品为原料的轻工业,指以工业品为原料的轻工业。主要包括文教用品、工艺美术用品制造、化学药品制造、合成纤维制造、日用金属制品、工具制造、医疗器械制造、文化和办公用机械制造等工业。

重工业 指提供生产资料的工业,是为国民经济各部门提供物质技术基础的工业。按其生产的产品用途,可以分为:

1. 采掘(伐)工业,指对自然资源的开采、非金属矿开采和木材采伐等工业。

2. 原料工业,指提供国民经济各部门使用的原料、动力和燃料的工业。包括金属冶炼及加工、炼焦及焦炭、化学、化工原料、水泥、人造板、电力、石油加工等。

3. 制造工业,指对原材料进行加工制造的工业。包括装备国民经济各部门和机械设备制造工业、金属结构、水泥制品等工业,以及为农业提供的生产资料和化肥、农药等工业。

根据上述划分原则,修理业中修理作业对象是重工业的划分为重工业,否则划为轻工业。

轻重工业总产值的划分按“工厂法”计算,即一个工业企业在正常情况下生产的主要产品的性质属于轻工业,则该企业的全部总产值作为轻工业总产值;一个工业企业生产的主要产品的性质属于重工业,则该企业的全部总产值作为重工业总产值。

工业总产值 指以货币表现的工业企业在报告期内生产的工业产品总量。包括成品价值、工业性作业价值和自制半成品、在制品期末期初差额价值。工业总产值采用“工厂法”计算,即:一个工业企业为核算整体,其内部自产自用的产品、半成品不允许重复计算产值,但各工业企业之间允许存在着重复计算。它是反映一定时间内工业生产总规模和总水平的重要指标,是计算工业生产发展速度和其他经济指标的基本指标,是计算工业主要比例、结构关系的重要依据。

资产总计 指工业企业拥有或控制的能以货币计量的经济资源,包括各种财产、债权和其他权利。资产按其流动性(即资产的变现能力和支付能力)划分为:流动资产、长期投资、固定资产、无形资产、递延资产和其他资产。

流动资产 指可以在一年或者超过一年的一个营业周期内变现或者耗用的资产,包括现金及各种存款、短期投资、应收及预付货款、存款等。

固定资产合计 指工业企业固定资产净值、固定资产清理、在建工程、待处理固定资产净损失所占用的资金合计。

固定资产净值 指工业企业所拥有的全部固定资产的原来价值,扣除历年提取折旧后价值。

负债合计 指工业企业所承担的能以货币计算,将以资产或劳务偿付的债务。负债一般按偿还期长短分为流动负债和长期负债。

主营业务收入 指企业在销售商品(不一定是本企业生产)、提供劳务及让渡资产使用权等日常活动中所产生的收入。

利税总额 指工业企业的产品销售税金、教育费附加、资源税、应交增值税和利润总额之和。不包括计入企业生产成本的各项税金。

固定资产投资和建筑业

Investment in Fixed Assets and Construction

CHAPTER 5

5-1 全社会固定资产投资

（1978-2010年）

单位:万元

年份	全社会固定资产投资	#建筑安装工程	#设备工器具购置	#工业性投资	#住宅投资	房屋建筑施工面积(万平方米)	#住宅面积	房屋建筑竣工面积(万平方米)	#住宅面积
1978	11445	3051	1030		655	22.7	1.3	13.3	0.8
1979	13031	3927	1230		561	37.9	1.6	18.7	0.8
1980	29443	4783	704		880	56.6	1.7	27.5	0.8
1981	35314	5153	1455		774	49.6	1.1	22.8	0.5
1982	38060	9330	2792		1179	104.2	3.2	52.5	1.6
1983	37340	6396	3323		1115	96.5	2.9	57.9	1.7
1984	49901	10135	5947		1222	100.7	2.5	59.7	1.5
1985	88708	51926	22425		39158	198.0	87.4	118.2	52.2
1986	86792	43514	12975		37696	181.9	78.8	98.5	42.8
1987	126606	57294	36028		58604	198.1	91.7	100.8	46.7
1988	156973	95999	40873		66944	208.0	88.7	136.6	58.2
1989	144696	104312	23348		67919	179.1	116.6	131.4	85.5
1990	144816	123999	17944		69404	584.8	494.0	529.5	469.8
1991	181125	146663	29637		88136	610.2	506.3	550.2	489.1
1992	254339	189328	56233		106869	666.1	539.7	635.5	505.2
1993	493979	353498	112489		193398	908.7	600.5	727.5	578.9
1994	777823	516232	203632		289434	1084.0	781.5	812.9	648.7
1995	1243560	860881	228039		479081	1470.6	1043.5	1155.2	890.1
1996	1210136	843453	290689		391096	1340.1	836.5	1053.7	739.0
1997	1085782	740058	230332		321137	1125.8	744.6	853.1	645.8
1998	1251596	842666	266145		385357	1005.7	572.2	698.5	469.5
1999	1513842	1014241	337732		351952	1222.9	750.6	883.8	597.9
2000	1797340	1125880	403737		421673	1391.6	814.7	977.5	622.3
2001	2221123	1298037	540078		490516	1600.7	922.4	1001.5	644.9
2002	2743742	1717415	510791		579255	1669.2	977.8	845.6	530.9
2003	3710971	1993837	775450	1865200	660448	2210.6	1061.7	1025.0	576.7
2004	4610152	2644982	1224614	2480708	887132	3050.4	1189.1	1475.8	541.3
2005	5376194	2631052	1364164	2962759	861037	3209.0	1315.4	1370.9	596.4
2006	6237376	3319192	1595515	3743481	923205	3495.5	1302.2	1269.6	389.4
2007	7276442	3715237	2073536	4609138	997123	3670.2	1342.2	1212.4	476.2
2008	7595782	4124173	1871563	4345576	946811	3621.3	1620.5	1625.3	857.4
2009	8340996	4642857	1987697	4397386	1268099	4229.0	1984.1	1610.6	805.8
2010	9502414	5349768	2014007	4628411	2110616	4886.7	2232.2	1707.5	808.1

5-2 市区全社会固定资产投资

（1990-2010 年）

单位:万元

年　份	市　区	椒江区	黄岩区	路桥区
1990	51503	23367	28136	
1991	66045	35114	30931	
1992	106363	40820	65543	
1993	202901	68165	88154	46582
1994	320921	132714	115381	72826
1995	474858	212421	146488	115949
1996	559698	283683	128820	147195
1997	479387	224520	146205	108662
1998	484542	203703	132167	148672
1999	595443	298051	128881	168511
2000	672946	338550	153720	180676
2001	921925	472034	228505	221386
2002	1226586	537090	314181	375315
2003	1539595	665439	367659	506497
2004	1987261	948041	440483	598737
2005	2174080	963140	483036	727904
2006	2316498	959644	547207	809647
2007	2514931	959713	640639	914579
2008	2621967	944335	670593	1007039
2009	2793942	1052612	694283	1047047
2010	2897702	1354572	714036	829094

5-3 各县市全社会固定资产投资

（1990-2010年）

单位:万元

年　份	玉环县	三门县	天台县	仙居县	温岭市	临海市
1990	10848	6747	18140	5580	29059	22939
1991	15469	8151	12572	8366	47672	22850
1992	24540	9592	19388	12883	43493	38080
1993	40133	19622	34323	23808	113969	59223
1994	71218	26849	36364	37129	190387	94955
1995	142569	28267	64300	56590	297225	179751
1996	125953	29688	50431	40486	255426	148454
1997	97706	29174	38254	31167	258867	151227
1998	128486	34915	55370	38284	283185	226814
1999	169840	43721	81417	54801	302301	266319
2000	201474	53252	129449	74635	362265	303319
2001	233712	71390	130236	91784	405741	366335
2002	297989	101498	160046	113108	504223	340292
2003	471989	156993	234006	159980	749591	398817
2004	521822	213481	299254	183847	813098	591389
2005	723755	272987	339567	216488	983591	665726
2006	912689	372816	366504	275186	1221713	771970
2007	1064980	616655	316127	324349	1469890	969510
2008	618714	783153	398428	324294	1692379	1156847
2009	521789	1116012	430974	339863	1815411	1323005
2010	740954	1349069	446104	463714	2072261	1532610

5-4 全部限额以上固定资产投资

（2005-2010年）

单位：万元

指　　标	2005年	2006年	2007年	2008年	2009年	2010年
总　　计	**4506515**	**5405680**	**6243547**	**6547565**	**7297767**	**8380672**
按注册登记类型分						
内　资	3888797	4690744	5963327	6189735	6986695	8091099
国　有	897404	1130319	1820740	1353280	1938089	2417191
集　体	71407	136269	152311	199559	329398	277816
股份合作	199723	163280	134278	87202	89385	66577
集体联营	1745			1260	5716	1400
国有与集体联营	1820	21284	12019		1966	1750
国有独资公司	72671	89222	71123	127496	89941	115856
其他有限责任公司	1913264	2072084	2487942	3063080	2886003	3028099
股份有限公司	351028	377722	350498	314889	360510	289206
私　营	362143	555190	824722	954676	1178404	1664809
其　他	17592	145374	109694	88293	107283	228395
港澳台商投资	132282	117509	106826	156238	136391	117631
外商投资	476676	578070	151304	180059	140954	138451
个体经营	8760	19357	22090	21533	33727	33491
按国有控股情况分						
国有及国有控股投资	1500165	1523265	2104363	1615358	2192142	2718032
非国有控股投资	3006350	3882415	4139184	4932207	5105625	5662640
其中：民间投资	2735060	3299103	3881054	4595910	4837683	5443533
按三次产业分						
第一产业	23644	21610	21920	29220	20611	12304
第二产业	2437458	3203306	4058712	3904628	4089949	4373594
其中：能源工业	550946	720424	1030749	520413	774262	
第三产业	2045413	2180764	2162915	2613717	3187207	3994774

注：本表统计范围为计划总投资500万元及以上项目（单位）投资和全部房地产开发企业投资。

5－4 续表 1

单位：万元

指　　标	2005 年	2006 年	2007 年	2008 年	2009 年	2010 年
按国民经济行业分组						
一、农林牧渔业	23644	21610	21920	29220	20611	12304
二、采　矿　业		2610	8378	2555	2809	2523
三、制　造　业	1882620	2465064	3009346	3359193	3212591	3245277
农副食品加工业	21603	28198	24521	28622	22741	22600
食品制造业	5572	5703	16700	13915	13348	8746
饮料制造业	16768	30196	24372	12756	2718	7195
纺　织　业	41669	60378	67312	56214	85510	93123
纺织服装、鞋、帽制造业	9001	16406	16324	15165	23812	9704
皮革、毛皮、羽毛（绒）及其制造业	60444	53533	39293	62246	46547	92876
木材加工及木、竹、藤、棕、草制品制造业	8415	9058	19421	17156	23447	17200
家具制造业	9211	18552	21110	30700	26325	30165
造纸及纸制品业	20116	22274	33402	31494	38534	72642
印刷业和记录媒介的复制	21650	29309	26253	22762	55053	30263
文教体育用品制造业	9958	10865	19677	22376	8091	11633
石油加工、炼焦及核燃料加工业	565	1000	1210	1770	3800	4000
化学原料及化学制品制造业	46061	52856	52011	58753	50591	79754
医药制造业	97316	143847	157434	160676	172713	200922
化学纤维制造业		1667	2489	2417	747	3938
橡胶制造业	41956	43655	59324	87999	108151	88084
塑料制品业	142238	188311	198084	273052	234786	273011
非金属矿物制品业	42051	55890	69940	77895	41382	95153
黑色金属冶炼及压延加工业	28459	16772	14373	11489	9497	24354
有色金属冶炼及压延加工业	6792	14149	11066	25871	15752	28130
金属制品业	93381	136287	159520	192767	150270	140699
通用设备制造业	198322	303831	473226	457733	425559	406928
专用设备制造业	178482	211124	245168	211403	238344	236714
交通运输设备制造业	442292	566184	693079	977247	784471	718725
电气机械及器材制造业	132823	214441	293054	263564	263229	278294
通信设备、计算机及其他电子设备制造业	50519	41924	44992	50450	40238	40299
仪器仪表及文化、办公用机械制造业	17040	21687	47348	37620	58416	76475
工艺品及其他制造业	90336	129477	145792	114338	140507	125972
废弃资源和废旧材料回收加工业	49580	37490	32851	40743	128012	27678

5－4 续表 2

单位:万元

指　　标	2005 年	2006 年	2007 年	2008 年	2009 年	2010 年
四、电力、燃气及水的生产和供应业	550381	717797	1029539	518643	770462	969894
其中：电力、热力的生产和供应	533583	676824	952277	439987	694537	897874
水的生产和供应业	16196	40471	73358	74346	69460	67682
五、建 筑 业	4457	17835	11449	24237	104087	155900
六、交通运输、仓储和邮政业	316397	586785	522834	441472	642103	527791
其中：铁路运输业		203878	195660	147926	216605	9968
道路运输业	298819	360603	294837	230920	384966	476226
水上运输业	16562	18901	29959	38951	33989	41589
仓 储 业	556	123	418	14988	5641	8
七、信息传输、计算机服务和软件业	2189	2469	1685	1300	9000	
八、批发和零售业	38269	47729	70647	133514	90498	92666
其中：批发业	30358	43676	54957	105912	69220	59403
九、住宿和餐饮业	39457	21675	36042	39140	64729	63035
住宿业	33969	11933	32182	29414	55551	45475
餐饮业	5488	9742	3860	9726	9178	17560
十、金 融 业	6323	5326	2240	8855	13251	7937
十一、房地产业	1227570	1084455	1040365	1345210	1684676	2246588
十二、租赁和商务服务业	7940	2576	3880	7433	36207	124955
十三、科学研究、技术服务和地质勘查业	5588	8402	1202	920	18422	20015
专业技术服务业	2272	1463	1202	920	18422	14877
科技交流和推广服务业						5138
十四、水利、环境和公共设施管理业	235853	266492	341948	446902	397152	600089
水利管理业	49544	60844	98549	148327	129028	125498
环境管理业	16122	21600	21830	32497	19660	14960
公共设施管理业	170187	184048	221569	266078	248464	459631
十五、居民服务业和其他服务业					700	
十六、教　育	54885	31782	36352	56136	62048	52999
十七、卫生、社会保障和社会福利业	18187	15772	28312	42470	31053	37510
其中：卫　生	16276	10710	18212	25901	29731	37205

5－4 续表3

单位:万元

指　　标	2005 年	2006 年	2007 年	2008 年	2009 年	2010 年
十八、文化、体育和娱乐业	18167	26397	22965	11354	20637	32865
新闻出版业	147	200				
广播、电视、电影和音像业	2000					2100
文化艺术业	6174	10966	5888	7391	5335	22577
体　育	6200	14261	6814	950	825	178
娱乐业	3646	970	10263	3013	14477	8010
十九、公共管理和社会组织	74588	80904	54443	79011	116731	188324
在总计中:基础设施投资	**1190355**	**1641262**	**1963272**	**1498695**	**1916656**	**2212833**
水利、环境和公共设施管理	235853	266492	341948	446902	397152	600089
电力、燃气及水生产供应业	550381	717797	1029539	518643	770462	969894
交通运输、仓储和邮政业	316397	586785	522834	441472	642103	527791
电信和其他信息传输服务业	2189	2469	1685	1300	9000	
教育设施	54885	31782	36352	56136	62048	52999
广播、电视、电影和音像业	2000					2100
文化艺术业	6174	10966	5888	7391	5335	22577
体育设施	6200	14261	6814	950	825	178
卫生设施	16276	10710	18212	25901	29731	37205
在总计中:农村投资	**1299624**	**1723681**	**2183514**	**2610875**	**2702996**	**2868867**
在总计中:工业投资	**2433001**	**3185471**	**4047263**	**3880391**	**3985862**	**4217694**
本年资金来源合计	**5418434**	**6304990**	**7749684**	**8117591**	**9321382**	**11350514**
上年末结余资金	425442	546517	638809	792561	894301	1189689
本年资金来源小计	4992992	5758473	7110875	7325030	8427081	10160825
国家预算内资金	49456	54627	67044	82104	234392	315953
国内贷款	1005713	1060522	1292050	1376534	1219090	1655748
债　券	189195	1236		5000		
利用外资	82514	34937	25450	37697	23060	3928
其中:外商直接投资	46308	18012	18224	32149	10168	2190
自筹资金	2741357	3502283	4501751	4611320	4712285	5764863
其中:企、事业单位自筹	2332259	2945944	3563548	3351386	3331064	3783792
其他资金来源	924757	1104868	1224580	1212375	2238254	2420333

5-5 房地产开发投资

（1990-2010年）

单位:万元

年份	房地产开发投资	按构成分				按用途分			
		建筑工程	安装工程	设备工器具购置	其他费用	住宅	办公楼	商业用房	其他
1990	8194	6710	275	24	1185	7150	281	305	458
1991	10189	8430	353	20	1386	8448	350	345	1046
1992	15553	13883	303	116	1251	14202	51	301	999
1993	28711	23716	217	25	4753	26894	76	565	1176
1994	82515	62926	552	166	18871	75499	988	1419	4609
1995	159558	122500	2916	380	33762	127092	11651	15511	5304
1996	121127	92518	6324	70	22215	85634	15481	14727	5285
1997	104333	73766	3447	1826	25294	71713	7920	19661	5039
1998	117780	84340	2701	127	30612	85617	7906	20758	3499
1999	132302	89549	5510	789	36454	110507	4733	11342	5720
2000	240974	130421	3331	1437	105785	168037	9747	28495	34695
2001	320213	177790	2215	10	140198	202389	22195	35997	59632
2002	467686	266652	3239	830	196965	341552	21108	63200	41826
2003	564954	352618	8735	3161	200440	424154	25944	84714	30142
2004	872958	481399	15770	6744	369045	663979	28550	107465	72964
2005	1161255	623378	8219	10858	518800	861037	25225	142498	132495
2006	1014720	683178	7936	6502	317104	747737	29087	115110	122786
2007	957290	587516	38787	11473	319514	704099	38954	101569	112668
2008	1262494	720615	33797	13709	494373	916313	35852	127714	182615
2009	1522741	853863	43029	17847	608002	1141388	21398	186986	172969
2010	1960774	1006068	89339	7196	858171	1426309	33732	232572	268161

5-5 续表1

单位:万元

年份	本年资金来源情况					新增固定资产	竣工房屋价值
	国家预算内	国内贷款	利用外资	自筹资金	其他资金		
1990						7272	7889
1991	30	2190		2449	6413	6470	10209
1992		7028		3111	12804	11310	8857
1993	325	4860		9843	21535	13609	16227
1994		15127	1972	22574	53461	36228	36012
1995		28593	2474	30885	99072	101864	106643
1996	990	33293	3000	29933	77573	108977	89927
1997	1290	36866	2288	30133	68685	102019	82388
1998	4340	38504	3248	23264	85214	80912	73028
1999	940	50835	1942	41025	111556	129283	76465
2000	267	120185	954	74591	186580	141600	120678
2001		132419	602	102743	237267	156477	144599
2002		200653		117922	406542	185457	160782
2003		295050		155163	573610	303535	262133
2004		254892	26959	226655	786837	250858	233921
2005		331226	22386	386168	799173	569856	504322
2006		308258	100	307844	962696	343951	258215
2007		278898	2729	406546	1089020	533574	475246
2008		258255		548569	1017660	666306	604153
2009		376276	5770	584235	1871795	364144	334377
2010		516728		945118	2041482	860992	512974

5－5 续表2

单位:万平方米

年份	施工面积	#住宅	竣工面积	#住宅	商品房销售面积	#住宅	商品房待售面积	商品房销售额(万元)	#住宅
1990	39.25	35.79	21.87	20.17					
1991	76.68	69.85	29.22	27.99	14.90	14.69		5522	4231
1992	56.18	52.03	22.3	19.67	22.71	22.35		9241	6948
1993	89.17	72.06	32.41	29.34	21.27	20.87		11656	8763
1994	187.18	169.96	56.10	53.55	47.10	46.45		36848	36051
1995	289.59	246.60	135.80	126.42	53.38	50.05	15.60	81544	66163
1996	227.15	168.47	105.24	90.12	65.97	59.88	25.04	79251	65456
1997	201.87	141.53	92.32	73.75	72.37	63.58	31.40	103124	76673
1998	192.65	147.61	82.95	63.60	53.25	48.78	23.71	73521	63292
1999	244.51	206.26	94.93	77.89	68.74	62.11	21.43	106200	85235
2000	312.24	256.48	129.03	108.54	110.05	87.29	16.33	182013	126406
2001	405.47	305.35	124.14	97.35	137.98	116.54	10.55	237291	173452
2002	600.13	464.99	135.26	110.13	119.12	100.46	3.76	231988	176534
2003	721.41	559.51	201.32	164.32	168.49	144.06	4.44	446640	349028
2004	920.36	712.30	199.17	162.31	175.67	148.92	3.53	455713	346156
2005	1159.08	879.84	304.14	226.41	184.29	159.91	28.31	769814	638832
2006	1238.32	951.84	188.92	142.09	259.72	231.23	24.19	1227395	1042565
2007	1286.12	952.59	231.88	189.86	281.33	241.65	36.77	1435164	1201307
2008	1364.52	979.98	296.18	218.10	227.91	197.37	35.06	1226328	1046742
2009	1454.63	1071.97	171.42	130.15	422.36	378.90	34.84	2715370	2461015
2010	1801.61	1292.62	190.60	138.74	462.89	390.57	38.84	3304746	2830011

5－6　固定资产投资新增生产能力或效益

（2005－2010年）

能力(效益)名称		2005年	2006年	2007年	2008年	2009年	2010年
生铁	（万吨/年）		0.03				
炼钢	（万吨/年）	4.50					
铁合金	（折标吨/年）		2.00				
热轧钢材	（万吨/年）						5.00
冷加工钢材	（万吨/年）	102.35					
锻压、挤压、旋压钢材	（万吨/年）	0.50	0.15				
其他加工工艺钢材	（万吨/年）		4.00				
铜冶炼	（吨/年）	2510	5210	230	150	50	9500
其中:电解铜	（吨/年）						3500.00
铅锌采矿(原矿)	（万吨/年）		4.35				
铝加工	（吨/年）		1050.00	5600.00	350.00	120.00	
水力发电	（万千瓦）	1.38	0.85	0.68	1.64	0.12	
火力发电	（万千瓦）	3.20	2.00	30.00	230.10	0.20	0.25
其他发电	（万千瓦）		0.15		1.09	1.45	1.20
输电线路长度(11万伏及以上)	（公里）	131.18	139.20	227.12	5.06	320.72	411.33
水泥	（万吨/年）		185				
平板玻璃	（万重量箱/年）	20					
化学农药原药	（吨/年）	5544	13045	1084		200	
塑料树脂及共聚物	（吨/年）	13200	2645	1700	303	400	
合成橡胶	（吨/年）					590	
轿车制造	（辆/年）		49999	49999			
其他汽车制造	（辆/年）		4999	4999			
摩托车制造	（辆/年）	385400	50500	103000		46000	
新建公路	（公里）	3.10	25.95		62.40	128.00	26.10
其中：一级公路	（公里）		14.95		25.00		3.57
二级公路	（公里）		11.00		5.00	63.50	5.58
改建公路	（公里）	272.35	304.24	231.25	172.02	159.56	234.44
其中：一级公路	（公里）	7.00	33.98		15.40	35.68	22.92
二级公路	（公里）	7.13	50.40	26.70	6.31	44.10	91.20
新(扩)建公路客、货运站	（个）	1	1			1	3
新(扩)建公路客、货运站	（平方米）	4990	17000			13000	45565
城市自来水供水能力	（万吨/日）	5.38	1.00	3.60	18.20	7.40	
城市污水处理能力	（万吨/日）	3.10	7.50	2.00	0.50	0.50	

注:本表统计范围为计划总投资500万元及以上建设项目(单位)投资。

5-7 建筑业企业生产情况(一)

(2010年)

单位:万元

指标	企业数(个)	计算劳动生产率的平均人数(人)	建筑业总产值	#建筑工程	#安装工程	#在外省市完成	竣工产值
总计	**408**	**560363**	**10343957**	**9822121**	**357022**	**5591738**	**7051877**
其中:国有控股企业	13	4104	80340	72103	8237		50708
一、按登记注册类型分							
内资	405	560170	10341141	9822121	356284	5589724	7051877
国有企业	4	2446	55765	55765			32502
集体企业	12	23255	412154	347067	64624	295482	253531
股份合作企业	1	810	10465	10465		4176	8825
有限责任公司	177	210768	4104339	3854660	160702	1729278	2568678
国有独资公司	1	181	2113	2113			2038
其他有限责任公司	176	210587	4102226	3852548	160702	1729278	2566641
股份有限公司	6	14740	520432	476143	5399	323406	211545
私营企业	205	308151	5237987	5078022	125560	3237382	3976796
私营独资企业	1	601	12033	12033			11184
私营合伙企业	2	926	8816	8816		1205	6716
私营有限责任公司	197	290942	4844980	4685016	125560	3091863	3748785
私营股份有限公司	5	15682	372157	372157		144314	210112
港、澳、台商投资企业	1	104	2078			2015	
港、澳、台商独资经营企业	1	104	2078			2015	
二、按建筑业行业分							
房屋和土木工程建筑业	291	546563	10102757	9674987	267138	5541607	6900468
房屋工程建筑业	162	424099	7523822	7213353	223062	4532355	5428320
土木工程建筑业	129	122464	2578935	2461634	44076	1009253	1472148
建筑安装业	38	5519	100274	11546	88013	15528	81774
建筑装饰业	64	6425	104299	101081	1872	23605	55151
其他建筑	1	315	6310	6310		4733	3024

注:本表统计范围为有工作量的总承包和专业承包的建筑业企业,下同。

5-8 建筑业企业生产情况(二)

(2010年)

单位:万平方米

指　　标	房屋建筑施工面积	#本年新开工面积	#投标承包面积	房屋建筑竣工面积	#厂房和仓库	#住宅
总　　计	**12370.85**	**5699.67**	**11084.52**	**4445.37**	**900.79**	**2536.66**
其中:国有控股企业						
一、按登记注册类型分						
内　资	12370.85	5699.67	11084.52	4445.37	900.79	2536.66
国有企业						
集体企业	1644.29	328.20	1525.30	178.46	31.75	122.73
股份合作企业	7.43	7.00	7.43	5.89	1.56	2.77
有限责任公司	4675.86	2314.31	4159.66	1582.45	365.42	870.75
国有独资公司						
其他有限责任公司	4675.86	2314.31	4159.66	1582.45	365.42	870.75
股份有限公司	102.99	64.76	102.99	66.58	25.71	39.42
私营企业	5940.28	2985.41	5289.15	2611.99	476.35	1500.99
私营独资企业	34.21	13.86	34.21	12.77	5.03	3.88
私营合伙企业	11.50	3.88	11.50	3.28	1.26	1.05
私营有限责任公司	5802.77	2925.98	5152.04	2547.64	470.06	1453.82
私营股份有限公司	91.80	41.68	91.40	48.30		42.24
港、澳、台商投资企业						
港、澳、台商独资经营企业						
二、按建筑业行业分						
房屋和土木工程建筑业	12349.40	5690.06	11075.96	4433.48	897.46	2528.15
房屋工程建筑业	11984.21	5448.79	10767.21	4233.28	846.64	2418.90
土木工程建筑业	365.19	241.28	308.75	200.20	50.82	109.24
建筑安装业	21.45	9.60	8.56	11.89	3.33	8.51
建筑装饰业						
其他建筑						

5－9 建筑业企业财务状况(一)

(2010 年)

单位:万元

指 标	流动资产合计	#存货	固定资产合计	#本年折旧	资产合计	负债合计	所有者权益合计	#实收资本
总 计	**3170015**	**1014079**	**628989**	**43170**	**4108549**	**2196983**	**1911566**	**1102982**
其中:国有控股企业	45111	17664	11271	605	59018	36168	22849	14040
一、按登记注册类型分								
内 资	3161060	1013863	627551	43062	4097972	2190512	1907460	1099924
国有企业	13003	4803	7466	411	22440	10501	11938	6267
集体企业	128462	39892	20019	1260	150975	102323	48653	24824
股份合作企业	3979	2755	1916	117	5896	3307	2589	2538
有限责任公司	1365846	435892	209501	17110	1755878	1010824	745054	462064
国有独资公司	1146	44	615	11	1763	1007	756	643
其他有限责任公司	1364700	435848	208886	17099	1754115	1009817	744298	461421
股份有限公司	253561	38709	28154	1461	317844	170933	146911	92301
私营企业	1396208	491812	360495	22703	1844940	892624	952317	511929
私营独资企业	3705	1556	613	7	4368	1642	2726	708
私营合伙企业	2555	1404	973	56	3535	679	2856	2700
私营有限责任公司	1291335	451078	349713	21304	1709444	815859	893585	488643
私营股份有限公司	98613	37775	9196	1335	127594	74444	53150	19878
港、澳、台商投资企业	1260		76	8	1520	574	946	733
港、澳、台商独资经营企业	1260		76	8	1520	574	946	733
外商投资企业	7695	216	1362	100	9057	5897	3160	2326
二、按建筑业行业分								
房屋和土木工程建筑业	3002773	965116	590446	40648	3889382	2091418	1797964	1021275
房屋工程建筑业	2042747	722917	368435	24113	2615735	1451026	1164710	625294
土木工程建筑业	960026	242199	222011	16535	1273646	640392	633254	395981
建筑安装业	96694	29933	9788	671	117020	69192	47828	31948
建筑装饰业	46146	13513	13402	793	60924	26466	34458	24678
工程准备	21694	3552	14211	839	37285	8602	28683	23081
其他建筑	2708	1965	1142	220	3938	1305	2634	2000

5－10　建筑业企业财务状况(二)

(2010年)

单位:万元

指　　标	工程结算收入	工程结算成　本	工程结算税金及附　加	工程结算利　润	经营费用	管理费用	#税金
总　　计	**8507108**	**7698457**	**290513**	**478559**	**40293**	**141579**	**7078**
其中:国有控股企业	77648	66571	3447	5785	1933	3384	138
一、按登记注册类型分							
内　资	8503656	7695831	290418	477839	40281	141272	7061
国有企业	44785	38392	2494	2762	1137	1560	79
集体企业	328175	299156	11969	16530	624	8060	313
股份合作企业	8173	7489	275	327	82	281	10
有限责任公司	3230376	2944822	111886	160799	11061	51845	3145
国有独资公司	2103	1946	17	140		70	
其他有限责任公司	3228273	2942876	111869	160660	11061	51775	3145
股份有限公司	415744	365112	13955	35631	1046	9210	74
私营企业	4476404	4040859	149840	261791	26332	70317	3441
私营独资企业	12005	10436	407	1042	120	90	
私营合伙企业	8921	7849	2318	597	159	208	5
私营有限责任公司	4179274	3767777	137562	248426	25924	68190	3245
私营股份有限公司	276203	254796	9553	11725	129	1828	190
港、澳、台商投资企业	1478	976	60	441	1	184	4
港、澳、台商独资经营企业	1478	976	60	441	1	184	4
外商投资企业	1974	1650	35	279	10	124	12
二、按建筑业行业分							
房屋和土木工程建筑业	8291889	7520614	283461	450919	37498	129952	6261
房屋工程建筑业	6044750	5520596	201408	296631	26311	85476	4471
土木工程建筑业	2247138	2000018	82054	154288	11187	44477	1790
建筑安装业	92644	74824	2934	14118	829	4867	197
建筑装饰业	87170	74618	2978	8509	1155	4458	344
工程准备	32082	25954	1020	4255	811	2039	261
其他建筑	3324	2447	119	758		263	15

5－11　建筑业企业财务状况(三)

(2010年)

单位:万元

指　　标	财务费用	#利息支出	营业利润	利润总额	应交所得税	本年应付工资总额	本年应付福利费总额
总　　计	**34801**	**32897**	**310678**	**318112**	**77753**	**1491237**	**99889**
其中:国有控股企业	220	195	2247	2225	1202	8609	961
一、按登记注册类型分							
内　资	34714	32894	310353	317831	77731	1490909	99865
国有企业	80	73	1166	1222	930	4952	688
集体企业	858	855	8124	8152	2115	60114	7242
股份合作企业	2	2	58	52	15	1566	219
有限责任公司	13629	12910	100958	108418	24538	638964	36338
国有独资公司	31	30	47	56	25	338	
其他有限责任公司	13597	12880	100910	108363	24514	638626	36338
股份有限公司	3395	3322	23026	23062	5534	39046	4269
私营企业	16751	15732	177022	176925	44599	746267	51109
私营独资企业			952	940	300	1202	168
私营合伙企业			389	389	176	1682	87
私营有限责任公司	16351	15345	166183	166108	41711	724243	50670
私营股份有限公司	400	387	9499	9489	2413	19140	185
港、澳、台商投资企业			257	214	18	156	21
港、澳、台商独资经营企业			257	214	18	156	21
外商投资企业	87	3	68	68	5	172	3
二、按建筑业行业分							
房屋和土木工程建筑业	33706	32012	294693	302216	73499	1458591	98547
房屋工程建筑业	22152	21140	195420	201708	49288	1167173	76184
土木工程建筑业	11554	10871	99273	100508	24211	291419	22363
建筑安装业	261	252	9961	10094	2630	14301	431
建筑装饰业	574	389	3535	3559	1137	14511	603
工程准备	222	205	2034	1812	322	3254	254
其他建筑	39	39	455	432	165	579	55

主 要 统 计 指 标 解 释

全社会固定资产投资 是指以货币表现的建造和购置固定资产活动的工作量。它是反映固定资产投资规模、速度、比例关系和使用方向的综合性指标。全社会固定资产投资包括国有经济单位投资、城乡集体经济单位投资、其他各种经济类型的单位投资和农村个人投资。按照我国现行计划管理体制,全社会固定资产投资总额分为项目投资、房地产开发投资和农村个人投资三个部分;城乡集体经济单位投资包括城镇集体所有制单位投资和农村集体所有制单位投资;其他各种经济类型单位投资包括联营经济、股份制经济、中外合资经营、中外合作经营、外商独资、与港澳台合资经营、与港澳台合作经营、港澳台独资及其他经济单位的投资。农村个人投资包括农村个人建房及购买生产性固定资产的投资。

建筑工程(建筑工作量) 指各种房屋、建筑物的建造工程,又称建筑工作量。包括①各种房屋如厂房、仓库、办公室、住宅、商店、学校、医院、俱乐部、食堂、招待所等工程;房屋的土建工程;列入房屋工程预算内的暖气、卫生、通风、照明、煤气等设备的价值及装设油饰工程;列入建筑工程预算内的各种管道(如蒸汽、压缩空气、石油、给排水等管道)、电力、电讯电缆、导线的敷设工程。②设备基础、支柱、操作平台、梯子、烟囱、凉水塔、水池、灰塔等建筑工程;炼焦炉、裂解炉、蒸汽炉等各种窑炉的砌筑工程及金属结构工程。③为施工而进行的建筑场地的布置、工程地质勘探,原有建筑物和障碍物的拆除,平整土地、施工临时用水、电、汽、道路工程,以及完工后建筑场地的清理、环境绿化美化工作等。④矿井的开凿,井巷掘进延伸,露天矿的剥离,石油、天然气钻井工程和铁路、公路、港口、桥梁等工程。⑤水利工程,如水库、堤坝、灌溉以及河道整治等工程。⑥防空、地下建筑等特殊工程及其他建筑工程。

安装工程(安装工作量) 指各种设备、装置的安装工程,又称安装工作量。包括:①生产、动力、起重、运输、传动和医疗、实验等各种需要安装设备的装配和安装,与设备相连的工作台、梯子、栏杆等装设工程,附属于被安装设备的管线敷设工程,被安装设备的绝缘、防腐、保温、油漆等工作。②为测定安装工程质量,对单个设备、系统设备进行单机试运、系统联动无负荷试运工作(投料试运工作不包括在内)。在安装工程中,不包括被安装设备本身价值。

设备、工具、器具购置 指把工业企业生产的产品转为固定资产的购置活动,包括建设单位或企业、事业单位购置或自制达到固定资产标准的设备、工具、器具的价值。新建单位及扩建单位的新建车间,按照设计或计划要求购置或自制的全部设备、工具、器具,不论是否达到固定资产标准均计入“设备、工具、器具购置”中。有些项目中制造期比较长的大型机电设备及金属结构设备(如船舶、飞机、大型发电机组等)购置,按合同分期付款的进度计算投资完成额。

其他费用 指在固定资产建造和购置过程中发生的,除建筑安装工程和设备、工器具购置投资完成额以外的费用,不指经营中财务上的其他费用。包括旧房屋购置,基本畜禽支出,林木支出,退耕退牧还林还草、土壤改良、城市绿化,办公生活用家具、器具购置,建设单位管理费,土地征用、购置及迁移补偿费,政府收费,勘察设计费,研究实验费,可行性研究费,临时设施费,施工机械转移费,设备检验费,负荷联合试车费,土地占用、使用费,建设期应付利息,包干节余,企业债券发行费,合同公证费及工程质量监测费,国外借款手续费及承诺费,汇兑损益,调整器材调拨价格折价,坏帐损失,固定资产亏损及损失等。

项目投资 包括限额以上项目投资和限额以下项目投资。限额以上项目投资指城镇单位和农村非户中计划总投资(或实际需要投资)500万元及以上项目(单位)投资。限额以下项目投资指城镇单位和农村非户中计划总投资(或实际需要投资)50万元及以上至500万元项目(单位)投资。

施工项目 指报告期内曾进行建筑或安装工程施工活动的建设项目。包括报告期内新开工项目、报告期以前开工跨入报告期继续施工的项目以及报告期施工过并在报告期内全部建设投产或停建的项目。

民间投资 从投资主体为标准划分,政府或代表政府的国有企、事业单位投资建造和购置固定资产,均为政府投资,非国有、合资企业投资建造和购置固定资产则为民间投资。从2002年年报开始,国家投资统计制度中新增加了“国有及国有控股”指标，根据现有的统计资料，一般认为投资总额中扣除国有及国有控股投资部分即为非国有投资。因此，在做民间投资分析时，可以从非国有经济投资中再扣除外商及港澳台商投资部分即为民间投资，但要注意在扣除时，不要再次扣除国有控股部分的外商及港澳台商投资，否则会引起重复扣除。

基础设施投资　目前关于基础设施的界定，国际、国内尚没有统一的标准。我们通常在进行基础设施投资分析时，采用的基础设施投资范围包括：水利、环境和公共设施管理业；电力、燃气及水的生产供应业；交通运输、仓储和邮政业；电信和其他信息传输服务业；教育设施；广播、电视、电影和音像业；文化艺术业；体育设施；卫生设施。

房地产开发投资　是指报告期内完成的全部用于房屋建设工程、土地开发工程投资额以及公益性建筑和土地购置费等投资额。包括各种经济类型的房地产开发公司、商品房建设公司及其他房地产开发单位统一开发的包括统代建、拆迁还建的住宅、厂房、仓库、饭店、宾馆、度假村、写字楼、办公楼等房屋建筑物和配套的服务设施、土地开发工程，如道路、给水、排水、供电、供热、通讯、平整场地等基础设施工程的投资。不包括单纯的土地交易活动。

农村投资　是指发生在农村区域范围内的非农户固定资产投资项目完成的投资额。不包括县及县以上各级政府及主管部门直接领导、管理的建设项目和企事业单位的投资。

全部投产　指建设项目按计划规定的生产能力（或效益）在报告期内全部建成，经验收合格或达到竣工验收标准。

新增固定资产　指通过投资活动所形成的新的固定资产价值。包括已经建成投入生产或交付使用的工程价值和达到固定资产标准的设备、工具、器具的价值及有关应摊入的费用。它是以价值形式表示的固定资产投资成果的综合性指标，可以综合反映不同时期、不同部门、不同地区的固定资产投资成果。

建筑业统计单位　指从事房屋、构筑物建造和设备安装活动的法人企业。建筑业法人企业应同时具备的条件是：①依法成立，有自己的名称、组织机构和场所，能够承担民事责任；②独立拥有和使用资产，承担负债，有权与其他单位签订合同；③独立核算盈亏，能够编制资产负债表。建筑业企业同时也是建筑业统计报表的基本填报单位。建筑业包括施工总承包、专业承包和劳务分包。建筑业法人单位和产业活动单位按注册所地原则进行统计。

建筑业总产值　指是以货币表现的建筑业企业在一定时期内生产的建筑业产品和服务的总和。建筑业产值包括：

1. 建筑工程产值：指列入建筑工程预算内的各种工程价值。

2. 设备安装工程产值：指设备安装工程价值。

3. 房屋、构筑物修理所完成的价值，但不包括被修理房屋、构筑物本身的价值和生产设备的修理价值。

4. 非标准设备制造产值：指加工制造没有定型的、非标准的生产设备的加工费和原材料价值，不论是现场还是附属加工厂为本单位承建工程制造的非标准设备的价值，都应计算产值。

装饰装修产值　包括装饰、装修两部分产值。装修装饰指对新旧房屋及建筑物进行的内外装修装饰；对新建房屋及建筑物经过施工后，尚未完全达到使用标准，而进行的二次装修装饰；以及对原有房屋经使用若干年后进行的二次内外装饰。包括抹灰、门窗、玻璃、吊顶、隔断、饰面板（砖）、涂料、裱糊、刷浆、花饰等。

房屋建筑施工面积　指在报告期内施工的全部房屋建筑面积。包括本期内新开工的、上期施工跨入本期继续施工、上期停建本期复工的房屋建筑面积；不包括上期开工后又停工，本期未施工的房屋建筑面积。

房屋建筑竣工面积　指在报告期内，按照设计所规定的工程内容全部完成，达到了设计规定的交工条件，经有关部门检查验收鉴定合格的房屋建筑面积。

待售面积　指报告期末已竣工的可供销售或出租的商品房屋建筑面积中，尚未销售或出租的商品房屋建筑面积，包括以前年度竣工和本期竣工的房屋面积，但不包括报告期已竣工的拆迁还建、统建代建、公共配套建筑、房地产公司自用及周转房等不可销售或出租的房屋面积。

房屋建筑面积的统计是从房屋外墙线算起的各层平面面积的总和，包括房屋结构（如柱、墙）占用的面积和地下室面积。多层建筑按各自然层面积总和计算，包括房屋内的楼隔层，突出墙面的眺望间、门斗、有柱雨罩的面积，不包括突出墙面结构的构件、艺术装饰等所占的面积，如台阶等。凹阳台、挑阳台按其水平投影面积一半计算建筑面积。

交通运输邮电通信和电力

Transportation, Posts, Telecommunications and Electricity Consumption

6－1 主要年份客运量和货运量

年 份	客运量（万人）					货运量（万吨）			港口货物吞吐量（万吨）
	合 计	铁 路	公 路	水 运	民用航空	合 计	公 路	水 运	
1952	86		39	47		39		39	
1957	280		211	69		217	111	106	
1962	515		330	185		143	40	103	
1965	659		539	120		202	79	123	
1970	797		605	192		265	106	159	
1975	1155		708	447		301	117	184	
1978	1920		1502	418		382	136	246	
1980	2693		2166	527		431	122	309	
1985	6018		5610	408		1143	697	446	
1990	7934		7652	280	2	2113	1281	832	
1991	8013		7720	291	2	2293	1440	853	
1992	8651		8369	280	2	2606	1695	911	
1993	8824		8586	235	3	3257	2303	954	
1994	9127		8924	196	7	4022	3005	1017	
1995	9338		9123	207	8	4396	3168	1228	
1996	9736		9520	204	12	4121	3023	1098	
1997	9981		9800	170	11	4084	3018	1066	
1998	10051		9894	147	10	4074	2942	1132	
1999	9986		9831	145	10	4587	3260	1327	1134
2000	10049		9899	138	12	4688	3347	1341	1271
2001	10187		10110	62	15	5452	3587	1865	1398
2002	11294		11234	53	7	5971	3868	2103	1613
2003	11921		11851	63	7	7380	4650	2730	2150
2004	10646		10553	83	10	8655	5168	3487	2722
2005	10892		10807	73	12	8629	4330	4299	2819
2006	12143		12021	108	14	10318	4816	5502	3027
2007	14320		14162	140	18	12006	5707	6299	3507
2008	28470		28291	158	21	16143	10025	6118	3898
2009	29201	40	28941	193	27	15830	10021	5809	4294
2010	30137	272	29623	210	32	18155	10500	7655	4706

注:2008 年起公路运输统计口径调整,与以前年份有不可比因素;下同。

6－2 主要年份客运周转量和货运周转量

年 份	客运周转量（万人公里）				货运周转量（万吨公里）		
	合 计	铁 路	公 路	水 运	合 计	公 路	水 运
1952	2429		1404	1025	2866	55	2811
1957	8904		7308	1596	8162	651	7511
1962	14722		10337	4385	12075	485	11590
1965	14280		12188	2092	17778	1253	16525
1970	18505		15439	3066	23941	1700	22241
1975	23800		18625	5175	25409	1859	23550
1978	43841		32032	11809	52630	3401	49229
1980	62337		46205	16132	58734	3879	54855
1985	164001		150726	13275	190588	44649	145939
1990	248166		236650	11516	277473	68381	209092
1991	270101		256419	13682	346354	88583	257771
1992	298036		284500	13536	392256	101314	290942
1993	320012		308510	11502	482041	136236	345805
1994	339888		330580	9308	592027	201379	390648
1995	376539		367190	9349	662074	260199	401875
1996	435206		428349	6857	800486	366380	434106
1997	490569		485100	5469	799378	368430	430948
1998	562752		558186	4566	903920	376450	527470
1999	599956		595898	4058	1136367	355856	780511
2000	609219		605222	3997	1265144	367388	897756
2001	573927		570954	2973	1547704	370050	1177654
2002	530396		527998	2398	2107028	372897	1734131
2003	552254		550315	1939	2861369	378638	2482731
2004	486854		485418	1436	3607218	343161	3264057
2005	497676		496490	1186	4391979	321865	4070114
2006	568713		567631	1082	5738826	391389	5347437
2007	697739		696613	1126	6778528	454670	6323858
2008	856179		855012	1167	7642498	1274580	6367918
2009	897620	10498	885604	1518	8045858	1314321	6731537
2010	977082	68930	905849	2303	11106446	1419832	9686614

6－3 公路基本情况

（2010年）

单位：公里

指　　标	通车总里程	国道公路	省道公路	县道公路	乡道公路	专用公路	村道公路
合　计	**11267**	**273**	**695**	**2391**	**2042**	**66**	**5800**
按技术等级分							
高速公路	274	128	146				
一　级	299	64	124	98	4	6	4
二　级	1196	76	383	588	98	2	49
三　级	556	4	32	286	157	3	75
四　级	5507		10	1419	1781	45	2251
准四级	3173						3173
等　外	262				3	11	248
按路面类型分							
有铺装	10534	273	695	2287	2018	36	5224
水泥混凝土	8820	93	231	1437	1894	22	5144
沥青混凝土	1713	179	464	850	124	14	81
简易铺装	141			104	19		19
未铺装	593			1	6	30	557
桥　梁							
座	5179						
米	211641						
隧　道							
道	263						
延　米	172142						
绿化里程	**6272**	**213**	**564**	**1778**	**1275**	**35**	**2407**

6-4 按管理性质分公路里程

（1986-2010年）

单位:公里

年份	通车总里程	国道	省道	县道	乡道	专用公路	村道	绿化里程
1986	2160	155	616	792	502	95		
1987	2104	155	615	815	511	7		
1988	2197	155	618	862	554	7		
1989	2230	151	608	973	494	7		
1990	2256	150	588	995	516	7		
1991	2302	149	588	1005	560			
1992	2315	149	590	1015	561			
1993	2381	148	595	1045	593			
1994	2438	148	599	1060	632			
1995	2470	158	599	1064	649			
1996	2521	158	598	1087	678			385
1997	2589	169	596	1118	707			402
1998	3618	176	602	1154	1686			974
1999	3650	176	592	1198	1685			1619
2000	3766	234	592	1230	1710			1669
2001	3994	232	591	1481	1575	115		2658
2002	4018	232	591	1503	1576	117		2671
2003	4060	232	591	1534	1586	117		2742
2004	4125	232	585	1613	1576	119		2862
2005	4128	232	585	1617	1576	119		2870
2006	9087	232	649	1655	1604	98	4849	5243
2007	10200	232	652	1691	1606	98	5921	5715
2008	10593	274	653	2352	2045	65	5204	6172
2009	10988	274	696	2386	2042	66	5523	6263
2010	11267	273	695	2391	2042	66	5800	6272

注：从2006年开始通车公路里程及相关指标包括村道，下同。

6-5 运输线路长度

（1986-2010年）

单位:公里

年份	铁路营业里程	公路通车里程	等级公路合计	#高速公路	#一级	#二级	#三级	#四级	内河航道里程	民用航空航线（条）
1986		2160	1206			32	26	1148	1091	
1987		2104	1239			32	36	1171	1096	2
1988		2197	1347			33	43	1271	1074	2
1989		2230	1386			31	43	1312	1074	2
1990		2256	1384			93	110	1181	1074	4
1991		2302	1446			93	110	1243	986	4
1992		2315	1493			120	132	1241	986	3
1993		2381	1611			210	153	1248	986	5
1994		2438	1693			256	182	1255	986	8
1995		2470	1791			272	188	1331	986	7
1996		2521	1854		22	299	299	1234	986	10
1997		2589	1927		21	329	331	1246	986	10
1998		3618	3029		60	364	477	2128	986	7
1999		3650	3065		60	373	488	2144	986	7
2000		3766	3180	90	60	374	486	2170	986	12
2001		3994	3530	128	124	975	511	1792	986	8
2002		4018	3561	128	140	965	512	1816	986	4
2003		4060	3611	128	141	981	515	1846	993	4
2004		4125	3686	128	177	1030	516	1835	993	4
2005		4128	3688	128	182	1031	512	1835	993	4
2006		9087	8522	188	209	1115	536	3999	993	4
2007		10200	9691	188	236	1169	544	4203	993	5
2008		10593	10175	230	237	1203	565	5053	993	9
2009	94	10988	10671	274	255	1223	568	5301	993	9
2010	94	11267	11005	274	299	1196	556	5507	993	9

6-6 公路运输工具拥有量

(1999-2010年)

单位:辆

年份	汽车	#营业性汽车	载客汽车	载货汽车	其他汽车	摩托车	农用运输车	拖拉机	挂车
1999	35538		12328	22805	405	170224	3701	39715	76
2000	52390		18485	33386	519	267219	3843	35823	99
2001	70357		26569	43135	653	323187	3859	27895	135
2002	98863	20750	41259	56757	847	391797	3867	23233	172
2003	136432	23522	63937	71352	1143	477445	3778	26785	204
2004	170650	27400	83831	83536	3283	528609	1044	22867	466
2005	211745	24453	114664	93795	3286	576227	796	18086	324
2006	260615	25996	157742	99091	3782	622064	450	15949	667
2007	315913	24959	206790	105016	4107	656827	308	19653	924
2008	368029	24502	254013	109517	4499	646246	251	21881	1223
2009	457161	25046	330605	123306	3250	664074	209	21886	1893
2010	565917	27284	423241	139133	3543	677287	209	21793	2720

6-7 水路运输工具拥有量

(1996-2010年)

年份	机动船拥有量(艘)			净载重量(吨位)	载客量(客位)
	合计	货船	客船		
1996	3996	3868	128	239092	12397
1997	3596	3434	123	230381	6471
1998	3327	3279	48	267942	3060
1999	2849	2808	40	345076	2812
2000	2354	2338	16	399659	1671
2001	2389	2375	14	512720	1531
2002	2481	2466	15	652575	1545
2003	2281	2263	18	780320	2224
2004	2127	2113	14	960802	1737
2005	2078	2064	14	1365200	1784
2006	2109	2095	14	1703568	1742
2007	2057	2042	15	1606295	1651
2008	1866	1854	12	1429165	1572
2009	1201	1189	12	2267030	1610
2010	938	926	12	2494626	1227

6-8 按货物形态和包装分港口货物吞吐量

(2010年)

单位:吨

指标	合计	#外贸	出港	#外贸	进港	#外贸
港口货物吞吐量	**47057147**	**9996165**	**6663467**	**61206**	**40393680**	**9934959**
1、液体散货	2114191		191469		1922722	
其中:成品油	2028941		191469		1837472	
液化气、天然气及制品	22710				22710	
2、干散货	29572622	7715140	1220478		28352144	7715140
其中:煤炭及制品	16498114	7715140	1995		16496119	7715140
散水泥	278663				278663	
散粮	2050		500		1550	
3、件杂货	3800214	1598798	73487		3726727	1598798
其中:木材	27875				27875	
粮食	88370		5250		83120	
化肥	43610				43610	
水泥	1535498				1535498	
4、集装箱(TEU)	121559	56148	60739	28074	60820	28074
重量(吨)	1587860	682227	200393	61206	1387467	621021
其中:货重	1322212	560377	67377	333	1254835	560044
5、滚装船汽车吞吐量(辆)	499113		248882		250231	
滚装船汽车吞吐量(标辆)	499113		248882		250231	
重量(吨)	9982260		4977640		5004620	

6－9 按货类分港口货物吞吐量

（2010 年）

单位：吨

指　　标	合　计	#外　贸	出　港	#外　贸	进　港	#外　贸
港口货物吞吐量	**47057147**	**9996165**	**6663467**	**61206**	**40393680**	**9934959**
1、煤炭及制品	16498114	7715140	1995		16496119	7715140
2、石油、天然气及制品	2051651		191469		1860182	
成品油	2028941		191469		1837472	
液化气、天然气	22710				22710	
3、钢铁	3004210		295130		2709080	
其中：钢　材	2648218		17800		2630418	
生　铁	119921		86407		33514	
4、矿建材料	9784202		913200		8871002	
其中：砂	9199044		911600		8287444	
5、水　泥	1814161				1814161	
6、木　材	27875				27875	
7、非金属矿石	22417		15133		7284	
8、化肥及农药	43610				43610	
9、盐	56049				56049	
10、粮　食	90420		5750		84670	
其中：小　麦	10660		5750		4910	
玉　米	69423				69423	
11、机械、设备、电器	1550768	1547198	470		1550298	1547198
12、化工原料及制品	292365	51600	29500		262865	51600
其中：纯　碱	8920				8920	
13、轻工、医药产品	88370				88370	
其中：糖	34133				34133	
14、农林牧渔业产品	1450		1450			
15、其　他	11731485	682227	5209370	61206	6522115	621021
其中：集装箱重量	1587860	682227	200393	61206	1387467	621021
滚装船汽车吞吐量	9982260		4977640		5004620	

6－10 主要年份邮电业务量

年 份	邮电业务总量（万元）	邮电业务收入（万元）	函 件（万件）	订销报刊累计份数（万份）	固定电话用户数（万户）	移动电话用户数（万户）	国际互联网用户数（户）	#宽带
1949	20		64	18				
1952	47		150	364				
1957	133		493	707				
1962	278		608	700				
1965	299		585	1623				
1970	354		610	2694				
1975	458		686	3133				
1978	611		775	3635	0.67			
1980	792		1106	4707	0.76			
1985	1514		1987	7332	1.28			
1990	5376		1989	7401	2.86			
1991	6753		1823	7984	3.41			
1992	9388		1870	8802	4.57			
1993	16077		2052	8842	7.27	0.05		
1994	30034		2428	8937	12.76	0.61		
1995	51505		2376	10740	20.29	1.99		
1996	76928		2489	11750	26.99	4.27	2	
1997	105213		2172	10172	36.13	9.24	447	
1998	164086		2205	10201	53.29	16.19	3957	
1999	226838		2360	10889	77.10	41.20	7663	
2000	362332		2630	11339	100.81	78.35	62305	
2001	331815		3581	11826	117.09	127.33	182318	
2002	400261		3484	11766	143.66	157.78	278892	
2003	590142	354574	3446	12800	169.13	225.02	390310	
2004	836830	390559	2705	12187	198.32	283.06	393280	
2005	889277	426046	2227	12276	207.69	360.83	431934	282427
2006	1063520	475040	1583	12693	214.30	432.97	460637	373162
2007	1318754	561391	1444	12614	215.53	517.74	548431	461203
2008	1463341	646065	1373	13065	211.86	554.13	646504	558170
2009	1536168	625391	1592	13254	189.95	591.34	752645	683016
2010	1467071	663022	1516	12724	178.72	719.60	957845	863564

注：2001 年起邮电业务总量为 2000 年不变价，下同。

6-11 邮电企业主要指标

（1978-2010年）

年份	邮电局（所）数（个）	邮路及农村投递线路长度（公里）	长途电话电路总数（路）	长途自动交换机（路端）	电话交换机装机总容量（万门）	固定电话主线普及率（户/百人）	移动电话普及率（户/百人）
1978	294		122		1.25	0.15	
1979	297	14962	132		1.26	0.15	
1980	302	14529	156		1.49	0.16	
1981	317	14530	182		1.50	0.17	
1982	322	14760	201		2.02	0.18	
1983	324	14931	231		2.78	0.21	
1984	335	15324	244		3.14	0.23	
1985	339	15451	316		3.38	0.26	
1986	348	16224	332		3.82	0.28	
1987	350	16072	403		4.17	0.33	
1988	349	15788	433		4.70	0.40	
1989	348	16306	472		5.39	0.46	
1990	345	15835	991	1168	6.10	0.55	
1991	342	16063	1507	1458	6.61	0.66	
1992	336	15616	1858	1598	8.12	0.88	
1993	321	16052	5076	5670	14.22	1.39	0.01
1994	294	16112	3145	16950	26.39	2.42	0.12
1995	293	16263	3163	16920	42.42	3.83	0.38
1996	280	16552	6422	32924	54.18	5.06	0.80
1997	284	16476	7593	15450	68.41	6.74	1.72
1998	368	16485	11221	10260	80.18	9.88	3.00
1999	433	16264	15626	19305	82.32	14.20	7.59
2000	408	16211	21912	25476	159.30	18.44	14.33
2001	365	16433	10864	25476	172.50	21.35	23.21
2002	343	16715	10502	27000	206.26	26.10	28.66
2003	232	15779	11522	27000	232.43	30.61	40.72
2004	327	18645	14700	27000	263.38	35.67	50.92
2005	417	20038	18600	27000	300.67	37.10	64.45
2006	437	20989	22170	27000	300.74	37.95	76.68
2007	475	21587	20169	27000	300.10	37.85	90.93
2008	456	24444	21033	48670	282.73	36.91	96.53
2009	468	24372	25740	48670	262.56	32.84	102.22
2010	465	24315	30450	48670	261.60	30.65	123.40

注：2003年起邮电局、所总数不包括代办点，下同。

6-12 全社会用电量(一)

(1986-2010年)

单位:万千瓦时

年份	全社会用电量(包括厂用电量及线损)	农林牧渔水利业	工业用电	轻工业	重工业	建筑业
1986	68185	6771	47606	23295	24311	346
1987	81333	6388	55928	26218	29710	473
1988	97744	7037	65001	31807	33194	664
1989	101163	5700	65199	32284	32915	675
1990	114048	5679	69416	35376	34040	776
1991	138918	6359	85071	44299	40772	863
1992	160412	6734	101102	56365	44737	1296
1993	194360	6768	123414	68936	54478	1678
1994	224103	7876	140052	80616	59436	2103
1995	253892	8161	155598	87155	68443	3038
1996	270237	8048	165274	90346	74928	3477
1997	290184	7393	178064	97804	80260	4960
1998	318937	7261	195749	109284	86465	5732
1999	377370	7130	241075	136822	104253	5995
2000	460236	8795	309357	174070	135287	6397
2001	525430	9104	358175	198073	160102	7167
2002	647020	9444	452978	247101	205878	8157
2003	779903	9986	552753	296718	256034	9746
2004	848560	8488	618333	336047	282286	11720
2005	1048465	10346	744117	306493	437625	15354
2006	1240624	11841	870314	379305	491009	22439
2007	1438263	11939	1031548	391116	640432	22180
2008	1566240	12296	1111781	391240	720540	21438
2009	1718830	13185	1214514	418490	796023	24205
2010	1962057	12937	1391383	479452	911931	30082

6－13 全社会用电量(二)

(1986－2010年)

单位:万千瓦时

年　份	交通运输仓储邮政业	商业住宿和餐饮业	其他事业	城乡居民生活用电	乡村	城市
1986	236	839	2264	10123	6955	3168
1987	275	1104	2798	14368	9519	4849
1988	336	1357	3557	19793	13133	6660
1989	357	1418	3961	23854	15623	8231
1990	419	1675	4309	31774	20812	10962
1991	570	2050	5212	38794	24925	13869
1992	621	2015	5897	42746	27256	15490
1993	792	2448	7123	52137	33011	19126
1994	1008	2961	8410	61693	38905	22788
1995	1283	3476	9447	72889	45249	27640
1996	1747	4883	10965	75844	46172	29672
1997	1919	5422	12457	79969	47386	32583
1998	2260	6753	14770	86414	49907	36507
1999	2562	8689	18014	93905	53254	40650
2000	3328	10993	21000	100365	55896	44470
2001	4283	16426	23287	106988	60513	46475
2002	5135	20333	25686	125287	71591	53696
2003	6605	24063	32205	144544	81424	63120
2004	6517	28488	33012	142002	75818	66184
2005	6895	32660	59243	179849	101689	78160
2006	8522	40554	69979	216975	127247	89728
2007	9660	45522	79839	237575	141979	95596
2008	9492	49541	87478	274214	158919	115295
2009	10352	59848	94167	302559	177569	124990
2010	16645	68668	102487	339856	204750	135106

6－14 分行业全社会用电量

（2010年）

类　　别	用户数（个）	用户用电装接容量（千瓦）	本年用电量（万千瓦时）
总　　计	**2392389**	**20836353**	**1962057**
一、农、林、牧、渔业	**11808**	**174305**	**12937**
农　业	3069	46410	3339
林　业	102	2627	176
畜牧业	808	9747	1145
渔　业	367	12091	1031
农、林、牧、渔服务业	7462	103430	7246
其中：排　灌	6173	79478	3192
二、工　　业	**124295**	**6851468**	**1391383**
采　矿　业	863	79663	8751
制　造　业	121785	6398283	1240344
电力、燃气及水的生产和供应业	1647	373522	142287
在工业用电中：轻工业	51875	2450200	479452
重工业	72420	4401268	911931
三、建筑业	**7151**	**555121**	**30082**
四、交通运输、仓储、邮政业	**1687**	**216574**	**16645**
交通运输业	668	186748	13704
仓储业	656	16125	1060
邮政业	363	13701	1880
五、信息传输、计算机服务和软件业	**7260**	**115108**	**15014**
电信和其他信息传输服务业	6918	107819	13871
计算机服务业和软件业	342	7289	1144
六、商业、住宿和餐饮业	**32303**	**741941**	**68668**
批发和零售业	28158	508574	42907
住宿和餐饮业	4145	233367	25761
七、金融、房地产、商务及居民服务业	**15802**	**358410**	**27504**
八、公共事业和管理组织	**15013**	**801339**	**59969**
九、城乡居民生活用电	**2177070**	**11022087**	**339856**
乡村居民生活用电	1584165	7642658	204750
城市居民生活用电	592905	3379429	135106

主要统计指标解释

货(客)运量 指运输业实际运送的货物(旅客)数量。货运按吨计算,客运按人计算。货物不论运输距离长短,货物类别,均按实际重量统计;旅客不论行程远近或票价多少,均按一人一次作为客运量统计。半价票、小孩票也按一人统计。货(客)运量反映运输业为国民经济和人民生产服务的数量指标,也是制定和检查运输生产计划,研究运输发展规模和速度的重要指标。

货物(旅客)周转量 指运输业实际运送的货物(旅客)数量与相应运输距离乘积之总和,通常以吨公里和人公里为计算单位。计算货物周转量通常按发出站与到达站之间的最短距离,也就是计费距离计算。它反映运输业生产总成果的重要指标,也是编制和检查运输生产计划、计算运输效率、劳动生产率以及核算运输单位成本的主要基础资料。

铁路营业里程 又称营业长度,指办理客货运输业务的铁路正线总长度。凡是全线或部分建成双线及以上的线路,以第一线的实际长度计算;复线、站线、段管线、岔线和特殊用途线以及不计算运费的联络线都不计算营业里程。铁路营业里程是反映铁路运输业基础设施发展水平的重要指标,也是计算客货周转量、运输密度和机车车辆运用效率等指标的基础资料。

公路里程 也称"公路通车里程",是指实际达到公路工程技术标准等级的公路长度。它包括大中城市的郊区公路以及通过小城镇街道的公路里程,也包括桥梁、渡口的长度,但不包括城市的街道以及厂矿、林区和农业生产用道的里程。两条或多条公路共同走向的同一条路段,只计算一次,不得重复计算里程长度,公路里程是反映公路建设发展规模重要指标,也是计算运输网密度等指标的基础资料。

内河航道里程 也称"内河通航里程",是反映内河水运网规模、水平和发展情况的主要指标;是指在一定时期内,能通航运输船舶及排筏的天然河流、湖泊水库、运河及通航渠道的长度。包括全年季节性通航累计三个月以上的航道,但不包括仅供零散流放竹、木排的河道。

港口货物吞吐量 指由水运进出港口港区范围、并经过装卸的货物数量。吞吐量可以分进口、出口,又可以分为国内贸易和对外贸易。货物吞吐量的货种分类及其主要流向流量,反映了港口在国内外物资交换和对外贸易运输中的地位和作用。

载货汽车拥有量 是指以辆为单位计算的,在报告期末,全社会拥有的载货汽车总辆数。按公路监理部门和公安部门的机动车管理单位所掌握的领有车辆牌照资料加以整理计算。

邮电业务总量 指以货币表现的邮电部门为用户传递信息和提供其他邮电服务的总量(包括计费和不计费两部分)。它用各种邮电分类业务量,如函件件数、电报份数、长话张数、市内电话和农村电话平均户数、订销报刊累计份数等,分别乘以相应的平均单价(不变价格),加总后再加上出售电路和设备的收入、代用户维护电话交换机和线路等设备的收入,其他业务收入求得。邮电业务总量综合反映了一定时期邮电工作的总成果,是研究邮电业务量构成和发展趋势的重要指标。

订销报刊累计份数 是以万份为计算单位,报告期订阅和零售国内外报刊各出版期的总份数。在计算时,订阅的报刊按出版期计算,零售的按实销份数计算。凡正常性或临时加发的零售份数,报告期出版的或报告期前出版的份数都统计在内,但不包括变价出售的报刊。订销报刊的累计份数应按进口交换量计算。

全社会用电量 国民经济各行业及城乡居民消费的电量。它包括电力企业售电量与自备电厂自发自用电量及其售给附近用户电量之和。它是考察电力消费去向、作为电力分配依据的重要指标。

原材料和能源
Crude Materials and Energy

7－1　全社会单位生产总值能耗

（2005－2010年）

指　标　名　称	2005年	2006年	2007年	2008年	2009年	2010年
一、能源消费总量　（万吨标准煤）	790.75	880.45	967.47	1005.25	1029.39	1105.30
单位GDP能耗　（吨标准煤/万元）	0.632	0.615	0.590	0.560	0.531	0.505
单位GDP能耗降低率　（%）		2.65	4.05	5.18	5.12	4.85
能源消费弹性系数　（%）		0.78	0.68	0.41	0.28	0.57
二、电力消费总量　（亿千瓦时）	104.85	124.07	143.83	156.62	171.88	196.21
单位GDP电耗　（千瓦时/万元）	837	866	877	872	886	897
单位GDP电耗降低率　（%）		－3.46	－1.27	0.60	－1.65	－0.88
电力消费弹性系数　（%）	1.70	1.27	1.10	0.92	1.15	1.08

7－2　各县市区全社会单位生产总值能耗

（2005－2010年）

地　区	单位GDP能耗（吨标准煤/万元）						单位GDP电耗（千瓦时/万元）					
	2005年	2006年	2007年	2008年	2009年	2010年	2005年	2006年	2007年	2008年	2009年	2010年
全　市	**0.632**	**0.615**	**0.590**	**0.560**	**0.531**	**0.505**	**837**	**866**	**877**	**872**	**886**	**897**
椒江区	0.767	0.743	0.712	0.703	0.659	0.613	902	887	909	944	952	1032
黄岩区	0.689	0.666	0.646	0.617	0.585	0.550	1135	1145	1168	1114	1164	1146
路桥区	0.508	0.499	0.475	0.448	0.428	0.406	741	789	786	768	774	799
玉 环 县	0.653	0.637	0.617	0.642	0.637	0.571	921	990	1018	1037	1123	1054
三 门 县	0.786	0.766	0.739	0.698	0.661	0.628	702	754	836	840	875	876
天 台 县	0.495	0.478	0.456	0.433	0.413	0.396	724	734	725	733	712	749
仙 居 县	0.410	0.404	0.385	0.363	0.347	0.328	617	635	625	610	630	644
温 岭 市	0.635	0.618	0.588	0.555	0.530	0.508	734	770	784	777	781	790
临 海 市	0.565	0.557	0.531	0.509	0.487	0.464	712	730	772	800	791	798

7－3 各县市区全社会单位生产总值能耗降低率

（2006－2010 年）

单位:%

地 区	单位 GDP 能耗降低率					单位 GDP 电耗降低率				
	2006 年	2007 年	2008 年	2009 年	2010 年	2006 年	2007 年	2008 年	2009 年	2010 年
全 市	**2.65**	**4.05**	**5.18**	**5.12**	**4.85**	**-3.46**	**-1.27**	**0.60**	**-1.65**	**-0.88**
椒江区	3.15	4.13	1.33	6.24	7.00	1.66	-2.48	-3.88	-0.89	-0.26
黄岩区	3.34	3.02	4.50	5.21	5.90	-0.88	-2.01	4.60	-4.45	-1.10
路桥区	1.85	4.78	5.72	4.30	5.10	-6.48	0.38	2.27	-0.80	0.88
玉 环 县	2.53	3.15	-4.06	0.85	10.38	-7.49	-2.83	-1.83	-8.30	4.85
三 门 县	2.61	3.46	5.59	5.27	5.10	-7.41	-10.88	-0.45	-4.17	-2.87
天 台 县	3.38	4.65	5.02	4.68	4.10	-1.38	1.23	-1.12	2.81	-3.04
仙 居 县	1.54	4.73	5.65	4.53	5.40	-2.92	1.57	2.44	-3.34	-2.26
温 岭 市	2.64	4.85	5.70	4.52	4.12	-4.90	-1.82	0.92	-0.47	-1.66
临 海 市	1.38	4.75	4.01	4.30	4.86	-2.53	-5.75	-3.68	1.11	-1.20

7－4 规模以上工业能源购进、消费及库存

（2010 年）

能 源 名 称		购进量	消 费 合 计	工业生产 消 费	非 工 业 生产消费	期 末 库 存
能源合计	**(吨标准煤)**		**11886293**	**11788382**	**97911**	
原煤	(吨)	14142556	13922044	13897620	24424	476276
煤制品	(吨)	29125	25205	24681	524	4874
焦炭	(吨)	26221	26360	26356	4	1296
天然气(气态)	(万立方米)	3	3	3		
液化天然气	(吨)	2363	2357	2277	80	7
汽油	(吨)	42155	42102	25056	17046	344
煤油	(吨)	7016	7051	7003	48	178
柴油	(吨)	123801	124310	112059	12250	4356
燃料油	(吨)	15073	14216	13473	744	1000
液化石油气	(吨)	7552	7450	7397	53	170
润滑油	(吨)	300	292	292		8
石蜡	(吨)	2	2	2		
溶剂油	(吨)	132	132	132		
其它石油制品	(吨)	5545	5583	5529	53	235
热力	(百万千焦)	6226344	6226344	6163969	62375	
电力	(万千瓦时)	920437	1101773	1074249	27524	
其他燃料	(吨标准煤)	1526	1601	1600	1	28

7－5 规模以上工业按行业分主要能源消费量(一)

(2010年)

单位:吨

行业名称	原煤	煤制品	焦炭	汽油	煤油
总计	**13922044**	**25205**	**26360**	**42102**	**7051**
有色金属矿采选业					
非金属矿采选业	3			3	
农副食品加工业	6336	502		114	
食品制造业	4606			84	
饮料制造业	15904			100	1
纺织业	53534		2	560	6
纺织服装、鞋、帽制造业	397	3		223	11
皮革、毛皮、羽毛(绒)及其制品业	4123	2		1063	279
木材加工及木、竹、藤、棕、草制品业	182			121	
家具制造业	1555	78	22	1084	1
造纸及纸制品业	60568	185		394	50
印刷业和记录媒介的复制	766			459	
文教体育用品制造业				102	
石油加工炼焦及核燃料加工业				1	
化学原料及化学制品制造业	47542			652	16
医药制造业	272179	1569		790	14
化学纤维制造业					
橡胶制品业	78252	1362		4147	
塑料制品业	46868	14696	235	6527	113
非金属矿物制品业	18879	394	67	383	1
黑色金属冶炼及压延加工业	6398	3820		146	
有色金属冶炼及压延加工业	23854		2248	617	150
金属制品业	15867	267	90	827	220
通用设备制造业	56855	321	15767	5988	4276
专用设备制造业	4364	507	4988	2453	301
交通运输设备制造业	22018	1443	1462	7336	418
电气机械及器材制造业	24067	5	828	3546	134
通信设备、计算机及其他电子设备制造业	1549			344	52
仪器仪表及文化、办公用机械制造业	706		650	1056	957
工艺品及其他制造业	9544	49		1418	52
废弃资源和废旧材料回收加工业	2266			101	
电力、热力的生产和供应业	13142863			1236	
燃气生产和供应业				28	
水的生产和供应业				199	

7－6　规模以上工业按行业分主要能源消费量(二)

(2010年)

单位:吨

行业名称	柴油	燃料油	液化石油气	热力（百万千焦）	电力（万千瓦时）
总计	**124310**	**14216**	**7450**	**6226344**	**1101773**
有色金属矿采选业	10				364
非金属矿采选业	97				538
农副食品加工业	719	3	28	24290	11922
食品制造业	447		19	272223	2454
饮料制造业	207			270016	3263
纺织业	1797	13	39	236476	20790
纺织服装、鞋、帽制造业	176				1593
皮革、毛皮、羽毛(绒)及其制品业	2561	3			12844
木材加工及木、竹、藤、棕、草制品业	474		63		4712
家具制造业	1733		217		7256
造纸及纸制品业	1594		78	95365	13861
印刷业和记录媒介的复制	394		5		3296
文教体育用品制造业	78		5		1053
石油加工炼焦及核燃料加工业	27				7
化学原料及化学制品制造业	2415	12	168	535818	21374
医药制造业	2202	671		4563483	76639
化学纤维制造业					89
橡胶制品业	1317	7	1	18591	23318
塑料制品业	8368	250	427	52749	127732
非金属矿物制品业	8296	2161	1186	91206	17600
黑色金属冶炼及压延加工业	588	14			13108
有色金属冶炼及压延加工业	7539	1536	6	10146	23537
金属制品业	6672	388	355	50047	47160
通用设备制造业	19256	2871	908		102758
专用设备制造业	5686	111	55		33185
交通运输设备制造业	31741	3267	823	3675	108489
电气机械及器材制造业	9033	327	1721	2259	44868
通信设备、计算机及其他电子设备制造业	1378	666	16		7805
仪器仪表及文化、办公用机械制造业	3461	211	8		18953
工艺品及其他制造业	2761	88	359		16113
废弃资源和废旧材料回收加工业	1208	1619	937		2533
电力、热力的生产和供应业	2049		5		322401
燃气生产和供应业	13		21		58
水的生产和供应业	11				10098

7-7 规模以上工业按行业分能源消费情况

（2010年）

单位：吨标准煤

行业名称	单位数（个）	综合能耗		万元产值综合能耗		节能量
		绝对额	比上年增长（%）	绝对额	比上年降低（%）	
总计	**7310**	**7555409**	**4.01**	**0.198**	**22.96**	**2247862**
有色金属矿采选业	1	447	130.41	0.177	26.86	164
非金属矿采选业	5	804	6.49	0.089	6.32	54
农副食品加工业	123	21109	3.86	0.048	21.31	5704
食品制造业	25	15723	-1.88	0.114	27.39	5919
饮料制造业	20	24696	7.18	0.194	11.01	3054
纺织业	208	74009	-12.54	0.098	30.50	32419
纺织服装、鞋、帽制造业	75	2488	8.65	0.020	13.04	375
皮革、毛皮、羽毛(绒)及其制品业	377	23316	6.03	0.021	19.23	5477
木材加工及木、竹、藤、棕、草制品业	45	6566	-6.27	0.051	27.14	2466
家具制造业	122	12850	3.62	0.022	21.43	3564
造纸及纸制品业	137	64492	-3.22	0.152	38.71	40751
印刷业和记录媒介的复制	76	5401	14.21	0.040	20.00	1364
文教体育用品制造业	37	1439	51.47	0.024		
石油加工炼焦及核燃料加工业	1	1069	-15.23	0.677	37.43	639
化学原料及化学制品制造业	142	80825	7.38	0.090	20.35	20646
医药制造业	113	331800	1.53	0.157	16.93	67608
化学纤维制造业	2	110	77.42	0.022	12.00	15
橡胶制品业	229	92715	12.20	0.125	23.78	28966
塑料制品业	817	215932	20.38	0.071	19.32	51774
非金属矿物制品业	105	52159	-16.51	0.115	34.29	27096
黑色金属冶炼及压延加工业	40	24850	29.27	0.077	33.04	12229
有色金属冶炼及压延加工业	115	61950	34.47	0.055	23.61	19136
金属制品业	358	81240	12.23	0.055	25.68	27893
通用设备制造业	1329	225706	14.47	0.050	23.08	68180
专用设备制造业	430	60267	27.97	0.033	13.16	9017
交通运输设备制造业	886	205538	8.69	0.031	13.89	32689
电气机械及器材制造业	639	90093	12.28	0.026	18.75	20557
通信设备、计算机及其他电子设备制造业	69	13793	24.27	0.030		
仪器仪表及文化、办公用机械制造业	203	30806	23.12	0.037	17.78	6741
工艺品及其他制造业	463	31133	-3.57	0.021	22.22	9056
废弃资源和废旧材料回收加工业	61	10253	12.79	0.008	20.00	2526
电力、热力的生产和供应业	32	5679348	2.61	1.676	9.60	603018
燃气生产和供应业	5	134	4.69	0.005	-25.00	-27
水的生产和供应业	20	12348	11.30	0.139	5.44	713

7－8 规模以上工业主要能源消费量(一)

(1998－2010年)

单位:吨

年份	原煤	型煤	焦炭	汽油	煤油
1998	3905174	1712	9810	7214	1620
1999	4106147	82	8316	9148	2926
2000	4665482	180	11642	11126	3946
2001	4787214	116	20011	13388	5731
2002	4747322	238	17291	17346	7123
2003	5414989	316	25424	20048	7188
2004	5868900	1238	33611	27533	17612
2005	5873411	149	36615	32360	11661
2006	5726068	637	42483	41334	12363
2007	9963353	1829	45799	48012	11149
2008	13518900	1169	40008	43092	9252
2009	13409540	909	26507	40899	7139
2010	13922044		26360	42102	7051

7－9 规模以上工业主要能源消费量(二)

(1998－2010年)

单位:吨

年份	柴油	燃料油	液化石油气	热力(百万千焦)	电力(万千瓦时)
1998	29904	1473	374	598956	170719
1999	32822	280	588	659930	184951
2000	29953	1132	968	1766294	236146
2001	34289	2140	1811	2171882	270509
2002	43914	3128	3536	2881165	298967
2003	78053	4898	4683	3470891	447453
2004	169985	9364	11036	3894369	460304
2005	135280	35860	6351	4909302	585211
2006	141321	20129	8837	5053894	681262
2007	169879	20395	9347	5904636	821157
2008	147176	19341	8358	6024796	925013
2009	108967	16628	7303	5950744	963462
2010	124310	14216	7450	6226344	1101773

7－10　规模以上工业按行业分取水量

（2010 年）

单位：万立方米

行业名称	取水总量	地表水	地下水	自来水	海水	其他水	外供水
合　　计	**61985.90**	**45370.97**	**523.03**	**11740.28**	**1773.62**	**2578.00**	**45781.95**
有色金属矿采选业	5.37		5.37				
非金属矿采选业	0.75		0.52	0.23			
农副食品加工业	247.92	16.92	37.06	192.77	1.06	0.11	
食品制造业	308.55	3.83	3.06	301.66			
饮料制造业	254.07	30.36	2.21	221.50			
纺织业	548.97	23.91	21.70	502.26		1.10	
纺织服装、鞋、帽制造业	28.48	0.76	0.76	26.96			
皮革、毛皮、羽毛（绒）及其制品业	139.94	37.19	1.04	101.48		0.24	
木材加工及木、竹、藤、棕、草制品业	23.33	1.01	0.74	21.58			
家具制造业	85.20	10.53	8.49	66.18			
造纸及纸制品业	354.44	181.81	71.01	101.62			
印刷业和记录媒介的复制	30.46	0.52	0.61	29.29		0.03	
文教体育用品制造业	14.56		2.18	12.38			
石油加工炼焦及核燃料	0.18			0.18			
化学原料及化学制品制造	516.39	149.11	14.42	325.30		27.56	
医药制造业	2028.36	117.11	97.79	1769.10	0.40	43.96	
化学纤维制造业	0.79			0.79			
橡胶制品业	265.36	60.24	66.30	138.15		0.66	
塑料制品业	705.19	59.55	34.84	610.68		0.12	
非金属矿物制品业	171.03	40.10	4.15	125.89		0.89	
黑色金属冶炼及压延	55.38	6.53	0.35	48.50			
有色金属冶炼及压延	85.87	8.72	2.35	73.95		0.85	
金属制品业	582.09	52.68	10.99	518.17		0.25	
通用设备制造业	509.14	17.81	21.02	470.01		0.29	
专用设备制造业	246.37	5.48	7.02	233.87			
交通运输设备制造业	780.56	21.18	20.20	738.53	0.15	0.50	
电气机械及器材制造业	425.88	9.74	11.97	404.04		0.13	
通信设备、计算机及其他电子设备制造业	80.19	0.15	0.83	79.21			
仪器仪表及文化、办公用机械制造业	179.69	5.50	2.64	171.52		0.02	
工艺品及其他制造业	408.08	6.45	71.66	329.97			
废弃资源和废旧材料回收加工业	25.41	3.07	1.74	20.47		0.14	
电力、热力的生产和供应业	2961.42	1038.78		150.64	1772.00		253.86
燃气生产和供应业	1.04			1.04			
水的生产和供应业	49915.46	43461.95		3952.34		2501.16	45528.09

主 要 统 计 指 标 解 释

能源购进量 指能源使用单位在报告期内外购的、用于本企业消费的各种一次能源和二次能源。购进量的统计原则是:谁购进,谁统计。

能源消费量 是指能源使用单位在报告期内实际消费的一次能源或二次能源的数量。包括终端消费和中间消费。能源消费数量分别用实物量和价值量表示。能源消费量统计的原则是:

(1)谁消费、谁统计;

(2)何时投入使用,何时计算消费量;

(3)消费量只能计算一次。

工业企业的能源消费量包括工业企业在生产过程中作为燃料、动力、原料、辅助材料使用的能源以及工艺用能、非生产用能。作为能源加工转换企业,还要包括能源加工转换的投入量。具体包括:

(1)用于本企业产品生产、工业性作业和其他生产性活动的能源;

(2)用于技术更新改造措施、新技术研究和新产品试制以及科学试验等方面的能源;

(3)用于经营维修、建筑及设备大修理、机电设备和交通运输工具等方面的能源;

(4)用于劳动保护的能源;

(5)其他非生产消费的能源。

综合能源消费量 是指报告期内工业企业在工业生产活动中实际消费的各种能源的总和。

万元工业总产值综合能耗 是指综合能源消费量与工业总产值之比,它反应单位工业总产值所耗的能源量。

标准煤 各种能源折算成以煤当量为统一标准的计量单位。

能源消费弹性系数 是反映能源消费增长速度与国民经济增长速度之间比例关系的指标。计算公式:

$$\text{能源消费弹性系数} = \frac{\text{能源消费量年平均增长速度}}{\text{国民经济年平均增长速度}}$$

电力消费弹性系数 是反映电力消费增长速度与国民经济增长速度之间比例关系的指标。计算公式:

$$\text{电力消费弹性系数} = \frac{\text{电力消费量年平均增长速度}}{\text{国民经济年平均增长速度}}$$

国民经济年平均增长速度,可根据不同的目的或需要,用国民生产总值,国内生产总值等指标来计算,本资料是采用生产总值指标计算的。

取水总量 指工业企业从各种水源提取的,并用于工业生产活动的水量总和。包括地表水、地下水、自来水、由管道供应的未经达标处理的水、经城市污水处理厂处理后回用的中水、海水,以及企业从市场购得的其他水或水的产品(如纯净水、矿泉水、蒸汽、热水、地热水等)。

批发零售贸易业和住宿餐饮业

Wholesale and Retail Sale Trade and Accommodation and Restaurants

8-1 主要年份社会消费品零售总额

单位:万元

年份	社会消费品零售总额	批发和零售业	住宿和餐饮业	其他
1949	3257	3178	61	18
1952	5196	5066	100	30
1957	13064	12636	353	75
1962	18197	17188	892	117
1965	19656	19011	536	109
1970	24796	23298	721	777
1975	31157	29890	860	407
1978	49157	47252	1204	701
1980	76294	72577	1731	1986
1985	169672	155903	4911	8858
1990	371549	338638	13646	19265
1991	403936	367993	15173	20770
1992	471531	416951	20578	34002
1993	645085	557732	32129	55224
1994	1004440	896540	70359	37541
1995	1431932	1303393	105055	23484
1996	1679697	1504939	112149	62609
1997	1765479	1562593	128040	74846
1998	1818458	1605022	128517	84919
1999	2009855	1750219	153424	106212
2000	2180811	1928811	174445	77555
2001	2458302	2153581	221176	83545
2002	2839044	2437704	310493	90847
2003	3264367	2757343	396443	110581
2004	3788700	3203478	479122	106100
2005	4412511	3702714	590178	119619
2006	5146870	4331501	689924	125445
2007	6016532	5076909	809356	130268
2008	7184344	6365848	798191	20305
2009	8178784	7293463	857701	27620
2010	9604506	8582807	1021699	

注：从2010年开始社会消费品零售总额统计范围不包括非批发零售和住宿餐饮业单位,下同。

8-2 市区主要年份社会消费品零售总额

单位:万元

年份	市区	椒江区	黄岩区	路桥区
1949	1076	374	702	
1952	1805	624	1181	
1957	4309	1522	2787	
1962	7016	2633	4383	
1965	7252	2810	4442	
1970	8202	2920	5282	
1975	9250	3453	5797	
1978	17280	6439	10841	
1980	25401	7748	17653	
1985	70360	27755	42605	
1990	142578	59519	83059	
1991	155604	62263	93341	
1992	180794	73184	107611	
1993	243417	103095	140322	
1994	386377	146619	104408	135350
1995	553034	223732	111089	218213
1996	663850	245383	150304	268164
1997	703877	224198	176307	303372
1998	726139	225090	188648	312400
1999	808145	239840	223925	344379
2000	887364	266039	237137	384188
2001	1028501	319272	275079	434150
2002	1200228	375093	313040	512094
2003	1381562	431911	350605	599046
2004	1592391	497000	399900	695491
2005	1869294	588109	468078	813107
2006	2193664	681730	553696	958238
2007	2573539	796143	642574	1134822
2008	3071525	946678	756962	1367884
2009	3466197	1103547	901447	1461203
2010	4104622	1290855	1062868	1750899

8－3　各县市主要年份社会消费品零售总额

单位:万元

年　份	玉环县	三门县	天台县	仙居县	温岭市	临海市
1949	157	226	376	116	569	737
1952	394	252	524	181	1146	894
1957	1209	615	1132	635	2786	2378
1962	1432	767	1308	940	3455	3279
1965	1524	948	1478	1038	3876	3540
1970	1795	1338	2001	1776	5249	4435
1975	2345	2097	2979	2055	6673	5758
1978	4508	3525	3731	2679	10583	6851
1980	7977	5359	5790	4401	15173	12193
1985	16456	10331	10571	8348	31718	21887
1990	28249	20298	33129	15637	74716	56942
1991	29656	19249	35287	17087	83792	63261
1992	34758	23277	39887	20012	102236	70566
1993	46274	29489	48065	31299	148681	97860
1994	79306	40805	66980	37969	251317	141685
1995	124342	59402	83421	57532	371144	183057
1996	119885	59020	101511	68760	477408	189263
1997	127677	60178	105683	69266	517735	181061
1998	133218	57449	111444	74776	551521	163911
1999	144955	66516	118778	79902	587884	203676
2000	170963	75880	125285	86181	604442	230696
2001	193876	84497	141571	97410	642717	269731
2002	230107	101627	163583	114621	711693	317185
2003	271759	125379	186643	133469	796888	368667
2004	317509	151200	216200	156400	922800	432200
2005	369147	172396	243753	182602	1073924	501395
2006	425807	200757	281620	212075	1249273	583674
2007	494012	235352	327617	246518	1457003	682491
2008	593376	281905	393193	293847	1736376	814122
2009	641673	325938	435291	346606	2025050	938029
2010	756617	375712	496479	409210	2355278	1106588

8－4 限额以上批发和零售业企业销售情况

（2010 年）

单位：万元

名称	法人企业（个）	年末从业人数（人）	销售额	批发额	零售额
总计	**627**	**32615**	**10824794**	**8058454**	**2766340**
一、批发业	**391**	**14643**	**7224095**	**7051645**	**172450**
按登记注册类型分					
内资企业	388	14583	7203965	7032015	171950
国有企业	10	2207	812752	812558	195
有限责任公司	173	6617	3175743	3045677	130066
股份有限公司	10	1038	335822	322747	13075
私营企业	194	4712	2874702	2846088	28614
其他企业	1	9	4945	4945	
港、澳、台商投资企业	2	44	11252	10752	500
外商投资企业	1	16	8878	8878	
按批发行业分					
农畜产品批发业	1	11	2329	2135	195
食品、饮料及烟草制品批发业	22	2795	825408	822597	2812
纺织、服装及日用品批发业	46	1065	670272	670272	
文化、体育用品及器材批发业	5	94	32704	32154	550
医药及医疗器材批发业	16	2194	446327	325343	120985
矿产品、建材及化工产品批发业	195	4848	3864991	3853692	11299
机械设备、五金交电及电子产品批发业	75	2733	943746	907138	36608
贸易经纪与代理	4	56	65325	65325	
其他批发业	27	847	372993	372991	2

8－4续表

单位:万元

名　　称	法人企业（个）	年末从业人数（人）	销售额	批发额	零售额
二、零　售　业	**236**	**17972**	**3600700**	**1006809**	**2593891**
按登记注册类型分					
内资企业	228	15991	3406201	1001763	2404438
国有企业	7	971	65777	618	65159
集体企业	3	35	6755	768	5988
股份合作企业	1	9	1150	920	230
有限责任公司	87	6799	1028664	83661	945004
股份有限公司	6	1213	1166951	815514	351437
私营企业	124	6964	1136904	100283	1036621
港、澳、台商投资企业	6	1680	185005	3571	181434
外商投资企业	2	301	9494	1476	8018
按零售行业分					
综合零售业	29	6333	351390	3571	347819
食品、饮料及烟草制品专门零售业	6	749	51572		51572
纺织、服装及日用品专门零售业	5	648	17751	1474	16277
文化、体育用品及器材专门零售业	14	657	54903	11978	42925
医药及医疗器材专门零售业	10	958	130650	5475	125175
汽车、摩托车、燃料及零配件专门零售业	119	6732	2811135	951794	1859341
家用电器及电子产品专门零售业	32	1384	132165	24117	108048
五金、家具及室内装修材料专门零售业	5	123	5597	1289	4308
无店铺及其他零售业	16	388	45538	7113	38425
按经营方式分					
独立门店	216	13442	3104324	772752	2331572
连锁总店	5	3043	140890	4592	136298
连锁门店	11	1039	317875	229465	88409
其他	4	448	37612		37612
按零售业态分					
超　市	15	1766	93589		93589
大型超市	7	2646	129455		129455
百货店	7	1999	130990	3571	127420
专业店	131	5984	1038479	344030	694449
专卖店	73	5361	2187312	649922	1537390
家居建材商店	2	101	2567		2567
购物中心	1	115	18307	9286	9021

8－5　限额以上住宿业和餐饮业企业经营情况

（2010 年）

单位：万元

名　　称	法人企业（个）	年末从业人数（人）	营业额	客房间数（间）	床位数（个）	餐位数（位）	年末餐饮营业面积（平方米）
总　　计	**120**	**18567**	**234437**	**41961**	**100645**	**66931**	**261385**
一、住　宿　业	**65**	**13420**	**160124**	**40659**	**98539**	**39520**	**147843**
按登记注册类型分							
内资企业	63	12303	143648	40007	97520	36010	126843
国有企业	5	831	9586	629	1085	3511	11200
集体企业	1	55	436	100	180	120	200
股份合作企业	1	84	1417	124	211	650	2500
有限责任公司	21	4531	50533	3059	5242	13063	46505
股份有限公司	3	784	12050	392	689	2200	8957
私营企业	32	6018	69627	35703	90113	16466	57481
港、澳、台商投资企业	1	667	11592	410	565	2010	12000
外商投资企业	1	450	4885	242	454	1500	9000
按住宿行业分							
旅游饭店	58	12328	150221	39584	96845	36825	133355
一般旅馆	7	1092	9904	1075	1694	2695	14488
按星级分							
五星	1	667	11592	410	565	2010	12000
四星	12	4233	52615	2668	4345	9320	37223
三星	21	3468	34269	2533	4429	13455	39939
二星	11	998	11536	1189	2080	3929	10909
其他	20	4054	50113	33859	87120	10806	47772
二、餐　饮　业	**55**	**5147**	**74313**	**1302**	**2106**	**27411**	**113542**
按登记注册类型分							
内资企业	54	5103	73732	1175	1865	27095	112423
集体企业	1	33	380			435	900
有限责任公司	10	820	17331	293	462	4953	16140
股份有限公司	2	291	2576	11	16	2580	10000
私营企业	41	3959	53445	871	1387	19127	85383
外商投资企业	1	44	581	127	241	316	1119
按餐饮行业分							
正餐服务	51	4807	70174	1138	1871	24941	102076
快餐服务	1	40	301			130	416
饮料及冷饮服务	1	47	286			270	1000
其他餐饮服务	2	253	3552	164	235	2070	10050
按经营方式分							
独立门店	55	5147	74313	1302	2106	27411	113542

8-6 限额以上批发和零售业企业财务状况(一)

(2010年)

单位:万元

名称	企业数(个)	流动资产合计	#存货	固定资产原价	累计折旧	#本年折旧
总计	**627**	**3376232**	**607344**	**472496**	**150099**	**27219**
一、批发业	**391**	**2443328**	**358726**	**233833**	**79061**	**11824**
按登记注册类型分						
内资企业	388	2438298	357776	232271	78328	11670
国有企业	10	264602	14908	72244	27844	2844
有限责任公司	173	1069691	148573	75275	23055	3566
股份有限公司	10	191775	25142	21084	5178	847
私营企业	194	910359	169152	63669	22252	4413
其他	1	1871				
港澳台商投资企业	2	4484	950	1562	733	153
外商投资企业	1	546				
按批发行业分						
农畜产品批发业	1	2404	14	862	250	23
食品、饮料及烟草制品批发业	22	283689	28042	69840	27635	2932
纺织、服装及日用品批发业	46	224811	8081	7199	3522	650
文化、体育用品及器材批发业	5	9139	859	829	282	54
医药及医疗器材批发业	16	173131	35477	13395	4370	-473
矿产品、建材及化工产品批发业	195	1228054	199556	106700	32102	6500
机械设备、五金交电及电子产品批发业	75	356450	50489	29481	8516	1614
贸易经纪与代理	4	45678	10	396	249	82
其他批发业	27	119973	36198	5132	2136	442

8－6续表

单位:万元

名　　称	企业数(个)	流动资产合计	#存货	固定资产原价	累计折旧	#本年折旧
二、零　售　业	**236**	**932905**	**248618**	**238663**	**71038**	**15395**
按登记注册类型分						
内资企业	228	847506	235006	199576	62903	13352
国有企业	7	13848	5210	9952	3022	300
集体企业	3	579	333	214	60	11
股份合作企业	1	69	47	49	40	2
有限责任公司	87	328323	91691	79930	21790	5463
股份有限公司	6	155429	23840	56603	19581	2988
私营企业	124	349260	113885	52828	18410	4588
港澳台商投资企业	6	65029	12307	35157	7501	1502
外商投资企业	2	20370	1306	3931	634	542
按零售行业分						
综合零售业	29	177626	40227	59049	16938	3891
食品、饮料及烟草制品专门零售业	6	9500	3523	9076	2352	304
纺织、服装及日用品专门零售业	5	5784	2928	427	172	96
文化、体育用品及器材专门零售业	14	38259	11273	25948	4770	765
医药及医疗器材专门零售业	10	40270	13058	1896	907	261
汽车、摩托车、燃料及零配件专门零售业	119	594107	153234	126885	40376	9219
家用电器及电子产品专门零售业	32	54419	23034	4308	1893	444
五金、家具及室内装修材料专门零售业	5	1200	410	1134	111	20
无店铺及其他零售业	16	11739	932	9942	3520	394
按经营方式分						
独立门店	216	717387	213964	174405	53315	12395
连锁总店	5	90461	18976	11408	5555	1076
连锁门店	11	114481	14195	34117	8770	1903
其他	4	10577	1484	18733	3398	21
按零售业态分						
超　市	15	22621	10691	6126	3083	1134
大型超市	7	85692	14115	31828	6526	1491
百货店	7	68939	15409	21154	7363	1282
专业店	131	325685	71428	73906	21832	4210
专卖店	73	421118	133385	104538	32053	7222
家居建材商店	2	226	120	880	70	5
购物中心	1	8624	3470	231	111	51

8－7 限额以上批发和零售业企业财务状况(二)

(2010年)

单位:万元

名称	资产合计	负债合计	所有者权益	#实收资本	#国家资本	主营业务收入
总计	**4088065**	**3072624**	**1015441**	**539067**	**71820**	**9557706**
一、批发业	**2812716**	**2106075**	**706641**	**337342**	**12773**	**6422399**
按登记注册类型分						
内资企业	2806626	2103289	703336	334761	12773	6405194
国有企业	317695	49650	268045	9162	8980	710144
有限责任公司	1228040	1023358	204682	161757	3128	2832066
股份有限公司	233436	212814	20622	15326	664	290672
私营企业	1025577	816344	209233	148016		2568086
其他	1878	1124	754	500		4227
港澳台商投资企业	5544	2239	3305	2580		9617
外商投资企业	546	546		1		7588
按批发行业分						
农畜产品批发业	3078	1437	1641	252	252	2061
食品、饮料及烟草制品批发业	335060	63523	271536	11266	7520	717306
纺织、服装及日用品批发业	232731	212044	20687	14357		656694
文化、体育用品及器材批发业	9751	8681	1069	853		31500
医药及医疗器材批发业	189674	167476	22198	11780	425	384221
矿产品、建材及化工产品批发业	1443756	1153893	289863	223880	1843	3375313
机械设备、五金交电及电子产品批发业	428222	348509	79713	55633	2598	856131
贸易经纪与代理	45826	45046	780	1131		65325
其他批发业	124619	105465	19153	18191	135	333848

8－7 续表

单位:万元

名　　称	资产合计	负债合计	所有者权益	#实收资本	#国家资本	主营业务收入
二、零　售　业	**1275349**	**966549**	**308800**	**201724**	**59047**	**3135306**
按登记注册类型分						
内资企业	1131172	839519	291652	177739	59047	2955258
国有企业	22428	13188	9240	923	923	57159
集体企业	741	364	377	79		6755
股份合作企业	78	4	74	50		983
有限责任公司	435182	354426	80756	50290	3048	897205
股份有限公司	268574	137392	131182	55405	55077	982885
私营企业	404168	334146	70022	70992		1010271
港澳台商投资企业	120160	100624	19536	23769		170772
外商投资企业	24018	26406	－2388	217		9277
按零售行业分						
综合零售业	258667	239036	19631	35500	110	305674
食品、饮料及烟草制品专门零售业	17382	10996	6386	856	671	45513
纺织、服装及日用品专门零售业	6110	6602	－492	1420		15492
文化、体育用品及器材专门零售业	74690	40524	34166	2938	1918	43698
医药及医疗器材专门零售业	42586	33416	9170	3430	50	111999
汽车、摩托车、燃料及零配件专门零售业	787139	569676	217462	141449	56298	2453880
家用电器及电子产品专门零售业	58776	49060	9716	8151		113226
五金、家具及室内装修材料专门零售业	3022	2402	620	328		5189
无店铺及其他零售业	26979	14837	12142	7653		40637
按经营方式分						
独立门店	934019	724880	209139	171018	55011	2713804
连锁总店	118122	97242	20880	17338		121102
连锁门店	193546	121025	72522	4236	4036	266537
其他	29662	23403	6259	9133		33863
按零售业态分						
超　市	28807	30919	－2112	4573	110	82144
大型超市	123637	123458	180	12425		112714
百货店	105944	85471	20473	18302		113837
专业店	456016	306830	149186	52132	5119	901295
专卖店	550367	410141	140226	113594	53819	1907261
家居建材商店	1835	1538	297	180		2408
购物中心	8744	8192	552	518		15647

8-8 限额以上批发和零售业企业财务状况(三)

(2010年)

单位:万元

名称	主营业务成本	主营业务税金	主营业务利润	其他业务利润	营业费用	管理费用	#税金
总计	**8902348**	**44372**	**610985**	**35909**	**263010**	**154446**	**7907**
一、批发业	**5961352**	**39954**	**421094**	**9517**	**155763**	**94395**	**4212**
按登记注册类型分							
内资企业	5945475	39950	419769	9483	154794	94118	4211
国有企业	542802	34580	132763	2268	13540	29673	577
有限责任公司	2673288	2715	156063	2086	82001	32652	1619
股份有限公司	274225	378	16069	849	6012	5115	248
私营企业	2451407	2278	114401	4281	53192	26620	1766
其他	3754		473		50	59	1
港澳台商投资企业	8595	4	1019	32	717	277	1
外商投资企业	7282		307	1	253		
按批发行业分							
农畜产品批发业	1992	2	68	91	43	153	25
食品、饮料及烟草制品批发业	547523	34694	135090	2230	13742	30638	579
纺织、服装及日用品批发业	633445	171	23078	1778	10881	6125	305
文化、体育用品及器材批发业	29788	14	1698	22	1139	341	11
医药及医疗器材批发业	338910	643	44668	393	23408	10691	303
矿产品、建材及化工产品批发业	3227281	2941	145091	3006	71361	28375	2207
机械设备、五金交电及电子产品批发业	798698	946	56487	1798	26130	14628	561
贸易经纪与代理	63078	3	2244	155	1075	423	16
其他批发业	320637	541	12670	43	7985	3021	205

8－8 续表

单位:万元

名　　称	主营业务成　本	主营业务税　金	主营业务利　润	其他业务利　润	营　业费　用	管　理费　用	#税 金
二、零　售　业	**2940996**	**4418**	**189892**	**26392**	**107247**	**60051**	**3696**
按登记注册类型分							
内资企业	2777165	4161	173932	19152	90520	53928	3426
国有企业	51454	66	5639	1014	2234	2433	63
集体企业	6296	9	451		188	89	1
股份合作企业	930	1	52		41		
有限责任公司	828966	1885	66354	10223	38589	23357	1428
股份有限公司	938792	906	43187	1521	18128	5569	302
私营企业	950727	1295	58250	6394	31341	22481	1633
港澳台商投资企业	156021	256	14495	5982	12582	6043	270
外商投资企业	7811	2	1465	1258	4145	81	
按零售行业分							
综合零售业	267230	1318	37125	16684	39989	13401	744
食品、饮料及烟草制品专门零售业	41631	16	3866	614	1113	2185	64
纺织、服装及日用品专门零售业	12461	83	2948	29	2550	1096	3
文化、体育用品及器材专门零售业	35139	209	8350	1290	3104	4105	256
医药及医疗器材专门零售业	101143	310	10546	187	3408	1821	199
汽车、摩托车、燃料及零配件专门零售业	2339454	2221	112205	5941	47410	32839	2193
家用电器及电子产品专门零售业	103121	190	9916	1436	6547	2923	146
五金、家具及室内装修材料专门零售业	4246	21	921		693	317	7
无店铺及其他零售业	36571	51	4015	213	2434	1365	85
按经营方式分							
独立门店	2555434	3562	154808	18064	84564	49107	3239
连锁总店	105113	488	15501	4166	12605	4096	127
连锁门店	249626	269	16642	2512	8685	3688	294
其他	30823	99	2941	1651	1394	3161	36
按零售业态分							
超　市	71690	282	10173	2570	10291	2478	64
大型超市	100362	431	11921	8191	20152	4219	65
百货店	97800	600	15437	5781	9545	6751	616
专业店	837575	1182	62538	4993	26405	19210	1055
专卖店	1817151	1884	88226	4691	39569	27011	1877
家居建材商店	1724	18	666		583	204	
购物中心	14696	21	930	165	703	179	19

8－9　限额以上批发和零售业企业财务状况(四)

(2010年)

单位:万元

名　　称	财务费用	#利息支出	营业利润	利润总额	应付工资	应付福利	应交增值税
总　　计	**44725**	**32985**	**184586**	**199468**	**105903**	**7120**	**91384**
一、批　发　业	**29508**	**21722**	**150945**	**163346**	**59586**	**4254**	**66100**
按登记注册类型分							
内资企业	29290	21504	151050	163492	59434	4254	65892
国有企业	－3912	－4073	95729	96083	18575	2503	27896
有限责任公司	14438	9990	29058	30947	23560	843	20112
股份有限公司	4171	3390	1622	2209	3964	262	2307
私营企业	14556	12197	24315	33922	13285	646	15577
其　　他	37		327	331	50		
港澳台商投资企业	218	218	－161	－201	109		155
外商投资企业			55	55	43		52
按批发行业分							
农畜产品批发业	－51	－51	13	58	49	5	
食品、饮料及烟草制品批发业	－3905	－4013	96844	96900	19832	2646	28260
纺织、服装及日用品批发业	3399	962	4451	4269	3065	110	675
文化、体育用品及器材批发业	168	49	72	79	271	6	25
医药及医疗器材批发业	1424	1144	9538	9865	9414	449	5706
矿产品、建材及化工产品批发业	22736	20174	25626	33685	15443	484	19847
机械设备、五金交电及电子产品批发业	3212	1291	14315	14917	9494	516	6817
贸易经纪与代理	419	311	482	545	168	4	
其他批发业	2106	1857	－398	3028	1850	36	4769

8－9续表

单位:万元

名称	财务费用	#利息支出	营业利润	利润总额	应付工资	应付福利	应交增值税
二、零　售　业	**15217**	**11263**	**33642**	**36122**	**46317**	**2866**	**25284**
按登记注册类型分							
内资企业	13446	10104	35064	37258	41849	2613	22613
国有企业	58	52	1929	2306	2300	114	416
集体企业	1	1	173	172	84	1	59
股份合作企业			11	10	22		8
有限责任公司	6992	5521	7512	7830	17977	1250	8217
股份有限公司	153	11	20858	22345	4735	608	6915
私营企业	6241	4519	4582	4595	16732	640	6999
港澳台商投资企业	1735	1159	117	350	3925	194	2474
外商投资企业	36		－1540	－1486	544	59	197
按零售行业分							
综合零售业	2854	1686	－2435	－2229	12800	625	5857
食品、饮料及烟草制品专门零售业	67	65	1113	1471	1726	67	56
纺织、服装及日用品专门零售业	159	132	－829	－783	1226	71	482
文化、体育用品及器材专门零售业	311	186	1993	1986	2104	386	618
医药及医疗器材专门零售业	1015	954	4489	4519	2826	112	1759
汽车、摩托车、燃料及零配件专门零售业	9837	7591	28060	29145	21357	1493	14747
家用电器及电子产品专门零售业	657	368	1224	1225	3139	72	1161
五金、家具及室内装修材料专门零售业	16		－104	－111	279	11	154
无店铺及其他零售业	300	281	130	899	861	30	449
按经营方式分							
独立门店	13274	10074	25928	28386	36056	2062	21020
连锁总店	1022	772	1944	2196	5781	272	2606
连锁门店	445	321	6210	5924	3724	532	1291
其他	476	96	－439	－384	757		366
按零售业态分							
超　市	273	193	－299	－178	3298	208	1546
大型超市	692	190	－4951	－4466	5185	332	2074
百货店	1886	1306	3038	2683	4534	69	2233
专业店	4347	3605	17443	18115	16295	1024	7086
专卖店	7941	5937	18397	19956	16427	1226	12185
家居建材商店	16		－136	－137	231	7	41
购物中心	63	33	150	151	348		120

8－10　限额以上住宿业和餐饮业企业财务状况(一)

(2010年)

单位:万元

名　　称	企业数(个)	流动资产合　计	#存货	固定资产原　价	累　计折　旧	#本年折旧
总　　计	**120**	**188680**	**9946**	**264853**	**97876**	**14970**
一、住　宿　业	**65**	**163533**	**7310**	**244346**	**91477**	**13422**
按登记注册类型分						
内资企业	63	148590	6479	183448	75806	9044
国有企业	5	4132	202	10252	4113	186
集体企业	1	446	29	2836	738	
股份合作企业	1	189	50	1755	1121	48
有限责任公司	21	43438	1567	80888	30999	3761
股份有限公司	3	7491	220	4130	2809	385
私营企业	32	92895	4411	83588	36026	4664
港澳台商投资企业	1	4039	786	43008	12375	2507
外商投资企业	1	10904	45	17890	3297	1871
按住宿行业分						
旅游饭店	58	138275	6295	223901	87454	11253
一般旅馆	7	25258	1016	20446	4024	2169
二、餐　饮　业	**55**	**25146**	**2636**	**20506**	**6399**	**1548**
按登记注册类型分						
内资企业	54	24810	2578	17905	5376	1416
集体企业	1	26	1	141	130	2
有限责任公司	10	7194	503	2379	902	212
股份有限公司	2	396	60	443	438	14
私营企业	41	17194	2015	14942	3905	1188
外商投资企业	1	337	57	2602	1023	132
按餐饮行业分						
正餐服务业	51	24420	2580	18850	5941	1358
快餐服务业	1	27	5	8		
饮料及冷饮服务业	1	127	4	196	139	40
其他餐饮服务业	2	573	47	1453	319	151

8－11 限额以上住宿业和餐饮业企业财务状况(二)

(2010年)

单位:万元

名 称	资产合计	负债合计	所有者权益	*实收资本	*国家资本	主营业务收入
总 计	**446312**	**348901**	**97411**	**145941**	**2158**	**231896**
一、住 宿 业	**392809**	**309224**	**83585**	**127271**	**2158**	**157917**
按登记注册类型分						
内资企业	315600	257519	58081	94740	2158	142851
国有企业	10446	8410	2036	1331	658	9561
集体企业	5231	5577	－346	1000		436
股份合作企业	943	398	545	500		1476
有限责任公司	118680	97344	21336	36866	1500	49635
股份有限公司	12186	13410	－1224	2218		12037
私营企业	168115	132381	35733	52825		69706
港澳台商投资企业	43341	30332	13009	15413		10184
外商投资企业	33868	21373	12495	17118		4881
按住宿行业分						
旅游饭店	335314	264573	70741	107575	2158	148027
一般旅馆	57495	44651	12845	19696		9890
二、餐 饮 业	**53503**	**39677**	**13826**	**18670**		**73980**
按登记注册类型分						
内资企业	51588	38068	13520	17281		73404
集体企业	38	106	－68	37		376
有限责任公司	12098	9445	2653	3403		17054
股份有限公司	424	816	－393	1000		2576
私营企业	39028	27701	11327	12841		53397
外商投资企业	1915	1609	306	1389		576
按餐饮行业分						
正餐服务业	51527	38485	13042	17990		69841
快餐服务业	37	3	34	15		301
饮料及冷饮服务业	184	81	103	100		286
其他餐饮服务业	1756	1108	648	565		3552

8－12 限额以上住宿业和餐饮业企业财务状况(三)

(2010年)

单位:万元

名　　称	主营业务成本	主营业务税金	主营业务利润	其他业务利润	营业费用	管理费用	#税金
总　　计	**105322**	**12787**	**113787**	**3236**	**64815**	**47340**	**2047**
一、住　宿　业	**61627**	**8731**	**87559**	**2906**	**48733**	**38738**	**1623**
按登记注册类型分							
内资企业	57270	7956	77625	1714	43002	34409	1492
国有企业	4532	521	4509	140	2487	1830	80
集体企业	1	17	418		153	338	
股份合作企业	791	83	602		503	60	10
有限责任公司	19336	2778	27521	1023	14214	14030	352
股份有限公司	5525	679	5833	13	4099	1810	5
私营企业	27085	3879	38742	538	21548	16341	1046
港澳台商投资企业	2853	539	6792	1189	3111	3245	109
外商投资企业	1503	236	3142	3	2620	1084	22
按住宿行业分							
旅游饭店	59145	8213	80669	2902	43502	34695	1577
一般旅馆	2482	519	6890	3	5232	4043	46
二、餐　饮　业	**43696**	**4055**	**26229**	**330**	**16082**	**8602**	**424**
按登记注册类型分							
内资企业	43541	4024	25839	325	15959	8253	393
集体企业	245	21	111	1	89	59	2
有限责任公司	10517	957	5581	276	3975	1510	107
股份有限公司	1360	122	1094		933	265	1
私营企业	31420	2924	19053	48	10962	6418	283
外商投资企业	154	31	390	5	123	350	31
按餐饮行业分							
正餐服务业	41598	3800	24443	330	15239	7823	420
快餐服务业	185	12	104		67	10	1
饮料及冷饮服务业	146	15	126		111	2	1
其他餐饮服务业	1767	229	1556		665	767	2

8-13 限额以上住宿业和餐饮业企业财务状况(四)

(2010年)

单位:万元

名　　称	财务费用	#利息支出	营业利润	利润总额	应付工资	应付福利
总　　计	**10173**	**6863**	**-5306**	**-4362**	**36883**	**1581**
一、住　宿　业	9071	6546	-6078	-5265	26828	1198
按登记注册类型分						
内资企业	7026	4625	-5099	-4379	24034	1198
国有企业	94	43	239	163	1463	31
集体企业	1		-74	-58	245	25
股份合作企业	23	11	17	17	138	8
有限责任公司	2887	1712	-2587	-2542	8746	354
股份有限公司	637	517	-700	-691	1649	165
私营企业	3385	2342	-1993	-1268	11793	616
港澳台商投资企业	824	701	801	814	1782	
外商投资企业	1221	1220	-1780	-1700	1012	
按住宿行业分						
旅游饭店	7765	5286	-2391	-1666	24322	1112
一般旅馆	1305	1260	-3687	-3599	2505	86
二、餐　饮　业	**1102**	**317**	**772**	**903**	**10055**	**383**
按登记注册类型分						
内资企业	1084	298	869	999	9998	383
集体企业			-37	-17	64	9
有限责任公司	232	69	139	146	1865	123
股份有限公司	26	1	-129	-141	566	18
私营企业	825	228	896	1012	7504	233
外商投资企业	19	19	-96	-96	57	
按餐饮行业分						
正餐服务业	1084	298	626	757	9645	362
快餐服务业			28	28	45	
饮料及冷饮服务业	1	1	13	13	46	7
其他餐饮服务业	18	18	106	106	319	14

8-14 各类商品市场基本情况

(1990-2010年)

年份	市场数（个）	消费品市场	生产资料市场	市场成交额（亿元）
1990	837			28.70
1991	822			32.80
1992	810			46.80
1993	851			71.70
1994	854			181.60
1995	859	740	119	352.10
1996	858	729	129	420.40
1997	843	687	156	396.50
1998	841	684	157	396.20
1999	811	687	124	439.80
2000	585	477	108	474.90
2001	569	464	105	541.50
2002	585	481	104	542.90
2003	538	440	98	577.40
2004	544	443	99	634.96
2005	530	435	95	671.76
2006	523	430	93	727.50
2007	538	444	94	798.79
2008	537	446	91	844.48
2009	571	478	93	905.77
2010	488	404	83	1019.87

主 要 统 计 指 标 解 释

社会消费品零售总额 指批发和零售业、餐饮业、新闻出版业、邮政业和其他服务业等，售予城乡居民用于生活消费的商品和社会集团用于公共消费的商品之总量。社会消费品零售总额包括：

一、批发和零售业企业(单位)：

1. 售予城乡居民的各种生活消费品；

2. 售予入境旅游的外国人、华侨、港澳台同胞的各类商品；

3. 售予行政事业单位、社会团体、军队和武警等机构的商品，以及以零售方式售予各类企业的商品。具体包括：用于非生产和社会交往的办公用品，如通讯设备、计算器具和设备、电讯网络设备、文印设备、音像视听器材和设备、纸张、本册、文具及装订文印材料、家具、日用电器、针纺织品、清洁卫生用品、文体用品、奖品、纪念品、礼品等；供内部人员乘坐的交通工具和燃料；用于办公设施修缮的各类配件、材料、工具等；用于取暖和防暑降温的设备、燃料、材料及食品等；专用于教学的用品和设备；非营利医疗机构的中、西药品、中药材和医疗设备器材；非专用的劳动保护用品；不对外营业的内部食堂用的餐具、炊具、设备、清洁卫生工具和食品、燃料等；军队、武警用于其人员生活的衣着品和个人用品；其他各类非生产性设备和用品。

二、餐饮业出售的主食、菜肴、烟酒饮料和其他商品。

三、新闻出版业、邮政业售予城乡居民、企事业单位、军队和武警等机构的书报杂志、音像制品、邮品等。

四、其他服务业出售的食品、烟酒饮料、服装鞋帽、日常生活用品、医药保健用品、艺术品、工艺美术品、玩具、殡葬用品以及其他消费品。

销售额 指对本企业以外的单位和个人出售(包括对国(境)外直接出口)的商品(包括售给本单位消费用的商品)。本指标由对生产经营单位批发额、对批发零售贸易业批发额、出口额和对居民和社会集团商品零售额项目组成。这个指标反映批发零售贸易企业在国内市场上销售商品以及出口商品的总量。

批发 指除零售以外的一切商品销售活动，包括对生产经营单位批发、对批发零售贸易业批发和出口。

连锁企业(或称连锁店、连锁公司) 指在核心企业或总店的领导下，由分散的、经营同类商品或服务的企业或活动单位，采取共同方针，实行集中采购和分散销售的有机结合，通过规范化经营，实现规模效益的经济联合组织形式。一般连锁店应由若干个分店组成。其经营特征：(1)经营同类商品；(2)使用统一商号；(3)统一采购配送，采购与销售相分离(部分商品可根据物流合理和保质保鲜原则，由供应商直接送货到门店，其余均由总部统一配送)。连锁门店包括下列两种形式：

1、直营连锁：指正规连锁。连锁门店均由总部独资或控股开设，在总部的直接领导下统一经营。

2、加盟连锁：指特许连锁。各连锁门店(被特许人)通过合同形式，取得使用总部(特许人)商标、商号、经营技术和销售总部开发的商品的特许权，各加盟连锁门店为独立法人，在总部指导下统一经营。

限额以上批发企业 指年主营业务收入在2000万元及以上的批发企业。

限额以上零售企业 指年主营业务收入在500万元及以上的零售企业。

限额以上住宿企业 指年主营业务收入在200万元及以上的住宿企业。

限额以上餐饮企业 指年主营业务收入在200万元及以上的餐饮企业。

营业额 指住宿和餐饮业法人企业、产业活动单位在经营活动中因提供服务或销售商品等取得的收入，包括：客房收入、餐费收入、商品销售收入和其他收入。

客房收入 指住宿和餐饮业法人企业、产业活动单位在经营活动中因提供住宿服务取得的客房收入。

餐费收入 指住宿和餐饮业法人企业、产业活动单位因为顾客提供就餐服务取得的收入。包括：经烹饪、调制加工后出售的各种食品，如主食、炒菜、凉拌菜等的收入。

市场成交额 指经乡镇及以上政府主管部门批准，有固定交易场所，进行经常性常年交易、并设有专职管理人员的现货商品交易市场所有摊位商品交易额之和。

对外经济贸易和旅游

Foreign Economy and Trade, Tourism

9-1 外贸出口和进口总额

(1990-2010年)

单位:万美元

年份	进出口总额	出口额	进口额	外贸企业		三资企业		生产企业	
				出口额	进口额	出口额	进口额	出口额	进口额
1990	1028	1020	8						
1991	3823	3793	30	3280	30	513			
1992	6127	6127		4767		1360			
1993	14732	14177	555	7564	547	5673		940	8
1994	24496	20314	4182	10925	3466	5999	618	3390	98
1995	32591	27778	4813	15344	2839	5880	1766	6554	208
1996	40111	32857	7254	14618	5954	8367	1175	9872	125
1997	46636	35757	10879	14778	9145	10764	1507	10215	227
1998	47337	37969	9368	13785	3037	11963	4839	12221	1492
1999	65932	49001	16931	13157	7609	18728	6061	17116	3261
2000	114436	86877	27559	26168	11413	27824	9781	32885	6365
2001	154277	117860	36417	34356	17799	38611	11511	44893	7107
2002	219125	180240	38885	50000	13215	54234	14578	76006	11092
2003	328806	265072	63734	61566	23414	74823	19794	128683	20527
2004	478862	379895	98967	81865	39787	103464	30522	194566	28658
2005	635301	519553	115748	102866	36617	145028	40127	271659	39004
2006	843174	703475	139699	129048	29112	203560	53227	370867	57360
2007	1109292	936472	172820	165165	41379	241736	66754	529571	64687
2008	1381114	1176443	204671	177425	58842	267234	76910	731785	68919
2009	1203152	1006683	196469	163521	60007	194230	65900	648932	70562
2010	1700137	1396259	303878	222856	72232	250367	118537	923037	113109

注：从1999年开始外贸进出口总额使用海关数据,下同。

9－2 外贸主要商品出口情况

（1990－2010年）

单位：万美元

年　份	水产品	服装	工艺品	罐头	缝纫机	节日灯	鞋类	阀门及龙头	医化产品	汽摩及零件
1990	241	175	350		45	24	8		77	57
1991	761	723	734	118	133	310	84			
1992	467	2232	775	183	162	467	104			
1993	1260	4802	3475	221	769	934	192	125	1018	81
1994	2500	5296	3952	465	997	1247	32	243	2078	168
1995	4695	4963	4812	1620	1243	2604	792	251	2394	186
1996	5215	3978	5825	1458	1875	3221	1682	672	3058	1542
1997	5299	3211	7709	2127	1317	3612	1299	1146	3433	1004
1998	3919	2376	10002	1863	1866	5943	887	1337	4988	1228
1999	3084	2407	13771	2484	2971	5680	1340	2155	7322	2006
2000	1911	3089	4363	3244	5403	8336	3160	4363	10354	9618
2001	3916	5047	6052	2860	6166	10093	7307	6729	14844	6052
2002	4041	6778	10388	3038	7195	15351	14855	10937	20564	7263
2003	4809	8580	10398	4092	10813	17273	27181	19908	29515	11466
2004	5790	8165	13549	3947	12860	20563	36315	30280	47494	31935
2005	6127	8737	16108	4097	16115	24575	45939	39988	51076	40554
2006	7710	12139	20244	4499	18878	22741	55766	67684	62478	59717
2007	7545	16487	19817	5294	21072	26654	67562	107788	78444	80877
2008	9168	9868	15778	5447	18794	28193	66748	128375	103760	110252
2009	7100	13283	14479	5269	14389	20523	66375	94698	102559	68674
2010	9547	10895	19004	6783	22968	35407	102670	139972	16665	90988

注：从2000年开始外贸出口商品使用海关数据。

9－3 按国别(地区)分外贸进出口总额

(2009－2010年)

单位:万美元

国 别 (地 区)	2009年			2010年		
	进出口总 额	出口额	进口额	进出口总 额	出口额	进口额
总 计	**1203152**	**1006683**	**196469**	**1700137**	**1396259**	**303878**
按各大洲分:						
欧 洲	395326	358613	36713	582358	506443	75915
亚 洲	427330	294754	132576	570472	391566	178906
北美洲	188891	171415	17476	268010	233073	34937
拉丁美洲	92032	85761	6271	139021	131391	7630
非 洲	73952	72627	1325	96646	94047	2599
大洋州	25621	23513	2108	43629	39740	3889
按区域(经济)组织分:						
其中:欧 盟	346125	311386	34739	497039	424608	72431
中 东	114416	111331	3085	138564	131404	7160
东 盟	68199	62238	5961	91022	82386	8636
主要国家(地区)						
其中:香 港	14120	13257	863	25259	23710	1549
台 湾	15122	9548	5574	21452	12529	8923
印 度	35647	34099	1548	47273	45542	1731
以色列	5938	5860	78	8331	7980	351
日 本	112165	21759	90406	143843	26767	117077
沙特阿拉伯	20229	17919	2310	21967	18751	3216
韩 国	39865	17682	22183	55465	27341	28124
土耳其	9448	9080	368	18250	17815	434
阿联酋	41305	41145	160	46109	45594	516
印度尼西亚	14869	14022	847	20157	19296	861
菲律宾	4699	4593	106	6515	6236	279
新加坡	12273	10673	1600	16116	13565	2551

9－3 续表

单位：万美元

国别（地区）	2009年			2010年		
	进出口总额	出口额	进口额	进出口总额	出口额	进口额
泰国	13184	11798	1386	20560	18165	2395
越南	8671	8430	241	11099	10718	381
埃及	12288	12191	97	13679	13612	67
尼日利亚	8018	8018		11504	11473	31
波兰	14853	14302	551	19465	18498	967
罗马尼亚	4846	4658	188	4538	4157	381
比利时	18850	15664	3186	24990	21073	3917
丹麦	6034	5093	941	7643	6803	840
英国	37861	32703	5158	60266	48043	12223
德国	66751	60503	6248	94908	81233	13675
法国	32533	31337	1196	45154	43307	1847
意大利	33668	30989	2679	59607	52736	6870
荷兰	47777	38432	9345	70305	48934	21371
希腊	9272	8890	382	11928	11143	785
西班牙	25649	24205	1444	37049	32301	4747
瑞典	6099	4562	1537	7685	5805	1880
阿根廷	8427	8422	5	11918	11883	35
巴西	17192	15869	1323	28074	27383	690
智利	11504	7817	3687	17782	12337	5445
墨西哥	19324	18435	889	26232	25205	1027
委内瑞拉	8384	8294	90	14379	14375	5
加拿大	25544	24584	960	33589	31524	2065
美国	163346	146830	16516	234420	201547	32873
澳大利亚	23328	21408	1920	34967	31526	3440

9-4 出口额按贸易方式分组情况

（1999-2010年）

单位：万美元

年份	一般贸易	加工贸易	来料加工装配贸易	进料加工装配贸易
1999	38634	10121	327	9794
2000	72969	13750	294	13456
2001	101241	16483	525	15957
2002	158279	21704	1077	20627
2003	232230	32255	1694	30562
2004	340957	37879	3203	34676
2005	465033	52253	5694	46559
2006	639293	62435	3317	59118
2007	862233	71488	879	70610
2008	1071447	104228	1015	103214
2009	897253	109001	1460	107541
2010	1251568	144160	849	143311

9-5 进口额按贸易方式分组情况

（1999-2010年）

单位：万美元

年份	一般贸易	加工贸易	来料加工装配贸易	进料加工装配贸易
1999	13940	2582	179	2403
2000	22785	3721	224	3497
2001	31660	3902	310	3592
2002	31500	6386	518	5868
2003	53209	9092	793	8299
2004	85759	11570	1801	9769
2005	96174	15998	2039	13959
2006	116411	21025	896	20128
2007	146618	22760	717	22043
2008	165676	36711	579	36132
2009	166668	28595	401	28194
2010	260365	41677	248	41429

9－6 对外经济合作和境外投资企业情况

（1988－2010年）

单位：万美元

年份	对外经济合作		境外投资企业				
	项目数（个）	营业额	当年投资境外企业（家）	中方投资额	境外企业直接出口	年末实有投资境外企业（家）	期末在外人数（人）
1988	304	28					
1989	671	91					
1990	428	99					
1991	240	85					
1992	119	53	2	58		2	767
1993	135	55	1	10	28	3	935
1994	92	42	1	5	57	4	655
1995	79	40	1	9	229	5	598
1996	76	36	6	79	409	11	609
1997	34	23	4	22	347	15	659
1998	40	34	6	51	528	19	690
1999	43	128	8	176	2405	22	416
2000	11	101	11	135	8838	27	243
2001	4	28	18	610	11724	31	344
2002	1	6262	25	548	15959	73	228
2003		6464	29	950	23053	97	252
2004		1320	39	1182	31578	136	428
2005		1800	48	1892	38680	184	444
2006		2600	55	5254	45869	245	808
2007	10	3784	38	5001	54489	277	466
2008	2	4002	39	6852		315	130
2009	1	5085	26	5119		342	146
2010	3	31175	29	7341		371	1912

9－7 利用外资情况

（1985－2010年）

单位:万美元

年份	项目数（企业数）（个）	总投资	合同外资	实际利用外资
1985	1	55	16	
1986	2	67	26	
1987	2	33	29	
1988	5	206	87	9
1989	12	1451	304	15
1990	9	314	109	21
1991	16	1035	405	43
1992	95	5211	2201	548
1993	266	24561	8461	2596
1994	155	17371	5438	2589
1995	123	17241	7763	3700
1996	70	12318	5335	3510
1997	51	9129	3037	3697
1998	91	25491	9994	3849
1999	93	16842	9949	4347
2000	120	22040	10715	5083
2001	107	23773	13329	5568
2002	173	60977	27919	11800
2003	200	94406	40204	21588
2004	123	61354	27507	21684
2005	117	63180	39893	25107
2006	139	160026	79829	31138
2007	95	135601	81681	31150
2008	38	43468	27300	23890
2009	25	28613	14334	18806
2010	28	16765	11842	13206

注：实际利用外资从2004年开始使用商务部统计口径，合同外资从2006年开始使用商务部统计口径。

9－8 按国别(地区)分利用外资

(2010年)

单位:万美元

国别(地区)	利用外资企业数(个)			合同外资			本年实际利用外资
	本年	累计	实存	本年	累计	实存	
总计	**28**	**2129**	**785**	**11842**	**409715**	**162541**	**13206**
其中:巴林		1			360		
文莱		3	3		211	211	
缅甸		1			13		
香港	8	868	296	1995	186793	79213	2833
印度		4	3		56	30	
印度尼西亚		23	11		5474	748	
伊朗	1	1	1	88	103	103	
伊拉克		1			50		
以色列		2			80		
日本	1	102	42	72	16301	5386	72
约旦		1			500		
老挝		1	1		162	187	
澳门		11	4		7758	1718	103
马来西亚		20	8	－319	3954	287	
巴基斯坦		2	1		50		
菲律宾		14	5	－50	1027	20	
沙特阿拉伯		3	1		444	22	
新加坡	1	43	15	102	13373	1857	8
韩国	1	60	25	－31	5944	761	
叙利亚		3	2		31	21	
泰国		17	5		2213	554	
土耳其		1			100		
阿拉伯联合酋长国	1	15	8	50	3488	438	50
台湾省	4	324	84	26	33562	9140	117
亚洲其他		1	1		71	71	
阿尔及利亚		1			68		
贝宁		1			20		
喀麦隆		2	1		500		
埃及	1	2	2	300	1404	1404	51
科特迪瓦		1	1		10	39	
毛里求斯		1			20		
摩洛哥		1			102		
尼日利亚		12	7		588	449	
塞舌尔		2	2		208	208	
索马里		1			20		
南非		4	1		900	190	
坦桑尼亚		1			10		
多哥		2	1		58	28	
比利时	1	2	1	3	173	53	
英国		36	17	－198	7829	1807	
德意志联邦共和国		29	16		2087	1353	

9－8续表

单位：万美元

国别（地区）	利用外资企业数（个）			合同外资			本年实际利用外资
	本年	累计	实存	本年	累计	实存	
法　国	1	18	7	1032	10353	5536	1031
爱尔兰		1	1		225	225	
意大利		17	6		1391	383	
荷　兰		20	11		2506	2144	
葡萄牙		1	1				
西班牙		16	9	－31	3758	1971	
阿尔巴尼亚		1	1		50	50	
奥地利	1	11	7	580	1833	1657	
保加利亚		3	2		129	118	
匈牙利		7	2		2729	2494	
波　兰		4	2		299	158	
罗马尼亚		16	11	－138	940	547	
瑞　典		4			220		
瑞　士		1	1		14	14	
拉脱维亚		1	1		50	50	
俄罗斯		6	3		172	100	
乌克兰		4			1650		
南斯拉夫联盟共和国		3			31		
捷克共和国		2	1		117	107	
欧洲其他		1	1				
阿根廷		3	1		59	24	
巴巴多斯		1	1				
巴　西		5			199		
开曼群岛		1	1				
智　利		3	1		51	15	
厄瓜多尔		1	1		10	10	
牙买加		1	1		6	6	
墨西哥		7	4		452	292	
巴拿马		1	1		13	13	
秘　鲁		3	1		54	26	
委内瑞拉		1	1		20	20	
英属维尔京群岛		32	23	954	37419	21052	4449
加拿大	1	35	16	60	6937	1823	
美　国	4	245	89	3364	28962	9570	1424
澳大利亚	1	36	15	280	5552	2231	
新西兰		5	4		494	443	
巴布亚新几内亚		1			15		
萨摩亚		7	3		1611	669	
马绍尔群岛共和国		1			27		
国（地）别不详的		1			753		
投资性公司投资	1	6	5	2329	4398	4398	2328

9-9 按行业分利用外资

（2009-2010年）

单位:万美元

行业	2009年			2010年		
	项目数（个）	合同外资	实际利用外资	项目数（个）	合同外资	实际利用外资
总计	**25**	**14334**	**18806**	**28**	**11842**	**13206**
农、林、牧、渔业	1	886	330			100
制造业	16	10069	15454	21	5133	11263
饮料制造业	1	3573	3573		1200	1200
纺织业				1	540	293
纺织服装、鞋、帽制造业	1	285	862			
皮革、毛皮、羽毛(绒)及其制品业		-161			-138	
木材加工及木、竹、藤、棕、草制品业		-73		1	72	112
家具制造业						
印刷业和记录媒介的复制		-10			-5	
文教体育用品制造业				2	9	
化学原料及化学制品制造业		321	353	1	1445	829
医药制造业		1203	1124	1	223	
橡胶制品业		158	158			
塑料制品业		507	742			97
非金属矿物制品业			54			
有色金属冶炼及压延加工业		100	100		270	75
金属制品业	1	1054	2724	2	-742	1061
通用设备制造业		-700	70	1	12	26
专用设备制造业	3	-1322	717	4	-1115	80
交通运输设备制造业	4	3015	3638	4	2859	5190
电气机械及器材制造业	3	1214	1091	2	712	1527
通信设备、计算机及其他电子设备制造业	2	888	150	2	122	770
仪器仪表及文化、办公用机械制造业		7	7			
工艺品及其他制造业	1	9	91		-330	3
电力、燃气及水的生产和供应业		300	880		300	260
建筑业				2	1200	51
房屋和土木工程建筑业				1	900	
建筑装饰业				1	300	51
交通运输、仓储和邮政业	1	205	102			103
批发和零售业	5	1518	1119	3	3270	1109
住宿和餐饮业	2	2365	324			
房地产业		-1346	597		-851	
租赁和商务服务业		17		1	10	
科学研究、技术服务和地质勘查业		320		1	2780	320

9－10 国际国内旅游情况

(1997－2010年)

单位:万人次

年份	旅游总人数	国内旅游人数	国际旅游入境人数	外国人数	港澳人数	台湾人数	旅游总收入(亿元)	国内旅游收入(亿元)	国际旅游(外汇)收入(万美元)
1997	169.23	167.70	1.53	0.96	0.16	0.41	9.68	9.19	585
1998	310.53	308.90	1.63	0.74	0.19	0.70	20.14	19.60	650
1999	389.90	388.03	1.87	1.02	0.28	0.57	25.37	24.70	805
2000	509.92	507.65	2.27	1.14	0.36	0.77	38.62	37.87	903
2001	642.97	639.67	3.30	1.73	0.34	1.23	48.70	47.50	1418
2002	925.49	921.10	4.39	2.15	0.43	1.81	74.93	71.85	3720
2003	1068.64	1063.86	4.78	1.94	0.83	2.01	86.71	83.51	3855
2004	1243.90	1237.61	6.29	3.50	0.79	2.00	100.40	97.15	3923
2005	1615.03	1607.50	7.53	4.30	1.10	2.13	139.09	134.79	5304
2006	1812.69	1803.80	8.89	5.44	1.96	1.50	150.32	145.10	6448
2007	2182.97	2173.66	9.31	6.52	1.20	1.59	175.28	170.63	6200
2008	2605.23	2594.85	10.38	7.06	1.28	2.05	208.59	203.70	7046
2009	2895.87	2887.22	8.65	5.91	0.95	1.79	230.04	226.65	4964
2010	3295.95	3285.66	10.29	6.83	1.02	2.45	273.23	269.42	5629

9－11 接待外国旅游人数

(2010年)

单位:人次

国别(地区)	人数	国别(地区)	人数
总　计	**68312**	澳大利亚	1673
亚洲小计	**26747**	新西兰	603
日　本	7654	其　他	987
韩　国	4803	**欧洲小计**	**18944**
印度尼西亚	953	英　国	2792
新加坡	1837	法　国	2289
泰　国	576	德　国	2934
马来西亚	1697	意大利	1910
菲律宾	859	瑞　士	334
印　度	2442	瑞　典	398
其　他	5926	荷　兰	1142
美洲小计	**12145**	俄罗斯	2633
美　国	7660	西班牙	1189
加拿大	2197	其　他	3323
其　他	2288	**非洲小计**	**2469**
大洋洲小计	**3263**	**其他小计**	**4744**

主 要 统 计 指 标 解 释

利用外资 指各级政府、部门、企业、中国银行和其他单位通过对外借款、吸收客商直接投资和商品信贷及其他方式，从国外和港澳台地区筹措的资金。对外借款包括通过外国政府贷款、国际金融组织贷款、外国银行的买方信贷和现汇贷款及对外发行债券等方式，从国外和港澳台地区借用的资金。

外商直接投资 是指外国企业和经济组织或个人(包括华侨、港澳台胞以及我国在境外注册的企业)按我国有关政策、法规，在我国境内开办独资企业、与我国境内的企业或经济组织共同举办合资企业、合作经营企业、股份制企业或合作开发资源的投资以及客商从企业得到的收益的再投资。

外国旅游人数 指来华入境的外国游客中，在我国旅游住宿设施内至少停留一夜的外国人人数。海外旅游者不包括下列人员：

1. 应邀来华访问的政府部长以上官员及随行人员；

2. 外国驻华使领官员、外交人员以及随行的家庭服务人员和受赡养者；

3. 常驻我国一年以上的外国专家、留学生、记者、商务机构人员等；

4. 乘坐国际航班过境不需要通过护照检查进入我国口岸的中转旅客；

5. 边境地区往来的边民；

6. 回大陆定居的港澳台同胞；

7. 已在我国定居的外国人和原已出境又返回在我国定居的外国侨民；

8. 归国的我国出国人员。

国内旅游人数 指国内居民离开惯常居住地在境内其他地方的旅游住宿设施内至少停留一夜，最长不超过12个月的国内旅客人数。

国内旅游者应包括在我国境内常住一年以上的外国人、港澳台同胞。但不包括到各地巡视工作的部以上领导、驻外地办事机构的临时工作人员、调遣的武装人员、到外地学习的学生、到基层锻炼的干部、到境内其他地区定居的人员和无固定居住地的无业游民。

国际旅游(外汇)收入 指入境旅游的外国人、华侨、港澳台同胞在中国大陆旅游过程中发生的一切旅游支出，对国家来说就是国际旅游(外汇)收入。

财政金融保险

Public Finance,Banking and Insurance

10－1　主要年份财政收入与支出

单位:万元

年　份	财　政总收入	地方财政一般预算收　　入	#增值税	#营业税	#企　业所得税	#个　人所得税	地方财政一般预算支　　出
1949	480						200
1952	972						455
1957	3337						1333
1962	5186						2778
1965	5769						2242
1970	6635						3706
1975	6502						5908
1978	11897						9871
1980	13677						10539
1985	31377						20480
1990	65925						49925
1991	76019						60485
1992	83454						65169
1993	129977						98104
1994	168869	86479	26512	14130	19487	7263	121969
1995	203050	104642	30869	21779	27759	8348	144858
1996	239739	120900	34773	29431	28419	12476	165445
1997	263381	134112	38469	33386	30582	14966	196390
1998	309568	162619	44488	42649	36767	18617	223500
1999	380039	197303	51709	50744	45112	23042	258937
2000	531793	261491	72941	55766	79621	29137	331947
2001	650425	388056	75314	74685	127995	47260	428608
2002	868285	431122	99245	104977	67392	36378	556353
2003	1086780	526964	118324	137692	73324	37603	688820
2004	1266669	626046	61696	162942	102201	38264	791520
2005	1474457	723324	157257	174958	107334	44788	880887
2006	1756878	861115	193493	213294	130776	53233	1040000
2007	2183788	1088551	233654	273535	175148	66079	1269285
2008	2480225	1260498	264386	300397	180448	82885	1538078
2009	2631616	1360227	283823	355692	160627	87158	1759524
2010	3106245	1648845	293775	432931	224035	115832	2227592

注：2004年外贸出口退税政策调整，当年全市财政总收入新口径997540万元，地方财政一般预算收入新口径559726万元，考虑历史年份资料可比性，本表中财政总收入和地方财政一般预算收入仍按老口径计算。

10－2 市区财政总收入

（1978－2010年）

单位：万元

年份	市区	#椒江区	#黄岩区	#路桥区
1978	4251		3943	
1979	4756		4525	
1980	4755		4536	
1981	5026	1442	3493	
1982	6180	1820	4189	
1983	7469	2563	4537	
1984	9503	3141	5690	
1985	13145	4057	8342	
1986	16577	5121	10543	
1987	17495	5766	11004	
1988	21474	6285	12853	
1989	24235	6776	15215	
1990	27001	8058	16714	
1991	32591	10562	18749	
1992	34652	12586	21347	
1993	55318	18327	35357	
1994	70347	24287	45688	
1995	83037	27794	30574	23410
1996	96367	32026	34121	26691
1997	112168	35714	39065	31475
1998	134217	41890	45882	36661
1999	157289	47437	52837	43459
2000	208039	64645	67479	61638
2001	272467	85241	83200	81319
2002	362205	109502	116320	102318
2003	465779	146011	145003	127678
2004	551899	177441	150536	154065
2005	638204	199738	172172	181630
2006	751477	236223	201549	222566
2007	923035	287488	247435	277733
2008	1048382	316242	272368	327095
2009	1122393	325118	284464	361155
2010	1349410	386899	326821	441433

注：2004年，外贸出口退税政策调整，考虑历史年份资料可比性，本表中的财政总收入按老口径计算，下同。

10－3 各县市财政总收入

（1978－2010年）

单位：万元

年份	玉环县	三门县	天台县	仙居县	温岭市	临海市
1978	847	725	1112	867	1805	2290
1979	776	785	1041	741	1892	2383
1980	1000	727	1155	996	2308	2736
1981	1062	949	1076	990	2432	2905
1982	1262	969	1242	966	2588	3180
1983	1367	1101	1336	1263	2927	3379
1984	1711	1186	1428	1262	3655	3649
1985	2300	1591	2342	1970	5353	4676
1986	3056	2034	2807	2383	6548	5982
1987	3744	2281	3425	2777	7951	6903
1988	4842	2378	3908	3185	9991	7646
1989	5393	2692	4488	3648	11534	9136
1990	5712	2750	4940	3743	13124	8655
1991	6505	3693	5310	4116	13777	10027
1992	7883	3473	5788	4287	15156	12215
1993	12352	5131	8302	7618	21187	20069
1994	16740	6013	10515	9518	29221	26515
1995	20491	6910	12075	12180	36439	31918
1996	24108	7248	13521	13515	49666	35314
1997	27878	6703	14129	14898	51094	36511
1998	31836	8451	16607	16665	61306	40486
1999	38236	11587	20443	22479	85474	44531
2000	55685	16727	28481	29023	134805	59033
2001	75268	24058	33107	30869	139009	75647
2002	100157	31573	46005	42428	177911	108006
2003	122141	41062	56010	48889	222880	130019
2004	145644	43646	67148	46986	260234	151112
2005	180100	53318	77008	54972	294209	176646
2006	239762	65283	87518	66118	333938	212782
2007	308300	86168	100088	81199	418892	266106
2008	356478	107153	115380	92418	453898	306516
2009	370059	116279	124429	93432	475522	329502
2010	401427	136675	140142	106582	570123	401886

10－4 市区地方财政一般预算收入

（1994－2010 年）

单位:万元

年 份	市 区	#椒江区	#黄岩区	#路桥区
1994	35834	13611	21851	
1995	42731	15353	15078	11478
1996	49805	17625	16843	12954
1997	57294	19437	18463	15076
1998	72242	24133	21552	18169
1999	85777	28575	24656	22023
2000	110603	38256	31889	29440
2001	171574	56224	47410	48688
2002	197148	63389	56618	51859
2003	245674	82592	69231	62841
2004	295117	98446	73551	77737
2005	337181	111041	83309	87855
2006	385038	125449	96266	104460
2007	472813	150971	118769	133120
2008	537741	164540	132707	155408
2009	590145	180667	142843	178598
2010	723612	226478	166018	225550

注：2004 年,外贸出口退税政策调整,考虑历史年份资料可比性,本表中的地方财政一般预算收入按老口径计算。

10－5 各县市地方财政一般预算收入

（1994－2010 年）

单位:万元

年　份	玉环县	三门县	天台县	仙居县	温岭市	临海市
1994	8004	2939	4856	4613	16558	13675
1995	10039	3414	5801	5956	19688	17013
1996	11760	3719	6189	6712	23688	19027
1997	13308	3401	6275	7093	27144	19597
1998	16033	4459	7170	7668	34018	21029
1999	20006	6470	8802	10167	41458	24623
2000	27649	10051	13127	13252	56588	30221
2001	42738	15803	18053	18005	77538	44345
2002	45820	16733	20108	17680	80018	53615
2003	51290	21431	25841	20518	97357	64853
2004	62477	22221	32819	22150	117954	73308
2005	74959	27527	37511	25052	134798	86296
2006	103888	34156	42547	30822	158013	106651
2007	137582	45679	51610	40626	204069	136172
2008	158308	61111	60533	48023	233759	161023
2009	165568	66069	65442	49377	250238	173388
2010	182530	80734	78081	56698	305918	221272

10－6 地方财政收入及分类(一)

(1994－2010 年)

单位:万元

年份	一般预算收入合计	增值税	营业税	企业所得税	企业所得税退税	个人所得税	资源税	固定资产投资方向调节税
1994	86479	26512	14130	19487	－1503	7263	174	746
1995	104642	30869	21779	27759	－1425	8348	127	1015
1996	120900	34773	29431	28419	－1286	12476	165	1485
1997	134112	38469	33386	30582	－406	14966	134	1726
1998	162619	44488	42649	36767	－1015	18617	92	1481
1999	197303	51709	50744	45112	－2683	23042	103	1048
2000	261491	72941	55766	79621	－1303	29137	115	174
2001	388056	75314	74685	127995		47260	116	－83
2002	431122	99245	104977	67392		36378	126	－7
2003	526964	118324	137692	73324		37603	104	
2004	559726	61696	162942	102201		38264	147	
2005	723324	157257	174958	107334		44788	1068	
2006	861115	193493	213294	130776		53233	3021	
2007	1088551	233654	273535	175148		66079	3616	
2008	1260498	264386	300397	180448		82885	3835	
2009	1360227	283823	355692	160627		87158	3643	
2010	1648845	293775	432931	224035		115832	3440	

注：1. 2002 年起税收收入分享政策调整,企业所得税和个人所得税原全部计入地方财政收入,2002 年调整为中央与地五方五分成,2003 年调整为中央与地方六四分成;

2. 本表中 2004 年地方财政一般预算收入按新口径计算。

10－7 地方财政收入及分类(二)

(1994－2010年)

单位:万元

年份	城市维护建设税	房产税	印花税	城镇土地使用税	土地增值税	车船税	屠宰税	农牧业税	农业特产税
1994	6206	1300	317	310		388	222	3644	3259
1995	7624	1749	405	358	1	487	459	4692	3736
1996	8615	2303	520	264	53	518	530	6633	3122
1997	9992	2730	503	341	111	549	582	5454	3060
1998	11180	3690	701	411	185	618	675	6290	3018
1999	12923	4475	941	493	238	867	861	5067	3088
2000	16088	5230	1380	568	364	865	816	5153	3459
2001	23042	7391	1837	697	687	1147	826	5071	3054
2002	28231	10313	3075	873	1682	1452	185	5260	1734
2003	33817	13358	4603	1246	3805	1780	2	5675	
2004	39259	16937	6925	1665	4630	2382		8	
2005	48171	23685	8914	5122	10326	2206			
2006	57246	26871	11622	7018	13809	2764			
2007	72070	32401	14975	10763	23934	3418			
2008	83087	42637	18677	43442	30663	8952			
2009	87333	46689	18271	58842	42016	11285			
2010	104067	47562	25590	57364	55868	14941			

10－8　地方财政收入及分类(三)

(1994－2010年)

单位:万元

年　份	耕地占用　税	契　税	专　项收　入	罚没和行政事业性收费收入	国有资本经营收入	国有资源(资产)有　偿使用收入	其　他收　入	基　金收　入
1994	2585	805			－4061		4695	3517
1995	2703	926		1528	－12533		4035	4642
1996	2546	1949		1578	－17606		4412	5228
1997	3161	1915		2528	－21372		5601	5121
1998	2374	3004	5340	4629	－22580		5	12572
1999	3040	5062	6603	3908	－19358		20	15017
2000	4218	9172	8588	5858	－37213		494	17379
2001	6519	12351	11332	23138	－34591		268	32307
2002	16442	19952	15361	43183	－24833		101	87451
2003	21022	32045	15704	42425	－16755		1190	136992
2004	11271	41950	17648	66231	－15713	47	1236	174957
2005	8789	45804	24471	75473	－16634	54	1538	216982
2006	12095	48778	30800	75791	－21847	63	2288	268984
2007	12003	69976	38817	76555	－21372	2971	8	918572
2008	13857	70792	44947	87121	－20346	4149	569	1304414
2009	16421	94645	47278	73789	－33569	6167	117	1567329
2010	25612	153125	55462	82591	－55067	11563	154	3063426

10-9 地方财政支出情况

(2006-2010年)

单位:万元

指　　标	2006年	2007年	2008年	2009年	2010年
地方一般预算支出合计	**1040000**	**1269285**	**1538078**	**1759524**	**2227592**
一般公共服务	244141	287109	319988	332279	381781
国　防	2705	3705	5639	4486	4218
公共安全	103340	124704	142529	156241	194623
教　育	277862	332682	390568	449578	515679
科学技术	24468	32356	40669	45914	57589
文化体育与传媒	20290	25615	38351	42106	38206
社会保障和就业	51285	61390	77615	80852	139781
医疗卫生	44114	61049	72849	102893	138565
环境保护	9707	21753	20720	27875	50134
城乡社区事务	45935	60471	65299	79272	83846
农林水事务	83221	109810	130179	203871	260585
交通运输	35012	39465	40389	116503	130805
工业商业金融等事务	72055	84898	159067	74165	109854
其他支出	25865	24278	34216	43489	121926
政府性基金支出合计	**95306**	**543842**	**984949**	**1173730**	**2355339**
一般公共服务			5256	9550	
教　育	13350	14766	19560	28053	35773
文化教育与传媒	929	925	683	1199	1572
社会保障和就业	5914	7525	8915	9830	16104
城乡社区事务	10316	443994	851718	1065140	2233243
农林水事务	25564	36933	46660	55637	52984
交通运输	36170	31413	46048	840	2531
工业商业金融等事务	2690	6111	6008		1557
其他支出	373	2175	101	3481	11575
社会保险基金支出合计	**203957**	**230180**	**208657**	**248869**	**294268**
基本养老保险基金支出	152968	114684	141590	165941	194050
失业保险基金支出	8413	2971	1778	4326	6131
基本医疗保险基金支出	40419	45655	53311	63423	74542
工伤保险基金支出	1668	5712	9623	12091	15434
生育保险基金支出	489	1697	2355	3088	4111
其他社会保险基金支出		59461			

10－10 主要年份金融主要指标

单位:万元

年份	金融机构本外币存款年末余额	#金融机构人民币存款余额	#城乡居民储蓄存款年末余额	金融机构本外币贷款年末余额	#金融机构人民币贷款余额	#短期贷款	#中长期贷款
1952		560	143		193		
1957		1784	521		5388		
1962		3593	601		12898		
1965		5238	1110		11989		
1970		6927	1384		22740		
1975		11875	2546		26090		
1978		16368	4401		34604		
1980		32389	11209		53673		
1985		98546	40501		123613		
1990		312614	153584		307913		
1991		408827	205715		365527		
1992		554558	272188		467174		
1993		691276	352582		590541		
1994		1061934	546404		838094	695657	96289
1995		1399917	727602		1052121	865819	123833
1996		1896944	1017397		1335406	1052894	179930
1997		2496502	1360738		1711067	1424932	208135
1998		3394537	1939241		2126197	1723669	301773
1999		4320709	2468949		2726762	2108507	478072
2000	5407241	5289565	2896237	3307634	3304269	2596518	556846
2001	6428949	6290422	3526960	4096823	4023234	2669865	1272296
2002	8284108	8117593	4362702	5794759	5716237	3642042	1733151
2003	10740254	10561850	5421684	8237648	8090895	4909163	2783124
2004	11823111	11640689	6010774	9454142	9328902	5693519	3373348
2005	13849843	13694418	7117604	10580440	10445507	6411816	3764513
2006	16659867	16499842	8582033	13132416	12946754	8271509	4473442
2007	19375543	19213038	9287212	16159896	15770372	10527055	5124007
2008	23717020	23533773	12044432	19262657	18930765	12392248	6068898
2009	29356051	29152567	14437498	25180611	24229188	15603817	8219377
2010	35884773	35627957	17250805	30558214	29405118	19324859	9845344

10－11 金融机构年末人民币存款余额

（1994－2010年）

单位:万元

年份	各项存款合计	企业存款	财政存款	机关团体存款	储蓄存款	农业存款	信托存款	委托存款	其他存款
1994	1061934	417224	24760	26029	546404	6388	28098		13031
1995	1399917	550392	30802	24185	727602	6011	45504		15421
1996	1896944	721165	49812	31150	1017397	5479	53150		18791
1997	2496502	858002	58341	30435	1360738	117681	8848	46343	16114
1998	3394537	1090254	71456	78824	1939244	127639	12000	45515	29603
1999	4320709	1391332	76200	118384	2468949	193991		32152	39701
2000	5289565	1725950	95092	178202	2896237	286363		25693	82028
2001	6290422	2042276	116630	183330	3526960	315050		15828	90348
2002	8117593	2624591	112497	430044	4362702	384932		2646	200181
2003	10561850	3573865	136826	548493	5421684	514485		2170	364327
2004	11640689	3936350	146400	531051	6010774	524276		1184	490654
2005	13694418	4153601	219355	630116	7117604	500901		2109	1070732
2006	16499842	4997431	223163	857121	8582033	548620		3855	1287619
2007	19213038	5913170	304897	1065011	9287212	675288		3736	1963723
2008	23533773	5950671	410311	1302264	12044432	583937		7822	3234336
2009	29152567	8522496	553993	1634935	14437498	779110		5187	3219349
2010	35627957	9826980	740658	4056076	17250805	992081		6056	2755301

10－12 金融机构年末人民币贷款余额

（2009－2010 年）

单位：万元

指　　标	2009 年	2010 年
各项贷款合计	**24229187**	**29405118**
一、短期贷款	15635556	19324859
1. 个人贷款及透支	7741886	9824346
其中：个人消费贷款	1759594	2796565
2. 单位普通贷款及透支	7491541	8942256
其中：经营性贷款	7387436	8810697
固定资产贷款	97100	123802
3. 贸易融资	402130	558258
二、. 中长期贷款	8186690	9845344
1. 个人贷款	4788540	5882999
其中：个人消费贷款	4336666	5156958
2. 单位普通贷款	3396250	3960605
其中：经营性贷款	628143	542139
固定资产贷款	2768107	3418466
3. 银团贷款	1900	1740
4. 票据融资	354508	196910
其中：贴　现	354508	196910
5. 各项垫款	52433	38004

10－13 财产和人寿保险业务收支情况

（1989－2010年）

单位:万元

地 区	保费收入			赔款、给付			
	合 计	财产险	人身险	合 计	财产险赔款支出	人身险赔款支出	人身险给付
1989	3917	2214	1703	6844	6307	537	
1990	4688	2727	1961	3483	2762	721	
1991	8452	4515	3937	3087	2445	642	
1992	15956	8234	7722	8186	6486	1700	
1993	21221	12611	8610	9370	5492	3878	
1994	21844	12987	8857	12187	11060	1127	
1995	28985	17973	11012	9609	8268	1341	
1996	34669	20489	14180	11173	9513	1660	
1997	44182	22755	21427	56522	43690	2723	10109
1998	57600	26061	31539	25928	12149	2935	10844
1999	74468	30348	44120	22303	14691	3418	4194
2000	92422	36150	56272	27915	15957	3564	8394
2001	128548	43389	85159	34789	20314	5580	8895
2002	173031	53802	119229	40151	27902	7021	5228
2003	194986	56614	138372	52557	33194	7426	11937
2004	240338	76198	164140	127470	101907	10043	15520
2005	274479	98715	175764	101523	82333	9459	9731
2006	311690	126931	184759	93238	66165	9366	17707
2007	374198	162896	211302	141927	89755	9839	42333
2008	515523	193432	322091	183381	117919	14959	50503
2009	575102	233688	341414	207852	125507	14679	67666
2010	729151	294241	434910	184306	139505	16462	28339

主 要 统 计 指 标 解 释

财政总收入 包括地方上划中央税收入和地方财政收入两部分。

一般预算收入 指按国家预算收入科目规定，属于地方负责组织征收的收入数，包括①各种税收收入类，指税务机关征管的"工商税收类"；海关征管的"关税类"；财政机关征管的"农业税类"、"国有企业所得税类"等。②企业收入类。③企业亏损补贴类。④其他收入等。

增值税 是以商品生产流通和劳务服务各个环节的增值额为征税对象的一种流转税。按现行财政体制，增值税属于中央与地方的共享税种，其中：中央分享75%，地方分享25%。

一般预算支出 指按国家预算支出科目规定，属于地方财政的各类预算支出，包括一般公共服务支出、公共安全支出、教育支出、科学技术支出、文化体育与传媒支出、社会保障和就业支出、医疗卫生支出、环境保护支出、城乡社区事务支出、农林水事务支出、交通运输支出、工业商业金融事务支出等。

金融机构存款 指企业、机关、团体和居民根据可以收回的原则，把货币存入各类金融机构保管，并取得一定利息的一种信用活动形式。根据存款对象的不同可划分为企业存款、财政存款、机关团体存款、居民储蓄存款等。

金融机构贷款 指各类金融机构根据必须归还的原则，按一定利率为企业、个人等提供资金的一种信用活动形式。根据贷款对象的不同分为工业贷款、建筑业贷款、商业贷款、农业贷款等。

城乡居民储蓄存款余额 包括城镇居民储蓄和农村居民个人储蓄两部分存款余额。不包括工矿企业、部队、机关团体等集体存款。

保费 指被保险人按其得到保险利益的保障程度(保险金额)的一定比率向保险人缴付的费用。

赔款 指保险人对财产保险的保险事故给予的经济补偿或对人身保险的保险事故给付的保险金。

物　价
Prices

11-1 物价总指数

（1978-2010年，以上年为100）

年份	居民消费价格总指数		商品零售价格指数	
	全市	市区	全市	市区
1978	100.0	100.0	100.1	99.9
1979	102.6	102.6	102.1	103.4
1980	108.8	108.8	108.0	109.5
1981	101.7	101.7	101.5	101.6
1982	101.9	101.9	100.9	102.1
1983	102.8	102.8	102.0	102.9
1984	103.7	103.7	103.4	103.5
1985	111.9	109.4	112.3	109.8
1986	107.0	107.7	106.7	107.4
1987	111.3	111.8	111.6	112.0
1988	123.5	124.8	124.4	125.2
1989	117.2	117.7	117.0	117.1
1990	102.4	100.9	101.8	100.4
1991	104.2	104.6	103.8	104.2
1992	111.5	111.4	111.2	111.5
1993	120.1	118.7	118.5	116.0
1994	125.7	125.3	125.5	124.2
1995	117.3	115.2	115.3	114.0
1996	108.2	108.8	105.7	105.2
1997	101.6	102.4	99.3	99.9
1998	99.2	99.6	97.5	98.0
1999	99.2	99.2	98.4	98.3
2000	101.1	100.8	100.4	99.1
2001	99.3	98.4	98.8	99.0
2002	99.6	99.0	99.8	99.3
2003	101.5	100.4	99.6	98.4
2004	105.0	104.3	102.1	100.5
2005	100.6	100.0	99.7	99.2
2006	100.7	100.2	100.0	99.4
2007	104.1	104.0	104.3	104.4
2008	104.9	104.2	106.2	105.6
2009	99.2	99.4	99.3	99.5
2010	104.6	104.6	104.7	104.3

11-2 定基物价总指数

（1978-2010年，以1978年为100）

年份	居民消费价格总指数		商品零售价格指数	
	全市	市区	全市	市区
1978	100.0	100.0	100.0	100.0
1979	102.6	102.6	102.1	103.4
1980	111.6	111.6	110.3	113.2
1981	113.5	113.5	111.9	115.0
1982	115.7	115.7	112.9	117.5
1983	118.9	118.9	115.2	120.9
1984	123.3	123.3	119.1	125.1
1985	138.0	134.9	133.8	137.3
1986	147.7	145.3	142.7	147.5
1987	164.3	162.4	159.3	165.2
1988	203.0	202.7	198.1	206.8
1989	237.9	238.6	231.8	242.2
1990	243.6	240.8	236.0	243.2
1991	253.8	251.8	245.0	253.4
1992	283.0	280.6	272.4	282.5
1993	339.9	333.0	322.8	327.7
1994	427.2	417.3	405.1	407.1
1995	501.1	480.7	467.1	464.0
1996	542.2	523.0	493.7	488.2
1997	550.9	535.6	490.2	487.7
1998	546.5	533.4	478.0	477.9
1999	542.1	529.1	470.3	469.8
2000	548.1	533.4	472.2	465.6
2001	544.3	524.8	466.5	460.9
2002	542.1	519.6	465.6	457.7
2003	550.2	521.7	463.7	450.4
2004	577.7	544.1	473.4	452.7
2005	581.2	544.1	472.0	449.1
2006	585.3	545.2	472.0	446.4
2007	609.3	567.0	492.3	466.0
2008	639.2	590.8	522.8	492.1
2009	634.1	587.3	519.1	489.6
2010	663.3	614.3	543.5	510.7

11－3 全市居民消费价格分类指数(一)

(1994－2010 年,以上年为 100)

年　份	居民消费价格总指数	# 服务项目价格指数	食品类	# 粮　食	# 肉禽及其制品	# 水产品类	# 鲜菜	# 在外用膳食品
1994	125.7	136.5	133.3	165.6	152.2	124.3	139.4	125.7
1995	117.3	121.0	123.3	137.7	121.9	124.9	149.1	131.2
1996	108.2	118.0	106.2	101.5	104.1	122.0	98.6	104.9
1997	101.6	120.7	98.9	84.5	104.4	105.1	101.7	99.6
1998	99.2	109.2	97.5	101.3	86.7	100.8	102.6	96.6
1999	99.2	107.5	98.3	97.3	91.1	98.8	113.9	103.3
2000	101.1	115.1	100.2	85.5	99.6	101.9	120.7	100.2
2001	99.3	106.0	98.2	103.9	102.0	91.8	93.4	96.9
2002	99.6	100.5	101.7	94.5	98.2	101.0	126.3	100.1
2003	101.5	106.5	102.5	105.7	105.1	105.0	90.9	103.1
2004	105.0	105.8	113.4	132.8	117.9	108.0	108.6	109.4
2005	100.6	101.7	103.2	96.6	102.4	104.1	117.7	98.7
2006	100.7	102.7	101.5	102.9	95.5	99.8	98.1	101.4
2007	104.1	101.2	111.9	105.1	130.4	105.1	103.7	112.6
2008	104.9	102.0	111.9	105.1	119.0	108.2	108.2	109.7
2009	99.2	98.7	102.1	104.1	90.4	107.9	105.0	111.0
2010	104.6	103.8	109.0	113.7	103.1	116.2	123.4	103.5

注：2000 年及以前年份分类指数不含服务项目价格,下同。

11－4　全市居民消费价格分类指数(二)

(1994－2010年,以上年为100)

年　份	烟酒及用　品	衣着类	家庭设备用品及维修服务	医疗保健和个人用品	交通和通　讯	娱乐教育文化用品及服务	居　住
1994		126.7	110.1	96.5	101.1	113.1	112.5
1995		112.3	108.3	111.1	99.9	106.1	111.8
1996		105.7	102.5	119.7	96.5	109.5	124.6
1997		101.8	100.0	102.1	96.5	100.8	102.6
1998		99.3	97.9	102.1	95.9	97.2	99.6
1999		98.2	96.4	101.4	98.9	94.0	101.2
2000		99.4	97.8	100.8	90.7	92.1	105.5
2001	101.3	98.2	96.8	98.2	98.1	105.3	100.2
2002	100.3	98.2	97.0	97.0	96.1	98.7	99.8
2003	105.2	97.7	96.7	98.5	97.4	107.4	101.2
2004	103.2	98.6	100.2	90.3	98.8	106.2	105.0
2005	99.2	93.3	100.5	97.2	97.6	99.3	106.1
2006	100.1	95.4	102.5	101.2	99.2	98.9	105.0
2007	102.2	98.6	101.1	102.5	99.8	97.3	104.0
2008	101.5	94.8	104.4	106.6	99.0	99.8	105.1
2009	100.3	93.9	100.0	102.5	98.0	100.8	91.8
2010	100.7	96.1	99.8	106.7	100.4	101.9	108.3

11－5 市区居民消费价格分类指数(一)

(1994－2010 年,以上年为 100)

年　份	居民消费价格总指数	#服务项目价格指数	食品类	#粮　食	#肉禽及其制品	#水产品类	#鲜菜	#在外用膳食品
1994	125.3	137.5	133.2	160.3	151.2	128.8	142.5	126.0
1995	115.2	122.0	119.4	139.6	119.1	107.9	151.4	130.1
1996	108.8	118.2	106.2	102.1	105.6	120.1	96.8	99.8
1997	102.4	118.7	99.9	83.9	106.3	108.9	104.6	94.9
1998	99.6	109.2	98.3	101.6	88.1	106.8	103.4	93.7
1999	99.2	106.8	97.9	98.5	89.6	99.0	103.4	105.4
2000	100.8	115.5	97.9	84.7	99.5	99.4	107.1	98.9
2001	98.4	107.1	95.4	102.5	101.4	90.2	88.8	93.7
2002	99.0	100.4	101.5	94.7	96.9	102.8	118.3	100.2
2003	100.4	104.3	102.7	104.0	103.9	103.8	101.3	102.2
2004	104.3	107.3	111.8	127.7	116.4	109.6	109.2	110.2
2005	100.0	102.1	102.9	97.4	103.0	101.8	115.1	99.6
2006	100.2	101.9	101.5	102.4	94.7	100.9	98.9	101.9
2007	104.0	100.9	112.4	103.7	131.6	107.9	102.7	115.3
2008	104.2	101.9	110.1	103.2	116.9	107.0	106.1	107.4
2009	99.4	99.1	103.3	103.3	91.1	109.7	108.9	114.0
2010	104.6	104.8	108.5	116.0	101.5	114.1	122.8	103.2

注：2000 年及以前年份分类指数不含服务项目价格,下同。

11-6 市区居民消费价格分类指数(二)

(1994-2010年,以上年为100)

年份	烟酒及用品	衣着类	家庭设备用品及维修服务	医疗保健和个人用品	交通和通讯	娱乐教育文化用品及服务	居住
1994		125.7	108.7	92.2	102.0	110.2	108.2
1995		112.9	106.8	109.3	101.5	104.6	109.3
1996		105.1	102.8	113.0	96.7	108.5	137.3
1997		103.6	99.6	103.8	94.7	99.9	104.1
1998		101.5	98.3	104.0	93.0	96.3	96.9
1999		98.9	96.3	102.6	99.4	94.3	100.7
2000		99.4	97.5	101.9	98.6	88.8	105.7
2001	100.8	98.3	97.2	98.2	96.6	106.5	100.9
2002	99.3	96.2	97.8	95.7	95.7	98.5	98.5
2003	103.7	95.6	96.0	95.3	96.8	103.9	101.7
2004	103.5	97.2	99.1	90.1	97.5	108.2	104.0
2005	98.6	89.3	99.3	99.2	96.6	99.7	105.5
2006	100.3	93.0	102.0	100.9	97.4	98.7	104.8
2007	101.8	97.6	100.7	102.2	99.0	97.6	103.2
2008	101.3	89.4	104.6	110.1	96.9	101.5	104.6
2009	99.9	91.8	100.3	101.9	98.4	102.7	90.4
2010	100.4	95.5	100.0	105.2	100.9	102.4	109.8

11－7 全市商品零售价格分类指数(一)

(1994－2010年,以上年为100)

年份	商品零售价格总指数	食品类	饮料、烟酒类	服装、鞋帽类	纺织品类	家用电器及音像器材类	文化办公用品类	日用品类	体育娱乐用品类
1994	125.5	137.4	109.9	133.2	127.1	107.4		111.8	
1995	115.3	127.6	102.9	114.9	117.6	97.8		111.4	
1996	105.7	106.0	104.0	105.1	108.3	97.4		106.4	
1997	99.3	98.8	97.7	101.8	101.6	96.4		100.2	
1998	97.5	98.1	97.3	100.2	98.0	92.3		97.6	
1999	98.4	98.9	95.1	98.3	98.6	91.0		98.1	
2000	100.4	100.7	101.7	99.2	99.2	92.3		96.8	
2001	98.8	99.7	102.4	97.4	101.0	88.3		98.3	
2002	99.8	101.2	101.0	97.9	99.2	95.3		99.3	
2003	99.6	102.6	104.9	97.6	100.0	92.1	92.1	98.5	97.1
2004	102.1	113.7	103.1	98.6	100.3	96.2	94.1	100.2	99.0
2005	99.7	103.0	99.2	93.2	99.5	98.6	98.0	100.6	99.6
2006	100.0	101.4	100.2	95.6	99.0	98.5	98.5	100.4	96.9
2007	104.3	112.3	102.3	98.3	100.0	98.2	97.6	100.2	96.9
2008	106.2	112.1	102.9	94.5	99.6	99.4	98.6	104.9	96.2
2009	106.2	112.1	102.9	94.5	99.6	99.4	98.6	104.9	96.2
2010	104.7	109.3	100.8	96	96.9	96.5	95.9	100.2	98.2

11－8 全市商品零售价格分类指数(二)

(1994－2010年,以上年为100)

年份	交通、通信用品类	家具类	化妆品类	金银珠宝类	中、西药品及医疗保健用品类	书报、杂志及电子出版物类	燃料类	建筑材料及五金电料类
1994			105.7	110.4	91.7	154.9	111.1	114.3
1995			111.1	98.6	112.7	110.7	102.1	104.7
1996			104.6	101.1	119.2	136.8	102.0	101.9
1997			99.7	98.9	101.9	107.3	101.5	94.7
1998			97.2	93.0	101.7	111.2	91.7	96.0
1999			96.6	91.0	100.9	105.1	104.6	100.1
2000			94.6	99.6	100.9	103.4	130.0	99.4
2001			95.0	85.1	103.3	111.6	91.8	99.1
2002			99.1	98.7	100.6	99.5	96.4	98.9
2003	92.3	95.0	100.7	109.1	96.8	99.9	107.7	100.7
2004	90.7	98.0	98.8	110.3	82.4	100.6	112.2	104.6
2005	91.7	98.0	100.0	105.1	93.4	99.5	114.0	101.1
2006	93.4	97.8	100.0	114.2	98.5	99.2	112.2	104.0
2007	97.2	97.5	101.2	108.5	103.1	100.0	106.3	106.1
2008	97.7	95.8	104.0	117.3	109.9	100.8	116.9	108.4
2009	100.6	90.4	98.4	99.3	103.5	106.1	85.1	99.2
2010	98.9	98.3	98.5	118.5	110.4	101.2	118.5	104.8

11－9　市区商品零售价格分类指数(一)

(1994－2010年,以上年为100)

年　份	商品零售价格总指数	食品类	饮料、烟酒类	服装、鞋帽类	纺织品类	家用电器及音像器材类	文化办公用品类	日用品类	体育娱乐用品类
1994	124.2	136.2	103.5	126.7	119.4	108.3		111.3	
1995	114.0	122.6	92.4	114.0	117.7	98.2		111.1	
1996	105.2	106.3	102.9	103.9	110.6	97.9		108.9	
1997	99.9	99.9	96.9	103.5	102.4	95.6		100.4	
1998	98.0	99.2	94.7	101.8	99.3	96.6		96.8	
1999	98.3	97.6	95.9	99.3	98.4	92.4		98.0	
2000	99.1	97.4	101.3	98.6	100.1	90.7		96.9	
2001	99.0	98.7	102.4	96.8	100.2	96.8		98.1	
2002	99.3	100.3	98.8	95.8	98.6	97.8		98.7	
2003	98.4	102.7	103.6	95.4	99.9	94.7	94.2	97.6	96.5
2004	100.5	111.9	103.2	97.2	100.1	94.7	96.7	98.9	99.7
2005	99.2	103.1	98.5	89.7	99.0	97.3	97.0	100.8	100.0
2006	99.4	101.6	100.5	93.0	98.5	98.5	98.7	100.7	95.9
2007	104.4	112.8	102.0	97.3	100.8	98.5	98.0	100.5	95.8
2008	105.6	110.0	103.0	89.0	99.3	99.3	99.4	104.5	93.1
2009	99.5	113.5	99.9	91.4	105.0	96.4	97.6	101.1	94.21
2010	104.3	108.8	100.4	95.6	96.8	97.1	94.3	99.8	97.2

11－10 市区商品零售价格分类指数(二)

(1994－2010年,以上年为100)

年份	交通、通信用品类	家具类	化妆品类	金银珠宝类	中西药品及医疗保健用品类	书报、杂志及电子出版物类	燃料类	建筑材料及五金电料类
1994			105.5	110.0	95.0	154.3	100.2	113.4
1995			110.4	98.1	109.9	109.6	101.1	110.9
1996			103.4	100.0	111.5	137.0	98.3	101.5
1997			97.2	100.7	104.3	108.7	100.3	94.5
1998			93.1	93.0	103.3	108.3	91.6	89.5
1999			95.4	91.1	101.5	105.9	104.3	101.9
2000			93.6	100.8	101.9	103.1	131.2	100.0
2001			92.4	81.8	96.7	109.8	89.8	99.4
2002			97.9	99.2	96.0	99.5	93.7	100.9
2003	88.1	90.6	101.1	103.5	91.6	99.3	108.8	98.5
2004	86.4	96.3	97.5	113.3	81.9	100.4	109.8	102.6
2005	89.1	95.9	100.7	103.5	96.4	99.8	114.2	100.1
2006	91.7	96.9	99.8	112.3	97.2	99.2	112.3	104.1
2007	96.7	94.8	100.5	108.0	102.8	99.3	108.2	105.9
2008	97.1	90.2	100.7	111.8	117.2	101.8	117.9	108.8
2009	100.6	90.4	98.4	99.3	103.5	106.1	85.1	99.2
2010	99.2	96.8	97.8	115.5	109.1	101.3	119.7	105.4

11－11 工 业 品 价 格 指 数

（2005－2010 年，以上年为 100）

项　　目	2005 年	2006 年	2007 年	2008 年	2009 年	2010 年
一、工业品出厂价格指数	**102.0**	**103.3**	**101.8**	**102.8**	**94.4**	**103.7**
其中：轻工业	102.8	100.5	101.6	103.3	96.6	102.5
重工业	101.4	107.3	102.0	102.0	92.6	105.0
其中：生产资料	101.1	104.5	102.1	102.8	93.5	104.6
生活资料	104.0	100.8	101.3	102.7	97.1	101.8
按工业行业大类分						
有色金属矿采选业		137.5	156.4	62.6		
非金属矿采选业	101.3	106.6	100.1	96.4	100.4	106.2
农副食品加工业	105.7	102.9	101.9	107.2	101.1	103.1
食品制造业	108.1	106.5	97.9	99.2	101.2	105.6
饮料制造业	103.4	100.9	102.7	108.1	98.0	102.2
纺织业	101.1	102.8	100.8	103.3	95.4	102.9
纺织服装、鞋、帽制造业	101.0	104.1	103.7	102.7	100.0	102.3
皮革、毛皮、羽毛(绒)及其制品业	103.1	101.0	100.2	100.3	97.7	103.5
木材加工及木、竹、藤、棕、草制品业	89.2	100.9	99.7	103.5	98.5	103.6
家具制造业	103.9	101.7	101.6	102.8	98.2	101.7
造纸及纸制品业	99.6	99.9	100.0	106.3	92.6	104.7
印刷业和记录媒介的复制	100.4	100.4	100.7	100.0	87.9	101.6
文教体育用品制造业	101.3	102.2	102.6	101.7	93.1	100.7
化学原料及化学制品制造业	109.1	101.7	102.9	106.7	86.0	111.4
医药制造业	93.3	88.5	96.6	101.2	95.9	104.0
化学纤维制造业		100.5			86.7	117.8
橡胶制品业	102.1	105.5	102.0	103.2	98.7	103.3
塑料制品业	109.6	100.4	100.4	103.7	96.4	101.9
非金属矿物制品业	89.4	100.8	104.7	105.2	95.7	109.4
黑色金属冶炼及压延加工业	94.2	93.1	111.7	121.4	76.9	108.4
有色金属冶炼及压延加工业	118.7	134.7	106.7	93.0	86.2	114.0
金属制品业	105.1	108.0	109.7	101.6	91.2	106.4
通用设备制造业	105.3	109.0	106.2	103.7	94.1	102.9
专用设备制造业	99.8	100.7	101.7	103.8	98.9	99.3
交通运输设备制造业	97.7	97.7	97.7	102.3	95.0	101.8
电气机械及器材制造业	107.0	118.4	106.8	102.6	92.1	104.8
通信设备、计算机及其他电子设备制造业	95.7	101.0	124.7	117.1	92.9	95.0
仪器仪表及文化、办公用机械制造业	99.7	97.9	111.8	104.3	97.4	103.6
工艺品及其他制造业	102.5	101.0	106.4	100.3	97.1	101.6
废弃资源和废旧材料回收加工业	97.1	94.2	101.4	102.6	76.8	117.5
电力、热力的生产和供应业	103.5	101.2	100.4	100.9	102.5	101.0
燃气生产和供应业	121.7	119.8	99.6	118.5	75.0	135.6
水的生产和供应业	103.6	106.2	105.2	100.6	100.8	105.3
二、原材料、燃料、动力购进价格指数	**107.2**	**107.8**	**105.1**	**111.8**	**91.2**	**110.2**
燃料、动力类	109.1	110.5	104.5	121.5	92.7	107.3
黑色金属材料类	109.1	93.7	103.8	116.4	85.6	108.7
有色金属材料和电线类	115.2	148.6	116.2	92.1	79.4	126.6
化工原料类	108.2	107.1	104.2	104.7	86.5	113.7
木材及纸浆类	102.2	102.3	101.9	104.8	95.3	105.9
建筑材料及非金属矿类	89.3	101.0	105.8	103.4	98.9	103.7
其他工业原材料及半成品类	101.7	108.1	106.8	103.4	96.7	108.0
农副产品类	101.9	102.2	107.6	121.4	91.4	106.7
纺织原料类	100.6	101.9	99.7	99.7	96.3	108.4

主 要 统 计 指 标 解 释

居民消费价格指数 居民消费价格是指城乡居民支付生活消费品和服务项目消费的价格，是社会产品和服务项目的最终价格。居民消费价格指数是度量一组具有代表性的消费商品及服务项目价格水平随着时间而变动的相对数，反映居民家庭购买的消费品及服务价格水平的变动情况。它是宏观经济分析和决策、价格总水平监测和调控以及国民经济核算的重要指标。调查内容包括食品类、烟酒及用品类、衣着类、家庭设备用品及维修服务类、医疗保健及个人用品类、交通和通信类、娱乐教育文化用品及服务类、居住等 8 大类的商品及服务项目。编制居民消费价格指数共设 262 个基本分类，每个分类设置 2－10 个代表规格品，代表规格品 600 种，采用加权算术平均公式计算指数。计算指数的价格来源于各采价点，权数根据住户调查中居民的实际消费构成每年调整。

商品零售价格指数 商品零售价格是商品在流通过程中最后一个环节的价格，指工业、商业、餐饮业和其它零售企业向城乡居民、机关团体出售生活消费品和办公用品的价格。商品零售价格指数是指反映一定时期内商品零售价格变动趋势和变动程度的相对数。调查内容包括即食品、饮料烟酒、服装鞋帽、纺织品、家用电器及音像器材、文化办公用品、日用品、体育娱乐用品、交通通信用品、家具、化妆品、金银珠宝、中西药品及医疗保健用品、书报杂志及电子出版物、燃料、建筑材料及五金电料等 16 大类，编制商品零售价格指数共设 229 个基本分类，必报商品 535 种，采用加权算术平均公式计算指数。计算指数的价格来源于各采价点（即商场、商店、农贸市场等），权数根据批发零售贸易统计中的相关资料和典型调查资料每年调整。

工业品出厂价格指数 工业品出厂价格是指工业品第一次出售时的出厂价格，工业品出厂价格指数是以出厂代表产品的价格变动来反映全部出厂产品的价格变化趋势和变动幅度。编制工业品出厂价格指数共设 39 大类，选用 274 种产品。

原材料、燃料、动力购进价格指数 原材料、燃料、动力购进价格是指企业作为中间投入的原材料、燃料、动力购进价格。原材料、燃料、动力购进价格指数是以购进代表产品的价格变动来反映全部购进产品的价格变化趋势和变动幅度。编制原材料购进价格指数共设 9 大类，选用 227 种产品。

人民生活
People's Livelihood

CHAPTER 12

12－1　分经济类型在岗职工工资总额

（1978－2010年）

单位:万元

年　份	在岗职工工资总额	国　有经济单位	城镇集体经济单位	其　他经济单位
1978	10991	6232	4759	
1979	12188	7420	4768	
1980	15462	9426	6036	
1981	16930	10193	6737	
1982	18173	11132	7041	
1983	19064	11678	7386	
1984	22888	12593	10253	42
1985	29816	17050	12721	45
1986	37300	21339	15958	3
1987	42260	23665	18593	2
1988	54200	30965	23216	19
1989	60462	33557	26754	151
1990	64706	36934	27465	307
1991	73106	41661	30286	1159
1992	84014	50992	32162	860
1993	116709	68783	44999	2927
1994	165673	102264	58427	4982
1995	206886	125891	72971	8024
1996	234605	143406	81132	10067
1997	270870	173888	84476	12506
1998	309077	192707	76523	39847
1999	348943	211797	77026	60120
2000	395935	235989	70476	89470
2001	476969	295154	56116	125699
2002	557525	343098	53332	161094
2003	666248	386838	56549	222861
2004	844901	514574	67055	263273
2005	1160823	695915	73360	391548
2006	1243008	714852	66110	462045
2007	1509686	810890	87703	611093
2008	1831658	894297	77426	859935
2009	2130097	987406	81600	1061091
2010	2551521	1088049	95756	1367716

注：本表统计范围为城镇集体以上各类单位；2003年以前为职工资料；2005年数据有不可比因素。

12－2 市区在岗职工工资总额

（1990－2010年）

单位：万元

年份	市区	椒江区	黄岩区	路桥区
1990	23370	9730	13640	
1991	26833	11322	15511	
1992	29362	13504	15858	
1993	43238	19373	23865	
1994	59188	24685	27337	7166
1995	73751	31117	32401	10233
1996	87295	34639	39422	13234
1997	101677	42993	43722	14962
1998	121383	56405	47015	17963
1999	137499	63098	54740	19661
2000	156553	74559	61051	20943
2001	191763	95549	71294	24920
2002	220261	111321	77539	31401
2003	272660	147702	87637	37321
2004	330371	177525	105629	47217
2005	448308	227797	145668	74843
2006	491496	250422	160075	80999
2007	638453	348269	181212	108972
2008	820302	409196	193587	217519
2009	917011	473982	211043	231986
2010	1140013	596051	264818	279144

注：本表统计范围为城镇集体以上各类单位；2003年以前为职工资料；2005年数据有不可比因素。

12－3　各县市在岗职工工资总额

（1990－2010 年）

单位：万元

年　份	玉环县	三门县	天台县	仙居县	温岭市	临海市
1990	4890	3805	5172	4378	10914	12177
1991	5256	4447	5808	4902	12321	13539
1992	6553	5467	6515	6175	14114	15827
1993	9469	7561	8868	7744	18367	21462
1994	13913	11606	12940	10848	29098	28080
1995	17129	13895	15745	14913	35258	36197
1996	18259	14243	17248	16689	43007	37862
1997	17861	18882	15971	20627	45951	49901
1998	20364	19966	16203	25732	48910	56519
1999	28532	15753	21346	22437	66256	57120
2000	32310	15937	22985	26004	78111	64035
2001	34322	20150	30900	31135	87964	80735
2002	41259	24562	38385	37278	107804	87976
2003	45904	25995	47831	47864	130506	95487
2004	54280	32196	66320	57202	170476	134056
2005	98016	67564	88510	71599	210786	176041
2006	106421	71135	91894	75540	224744	181777
2007	111760	79981	108631	85863	267185	217813
2008	149684	81888	125380	106787	282304	265314
2009	161383	93410	141827	144843	328152	343471
2010	198213	103041	164593	181450	392752	371459

注：本表统计范围为城镇集体以上各类单位；2003 年以前为职工资料；2005 年数据有不可比因素。

12－4　分行业在岗职工工资总额

（2005－2010年）

单位：万元

行　　　业	2005年	2006年	2007年	2008年	2009年	2010年
总　　计	**1160823**	**1243008**	**1509686**	**1831658**	**2130097**	**2551521**
按企业、事业、机关分						
企　业	552922	618273	805306	1089966	1285075	1605301
事　业	420152	434688	491958	526099	599137	679825
机　关	187750	190047	212422	215592	242780	261782
民间非营利组织					2619	3586
其　　它					486	1026
按国民经济行业分						
农、林、牧、渔业	14809	14365	14425	15300	16167	16076
采矿业	340	320	364	638	320	410
制造业	111562	122911	230409	364769	445689	589414
电力、燃气及水的生产和供应业	57935	60285	69053	76265	75911	86255
建筑业	191591	212792	254744	330687	385675	482861
交通运输、仓储和邮政业	30031	35752	38928	42392	49692	56448
信息传输、计算机服务和软件业	20230	22344	22623	25722	28355	30045
批发和零售业	37723	42201	45890	56098	63637	71584
住宿和餐饮业	13745	14628	15028	14473	15902	16608
金融业	72477	88198	108188	147839	176779	214778
房地产业	13754	13171	15830	20011	20274	31356
租赁和商务服务业	21329	21779	23555	29692	29822	34294
科学研究、技术服务和地质勘查业	22078	24712	26736	27869	30140	32644
水利、环境和公共设施管理业	13357	14310	14179	16041	17362	20350
居民服务和其他服务业	2258	2603	2946	2709	4008	4450
教　育	209622	218238	248310	266143	320429	369388
卫生、社会保障和社会福利业	106125	110848	120656	130358	148715	168115
文化、体育和娱乐业	10096	10176	11737	13074	15809	18179
公共管理和社会组织	211761	213375	246087	251580	285414	308267

注：本表统计范围为城镇集体以上各类单位；2005年数据有不可比因素。

12－5　分行业国有经济在岗职工工资总额

（2005－2010 年）

单位：万元

行　　业	2005 年	2006 年	2007 年	2008 年	2009 年	2010 年
总　　计	**695915**	**714852**	**810890**	**894297**	**987406**	**1088049**
按企业、事业、机关分						
企　业	116625	117448	137385	185917	173797	186548
事　业	391777	407577	461305	493027	569245	637706
机　关	187513	189827	212200	215353	242445	261782
民间非营利组织					1658	1778
其　　它					262	236
按国民经济行业分						
农、林、牧、渔业	14256	13899	14104	15108	15913	15902
采矿业						
制造业	3757	2995	5219	6558	6710	5177
电力、燃气及水的生产和供应业	53507	38387	46580	71442	69628	78805
建筑业	2052	2926	3493	9378	3328	3647
交通运输、仓储和邮政业	18180	20326	22456	24268	29744	31907
信息传输、计算机服务和软件业	3881	4624	5967	6823	6431	7157
批发和零售业	17150	19571	17302	18292	18380	19006
住宿和餐饮业	2156	1182	1076	802	1021	959
金融业	19406	30559	42030	53000	35878	38809
房地产业	4583	4462	4579	5104	4087	5000
租赁和商务服务业	10844	11797	11501	11986	13868	14039
科学研究、技术服务和地质勘查业	20270	22912	23633	24930	27479	28482
水利、环境和公共设施管理业	9659	10289	10024	11351	12500	15408
居民服务和其他服务业	1719	1708	1990	2073	2247	2574
教　育	202364	210569	238934	255720	312193	351788
卫生、社会保障和社会福利业	90818	95266	104355	113139	127577	144874
文化、体育和娱乐业	9818	10154	11737	13074	15232	17572
公共管理和社会组织	211499	213228	245914	251250	285192	306943

注：2005 年数据有不可比因素。

12－6　分行业城镇集体经济在岗职工工资总额

（2005－2010 年）

单位：万元

行　　业	2005 年	2006 年	2007 年	2008 年	2009 年	2010 年
总　　计	**73360**	**66110**	**87703**	**77426**	**81600**	**95756**
按企业、事业、机关分						
企　业	50491	45734	65518	54498	56440	60134
事　业	22633	20158	21963	22689	24704	35500
机　关	236	219	222	240	335	
民间非营利组织					16	18
其　　它					105	105
按国民经济行业分						
农、林、牧、渔业	383	294	175	75	124	39
采矿业			34	21		
制造业	2346	1759	2853	7418	7612	8179
电力、燃气及水的生产和供应业	639	803	774	965	1112	1304
建筑业	32300	28582	46605	26171	30375	41213
交通运输、仓储和邮政业	385	824	906	47	26	
信息传输、计算机服务和软件业						
批发和零售业	1893	1716	1588	1819	1222	844
住宿和餐饮业	447	405	447	378	103	79
金融业	9788	8208	8602	13291	12551	4780
房地产业	163	323	190	178	203	211
租赁和商务服务业	5292	4369	5432	6459	3400	3499
科学研究、技术服务和地质勘査业	606	574	1110	1041	429	827
水利、环境和公共设施管理业	3044	2945	3057	3309	3213	3131
居民服务和其他服务业	260	432	476	434	17	17
教　育	1607	832	877	617	2431	10359
卫生、社会保障和社会福利业	13955	13907	14420	14988	18661	20537
文化、体育和娱乐业						15
公共管理和社会组织	254	137	157	217	121	722

注：2005 年数据有不可比因素。

12－7 分行业其他经济在岗职工工资总额

（2005－2010 年）

单位：万元

行　　　业	2005 年	2006 年	2007 年	2008 年	2009 年	2010 年
总　　计	**391548**	**462045**	**611093**	**859935**	**1061091**	**1367716**
按企业、事业、机关分						
企　业	385806	455092	602402	849552	1054839	1358620
事　业	5742	6953	8690	10384	5188	6620
机　关						
民间非营利组织					946	1791
其　　它					119	685
按国民经济行业分						
农、林、牧、渔业	170	172	146	117	130	134
采矿业	340	320	329	618	320	410
制造业	105458	118158	222337	350792	431367	576058
电力、燃气及水的生产和供应业	3790	21095	21699	3859	5171	6146
建筑业	157240	181284	204646	295138	351972	438002
交通运输、仓储和邮政业	11467	14603	15565	18078	19922	24540
信息传输、计算机服务和软件业	16349	17721	16656	18899	21924	22888
批发和零售业	18680	20914	27001	35987	44036	51734
住宿和餐饮业	11142	13042	13505	13293	14779	15571
金融业	43284	49431	57557	81548	128350	171189
房地产业	9008	8386	11062	14729	15985	26144
租赁和商务服务业	5194	5613	6622	11246	12554	16757
科学研究、技术服务和地质勘查业	1203	1225	1993	1898	2231	3335
水利、环境和公共设施管理业	655	1076	1098	1382	1649	1811
居民服务和其他服务业	279	463	480	202	1744	1858
教　育	5652	6836	8500	9805	5805	7241
卫生、社会保障和社会福利业	1352	1675	1881	2232	2477	2704
文化、体育和娱乐业	279	22			577	592
公共管理和社会组织	7	10	17	113	100	602

注：2005 年数据有不可比因素。

12－8 分经济类型在岗职工平均工资

（1978－2010年）

单位：元

年　　份	在岗职工平均工资	国　有经济单位	城镇集体经济单位	其　他经济单位
1978	498	562	454	
1979	560	610	527	
1980	639	711	564	
1981	690	717	645	
1982	695	735	649	
1983	716	751	659	
1984	815	866	772	851
1985	1029	1116	946	958
1986	1237	1320	1161	695
1987	1275	1420	1268	1141
1988	1653	1767	1559	1299
1989	1856	1920	1783	1659
1990	1995	2122	1848	1853
1991	2193	2300	2055	2388
1992	2625	2750	2448	2600
1993	3511	3696	3253	3634
1994	5128	5554	4530	4979
1995	6320	6614	5811	7011
1996	7067	7347	6641	6898
1997	8097	8678	7129	7996
1998	9368	10009	7661	10623
1999	10783	11587	8739	11410
2000	12446	13631	9278	12960
2001	15611	18373	10429	13800
2002	18246	22008	13082	14793
2003	21000	26191	15142	16856
2004	24919	33620	18064	17683
2005	31077	45805	24149	20476
2006	31949	46542	24668	22143
2007	33366	50182	25572	23817
2008	34126	53921	29883	24928
2009	36822	59995	32942	27268
2010	40562	65978	37238	31197

注：本表统计范围为城镇集体以上各类单位；2003年以前为职工资料；2005年数据有不可比因素。

12－9 市区在岗职工平均工资

（1990－2010 年）

单位：元

年　份	市　区	椒江区	黄岩区	路桥区
1990	2063	2106	2033	
1991	2312	2361	2183	
1992	2774	3046	2538	
1993	3664	3880	3506	
1994	5139	5270	5196	4560
1995	6522	6934	6298	6110
1996	7472	7788	7516	6647
1997	8642	9460	8328	7591
1998	9912	11119	9173	8774
1999	11342	12686	10328	10637
2000	12929	15178	11533	11007
2001	15973	18154	13579	16707
2002	18599	21090	15359	20714
2003	21806	24709	17852	23078
2004	24861	26770	21394	27458
2005	31495	30658	29640	39606
2006	32840	32703	30019	40977
2007	33131	33829	30029	37053
2008	32672	34759	30801	30854
2009	35519	37840	32564	34061
2010	39107	41620	35726	37633

注：本表统计范围为城镇集体以上各类单位；2003 年以前为职工资料；2005 年数据有不可比因素。

12－10 各县市在岗职工平均工资

（1990－2010年）

单位：元

年　份	玉环县	三门县	天台县	仙居县	温岭市	临海市
1990	2019	1817	1893	1999	1978	1981
1991	2290	2007	2037	2148	2211	2178
1992	2772	2541	2357	2644	2520	2589
1993	3763	3328	3198	3276	3351	3554
1994	6055	4957	4740	4966	5246	4932
1995	7404	5925	5672	6386	6325	5949
1996	7602	6442	6383	6915	7276	6447
1997	8314	7225	6987	7549	8432	7649
1998	10010	8404	7966	8465	9845	8744
1999	11966	9423	9705	10034	11042	9939
2000	13693	11377	11355	11769	12828	11394
2001	16925	15925	14452	14550	16624	14199
2002	20082	19656	17286	16905	19337	16266
2003	20255	21518	19158	18630	22571	19487
2004	22519	26807	23314	21312	28976	23965
2005	37000	29209	30558	26265	32127	29472
2006	38282	30352	31252	27653	32135	29558
2007	40518	32936	32897	31087	34173	31537
2008	34750	33315	35935	34136	36335	35791
2009	36641	36514	37146	33062	41247	38532
2010	40251	38023	40028	37987	47583	41383

注：本表统计范围为城镇集体以上各类单位；2003年以前为职工资料；2005年数据有不可比因素。

12－11　分行业在岗职工平均工资

（2005－2010年）

单位：元

行　　　业	2005年	2006年	2007年	2008年	2009年	2010年
总　　计	**31077**	**31949**	**33366**	**34126**	**36822**	**40562**
按企业、事业、机关分						
企　业	22763	24259	25942	27622	29521	33323
事　业	43396	43798	47136	50385	57525	63631
机　关	55534	54388	56398	57177	63687	66947
民间非营利组织					32902	33486
其　　它					42667	35628
按国民经济行业分						
农、林、牧、渔业	30591	31406	31134	34883	39003	40099
采矿业	17714	25016	24233	24729	22378	21677
制造业	16498	17775	20201	21782	23041	27143
电力、燃气及水的生产和供应业	57578	60086	67693	72793	76911	86246
建筑业	19423	19816	21471	23071	25219	28347
交通运输、仓储和邮政业	29114	31387	34860	37955	43921	49295
信息传输、计算机服务和软件业	54913	58800	64951	68832	72242	76122
批发和零售业	23667	25698	27961	32701	34627	37779
住宿和餐饮业	13560	15447	18668	17236	18009	20013
金融业	50422	56935	66267	85426	91142	95806
房地产业	25912	26390	29342	32934	37433	44070
租赁和商务服务业	28157	28522	30094	27641	28337	31634
科学研究、技术服务和地质勘查业	42688	45251	46352	52523	55070	56910
水利、环境和公共设施管理业	28132	29701	31912	29412	33375	36378
居民服务和其他服务业	33694	31175	40306	51314	30663	33455
教　育	42374	42812	46881	50519	60408	68542
卫生、社会保障和社会福利业	45545	46187	47954	52060	57539	62265
文化、体育和娱乐业	39438	39549	44240	49957	49310	52768
公共管理和社会组织	54399	53439	55428	56416	61897	65122

注：本表统计范围为城镇集体以上各类单位；2005年数据有不可比因素。

12－12 分行业国有经济在岗职工平均工资

（2005－2010 年）

单位：元

行业	2005 年	2006 年	2007 年	2008 年	2009 年	2010 年
总计	**45805**	**46542**	**50182**	**53921**	**59995**	**65978**
按企业、事业、机关分						
企业	40227	43186	49290	57151	59088	67639
事业	43936	44548	48005	51538	58885	65209
机关	55530	54384	56403	57186	63729	66947
民间非营利组织					40136	44889
其它					62476	62079
按国民经济行业分						
农、林、牧、渔业	31012	32130	31511	35127	39311	40505
采矿业						
制造业	17077	19039	22409	26391	28847	32603
电力、燃气及水的生产和供应业	62530	62631	73192	78266	83267	93216
建筑业	21130	22595	22518	24922	29038	30190
交通运输、仓储和邮政业	35116	38321	43020	47314	55132	62612
信息传输、计算机服务和软件业	44917	46987	54540	61748	65828	72005
批发和零售业	38801	39658	42657	52577	56815	64844
住宿和餐饮业	16582	15304	15982	15915	17095	18055
金融业	45447	60742	72804	94761	85404	91964
房地产业	37597	36695	41437	47043	55223	55189
租赁和商务服务业	32622	33570	34016	31684	31101	35604
科学研究、技术服务和地质勘查业	45336	48811	49806	55462	57669	60599
水利、环境和公共设施管理业	38373	38679	44004	37313	40943	48944
居民服务和其他服务业	51464	48655	55275	58222	59447	68090
教育	42616	43126	47368	51257	61477	70121
卫生、社会保障和社会福利业	47943	48747	50299	54983	60586	64754
文化、体育和娱乐业	40518	39697	44240	49957	50571	54100
公共管理和社会组织	54429	53465	55457	56435	61934	65171

注：2005 年数据有不可比因素。

12－13　分行业城镇集体经济在岗职工平均工资

（2005－2010 年）

单位：元

行　　业	2005 年	2006 年	2007 年	2008 年	2009 年	2010 年
总　　计	**24149**	**24668**	**25572**	**29883**	**32942**	**37238**
按企业、事业、机关分						
企　业	20801	21811	23159	27483	30582	33139
事　业	37323	34791	36831	37614	39800	47063
机　关	59050	57658	51721	49896	42936	
民间非营利组织					53000	59667
其　　它					37643	45739
按国民经济行业分						
农、林、牧、渔业	32449	22458	23959	41500	45815	24500
采矿业			17100	17083		
制造业	13532	13912	16351	20470	22354	25127
电力、燃气及水的生产和供应业	23218	31004	29670	34081	37695	46092
建筑业	19705	19679	21375	23719	27571	32170
交通运输、仓储和邮政业	19050	32585	31469	18600	11391	
信息传输、计算机服务和软件业						
批发和零售业	13532	19412	25813	30578	29083	27776
住宿和餐饮业	11157	11506	15844	20416	17133	18786
金融业	47284	55725	61483	72907	58188	111953
房地产业	11020	20169	16779	18542	19481	21763
租赁和商务服务业	35658	29031	33121	30481	37080	40352
科学研究、技术服务和地质勘查业	43250	43840	50240	51261	48236	58268
水利、环境和公共设施管理业	18086	18315	19202	19006	22565	18299
居民服务和其他服务业	31683	40755	38732	65803	12071	13385
教　育	41200	33280	32243	26264	39206	62743
卫生、社会保障和社会福利业	36781	36066	37938	39410	44772	51665
文化、体育和娱乐业						73000
公共管理和社会组织	38545	31045	32646	45104	39129	60689

注：2005 年数据有不可比因素。

12－14　分行业其他经济在岗职工平均工资

（2005－2010 年）

单位：元

行　　业	2005 年	2006 年	2007 年	2008 年	2009 年	2010 年
总　　计	**20476**	**22143**	**23817**	**24928**	**27268**	**31197**
按企业、事业、机关分						
企　业	20344	22017	23692	24823	27226	31160
事　业	36230	35440	37572	38161	40690	44075
机　关						
民间非营利组织					24882	26649
其　　它					26955	30176
按国民经济行业分						
农、林、牧、渔业	13468	14658	17321	17418	18571	20030
采矿业	17714	25016	25331	25102	22378	21677
制造业	16559	17819	20215	21740	22982	27133
电力、燃气及水的生产和供应业	30813	57874	60680	36201	42631	48621
建筑业	19346	19799	21476	22961	25003	28019
交通运输、仓储和邮政业	23231	25030	27505	30054	33789	38616
信息传输、计算机服务和软件业	57976	62928	69719	71805	74368	77508
批发和零售业	18458	19725	22997	27511	29910	32924
住宿和餐饮业	13208	15626	19035	17246	18082	20154
金融业	53876	55003	62876	82455	98443	96330
房地产业	22857	23198	26482	30089	34962	42776
租赁和商务服务业	18772	21450	23600	23236	24385	27785
科学研究、技术服务和地质勘查业	21442	19267	24848	31211	36047	37301
水利、环境和公共设施管理业	11951	19569	19157	20592	22739	24644
居民服务和其他服务业	10976	12257	19359	19094	19056	19790
教　育	35457	35981	37743	38345	35354	34945
卫生、社会保障和社会福利业	23975	27864	30688	33824	39882	41472
文化、体育和娱乐业	20328	14333			29727	30364
公共管理和社会组织	24667	33333	24000	43538	31375	50142

注：2005 年数据有不可比因素。

12－15 各经济类型分行业全部在岗职工平均工资

（2010年）

单位：元

行业	在岗职工平均工资	国有经济单位	城镇集体经济单位	其他经济单位
总计	**40562**	**65978**	**37238**	**31197**
按企业、事业、机关分				
企业	33323	67639	33139	31160
事业	63631	65209	47063	44075
机关	66947	66947		
民间非营利组织	33486	44889	59667	26649
其它	35628	62079	45739	30176
按国民经济行业分				
农、林、牧、渔业	**40099**	**40505**	**24500**	**20030**
农业	14440	14409	19500	
林业	21711	21347		26867
畜牧业	18491	41000		18058
渔业	27500		27500	
农、林、牧、渔服务业	47259	47302	24833	
采矿业	**21677**			**21677**
非金属矿采选业	21677			21677
制造业	**27143**	**32603**	**25127**	**27133**
农副食品加工业	21563		23269	21511
食品制造业	23344			23344
饮料制造业	39333	35373	16500	40175
纺织业	22524			22524
纺织服装、鞋、帽制造业	22531		16301	22732
皮革、毛皮、羽毛（绒）及其制品业	18943			18943
木材加工及木、竹、藤、棕、草制品业	23138			23138
家具制造业	22793			22793
造纸及纸制品业	20629		26987	20029
印刷业和记录媒介的复制	25390	65040	21156	20802
文教体育用品制造业	19691			19691

注：本表统计范围为城镇集体以上各类单位。

12－15 续表1

单位：元

行　　业	在岗职工平均工资	国　有经济单位	城镇集体经济单位	其　他经济单位
化学原料及化学制品制造业	30392			30392
医药制造业	38801			38801
橡胶制品业	23859		16786	23999
塑料制品业	24327		24984	24219
非金属矿物制品业	27697	37964	23356	27345
黑色金属冶炼及压延加工业	25126			25126
有色金属冶炼及压延加工业	30625			30625
金属制品业	26475			26475
通用设备制造业	27286	25929	32482	27263
专用设备制造业	26016			26016
交通运输设备制造业	27945	32414	25938	27898
电气机械及器材制造业	27541		25258	27590
通信设备、计算机及其他电子设备制造业	25992			25992
仪器仪表及文化、办公用机械制造业	28102		17878	28229
工艺品及其他制造业	21377		9850	21393
废弃资源和废旧材料回收加工业	27117			27117
电力、燃气及水的生产和供应业	**86246**	**93216**	**46092**	**48621**
电力、热力的生产和供应业	93835	98549	15786	43695
燃气生产和供应业	49307		53514	46875
水的生产和供应业	59617	63246	45451	55743
建筑业	**28347**	**30190**	**32170**	**28019**
房屋和土木工程建筑业	28285	30190	32241	27940
建筑安装业	37802			37802
建筑装饰业	27919		21909	28169
其他建筑业	19225			19225
交通运输、仓储和邮政业	**49295**	**62612**		**38616**
道路运输业	45074	62362		30020

12－15 续表2

单位：元

行　　业	在岗职工平均工资	国　有经济单位	城镇集体经济单位	其　他经济单位
城市公共交通业	39065	33877		40212
航空运输业	71484	65439		73828
装卸搬运及其他运输服务业	41589	58687		34333
仓储业	25514	22114		27079
邮政业	70230	70760		57880
信息传输、计算机服务和软件业	**76122**	**72005**		**77508**
电信和其他信息传输服务业	78373	72313		80480
软件业	37101	60538		22930
计算机服务业	30460			30460
批发和零售业	**37779**	**64844**	**27776**	**32924**
批发业	44826	74611	29150	37057
零售业	28687	32201	23795	28422
住宿和餐饮业	**20013**	**18055**	**18786**	**20154**
住宿业	20037	17071	15722	20281
餐饮业	19897	30816	21083	19583
金融业	**95806**	**91964**	**111953**	**96330**
银行业	100774	92223	111953	102912
保险业	69319			69319
其他金融活动	71119	79910		69414
房地产业	**44070**	**55189**	**21763**	**42776**
房地产业	48155	67573		47747
物业管理	21052	17934		21228
房地产中介服务	27486	26391		28021
租赁和商务服务业	**31634**	**35604**	**40352**	**27785**
商务服务业	31634	35604	40352	27785
科学研究、技术服务和地质勘查业	**56910**	**60599**	**58268**	**37301**
研究与试验发展	47883	47883		
专业技术服务业	61078	69864	59310	37748

12－15 续表3

单位：元

行业	在岗职工平均工资	国有经济单位	城镇集体经济单位	其他经济单位
科技交流和推广服务业	53244	53869	53615	26000
地质勘查业	75200	75200		
水利、环境和公共设施管理业	**36378**	**48944**	**18299**	**24644**
水利管理业	62159	62159		
环境管理业	24865	39144	14316	30119
公共设施管理业	34939	40973	42713	23412
居民服务和其他服务业	**33455**	**68090**	**13385**	**19790**
居民服务业	35049	68654	13385	19759
其他服务业	23337	56118	62743	19939
教　育	**68542**	**70121**	**63831**	**34945**
其中：初等教育	72018	72327	64483	58450
中等教育	68280	69639	57800	39619
高等教育	66318	72554	51665	28677
卫生、社会保障和社会福利业	**62265**	**64754**	**51665**	**41472**
卫　生	62507	65122		41295
社会保障业	53493	53493		
社会福利业	50138	49762		70250
文化、体育和娱乐业	**52768**	**54100**	**73000**	**30364**
新闻出版业	63803	63803		
广播、电视、电影和音像业	56125	56245		21833
文化艺术业	43843	44498	73000	29951
体　育	48078	52681		40460
娱乐业	28381	37822		17082
公共管理和社会组织	**65122**	**65171**	**60689**	**50142**
中国共产党机关	73974	73974		
国家机构	64646	64647	64419	
人民政协和民主党派	80172	80172		
群众团体、社会团体和宗教组织	63649	66288	47346	50142

12－16 全市城镇居民家庭基本情况(一)

(1990－2010年)

单位:人

年 份	平均每户家庭人口数	有收入者人数	#离退休人数	无收入者人数	平均每户就业人口数	平均每户就业面(%)	平均每一就业者负担人数
1990	3.19	2.23	0.27	0.96	1.96	61.44	1.63
1991	3.10	2.20	0.27	0.90	1.93	62.26	1.61
1992	3.08	2.25	0.26	0.83	1.98	64.29	1.56
1993	3.05	2.26	0.28	0.79	1.96	64.26	1.56
1994	3.01	2.30	0.28	0.71	1.96	65.12	1.54
1995	2.99	2.33	0.34	0.66	1.94	64.88	1.54
1996	2.91	2.25	0.38	0.66	1.83	62.89	1.59
1997	3.00	2.23	0.33	0.77	1.87	62.33	1.60
1998	2.97	2.16	0.41	0.81	1.75	58.92	1.70
1999	2.94	2.17	0.41	0.77	1.74	59.18	1.69
2000	2.87	2.09	0.52	0.78	1.54	53.65	1.87
2001	2.81	2.04	0.49	0.75	1.52	54.22	1.85
2002	2.70	2.10	0.60	0.60	1.40	52.59	1.90
2003	2.77	1.96	0.38	0.81	1.53	55.23	1.81
2004	2.76	1.95	0.42	0.81	1.50	54.17	1.85
2005	2.82	2.02	0.51	0.80	1.47	52.13	1.92
2006	2.90	2.08	0.49	0.82	1.54	53.10	1.88
2007	2.87	2.04	0.51	0.83	1.52	53.00	1.89
2008	2.91	2.05	0.50	0.85	1.52	52.23	1.91
2009	2.93	2.04	0.47	0.89	1.55	52.90	1.89
2010	2.90	2.06	0.48	0.84	1.55	53.45	1.87

注：根据2006年城镇住户调查方法制度,对之前年份的相关数据作了调整,下同。

12－17 全市城镇居民家庭基本情况(二)

(1990－2010年)

单位:元

年 份	人均家庭总收入	#人均可支配收入	人均家庭总支出	#人均消费支出	年末人均住房使用面积(平方米)
1990	1631	1619	1491	1364	
1991	1987	1968	1851	1721	
1992	2364	2342	2314	2119	
1993	3593	3568	4633	2862	
1994	5049	5036	4768	3800	
1995	6621	6588	6324	5209	
1996	6955	6897	5852	5385	
1997	7382	7331	7060	6349	
1998	7918	7880	7760	6752	
1999	8364	8314	8621	6812	
2000	9274	8861	8750	6926	18.87
2001	10736	10260	10798	7896	21.96
2002	12450	11817	11608	8840	24.00
2003	14548	13609	12559	9735	27.76
2004	17161	16113	14471	10992	29.11
2005	18608	17394	15817	12367	30.38
2006	20060	19036	15981	12988	32.77
2007	22179	20942	18155	14536	33.68
2008	24189	22738	19745	15182	31.95
2009	26164	24429	21373	16390	31.99
2010	28995	27212	24180	17933	32.26

12－18　市区城镇居民家庭基本情况(一)

(1990－2010年)

单位:人

年　份	平均每户家庭人口数	有收人者人数	#离退休人　数	无收人者人数	平均每户就业人口数	平均每户就业面(%)	平均每一就业者负担人数
1990	3.22	2.22	0.28	1.00	1.95	60.56	1.65
1991	3.06	2.15	0.25	0.91	1.85	60.46	1.65
1992	3.03	2.17	0.23	0.86	1.93	63.69	1.57
1993	3.02	2.24	0.21	0.78	1.97	65.23	1.53
1994	2.81	2.11	0.33	0.70	1.70	60.50	1.65
1995	2.87	2.20	0.35	0.67	1.77	61.67	1.62
1996	2.85	2.15	0.38	0.70	1.73	60.70	1.65
1997	2.83	2.17	0.38	0.66	1.74	61.48	1.63
1998	2.85	2.10	0.53	0.75	1.58	55.22	1.81
1999	2.87	2.14	0.50	0.74	1.59	55.40	1.81
2000	2.87	2.10	0.43	0.77	1.63	56.79	1.76
2001	2.85	2.07	0.42	0.77	1.61	56.49	1.77
2002	2.71	2.11	0.51	0.60	1.50	55.35	1.81
2003	2.71	1.96	0.43	0.75	1.47	54.24	1.84
2004	2.70	1.93	0.48	0.77	1.41	52.22	1.91
2005	2.78	1.98	0.48	0.80	1.45	52.15	1.92
2006	2.76	1.98	0.50	0.78	1.42	51.45	1.94
2007	2.77	2.02	0.51	0.75	1.45	52.35	1.91
2008	2.87	1.93	0.42	0.93	1.44	50.17	1.99
2009	2.84	1.94	0.43	0.89	1.47	51.76	1.93
2010	2.82	1.96	0.44	0.86	1.46	51.77	1.93

12－19　市区城镇居民家庭基本情况(二)

(1990－2010年)

单位:元

年　份	人均家庭总收入	#人均可支配收入	人均家庭总支出	#人均消费支出	年末人均住房使用面积(平方米)
1990	1491	1481	1335	1244	13.25
1991	1952	1930	1802	1699	14.07
1992	2303	2276	2295	2171	14.03
1993	3613	3584	4744	2962	15.26
1994	5199	5191	4732	3940	16.37
1995	6912	6871	6598	5432	16.36
1996	7337	7258	6084	5684	17.11
1997	7884	7816	7066	6353	17.30
1998	8464	8419	8497	7441	18.71
1999	8837	8775	9448	7354	17.98
2000	9628	9176	8819	7420	22.76
2001	10894	10396	11818	8668	22.93
2002	13058	12391	13148	9921	26.41
2003	15548	14525	13994	10865	27.87
2004	17841	16651	15903	13052	27.84
2005	19680	18313	19806	14423	27.06
2006	21428	19953	20789	15460	28.13
2007	24042	22245	19402	15666	28.18
2008	25834	24181	19577	15715	29.49
2009	27587	25889	21872	17477	29.98
2010	30555	28583	27164	19626	30.01

12－20　全市城镇居民家庭人均全年家庭收支(一)

(1992－2010 年)

单位:元

年　份	家　庭总收入	#可支配收　入	工资性收　入	工 资 及补贴收入	其他劳动收入	经营净收　入	财产性收　入	转移性收　入
1992	2364	2342	1895	1861	34	41	76	352
1993	3593	3568	2766	2638	128	75	177	575
1994	5049	5036	3791	3642	149	76	337	845
1995	6621	6588	4858	4581	277	142	356	1265
1996	6955	6897	5188	4975	213	173	288	1306
1997	7382	7331	5455	5049	406	205	267	1455
1998	7918	7880	5499	5140	359	426	332	1661
1999	8364	8314	6011	5655	356	420	204	1729
2000	9274	8861	5052	4658	394	1545	334	2343
2001	10736	10260	5914	5505	409	1627	292	2903
2002	12450	11817	7079	6491	588	1725	336	3310
2003	14548	13609	9763	9206	557	1795	478	2512
2004	17161	16113	11385	10903	482	2135	415	3226
2005	18608	17394	11111	10725	386	2869	798	3830
2006	20060	19036	11632	11267	365	3555	830	4043
2007	22179	20942	13000	12724	276	3634	956	4589
2008	24189	22738	14731	14480	251	3444	1084	4930
2009	26164	24429	15983	15782	201	3736	1360	5085
2010	28995	27212	17428	17228	200	4045	1432	6090

12－21　全市城镇居民家庭人均全年家庭收支(二)

(1992－2010年)

单位:元

年　份	家　庭 总支出	#消　费 支　出	#服务性 支　出	#购房与 建房支出	#转移性 支　出	#赡　养 支　出	#捐　赠 支　出	#社会保 障支出
1992	2314	2119						
1993	4633	2862						
1994	4768	3800						
1995	6324	5209						
1996	5852	5385						
1997	7060	6349						
1998	7760	6752						
1999	8621	6812						
2000	8750	6926		946				
2001	10798	7896		1816				
2002	11608	8840	2335	1032	1256	351	767	473
2003	12559	9735	2682	343	1695	763	709	770
2004	14471	10992	3217	1160	1482	486	777	827
2005	15817	12367	3559	760	1604	426	908	945
2006	15981	12988	3885	405	1713	261	1115	811
2007	18155	14536	4324	702	1831	258	1199	1006
2008	19745	15182	4515	1126	2070	292	1329	1133
2009	21373	16390	4782	1199	2160	301	1298	1385
2010	24180	17933	5102	2161	2280	318	1412	1407

12-22 市区城镇居民家庭人均全年家庭收支(一)

(1990-2010 年)

单位:元

年 份	家 庭总收入	#可支配收 入	工资性收 入	工 资 及补贴收入	其他劳动收入	经营净收 入	财产性收 入	转移性收 入
1990	1491	1481	1048	1036	12	19	40	384
1991	1952	1930	1414	1399	15	32	48	458
1992	2303	2276	1854	1816	38	42	52	355
1993	3613	3584	2822	2693	129	73	128	590
1994	5199	5191	3898	3727	171	78	372	851
1995	6912	6871	5219	4876	343	102	318	1273
1996	7337	7258	5664	5405	259	104	276	1293
1997	7884	7816	5733	5263	470	141	319	1691
1998	8464	8419	5616	5285	331	572	311	1965
1999	8837	8775	6229	5910	319	510	193	1905
2000	9628	9176	5182	4771	411	1937	390	2119
2001	10894	10396	5968	5718	250	1998	364	2564
2002	13058	12391	7291	6900	391	2147	386	3234
2003	15548	14525	10046	9449	597	2249	566	2687
2004	17841	16651	11145	10706	439	2713	506	3477
2005	19680	18313	11359	10948	411	3695	880	3746
2006	21428	19953	12054	11790	264	4081	1023	4270
2007	24042	22245	13187	12885	302	4491	1221	5143
2008	25834	24181	14544	14232	312	5760	1411	4119
2009	27587	25889	15800	15590	210	5814	1722	4251
2010	30555	28583	17265	17005	260	6840	1384	5066

12－23　市区城镇居民家庭人均全年家庭收支(二)

(1990－2010年)

单位:元

年　份	家　庭总支出	#消　费支　出	#服务性支　出	#购房与建房支出	#转移性支　出	#赡　养支　出	#捐　赠支　出	#社会保障支出
1990	1335	1244						
1991	1802	1699						
1992	2295	2171						
1993	4744	2962						
1994	4732	3940						
1995	6598	5432						
1996	6084	5684						
1997	7066	6353						
1998	8497	7441						
1999	9448	7354						
2000	8819	7420						
2001	11818	8668		2169				
2002	13148	9921	2620	1496	1216	364	728	515
2003	13994	10865	3075	443	1848	931	656	834
2004	15903	13052	3924	382	1537	459	822	926
2005	19806	14423	4368	2523	1572	409	848	1090
2006	20789	15460	4505	2492	1511	244	920	1079
2007	19402	15666	4442	719	1578	258	856	1307
2008	19577	15715	4822	913	1599	178	960	1199
2009	21872	17477	4883	1205	1757	315	908	1210
2010	27164	19626	5680	3883	1895	198	995	1450

12－24　全市城镇居民家庭人均全年消费性支出(一)

(1992－2010年)

单位:元

年份	消费支出	#服务性消费支出	食品	#粮食类	#油脂类	#肉禽及制品	#蛋类
1992	2119		1114	94	21	225	38
1993	2862		1413	126	25	249	43
1994	3800		1930	228	56	374	64
1995	5209		2554	293	59	461	80
1996	5385		2620	301	58	464	88
1997	6349		2614	238	64	461	72
1998	6752		2746	217	61	387	56
1999	6812		2709	211	63	364	60
2000	6926		2984	204	72	440	62
2001	7896		3060	195	62	422	62
2002	8840	2335	3308	195	52	462	66
2003	9735	2682	3320	178	61	453	55
2004	10992	3217	3903	262	80	489	67
2005	12367	3559	4099	285	78	502	77
2006	12988	3885	4459	333	74	513	68
2007	14536	4324	5025	352	90	648	86
2008	15182	4515	5419	410	115	792	89
2009	16390	4782	5578	402	98	733	91
2010	17933	5102	6212	469	95	774	101

注：2002年起消费支出分类指标进行了调整，家庭设备用品及服务、娱乐教育文化服务、居住、杂项商品及服务类与之前年份不可同比，下同。

12-25 全市城镇居民家庭人均全年消费性支出(二)

(1992-2010年)

单位:元

年份	#水产品类	#菜类	#烟草类	#酒和饮料	#干鲜瓜果类	#糕点	#奶及奶制品	#在外饮食
1992	182	128	89	38	81	19	11	107
1993	199	147	126	51	100	23	11	212
1994	300	204	131	74	134	33	17	154
1995	412	297	161	100	167	36	27	253
1996	417	257	139	109	176	42	32	291
1997	441	283	140	104	165	42	30	368
1998	410	247	202	132	167	43	31	594
1999	447	243	183	142	181	38	34	564
2000	567	278	197	127	174	39	55	571
2001	586	261	233	127	173	37	55	636
2002	609	324	248	127	210	36	79	709
2003	612	316	259	123	224	38	87	715
2004	642	388	293	137	244	41	92	1012
2005	655	383	302	140	274	48	98	1107
2006	776	389	306	158	307	45	112	1212
2007	807	425	343	172	327	50	119	1427
2008	823	448	311	164	329	53	133	1572
2009	827	476	318	181	361	62	142	1711
2010	909	571	365	181	426	65	133	1927

12－26　全市城镇居民家庭人均全年消费性支出(三)

(1992－2010年)

单位:元

年　份	衣　着	#服　装	家庭设备用品及服务	#耐　用消费品	医　疗保　健	交　通和通讯	交　通	通　讯
1992	250	146	209	145	50	66	52	14
1993	345	214	282	164	70	87	65	22
1994	463	285	320	205	153	136	70	66
1995	555	341	505	295	246	342	177	165
1996	645	462	507	293	208	255	100	155
1997	608	394	1085	658	301	468	269	199
1998	570	404	1223	757	287	466	186	280
1999	596	416	618	302	472	664	353	311
2000	583	423	489	290	569	574	177	397
2001	682	500	740	428	588	719	235	484
2002	637	466	519	296	639	1092	604	488
2003	817	619	660	415	571	1403	823	580
2004	954	725	713	417	621	1558	903	655
2005	1145	884	698	362	853	2015	1240	775
2006	1203	923	644	318	899	2266	1462	804
2007	1405	1084	686	360	891	2578	1699	879
2008	1421	1094	705	284	1021	2655	1780	875
2009	1585	1211	773	335	986	3085	2179	906
2010	1746	1333	853	349	1096	3448	2528	920

12－27 全市城镇居民家庭人均全年消费性支出(四)

(1992－2010年)

单位:元

年份	教育文化娱乐服务	文化娱乐用品	教育	文化娱乐	居住	#住房	#水电燃料	其他商品及服务
1992	222	136	46	40	112	20	92	96
1993	400	255	96	49	173	51	122	92
1994	363	200	103	59	219	71	147	216
1995	413	162	179	72	299	123	176	295
1996	508	166	261	81	408	163	244	234
1997	601	173	299	129	378	102	276	294
1998	758	264	381	112	368	74	292	334
1999	915	300	490	125	405	75	330	433
2000	815	163	523	129	569	145	424	343
2001	1070	322	598	150	673	134	438	364
2002	1376	383	733	260	1014	262	498	255
2003	1497	422	747	328	1157	586	531	310
2004	1682	447	826	409	1178	537	604	383
2005	1997	389	1106	502	1087	311	706	473
2006	1988	357	1047	584	1128	333	751	401
2007	2229	399	1174	656	1248	396	792	474
2008	2177	296	1181	700	1346	457	837	438
2009	2412	396	1188	828	1488	652	788	483
2010	2575	427	1224	924	1468	492	908	535

12-28 市区城镇居民家庭人均全年消费性支出(一)

(1992-2010年)

单位:元

年份	消费支出	#服务性消费支出	食品	#粮食类	#油脂类	#肉禽及制品	#蛋类
1992	2171		1147	95	19	231	34
1993	2962		1438	129	22	246	39
1994	3940		2085	233	63	389	69
1995	5432		2718	307	62	468	81
1996	5684		2700	307	60	445	92
1997	6353		2787	302	67	480	78
1998	7441		3073	256	63	401	53
1999	7354		2992	226	66	379	60
2000	7420		3251	220	78	466	57
2001	8668		3517	197	67	447	61
2002	9921	2620	3870	193	51	503	66
2003	10865	3075	3847	179	76	423	51
2004	13052	3924	4617	295	80	478	63
2005	14423	4368	4703	319	79	538	69
2006	15460	4505	5137	345	74	517	64
2007	15666	4442	5695	372	93	618	86
2008	15715	4822	5980	374	110	801	88
2009	17477	4883	6181	364	101	704	85
2010	19626	5680	6794	430	94	777	101

12－29　市区城镇居民家庭人均全年消费性支出(二)

(1992－2010年)

单位:元

年份	#水产品类	#菜类	#烟草类	#酒和饮料	#干鲜瓜果类	#糕点	#奶及奶制品	#在外饮食
1992	227	132	79	38	79	19	9	105
1993	234	146	117	48	97	20	10	238
1994	374	220	121	88	139	36	18	164
1995	520	314	133	115	173	41	23	266
1996	495	262	108	130	179	45	24	303
1997	540	310	115	124	170	40	28	348
1998	490	260	217	163	180	44	29	734
1999	547	257	182	181	198	37	30	652
2000	725	309	181	146	187	35	54	609
2001	728	291	250	140	190	36	57	836
2002	829	398	266	143	222	34	81	882
2003	745	361	255	143	244	38	79	1062
2004	822	404	303	156	264	43	84	1482
2005	755	396	284	147	289	41	79	1552
2006	838	414	303	160	336	50	92	1791
2007	872	445	389	190	368	52	111	1934
2008	919	476	247	150	358	52	107	2146
2009	931	493	305	151	378	56	100	2351
2010	1095	615	291	163	450	74	83	2437

12－30　市区城镇居民家庭人均全年消费性支出(三)

(1992－2010 年)

单位:元

年份	衣着	#服装	家庭设备用品及服务	#耐用消费品	医疗保健	交通和通讯	交通	通讯
1992	264	161	197	139	35	77	56	21
1993	351	228	301	176	68	70	64	6
1994	490	320	241	120	133	112	56	56
1995	558	347	493	316	280	311	161	150
1996	704	505	640	367	157	271	98	173
1997	567	364	716	436	328	620	370	250
1998	613	432	1488	892	332	421	154	267
1999	611	428	646	288	571	597	228	368
2000	632	458	542	320	440	675	213	462
2001	744	564	792	501	610	744	264	480
2002	686	506	509	273	845	1545	1031	514
2003	970	757	513	289	614	2022	1352	670
2004	998	760	725	392	619	2146	1547	599
2005	1242	962	770	434	919	2807	1882	925
2006	1318	996	591	263	1005	3363	2398	965
2007	1457	1117	706	324	856	3188	2215	973
2008	1415	1085	532	211	738	3329	2341	988
2009	1710	1334	739	396	929	3496	2527	969
2010	1984	1568	734	300	991	4389	3409	980

12-31 市区城镇居民家庭人均全年消费性支出(四)

(1992-2010年)

单位:元

年份	教育文化娱乐服务	文化娱乐用品	教育	文化娱乐	居住	#住房	#水电燃料	其他商品及服务
1992	246	164	47	36	93	13	80	113
1993	496	351	98	46	151	29	121	87
1994	417	247	108	62	201	51	151	261
1995	485	213	192	80	245	69	176	342
1996	566	252	225	89	389	132	257	257
1997	586	204	255	127	457	154	302	292
1998	699	250	332	116	416	106	310	399
1999	920	339	454	128	450	105	345	567
2000	937	196	618	123	574	128	448	369
2001	1197	337	696	164	669	119	449	395
2002	1478	409	787	282	687	131	513	301
2003	1417	335	715	367	1082	502	538	400
2004	2246	525	954	767	1253	630	579	448
2005	2298	450	1282	566	1166	378	708	518
2006	2315	565	1195	555	1242	428	766	489
2007	2162	554	1073	535	1031	128	840	571
2008	2165	270	1290	605	1120	219	841	436
2009	2485	534	1313	638	1332	496	794	605
2010	3055	426	1599	1030	1189	228	906	490

12－32　全市城镇居民家庭每百户耐用消费品年末拥有量(一)

(1992－2010年)

年　份	摩托车(辆)	助力车(辆)	家　用汽　车(辆)	洗衣机(台)	电冰箱(包括冰柜)(台)	彩　色电视机(台)	家　用电　脑(台)	组　合音　响(套)	摄像机(架)
1992	1			76	76	69		4	
1993	1			83	78	80		6	
1994	1			84	80	76		5	
1995	6			85	85	83		5	
1996	8			86	86	88		4	
1997	13			86	103	100		10	1
1998	18			98	107	108	2	26	1
1999	21			98	110	124	3	23	1
2000	19			91	105	139	7	19	1
2001	26			93	106	151	12	20	2
2002	24	5	1	96	111	157	17	18	2
2003	39	13	5	97	111	170	47	27	3
2004	44	16	6	98	113	178	51	29	4
2005	45	32	11	96	111	180	61	38	4
2006	48	30	13	98	111	198	68	38	6
2007	42	36	16	97	106	199	73	37	7
2008	40	45	21	97	105	198	83	38	9
2009	39	51	26	98	107	207	95	37	10
2010	37	57	30	99	108	207	100	37	10

12－33 全市城镇居民家庭每百户耐用消费品年末拥有量(二)

(1992－2010年)

年份	照相机（架）	钢琴（架）	其他中高档乐器（件）	空调器（台）	淋浴热水器（台）	消毒碗柜（台）	洗碗机（台）	健身器材（件）	电话(包括移动)（部）
1992	14		9		39				8
1993	35		9	1	46				14
1994	31		8	6	35				29
1995	39		15	8	46				49
1996	36		11	10	53				55
1997	51		16	16	61			3	76
1998	53		6	25	78			3	91
1999	53		11	26	79			5	113
2000	35		3	35	78			6	142
2001	42		5	42	79			6	185
2002	40	1	4	50	84	11	1	5	214
2003	47	4	6	104	94	27	2	8	265
2004	48	3	7	122	95	28	2	9	283
2005	50	3	9	135	96	24	1	9	294
2006	47	3	11	137	98	34	1	8	309
2007	44	3	10	146	101	33	1	8	307
2008	44	3	10	159	103	33	2	8	300
2009	50	3	9	179	104	35	2	6	308
2010	53	3	8	182	104	36	3	7	311

12－34　市区城镇居民家庭每百户耐用消费品年末拥有量(一)

(1990－2010年)

年　份	摩托车（辆）	助力车（辆）	家　用汽　车（辆）	洗衣机（台）	电冰箱（包括冰柜）（台）	彩　色电视机（台）	家　用电　脑（台）	组　合音　响（套）	摄像机（架）
1990				68	58	55			
1991				67	65	57			
1992	2			65	72	60		2	
1993	2			80	72	75		7	
1994	2			77	77	72		7	
1995	7			77	82	82		7	
1996	7			80	83	90		5	
1997	8			83	89	103		5	
1998	15			95	101	103	3	20	
1999	18			95	103	130	5	20	
2000	25			92	101	139	10	20	
2001	29			93	101	152	12	22	
2002	25	2	2	97	105	156	18	20	3
2003	42	10	7	95	112	174	48	31	3
2004	44	13	9	95	113	181	49	33	4
2005	44	29	13	92	110	178	62	41	4
2006	43	33	17	93	111	182	74	41	4
2007	42	41	19	94	104	183	81	41	5
2008	27	52	25	97	104	197	87	46	8
2009	25	53	29	99	102	201	91	46	10
2010	24	55	37	99	102	203	94	47	10

12－35　市区城镇居民家庭每百户耐用消费品年末拥有量(二)

(1990－2010年)

年　份	照相机(架)	钢　琴(架)	其他中高档乐器(件)	空调器(台)	淋　浴热水器(台)	消　毒碗　柜(台)	洗碗机(台)	健　身器　材(件)	电话(包括移动)(部)
1990	7		5						
1991	7		15						
1992	7		10		37				12
1993	15		10		40				13
1994	32		22	2	40				30
1995	32		20	2	45				42
1996	32		15	5	52				52
1997	32		20	10	50			2	72
1998	43			23	73			3	83
1999	43		5	23	78			5	125
2000	41		4	49	82			6	161
2001	44		6	54	83	13		6	183
2002	41	1	4	58	89	16	1	4	218
2003	47	5	4	113	93	30	3	10	256
2004	48	4	5	128	92	32	3	11	267
2005	52	4	9	141	94	26	1	10	288
2006	57	4	11	149	97	28	1	11	295
2007	61	3	13	159	102	29	1	11	293
2008	53	6	12	173	107	29	1	10	302
2009	54	6	12	183	111	32	1	7	307
2010	59	6	14	190	112	32	1	7	312

12－36 全市城镇居民家庭住房和设施年末拥有情况(一)

(1992－2010年)

单位:%

年份	按房屋产权分			按住宅建筑式样分		
	公房	自有房	其他	单元式配套住宅	普通楼房	其他住宅
1992	73.8	23.7	2.5	66.2	31.3	2.5
1993	17.5	80.0	2.5	68.8	28.7	2.5
1994	13.8	85.0	1.2	58.8	37.5	3.7
1995	12.5	86.3	1.2	65.0	31.2	3.8
1996	12.5	86.3	1.2	63.8	31.2	5.0
1997	13.8	85.0	1.2	66.2	26.3	7.5
1998	10.0	88.8	1.2	76.2	16.3	7.5
1999	8.7	88.8	2.5	77.5	17.5	5.0
2000	8.0	87.0	5.0	66.0	32.0	2.0
2001	9.8	88.0	2.2	62.0	35.5	2.5
2002	5.5	89.5	5.0	69.2	24.6	6.2
2003	1.0	96.7	2.3	81.7	17.6	0.7
2004	1.0	96.7	2.3	81.0	18.3	0.7
2005	1.1	94.5	4.4	84.2	15.1	0.7
2006	2.5	92.2	5.3	88.5	10.9	0.6
2007	2.1	93.7	4.2	86.7	11.9	1.4
2008	3.1	93.4	3.5	86.7	12.3	1.0
2009	2.2	96.0	1.8	89.1	9.9	1.0
2010	2.1	96.1	1.8	89.4	9.6	1.0

12－37 全市城镇居民家庭住房和设施年末拥有情况(二)

(1992－2010年)

单位:%

年 份	按用水情况分			按卫生设备拥有情况分		按取暖设备拥有情况分	
	独用自来水	公用自来水	无自来水	无卫生设备	有卫生设备	无取暖设备	空调设备
1992	96.2		3.8	35.0	65.0	100.0	
1993	95.0	2.5	2.5	32.5	67.5	98.7	1.3
1994	92.5	3.8	3.7	36.2	63.8	96.2	3.8
1995	97.5	2.5		27.5	72.5	96.2	3.8
1996	97.5	2.5		26.2	73.8	93.8	6.2
1997	97.5	2.5		31.2	68.8	86.2	13.8
1998	97.5	2.5		22.5	77.5	83.8	16.2
1999	97.5	2.5		13.8	86.2	82.5	17.5
2000	99.0	1.0		15.0	85.0	73.0	27.0
2001	99.0	1.0		18.7	81.3	70.3	29.7
2002	97.2	2.8		13.0	87.0	56.1	43.9
2003	98.7	1.3		2.6	97.4	34.8	65.2
2004	98.7	1.3		2.6	97.4	31.8	68.2
2005	98.7	1.3		2.9	97.1	18.0	82.0
2006	97.8	2.2		2.0	98.0	18.9	81.1
2007	99.4	0.6		1.4	98.6	18.0	82.0
2008	99.7	0.3		1.1	98.9	16.3	83.7
2009	99.8	0.2		0.7	99.3	9.7	90.3
2010	99.8	0.2		0.5	99.5	8.9	91.1

12-38 全市城镇居民家庭住房和设施年末拥有情况(三)

(1992-2010年)

单位:%

年份	按燃料使用情况分			按电话拥有情况分		
	液化石油气	煤	其他	无电话	公费电话	自费电话
1992	70.0	30.0		92.5	5.0	2.5
1993	73.7	26.3		86.3	8.7	5.0
1994	81.3	18.7		71.2	18.8	10.0
1995	87.5	12.5		51.2	23.8	25.0
1996	88.8	10.0	1.2	45.0	22.5	32.5
1997	90.6	8.2	1.2	23.8	16.2	60.0
1998	92.3	6.5	1.2	10.0		90.0
1999	95.1	3.7	1.2	5.0		95.0
2000	97.0	2.0	1.0	6.0		94.0
2001	97.0	2.0	1.0	5.3		94.7
2002	97.7	1.5	0.8	2.9		97.1
2003	99.0	1.0		1.0		99.0
2004	99.3	0.7		1.0		99.0
2005	99.3	0.7		0.8		99.2
2006	99.7	0.3		0.1		99.9
2007	99.6	0.4		0.1		99.9
2008	99.3	0.4	0.3	0.1		99.9
2009	99.3	0.4	0.3	0.1		99.9
2010	99.5	0.2	0.3	0.1		99.9

12－39 市区城镇居民家庭住房和设施年末拥有情况(一)

(1992－2010年)

单位:%

年份	按房屋产权分			按住宅建筑式样分		
	公房	自有房	其他	单元式配套住宅	普通楼房	其他住宅
1992	72.5	25.0	2.5	72.5	27.5	
1993	17.5	80.0	2.5	77.5	22.5	
1994	12.5	85.0	2.5	65.0	30.0	5.0
1995	12.5	85.0	2.5	62.5	32.5	5.0
1996	12.5	85.0	2.5	62.5	32.5	5.0
1997	10.0	87.5	2.5	65.0	32.5	2.5
1998	7.5	90.0	2.5	82.5	12.5	5.0
1999	7.5	90.0	2.5	85.0	15.0	
2000	2.0	92.0	6.0	69.0	31.0	
2001	2.0	96.0	2.0	69.0	31.0	
2002	2.0	93.0	5.0	75.0	25.0	
2003	1.0	97.0	2.0	86.0	14.0	
2004	1.0	97.0	2.0	86.0	14.0	
2005	0.7	98.6	0.7	81.3	18.7	
2006	0.7	98.6	0.7	83.3	16.7	
2007	0.7	98.6	0.7	84.6	14.7	0.7
2008	0.5	98.8	0.7	87.5	12.1	0.4
2009	0.3	99.0	0.7	91.7	8.0	0.3
2010	0.3	99.0	0.7	91.8	8.0	0.2

12－40 市区城镇居民家庭住房和设施年末拥有情况(二)

(1992－2010年)

单位:%

年份	按用水情况分		按卫生设备拥有情况分		按取暖设备拥有情况分	
	独用自来水	无自来水	无卫生设备	有卫生设备	无取暖设备	空调设备
1992	97.5	2.5	27.5	72.5	100.0	
1993	97.5	2.5	27.5	72.5	100.0	
1994	95.0	5.0	30.0	70.0	97.5	2.5
1995	97.5	2.5	35.0	65.0	97.5	2.5
1996	100.0		32.5	67.5	95.0	5.0
1997	100.0		32.5	67.5	90.0	10.0
1998	100.0		17.5	82.5	85.0	15.0
1999	100.0		2.5	97.5	82.5	17.5
2000	100.0		9.0	91.0	61.0	39.0
2001	100.0		10.0	90.0	53.0	47.0
2002	100.0		7.0	93.0	48.0	52.0
2003	100.0		1.0	99.0	25.0	75.0
2004	100.0		1.0	99.0	22.0	78.0
2005	100.0		3.3	96.7	18.0	82.0
2006	100.0		2.0	98.0	15.3	84.7
2007	100.0		0.7	99.3	14.0	86.0
2008	100.0		0.5	99.5	11.3	88.7
2009	100.0		0.4	99.6	10.7	89.3
2010	100.0		0.3	99.7	10.7	89.3

12－41　市区城镇居民家庭住房和设施年末拥有情况(三)

(1992－2010年)

单位:%

年份	按燃料使用情况分				按电话拥有情况分		
	液化石油气	#管道液化石油气	煤	其他	无电话	公费电话	自费电话
1992	62.5		34.0	3.5	87.5	7.5	5.0
1993	67.5		29.0	3.5	87.5	7.5	5.0
1994	82.5		14.5	3.0	70.0	25.0	5.0
1995	82.5		14.5	3.0	57.5	30.0	12.5
1996	87.5		10.0	2.5	47.5	32.5	20.0
1997	97.5		2.5		27.5	32.5	40.0
1998	97.5		2.5		17.5		82.5
1999	97.5		2.5		7.5		92.5
2000	97.5		2.5		3.0		97.0
2001	98.0		2.0		3.0		97.0
2002	99.0	3.0	1.0		2.0		98.0
2003	100.0	9.0			1.0		99.0
2004	100.0	12.0			1.0		99.0
2005	100.0	14.7			0.7		99.3
2006	100.0	16.7			0.7		99.3
2007	100.0	18.7			0.5		99.5
2008	100.0	20.7			0.3		99.7
2009	100.0	21.3			0.3		99.7
2010	100.0	21.3			0.2		99.8

12－42　各县市区农村居民人均纯收入

（1997－2010年）

单位:元

年份	全市	市区	椒江区	黄岩区	路桥区	玉环县	三门县	天台县	仙居县	温岭市	临海市
1997	3530		4050	3506	4050	4804	1863	2800	2385	4718	2421
1998	3837		4699	3928	4520	5004	2521	2942	2493	5035	3081
1999	4029		5020	4163	5050	5260	2744	3092	2637	5375	3508
2000	4296		5370	4502	5430	5723	2997	3320	2771	5609	3806
2001	4631		5700	4802	5740	6207	3300	3618	2917	5917	4125
2002	4970		6054	5225	6145	6651	3530	3822	3094	6229	4389
2003	5359		6423	5652	6640	7225	3865	4134	3346	6594	4696
2004	6008	6870	7194	6130	7516	8016	4313	4486	3621	7062	5255
2005	6689	7630	7802	6560	8433	8620	4846	4890	4328	7556	5732
2006	7368	8477	8447	7185	9365	9261	5558	5378	4817	8167	6703
2007	8331	9601	9514	8325	10795	10252	6327	6053	5588	9367	7816
2008	9180	10522	10391	9197	11776	11258	7179	6907	6307	10354	8739
2009	10006	11421	11243	10098	12735	12192	7863	7590	6976	11313	9595
2010	11307	12667	12550	11217	14037	14161	8852	8683	8022	12947	10851

12－43　农村居民人均纯收入及总支出

（2003－2010 年）

单位：元

指标名称	2003 年	2004 年	2005 年	2006 年	2007 年	2008 年	2009 年	2010 年
调查户数（户）	**700**	**700**	**1860**	**1970**	**1970**	**1970**	**1970**	**1970**
常住人口（人）	**2427**	**2433**	**6367**	**6715**	**6673**	**6643**	**6627**	**6647**
人均纯收入	**5359**	**6008**	**6689**	**7368**	**8331**	**9180**	**10006**	**11307**
工资性收入	2288	2488	2562	2757	3207	3686	4163	4828
在非企业组织中得到收入	387	399	321	308	326	351	379	435
在本地域内劳动得到收入	1223	1526	1844	2038	2428	2819	3200	3694
外出从业收入	678	563	397	411	453	516	584	699
家庭经营收入	2471	2848	3347	3649	4142	4322	4619	5127
第一产业收入	790	945	1117	1196	1406	1443	1542	1666
第二产业收入	833	930	970	1131	1329	1452	1486	1708
第三产业收入	848	973	1260	1322	1407	1427	1591	1753
财产性收入	446	493	501	669	640	713	724	688
转移性收入	154	179	279	293	342	459	500	664
人均总支出	**5324**	**5679**	**7198**	**7664**	**9350**	**10111**	**10695**	**11765**
其中：家庭经营费用支出	1093	1275	1372	1436	2039	2162	2209	2367
购置生产性固定资产支出	100	106	272	228	106	147	134	380
税费支出	24	22	19	17	15	17	16	17
生活消费支出	3809	3913	5033	5481	6490	7090	7424	8086
食品消费	1489	1692	1887	1945	2242	2577	2675	2980
衣着消费	202	221	300	336	397	444	488	547
居住消费	604	547	734	870	1266	1182	1190	1509
家庭设备及用品消费	174	179	213	246	302	340	355	388
交通通讯消费	475	375	583	731	821	940	1017	953
文化教育及娱乐消费	533	513	777	762	798	778	850	854
医疗消费	225	287	418	447	530	676	687	660
其他商品和服务消费	107	99	121	144	134	153	162	195
财产性支出	15	46	31	51	84	29	42	69
转移性支出	283	316	467	446	609	655	853	846

12－44　农村居民居住情况

(2003－2010年)

单位:%

指　标　名　称	2003年	2004年	2005年	2006年	2007年	2008年	2009年	2010年
人均住房面积(平方米)	**48.0**	**48.6**	**49.6**	**52.3**	**54.4**	**55.0**	**56.3**	**57.0**
钢筋混土结构面积	21.0	23.4	28.9	31.2	35.3	35.5	38.2	39.6
砖木结构面积	25.5	23.5	19.9	20.4	18.6	19.1	17.5	15.5
其　他	1.5	1.7	0.8	0.7	0.5	0.4	0.6	1.9
住房卫生设备使用情况								
使用水冲式卫生厕所	44.1	50.3	61.5	63.8	67.9	71.3	74.2	77.6
使用旱厕	31.6	31.0	26.9	28.9	24.4	22.2	19.8	17.5
无 厕 所	24.3	18.7	11.6	7.3	7.7	6.5	6.0	4.9
住房取暖设备使用情况								
使用空调	10.4	13.9	19.5	22.5	28.8	32.9	37.9	43.7
无取暖设备	89.6	86.1	80.5	77.5	71.2	67.1	62.1	56.3
燃料使用情况								
使用液化气	56.4	56.7	57.8	56.5	72.5	70.5	73.1	75.7
使用柴草	42.7	42.9	40.4	42.0	26.5	28.3	25.3	22.9
使用其他燃料	0.9	0.4	1.8	1.5	1.0	1.2	1.6	1.4
饮用水来源								
饮用自来水	63.1	64.3	79.7	79.8	83.1	82.6	87.4	88.0
饮用井水	31.2	30.4	18.7	17.1	15.0	15.1	12.1	11.0
饮用江河湖泊水	2.3	2.3		1.0	1.0	0.5	0.5	0.5
饮用其他水源	3.4	3.0	1.6	2.1	0.9	1.8		0.5

12－45 农村居民家庭每百户耐用消费品拥有量

（2003－2010 年）

指 标 名 称		2003 年	2004 年	2005 年	2006 年	2007 年	2008 年	2009 年	2010 年
洗衣机	（台）	40	44	50	53	56	58	63	66
电冰箱	（台）	50	53	63	67	76	77	83	88
空调器	（台）	15	19	26	30	41	47	54	64
排油烟机	（台）	23	27	35	36	38	40	44	46
吸尘器	（台）	6	8	8	8	8	7	7	8
微波炉	（台）	8	13	15	17	20	21	27	28
热水器	（台）	35	41	50	52	58	61	67	71
自行车	（辆）	169	150	140	134	132	134	136	133
摩托车	（辆）	35	37	40	45	39	37	36	35
电话机	（部）	85	90	92	91	87	84	80	79
移动电话	（部）	82	98	130	147	166	176	194	205
彩色电视机	（台）	107	112	128	133	142	146	153	158
家用汽车	（辆）	2	3	4	5	7	7	9	10
摄像机	（台）	1	1	1	2	2	1	1	2
影碟机	（台）	37	43	46	48	42	43	43	44
照相机	（架）	6	7	9	8	6	6	8	10
家用计算机	（台）	8	10	14	17	21	23	31	37
中高档乐器	（件）	2	1	1	1	1	1	1	1

主 要 统 计 指 标 解 释

工资总额 指各单位在一定时期内直接支付给本单位全部职工的劳动报酬总额。

工资总额的计算应以直接支付给职工的全部劳动报酬为依据。各单位支付给职工的劳动报酬以及其他根据有关规定支付的工资，不论是计入成本的还是不计入成本的，不论是按国家规定列入计征奖金税项目的还是未列入计征奖金税项目的，不论是以货币形式支付的还是以实物形式支付的，均应列入工资总额的计算范围。

工资总额的组成是：

1. 计时工资 指按计时工资标准和工作时间支付给职工的劳动报酬。

2. 计件工资 指对已做工作按计件单价支付给职工的劳动报酬。

其中：计件超额工资指计件工人超过定额后所得的工资。即计件工人实得的全部计件工资减去应得的计件标准工资后的数额。

3. 奖金 指支付给职工的超额劳动报酬。包括生产奖、节约奖、劳动竞赛奖和其他奖金。

4. 津贴和补贴 指为了补偿职工特殊或额外的劳动消耗，和因其他特殊原因支付给职工的津贴，以及为了保证职工工资水平不受物价影响支付给职工的物价补贴。

津贴包括补偿职工特殊或额外的劳动消耗的津贴，保健性津贴，技术性津贴，年功性津贴及其他津贴。

补贴目前仅指物价补贴。物价补贴包括粮价、副食品价格补贴、肉类等价格补贴、煤价补贴、房贴、水电贴等。

5. 加班加点工资 指对在法定节假日和公休假日工作的职工以及在正常工作日以外延长工作时间进行工作的职工发给的劳动报酬。

6. 其他 指其他根据国家规定支付的工资。如保留工资、附加工资、落实政策人员的补发工资、调整工资职工补发上年的工资。

家庭总收入 指调查户中生活在一起的所有家庭成员在调查期得到的工薪收入、经营净收入、财产性收入、转移性收入的总和，不包括出售财物和借贷收入。

可支配收入 指调查户可用于最终消费支出和其它非义务性支出以及储蓄的总和，即居民家庭可以用来自由支配的收入。它是家庭总收入扣除缴纳的所得税、个人缴纳的社会保障费以及调查户的记帐补贴后的收入。

工薪收入 指就业人员通过各种途径得到的全部劳动报酬，包括所从事的主要职业的工资以及从事第二职业、其他兼职和零星劳动得到的其它劳动收入。

工资及补贴收入 指劳动者从工作单位得到的全部劳动报酬。工资收入不论就业者所在单位的经济类型，个体被雇人员的劳动报酬、离退休再就业人员的劳动收入都作为工资收入统计。

其他劳动收入 指家庭成员从事第二职业、兼职、零星劳动所得的劳动报酬。

经营净收入 指家庭成员从事生产经营活动所获得的净收入。是全部生产经营收入中扣除生产成本和税金后所得的收入。

财产性收入 指家庭拥有的动产（如银行存款、有价证券）、不动产（如房屋、车辆、土地、收藏品等）所获得的收入。它包括出让财产使用权所获得的利息、租金、专利收入；财产营运所获得的红利收入、财产增值收益等。

转移性收入 指国家、单位、社会团体对居民家庭的各种转移支付和居民家庭间的收入转移。包括政府对个人收入转移的离退休金、失业救济金、赔偿等，单位对个人收入转移的辞退金、保险索赔、住房公积金、家庭间的赠送和赡养等。

家庭总支出 指家庭除借贷支出以外的全部实际支出。包括消费性支出、购房建房支出、转移性支出、财产性支出、社会保障支出。

消费支出 指调查户用于本家庭日常生活的全部支出，包括食品、衣着、家庭设备用品及服务、医疗保健、交通和通讯、娱乐教育文化服务、居住、杂项商品和服务八大类等。消费支出项目2002年新口径进行了调整，其中：家庭设备、用品及服务不包括住宅装璜支出；娱乐、教育、文化服务包括了团体旅游；居住包括了住宅装璜支出，不包括私有房虚拟折旧费；杂项商品与服务不包括旅游支出。

服务性支出 指调查户用于本家庭支付社会提供的各种文化和生活方面的非商品性服务费用。

购房与建房支出　指包括居民家庭购买住房、建房时的全部支出。

转移性支出　指居民家庭对国家、单位、住户、个人的转移支付。

社会保障支出　指调查户成员参加国家法律、法规规定的社会保障项目中由个人交纳的保障支出。

住房人均使用面积　指居民家庭现有住房的使用面积，按建筑面积除以 1.333 计算得出。

调查户数　指中国农村住户调查所抽中调查户中完成调查制度规定的调查任务的户数。

常住人口　指全年经常在家或在家居住 6 个月以上，而且经济和生活与本户连成一体的人口。外出从业人员在外居住时间虽然在 6 个月以上，但收入主要带回家中，经济与本户连为一体，仍视为家庭常住人口；在家居住，生活和本户连成一体的国家职工、退休人员也为家庭常住人口。但是现役军人、中专及以上（走读生除外）的在校学生、以及常年在外（不包括探亲、看病等）且已有稳定的职业与居住场所的外出从业人员，不应当作家庭常住人口。家庭常住人口主要作为计算农村住户平均每人收入、消费和积累水平及分析家庭人口状况的依据。

纯收入　指农村住户当年从各个来源得到的总收入相应地扣除所发生的费用后的收入总和。纯收入主要用于再生产投入和当年生活消费支出，也可用于储蓄和各种非义务性支出。"农民人均纯收入"按人口平均的纯收入水平，反映的是一个地区或一个农户农村居民的平均收入水平。

总支出　指农村住户用于生产、生活和再分配的全部支出。家庭经营费用支出、购置生产性固定资产支出、生产性固定资产折旧、税费支出、生活消费支出、财产性支出和转移性支出。

住房面积　指农村住户自有或租用的住房面积。房屋中的起居室、厨房或放置灶具的地方包括在内。但不包括仓库等作为生产用途房屋面积。

CHAPTER 13

城市建设和环境保护

City Construction and Enviroment Protection

13－1　城市和县城建设基本情况(一)

(1998－2010年)

年　份	建成区面积(平方公里)	城市维护建设资金支出(亿元)	全年供水总量(万吨)	#居民家庭用水量	用水普及率(%)	排水管道长度(公里)	铺设道路面积(万平方米)
1998	108.20	7.08	11503	3452	76.25	854	1512
1999	115.78	8.08	12265	3848	80.50	905	1621
2000	133.55	10.31	14184	4604	80.67	1040	1781
2001	152.84	14.76	16310	5834	92.84	1275	2079
2002	168.40	20.34	17860	6639	92.89	1485	2411
2003	190.67	28.06	19448	7427	92.41	1906	2800
2004	209.89	20.90	20116	8434	93.92	2081	3147
2005	219.85	16.78	22135	9484	95.00	2240	3387
2006	231.37	14.29	19519	7762	98.48	2169	3575
2007	235.96	16.81	21777	8366	99.04	2451	3843
2008	243.39	21.94	21077	8592	98.19	2758	4052
2009	247.05	25.14	22717	9725	99.12	2988	4295
2010	249.97	44.64	24205	10631	99.36	3205	4444

13－2　城市和县城建设基本情况(二)

(1998－2010年)

年　份	公共汽车总数(辆)	绿化覆盖面积(公顷)	园林绿地面积(公顷)	公园绿地面积(公顷)	人均公园绿地面积(平方米)	公园个数(个)	公园面积(公顷)
1998	667	2905	1860	422	2.31	29	345
1999	705	2930	1930	426	2.29	31	349
2000	816	3247	2154	472	2.32	36	388
2001	691	3766	2672	537	2.38	39	402
2002	842	4324	3168	678	2.95	57	489
2003	853	5164	3810	909	3.85	75	628
2004	969	5876	4312	1071	4.45	84	714
2005	1110	6208	4639	1175	4.85	96	851
2006	1128	6700	4813	1194	5.36	97	872
2007	1207	7435	5569	1335	5.82	118	1068
2008	1518	9421	8403	1815	7.45	129	1411
2009	1358	9712	8738	2075	9.80	132	1632
2010	1477	10396	9502	2158	10.14	137	1806

注：13－1、13－2表统计范围：市区2005年及以前为行政区域内镇和街道，2006年开始仅包括各街道，临海、温岭两市为城市规划区，其他各县为县政府所在地建制镇或街道。公园绿地面积和人均公园绿地面积2005年及以前分别为公共绿地面积和人均公共绿地面积。

13－3 废水排放和处理情况

（1990－2010年）

年份	工业废水排放量（万吨）	#符合排放标准	工业废水排放达标率（%）	工业废水中有害物质含量（吨）						
				六价铬	砷	铅	挥发酚	氰化物	石油类	化学需氧量（万吨）
1990	5313	795	15.0	1.22	0.19	0.70	8.07	8.23	30.51	1.90
1991	3718	1268	34.1	1.65	0.02	0.32	4.54	7.56	1.76	27.65
1992	3560	1037	29.1	1.60	0.21	0.05	10.24	4.77	2.50	2.10
1993	3407	1275	37.4	1.95		0.06	2.51	2.03	9.90	1.80
1994	2811	1474	52.4	3.25	0.62	0.02	0.70	1.11	3.68	1.50
1995	2409	766	31.8	2.40	0.01	0.10	1.51	5.07	32.43	1.50
1996	1968	728	37.0	1.33	0.04	0.48	1.40	0.84	32.87	1.03
1997	3527	1315	37.3	6.00	0.03	0.09	18.79	0.61	97.37	2.82
1998	4222	2458	58.2	1.71	0.15	0.09	0.35	1.16	193.12	2.69
1999	4800	3247	67.6	1.58	0.19	0.11	0.45	0.84	231.85	2.77
2000	4809	4051	84.2	3.10	0.05	0.06	0.33	1.96	53.92	1.96
2001	4235	3896	92.0	1.69	0.06	0.07	1.09	1.68	40.74	1.35
2002	4273	3938	92.2	1.40	0.07	0.08	0.69	1.16	37.49	1.30
2003	4018	3532	87.9	1.13	0.49	0.02	1.68	0.86	107.65	1.52
2004	4265	3763	88.2	0.93	0.01	0.07	0.45	0.71	58.90	1.33
2005	4428	4105	92.7	0.74	0.46	0.03	0.01	0.54	17.96	1.02
2006	4892	4424	90.5	2.47	0.01	0.10	0.01	1.93	14.68	0.99
2007	5292	4656	88.0	0.71	0.01	0.08	0.52	0.77	41.17	1.04
2008	5317	4757	89.5	0.78	0.01	0.10		0.34	45.02	0.96
2009	5125	4747	92.6	0.40	…	0.06		0.25	10.38	0.82
2010	5709	5153	90.3	0.20	…	0.06		0.09	6.69	0.97

13－4 废气排放和处理情况

（1990－2010年）

年份	废气排放量（亿标立米）	生产工艺过程中废气排放量	燃料燃烧过程中废气排放量	在废气排放量中（吨）					
				二氧化硫排放量	烟尘排放量	粉尘排放量	二氧化硫排放达标量	烟尘排放达标量	粉尘排放达标量
1990	239.02	3.82	235.20	52710	36165	3065			
1991	218.00	2.82	215.27	48833	24697	829			
1992	219.39	9.26	210.12	44619	27365	240			
1993	251.84	1.70	250.14	49694	23037	78			
1994	268.93	2.04	266.88	50746	20187	851			
1995	294.57	8.77	285.80	51297	22116	911			
1996	272.89	10.17	262.72	52491	15168	311			
1997	341.79	15.27	314.75	69114	14552	4263			
1998	372.82	16.93	355.89	68830	19351	1835			
1999	398.41	16.80	381.61	69277	18065	2081			
2000	455.94	19.31	436.63	62344	16111	1900			
2001	450.20	19.06	431.14	58040	10182	204	52730	9546	85
2002	449.89	26.99	422.90	66396	9515	211	59825	8746	105
2003	501.43	9.81	491.62	57488	9646	240	52489	8638	216
2004	543.21	34.30	508.91	71716	10339	249	65639	9857	204
2005	927.96	448.01	479.95	78831	7884	360	76673	7606	329
2006	548.39	94.35	454.04	75494	7551	566	72841	7304	554
2007	1214.77	106.01	1108.76	65624	10577	442	61691	9882	413
2008	1957.98	411.45	1546.54	48380	8637	327	44982	7883	313
2009	1279.56	144.56	1135.00	30878	6975	338	28076	6436	324
2010	1395.68	177.54	1218.14	24552	5856	309	22371	5300	295

13－5 工业固体废物排放和处理情况

（1990－2010年）

单位:万吨

年 份	工业固体废物产生量	工业固体废物排放量	工业固体废物贮存量	工业固体废物综合利用量	工业固体废物综合利用率（%）	工业固体废物处理量
1990	87.89	3.21	73.64	10.80	12.3	
1991	86.00	0.13	77.00			
1992	90.40	0.05	76.35	83.90		
1993	85.81	0.07	14.01	8.19	9.5	
1994	91.26	0.05	12.59	9.07	9.9	
1995	103.69	0.16	13.89	52.73	50.9	
1996	111.16	0.15	96.44	84.45	75.9	
1997	107.30	0.21	14.11	96.02	89.4	
1998	103.31	0.12	12.70	83.67	81.0	
1999	101.36	0.07	11.37	86.74	85.6	
2000	100.81	0.07	8.20	90.34	89.6	1.14
2001	109.48	0.01	6.71	101.43	92.7	1.34
2002	104.09	0.05	2.34	99.92	96.0	1.78
2003	146.33	0.01	7.65	135.51	92.6	2.53
2004	167.57	0.03	6.00	158.46	94.6	3.09
2005	154.09	0.01	4.23	147.88	96.0	2.16
2006	171.78	0.03	0.07	163.97	95.5	7.90
2007	214.32	0.30	3.11	204.90	95.6	6.25
2008	313.18	0.02	5.02	305.43	97.5	2.72
2009	242.06	0.12	3.21	225.07	93.0	13.78
2010	245.85	0.09	1.05	239.97	97.61	4.84

13－6　三废综合利用及污染治理情况

（1990－2010 年）

单位:万元

年　　份	"三废"综合利用产品产值	污染事故（次）	污染赔款总额	污染罚款总额	排污费交纳单位	排污费征收额	工业污染治理投入合计	#治理废水	#治理废气	当年安排治理项目（个）
1990	212	9	1.7	2.6	248	221	370	282	66	62
1991	341						517	387	128	26
1992	1269				522	524	2087	1327	730	44
1993	402	7	8.5	3.1	766	792	2287	1250	1037	24
1994	1158				950	933	1160	1140	8	15
1995	990				936	1033	1975	475	1425	22
1996	513	1		1.0	1102	1188	2480	400	1560	6
1997	1963	11	1.8	0.7	2772	1640	2299	1755	143	24
1998	8510	14	9.6	1.2	2201	2030	2337	1978	213	57
1999	11491	18	18.6	16.0	2415	2613	9447	5331	919	182
2000	14397	34	14.7	35.0	3786	2947	22299	20334	1010	290
2001	24329	15	12.9	8.5	3099	3167	6918	5928	584	59
2002	16720	13	13.2	38.7	2817	4567	10207	8455	1394	60
2003	114874	17	6.7	5.8	3014	4831	22999	19224	765	71
2004	38660	6	0.5	3.0	2527	4878	10652	6690	2187	74
2005	125032	7	4.9	2.4	1840	7136	25239	7262	16276	127
2006	204907	10	2.6	13.2	2993	7359	60897	8794	7902	217
2007	120002	7		12.0	3256	8111	21975	9881	11818	192
2008	138052	9		10.0	3945	10517	16992	6178	10526	123
2009	138442	8			4227	11192	8167	6188	1803	54
2010	145917	1			4243	11619	5862	3489	2178	56

主 要 统 计 指 标 解 释

工业废水排放量 指经过企业所有排放口排到企业外的生产废水总量。包括外排的直接冷却水和矿区超标排放的有毒有害矿井地下水,但不包括外排的间接冷却水(清污不分流的应计算在内)。

废气排放总量 指燃料燃烧和生产工艺过程中排放的废气总量。以标准状态下每年亿标立方米表示。

粉尘排放量 指生产工艺过程中排放的固体微粒的重量。工业固体废物产生量指工矿企业、事业单位在生产(试验)过程中产生的固体废弃物总量。不包括矿山开采的剥离及掘进时产生的废石。(煤矸石除外)

工业固体废物综合利用量 指已用作农业肥料、造田、生产建筑材料,以及其他方式综合利用的工业固体废弃物。不包括填埋量和焚烧量。

工业固体废物处理量 指以填埋、焚烧方式处理的工业固体废弃物(包括用炉渣修路),不包括倒入江、河中的废渣。

"三废"综合利用产品产值 指企业利用"三废"(废水、废气、废渣)作为主要原料,生产和回收利用的产品值。

教育科技和质量监督

Education,Science and Qualitical Supervision

14-1 教育事业基本情况

（2010年）

单位：人

项　　目	学校数（所）	招生数	在　校学生数	毕　业生　数	教　职工　数	#专　任教　师
一、普通高等学校	**4**	**9469**	**29749**	**8530**	**2317**	**1579**
台州学院	1	4027	14404	3875	1252	851
台州职业技术学院	1	3200	9238	3120	634	458
台州科技职业学院	1	1363	4187	1123	242	175
浙江汽车职业技术学院	1	879	1920	412	189	95
二、成人高等教育	**1**	**7828**	**22323**	**7140**	**442**	**271**
三、普通中等专业学校	**1**	**2221**	**4384**	**856**	**229**	**155**
四、成人中等专业学校	**7**	**900**	**2390**	**792**	**221**	**168**
五、技工学校	**6**	**5847**	**12145**	**3721**	**957**	**752**
六、普通中学	**258**	**96088**	**286837**	**92150**	**22531**	**20157**
高　　中	63	31545	89938	27296		6485
初　　中	195	64543	196899	64854		13672
七、职业中学	**42**	**27252**	**67242**	**16616**	**3457**	**3024**
高　　中	42	27252	67242	16616	3457	3024
八、小　　学	**561**	**82428**	**430476**	**65150**	**21942**	**20510**
九、幼儿园	**1291**	**104348**	**259760**	**84601**	**18521**	**11075**
十、特殊教育	**9**	**280**	**2141**	**242**	**186**	**170**

注：特殊教育学生含普通学校附设及随班就读人数。

14－2 高等学校基本情况

（1977－2010年）

单位：人

年份	招生数	在校学生数	毕业生数	教职工数	#专任教师
1977	146	146		64	18
1978	267	413		173	79
1980	275	776	146	188	101
1985	333	921	280	300	145
1986	322	1086	263	321	149
1987	320	1217	312	322	147
1988	497	944	756	320	147
1989	469	968	440	313	142
1990	486	962	477	295	133
1991	499	988	459	312	139
1992	540	1124	401	337	141
1993	539	1403	403	339	147
1994	834	1794	533	386	167
1995	558	1692	378	390	169
1996	448	1606	389	396	179
1997	491	1443	638	395	180
1998	603	1674	457	399	183
1999	1360	2296	457	491	284
2000	2309	4125	478	649	381
2001	3375	6892	590	1007	619
2002	4803	10623	1703	1160	702
2003	5048	12784	2703	1324	840
2004	5818	15371	2859	1689	1083
2005	6957	18069	3867	1759	1145
2006	7709	21079	4559	1833	1235
2007	8627	24307	5414	2049	1370
2008	9486	27254	6362	2136	1447
2009	9738	29164	7580	2239	1520
2010	9469	29749	8530	2317	1579

14－3 主要年份普通中等专业学校基本情况

单位:人

年份	学校数（所）	招生数	在校学生数	毕业生数	教职工数	#专任教师
1949	4	413	1323	54	66	35
1952	7	1056	2242	238	215	113
1957	5	759	1809	466	216	113
1962	4	158	552	857	201	106
1965	2	610	756	40	116	61
1970	2				114	60
1975	5	704	1618	472	242	111
1978	5	1006	1893	519	362	179
1980	6	1223	2834	1277	556	245
1985	7	1211	3019	999	677	334
1990	7	1284	3739	1184	728	438
1991	7	1178	3677	1222	731	389
1992	7	1457	3991	1133	745	402
1993	7	1917	4606	1328	755	400
1994	8	3116	6775	1309	735	410
1995	8	3769	8983	1503	778	424
1996	8	4574	11515	1949	802	442
1997	7	2895	8918	2698	797	433
1998	7	2618	8574	2930	805	439
1999	8	2631	8194	2915	801	458
2000	6	2413	7848	2695	782	461
2001	6	2928	8508	2619	810	533
2002	6	4397	9891	2737	670	467
2003	5	3261	9831	1935	589	408
2004	3	1942	8076	3001	356	279
2005	1	1820	6063	3191	134	112
2006	1	1490	4989	2383	150	131
2007	1	1765	4716	1613	148	119
2008	1	1749	4253	1404	158	118
2009	1	1093	3201	1106	194	120
2010	1	2221	4384	856	229	155

14－4 主要年份成人教育基本情况

单位:人

年份	成人高等教育				成人中等教育					
	招生数	在校生数	毕业生数	教职工数	学校数(所)	招生数	在校生数	毕业生数	教职工数	#专任教师
1979	136	136		11						
1980	97	168		20						
1985	2057	4152	755	83	6	1099	1740	864	295	103
1986	725	3346	749	93	6	442	1894	872	274	114
1987	617	3399	432	101	6	1595	2807	912	290	137
1988	1313	3516	1000	112	6	1457	3486	412	246	135
1989	1108	3061	596	110	7	615	3429	394	253	116
1990	377	1962	451	113	7	31	2609	522	230	145
1991	328	1698	1165	112	7	232	1914	879	178	100
1992	499	988	735	114	7	493	1338	609	190	111
1993	383	1227	193	110	8	314	1145	511	217	113
1994	804	1546	272	114	8	1741	2777	843	253	147
1995	672	1543	360	124	8	1448	2745	992	274	169
1996	772	1803	295	136	8	1559	2809	1178	253	152
1997	657	2084	455	153	8	1358	3626	605	247	144
1998	1034	2519	848	166	8	1006	3109	816	241	149
1999	1085	2959	812	187	9	1578	3851	1058	332	175
2000	2020	4802	761	227	9	1235	3567	1337	361	207
2001	3217	5911	774	288	9	872	2639	1096	335	205
2002	7083	13150	1317	300	10	902	2558	813	365	230
2003	4748	15614	2003	323	11	1352	3655	1337	396	252
2004	6341	14973	5477	377	11	1160	3504	1179	297	200
2005	7829	16332	5080	401	11	1189	3378	1360	320	224
2006	7851	18898	4731	449	11	777	1957	1042	275	192
2007	7895	19359	7209	551	10	846	2086	615	296	208
2008	8293	21428	5955	460	10	971	2308	617	291	202
2009	9102	24256	5635	438	9	902	2479	607	254	184
2010	7828	22323	7140	131	7	900	2390	792	221	168

14－5　主要年份技工学校基本情况

单位:人

年　　份	学校数（所）	招生数	在　校学生数	毕　业生　数	教　职工　数	#专　任教　师
1979	2	300	300		24	11
1980	2	50	350		29	16
1985	2	173	282		26	14
1986	2	317	599	109	47	33
1987	2	191	660	173	54	40
1988	2	213	369	52	71	36
1989	2	216	495	135	74	37
1990	3	259	617	169	98	50
1991	3	179	648	136	97	50
1992	3	383	737	194	115	55
1993	3	301	848	220	115	60
1994	3	226	935	182	119	63
1995	3	269	792	309	115	63
1996	5	651	1298	253	125	105
1997	5	1287	2194	197	188	147
1998	6	1748	3602	348	287	225
1999	7	2179	5009	625	283	243
2000	7	2704	5952	1091	316	254
2001	7	2485	6146	1519	471	400
2002	6	2638	5600	1776	444	329
2003	6	4320	7658	1934	583	360
2004	6	4210	10961	2260	576	411
2005	6	4883	12263	3193	665	417
2006	7	6075	13513	3055	748	583
2007	6	4931	10818	2374	790	566
2008	6	4980	11744	2573	894	637
2009	6	5359	12947	3760	872	609
2010	6	5847	12145	3721	957	752

14－6 特殊教育基本情况

（1982－2010年）

单位：人

年份	学校数（所）	招生数	在校学生数	毕业生数	教职工数	#专任教师
1982		12	12		1	1
1983		3	22		4	3
1984			27		4	3
1985	1		21		4	3
1986	1		21		4	3
1987	2	59	74		12	8
1988	2	37	114		15	13
1989	3	46	135		21	14
1990	4	58	178		31	27
1991	4	64	251		39	27
1992	4	81	304	17	56	40
1993	5	144	385	45	70	54
1994	5	73	336	25	87	60
1995	6	113	448	17	131	100
1996	7	108	484	31	141	110
1997	7	73	423	26	143	106
1998	7	78	530	78	122	89
1999	7	191	1715	299	129	95
2000	7	153	1624	336	134	102
2001	7	331	2289	172	131	102
2002	7	293	2048	337	128	103
2003	7	337	2230	339	131	103
2004	7	257	1884	251	136	107
2005	7	218	1824	166	139	109
2006	7	265	1815	212	144	117
2007	7	266	2056	223	150	126
2008	7	284	2070	226	154	136
2009	8	263	2045	236	173	146
2010	9	280	2141	242	186	170

注：从1999年开始学生数含普通学校附设及随班就读人数。

14－7 主要年份普通中学基本情况

单位：人

年份	学校数（所）	招生数	在校学生数	毕业生数	教职工数	#专任教师
1949	19	1900	7039	842	628	393
1952	20	5235	14234	1679	894	559
1957	47	7317	18875	4365	1265	791
1962	66	8981	20878	5201	1882	1177
1965	95	10522	26578	5458	1889	1225
1970	597	42406	74170	10193	3236	2476
1975	562	86364	155363	53738	7075	4977
1978	568	92508	225792	91819	11779	10250
1980	431	79063	207727	52095	11586	9464
1985	356	71813	200249	44786	11615	9285
1990	375	71848	200084	53325	11910	9751
1991	400	70501	202628	53463	12263	10065
1992	365	74456	204668	59754	12511	10295
1993	360	72593	204294	59131	12743	10537
1994	360	86696	222141	58196	13429	11250
1995	350	100049	250442	64311	14319	12178
1996	353	98397	280473	64104	15557	13369
1997	352	98522	292662	80778	16940	14712
1998	363	105937	296671	94032	18141	15633
1999	355	114696	311962	91774	19222	16592
2000	335	120734	334081	92374	20342	17663
2001	335	109934	339150	98191	21140	18217
2002	324	106058	331353	107320	21480	18533
2003	311	99440	315106	112144	21622	18572
2004	298	91450	297368	105832	21702	18757
2005	277	89160	283958	103575	21906	18994
2006	270	95207	280281	98117	22013	19257
2007	264	98786	287457	94126	22284	19452
2008	261	98489	293146	88767	22343	19732
2009	259	95980	289083	92922	22606	20003
2010	258	96088	286837	92150	22531	20157

14－8　主要年份职业中学基本情况

单位:人

年　　份	学校数(所)	招生数	在校学生数	毕业生数	教职工数	#专任教师
1979	12	595	1128	148		
1980	25	1156	2017	580		
1985	23	4601	7396	984	519	391
1986	26	5293	9660	2193	716	557
1987	29	4467	9804	3285	763	572
1988	38	4640	9579	3520	885	661
1989	36	5144	10604	3406	963	735
1990	36	5084	11386	3347	1057	800
1991	30	5781	11626	4696	1045	798
1992	31	5434	11874	3937	1131	853
1993	35	5785	12137	4497	1110	827
1994	41	7414	14628	3823	1258	890
1995	42	9760	18668	4682	1469	1066
1996	32	7289	17758	5730	1401	1066
1997	39	10949	22444	7223	1529	1201
1998	56	12662	26808	6172	1701	1294
1999	58	12302	28063	7593	2169	1633
2000	48	14431	31359	8622	2102	1690
2001	55	20516	40641	7467	2410	1933
2002	55	26013	53789	9463	2895	2351
2003	52	30211	65214	11699	3592	2977
2004	53	27275	69999	13952	3588	3026
2005	50	25284	67952	17789	4043	3415
2006	48	25052	65357	20743	3856	3295
2007	44	24591	61795	19086	3646	3084
2008	45	23877	59935	18362	3585	3091
2009	43	27453	64270	17507	3399	2925
2010	42	27252	67242	16616	3457	3024

14-9 主要年份小学基本情况

单位:人

年份	学校数（所）	招生数	在校学生数	毕业生数	教职工数	#专任教师	入学率（%）
1949	1970	48028	96738	4070	5073	4693	
1952	2751	42724	194412	7650	7227	6685	
1957	2546	59246	238276	22037	7364	6812	
1962	3251	67268	249793	26417	7140	5609	
1965	5677	123169	401476	22185	12283	10520	
1970	5014	112006	446081	59807	14722	13817	
1975	6305	148328	670227	78801	21752	20170	
1978	5420	144258	649623	102368	22342	21860	97.16
1980	4956	114734	640215	87440	22876	21723	96.53
1985	4205	81412	497033	102647	21301	19762	97.60
1990	3377	88868	460288	74263	18514	17010	99.17
1991	3198	82164	467722	71065	18726	17197	98.90
1992	2951	80487	471996	73549	18975	17586	99.56
1993	2652	86183	485003	69773	19124	17749	99.69
1994	2446	94110	497515	80450	19306	17952	99.72
1995	2248	79668	486871	89144	19533	18123	99.55
1996	1991	69159	468435	86784	20201	18742	99.80
1997	1847	62084	446885	82228	20765	19315	99.67
1998	1622	55032	416557	84654	20378	18956	99.95
1999	1324	63379	387715	92573	20322	18876	99.91
2000	1134	74022	370452	92160	20309	18809	99.94
2001	977	63708	354473	78918	20363	18797	99.99
2002	914	63532	353256	67435	19905	18449	100.00
2003	843	60557	360886	57553	19903	18364	100.00
2004	794	61380	375140	53181	19911	18353	100.00
2005	749	61482	387461	54819	20197	18782	100.00
2006	729	65903	397107	64240	20611	19209	100.00
2007	678	71122	406204	69621	21097	19530	100.00
2008	600	72607	411801	70039	21445	19928	100.00
2009	575	72375	410767	67116	21684	20319	100.00
2010	561	82428	430476	65150	21924	20510	100.00

14－10 主要年份幼儿园基本情况

单位：人

年份	幼儿园数（所）	班数（个）	在园幼儿数	教职工数	#专任教师
1978	68	185	8539	240	233
1980	90	444	18613	519	507
1985	962	1918	59632	2290	2198
1986	679	2047	63968	2408	2283
1987	684	2009	70006	2459	2308
1988	665	2128	76942	2677	2483
1989	452	2229	74623	2727	2599
1990	401	2218	71938	2748	2580
1991	421	2278	79390	2744	2557
1992	284	2336	77969	2552	2416
1993	293	2319	90189	2824	2677
1994	719	2418	84818	2969	2712
1995	338	2456	83020	3069	2772
1996	403	2544	84601	3235	2855
1997	526	2497	79429	3532	3021
1998	726	2979	90637	3698	3253
1999	651	3037	94797	4225	3339
2000	445	3308	97897	4627	3804
2001	653	4692	128707	6245	3924
2002	588	5056	138302	6953	4432
2003	718	5453	151458	8015	5104
2004	838	5638	164752	9142	5671
2005	1319	5721	172201	9820	6111
2006	1356	6303	193585	11001	6816
2007	1251	6557	205811	12314	7637
2008	1278	6943	225949	13427	8520
2009	1297	7704	239897	15587	9808
2010	1291	8226	259760	18521	11075

14－11 主要年份每万人口中在校学生数的大中小学生构成

年份	各级学校在校学生占全市人口(%)	平均每万人口中(人)			大、中、小学生占学生总数(%)		
		大学生	中学生	小学生	大学生	中学生	小学生
1949	4.37		29.26	402.12		7.96	92.04
1952	8.38		65.45	772.27		7.81	92.19
1957	9.15		73.09	841.99		7.99	92.01
1962	8.84		69.86	814.35		7.90	92.10
1965	12.62		80.43	1181.37		6.37	93.63
1970	13.28		189.33	1138.69		14.26	85.74
1975	19.04		361.24	1542.31		18.98	81.02
1978	19.39	0.91	502.94	1434.96	0.05	25.94	74.01
1980	18.50	1.40	461.27	1386.92	0.08	24.94	74.99
1985	14.59	10.35	433.98	1014.19	0.71	29.75	69.54
1990	13.22	5.67	423.74	892.91	0.43	32.05	67.53
1991	13.33	5.18	425.38	902.35	0.39	31.91	67.70
1992	13.39	4.06	427.67	906.80	0.30	31.95	67.75
1993	13.58	5.02	426.09	926.59	0.37	31.38	68.25
1994	14.21	6.35	469.79	945.29	0.45	33.05	66.50
1995	14.54	6.11	531.82	915.61	0.42	36.59	62.99
1996	14.74	6.40	588.86	878.90	0.43	39.95	59.62
1997	14.54	6.58	613.56	833.77	0.45	42.20	57.35
1998	14.09	7.77	627.91	772.10	0.55	44.65	54.80
1999	13.81	9.68	657.63	714.05	0.70	47.61	51.69
2000	13.94	16.33	700.32	677.71	1.17	50.23	48.60
2001	13.94	23.34	723.92	646.24	1.67	51.95	46.38
2002	14.17	43.19	732.46	641.75	3.05	51.68	45.27
2003	14.31	51.39	726.49	653.06	3.59	50.77	45.64
2004	14.31	54.75	703.47	676.83	3.82	49.02	47.16
2005	14.21	61.45	667.34	692.08	4.32	46.97	48.71
2006	14.22	70.80	648.34	703.26	4.98	45.58	49.44
2007	14.34	76.69	644.32	713.40	5.35	44.92	49.73
2008	14.49	84.80	646.95	717.35	5.85	44.64	49.50
2009	14.45	92.35	643.04	710.09	6.39	44.49	49.12
2010	14.67	89.30	639.64	738.20	6.09	43.60	50.32

注：大学生包括普通教育、成人教育、本科、专科学生，中学生包括普通中专、成人中专、技工学校、普通中学、职业中学学生，本表仅包括台州市各类学校学生数，不包括在外地就读的台州籍学生数。

14－12 主要年份学校教师负担学生数

单位:人

年份	高等学校		中等学校		小学	
	教师数	平均每个教师负担学生	教师数	平均每个教师负担学生	教师数	平均每个教师负担学生
1949			428	19.54	4693	20.61
1952			672	24.52	6685	29.08
1957			904	22.88	6812	34.98
1962			1283	16.70	5609	44.53
1965			1286	21.26	10520	38.13
1970			2536	29.25	13817	32.28
1975			5088	30.85	20170	33.23
1978	79	5.23	10429	21.83	21860	29.72
1980	121	7.80	9725	21.89	21723	29.47
1985	228	22.25	10127	21.00	19762	25.15
1990	246	11.89	11184	19.53	17010	27.06
1991	251	10.70	11402	19.34	17197	27.20
1992	255	8.28	11716	19.00	17586	26.84
1993	257	10.23	11937	18.68	17749	27.33
1994	281	11.89	12760	19.38	17952	27.71
1995	293	11.04	13900	20.26	18123	26.75
1996	315	10.82	15134	20.74	18742	24.99
1997	333	10.59	16647	19.75	19315	23.14
1998	349	12.01	17740	19.10	18956	21.97
1999	411	12.79	19101	18.69	18876	20.54
2000	523	17.07	20275	18.88	18809	19.70
2001	806	15.88	21288	18.65	18797	18.86
2002	891	26.68	21910	18.40	18449	19.15
2003	1042	27.25	22569	17.79	18364	19.65
2004	1329	22.83	22673	17.20	18353	20.44
2005	1397	24.62	23162	16.13	18782	20.63
2006	1502	26.62	23458	15.61	19209	20.67
2007	1652	26.43	23429	15.66	19530	20.80
2008	1737	28.03	23780	15.62	19928	20.66
2009	1795	28.76	23841	15.60	20319	20.22
2010	1645	31.65	24256	15.38	20510	20.99

注：高等学校包括成人教育，中等学校包括普通中专、成人中专、技工学校、普通中学、职业中学。

14－13 县级及以上政府部门属研究与开发机构变化情况

（1991－2010年）

单位：万元

年份	机构数（个）	职工总数（人）	#科技活动人员	经费收入总额	#政府拨款	经费支出总额	#人员费用
1991	8	294	96	248	192	241	94
1992	8	316	83	375	265	294	114
1993	8	277	100	432	375	406	137
1994	8	257	91	574	350	519	163
1995	8	246	89	618	446	604	265
1996	8	230	77	611	470	572	298
1997	8	226	79	804	540	815	347
1998	9	231	84	1020	640	797	450
1999	9	223	71	1135	764	1066	522
2000	8	214	75	1361	868	1209	597
2001	7	198	65	1543	1110	1242	718
2002	7	192	66	1901	1157	1602	755
2003	7	194	68	2197	1501	1871	1036
2004	7	183	70	2170	1511	2051	699
2005	7	188	77	2589	1608	2288	783
2006	7	187	80	3474	2049	2887	1276
2007	7	237	95	4081	2124	3631	2102
2008	7	236	97	41221	20652	34358	17937
2009	7	232	144	47715	25143	49815	16755
2010	7	233	117	46798	26043	42206	14198

注：科技活动人员一列中，2008年及以前的数据为科学家和工程师的人员数。

14－14 科技成果和专利批准情况

（1990－2010年）

单位：项

年份	科技进步奖励	国家级	部级	省进步奖	市进步奖	合同数	成交额（万元）	#技术交易额	专利申请受理量	专利批准量合计	发明	实用新型	外观设计
1990	77	1	1	22	46	4	21	2	107	58	1	56	1
1991	27			23		368	285	112	137	99	3	86	10
1992	90			22	60	14	200	80	218	147	2	131	14
1993	31	1	1	22		481	2167	1853	308	248		194	54
1994	102			19	72	1894	351	125	251	231	2	187	42
1995	28		1	20		462	1856	1814	285	245		183	62
1996	92			30	52	8141	3864	3864	339	305	1	161	143
1997	68			19	42	1716	1662	1202	448	409	3	187	219
1998	69			19	40	1033	6598	1074	519	483		201	282
1999	95	1		28	56	488	4615	4098	823	791		415	376
2000	113	2		28	78	526	5651	5163	829	772		407	365
2001	112			22	90	623	6948	6948	1480	962	22	410	530
2002	109			27	82	733	13133	13133	2197	1223	14	471	738
2003	77			27	50	932	23772	23772	2345	1795	21	540	1234
2004	72			22	50	854	22696	22696	2803	1698	31	537	1130
2005	68		2	16	50	1029	28153	28153	4834	2136	38	705	1393
2006	80			27	53	446	38116	38116	5626	3365	57	1059	2249
2007	78			19	59	649	37046	36154	6276	4589	82	1723	2784
2008	72	3		15	54	228	88300	88000	9043	4811	168	1805	2838
2009	84	3		16	65	240	43300	43100	8806	8145	225	2292	5628
2010	121	2		18	101	208	22877	22783	10436	10558	285	4348	5925

14－15　全部科技活动单位基本情况

（2010 年）

项　　目	科技活动单位数（个）	科技活动人员数（人）	全部科技项目数（项）	专利申请数（件）	企业办科技开发机构数（个）
总　　计	**2717**	**42979**	**2717**	**4573**	**642**
工业企业	2705	41267	2705	3296	637
大型企业	21	5440	21	502	34
中型企业	337	16749	337	1431	276
小型企业	2347	19078	2347	1363	327
非工业企业	12	1712	12	1277	5
一、按登记注册类型分					
内资企业	2536	38408	2536	4081	553
国有企业(单位)	5	139	5	2	2
集体企业(单位)	6	101	6		2
股份合作企业	138	722	138	7	6
联营企业	1	137	1	2	3
有限责任公司	493	14214	493	2392	199
国有独资公司	3	498	3	46	5
其他有限责任公司	490	13716	490	2346	194
股份有限公司	27	4625	27	320	36
私营企业	1861	18444	1861	1358	304
私营独资企业	307	1619	307	103	16
私营合伙企业	158	1265	158	59	16
私营有限责任公司	1373	14600	1373	1106	256
私营股份有限公司	23	960	23	90	16
其他企业	5	26	5		1
港澳台投资企业	84	2099	84	225	43
港澳台合资经营企业	65	1709	65	207	36
港澳台合作经营企业	3	35	3		
港澳台商独资经营企业	16	355	16	18	7
外商投资企业	97	2472	97	267	46
中外合资经营企业	82	2087	82	179	38
中外合作经营企业	1	21	1	52	1
外商独资经营企业	13	311	13	31	6
外商投资股份有限公司	1	53	1	5	1

14－15 续表

项　　目	科技活动单位数（个）	科技活动人员数（人）	全部科技项目数（项）	专　利申请数（件）	企业办科技开发机构数（个）
二、按国民经济行业分					
农业	4	23	4		1
畜牧业	4	26	4	2	2
渔业	3	17	3		1
农副食品加工业	48	273	48	1	6
食品制造业	7	136	7		3
饮料制造业	10	158	10	6	3
纺织业	29	647	29	145	7
纺织服装、鞋、帽制造业	22	95	22		1
皮革、毛皮、羽毛(绒)及其制品业	329	1572	329		13
木材加工及木、竹、藤、棕、草制品业	15	112	15	10	
家具制造业	35	732	35	363	14
造纸及纸制品业	25	109	25		
印刷业和记录媒介的复制	9	45	9	11	1
文教体育用品制造业	5	51	5	2	1
石油加工、炼焦及核燃料加工业	1	3	1		
化学原料及化学制品制造业	49	962	49	42	29
医药制造业	67	4132	67	223	64
橡胶制品业	54	515	54	25	12
塑料制品业	233	2262	233	405	47
非金属矿物制品业	19	247	19	23	9
黑色金属冶炼及压延加工业	11	47	11		
有色金属冶炼及压延加工业	34	311	34	9	5
金属制品业	89	2160	89	186	10
通用设备制造业	623	7662	623	496	115
专用设备制造业	191	3279	191	471	68
交通运输设备制造业	318	7129	318	364	96
电气机械及器材制造业	286	4225	286	249	62
通信设备、计算机及其他电子设备制造业	37	680	37	29	19
仪器仪表及文化、办公用机械制造业	92	2206	92	161	38
工艺品及其他制造业	55	1388	55	75	13
废弃资源和废旧材料回收加工业	8	75	8		
电力、热力的生产和供应业	4	54	4		1
工程和技术研究及试验发展	1	1646	1	1275	1

14－16　全部研究与试验发展(R&D)活动基本情况

(2010年)

项　　目	有R&D活动单位数(个)	R&D人员合　计(人)	R&D人员折合当时全　量(人年)	R&D经费内部支出合　计(万元)	R&D经费外部支出合　计(万元)	专　利申请数(件)
总　　计	**1093**	**22076**	**16760**	**304467**	**27782**	**3184**
工业企业	1092	21594	16323	295485	25084	1909
非工业企业	1	482	437	8982	2699	1275
一、按登记注册类型分						
国有企业	2	81	40	851	4	2
集体企业	2	60	42	606		
股份合作企业	42	257	166	2746	65	5
联营企业	1	81	72	604	958	2
有限责任公司	251	7676	6186	121684	18016	1957
股份有限公司	22	3526	2660	44970	4241	285
私营企业	682	8119	5827	106800	2726	658
港、澳、台商投资企业	46	1106	910	12877	626	107
外商投资企业	45	1170	857	13330	1145	168
二、按国民经济行业分						
农副食品加工业	2	28	22	426	36	
食品制造业	2	32	23	298		
饮料制造业	2	59	49	1572		6
纺织业	6	156	141	2381	1	39
皮革、毛皮、羽毛(绒)及其制品业	2	14	10	347		
家具制造业	2	19	17	275	70	

14－16 续表

项目	有R&D活动单位数（个）	R&D人员合计（人）	R&D人员折合当时全量（人年）	R&D经费内部支出合计（万元）	R&D经费外部支出合计（万元）	专利申请数（件）
造纸及纸制品业	1	3	1	22		
印刷业和记录媒介的复制	1	15	9	52		11
化学原料及化学制品制造业	32	698	558	11641	357	38
医药制造业	57	3078	2537	55136	17749	219
橡胶制品业	18	196	158	3240	20	3
塑料制品业	54	663	511	14125	312	239
非金属矿物制品业	8	144	94	1069	30	9
黑色金属冶炼及压延加工业	1	5	3	76		
有色金属冶炼及压延加工业	9	114	102	2424	87	6
金属制品业	28	1068	698	9527	75	168
通用设备制造业	339	4184	3128	54050	270	322
专用设备制造业	109	2183	1619	25755	735	315
交通运输设备制造业	158	3984	2932	55083	3905	220
电气机械及器材制造业	163	2648	1966	37708	886	184
通信设备、计算机及其他电子设备制造业	27	460	336	4746	17	29
仪器仪表及文化、办公用机械制造业	57	1372	990	11926	530	97
工艺品及其他制造业	12	456	411	3492		4
废弃资源和废旧材料回收加工业	1	10	5	97		
电力、热力的生产和供应业	1	5	3	19	4	
工程和技术研究及试验发展	1	482	437	8982	2699	1275

14－17 标准计量质量监督基本情况(一)

(1990－2010年)

年份	已建市(地)级社会公用计量标准			已开展强制检定计量器具		强制检定计量器具实际检定数(台件)	计量仪器检定(台件)
	类	项	种	项	种		
1990	4	17	29	17	29	18231	36688
1991	4	17	32	15	26	14679	42584
1992	4	17	32	17	26	29432	49265
1993	5	17	43	18	28	27075	48819
1994	5	20	49	16	26	30799	42383
1995	5	25	54	20	27	31752	48518
1996	5	28	58	20	27	36950	55043
1997	6	28	64	20	35	32988	50653
1998	9	32	76	26	40	39919	32058
1999	10	27	40	27	40	18655	53361
2000	10	55	265	36	65	26538	132693
2001	10	52	119	23	36	8685	55176
2002	5	56	143	23	33	35985	78550
2003	5	95	201	21	33	48863	135373
2004	9	98	289	22	38	23751	78087
2005	10	65	114	28	48	10681	113102
2006	10	71	196	22	32	14678	103518
2007	15	98	223	25	35	15678	123518
2008	15	81	199	23	45	29134	95422
2009	11	99	222	23	45	44748	84913
2010	11	99	222	23	45	45160	90432

14－18 标准计量质量监督基本情况(二)

(1990－2010年)

年　份	产品质量监督受检企业数(个)	受检产品种数(种)	检验产品批次(批次)	检验产品合格批次(批次)	批次合格率(%)	现有工作用房(平方米)
1990	18	3	19	14	73.70	2739
1991	1292	14	1452	788	54.27	2946
1992	1135	11	1373	979	71.30	3300
1993	1330	13	1537	1133	73.72	3600
1994	2126	37	2185	1516	69.38	3600
1995	1428	14	1469	1033	70.32	4074
1996	2031	20	2118	1559	74.00	4100
1997	2866	46	3078	2403	76.00	4300
1998	3058	56	3134	2441	78.00	5900
1999	1966	55	2253	1592	70.66	7900
2000	1423	58	1534	1283	83.60	7930
2001	2100	28	2100	1697	80.83	10280
2002	4376	130	4376	3543	81.20	9280
2003	3634	240	3726	2727	75.00	18790
2004	3981	258	4158	3451	83.00	11800
2005	1956	167	1971	1691	85.79	28500
2006	2170	189	2319	2016	86.90	28500
2007	2497	196	2497	2197	87.99	28500
2008	1012	89	1012	816	80.63	28500
2009	1832	92	1832	1623	88.69	28500
2010	2093	149	2093	1907	91.11	28500

14－19　标准计量质量监督基本情况(三)

(1990－2010年)

年　份	标准馆藏总量(件)	国　内标　准	国　外标　准	接待情报资料咨询读者人数(人次)	为情报资料咨询者提供标准(件)	为情报资料咨询者复印资料(页)
1990	28020	28000	20	105	300	1000
1991	32030	32000	30	125	350	1050
1992	33050	33000	50	140	380	2000
1993	42060	42000	60	156	410	2000
1994	47060	47000	60	178	410	2800
1995	51060	51000	60	182	520	2800
1996	53080	53000	80	190	550	2900
1997	57100	56100	1000	198	580	3000
1998	67100	66100	1000	498	680	5000
1999	87500	86500	1000	520	780	25000
2000	104800	103800	1000	624	936	50000
2001	105554	104554	1000	742	1054	139663
2002	105952	104952	1000	922	1254	146833
2003	107572	106572	1000	1090	1464	151833
2004	109372	108372	1000	998	1458	151962
2005	109372	109372		816	738	2632
2006	109372	109372		952	879	3483
2007	118406	118090	326	5744	12068	14086
2008	120500	120000	500	6500	15320	16280
2009	150000	130000	2000	10500	25000	18300
2010	142000	124000	18000	20000	28000	6000

14－20　标准计量质量监督基本情况(四)

(1990－2010年)

年　份	企业产品标准备案年末累计数(个)	政府计量部门建立社会公用计量标准(项)	授权建立社会公用计量标准(项)	制造计量器具许可证工商户数(户)	修理计量器具许可证工商户数(户)	技术监督行政执法受理案件数(件)	技术监督行政法结案案件数(件)
1990	258						
1991	227					15	15
1992	446					90	85
1993	416	37		120	50	45	30
1994	501	94		89	60	195	182
1995	2315	95	5	167	56	417	384
1996	2680	123	5	182	87	591	495
1997	3409	123	2	127	69	976	935
1998	4285	122	3	91	71	1162	1096
1999	5511	94	3	89	60	1927	1830
2000	7489	92	7	112	49	2042	2021
2001	9021	125	7	76	7	2493	2487
2002	11327	249	13	29	21	2542	2534
2003	2931	201	13	147	9	2342	2342
2004	15584	289	43	175	1	1557	1551
2005	17007	320	76	28	2	1211	1185
2006	15677	325	30	35	1	580	518
2007	11136	332	31	35	1	3726	3720
2008	10735	339	2	26	1	2292	1978
2009	12019	199	0	23	1	3726	3720
2010	3875	200	3	21	1	1228	1099

主要统计指标解释

普通高等学校 指按照国家规定的审批程序举办,通过全国统一招生考试,招收高级中等学校毕业生和具有同等学历者,实施高等教育,增减高等专门人才的学校。包括大学、专门学校、专科学校和短期职业大学。

成人高等学校 指按照国家规定的审批程序批准举办,招收高中毕业生或同等学历者,利用多种形式对成人实施高等教育,培养相当普通高等学校专科或本科毕业水平的专门人才的学校。包括广播电视大学、职工高等学校、农民高等学校、干部管理学校、教育学院、独立函授学院以及普通高等学校举办的函授、夜大等。

中等专业学校 指经国务院各部委或省人民政府批准举办,招收初中(或部分高中)毕业生或具有同等学历者,实施中等专业教育、培养中等专门人才的学校。具体又可分为中等技术学校和中等师范学校两大类。

技工学校 指招收初中(或部分高中)毕业生或同等学历者,实施专业技术教育、培养中级技术工人的学校。包括中央在地方单位办、各级劳动部门办、各级其他部门办和厂矿企业办。其在校学生数不包括培训的在职职工人数。

招生数 指新学年开始时,按照国家招生计划实际招收入学的新生数。不包括留级生和复读学生数。

在校学生数 指学年初开学以后,具有学籍的人武部在校学习的学生总数。

毕业生数 指上学年度内,具有学籍的学生学完教学计划的人全部课程,考试及格,获得毕业证书的学生数。不包括结业生和肄业生数。

教职工数 指在学校中工作的固定教职工人数。包括校本部、科研机构、校办工厂、农(林)场和附属机构的人员。不包括下列人员:离休、退休、退职人员;学校办的集体单位和学校附属机构中,属于集体单位的职工;代课教师和各种临时工。

专任教师 指主要从事教育工作的人员。包括临时(一年以内)调去帮助做其他工作的教学人员。不包括调离教学岗位,担任行政领导工作或其他工作的原教学人员;不包括兼任教师和代课教师。

小学学龄儿童入学率 指调查范围内已入学学习的学龄儿童占校内外学龄儿童总数(包括弱智儿童在内,但不包括盲聋哑儿童)的比重,计算公式是:

$$\text{小学学龄儿童入学率}=\frac{\text{已入学的小学学龄儿童数}}{\text{校内外小学学龄儿童总数}}100\%$$

科技成果 指为解决某一科学技术问题,经过研究、实验、试制或调查考察、综合分析而得出的具有一定新颖性、先进性和实用价值的结果,或研究虽未结束,但已取得可以独立应用或具有一定学术意义的阶段性结果,这些研究结果必须通过技术鉴定(或评审)。

专利 是专利数的简称,是对发明人的发明创造经审查合格后,由专利局依据专利法授于发明人和设计人对该项发明创造享有的专有权。从类型来看,包括发明、实用新型和外观设计。

发明 指对产品、方法或者其改进所提出的新的技术方案。实用新型指对产品的形状、构造或者其结合所提出的适于实用的新的技术方案。

外观设计 指对产品的形状、图案、色彩或者其结合所作出的富有美感并适于工业上应用的新设计。

技术市场 指知识形态商品交换关系的总和,即买、卖中介各方就技术开发、技术转让、技术咨询和技术服务所结成的交换关系,包括科技成果从开发、应用、推广直至为社会服务的整个流通领域和流通环节。订立技术合同提供服务的中介机构,是我国技术市场的一个重要组成部分。

标准制、修订 指省人民政府标准化行政主管部门统一审批、编号、发布的并报国务院标准化行政主管部门备案的标准。

R&D 即研究与试验发展,指在科学技术领域,为增加知识总量、以及运用这些知识去创造新的应用而进行的系统的、创造性的活动,包括基础研究、应用研究、试验发展三类活动。

企业产品标准备案数 指企业已审批发布并办理了备案手续的企业产品标准数。

社会公用计量标准 指经过政府计量行政部门考核、作为统一本地区量值的依据,在社会上实施计量监督具有公证作用的计量标准。项数是指县级以上政府计量行政部门建立并考核发证的项目数。

授权建立的社会公用计量标准 指县以上政府

计量行政部门授权其他部门或单位建立的社会公用计量标准器具考核发证的项目数。

制造计算器具许可证工商户数 指取得由县以上政府计量行政部门考核颁发制造计量器具许可证的企业单位数(包括个体工商户数)。

修理计量器具许可证工商户数 指取得县级政府计量行政部门考核颁发的修理计量器具许可证的企业单位数(包括个体工商户数)。

已开展强制检定工作计量器具 指县级以上政府计量行政部门根据《中华人民共和国强制检定的工作计量器具明细目录》中规定的55项111种,具体开展项、种数。

产品质量监督检验企业数 指报告期内实际受检的企业数。

产品质量监督检验批次 在同一时期,对同一企业生产的同种规格的产品,按规定办法抽取样品,进行一次监督检验,为一个批次。

文化卫生
体育和广播
Culture,Public Health,sports and Broadcast

15-1 文化艺术事业单位数

(1980-2010年)

单位:个

年份	电影放映单位	艺术表演团体	文化馆、站	#文化馆	公共图书馆
1980	412	12	205	8	7
1981	416	12	199	8	8
1982	396	9	216	8	8
1983	496	8	290	8	8
1984	558	8	436	8	8
1985	616	8	441	8	8
1986	626	8	439	8	8
1987	616	8	436	8	8
1988	613	8	436	8	8
1989	589	8	436	8	8
1990	577	8	430	8	8
1991	554	8	420	8	8
1992	542	8	202	8	8
1993	516	8	157	8	8
1994	516	8	210	8	8
1995	490	4	168	8	8
1996	493	4	168	8	8
1997	452	4	150	8	8
1998	453	6	181	9	8
1999	453	6	181	9	8
2000	370	6	180	9	8
2001	370	6	163	9	8
2002	380	7	139	9	8
2003	380	8	129	9	8
2004	380	8	131	9	8
2005	352	8	140	9	8
2006	402	7	143	10	9
2007	280	8	144	10	9
2008	170	8	143	10	10
2009	124	8	143	10	10
2010	124	8	143	10	10

15－2 群众文化基本情况

（1996－2010年）

年份	举办展览场次（个）	组织文艺活动（人）	举办训练班班次（次）	培训人次（万人次）	藏书（万册）	经费总支出（万元）	#事业支出
1996	689	2059	610	2.00	21.50	833	648
1997	625	1959	617	2.10	19.80	788	632
1998	737	2047	795	1.50	18.20	914	786
1999	666	2213	870	1.30	24.20	989	898
2000	708	1889	622	1.23	29.91	1424	1111
2001	501	1482	516	1.40	30.20	1340	1015
2002	518	1954	752	1.47	34.94	3474	3305
2003	503	1720	479	1.37	38.03	2955	2614
2004	636	2385	715	1.95	58.75	3177	3000
2005	617	1607	620	2.33	64.20	3548	3548
2006	698	1859	774	2.63	89.60	6046	6046
2007	550	1028	1686	4.05	77.35	2858	2858
2008	694	1999	1344	9.64	83.77	5387	5387
2009	671	2285	4379	9.38	88.61	5831	5831
2010	620	2331	1214	8.30	97.98	6363	6351

注：本表统计范围为群众艺术馆、文化馆和文化站。

15－3 医疗机构诊疗次数和入院人数

（2010年）

类别	机构数（个）	诊疗人次数（万人次）	#门、急诊	入院人数（万人）	每百诊次入院人数（人）
总计	**1380**	**2805**	**2754**	**52.3**	**1.79**
一、县及县以上医院	31	1405	1399	45.9	3.27
综合医院	18	1146	1142	38.9	3.39
中医医院	9	253	251	6.8	2.69
精神医院	4	6	6	0.2	3.33
二、妇幼保健医院	10	86	77	2.0	2.33
三、卫生院	158	674	650	1.8	0.27
四、其他	1181	640	628	0.6	0.09

15－4　主要年份卫生机构数

（1978－2010年）

单位：个

年份	卫生机构数	医院、卫生院	#县以上医院	疗养院、所	社区卫生服务中心(站)	诊所卫生所医务室门诊部	卫生防疫机构	妇幼保健机构	卫生监督所	医学在职培训机构	其他卫生机构
1978	618	417	15								
1980	674	425	16								
1985	718	357	18								
1986	722	346	21		336		9	9		1	21
1987	717	353	21	1	323		9	9		1	21
1988	714	334	21	1	342		9	9		1	18
1989	727	350	21	1	332		9	9		1	25
1990	730	351	21	1	333		9	10		1	25
1991	729	359	22	1	322		9	10		1	27
1992	728	415	25	1	264		9	10		1	28
1993	701	386	25	1	266		9	10	1	10	18
1994	698	393	25	1	264		9	10	1	10	10
1995	709	402	25	1	265		10	10	1	10	10
1996	694	387	28	1	265		10	10	1	10	10
1997	717	391	29	1	284		10	10	1	10	10
1998	680	382	29	1	255		10	10	1	10	11
1999	635	356	29	1	236		10	10	1	10	11
2000	645	340	31	1	262		10	10	1	10	11
2001	664	365	31	1	238		28	10	1	10	11
2002	932	277	36	1	378	225	23	10	1	10	7
2003	1097	229	30	1	344	462	20	10	1	9	21
2004	1223	232	30	1	135	796	20	10	1	9	19
2005	1285	237	30	1	327	673	20	10	1	9	7
2006	1243	242	30	1	346	605	20	10	1	9	9
2007	1401	233	30	1	413	703	20	10	1	9	11
2008	1379	240	30	1	417	670	10	10	10	8	13
2009	1394	239	35	1	440	663	10	10	10	8	13
2010	1380	220	35	1	470	638	10	10	10	8	13

注：医院机构数包括卫生院；2002年开始卫生机构数包括了个体诊所、社区卫生服务站机构数；2003年度由于一部分卫生院转为社区卫生服务站，导致医院数减少，社区卫生服务站增加。

15－5　主要年份卫生机构床位数

单位：张

年　份	卫生机构床位数	#医院、卫生院	#县以上医院	#疗养院、所	#妇保幼健机构	#社区卫生服务站	每万人口拥有床位数
1978	4788	4723	2366				10.6
1980	5237	5162	2607				11.3
1985	5974	5858	3212				12.2
1986	6035	5941	3318				12.2
1987	6373	6267	4910				12.7
1988	6558	6423	3785	20			12.9
1989	6785	6654	3943	60			13.2
1990	7030	6902	4120	60			13.6
1991	7352	7223	4415	60			14.2
1992	7672	7546	4788	70			14.7
1993	7682	7563	4814	70			14.7
1994	7861	7695	4931	112			14.9
1995	8015	7854	4974	112			15.1
1996	8333	8177	5292	112			15.6
1997	8534	8422	5483	112			15.9
1998	8671	8559	5628	112			16.1
1999	8880	8768	5892	112			16.4
2000	9559	9459	7006	100			17.5
2001	10496	10396	7277	100			19.1
2002	10387	10307	8374	80			18.9
2003	11352	11035	8555	100	173	44	20.5
2004	12285	11965	9172	100	201	19	22.1
2005	12634	12367	9158	32	220	15	22.6
2006	13762	13494	10192	25	243		24.4
2007	14293	14025	10393		258	10	25.1
2008	14927	14465	10816	30	253	179	26.0
2009	15563	15160	11232	30	303	70	26.9
2010	16528	16088	12580	30	318	339	28.3

注：2007 年疗养院、所的床位数并入医院统计。

15－6　主要年份卫生事业基本情况

单位：人

年份	卫生机构人员数	卫生机构技术人员数	#医生	#护士	其他技术人员	管理人员	工勤人员	每万人口拥有卫生技术人员数	#医生数	#护士数
1978	7894	6998	2743	739	36	583	277	15.5	6.1	1.6
1980	9554	8283	2608	655	27	731	513	17.9	5.6	1.4
1985	10998	9391	3357	1073	43	828	736	19.2	6.8	2.2
1986	11608	9939	3707	1174	46	907	716	20.0	7.5	2.4
1987	11897	10080	3658	1180	57	1022	738	20.0	7.3	2.4
1988	12206	10474	4344	1154	65	924	743	20.6	8.5	2.3
1989	12662	10878	4546	1217	62	1048	674	21.2	8.9	2.4
1990	12879	11011	4512	1969	71	1140	657	21.4	8.8	3.8
1991	13219	11285	4607	2072	86	1172	676	21.8	8.9	4.0
1992	13599	11584	4599	2136	93	1223	699	22.3	8.8	4.1
1993	13952	11763	4483	2248	109	1167	913	22.5	8.6	4.3
1994	14534	12406	4950	2419	127	1094	907	23.6	9.4	4.6
1995	14495	12027	5357	2443	39	1813	616	22.7	10.1	4.6
1996	15240	12628	5676	2597	42	1924	646	23.7	10.6	4.9
1997	17186	14501	6106	2772	49	1982	654	27.1	11.4	5.2
1998	16635	13905	5871	2973	228	1453	1049	25.8	10.9	5.5
1999	17204	14149	6165	2992	211	1683	1161	26.1	11.4	5.5
2000	18017	14841	6479	3309	232	1724	1220	27.2	11.9	6.1
2001	18947	15692	7100	3713	396	1760	1099	28.6	12.9	6.8
2002	19337	16276	6898	4658	726	943	1392	29.6	12.5	8.5
2003	20967	17780	7837	4658	950	881	1356	32.2	14.2	8.4
2004	21548	18484	7804	4873	969	974	1121	33.2	14.0	8.8
2005	24484	20806	8577	5695	1198	898	1582	37.2	15.3	10.2
2006	25517	21372	8826	6232	1190	999	1956	37.8	15.6	11.1
2007	27426	22868	9828	6588	1162	1068	2328	40.2	17.3	11.6
2008	28794	24488	10968	7675	1137	979	2190	42.7	19.3	13.4
2009	30526	25798	11237	8432	1135	977	2616	44.6	19.4	14.6
2010	31855	26765	11521	9104	1282	1037	2771	45.9	19.8	15.6

注：2002年及以后卫生机构数为登记注册数；医生系执业（助理）医师数，护士为注册护士数。

15－7 体育基本情况

（1992－2010年）

年份	体育场(馆)(个)	举办县以上运动会(次)	参加县以上运动会(人)	举办乡镇运动会(次)	参加乡镇运动会(人)	获世界比赛：金牌(枚)	获全国、全省比赛(枚)			向上级体育团体输送人员(人)	国家级裁判员(人)	国家一级裁判员(人)
							金牌	银牌	铜牌			
1992	4					4	87	80	55			
1993	4					3	72	56	49	35		
1994	4	141	27023	68	25921		35	26	18	10		
1995	4	161	27950	94	48530	1	60	72	67	25		
1996	4	180	28103	164	56704		63	86	75	23		
1997	6	102	13756	165	49316		91	57	55	10	7	35
1998	6	10	2000			2	57	51	39.5		7	40
1999	7	9	6234	6	3250	15	90	83	66	35	7	40
2000	9	12	1420	114	48545	2	60	56	53	27	7	40
2001	9	42	10850	77	26586		77	51	51	13	7	40
2002	9	12	11080	86	18600		104	64	61	7	8	45
2003	9	17	12741	135	18860		86	69	80	43	11	57
2004	11	23	11500	27	5500		117	94	104	30	13	72
2005	11	94	29227	174	32229		167.5	134	123	52	14	113
2006	14	21	21250	18	12500		147	138	146	88	15	124
2007	14	25	26280	35	17250		99	83	77	110	15	142
2008	14	27	28320	26	23620		93	71	103	135	16	167
2009	14	26	27840	30	32460		88.5	76	80	139	17	194
2010	7	28	25370	23	26000		189.7	119	151.5		18	222

15－8 广播电视基本情况

（1992－2010年）

年份	无线广播电台（座）	广播节目套数（套）	广播电台（个）	无线电视节目套数（套）	有线广播电视网络干线总长（公里）	卫星收转（座）	电视人口覆盖率（%）
1992	3	3	8	7		112	78.56
1993	4	4	8	8		215	88.00
1994	4	4	8	8		917	87.00
1995	4	4	8	8		1338	90.00
1996	4	4	8	8		1133	88.61
1997	4	4	8	8		991	86.37
1998	1	3	6	7		425	86.37
1999	1	4	6	7		339	90.45
2000	1	4	6	7	20507	359	94.26
2001	1	8	6	8	24639	621	95.67
2002	1	8	6	10	45161	638	98.04
2003	1	8	6	10	44832	536	98.64
2004	1	9	7	10	11038	498	98.80
2005	1	10	9	10	12515	487	98.91
2006	1	10	9	10	11705	211	99.01
2007	1	10	9	10	14449	198	99.48
2008		10	9	10	15125	34	99.47
2009		10	9	10	15475	35	99.48
2010		10	9	10	17519	22	99.47

注：2006年有线广播电视网络干线总长是光节点之前的长度。

主 要 统 计 指 标 解 释

文化事业机构 指从事专业文化工作和为专业文化工作服务的独立核算、独立建制的单位。不包括文化主管部门直属单位举办的其他行业和各部门的业余文化组织。

医院 指设有固定床位能收病人住院并能为病人提供医疗和护理服务的医疗机构。包括县及县以上医院、农村乡卫生院、其他医院三部分。

卫生技术人员 包括执业(助理)医师、注册护士、药剂人员、检验和影像技师(士、员)等卫生专业人员。

医生 指已领取医师执业证书的人员。

诊疗人次数 指一定时期内所有诊疗工作的总人次数,包括病人来院就诊的门诊、急诊人次数和出诊、赴家庭病床、到工厂、农村、会议、集体活动等外出诊疗的人次数以及外出进行的单项健康检查人次数。

体育场 指有400米跑道,中心含足球场。并有固定看台的田径场。

体育馆 指有固定看台可供蓝球、排球、羽毛球、乒乓球、体操等项目训练比赛活动用的室内场地。

广播(电视)人口覆盖率 指广播(或电视)覆盖人口与总人口的比率。广播(或电视)覆盖,目前是按某套节目来计算的。广播覆盖人口是指能够用普通收音机在中午收听中波广播节目,并且收听效果能达到听清完整的节目内容的地区的人口数。包括只能收听外省的中波广播的人口数在内。电视覆盖人口是指能够用普通电视接收机,室外天线在离地面四米高外,在晚上收看电视,并且收看效果能达到图像基本稳定、清晰,能看清人物的形象、动作的地区内的人口数。指标计算公式:

$$\text{广播(或电视)人口覆盖率} = \frac{\text{年末广播(或电视)覆盖人口数}}{\text{年末总人口数}} \times 100\%$$

档案工会妇联共青团和社会保障

Archives,Labor Union,The Women's Federation, The Communist Youth League and Social Security

CHAPTER 16

16－1　档案馆档案资料馆藏情况

（1990－2010年）

年　份	馆藏档案				馆藏资料册数（万册）	档案馆面积（平方米）	#库房面积
	全宗（个）	案卷（万卷）	录音录像影片（盒）	照片（万张）			
1990	624	14.83	595	0.55	3.95	6544	4371
1991	713	15.76	637	0.87	4.13	7689	4900
1992	944	18.10	672	0.95	4.30	8709	5412
1993	1008	18.65	704	1.04	4.74	8709	5412
1994	1070	19.77	734	1.17	4.92	8709	5412
1995	1116	21.54	793	1.30	5.16	8709	5412
1996	1133	22.31	770	1.44	5.65	8868	5563
1997	1215	23.31	637	1.74	6.00	8868	5563
1998	1223	24.42	612	1.89	6.44	9337	5885
1999	1322	28.80	766	2.04	6.63	8970	5831
2000	1353	30.66	1485	2.14	6.86	9097	5865
2001	1395	37.16	1617	2.47	7.13	9172	5865
2002	1449	40.93	1563	2.91	7.33	9372	5965
2003	1480	43.68	1597	3.15	7.43	9499	6199
2004	1497	45.22	1627	3.31	7.85	9167	6099
2005	1526	56.93	1783	3.60	8.09	9892	6810
2006	1554	49.66	1806	4.01	8.31	14441	9401
2007	1590	51.97	1820	4.23	8.46	13941	9147
2008	1620	54.24	1844	4.60	8.70	23941	11291
2009	1632	55.40	1860	4.82	8.91	23941	11291
2010	1753	59.27	1867	5.36	9.03	23941	11291

16－2 档案馆档案资料利用情况

（1990－2010年）

年份	档案资料利用				开放档案	
	利用人次（万人次）	利用档案（万卷、件次）	利用资料（万册、次）	复制（万页）	全宗（个）	案卷（万卷）
1990	0.56	2.45	0.31	1.08		
1991	0.50	1.40	0.20	0.72	222	2.00
1992	0.49	1.16	0.15	0.76	264	2.19
1993	0.34	0.99	0.13	0.94	264	2.22
1994	0.36	1.01	0.15	1.13	264	2.27
1995	0.28	0.64	0.11	0.80	269	3.79
1996	0.24	0.67	0.11	0.51	340	3.90
1997	0.30	0.81	0.09	1.56	422	4.65
1998	0.40	1.01	0.15	0.88	520	5.47
1999	0.52	1.53	0.17	1.18	523	5.48
2000	0.54	1.74	0.16	1.24	528	5.75
2001	0.56	1.63	0.14	2.10	528	5.75
2002	0.79	2.27	0.10	2.94	458	5.88
2003	0.79	2.05	0.19	3.17	653	6.12
2004	1.01	3.04	0.78	4.86	673	6.21
2005	2.09	3.28	1.17	3.13	556	10.96
2006	1.94	19.46	0.52	9.82	556	6.31
2007	1.71	34.07	1.33	8.55	618	6.70
2008	1.64	5.04	0.18	7.25	625	7.01
2009	1.94	3.15	0.55	3.25	625	7.11
2010	1.56	2.50	0.98	3.12	625	7.11

16-3 工会工作情况

(1990-2010年)

单位:人

年份	基层工会组织数(个)	建立工会组织单位职工人数	#女职工	建立工会组织单位会员人数	#女会员	建立职工代表大会制度的单位数(个)	全国劳模	省、部级劳模	市级劳模
1990	2228	251674	95376	230452	87158			10	
1991	2248	262784	101983	238735	91425			4	
1992	2324	266339	105200	239708	92282			3	
1993	2291	244083	97152	218933	86362			5	
1994	2273	246203	97268	223354	86867			8	
1995							9	13	
1996	2639	226287	89340	206707	81974			5	
1997	2489	196051	79224	179901	70837			3	
1998	2359	213689	87487	185941	74880	973		5	
1999	2926	265768	110630	217735	89573	971		27	100
2000	5399	503285	204580	408975	164591	621	9	2	
2001	7073	845300	288184	821751	263792	517		11	
2002	5795	865423	368442	818095	339828	1209		4	
2003	5940	890017	367797	826141	339025	1675		5	
2004	7218	973565	395162	888892	370207	2349		36	100
2005	8356	1043045	473879	982363	417495	2400	10		
2006	9205	1142028	469978	1073865	421380	2537		4	
2007	10378	1236408	535409	1167186	497179	2770		4	
2008	11647	1326682	537442	1249840	511820	2904		5	
2009	12538	1432401	558981	1352600	535431	3010		39	79
2010	13343	1580373	621436	1517298	601393	3290	11		

注:工会基层组织统计口径2002年开始由原工会组织覆盖企业改为一级基层工会委员会。

16－4 妇女联合会工作情况

（1990－2010年）

年份	妇女双学双比参赛人数（万人）	巾帼文明示范岗数（市级以上）（个）	巾帼志愿者（人）	三八红旗手（人）	巾帼文明标兵（省级以上）（人）	实用技术培训人数（万人）	文明家庭（市、县级）（户）	女农民技术员（人）
1990	87.30			83		14.56	725	
1991				73		15.61	151	
1992				20			410	
1993				30			335	
1994	94.19			3		9.39	91	
1995	102.99			37		15.42	110	
1996	108.46			3		17.37	267	
1997	113.87			79		17.90	162	
1998	118.21			44		19.67	450	
1999	121.29					11.40	763	
2000	122.30			10		9.72	11563	
2001	131.70	746				14.34	40141	
2002	122.82	1206	20514	13		10.25	225280	7732
2003	130.00	623	23021	26		10.79	412811	11207
2004	131.90	628	34997	37	7	6.73	482499	11207
2005	131.00	321	32640	34		6.75	289166	12439
2006	131.50	161	35680	28	7	5.66	144701	12439
2007	132.10	227	33600	33	5	4.76	135837	13406
2008	131.85	309	34580	59	38	3.68	647	13411
2009	130.10	309	35280	105	9	5.38	2048	14457
2010	128.50	411	35760	84	10	4.22	1490	14457

16－5 共青团工作情况

（1995－2010年）

单位:人

年份	新命名市级青年文明号（个）	市十大杰出青年	优秀团干部	优秀团员	市“五四”红旗团委（个）	市优秀青年志愿者	市大中学生“三下乡”先进集体（个）	市大中学生“三下乡”先进个人
1995							28	40
1996	11	10					27	30
1997	17					27	25	33
1998	22					29	17	28
1999	41	10	50	51	11	31	10	25
2000	66		50	51	5	30	19	24
2001	88		51	52	11	32	26	50
2002	89	10	51	52	10	32	31	68
2003	72		52	50	12	51	31	61
2004	70		54	51	11	50	26	64
2005	66	10	51	51	9	51	36	70
2006	60		54	53	11	100	36	64
2007	73		52	59	13		46	60
2008	58	10	51	49	12		35	61
2009	64		53	51	8	53		
2010	64		53	54	10		26	46

16－6 民政事业基本情况(一)

(1990－2010年)

单位:人

年份	享受定期抚恤金人数	#烈士家属	享受定期补助人数	#在乡复员军人	#在乡退伍军人	烈军属享受优待户数(户)	烈军属享受优待总额(万元)	安置退伍军人人数	#城镇安置	离退休、退职直接发放人员
1990	821	502	10591	9112	1296	10589	517	1639	485	772
1991	829	492	10427	8914	1410	10081	524			725
1992	793	483	10330	8697	1543	10455	553	2425	602	571
1993	797	474	10096	4836	1585	11111	570	1816	488	561
1994	770	458	10085	8434	1575	11888	689	2546	531	535
1995	780	467	9977	8314	1589	12728	864	2148	507	510
1996	721	431	9862	8112	1694	10307	1359	1872	430	501
1997	724	423	9526	7757	1711	10590	2223	1651	367	496
1998	694	391	9407	7407	1943	10296	2322	1366	551	474
1999	672	368	9308	7202	2072	14515	3559	3596	677	447
2000	646	349	9181	6947	2208	15940	3513	3568	1128	427
2001	626	333	8811	6835	1959	17040	3825	1690	618	421
2002	611	323	8802	6581	2209	16572	3440	2409	724	406
2003	602	318	8474	6189	2274	16141	3950	1150	705	403
2004	590	312	8356	5982	2364	13522	2939	854	546	402
2005	583	309	7968	5616	2346	11922	4370	1257	585	391
2006	581	309	7741	5384	2351	9656	4543	1781	423	392
2007	561	291	7823	5164	2282	10104	5313	1730	373	386
2008	547	284	9150	4981	3197	10973	6063	2943	504	375
2009	545	277	9096	4680	3156	10993	7087	2482	431	363
2010	527	271	8987	4430	3183	11959	8797	2763	426	357

16-7 民政事业基本情况(二)

(1990-2010年)

单位:人

年份	定期社会救济对象总人数	# 城镇最低生活保障人数	# 农村最低生活保障人数	最低生活保障资金(万元)	社会福利院数(个)	床位(张)	年末在院人数	收养类单位(个)	床位(张)	年末在院人数
1990					4	222	124	82	1133	751
1991					4	194	112	93	1209	850
1992					4	194	114	98	1339	975
1993					4	182	142	98	1374	1056
1994					4	178	154	101	1336	1116
1995					4	178	297	123	1852	1087
1996					4	232	188	165	2225	1321
1997					6	322	177	185	2585	1666
1998					7	372	247	184	2795	1655
1999					7	403	297	179	2847	1640
2000	79794	899	28712	1441	7	525	359	175	3697	2005
2001	44493	1313	32174	1915	8	735	425	164	4024	2149
2002	55978	2416	46510	1751	9	854	503	149	4980	2396
2003	60837	3308	53443	2260	9	876	552	134	4303	2783
2004	64921	3792	57101	4970	9	908	599	135	5788	3642
2005	60172	3829	52918	4932	9	992	643	168	8327	4411
2006	61213	3766	52761	5126	9	1093	729	196	11753	7094
2007	64161	4019	56167	6917	9	1323	773	194	13237	9346
2008	66712	4310	58678	9422	9	1423	748	209	15061	8524
2009	65425	4401	57223	9960	9	1473	808	203	15574	9284
2010	64326	3966	56739	11988	9	1638	792	224	20518	9803

16－8 民政事业基本情况(三)

(1990－2010年)

单位:个

年份	民政福利企业单位数	结婚对数(对)	离婚对数(对)	涉外结婚对数(对)	社会团体机构数	#地级社团	年末实有殡仪馆	年处理遗体数(具)
1990	431	30054	463	26			1	322
1991	391	29217	467	22	600	118	1	303
1992	425	36625	517	35	874	140	1	354
1993	460	39201	841	55	1134	165	1	348
1994	496	44557	1010	38	1091	171	1	406
1995	425	44544	992	51	1105	182	1	538
1996	382	45338	1375	55	1424	206	1	665
1997	376	40764	1559	62	1264	212	1	720
1998	380	50200	1555	66	1080	218	2	1419
1999	364	57519	1673	83	1131	215	5	13609
2000	345	48006	1994	73	884	202	5	25954
2001	361	46771	2080	78	815	203	5	26260
2002	382	47446	2179	47	887	234	5	27839
2003	388	46640	3163	62	953	256	6	32241
2004	384	46602	4795	64	1027	260	7	33110
2005	381	43853	4773	42	1151	273	7	35629
2006	387	49405	6522	65	1257	293	7	25709
2007	354	46229	6702	3	1315	301	7	33745
2008	323	47479	7837	8	1342	302	7	34621
2009	326	48197	8745	37	1384	333	7	34677
2010	311	47843	9516	40	1431	332	8	44043

16－9 基本养老保险情况

（1995－2010年）

年份	期末参保人数（人）	职工参保	离退休参保	收缴保险基金（万元）	支付养老金（万元）
1995	223450	181285	42165		
1996	231067	186165	44902		
1997	230021	181685	48336	26203	23500
1998	238425	186402	52023	28957	29778
1999	289975	232229	57746	29038	35818
2000	323774	260075	63699	39518	43289
2001	337621	268966	68655	67635	55314
2002	475499	404592	70907	74404	68063
2003	564249	490256	73993	116500	72220
2004	663682	584910	78772	125341	77926
2005	699799	616468	83331	140543	87633
2006	740966	652528	88438	173169	103925
2007	817298	723023	94275	218071	125779
2008	906825	806013	100812	262405	153331
2009	1010435	900749	109686	269939	177683
2010	1138364	1021004	117360	314867	206125

16－10 基本医疗和失业保险基本情况

（1995－2010年）

年份	基本医疗保险情况					失业保险情况		
	期末参保人数（人）	职工参保	离退休参保	收缴保险基金（万元）	支付保险基金（万元）	期末参保人数（人）	收缴保险基金（万元）	支付保险基金（万元）
1995	60102	49481	10621			149713	950	530
1996	65328	51544	13784			155772	1438	625
1997	58237	21421	36816	2054	1321	156924	1543	796
1998	109136	91479	17657	4687	2230	153038	2320	1082
1999	126770	97841	28929	8391	3761	231800	3628	1706
2000	127805	96257	31548	5445	5014	262000	3928	1619
2001	132793	90059	42734	7894	7674	284055	4431	2273
2002	223409	157042	66367	16835	9062	309988	5295	1998
2003	296000	219381	76619	40919	18480	320716	6411	1251
2004	330855	250393	87662	43205	27831	346440	8099	2596
2005	375163	282927	92236	45028	33894	348259	9334	1924
2006	427668	326288	101380	50724	38843	392096	11448	2622
2007	487703	380074	107629	52340	31423	443716	13257	2424
2008	586798	471292	115506	59191	35442	516349	17860	1774
2009	662437	530546	131891	72335	45043	562033	20080	4319
2010	744828	604216	140612	88734	53600	627233	27061	7639

16－11 工伤和生育保险基本情况

(1995－2010年)

年 份	工伤保险情况			生育保险情况		
	期末参保人数（人）	收缴保险基金（万元）	支付保险基金（万元）	期末参保人数（人）	收缴保险基金（万元）	支付保险基金（万元）
1995	34964			14274		
1996	107496			46942		
1997	132906	618	118	73035	227	137
1998	130593	651	140	135056	378	255
1999	123201	639	200	133177	570	414
2000	122066	719	285	128547	590	451
2001	129824	858	347	129325	681	533
2002	129983	1147	420	126554	805	532
2003	190081	1414	733	123497	732	548
2004	235329	2505	1380	143816	811	542
2005	290154	4107	2541	135991	1106	841
2006	420460	5977	4092	176515	1570	1036
2007	1128802	9726	5713	199769	2421	1695
2008	1480046	16989	9623	243769	3072	2356
2009	1600697	17207	12092	274273	4053	3088
2010	1809065	23439	15435	345769	5373	4110

主 要 统 计 指 标 解 释

社会救济对象总人数 指在报告期末生活在当地规定的最低生活保障线以下的家庭人员及国家规定由民政部门救济的特殊人员和60年代精减退职老职工救济人员等。

城镇居民最低生活保障人数 指在报告期末家庭平均收入在当地规定的最低生活保障线以下的城镇居民数。包括“三无”对象,失业人员和在职、下岗、退休人员等。

农村居民最低生活保障人数 指在报告期末在建立农村最低生活保障制度的地区,得到当地政府或集体给予最低生活保障的农业人口家庭人数。

收养类单位 指提供食宿的、不以盈利为目的的革命伤残军人休养院、复退军人慢性病疗养院、复退军人精神病院、光荣院、社会福利院、儿童福利院、精神病人福利院、老年收养性机构(敬老院、养老院、老年公寓)等收养性的社会福利事业单位的总称。分事业单位、企业和民办非企业3类。

基本医疗保险 建立城镇职工基本医疗保险制度,是对现行公费医疗、劳动医疗制度的创新和机制转换。基本医疗保险实行社会统筹和个人帐户相结合,是建立城镇职工基本医疗保险制度的核心内容。

基本养老保险参保职工人数 指参加基本养老保险并在社保经办机构已建立缴费记录档案的职工人数,包括不经常缴费、已中断缴费但未终止养老保险关系的职工人数,已参加基本养老保险后进入再就业服务中心并继续缴费的下岗职工人数。不包括只登记未建立缴费记录档案的人员。

保险福利费用 指企业、事业、机关单位在工资以外实际支付给职工和离休、退休、退职人员个人以及用于集体的劳动保险和福利费用。

各县市区国民经济主要指标

Main Indicators of National Economy by County,City and District

CHAPTER 17

17－1　各县市区法人单位和产业活动单位数

（2010 年）

单位：个

地　　区	法　人 单位数	单产业 法　人	多产业 法　人	产业活动 单 位 数
全　　市	**67761**	**66206**	**1555**	**74012**
市　　区	23865	23223	642	25775
椒江区	7560	7239	321	8411
黄岩区	8526	8395	131	9053
路桥区	7779	7589	190	8311
玉 环 县	8134	8068	66	8464
三 门 县	4638	4529	109	5286
天 台 县	3685	3568	117	4135
仙 居 县	4735	4591	144	5539
温 岭 市	15109	14873	236	16045
临 海 市	7595	7354	241	8768

17－2　各县市区分产业法人单位数

（2010 年）

单位：个

地　　区	法　人 单位数	第一产业	第二产业	#工　业	第三产业
全　　市	**67761**	**4116**	**33968**	**32800**	**29677**
市　　区	23865	812	11097	10609	11956
椒江区	7560	185	2962	2687	4413
黄岩区	8526	443	4427	4319	3656
路桥区	7779	184	3708	3603	3887
玉 环 县	8134	306	5557	5479	2271
三 门 县	4638	592	1809	1718	2237
天 台 县	3685	362	1249	1194	2074
仙 居 县	4735	808	1748	1681	2179
温 岭 市	15109	453	9024	8827	5632
临 海 市	7595	783	3484	3292	3328

17－3 各县市区分产业和行业增加值(一)

(2010年)

单位:万元

地　　区	生产总值	第一产业	第二产业	工　业	建筑业	第三产业
全　　市	**24264533**	**1604164**	**12543329**	**11357494**	**1185835**	**10117040**
市　　区	8527744	327548	4146834	3767779	379055	4053362
椒江区	3065348	118033	1377667	1197719	179948	1569648
黄岩区	2311456	122068	1234834	1156659	78175	954553
路桥区	3150941	87447	1534333	1413401	120932	1529160
玉 环 县	3082176	197928	1959568	1873868	85700	924679
三 门 县	1066243	161867	492167	351214	140953	412209
天 台 县	1185778	102560	526977	464377	62600	556242
仙 居 县	1009546	108655	456904	392607	64297	443987
温 岭 市	5814595	420519	3104014	2880514	223500	2290062
临 海 市	3280140	285087	1755675	1557975	197700	1239378

注:本表按当年价格计算。

17－4 各县市区分产业和行业增加值(二)

(2010年)

单位:万元

地　　区	第三产业按行业分						
	交通运输仓储及邮政业	信息传输计算机服务和软件业	批发和零售业	住宿和餐饮业	金融业	房地产业	租赁和商务服务业
全　　市	**938249**	**414322**	**2565821**	**491844**	**1769629**	**1393478**	**257245**
市　　区	333334	181218	1161723	189567	867872	448570	117361
椒江区	123600	100716	270716	63330	396142	233399	46172
黄岩区	103731	37984	209963	65343	161382	115459	18277
路桥区	106004	42518	681044	60894	310348	99711	52912
玉 环 县	84423	41408	233634	49920	162944	97734	30261
三 门 县	39698	17289	79355	22458	62509	63932	6441
天 台 县	59248	19774	97238	42442	71571	103726	5250
仙 居 县	38845	18278	79176	23153	58562	87372	7387
温 岭 市	235436	79185	698015	110020	361492	243936	58800
临 海 市	141027	46630	207444	54994	186825	211981	23997

注:本表按当年价格计算。

17－5　各县市区分产业和行业增加值(三)

(2010年)

单位:万元

地　区	第三产业按行业分(续)						
	科学研究技术服务和地质勘查业	水利环境和公共设施管理业	居民服务和其他服务业	教　育	卫生社会保障和社会福利业	文化体育和娱乐业	公共管理和社会组织
全　市	**96678**	**58636**	**292960**	**643815**	**300757**	**140831**	**752774**
市　区	30637	21219	99963	199389	101807	41445	259258
椒江区	22234	5574	28103	84378	43187	18422	133676
黄岩区	5487	11751	39015	64975	33804	18362	69021
路桥区	2916	3895	32846	50037	24816	4660	56560
玉环县	10369	5933	29215	60929	26349	18924	72637
三门县	3129	2158	13798	36693	11372	6379	46999
天台县	3300	4629	20757	52659	20820	5146	49683
仙居县	2770	5303	13340	40882	17129	4576	47215
温岭市	14336	4932	82120	128197	68356	29691	175547
临海市	27718	7674	37204	124622	52766	14850	101647

注:本表按当年价格计算。

17－6　各县市区生产总值增长速度

(2010年)

单位:%

地　区	生产总值	第一产业	第二产业			第三产业	人均生产总值
				工　业	建筑业		
全　市	**13.2**	**4.3**	**14.5**	**15.1**	**7.9**	**12.9**	**12.4**
市　区	12.0	4.1	11.9	13.1	-1.3	12.6	11.2
椒江区	12.3	7.2	11.9	11.6	13.7	13.0	11.3
黄岩区	10.8	2.2	11.7	13.0	-7.5	10.6	10.3
路桥区	12.5	3.6	12.0	14.5	-14.4	13.5	11.6
玉环县	21.6	5.2	26.7	26.4	35.1	14.3	20.3
三门县	13.6	6.0	17.9	15.7	25.0	11.3	12.8
天台县	11.8	4.2	13.2	13.2	13.2	11.6	10.5
仙居县	13.9	6.0	17.5	15.7	32.8	11.8	13.1
温岭市	11.1	2.8	11.5	12.3	0.2	11.8	10.3
临海市	13.5	5.4	15.1	16.1	6.6	12.8	12.6

注：本表增长速度按可比价格计算。

17－7 各县市区户数人口数

(2010年)

单位:人

地区	总户数(户)	总人口数	按性别分		按户籍分	
			男性	女性	农业人口	非农业人口
全市	**1926796**	**5831442**	**2996832**	**2834610**	**4774773**	**1056669**
市区	501440	1548906	782601	766305	1238442	310464
椒江区	173161	509184	257537	251647	370970	138214
黄岩区	192488	596722	301892	294830	487350	109372
路桥区	135791	443000	223172	219828	380122	62878
玉环县	140268	419552	213151	206401	223857	195695
三门县	131816	429197	225234	203963	384829	44368
天台县	194708	581600	304559	277041	473783	107817
仙居县	148985	495279	257710	237569	445447	49832
温岭市	425970	1192880	606682	586198	993926	198954
临海市	383609	1164028	606895	557133	1014489	149539

17－8 各县市区人口自然变动情况

(2010年)

地区	出生		死亡		自然增长	
	人数(人)	出生率(‰)	人数(人)	死亡率(‰)	人数(人)	自然增长率(‰)
全市	**72862**	**12.54**	**36699**	**6.32**	**36163**	**6.22**
市区	17005	11.02	9529	6.17	7476	4.85
椒江区	5709	11.27	2759	5.45	2950	5.82
黄岩区	6056	10.17	4116	6.91	1940	3.26
路桥区	5240	11.87	2654	6.01	2586	5.86
玉环县	5314	12.74	2397	5.75	2917	6.99
三门县	5658	13.23	2280	5.33	3378	7.90
天台县	8992	15.55	3685	6.37	5307	9.18
仙居县	6471	13.11	3669	7.43	2802	5.68
温岭市	12903	10.85	7699	6.48	5204	4.37
临海市	16519	14.25	7440	6.42	9079	7.83

17－9　各县市区建制镇户数人口数

（2010 年）

单位:人

地　区	总户数（户）	总人口数	按性别分		按户籍分	
			男　性	女　性	农业人口	非农业人口
全　市	**1808335**	**5453674**	**2796633**	**2657041**	**4406953**	**1046721**
市　区	**475057**	**1467325**	**739985**	**727340**	**1158754**	**308571**
椒江区	**173161**	**509184**	**257537**	**251647**	**370970**	**138214**
海门街道	29533	82759	41257	41502	29542	53217
白云街道	24844	69957	35175	34782	19396	50561
葭沚街道	24478	64582	31961	32621	51437	13145
洪家街道	14998	49587	24645	24942	40621	8966
下陈街道	14665	42092	20993	21099	41245	847
前所街道	16377	51972	27139	24833	46400	5572
章安街道	23810	83594	43616	39978	81459	2135
三甲街道	22851	60968	30871	30097	58050	2918
大陈镇	1605	3673	1880	1793	2820	853
黄岩区	**166105**	**515141**	**259276**	**255865**	**407662**	**107479**
东城街道	22366	61480	30482	30998	12203	49277
南城街道	7051	22862	11472	11390	21874	988
西城街道	23146	65234	32329	32905	28907	36327
北城街道	10590	34206	16906	17300	33203	1003
新前街道	14022	42457	21456	21001	41426	1031
澄江街道	10224	31818	15601	16217	30941	877
江口街道	10031	33306	16709	16597	31349	1957
高桥街道	6916	22916	11613	11303	22379	537
宁溪镇	11066	35369	18244	17125	33442	1927
北洋镇	10876	33830	17296	16534	32286	1544
头陀镇	11773	36840	18950	17890	34947	1893
院桥镇	20859	70832	35915	34917	61165	9667
沙埠镇	7185	23991	12303	11688	23540	451

注：本表按户籍统计，下同。

17－9续表1

单位:人

地　　区	总户数(户)	总人口数	按性别分		按户籍分	
			男　性	女　性	农业人口	非农业人口
路桥区	**135791**	**443000**	**223172**	**219828**	**380122**	**62878**
路南街道	8917	31240	15590	15650	30131	1109
路桥街道	22200	57459	28326	29133	18238	39221
路北街道	7074	21970	10693	11277	18899	3071
螺洋街道	6942	24337	12006	12331	23650	687
桐屿街道	9812	34726	17241	17485	33873	853
峰江街道	12324	44333	22655	21678	43074	1259
新桥镇	7998	27717	14173	13544	26243	1474
金清镇	33337	106310	53864	52446	93945	12365
横街镇	8121	28178	14409	13769	27065	1113
蓬街镇	19066	66730	34215	32515	65004	1726
玉环县	**129478**	**386055**	**195708**	**190347**	**191955**	**194100**
玉城街道	33348	96686	48392	48294	37791	58895
坎门街道	22727	68927	34738	34189	5883	63044
大麦屿街道	17431	56416	29263	27153	18391	38025
清港镇	17381	49701	25582	24119	46665	3036
楚门镇	16822	49576	24687	24889	22196	27380
干江镇	7598	21432	11131	10301	20431	1001
沙门镇	8552	25830	12918	12912	24272	1558
芦浦镇	5619	17487	8997	8490	16326	1161
三门县	**112828**	**365109**	**191515**	**173594**	**322786**	**42323**
海游镇	28428	88321	45655	42666	54302	34019
沙柳镇	5406	17505	9185	8320	17143	362
珠岙镇	6502	21735	11472	10263	20947	788
亭旁镇	18329	58564	30626	27938	56616	1948
六敖镇	10157	34160	17874	16286	33121	1039
健跳镇	10461	33881	17701	16180	32138	1743
横渡镇	6973	22706	12061	10645	22323	383
浬浦镇	9191	31396	16627	14769	30777	619
花桥镇	8104	25980	13809	12171	25281	699
小雄镇	9277	30861	16505	14356	30138	723

17－9 续表2

单位:人

地　区	总户数（户）	总人口数	按性别分		按户籍分	
			男　性	女　性	农业人口	非农业人口
天台县	**172630**	**516255**	**269222**	**247033**	**410238**	**106017**
赤城街道	33199	93123	47123	46000	20078	73045
始丰街道	14904	44715	22870	21845	39403	5312
福溪街道	14050	43711	22939	20772	30540	13171
平桥镇	35175	109248	56771	52477	102936	6312
白鹤镇	23086	64657	33819	30838	61750	2907
石梁镇	5761	16758	8964	7794	16292	466
街头镇	13187	38516	20397	18119	36990	1526
三合镇	12361	39624	21019	18605	38518	1106
洪畴镇	5727	20946	11141	9805	20396	550
坦头镇	15180	44957	24179	20778	43335	1622
仙居县	**108763**	**362022**	**186626**	**175396**	**314805**	**47217**
安洲街道	8488	29344	14785	14559	20138	9206
南峰街道	10058	34780	17570	17210	22120	12660
福应街道	15990	55175	28561	26614	37560	17615
横溪镇	14044	47925	24525	23400	45946	1979
埠头镇	5413	19422	9969	9453	18840	582
白塔镇	12962	42259	21831	20428	40725	1534
田市镇	8839	28449	15039	13410	27852	597
官路镇	6926	22498	11636	10862	21813	685
下各镇	15933	51042	26455	24587	49378	1664
朱溪镇	10110	31128	16255	14873	30433	695
温岭市	**425970**	**1192880**	**606682**	**586198**	**993926**	**198954**
太平街道	40818	106244	52459	53785	25716	80528
城东街道	20255	52476	26519	25957	47613	4863
城西街道	10212	26025	13018	13007	24660	1365
城北街道	7430	20054	10106	9948	18793	1261
横峰街道	11506	31736	16018	15718	30581	1155
泽国镇	43588	125415	63688	61727	107031	18384

17－9 续表3

单位:人

地　　区	总户数（户）	总人口数	按性别分		按户籍分	
			男　性	女　性	农业人口	非农业人口
大溪镇	43496	127974	65326	62648	113825	14149
松门镇	33011	92198	46778	45420	78151	14047
箬横镇	52326	146609	75364	71245	125569	21040
新河镇	43563	121941	62110	59831	103264	18677
石塘镇	24151	72607	36468	36139	58353	14254
滨海镇	27470	75540	38732	36808	73412	2128
温峤镇	22994	63418	32424	30994	59467	3951
城南镇	25988	75358	39057	36301	73656	1702
石头桥镇	10292	29185	15085	14100	28440	745
坞根镇	8870	26100	13530	12570	25395	705
临 海 市	**383609**	**1164028**	**606895**	**557133**	**1014489**	**149539**
古城街道	44385	122504	61519	60985	28547	93957
大洋街道	18265	48532	24631	23901	26584	21948
江南街道	9572	27626	14005	13621	26375	1251
大田街道	13971	39729	20162	19567	36975	2754
邵家渡街道	13839	41119	21059	20060	40423	696
汛桥镇	6494	19704	10314	9390	19414	290
东塍镇	22763	64773	33547	31226	63336	1437
汇溪镇	7890	21813	11484	10329	21508	305
小芝镇	11651	35504	18580	16924	34687	817
河头镇	16160	44789	23814	20975	43677	1112
白水洋镇	33900	102632	55187	47445	100388	2244
括苍镇	15893	45822	24255	21567	44670	1152
永丰镇	20773	61498	32878	28620	60221	1277
尤溪镇	8772	25806	13745	12061	25217	589
涌泉镇	16930	53539	28203	25336	52352	1187
沿江镇	15287	48203	24865	23338	47409	794
杜桥镇	59063	209805	109772	100033	196025	13780
上盘镇	16252	56184	29246	26938	54641	1543
桃渚镇	31749	94446	49629	44817	92040	2406

17－10 各县市区分行业全部在岗职工年末人数(一)

(2010 年)

单位:人

地区	在岗职工年末人数	农林牧渔业	采矿业	制造业	电力燃气及水的生产和供应业	建筑业	交通运输仓储和邮政业	信息传输计算机服务和软件业	批发和零售业	住宿和餐饮业
全市	**648104**	**4054**	**196**	**226245**	**10086**	**176283**	**11670**	**3966**	**19076**	**7927**
市区	299078	630		136454	4180	63381	5462	2486	10275	3319
椒江区	150406	376		77464	2756	19267	4328	2479	7574	2701
黄岩区	76340	210		29532	993	24342	662	7	1770	469
路桥区	72332	44		29458	431	19772	472		931	149
玉环县	50416	20		25223	791	3265	816	167	1458	1340
三门县	26345	556		1021	375	13315	471	121	233	261
天台县	42892	82		5818	962	17426	829	222	390	522
仙居县	48561	550	196	15580	779	17384	495	130	1404	615
温岭市	86212	1976		16195	876	31117	1042	463	1825	61
临海市	94600	240		25954	2123	30395	2555	377	3491	1809

17－11 各县市区分行业全部在岗职工年末人数(二)

(2010 年)

单位:人

地区	金融业	房地产业	租赁和商务服务业	科学研究技术服务和地质勘查业	水利环境和公共设施管理业	居民服务和其他服务业	教育	卫生社会保障和社会福利业	文化体育和娱乐业	公共管理和社会组织
全市	**23994**	**7251**	**11237**	**5809**	**5490**	**1355**	**54659**	**27659**	**3483**	**47664**
市区	14881	3455	2994	2937	2075	959	16172	9816	1520	18082
椒江区	6131	1999	1418	1453	311	869	6963	3823	897	9597
黄岩区	1186	1048	481	1338	996	18	5201	3218	415	4454
路桥区	7564	408	1095	146	768	72	4008	2775	208	4031
玉环县	1360	463	918	252	311	42	4266	2434	219	7071
三门县	559	360	138	187	169	30	3406	1476	260	3407
天台县	892	506	1379	825	779	26	5785	2324	389	3736
仙居县	762	333	336	356	204	47	3750	1927	309	3404
温岭市	4014	1173	5029	827	1544	108	9986	4403	359	5214
临海市	1526	961	443	425	408	143	11294	5279	427	6750

17－12　各县市区分经济类型全部在岗职工年末人数

（2010年）

单位:人

地　　区	合　　计	国　　有 经济单位	城镇集体 经济单位	其　　他 经济单位
全　　市	**648104**	**166481**	**26567**	**455056**
市　　区	299078	57982	8028	233068
椒江区	150406	30821	1201	118384
黄岩区	76340	16097	4632	55611
路桥区	72332	11064	2195	59073
玉 环 县	50416	15309	1845	33262
三 门 县	26345	9994	521	15830
天 台 县	42892	16498	1021	25373
仙 居 县	48561	11914	326	36321
温 岭 市	86212	26662	6267	53283
临 海 市	94600	28122	8559	57919

17－13　各县市区单位从业人员增加情况

（2010年）

单位:人

地　　区	从业人员增加总人数	从农村招收	从城镇招收	录用的退伍军人	录用的大中专、技工学校毕业生	调入	#外省、自治区、直辖市调入	其他
全　　市	**179509**	**104684**	**17591**	**816**	**27260**	**4256**	**647**	**24902**
市　　区	101323	61732	9060	448	15531	1708	440	12844
椒江区	60234	35386	5587	334	10037	832	45	8058
黄岩区	18534	10538	982	36	2092	541	304	4345
路桥区	22555	15808	2491	78	3402	335	91	441
玉 环 县	13552	9074	721	47	1844	276		1590
三 门 县	5083	3829	366	8	448	295		137
天 台 县	6980	3138	1104	61	956	267	14	1454
仙 居 县	8568	3592	1863	52	1518	551	2	992
温 岭 市	18927	8812	2285	102	3524	652	4	3552
临 海 市	25076	14507	2192	98	3439	507	187	4333

17－14　各县市区单位从业人员减少情况

（2010 年）

单位：人

地　区	从业人员减少总人数	离休退休退职	开除除名辞退	终止解除合同	离岗职工	死亡	调出	#调外省、自治区、直辖市	其他
全　市	**140685**	**7485**	**8918**	**89941**	**1559**	**195**	**6689**	**368**	**25898**
市　区	86491	3741	5312	58083	253	75	1947	290	17080
椒江区	50629	2526	3437	33839	129	43	1207	47	9448
黄岩区	16699	1001	1216	7031	111	24	457	227	6859
路桥区	19163	214	659	17213	13	8	283	16	773
玉环县	12779	339	1693	7833	54	3	333	2	2524
三门县	4547	154	42	3650	6	12	525	1	158
天台县	4826	220	143	2831	87	25	238	5	1282
仙居县	4250	460	58	2854	21	21	420	30	416
温岭市	12127	558	928	7365	118	25	497	13	2636
临海市	15665	2013	742	7325	1020	34	2729	27	1802

17－15　各县市区从业人员素质情况（一）

（2010 年）

单位：人

地　区	从业人员年末人数	大学本科及以上	大专	中专及高中	初中及以下
全　市	**697831**	**113669**	**117410**	**181061**	**285691**
市　区	331603	51661	53953	79367	146622
椒江区	180046	27818	29054	44642	78532
黄岩区	78043	10975	12713	18865	35490
路桥区	73514	12868	12186	15860	32600
玉环县	51503	8213	9539	14341	19410
三门县	27678	5279	4368	6882	11149
天台县	45330	7469	8183	12328	17350
仙居县	50916	7013	9304	15313	19286
温岭市	92517	17525	15396	21604	37992
临海市	98284	16509	16667	31226	33882

17－16 各县市区从业人员素质情况(二)

(2010年)

单位:人

地 区	在从业人员中:经营管理人员	在从业人员中:专业技术人员	高级专业技术人员	中级专业技术人员	初级专业技术人员	在专业技术岗位工作人员	在从业人员中:技术工人
全 市	**53153**	**169743**	**12199**	**48012**	**73719**	**35813**	**147011**
市 区	25676	71795	4989	18744	27966	20096	56192
椒江区	13501	35399	2672	9947	13098	9682	27793
黄岩区	6954	20703	1343	5158	8637	5565	16477
路桥区	5221	15693	974	3639	6231	4849	11922
玉 环 县	4851	11807	793	3087	4842	3085	8128
三 门 县	1056	7725	633	2875	3501	716	4691
天 台 县	2863	13399	1116	4412	6205	1666	6308
仙 居 县	4862	11948	902	3820	5223	2003	12271
温 岭 市	4101	27710	1603	7607	14001	4499	33969
临 海 市	9744	25359	2163	7467	11981	3748	25452

17－17 各县市区农村基本情况

(2010年)

地 区	农村常住户数(万户)	农村常住人口数(万 人)	#外 来人口数	通电话村数(个)	自来水受益村数(个)	通有线电视村数(个)	垃圾集中处理村数(个)
全 市	**163.95**	**504.92**	**43.82**	**5009**	**4674**	**4782**	**4583**
市 区	43.15	135.59	16.55	1095	999	1073	1022
椒江区	14.04	41.12	5.58	275	275	275	275
黄岩区	16.28	50.32	3.27	533	442	516	470
路桥区	12.83	44.15	7.70	287	282	282	277
玉 环 县	19.12	57.36	12.09	276	274	273	249
三 门 县	10.35	33.51	1.68	508	482	506	407
天 台 县	14.94	45.19	0.63	596	543	553	497
仙 居 县	12.67	41.33	1.41	708	680	619	663
温 岭 市	35.76	103.34	8.93	832	819	832	831
临 海 市	27.96	88.60	2.53	994	877	926	914

17－18　各县市区分行业农村从业人员数(一)

(2010 年)

单位:万人

地　区	农村从业人员数	# 女性	# 外出	农林牧渔业	农业	林业	牧业	渔业
全　市	**317.56**	**149.40**	**52.45**	**75.25**	**58.68**	**1.87**	**7.03**	**7.67**
市　区	80.99	38.30	15.33	16.12	13.98	0.40	1.01	0.73
椒江区	23.40	11.01	4.22	5.22	4.68	0.02	0.11	0.41
黄岩区	31.89	15.30	3.56	7.97	6.82	0.36	0.73	0.06
路桥区	25.70	11.99	7.55	2.93	2.48	0.02	0.17	0.26
玉环县	36.90	17.18	11.21	4.00	2.10	0.24	0.27	1.39
三门县	21.68	10.10	1.73	6.62	4.67	0.08	0.42	1.45
天台县	28.78	13.63	0.68	9.69	7.91	0.21	1.49	0.08
仙居县	25.87	11.90	1.65	7.30	5.13	0.44	1.56	0.17
温岭市	65.47	30.99	18.25	14.86	11.29	0.10	0.69	2.78
临海市	57.87	27.30	3.60	16.66	13.60	0.40	1.59	1.07

17－19　各县市区分行业农村从业人员数(二)

(2010 年)

单位:万人

地　区	工业	建筑业	交通运输仓储业及邮政业	信息传输计算机服务和软件业	批发和零售业	住宿和餐饮业	其他非农行业	# 外出合同工、临时工
全　市	**112.41**	**22.07**	**12.30**	**3.05**	**34.87**	**12.91**	**44.70**	**11.22**
市　区	35.66	5.73	3.30	0.81	7.12	2.46	9.79	1.98
椒江区	8.75	2.16	1.15	0.26	2.45	0.80	2.61	0.64
黄岩区	13.15	2.24	1.09	0.27	2.16	0.83	4.18	0.84
路桥区	13.76	1.33	1.06	0.28	2.51	0.83	3.00	0.50
玉环县	21.58	1.62	1.82	1.00	2.25	1.51	3.12	0.94
三门县	4.66	2.73	0.90	0.16	1.14	0.66	4.81	1.37
天台县	6.52	1.66	0.81	0.03	2.31	1.22	6.54	2.39
仙居县	4.09	0.84	0.65	0.13	3.34	3.23	6.29	1.46
温岭市	24.93	4.39	2.69	0.44	10.30	1.92	5.94	0.75
临海市	14.97	5.10	2.13	0.48	8.41	1.91	8.21	2.33

17－20　各县市区农林牧渔业总产值(一)

(2010年)

单位:万元

地　区	农林牧渔业总产值	农业产值	粮食作物	谷物	豆类	薯类	油料	棉花
全　市	**2760166**	**1055423**	**195511**	**137442**	**15964**	**42105**	**7197**	**1230**
市　区	547495	267218	34988	27821	2680	4487	241	94
椒江区	230536	61883	9653	8460	626	567	136	87
黄岩区	167378	140755	14085	9342	1316	3427	100	
路桥区	149581	64580	11250	10019	738	493	5	7
玉环县	363325	50351	5026	2352	775	1899	158	148
三门县	311974	73454	22351	13803	1904	6644	1375	502
天台县	152668	106723	22039	17547	1455	3037	829	63
仙居县	166301	112738	27072	18876	1717	6479	3563	26
温岭市	757447	203832	42152	27385	3733	11034	397	278
临海市	460956	241107	41883	29658	3700	8525	634	119

注：农林牧渔业总产值按当年价格计算,下同。

17－21　各县市区农林牧渔业总产值(二)

(2010年)

单位:万元

地　区	在农业产值中										
	甘蔗	药材	蔬菜	食用菌	花卉园艺	茶桑果及坚果	#茶叶	#水果	柑桔	果用瓜	其他
全　市	**23146**	**47090**	**296131**	**6525**	**30653**	**442467**	**26329**	**414080**	**116398**	**104203**	**193479**
市　区	7165	255	109692	2007	11428	100702	186	100403	16977	31287	52139
椒江区	1412		13978	920	1687	33995		33995	4454	22559	6982
黄岩区	3251	11	69296	435	4712	48686	186	48387	11401	3148	33838
路桥区	2502	244	26418	652	5029	18021		18021	1122	5580	11319
玉环县	271	277	19816		5898	18748		18748	8623	4302	5823
三门县	97	279	19154		1957	27539	4523	22894	9752	8852	4290
天台县	58	35616	20310	2256	1502	22995	6692	15837	5233	2930	7674
仙居县	133	10171	24810	917	1690	43853	4956	37811	1289	2963	33559
温岭市	14856	299	52387	756	4513	87971	302	87669	3202	40879	43588
临海市	566	193	49962	589	3665	140659	9670	130718	71322	12990	46406

17－22　各县市区农林牧渔业总产值(三)

(2010 年)

单位:万元

地　　区	在农业产值中			林业产值				
	其他	饲料绿肥作物	其他作物		人造林木生长	林产品	竹木采运	采集野生植物
全　　市	**5472**	**464**	**5008**	**53696**	**6152**	**11645**	**23105**	**12794**
市　　区	646	89	557	3655	711	709	1780	455
椒江区	15	15		105	83		22	
黄岩区	179	39	140	3120	198	709	1758	455
路桥区	452	35	417	430	430			
玉 环 县	9	2	7	714	714			
三 门 县	200	12	188	5258	147	837	2239	2035
天 台 县	1054	44	1010	11232	1266	1434	5971	2561
仙 居 县	503	82	421	17690	2269	3856	5432	6133
温 岭 市	223	183	40	524	497	21	6	
临 海 市	2837	52	2785	14623	548	4788	7677	1610

17－23　各县市区农林牧渔业总产值(四)

(2010 年)

单位:万元

地　　区	牧业产值	牲畜				家禽饲养	活的畜禽产品	捕猎野兽野禽
			牛	猪	羊			
全　　市	**271418**	**176878**	**2348**	**172566**	**1964**	**32541**	**39850**	**722**
市　　区	52356	34136	638	33425	73	5270	11457	46
椒江区	18950	11261	341	10879	41	2250	4539	
黄岩区	18766	12789	281	12476	32	1355	4048	46
路桥区	14640	10086	16	10070		1665	2870	
玉 环 县	14511	8485	267	7925	293	4520	1384	
三 门 县	22291	12801	449	11856	496	2817	6365	60
天 台 县	31047	21011	359	20477	175	3934	1934	306
仙 居 县	31310	22167	203	21589	375	3879	2749	259
温 岭 市	61701	40106	180	39649	277	11032	8892	
临 海 市	58202	38172	252	37645	275	1089	7069	51

17－24　各县市区农林牧渔业总产值(五)

(2010年)

单位:万元

地　区	在牧业产值中 其他动物饲养	家兔	蚕茧	其他	渔业产值	海水产品	捕捞	养殖	淡水产品	农林牧渔服务业
全　市	**21427**	**7433**	**420**	**13574**	**1351987**	**1305542**	**929262**	**376280**	**46445**	**27642**
市　区	1447	789	1	657	219631	210346	185768	24578	9285	4635
椒江区	900	750		150	149180	148745	146312	2433	435	418
黄岩区	528	39	1	488	2568				2568	2169
路桥区	19			19	67883	61601	39456	22145	6282	2048
玉环县	122	4		118	293109	290111	200839	89272	2998	4640
三门县	248	136		112	210821	207934	21433	186501	2887	150
天台县	3862	409	89	3364	2887				2887	779
仙居县	2256	13	169	2074	3528				3528	1035
温岭市	1671	224		1447	476637	468601	412875	55726	8036	14753
临海市	11821	5858	161	5802	145374	128550	108347	20203	16824	1650

17－25　各县市区农作物播种面积(一)

(2010年)

单位:公顷

地　区	农作物总播种面积	粮食作物	谷物	稻谷	早稻	单季稻	连作晚稻
全　市	**265434**	**152365**	**107354**	**82070**	**8083**	**64058**	**9929**
市　区	52308	24307	17966	16889	1748	13601	1540
椒江区	14316	7279	5903	5632	579	4682	371
黄岩区	20011	8897	5539	4969	154	4664	151
路桥区	17981	8131	6524	6288	1015	4255	1018
玉环县	10654	4824	2265	2013	235	1571	207
三门县	26460	16891	10358	6956	431	6106	419
天台县	37896	26988	21041	10303	186	9748	369
仙居县	35417	20154	13936	9875	480	8892	503
温岭市	52433	27839	19098	18192	3668	9332	5192
临海市	50266	31362	22690	17842	1335	14808	1699

17-26 各县市区农作物播种面积(二)

(2010年)

单位:公顷

地区	在粮食作物中								
	在谷物中				豆类				薯类
	小麦	大麦	玉米	其他谷物		大豆	蚕(豌)豆	杂豆	
全市	**15984**	**2690**	**6516**	**94**	**21510**	**11303**	**7863**	**2344**	**23501**
市区	393	209	474	1	3378	1118	1788	472	2963
椒江区	88	109	74		997	237	728	32	379
黄岩区	299	7	264		1180	530	474	176	2178
路桥区	6	93	136	1	1201	351	586	264	406
玉环县	101	18	132	1	1140	521	520	99	1419
三门县	2909	247	245	1	3323	1845	1322	156	3210
天台县	7203	1266	2269		2811	2384	286	141	3136
仙居县	1259	113	2665	24	1944	1444	354	146	4274
温岭市	316	271	309	10	4516	1585	2090	841	4225
临海市	3803	566	422	57	4398	2406	1503	489	4274

17-27 各县市区农作物播种面积(三)

(2010年)

单位:公顷

地区	油料	油菜籽	花生	芝麻	棉花	麻类	甘蔗
全市	**11654**	**10584**	**975**	**95**	**613**	**4**	**2857**
市区	473	397	73	3	56		711
椒江区	282	282			51		130
黄岩区	173	97	73	3			295
路桥区	18	18			5		286
玉环县	542	502	40		83		49
三门县	1834	1721	80	33	171		19
天台县	1413	1041	358	14	61	4	22
仙居县	5479	5207	239	33	3		22
温岭市	422	331	91		150		1868
临海市	1491	1385	94	12	89		166

17－28 各县市区农作物播种面积(四)

(2010年)

单位:公顷

地区	药材类	蔬菜	果用瓜	#西瓜	#草莓	花卉苗木	#花卉	#盆栽类园艺(万盆)	其他作物
全市	**2762**	**67076**	**14319**	**12347**	**409**	**2559**	**694**	**51.25**	**11225**
市区	74	20019	3614	2855	16	752	271	7.00	2302
椒江区		4385	1607	1266	13	117	29		465
黄岩区	8	9093	538	473	2	309	73	1.00	698
路桥区	66	6541	1469	1116	1	326	169	6.00	1139
玉环县	18	4236	768	654	12	86	34	27.86	48
三门县	86	4951	1957	1861		239	47		312
天台县	1259	6170	499	473		414	16	2.58	1066
仙居县	1138	5157	1027	947		221	10		2216
温岭市	106	14510	3938	3575	21	344	110	10.81	3256
临海市	81	12033	2516	1982	360	503	206	3.00	2025

17－29 各县市区农作物产量(一)

(2010年)

单位:吨

地区	粮食作物	谷物	稻谷	早稻	单季稻	连作晚稻
全市	**827542**	**653485**	**568240**	**44772**	**459926**	**63542**
市区	146281	123218	118856	9371	99825	9660
椒江区	44938	40410	39223	3362	33611	2250
黄岩区	51521	37767	35531	745	33875	911
路桥区	49822	45041	44102	5264	32339	6499
玉环县	27017	15385	14436	1049	12136	1251
三门县	83931	59412	48272	2314	43322	2636
天台县	122499	105097	71591	1124	68094	2373
仙居县	106328	81812	64719	2715	58931	3073
温岭市	162264	125623	122373	21091	67399	33883
临海市	179222	142938	127993	7108	110219	10666

17-30 各县市区农作物产量(二)

(2010年)

单位:吨

地区	在粮食作物中								
	在谷物中				豆类				薯类
	小麦	大麦	玉米	其他谷物		大豆	蚕(豌)豆	杂豆	
全市	**47853**	**9080**	**27983**	**329**	**46791**	**24675**	**16995**	**5121**	**127266**
市区	1221	745	2390	6	8476	2855	4559	1062	14587
椒江区	338	425	424		2324	481	1779	64	2204
黄岩区	866	26	1344		3149	1535	1204	410	10605
路桥区	17	294	622	6	3003	839	1576	588	1778
玉环县	285	54	605	5	3023	1441	1319	263	8609
三门县	9421	890	824	5	6496	3593	2641	262	18023
天台县	21064	4385	8057		4505	3852	420	233	12897
仙居县	3772	308	12903	110	4103	2968	808	327	20413
温岭市	863	843	1504	40	10497	4173	4436	1888	26144
临海市	11227	1855	1700	163	9691	5793	2812	1086	26593

17-31 各县市区农作物产量(三)

(2010年)

单位:吨

地区	油料	#油菜籽	棉花	麻类	甘蔗	药材	蔬菜	果用瓜
全市	**18115**	**15935**	**738**	**4**	**214234**	**23704**	**1722747**	**506983**
市区	769	600	78		43250	1162	541710	126106
椒江区	455	455	71		4706		97202	71436
黄岩区	294	125			23248	37	264262	15742
路桥区	20	20	7		15296	1125	180246	38928
玉环县	751	650	128		3560	68	122450	21756
三门县	3045	2807	216		850	1760	131727	61028
天台县	2157	1629	43	4	702	6646	119120	14648
仙居县	8169	7490	13		991	13454	152591	29626
温岭市	736	497	146		158222	415	397607	191279
临海市	2488	2262	114		6659	199	257542	62540

17－32 各县市区桑园面积和蚕茧产量

（2010年）

地区	桑园面积（公顷）	#本年新增面积	#本年采摘面积	饲养蚕种张数（张）	春蚕	夏蚕	秋蚕	蚕茧总产量（吨）	春蚕	夏茧	秋茧
全市	**331**	**4**	**328**	**8456**	**3507**	**485**	**4464**	**405**	**184**	**21**	**200**
市区	10		7	16	8		8	1	1		
椒江区											
黄岩区	10		7	16	8		8	1	1		
路桥区											
玉环县											
三门县											
天台县	108		108	1614	836		778	69	36		33
仙居县	123	4	123	2951	1344	247	1360	132	65	10	57
温岭市											
临海市	90		90	3875	1319	238	2318	203	82	11	110

17－33 各县市区茶园面积和茶叶产量

（2010年）

地区	茶园总面积（公顷）	#本年新增面积	#本年采摘面积	茶叶总产量（吨）	春茶	夏茶	秋茶
全市	**9058**	**471**	**7771**	**4066**	**2752**	**979**	**335**
市区	326		192	58	54	4	
椒江区							
黄岩区	326		192	58	54	4	
路桥区							
玉环县	30		1				
三门县	1166	3	1022	683	502	145	36
天台县	4002	251	3441	1750	1129	489	132
仙居县	1417	40	1342	587	444	104	39
温岭市	307	3	131	47	38	9	
临海市	1810	174	1642	941	585	228	128

17－34 各县市区果园面积和水果产量(一)

(2010 年)

单位:公顷

地区	果园面积	柑桔	梨园	桃园	杨梅	枇杷
全市	**63474**	**26244**	**2492**	**2406**	**22816**	**3294**
市区	14532	6065	116	280	5300	1668
椒江区	2273	1219	11	17	710	65
黄岩区	10558	4527	77	215	4133	1338
路桥区	1701	319	28	48	457	265
玉环县	3787	2307	38	106	478	70
三门县	4961	3493	354	49	685	176
天台县	3581	883	529	381	958	103
仙居县	9853	656	635	504	7244	263
温岭市	6634	1986	318	230	1777	310
临海市	20126	10854	502	856	6374	704

17－35 各县市区果园面积和水果产量(二)

(2010 年)

地区	在果园面积中(公顷)				水果总产量(吨)		
	柿子	葡萄	弥猴桃	其他	合计	柑桔	柑
全市	**986**	**3166**	**147**	**1923**	**1245474**	**435342**	**35224**
市区	20	922	38	123	284213	81878	24366
椒江区	4	244	1	2	110695	27835	17587
黄岩区	14	112	37	105	110560	49563	6734
路桥区	2	566		16	62958	4480	45
玉环县	244	432		112	72825	32834	2482
三门县	80	39	8	77	136824	69654	1410
天台县	211	42	3	471	63697	25909	25
仙居县	174	81	50	246	86015	8544	1461
温岭市	66	1463		484	271492	21170	5238
临海市	191	187	48	410	330408	195353	242

17－36 各县市区果园面积和水果产量(三)

(2010年)

单位:吨

地区	在水果总产量中					
	柑桔产量中			梨头	桃子	杨梅
	桔	橙	柚			
全市	**364656**	**5891**	**29571**	**27767**	**29686**	**144445**
市区	57264	236	12	1370	3364	38892
椒江区	10206	42		183	212	5848
黄岩区	42623	194	12	666	2543	26873
路桥区	4435			521	609	6171
玉环县	1874	622	27856	465	906	2745
三门县	67434	356	454	1468	246	3363
天台县	25498	89	297	9120	6032	3556
仙居县	6771	119	193	4461	5612	33828
温岭市	10825	4348	759	5686	2932	15278
临海市	194990	121		5197	10594	46783

17－37 各县市区果园面积和水果产量(四)

(2010年)

单位:吨

地区	在水果总产量中					
	枇杷	柿子	葡萄	弥猴桃	果用瓜	其它水果
全市	**21802**	**6369**	**60678**	**990**	**506983**	**11412**
市区	14765	203	16641	181	126106	813
椒江区	368	56	4728	14	71436	15
黄岩区	11391	123	2768	167	15742	724
路桥区	3006	24	9145		38928	74
玉环县	788	3015	8898		21756	1418
三门县	500	223	155	11	61028	176
天台县	666	400	421	132	14648	2813
仙居县	759	939	1233	283	29626	730
温岭市	2115	561	30770		191279	1701
临海市	2209	1028	2560	383	62540	3761

17－38 各县市区林业生产情况(一)

(2010年)

单位:公顷

地区	荒山荒(沙)地造林面积	#人工造林	#无林地和疏林地新封山(沙)育林	年末实有封山(沙)育林	更新造林	低产低效林改造	育苗面积
全市	**1728**	**1551**	**177**	**13484**	**934**	**739**	**1521**
市区	119	119		2656	7		224
椒江区	6	6		541	7		70
黄岩区	113	113		1600			10
路桥区				515			144
玉环县	153	153		1475		13	13
三门县	86	14	72	1085		3	288
天台县	393	288	105	3247	180	147	210
仙居县	380	380		748	367	440	234
温岭市	85	85		1295		20	55
临海市	512	512		2978	380	116	497

17－39 各县市区林业生产情况(二)

(2010年)

地区	幼林抚育实际面积(公顷)	成林抚育面积(公顷)	主要林产品产量(吨)			村及村以下竹木采伐量	
			油茶籽	竹笋干	板栗	木材(万立方米)	竹材(万根)
全市	**1209**	**287**	**2180**	**3514**	**1598**	**17.18**	**166**
市区	67			300	140	0.79	12
椒江区							
黄岩区	67			300	140	0.79	12
路桥区							
玉环县	100						
三门县	140	80	65	342	120	1.50	3
天台县	147	74	1800	760	290	4.75	42
仙居县	200	133	300	582	750	4.74	54
温岭市	66			10	298		
临海市	489		15	1520		5.40	55

17－40 各县市区畜牧业生产情况(一)

(2010年)

地区	生猪(万头)					牛(头)		
	年末存栏头数	能繁殖的母猪	其他生猪	年内肥猪出栏头数	全年饲养量	年末存栏	#良种牛	年内出栏
全市	**77.80**	**6.69**	**71.11**	**91.51**	**169.31**	**31426**	**4146**	**8406**
市区	14.05	1.08	12.97	19.75	33.80	4631	2650	1529
椒江区	5.33	0.55	4.78	7.67	13.00	1850	1521	681
黄岩区	5.39	0.38	5.01	6.47	11.86	2360	784	802
路桥区	3.33	0.15	3.18	5.61	8.94	421	345	46
玉环县	2.73	0.23	2.50	5.25	7.98	1005	16	912
三门县	5.05	0.41	4.64	6.32	11.37	2563	35	997
天台县	13.53	1.59	11.94	8.96	22.49	7350	7	1797
仙居县	9.27	0.49	8.78	10.30	19.57	7304	454	1250
温岭市	13.84	1.10	12.74	20.67	34.51	2065	360	679
临海市	19.33	1.79	17.54	20.26	39.59	6508	624	1242

17－41 各县市区畜牧业生产情况(二)

(2010年)

地区	羊(万只)		家禽(万只)		兔(万只)		肉类产量(吨)	#猪肉	禽蛋产量(吨)
	年末存栏	年内出栏	年末存栏	年内出栏	年末存栏	年内出栏			
全市	**5.82**	**4.67**	**1052.69**	**2101.41**	**54.69**	**35.97**	**117952**	**87999**	**46574**
市区	0.32	0.23	149.42	272.02	6.68	11.76	22629	17821	12791
椒江区	0.18	0.12	54.93	129.01	5.43	9.93	9775	7004	5091
黄岩区	0.14	0.11	51.87	72.18	1.25	1.83	7155	6046	4266
路桥区			42.62	70.83			5699	4771	3434
玉环县	0.50	0.85	100.19	255.07	1.94	1.83	7861	4459	1999
三门县	0.89	0.62	87.46	109.18	2.70	1.61	7506	5985	7476
天台县	0.86	0.42	188.98	508.14	8.02	2.18	16053	8059	2787
仙居县	1.11	0.95	104.80	172.58	0.83	1.27	13250	10803	2907
温岭市	0.46	0.78	347.30	722.00	8.17	13.91	28645	20210	11605
临海市	1.68	0.82	74.54	62.42	26.35	3.41	22008	20662	7009

17－42　各县市区渔业基本情况

（2010 年）

单位:人

地　区	渔业乡镇(个)	渔业村(个)	渔业户(户)	渔业人口	渔业从业人员	#专业从业人员	海洋渔业从业人员	#专业从业人员	淡水渔业从业人员	#专业从业人员
全　市	**31**	**222**	**84398**	**265080**	**148620**	**104305**	**135564**	**95049**	**13056**	**9256**
市　区	4	30	7128	24047	21820	14543	19342	12918	2478	1625
椒江区	4	20	3641	10750	9670	6022	9670	6022		
黄岩区		1	85	432	885	674			885	674
路桥区		9	3402	12865	11265	7847	9672	6896	1593	951
玉环县	11	86	25800	72298	31308	26131	29086	24172	2222	1959
三门县	11	7	9692	36495	25635	15842	23195	13463	2440	2379
天台县			300	891	1814	892			1814	892
仙居县			316	1076	1228	431			1228	431
温岭市	3	89	29767	90229	53875	36256	53656	36256	219	
临海市	2	10	11395	40044	12940	10210	10285	8240	2655	1970

17－43　各县市区水产养殖面积和水产品产量

（2010 年）

地　区	海水养殖面积(公顷)	#鱼类	#甲壳类	#贝类	#藻类	淡水养殖面积(公顷)	水产品总产量(吨)	海水产品产量	#海洋捕捞	淡水产品产量	#养殖产量
全　市	**28422**	**793**	**9780**	**16116**	**1414**	**12044**	**1403826**	**1360501**	**1005827**	**43325**	**38579**
市　区	2076	123	750	943	60	3020	329430	319528	305152	9902	9470
椒江区	471	98	20	348	5	154	253276	252888	249972	388	388
黄岩区						2530	2096			2096	2004
路桥区	1605	25	730	595	55	336	74058	66640	55180	7418	7078
玉环县	6674	424	688	5258	304	656	261437	259025	171019	2412	2196
三门县	12862	45	6827	5586	404	971	201055	197137	16265	3918	3487
天台县						1192	2723			2723	2453
仙居县						1256	4010			4010	3800
温岭市	5410	171	998	3503	619	1897	489759	482295	421215	7464	7214
临海市	1400	30	517	826	27	3052	115412	102516	92176	12896	9959

17－44 各县市区农业机械年末拥有量(一)

(2010年)

地区	农业机械总动力(千瓦)	耕作机械					收获机械				
		耕作机械动力(千瓦)	#大中型拖拉机		#农用小型拖拉机		收获机械动力		#联合收割机(台)	#机动割晒机(台)	#机动脱粒机(台)
			台	千瓦	台	千瓦	台	千瓦			
全市	**3411345**	**194475**	**972**	**45027**	**14244**	**134849**	**133479**	**331534**	**2648**	**24**	**129824**
市区	812969	34605	128	5735	2842	25512	45007	79245	645	22	44074
椒江区	401098	7262	23	1095	654	6030	25867	33503	144		25682
黄岩区	171018	14694	48	1765	1271	11117	6545	15278	136	21	6228
路桥区	240853	12649	57	2875	917	8365	12595	30464	365	1	12164
玉环县	278091	6561	16	722	437	4515	7554	13096	17		7537
三门县	299379	18533	81	4202	1413	12456	1941	11560	161	2	1766
天台县	154214	20696	60	1936	1932	17551	6771	29588	155		6620
仙居县	192271	22354	16	493	2199	20544	11799	22078	148		11534
温岭市	1077466	51202	459	21918	2345	24369	32849	89663	709		31700
临海市	596955	40524	212	10021	3076	29902	27558	86304	813		26593

17－45 各县市区农业机械年末拥有量(二)

(2010年)

地区	植保机械			排灌机械				运输机械动力(千瓦)
	植保机械动力		#机动喷雾(粉)机(架)	#排灌机械动力		#农用水泵(台)	#喷灌机械(套)	
	台	千瓦		台	千瓦			
全市	**37687**	**60111**	**29766**	**162937**	**323386**	**170192**	**6709**	**599403**
市区	13016	25325	9870	51440	94486	62406	5585	98053
椒江区	354	647	354	26307	29971	25549	97	24958
黄岩区	4061	6253	2000	14753	39354	14100	4578	39695
路桥区	8601	18425	7516	10380	25161	22757	910	33400
玉环县	2043	2896	1586	25693	33548	25692	369	28654
三门县	4889	8542	4095	5104	27275	3271	17	103523
天台县	598	2109	182	6944	19056	6884	64	33515
仙居县	5229	3495	2170	20959	31965	19247	19	54876
温岭市	3232	5049	3200	15304	48584	22090	469	193151
临海市	8680	12695	8663	37493	68472	30602	186	87631

17－46　各县市区农业机械年末拥有量(三)

(2010年)

地区	农副产品加工机械				渔业机械动力（千瓦）	#机动渔船			其他农业机械动力（千瓦）
	农副产品加工机械动力		#粮食加工机械（台）	#棉花加工机械（台）		（艘）	（吨位）	（千瓦）	
	千瓦	台							
全　市	**128760**	**13677**	**10727**	**168**	**1334626**	**6802**	**687962**	**1301595**	**439050**
市　区	22042	1905	1569	24	371189	1530	183001	355970	88024
椒江区	6071	535	389	14	279005	1137	141910	277916	19681
黄岩区	10559	1101	945	7	1013	30	228	400	44172
路桥区	5412	269	235	3	91171	363	40863	77654	24171
玉环县	3430	344	267	1	166242	1204	83683	165086	23664
三门县	9027	987	761	28	58755	743	22052	47471	62164
天台县	18214	2091	2015	14	221	5	13	42	30815
仙居县	19491	2789	2216	5	276	5	9	33	37736
温岭市	22758	2393	1945	65	574784	2281	321378	571395	92275
临海市	33798	3168	1954	31	163159	1034	77826	161598	104372

17－47　各县市区农业机械化农村能源及农业物资消耗情况

(2010年)

地区	农业机械化情况(千公顷)			农村用电量（万千瓦时）	农用塑料薄膜使用量（吨）	农用柴油使用量（吨）	农药使用量（吨）
	机耕面积	机械播种面积	机械收获面积				
全　市	**153.32**	**14.47**	**76.84**	**807710**	**8152**	**593300**	**4850**
市　区	42.42	7.26	19.19	297389	3718	91761	1764
椒江区	12.03	1.77	7.57	91888	206	87900	201
黄岩区	12.04	0.48	5.29	58982	2613	1328	1155
路桥区	18.35	5.01	6.33	146519	899	2533	408
玉环县	3.62	0.29	1.72	85000	881	16114	139
三门县	13.02	1.08	7.07	31100	310	18300	204
天台县	9.95	0.49	7.40	27472	229	2350	315
仙居县	19.38	2.76	8.78	20450	89	2462	311
温岭市	26.18	0.47	17.06	236661	2148	377432	609
临海市	38.75	2.12	15.62	109638	777	84881	1508

17－48 各县市区农用化肥施用量

(2010年)

单位:吨

地区	合计		氮肥		磷肥		钾肥		复合肥	
	实物量	折纯量	实物量	折纯量	实物量	折纯量	实物量	折纯量	实物量	折纯量
全市	**366851**	**90977**	**209034**	**50078**	**46121**	**9487**	**15067**	**4888**	**96629**	**26524**
市区	98293	28319	49703	13952	13510	1745	4745	1625	30335	10997
椒江区	22450	7585	10572	2788	1952	351	1306	653	8620	3793
黄岩区	36885	13657	17539	6152	4525	821	1534	797	13287	5887
路桥区	38958	7077	21592	5012	7033	573	1905	175	8428	1317
玉环县	21035	3118	8005	1166	3551	585	1770	240	7709	1127
三门县	18690	6575	11289	3556	2730	963	19	9	4652	2047
天台县	18380	7039	9261	3695	3168	571	1903	967	4048	1806
仙居县	35556	4242	23619	2818	3232	386	1491	178	7214	860
温岭市	54766	18589	38906	12258	8827	3178	2036	1021	4997	2132
临海市	120131	23095	68251	12633	11103	2059	3103	848	37674	7555

17－49 各县市区水利设施建设情况

(2010年)

地区	本年水利资金总投入(万元)	已建成水库(座)	#大型水库	总库容(万立方米)	#大型水库	堤防总长度(公里)	水闸总座数(座)
全市	**236080**	**326**	**4**	**185373**	**136850**	**1412**	**865**
市区	72959	32	1	80074	73200	268	59
椒江区	27356	4		141		52	10
黄岩区	20408	26	1	79905	73200	179	20
路桥区	25195	2		28		37	29
玉环县	35673	16		2274		58	202
三门县	10523	49		3598		251	150
天台县	8553	71	1	30793	19900	132	
仙居县	10026	50	1	21836	13500	71	
温岭市	50395	22		7344		550	301
临海市	47951	86	1	39454	30250	82	153

17－50　各县市区农田水利建设情况

（2010 年）

单位:千公顷

地　　区	除　涝 面　积	旱涝保收 面　　积	园　地 灌　溉 面　积	有效灌溉 面　　积	机电排灌 面　　积
全　　市	**37.31**	**85.54**	**13.97**	**127.35**	**92.79**
市　　区	17.81	21.18	2.53	34.60	23.54
椒江区	1.53	7.20	1.96	10.37	3.15
黄岩区	9.75	6.55		11.65	9.49
路桥区	6.53	7.43	0.57	12.58	10.90
玉 环 县	1.78	2.50	1.20	4.56	4.40
三 门 县	2.13	0.60	0.18	9.77	6.78
天 台 县		9.98	0.28	13.24	2.94
仙 居 县	0.40	6.31	0.60	12.80	6.95
温 岭 市	4.49	23.20	8.28	29.38	27.30
临 海 市	10.70	21.77	0.90	23.00	20.88

17－51　各县市区全部工业单位数

（2010 年）

单位:个

地　　区	全部工业 单 位 数	#国 有	#集 体	#股份制	#股　份 合作制	#外资及 港澳台	#个　体 私　营
全　　市	**110886**	**52**	**207**	**199**	**1848**	**725**	**102844**
市　　区	43735	21	95	36	582	232	40161
椒江区	11733	14	53	16	544	100	10456
黄岩区	16104	5	33	2	38	60	14541
路桥区	15898	2	9	18		72	15164
玉 环 县	12402	3	4	106	29	116	10719
三 门 县	3754	2	11	1	7	34	3689
天 台 县	5087	8	17	2	4	25	4968
仙 居 县	4485	6	12	3		65	4323
温 岭 市	31952	5	22	12	952	119	30482
临 海 市	9471	7	46	39	274	134	8502

17－52　各县市区规模以上工业单位数

（2010年）

单位:个

地　　区	工　业 单位数	# 国有及国有控股企业	轻工业	重工业	大型企业	中型企业	小型企业
全　　市	**7308**	**52**	**2941**	**4367**	**24**	**436**	**6848**
市　　区	2324	20	1069	1255	9	129	2186
椒江区	619	12	287	332	6	40	573
黄岩区	860	6	487	373	2	32	826
路桥区	845	2	295	550	1	57	787
玉 环 县	1240	2	171	1069	2	102	1136
三 门 县	252	2	68	184	1	16	235
天 台 县	357	6	158	199	1	23	333
仙 居 县	339	7	239	100		12	327
温 岭 市	2055	9	821	1234	5	87	1963
临 海 市	741	6	415	326	6	67	668

17－53　各县市区分注册类型规模以上工业单位数

（2010年）

单位:个

地　　区	国　有 企　业	集　体 企　业	股份合 作企业	联　营 企　业	有限责 任公司	股份有 限公司	私　营 企　业	港澳台商 投资公司	外商投 资企业
全　　市	**34**	**21**	**274**	**3**	**1699**	**45**	**4799**	**207**	**226**
市　　区	15	9	62	1	985	16	1121	57	58
椒江区	10	3	59		313	8	182	30	14
黄岩区	3	3	3	1	314	2	506	16	12
路桥区	2	3			358	6	433	11	32
玉 环 县	2	2	14	2	441	19	678	33	49
三 门 县	2					1	233	6	10
天 台 县	5	1	1		23	1	307	8	11
仙 居 县	4	1			38	2	251	22	21
温 岭 市	5	4	196		83	2	1681	36	48
临 海 市	1	4	1		129	4	528	45	29

17－54 各县市区分行业规模以上工业单位数(一)

(2010 年)

单位:个

地区	有色金属矿采选业	非金属矿采选业	农副食品加工业	食品制造业	饮料制造业	纺织业	纺织服装鞋帽制造业	皮革毛皮羽毛(绒)及其制品业	木材加工及木竹藤棕草制造业
全市	**1**	**5**	**123**	**25**	**20**	**210**	**74**	**377**	**45**
市区			17	13	8	91	23	9	8
椒江区			8	2	2	62	17	3	1
黄岩区			2	11	6	19	3	5	4
路桥区			7			10	3	1	3
玉环县		1	5	4	1	1		5	
三门县			1	2	2	9	6	4	1
天台县	1			3	2	43		1	4
仙居县		2	3		3	8		1	8
温岭市		2	95		2	22	26	352	15
临海市			2	3	2	36	19	5	9

17－55 各县市区分行业规模以上工业单位数(二)

(2010 年)

单位:个

地区	家具制造业	造纸及纸制品业	印刷业和记录媒介的复制	文教体育用品制造业	石油加工炼焦及核燃料加工业	化学原料及化学制品制造业	医药制造业	化学纤维制造业	橡胶制品业
全市	**122**	**137**	**75**	**37**	**1**	**145**	**113**	**2**	**230**
市区	14	40	52	24		67	32		22
椒江区	9	10	5	5		26	17		13
黄岩区	4	22	10	13		27	15		1
路桥区	1	8	37	6		14			8
玉环县	46	7	6	1		5	6		18
三门县	2	6		3		5	11		53
天台县	4	5	5	1		4	10		76
仙居县	7	9	1	1		12	22		27
温岭市	5	40	7	3	1	18	6		22
临海市	44	30	4	4		34	26	2	12

17－56 各县市区分行业规模以上工业单位数(三)

(2010 年)

单位:个

地区	塑料制品业	非金属矿物制品业	黑色金属冶炼及压延加工业	有色金属冶炼及压延加工业	金属制品业	通用设备制造业	专用设备制造业	交通运输设备制造业
全市	**812**	**106**	**40**	**119**	**354**	**1331**	**432**	**894**
市区	467	44	11	42	133	236	261	235
椒江区	68	26	3	5	32	60	66	62
黄岩区	285	10	1	5	15	60	141	36
路桥区	114	8	7	32	86	116	54	137
玉环县	36	5		28	84	439	49	372
三门县	22	3	4	3	5	30	7	30
天台县	30	12		7	10	11	16	15
仙居县	25	7		6	8	15	4	
温岭市	158	25	14	23	80	530	66	169
临海市	74	10	11	10	34	70	29	73

17－57 各县市区分行业规模以上工业单位数(四)

(2010 年)

单位:个

地区	电气机械及器材制造业	通信计算机及其他电子设备制造业	仪器仪表及文化办公用机械制造业	工艺品及其他制造业	废弃资源和废旧材料回收加工业	电力热力的生产和供应业	燃气生产和供应业	水的生产和供应业
全市	**628**	**69**	**204**	**461**	**61**	**30**	**5**	**20**
市区	243	23	32	118	43	8	1	7
椒江区	60	13	22	9	6	4		3
黄岩区	53	3	3	100		3	1	2
路桥区	130	7	7	9	37	1		2
玉环县	55	4	59	1		1		1
三门县	26	4	1	8	2	1		1
天台县	13	1	9	65		7		2
仙居县	2		2	159		6		1
温岭市	233	34	64	20	14	3	1	5
临海市	56	3	37	90	2	4	3	3

17－58 各县市区规模以上工业总产值

（2010 年）

单位：万元

地　　区	工　业 总产值	#国有及国 有控股 企　业	轻工业	重工业	大型企业	中型企业	小型企业
全　　市	**36307993**	**2512402**	**13234098**	**23073895**	**4206081**	**11991528**	**20110384**
市　　区	13644997	1187539	4838144	8806853	2095750	4597322	6951925
椒江区	4908753	862520	2219065	2689688	1395298	1292120	2221335
黄岩区	3311075	185042	1596235	1714840	330060	795712	2185303
路桥区	5425168	139977	1022844	4402325	370392	2509490	2545287
玉 环 县	5619263	188959	872188	4747075	356796	1888411	3374055
三 门 县	1576201	49582	340711	1235491	113025	481259	981918
天 台 县	1555672	94712	630408	925264	120074	486829	948768
仙 居 县	1124386	49531	716958	407429		346941	777446
温 岭 市	7678538	758999	3403139	4275399	999555	2346802	4332181
临 海 市	5108936	183080	2432552	2676384	520881	1843964	2744091

17－59 各县市区分注册类型规模以上工业总产值

（2010 年）

单位：万元

地　　区	国　有 企　业	集　体 企　业	股份合 作企业	联　营 企　业	有限责 任公司	股份有 限公司	私　营 企　业	港澳台商 投资公司	外商投 资企业
全　　市	**1654347**	**48841**	**596434**	**46363**	**10632452**	**2014041**	**16568499**	**1901632**	**2845384**
市　　区	926303	28767	79661	42116	5560096	893126	4130465	749929	1234535
椒江区	630242	4291	76487		2308142	705981	892391	213784	77436
黄岩区	156084	6313	3174	42116	1329114	101976	1549016	67751	55531
路桥区	139977	18163			1922839	85170	1689058	468394	1101568
玉 环 县	188959	2817	50393	4247	2281407	169767	2086539	345888	489246
三 门 县	49582					94160	1346879	22545	63036
天 台 县	53386	2520	2463		150657	120074	1041671	33471	151429
仙 居 县	35760	1781			229361	153748	478737	97697	127303
温 岭 市	259784	4187	463157		1167405	357004	4619056	378151	429793
临 海 市	140573	8769	761		1243527	226162	2865151	273951	350043

17－60 各县市区分行业规模以上工业总产值(一)

(2010年)

单位:万元

地区	有色金属矿采选业	非金属矿采选业	农副食品加工业	食品制造业	饮料制造业	纺织业	纺织服装鞋帽制造业	皮革毛皮羽毛(绒)及其制品业	木材加工及木竹藤棕草制造业
全市	**2520**	**9077**	**438747**	**137647**	**127269**	**765929**	**121762**	**1095485**	**129790**
市区			61316	72092	42584	284787	35812	41604	22619
椒江区			26229	7165	13730	219264	26441	28154	1403
黄岩区			22235	64927	28854	31511	5632	10850	5308
路桥区			12852			34013	3739	2600	15908
玉环县		587	25952	25593	17863	1542		26475	
三门县			628	5722	3597	26419	8080	6691	2543
天台县	2520			15333	44905	98787		1182	22581
仙居县		5155	16756		11666	20740		4516	39012
温岭市		3335	328379		1879	48464	53657	1010219	33262
临海市			5716	18907	4775	285191	24213	4798	9773

17－61 各县市区分行业规模以上工业总产值(二)

(2010年)

单位:万元

地区	家具制造业	造纸及纸制品业	印刷业和记录媒介的复制	文教体育用品制造业	石油加工炼焦及核燃料加工业	化学原料及化学制品制造业	医药制造业	化学纤维制造业	橡胶制品业
全市	**593613**	**424315**	**127420**	**59927**	**1579**	**916766**	**2112764**	**4932**	**737725**
市区	55392	93364	91889	42317		414609	1014851		51019
椒江区	21458	28170	9280	4821		170761	714389		40283
黄岩区	30350	43887	19169	23778		200582	300462		983
路桥区	3584	21307	63440	13718		43266			9753
玉环县	240361	15849	9162	2987		10452	39164		47536
三门县	9323	32838		3211		24898	47736		248838
天台县	21728	7851	8699	690		30521	152146		261035
仙居县	9685	15251	988	753		97933	338678		78664
温岭市	11700	120143	12183	4426	1579	69336	38845		28064
临海市	245423	139022	4499	5543		269018	481344	4932	22569

17－62 各县市区分行业规模以上工业总产值(三)

(2010年)

单位:万元

地区	塑料制品业	非金属矿物制品业	黑色金属冶炼及压延加工业	有色金属冶炼及压延加工业	金属制品业	通用设备制造业	专用设备制造业	交通运输设备制造业
全市	**3024387**	**452874**	**321823**	**1156964**	**1456205**	**4546467**	**1806644**	**6633275**
市区	1527773	269072	74060	411296	513374	946908	1207896	1989690
椒江区	206045	146749	29777	37505	123350	221683	604443	512959
黄岩区	993051	50837	3250	20811	47301	207959	353645	237582
路桥区	328677	71486	41033	352980	342723	517266	249808	1239149
玉环县	90620	17343		358271	412131	1684243	310506	1388126
三门县	150299	15112	72167	65502	28674	125782	17193	266186
天台县	132173	33826		105390	15075	29367	16880	188684
仙居县	78395	12691		38439	17326	23327	15993	
温岭市	638195	58422	24138	119836	388400	1482845	142004	1489429
临海市	406932	46410	151458	58229	81227	253996	96172	1311160

17－63 各县市区分行业规模以上工业总产值(四)

(2010年)

单位:万元

地区	电气机械及器材制造业	通信计算机及其他电子设备制造业	仪器仪表及文化办公用机械制造业	工艺品及其他制造业	废弃资源和废旧材料回收加工业	电力热力的生产和供应业	燃气生产和供应业	水的生产和供应业
全市	**3314844**	**457338**	**843446**	**1516560**	**1257792**	**1596378**	**26600**	**89131**
市区	1755239	298814	69168	218632	1166916	815517	2020	54367
椒江区	776863	270701	57848	19533	44149	525155		20445
黄岩区	234521	3406	2930	183885		157478	2020	23872
路桥区	743856	24707	8390	15214	1122767	132884		10050
玉环县	176918	23015	504587	1022		183671		5287
三门县	204234	5779	1105	151559	2505	48311		1271
天台县	53598	5196	30121	174695		100069		2622
仙居县	3262		1800	249225		42045		2090
温岭市	866077	121146	165573	62056	86315	253390	1898	13344
临海市	255517	3388	71092	659372	2056	153375	22681	10150

17－64 各县市区规模以上工业主要财务指标(一)

(2010 年)

单位:万元

地区	企业单位数(个)	#亏损企业	工业总产值	工业销售产值	出口交货值	年末资产总计
全市	**7308**	**489**	**36307993**	**35347711**	**10530515**	**32592219**
市区	2324	165	13644997	13287672	3822177	13123241
椒江区	619	82	4908753	4806906	1573651	5513764
黄岩区	860	53	3311075	3184284	1183452	3314965
路桥区	845	30	5425168	5296481	1065074	4294513
玉环县	1240	39	5619263	5383023	2022329	4630734
三门县	252	41	1576201	1531944	339463	1868688
天台县	357	30	1555672	1517618	472191	1707590
仙居县	339	65	1124386	1054649	370774	961206
温岭市	2055	26	7678538	7522954	2024272	5269319
临海市	741	123	5108936	5049852	1479309	5031443

17－65 各县市区规模以上工业主要财务指标(二)

(2010 年)

单位:万元

地区	流动资产合计	存货	固定资产合计	固定资产原价	固定资产净值	年末负债合计	流动负债
全市	**20017671**	**4731834**	**8156706**	**11036588**	**7225454**	**20116668**	**18529510**
市区	7809410	1811979	3382002	4812386	3029554	8181412	7422370
椒江区	2868508	693879	1558402	2380202	1417492	3124382	2767137
黄岩区	1970035	439623	1012782	1361350	886086	2117588	1893693
路桥区	2970867	678477	810817	1070834	725976	2939442	2761540
玉环县	2935094	728175	1047976	1401277	932017	2789138	2628815
三门县	1061321	270355	509569	615227	464129	1299881	1230112
天台县	902811	223013	596185	841484	550532	1035357	966734
仙居县	587511	156102	279976	381309	239018	553377	517477
温岭市	3586877	835936	1171243	1520608	1044263	3277299	2935218
临海市	3134648	706273	1169756	1464297	965943	2980205	2828784

17－66　各县市区规模以上工业主要财务指标(三)

(2010年)

单位:万元

地　　区	长期负债	年末所有者权益合计	实收资本	主营业务收入	主营业务成本	主营业务税金及附加
全　　市	**1371277**	**12475552**	**5809611**	**34870048**	**29850071**	**159862**
市　　区	600946	4941830	2416591	13147160	11274559	57871
椒江区	356408	2389382	1044735	4764980	4014510	19498
黄岩区	123566	1197377	608877	3149535	2625078	16055
路桥区	120972	1355071	762979	5232646	4634971	22318
玉环县	160322	1841596	839159	5303886	4513324	19402
三门县	50390	568807	329509	1467699	1279300	5952
天台县	68622	672233	366791	1569820	1285556	12310
仙居县	32538	407829	176095	1043005	816771	5779
温岭市	320360	1992020	805358	7494063	6537610	32244
临海市	138098	2051238	876106	4844415	4142951	26305

17－67　各县市区规模以上工业主要财务指标(四)

(2010年)

单位:万元

地　　区	营业费用	利润总额	利税总额	本年应交增值税	本年销项税	从业人员年平均人数(人)
全　　市	**855587**	**1882838**	**3071691**	**1028991**	**4806104**	**874493**
市　　区	305377	700675	1156318	397772	1756270	277440
椒江区	118650	288792	447018	138728	572301	98869
黄岩区	93117	163051	302448	123342	421291	83548
路桥区	93610	248832	406853	135702	762678	95023
玉环县	158156	248956	419161	150804	743501	170305
三门县	35064	46652	109559	56956	245635	32708
天台县	55102	95487	158761	50964	198837	32105
仙居县	43257	76017	117403	35608	128567	40353
温岭市	146258	446568	694593	215781	1183719	205119
临海市	112373	268483	415894	121106	549576	116463

17－68　各县市区规模以上工业主要经济效益指标(一)

(2010 年)

地　　区	企　业 亏损面 (%)	资　产 负债率 (%)	流　动 比　率	存货周 转次数 (次)	产　品 销售率 (%)
全　　市	**6.69**	**61.72**	**1.08**	**6.31**	**97.36**
市　　区	7.10	62.34	1.05	6.22	97.38
椒江区	13.25	56.67	1.04	5.79	97.93
黄岩区	6.16	63.88	1.04	5.97	96.17
路桥区	3.55	68.45	1.08	6.83	97.63
玉 环 县	3.15	60.23	1.12	6.20	95.80
三 门 县	16.27	69.56	0.86	4.73	97.19
天 台 县	8.40	60.63	0.93	5.76	97.55
仙 居 县	19.17	57.57	1.14	5.23	93.80
温 岭 市	1.27	62.20	1.22	7.82	97.97
临 海 市	16.60	59.23	1.11	5.87	98.84

17－68　各县市区规模以上工业主要经济效益指标(二)

(2010 年)

地　　区	企　业 亏损率 (%)	成本费用 利 润 率 (%)	百元销售收 入实现利税 (元)	百元固定 资产原值 实现利税 (元)	出口交货值 占工业销售 (%)
全　　市	**4.58**	**5.71**	**8.81**	**27.83**	**29.79**
市　区	3.27	5.62	8.80	24.03	28.76
椒江区	3.80	6.42	9.38	18.78	32.74
黄岩区	4.44	5.44	9.60	22.22	37.17
路桥区	1.85	5.00	7.78	37.99	20.11
玉 环 县	3.74	4.94	7.90	29.91	37.57
三 门 县	19.78	3.28	7.46	17.81	22.16
天 台 县	10.52	6.50	10.11	18.87	31.11
仙 居 县	5.49	7.86	11.26	30.79	35.16
温 岭 市	1.33	6.36	9.27	45.68	26.91
临 海 市	8.17	5.85	8.59	28.40	29.29

17－70 各县市区国有及国有控股工业主要财务指标(一)

(2010年)

单位:万元

地区	企业单位数(个)	#亏损企业	工业总产值	工业销售产值	出口交货值	年末资产总计
全市	**52**	**14**	**2512402**	**2507626**	**248253**	**3005542**
市区	20	5	1187539	1187212	164242	1478487
椒江区	12	2	862520	862366	164242	1152132
黄岩区	6	3	185042	184869		234141
路桥区	2		139977	139977		92215
玉环县	2		188959	188959		109041
三门县	2		49582	49582		38365
天台县	6	2	94712	94408		320068
仙居县	7	3	49531	48180	1437	43899
温岭市	9	3	758999	757093	77658	883614
临海市	6	1	183080	182194	4916	132066

17－71 各县市区国有及国有控股工业主要财务指标(二)

(2010年)

单位:万元

地区	流动资产合计	存货	固定资产合计	固定资产原价	固定资产净值	年末负债合计	流动负债
全市	**1095300**	**194416**	**1399495**	**2245844**	**1244217**	**1645566**	**1149388**
市区	346785	109788	811103	1392484	733380	692290	500216
椒江区	237390	100558	630767	1127512	566251	472907	371739
黄岩区	74288	7798	132462	188342	120433	164221	83724
路桥区	35107	1433	47874	76630	46697	55162	44753
玉环县	34937	2251	71072	76204	54448	65560	54543
三门县	10420	565	24058	30821	20901	20492	16596
天台县	42971	1878	201590	320334	193078	199627	185285
仙居县	20496	2883	22080	42134	21335	24613	24057
温岭市	581991	71704	202661	270865	162734	565150	301663
临海市	57701	5348	66932	113002	58342	77833	67029

17－72　各县市区国有及国有控股工业主要财务指标(三)

(2010年)

单位:万元

地　　区	长期负债	年末所有者权益合计	实收资本	主营业务收入	主营业务成本	主营业务税金及附加
全　　市	**432637**	**1359976**	**462492**	**2540668**	**2186992**	**24532**
市　　区	133304	786197	282930	1193218	989423	7297
椒江区	101168	679224	249104	867805	696574	5793
黄岩区	21726	69920	25967	185433	164724	984
路桥区	10410	37053	7859	139980	128125	520
玉环县	11017	43481	6671	189036	178034	557
三门县	3885	17873	1532	49627	44657	297
天台县	14342	120442	94272	94541	70230	1071
仙居县	496	19286	6701	51027	46983	426
温岭市	258789	318464	48595	780334	697799	13825
临海市	10804	54233	21792	182885	159867	1060

17－73　各县市区国有及国有控股工业主要财务指标(四)

(2010年)

单位:万元

地　　区	营业费用	利润总额	利税总额	本年应交增值税	本年销项税	从业人员年平均人数(人)
全　　市	**21278**	**134130**	**248052**	**89390**	**434935**	**26282**
市　　区	6237	81676	122725	33751	106946	10161
椒江区	5717	79694	109811	24323	71402	8780
黄岩区	61	141	5443	4319	28625	967
路桥区	459	1841	7470	5109	6919	414
玉环县	265	7479	13538	5501	56202	738
三门县		4568	7843	2978	8437	537
天台县	101	8734	20219	10415	15545	886
仙居县	133	2236	5690	3028	7929	917
温岭市	13350	23646	63404	25934	209149	11350
临海市	1193	5792	14634	7783	30729	1693

17－74　各县市区国有及国有控股工业主要经济效益指标(一)

(2010 年)

地　　区	企　业 亏损面 (%)	资　产 负债率 (%)	流　动 比　率	存货周 转次数 (次)	产　品 销售率 (%)
全　　市	**26.92**	**54.75**	**0.95**	**11.25**	**99.81**
市　　区	25.00	46.82	0.69	9.01	99.97
椒江区	16.67	41.05	0.64	6.93	99.98
黄岩区	50.00	70.14	0.89	21.12	99.91
路桥区		59.82	0.78	89.44	100.00
玉 环 县		60.12	0.64	79.08	100.00
三 门 县		53.41	0.63	79.07	100.00
天 台 县	33.33	62.37	0.23	37.40	99.68
仙 居 县	42.86	56.07	0.85	16.30	97.27
温 岭 市	33.33	63.96	1.93	9.73	99.75
临 海 市	16.67	58.94	0.86	29.89	99.52

17－75　各县市区国有及国有控股工业主要经济效益指标(二)

(2010 年)

地　　区	企　业 亏损率 (%)	成本费用 利 润 率 (%)	百元销售收 入实现利税 (元)	百元固定 资产原值 实现利税 (元)	出口交货值 占工业销售 (%)
全　　市	**6.56**	**5.58**	**9.76**	**11.04**	**9.90**
市　　区	4.70	7.32	10.29	8.81	13.83
椒江区	0.32	10.04	12.65	9.74	19.05
黄岩区	96.40	0.08	2.94	2.89	
路桥区		1.35	5.34	9.75	
玉 环 县		4.14	7.16	17.77	
三 门 县		10.05	15.80	25.45	
天 台 县	5.98	10.19	21.39	6.31	
仙 居 县	17.47	4.50	11.15	13.50	2.98
温 岭 市	15.50	3.17	8.13	23.41	10.26
临 海 市	0.36	3.26	8.00	12.95	2.70

17－76　各县市区大中型工业主要财务指标(一)

(2010年)

单位:万元

地　区	企业单位数(个)	#亏损企业	工业总产值	工业销售产值	出口交货值	年末资产总计
全　市	**460**	**20**	**16197609**	**15838154**	**6004840**	**16381230**
市　区	138	3	6693072	6547090	2305706	6867859
椒江区	46	1	2687418	2645587	1113277	3207896
黄岩区	34	2	1125772	1096014	485951	1303554
路桥区	58		2879882	2805490	706478	2356409
玉环县	104	4	2245208	2145013	976347	2258416
三门县	17		594284	582932	192635	746699
天台县	24	3	606903	609730	228766	637982
仙居县	12		346941	311600	119909	368449
温岭市	92	2	3346357	3290060	1184461	2704725
临海市	73	8	2364845	2351730	997016	2797101

17－77　各县市区大中型工业主要财务指标(二)

(2010年)

单位:万元

地　区	流动资产合计	存货	固定资产合计	固定资产原价	固定资产净值	年末负债合计	流动负债
全　市	**9854241**	**2484836**	**3801361**	**5267186**	**3327307**	**9495289**	**8631242**
市　区	3831406	948505	1732347	2606382	1576188	4043551	3637069
椒江区	1398323	343226	940869	1610196	890566	1627753	1380527
黄岩区	818071	192775	343271	429046	281686	811820	739815
路桥区	1615012	412504	448208	567140	403936	1603977	1516727
玉环县	1356013	389253	472288	596856	403196	1275862	1188367
三门县	449259	85926	156730	205737	147188	478812	460803
天台县	377787	111223	192635	274936	177256	394315	372724
仙居县	245039	60246	87105	121192	72702	167993	153190
温岭市	1848444	497173	528894	700298	464407	1672521	1405622
临海市	1746293	392510	631363	761784	486371	1462235	1413467

17－78　各县市区大中型工业主要财务指标(三)

(2010 年)

单位:万元

地　区	长期负债	年末所有者权益合计	实收资本	主营业务收入	主营业务成本	主营业务税金及附加
全　市	**831142**	**6885941**	**2406948**	**15648824**	**13086444**	**78513**
市　区	393129	2824309	1070696	6457002	5399070	29268
椒江区	246731	1580143	529921	2601839	2136241	9647
黄岩区	59148	491734	184679	1098698	870317	5919
路桥区	87250	752432	356096	2756465	2392512	13702
玉环县	87496	982554	404777	2114713	1758462	6588
三门县	10614	267888	77706	575534	490743	2658
天台县	21591	243666	87647	597929	465256	8333
仙居县	14804	200455	65076	305332	211617	1872
温岭市	258028	1032203	322864	3269497	2825070	19808
临海市	45480	1334866	378181	2328817	1936224	9988

17－79　各县市区大中型工业主要财务指标(四)

(2010 年)

单位:万元

地　区	营业费用	利润总额	利税总额	本年应交增值税	本年销项税	从业人员年平均人数(人)
全　市	**449450**	**1064698**	**1605922**	**462711**	**2119927**	**341226**
市　区	159886	470696	695616	195652	837930	115043
椒江区	75990	191463	282913	81803	290540	45800
黄岩区	37956	93734	138900	39247	132195	26745
路桥区	45941	185499	273804	74602	415196	42498
玉环县	67752	126979	188396	54829	307475	60027
三门县	18607	26873	49118	19587	97841	10902
天台县	31735	33118	64645	23195	73130	13302
仙居县	20401	40013	54289	12405	40167	6918
温岭市	88327	185666	299973	94499	534236	78563
临海市	62741	181354	253886	62544	229147	56471

17－80　各县市区大中型工业主要经济效益指标(一)

(2010年)

地　　区	企　业 亏损面 （%）	资　产 负债率 （%）	流　动 比　率	存货周 转次数 （次）	产　品 销售率 （%）
全　　市	**4.35**	**57.96**	**1.14**	**5.27**	**97.78**
市　　区	2.17	58.88	1.05	5.69	97.82
椒江区	2.17	50.74	1.01	6.22	98.44
黄岩区	5.88	62.28	1.11	4.51	97.36
路桥区		68.07	1.06	5.80	97.42
玉 环 县	3.85	56.49	1.14	4.52	95.54
三 门 县		64.12	0.97	5.71	98.09
天 台 县	12.50	61.81	1.01	4.18	100.47
仙 居 县		45.59	1.60	3.51	89.81
温 岭 市	2.17	61.84	1.32	5.68	98.32
临 海 市	10.96	52.28	1.24	4.93	99.45

17－81　各县市区大中型工业主要经济效益指标(二)

(2010年)

地　　区	企　业 亏损率 （%）	成本费用 利 润 率 （%）	百元销售收 入实现利税 （元）	百元固定 资产原值 实现利税 （元）	出口交货值 占工业销售 （%）
全　　市	**2.22**	**7.29**	**10.26**	**30.49**	**37.91**
市　　区	0.12	7.82	10.77	26.69	35.22
椒江区	0.17	7.87	10.87	17.57	42.08
黄岩区	0.25	9.25	12.64	32.37	44.34
路桥区		7.22	9.93	48.28	25.18
玉 环 县	3.72	6.40	8.91	31.56	45.52
三 门 县		4.90	8.53	23.87	33.05
天 台 县	20.72	5.91	10.81	23.51	37.52
仙 居 县		14.70	17.78	44.80	38.48
温 岭 市	1.55	6.06	9.17	42.84	36.00
临 海 市	3.80	8.38	10.90	33.33	42.40

17－82　各县市区规模以上非国有工业主要财务指标(一)

(2010年)

单位:万元

地　　区	企　业单位数（个）	#亏　损企　业	工　业总产值	工业销售产值	出　口交货值	年末资产总计
全　　市	**7256**	**475**	**33795591**	**32840085**	**10282262**	**29586678**
市　　区	2304	160	12457458	12100460	3657935	11644754
椒江区	607	80	4046234	3944540	1409409	4361632
黄岩区	854	50	3126033	2999415	1183452	3080824
路桥区	843	30	5285191	5156504	1065074	4202298
玉 环 县	1238	39	5430304	5194064	2022329	4521692
三 门 县	250	41	1526619	1482361	339463	1830322
天 台 县	351	28	1460959	1423211	472191	1387521
仙 居 县	332	62	1074855	1006469	369338	917306
温 岭 市	2046	23	6919539	6765862	1946613	4385705
临 海 市	735	122	4925856	4867659	1474393	4899376

17－83　各县市区规模以上非国有工业主要财务指标(二)

(2010年)

单位:万元

地　　区	流　动资　产合　计	存　货	固　定资　产合　计	固　定资　产原　价	固　定资　产净　值	年　末负　债合　计	流　动负　债
全　　市	**18922371**	**4537418**	**6757211**	**8790744**	**5981237**	**18471102**	**17380122**
市　　区	7462625	1702191	2570899	3419902	2296174	7489121	6922154
椒江区	2631117	593321	927636	1252690	851241	2651475	2395398
黄岩区	1895747	431825	880320	1173008	765654	1953367	1809969
路桥区	2935760	677045	762943	994204	679279	2884279	2716787
玉 环 县	2900158	725924	976904	1325074	877569	2723578	2574273
三 门 县	1050900	269790	485511	584406	443228	1279389	1213517
天 台 县	859840	221136	394595	521149	357454	835730	781450
仙 居 县	567015	153219	257896	339175	217683	528763	493420
温 岭 市	3004887	764233	968582	1249743	881529	2712149	2633555
临 海 市	3076947	700925	1102824	1351295	907601	2902371	2761754

17－84　各县市区规模以上非国有工业主要财务指标(三)

(2010年)

单位:万元

地　　区	长期负债	年末所有者权益合计	实收资本	主营业务收入	主营业务成本	主营业务税金及附加
全　　市	**938640**	**11115576**	**5347118**	**32329380**	**27663079**	**135330**
市　　区	467642	4155633	2133661	11953942	10285136	50574
椒江区	255240	1710157	795632	3897175	3317936	13705
黄岩区	101840	1127457	582909	2964102	2460354	15071
路桥区	110562	1318019	755120	5092665	4506846	21798
玉环县	149305	1798115	832488	5114850	4335290	18844
三门县	46505	550933	327978	1418072	1234643	5655
天台县	54280	551791	272520	1475279	1215326	11239
仙居县	32041	388543	169394	991978	769788	5353
温岭市	61572	1673556	756764	6713729	5839812	18419
临海市	127294	1997005	854314	4661530	3983084	25246

17－85　各县市区规模以上非国有工业主要财务指标(四)

(2010年)

单位:万元

地　　区	营业费用	利润总额	利税总额	本年应交增值税	本年销项税	从业人员年平均人数(人)
全　　市	**834309**	**1748708**	**2823638**	**939601**	**4371169**	**848211**
市　　区	299140	618999	1033594	364021	1649324	267279
椒江区	112933	209097	337207	114405	500899	90089
黄岩区	93056	162910	297004	119023	392666	82581
路桥区	93151	246991	399382	130593	755759	94609
玉环县	157891	241477	405624	145302	687299	169567
三门县	35064	42084	101717	53978	237199	32171
天台县	55002	86753	138542	40550	183292	31219
仙居县	43124	73781	111714	32580	120639	39436
温岭市	132908	422922	631188	189847	974570	193769
临海市	111180	262692	401260	113323	518847	114770

17-86 各县市区规模以上非国有工业主要经济效益指标(一)

(2010年)

地区	企业亏损面(%)	资产负债率(%)	流动比率	存货周转次数(次)	产品销售率(%)
全市	**6.55**	**62.43**	**1.09**	**6.10**	**97.17**
市区	6.94	64.31	1.08	6.04	97.13
椒江区	13.18	60.79	1.10	5.59	97.49
黄岩区	5.85	63.40	1.05	5.70	95.95
路桥区	3.56	68.64	1.08	6.66	97.57
玉环县	3.15	60.23	1.13	5.97	95.65
三门县	16.40	69.90	0.87	4.58	97.10
天台县	7.98	60.23	1.10	5.50	97.42
仙居县	18.67	57.64	1.15	5.02	93.64
温岭市	1.12	61.84	1.14	7.64	97.78
临海市	16.60	59.24	1.11	5.68	98.82

17-87 各县市区规模以上非国有工业主要经济效益指标(二)

(2010年)

地区	企业亏损率(%)	成本费用利润率(%)	百元销售收入实现利税(元)	百元固定资产原值实现利税(元)	出口交货值占工业销售(%)
全市	**4.43**	**5.72**	**8.73**	**32.12**	**31.31**
市区	3.08	5.45	8.65	30.22	30.23
椒江区	5.07	5.65	8.65	26.92	35.73
黄岩区	2.28	5.80	10.02	25.32	39.46
路桥区	1.87	5.10	7.84	40.17	20.66
玉环县	3.85	4.97	7.93	30.61	38.94
三门县	21.47	3.06	7.17	17.41	22.90
天台县	10.95	6.27	9.39	26.58	33.18
仙居县	5.07	8.04	11.26	32.94	36.70
温岭市	0.40	6.74	9.40	50.51	28.77
临海市	8.33	5.95	8.61	29.69	30.29

17－88 各县市区全社会固定资产投资

(2010 年)

单位:万元

地区	全社会固定资产投资	#全社会工业性投资	#全社会制造业投资	全部限额以上投资	#限额以上项目投资	#农村非农户投资	全部限额以下投资	城镇	农村非农户	私人建房
全市	**9502414**	**4628411**	**3657425**	**8380672**	**6419898**	**2868867**	**1121742**	**55418**	**433460**	**632864**
市区	2897702	1082608	1026172	2650487	1780368	676423	247215	11145	60088	175982
椒江区	1354572	448028	445607	1286012	805222	350981	68560	322	16289	51949
黄岩区	714036	296043	271158	603655	439092	61492	110381	10426	36097	63858
路桥区	829094	338537	309407	760820	536054	263950	68274	397	7702	60175
玉环县	740954	298887	260875	600866	425789	137700	140088	32980	34214	72894
三门县	1349069	992677	328491	1283718	1146966	312624	65351	3831	21691	39829
天台县	446104	220558	213231	365333	285696	160529	80771	978	27193	52600
仙居县	463714	248402	190190	384916	337072	157665	78798	64	31382	47352
温岭市	2072261	900000	853504	1680988	1255641	841209	391273	6420	249673	135180
临海市	1532610	885279	784962	1414364	1188366	582717	118246		9219	109027

17－89 各县市区全部限额以上固定资产投资(一)

(2010 年)

单位:万元

地区	投资额	建筑工程	安装工程	设备工器具购置	其它费用	#土地购置费	#住宅
全市	**8380672**	**4376587**	**254416**	**1730419**	**2019250**	**1341718**	**1548043**
市区	2650487	1431316	88650	416889	713632	523894	662560
椒江区	1286012	697240	36989	198335	353448	247613	332138
黄岩区	603655	273418	29561	119601	181075	134050	146440
路桥区	760820	460658	22100	98953	179109	142231	183982
玉环县	600866	333480	16187	93395	157804	105149	141864
三门县	1283718	524321	50801	414878	293718	70170	113167
天台县	365333	234722	10240	75215	45156	6475	69425
仙居县	384916	260407	7292	49405	67812	57102	65686
温岭市	1680988	815849	51027	321500	492612	384455	330534
临海市	1414364	776492	30219	359137	248516	194473	164807

17－90　各县市区全部限额以上固定资产投资(二)

(2010年)

地　区	新增固定资产(万元)	施工房屋面积(平方米)	#住宅	竣工房屋面积(平方米)	#住宅	竣工房屋价值(万元)	#住宅
全　市	**4745808**	**41794070**	**16087480**	**9925653**	**2307454**	**1337527**	**463841**
市　区	1000022	17448704	6952167	3185129	642289	456037	167680
椒江区	351153	9008128	3592906	1111654	212720	146405	44263
黄岩区	359243	4055236	1868925	1143318	317287	177302	82631
路桥区	289626	4385340	1490336	930157	112282	132330	40786
玉环县	238785	3752216	1101585	412469	99875	107812	54227
三门县	458034	2575252	1555028	376228	158412	58961	18628
天台县	122272	1510258	1043156	370671	237315	65410	46993
仙居县	156371	2999446	1347329	871017	568504	85781	61742
温岭市	1079204	9375940	2411108	3545476	496929	446042	95141
临海市	1691120	4132254	1677107	1164663	104130	117484	19430

17－91　各县市区房地产开发投资(一)

(2010年)

单位:万元

地　区	投资额	住　宅	办公楼	商业用房	其　他	土地购置费	新增固定资产
全　市	**1960774**	**1426309**	**33732**	**232572**	**268161**	**698542**	**860992**
市　区	870119	623800	19798	126379	100142	270236	341153
椒江区	480790	332138	11903	88632	48117	142904	144270
黄岩区	164563	111980	954	17485	34144	61970	159747
路桥区	224766	179682	6941	20262	17881	65362	37136
玉环县	175077	139994	79	14010	20994	76344	71822
三门县	136752	86652	480	27302	22318	37141	37412
天台县	79637	69425	285	7368	2559	1275	57455
仙居县	47844	36788		7256	3800	23869	25643
温岭市	425347	304843	54	32413	88037	198309	299996
临海市	225998	164807	13036	17844	30311	91368	27511

17－92　各县市区房地产开发投资(二)

(2010 年)

单位:万元

地　　区	投资额	#国有控股	#集体控股	#私人控股	#港澳台控股	#外商控股	非国有控股	#民间
全　　市	**1960774**	**139591**	**38293**	**1610248**	**28188**	**3446**	**1821183**	**1789549**
市　　区	870119	114420	23513	627410		3446	755699	752253
椒江区	480790	81702	23513	274245			399088	399088
黄岩区	164563	4938		159625			159625	159625
路桥区	224766	27780		193540		3446	196986	193540
玉环县	175077	4280		156151	8315		170797	162482
三门县	136752			136752			136752	136752
天台县	79637	6984		39306			72653	72653
仙居县	47844			47844			47844	47844
温岭市	425347	12947	6010	406390			412400	412400
临海市	225998	960	8770	196395	19873		225038	205165

17－93　各县市区房地产开发投资(三)

(2010 年)

单位:平方米

地　　区	施工面积	#住宅	竣工面积	#住宅	商品房住宅竣工套数(套)	竣工房屋价值(万元)	#住宅	商品房销售额(万元)	#住宅
全　　市	**18016070**	**12926234**	**1905992**	**1387364**	**11497**	**512974**	**382070**	**3304746**	**2830011**
市　　区	8683856	5908729	879423	599923	4963	227389	163600	1591978	1343888
椒江区	5005572	3592906	316589	212720	1607	68010	44263	836144	659921
黄岩区	1447450	895753	492918	317287	2936	122673	82631	299435	239805
路桥区	2230834	1420070	69916	69916	420	36706	36706	456399	444162
玉环县	1045061	812830	105250	99875	599	56517	54227	245642	200388
三门县	1386620	1051168	62040	25062	234	17087	5998	172600	135218
天台县	1244365	1043156	278025	237315	1791	57325	46993	247693	234865
仙居县	414497	342166	130712	109380	1073	22498	20081	167309	142263
温岭市	2844244	2091078	309855	211679	1582	104647	71741	528490	501131
临海市	2397427	1677107	140687	104130	1255	27511	19430	351034	272258

17－94　各县市区房地产开发投资(四)

(2010年)

单位:平方米

地　区	商品房销售面积	#住宅	现　房	#住宅	期　房	#住宅	商品房住宅销售套数(套)	商品房待售面积	#住宅
全　市	**4628891**	**3905716**	**292503**	**205231**	**4336388**	**3700485**	**33632**	**388410**	**189034**
市　区	1891802	1534598	237297	185749	1654505	1348849	13973	280668	146437
椒江区	991588	728604	171597	122803	819991	605801	6613	167793	107463
黄岩区	370613	293876	16604	13850	354009	280026	2953	96683	22782
路桥区	529601	512118	49096	49096	480505	463022	4407	16192	16192
玉环县	342332	284152			342332	284152	2069	3249	712
三门县	285558	252941	11336	8616	274222	244325	1950	31437	6518
天台县	415672	399310	3922		411750	399310	2903	11837	5107
仙居县	317156	296163			317156	296163	2458		
温岭市	721145	650159	23364	7656	697781	642503	5916	32451	22196
临海市	655226	488393	16584	3210	638642	485183	4363	28768	8064

17－95　各县市区房地产开发企业财务状况(一)

(2010年)

单位:万元

地　区	单位数	流动资产合计	固定资产原价	#本年折旧	资产总计	负债合计	所有者权益合计	#实收资本	#国家资本
全　市	**288**	**8442287**	**170442**	**10813**	**9137630**	**7629538**	**1508092**	**1056832**	**80839**
市　区	123	4486597	114280	6366	4816121	3987037	829084	573417	64153
椒江区	59	2510539	82321	4399	2716483	2262938	453545	307384	34610
黄岩区	29	776538	15802	1092	849697	681354	168343	115900	22535
路桥区	35	1199520	16157	876	1249941	1042745	207196	150133	7008
玉环县	36	576348	5126	539	624793	509559	115234	100539	
三门县	23	365937	8385	356	380903	320285	60618	54986	7600
天台县	26	472715	6364	736	526822	462995	63828	45845	1086
仙居县	8	195906	2330	271	212570	168807	43764	34958	
温岭市	37	1352013	17535	1260	1513416	1296373	217043	123845	8000
临海市	35	992771	16422	1285	1063005	884483	178522	123242	

17－96　各县市区房地产开发企业财务状况(二)

(2010年)

单位:万元

地　区	主营业务收入	主营业务成本	主营业务税金及附加	主营业务利润	销售费用	管理费用	#税金
全　市	**1957913**	**1455772**	**147711**	**331143**	**41221**	**79860**	**1649**
市　区	1088980	785461	77222	220070	17995	40017	－520
椒江区	626226	438118	45803	138477	13176	23174	1629
黄岩区	206756	164463	13640	28134	1373	7446	－3792
路桥区	255999	182879	17779	53459	3446	9397	1643
玉环县	32297	23597	4304	3824	1009	6027	178
三门县	91631	77078	9657	3216	1681	4901	452
天台县	71781	51357	6462	13569	2165	5248	257
仙居县	69541	55383	4857	8967	346	3812	148
温岭市	354006	279502	24114	37761	16030	10973	423
临海市	249677	183394	21096	43736	1995	8883	712

17－97　各县市区房地产开发企业财务状况(三)

(2010年)

单位:万元

地　区	财务费用	营业利润	利润总额	应交所得税	本年应付工资总额	本年应付福利费总额	从业人员平均人数(人)
全　市	**27000**	**258564**	**257120**	**53025**	**27554**	**2446**	**627**
市　区	19575	166681	168183	30521	13657	1319	286
椒江区	10105	100928	99140	16893	8538	714	153
黄岩区	4721	27327	31269	4215	2871	349	71
路桥区	4750	38427	37775	9413	2248	255	62
玉环县	1277	－3978	－4042	411	2435	140	57
三门县	2311	－3716	－3973	1257	1590	87	42
天台县	44	6809	6499	2666	1837	322	47
仙居县	1095	4195	4064	2208	896	25	25
温岭市	113	53589	52199	8078	4157	236	82
临海市	2585	34983	34190	7883	2982	317	88

17－98 各县市区建筑业企业基本情况(一)

(2010 年)

地　　区	企业数(个)	#国有控股企业	计算生产率平均人数(人)	#出省施工人数	建筑业总产值(万元)	#建筑工程产值	#安装工程产值	#在外省完成产值
全　　市	**408**	**13**	**560363**	**265709**	**10343957**	**9822121**	**357022**	**5591738**
市　　区	154	3	164421	55557	3509779	3331179	104824	1420357
椒江区	74	1	59863	10953	1225187	1199707	22337	377489
黄岩区	44	2	57603	24982	1091951	979531	47446	429779
路桥区	36		46955	19622	1192641	1151941	35041	613089
玉 环 县	26	2	5142	152	120406	88877	12686	2112
三 门 县	29		39074	18296	500836	495477	10	228293
天 台 县	24	1	23199	6563	340438	334333	2612	140942
仙 居 县	22		29587	11217	561725	505685	6652	344952
温 岭 市	83	4	199744	142253	3583287	3460489	113652	2592719
临 海 市	70	3	99196	31671	1727486	1606080	116587	862364

17－99 各县市区建筑业企业基本情况(二)

(2010 年)

地　　区	房屋建筑施工面积(平方米)	#本年新开工面积	房屋建筑竣工面积(平方米)	#住　宅	年末自有机械设备总功率(千瓦)	在外省市获省级以上奖杯(个)	在本省获省级以上奖杯(个)
全　　市	**123708487**	**56996684**	**44453721**	**25366564**	**1502004**	**42**	**52**
市　　区	35298519	18515168	13865289	7478930	429389	10	26
椒江区	13720413	8360334	5004182	2492804	111015	3	17
黄岩区	16873152	7259286	5636091	3262836	162731	2	5
路桥区	4704954	2895548	3225016	1723290	155643	5	4
玉 环 县	701197	427255	444064	67919	21760		
三 门 县	3897976	2187956	1929274	1006272	125531	1	
天 台 县	2632663	1527212	1313962	656462	61631	2	2
仙 居 县	2835405	2223897	1768977	703360	103033	1	2
温 岭 市	51362229	23258500	18963612	11409041	504190	24	2
临 海 市	26980498	8856696	6168543	4044580	256470	4	20

17－100 各县市区建筑业企业财务状况(一)

(2010 年)

单位:万元

地 区	流动资产合计	# 存货	固定资产合计	# 本年折旧	资产合计	负债合计	所有者权益合计	# 实收资本
全 市	**3170015**	**1014079**	**628989**	**43170**	**4108549**	**2196983**	**1911566**	**1102982**
市 区	1255936	373055	194231	14952	1614622	898222	716401	391692
椒江区	457460	122555	56763	2923	603814	357698	246116	154597
黄岩区	305671	108166	57687	7300	378615	202406	176209	98619
路桥区	492805	142335	79780	4728	632194	338118	294077	138476
玉 环 县	60997	18413	15420	870	78864	40393	38471	31916
三 门 县	123219	38464	67916	5106	193252	71942	121311	70438
天 台 县	74405	21232	27703	1432	109047	31476	77571	60035
仙 居 县	183098	49671	38730	3191	229220	99061	130159	93199
温 岭 市	1046128	340959	197910	10362	1346994	767245	579749	314313
临 海 市	426231	172286	87079	7257	536550	288645	247905	141389

17－101 各县市区建筑业企业财务状况(二)

(2010 年)

单位:万元

地 区	工程结算收入	工程结算成本	工程结算税金及附加	工程结算利润	经营费用	管理费用	# 税金
全 市	**8507108**	**7698457**	**290513**	**478559**	**40293**	**141579**	**7078**
市 区	2767314	2511907	95957	152327	5357	39890	3010
椒江区	899236	822377	31533	44140	1333	13854	1177
黄岩区	887740	819582	30857	34805	2531	12741	1080
路桥区	980339	869948	33568	73383	1493	13295	753
玉 环 县	114236	103149	3673	6392	1022	2958	210
三 门 县	446104	398716	15288	30281	1819	8062	285
天 台 县	319439	287616	12213	17032	2693	4819	227
仙 居 县	551670	493289	21141	36397	2901	9927	605
温 岭 市	3057402	2778815	95436	161329	22168	50029	1616
临 海 市	1250943	1124966	46804	74800	4332	25895	1126

17－102　各县市区建筑业企业财务状况(三)

(2010年)

单位:万元

地　　区	财务费用	#利息支出	营业利润	利润总额	应交所得税	本年应付工资总额	本年应付福利费总额
全　　市	**34801**	**32897**	**310678**	**318112**	**77753**	**1491237**	**99889**
市　　区	14085	13548	102109	108845	23908	444230	18824
椒江区	4234	3930	29322	34360	5240	197210	4628
黄岩区	3828	3704	18612	19852	5031	151015	5330
路桥区	6024	5914	54175	54633	13638	96005	8866
玉环县	221	185	3661	2752	709	9131	727
三门县	2268	2206	20117	19554	5400	81524	5301
天台县	860	780	11371	11289	4680	53917	7482
仙居县	2648	2541	24114	23762	6312	79425	3465
温岭市	10929	10297	102557	103498	26581	554773	33646
临海市	3791	3340	46750	48411	10164	268238	30444

17－103　各县市区客运量货运量及港口货物吞吐量

(2010年)

地　　区	客运量(万人)	#铁路	#公路	#水运	货运量(万吨)	公路	水运	港口货物吞吐量(万吨)
全　　市	**30137**	**272**	**29623**	**210**	**18155**	**10500**	**7655**	**4706**
市　　区	11130	125	10965	8	9676	5025	4651	1638
椒江区	3218		3210	8	4574	1850	2724	1499
黄岩区	4859	125	4734		2759	2123	636	107
路桥区	3053		3021		2342	1052	1291	32
玉环县	8238		8037	201	2013	970	1043	2259
三门县	1250	20	1230		710	168	542	88
天台县	745		745		252	252		
仙居县	655		655		240	240		
温岭市	5202	102	5100		4084	3280	804	487
临海市	2916	24	2892		1180	565	615	233

17－104　各县市区客运周转量和货运周转量

（2010 年）

地　　区	客　运 周转量 （万人公里）	铁　路	公　路	水　运	货　运 周转量 （万吨公里）	公　路	水　运
全　　市	**977082**	**68930**	**905849**	**2303**	**11106446**	**1419832**	**9686614**
市　　区	361888	32500	328942	446	6643074	623058	6020016
椒江区	86674		86228	446	3255576	119200	3136376
黄岩区	153515	32500	121015		1506198	422170	1084028
路桥区	121699		121699		1881300	81688	1799612
玉 环 县	138624		136767	1857	1214699	98190	1116509
三 门 县	40370	2778	37592		625239	46238	579001
天 台 县	44937		44937		58193	58193	
仙 居 县	21306		21306		61470	61470	
温 岭 市	252035	29199	222836		1542230	360575	1181655
临 海 市	117921	4453	113468		961542	172108	789434

17－105　各县市区公路基本情况(一)

（2010 年）

单位:公里

地　　区	公　路 总里程	等　级 公　路 合　计	高　速 公　路	一　级	二　级	三　级	四　级	准四级	等　外 公　路
全　　市	**11267**	**11005**	**274**	**299**	**1196**	**556**	**5507**	**3173**	**262**
市　　区	2300	2224	21	96	273	128	1095	611	76
椒江区	534	534		22	90	57	195	169	
黄岩区	1169	1093	21	30	77	25	506	434	76
路桥区	597	597		44	106	46	394	7	
玉 环 县	554	554		24	60	51	196	223	
三 门 县	1102	1095	21	25	129	33	838	49	7
天 台 县	1632	1632	42	10	94	71	706	708	
仙 居 县	1751	1723	106	35	125	63	599	795	28
温 岭 市	1826	1675	11	54	179	114	1177	138	151
临 海 市	2101	2101	74	55	334	95	895	648	

17－106　各县市区公路基本情况(二)

(2010年)

地　区	路面里程			隧道		桥梁	
	有铺装(公里)	简易铺装(公里)	未铺装(公里)	道	延米	座	米
全　市	**10534**	**141**	**593**	**263**	**172142**	**5179**	**211641**
市　区	2139	16	145	12	5149	1305	38836
椒江区	534			5	819	291	8069
黄岩区	1049	15	105	5	3080	599	22179
路桥区	556	1	40	2	1250	415	8589
玉环县	548	7		21	9166	150	5677
三门县	1047	22	33	32	23184	389	15062
天台县	1553	60	19	18	2673	437	14211
仙居县	1689	27	35	87	63509	534	42841
温岭市	1466	7	354	33	20612	1415	47161
临海市	2092	2	7	60	47848	949	47854

17－107　各县市区公路基本情况(三)

(2010年)

单位:公里

地　区	公路总里程	国道	省道	县道	乡道	专用道	村道
全　市	**11267**	**273**	**695**	**2391**	**2042**	**66**	**5800**
市　区	2300	53	56	557	429	20	1184
椒江区	534		36	115	115		268
黄岩区	1169	36	19	326	157	14	616
路桥区	597	17	1	116	157	6	300
玉环县	554		27	145	132	2	248
三门县	1102	21	82	236	186	27	550
天台县	1632	79	62	312	338	10	831
仙居县	1751		227	367	249	3	905
温岭市	1826	32	64	321	253		1156
临海市	2101	88	177	452	454	3	927

17－108　各县市区公路密度质量和通乡镇村情况

（2010年）

地　　区	公路密度		公路质量		通公路乡　镇（个）	通公路行政村（个）
	按土地面积计算（公里/百平方公里）	按人口计算（公里/万人）	公路路面铺装率（%）	二级及以上占等级公路比重（%）		
全　　市	**119.72**	**19.40**	**94.74**	**16.07**	**92**	**5028**
市　　区	149.74	14.90	93.70	17.54	16	1095
椒江区	194.89	10.54	100.00	20.97	1	275
黄岩区	118.32	19.63	91.04	11.71	11	533
路桥区	217.88	13.53	93.26	25.13	4	287
玉环县	146.56	13.28	100.00	15.16	8	276
三门县	102.80	25.77	97.05	15.98	14	511
天台县	114.45	28.22	98.84	8.95	12	597
仙居县	87.90	35.47	97.99	15.44	17	723
温岭市	218.42	15.36	80.62	14.57	11	832
临海市	96.78	18.12	99.66	22.04	14	994

17－109　各县市区汽车拥有量

（2010年）

单位：辆

地　　区	汽　车拥有量	载　客汽　车	#个　人	载　货汽　车	#个　人	其　他汽　车
全　　市	**565917**	**423241**	**366858**	**139133**	**113753**	**3543**
市　　区	244209	177736	152902	64925	51532	1548
椒江区	75235	58561	48248	15790	11670	884
黄岩区	75647	52844	45334	22554	17324	249
路桥区	93327	66331	59320	26581	22538	415
玉环县	55090	40990	32411	13649	11015	451
三门县	17566	13222	10838	4094	3316	250
天台县	27966	23580	20691	4228	3419	158
仙居县	24219	19694	17353	4392	3665	133
温岭市	128070	93532	84725	34001	29651	537
临海市	68797	54487	47938	13844	11155	466

17－110　各县市区邮电通信主要指标

（2010年）

地　区	邮电局（所）数（个）	邮电业务总量（万元）	邮电业务收入（万元）	电话交换机装机总容量（万门）	固定电话用户数（万户）	移动电话用户数（万户）	国际互联网用户数（户）	#宽　带
全　市	**465**	**1467071**	**663022**	**261.61**	**178.72**	**719.60**	**957845**	**863564**
市　区	130	536861	266372	94.98	65.97	262.20	370072	328803
椒江区	40	195071	117753	34.12	24.49	94.95	148594	131457
黄岩区	49	152169	65976	30.46	19.74	78.12	101979	92412
路桥区	41	189621	82643	30.40	21.75	89.13	119499	104934
玉环县	40	178568	81156	30.57	22.04	82.99	109124	101639
三门县	41	63664	27035	11.54	8.38	31.23	38707	35730
天台县	40	73223	31347	17.84	11.06	35.91	51044	46931
仙居县	34	72871	28886	14.16	8.60	36.09	39450	35903
温岭市	81	327749	145210	57.58	38.38	166.36	215425	196776
临海市	99	214135	83016	34.94	24.30	104.83	134023	117782

17－111　各县市区用电量

（2010年）

单位：万千瓦时

地　区	全社会用电量（包括厂用电量及线损）	#工业用电量	#制造业	轻工业	重工业	#城乡居民生活用电
全　市	**1962057**	**1391383**	**1240344**	**479452**	**911931**	**339856**
市　区	741056	545261	473137	220062	325199	118844
椒江区	193937	150905	123468	76176	74729	32039
黄岩区	247004	192312	173126	85289	107023	34536
路桥区	218403	157335	135778	45996	111340	38709
直属局	81713	44709	40765	12602	32107	13560
玉环县	295574	229495	216342	42287	187208	47148
三门县	82171	54929	47772	14052	40877	14148
天台县	79350	50083	40928	15125	34958	18394
仙居县	57743	34824	28465	14867	19957	14448
温岭市	421840	295451	266471	85157	210294	81776
临海市	238900	162603	144992	73022	89581	45097

17-112 各县市区规模以上工业主要能源消费量

（2010年）

单位:吨

地　区	原　煤	焦　炭	汽　油	柴　油	热　力（百万千焦）	电　力（万千瓦时）
全　市	**13922044**	**26360**	**42102**	**124310**	**6226344**	**1101773**
市　区	4185072	15935	15792	44229	3816102	416991
椒江区	3944104	4040	4286	18952	2969016	208355
黄岩区	196361	11314	7997	8625	847086	109276
路桥区	44607	581	3509	16652		99360
玉环县	9336032	1385	6913	28473		243342
三门县	108444	298	4921	3749		40729
天台县	73713	314	1902	1623	697532	64559
仙居县	44256	97	495	1225	549386	24507
温岭市	80918	6164	9389	34245		172480
临海市	93609	2168	2689	10767	1163324	139166

17-113 各县市区规模以上工业企业能源消费情况

（2010年）

单位:吨标准煤

地　区	综合能源消费量	万元产值综合能耗（吨标准煤/万元）	节能量	万元产值综合能耗降低率（%）
全　市	**7555409**	**0.198**	**2247862**	**22.96**
市　区	2566217	0.188	1250266	32.76
椒江区	2087266	0.425	1079926	34.11
黄岩区	290764	0.088	96021	24.79
路桥区	188187	0.035	37976	16.67
玉环县	4020005	0.619	1065540	20.95
三门县	139544	0.089	44134	23.93
天台县	129159	0.083	57560	30.83
仙居县	60722	0.054	29234	32.50
温岭市	339127	0.044	69107	16.98
临海市	300635	0.050	90336	23.08

17－114　各县市区规模以上工业取水情况

（2010 年）

单位：万立方米

地　　区	取水总量	地表水	地下水	自来水	海　水	其他水	外供水
全　　市	**61985.90**	**45370.97**	**523.03**	**11740.28**	**1773.62**	**2578.00**	**45781.95**
市　　区	37666.59	27904.33	108.16	7105.79	0.04	2548.27	29837.35
椒江区	8423.33	4289.09	47.90	4039.34	0.04	46.96	5629.21
黄岩区	22889.70	21556.72	26.87	1306.12			20969.38
路桥区	6353.56	2058.52	33.39	1760.33		2501.31	3238.75
玉 环 县	4609.73	2426.16	28.02	383.00	1772.25	0.30	2166.11
三 门 县	1830.44	1255.76	157.26	417.41			956.00
天 台 县	1929.15	1466.18	44.07	418.23		0.67	1353.16
仙 居 县	2111.38	1511.16	101.35	488.00		10.87	1251.18
温 岭 市	6562.31	5288.32	4.06	1267.13	0.93	1.88	5040.16
临 海 市	7276.31	5519.06	80.11	1660.72	0.40	16.02	5178.00

17－115　各县市区社会消费品零售总额

（2010 年）

单位：万元

地　　区	社会消费品零售总额	按行业分			按销售地区分		
		批发和零售业	住宿业	餐饮业	城　镇	#城　区	乡　村
全　　市	**9604506**	**8582807**	**110576**	**911123**	**7668419**	**4336503**	**1936088**
市　　区	4104622	3714492	63541	326589	3222016	2737410	882606
椒江区	1290855	1188200	39550	63105	962894	928025	327961
黄岩区	1062868	904294	13191	145383	855271	549939	207597
路桥区	1750899	1621998	10800	118101	1403851	1259446	347048
玉 环 县	756617	710971	11625	34021	612475		144142
三 门 县	375712	348858	6079	20774	303291		72421
天 台 县	496479	463898	4643	27939	401429		95050
仙 居 县	409210	358633	4291	46286	333791		75419
温 岭 市	2355278	1980359	5724	369195	1896389	863301	458889
临 海 市	1106588	1005596	14673	86319	899028	735791	207560

17－116　各县市区限额以上批发业企业销售情况

（2010 年）

单位：万元

地　　区	法人企业（个）	年　　末 从业人数（人）	销售额	批发额	零售额
全　　市	**391**	**14643**	**7224095**	**7051645**	**172450**
市　　区	223	8257	4794501	4706325	88177
椒江区	117	5161	3258946	3192657	66289
黄岩区	35	1175	738635	728732	9903
路桥区	71	1921	796920	784936	11985
玉 环 县	50	1814	775040	772289	2752
三 门 县	6	218	111853	111853	
天 台 县	6	119	64134	64134	
仙 居 县	5	849	115157	114576	581
温 岭 市	78	2419	1005830	950456	55374
临 海 市	23	967	357580	332013	25567

17－117　各县市区限额以上零售业企业销售情况

（2010 年）

单位：万元

地　　区	法人企业（个）	年　　末 从业人数（人）	销售额	批发额	零售额
全　　市	**236**	**17972**	**3600700**	**1006809**	**2593891**
市　　区	105	10017	2708832	907439	1801394
椒江区	34	5522	1668083	831597	836486
黄岩区	18	1487	234891	16153	218739
路桥区	53	3008	805858	59689	746169
玉 环 县	25	953	79195	18560	60635
三 门 县	6	150	9087		9087
天 台 县	13	604	37254	1851	35403
仙 居 县	11	226	22889	3531	19359
温 岭 市	45	2711	430787	46580	384207
临 海 市	31	3311	312655	28849	283806

17－118　各县市区限额以上住宿业企业经营情况

（2010 年）

单位:万元

地　区	法人企业（个）	年末从业人数（人）	营业额	#客房收入	#餐费收入	客房间数（间）	床位数（个）	餐位数（位）	年末餐饮营业面积（平方米）
全　市	**65**	**13420**	**160124**	**53377**	**98616**	**40659**	**98539**	**39520**	**147843**
市　区	24	5847	82881	24253	54804	34995	88889	16569	67390
椒江区	10	3716	54396	14970	36532	33348	86242	9244	38068
黄岩区	5	1075	14201	4724	9372	775	1263	3450	14611
路桥区	9	1056	14284	4559	8900	872	1384	3875	14711
玉 环 县	7	1494	17201	5127	11542	1034	1715	4720	16719
三 门 县	3	702	8755	2775	5765	524	816	2188	9191
天 台 县	7	689	6892	2965	3167	566	1224	3240	10800
仙 居 县	4	771	8406	3233	3559	577	1013	3244	10330
温 岭 市	9	1773	13677	6433	6060	1300	2136	3874	9979
临 海 市	11	2144	22311	8591	13721	1663	2746	5685	23434

17－119　各县市区限额以上餐饮业企业经营情况

（2010 年）

单位:万元

地　区	法人企业（个）	年末从业人数（人）	营业额	#客房收入	#餐费收入	客房间数（间）	床位数（个）	餐位数（位）	年末餐饮营业面积（平方米）
全　市	**55**	**5147**	**74313**	**6383**	**66076**	**1302**	**2106**	**27411**	**113542**
市　区	15	1791	30267	2290	27702	461	709	9616	44610
椒江区	7	1040	16749	1460	15014	271	438	4568	21300
黄岩区									
路桥区	8	751	13518	830	12688	190	271	5048	23310
玉 环 县	1	60	720		720			600	2000
三 门 县	2	105	1744	99	1645	68	90	380	500
天 台 县	4	414	7319		6105			2020	8300
仙 居 县	3	124	1085	357	703	170	327	1046	2435
温 岭 市	21	1634	17386	1301	15749	313	465	8503	33557
临 海 市	9	1019	15791	2336	13452	290	515	5246	22140

17－120　各县市区限额以上批发和零售业企业财务状况(一)

（2010 年）

单位:万元

地　　区	企业数（个）	流动资产合　　计	#存　货	固定资产原　　价	累　计折　旧	#本　年折　旧
全　　市	**627**	**3376232**	**607344**	**472496**	**150099**	**27219**
市　　区	328	2228153	416792	318754	102988	18702
椒江区	151	1426078	222036	229540	72353	11601
黄岩区	53	219672	50630	30837	11199	2492
路桥区	124	582403	144126	58377	19436	4609
玉 环 县	75	353981	54790	35241	11258	2261
三 门 县	12	67543	5685	6961	1861	394
天 台 县	19	31179	5333	5231	1794	260
仙 居 县	16	35003	5511	4198	1219	163
温 岭 市	123	457144	80998	74309	20523	3459
临 海 市	54	203229	38236	27803	10456	1980

17－121　各县市区限额以上批发和零售业企业财务状况(二)

（2010 年）

单位:万元

地　　区	资　产合　计	负　债合　计	所有者权　益	#实　收资　本	#国　家资　本	主营业务收　　入
全　　市	**4088065**	**3072624**	**1015441**	**539067**	**71820**	**9557706**
市　　区	2711821	1961403	750419	352075	67362	6635175
椒江区	1782911	1194376	588535	226930	62785	4305127
黄岩区	255197	200090	55107	35947	1415	862124
路桥区	673713	566937	106777	89198	3162	1467924
玉 环 县	411916	357670	54246	40164	427	740892
三 门 县	103791	69132	34660	14257	200	104142
天 台 县	36906	27120	9786	6766	300	89825
仙 居 县	40597	35810	4787	3809	200	123548
温 岭 市	530623	433772	96851	79254	1891	1287446
临 海 市	252411	187719	64693	42742	1439	576679

17－122　各县市区限额以上批发和零售业企业财务状况(三)

(2010年)

单位:万元

地　　区	主营业务成　本	主营业务税　金	主营业务利　润	其他业务利　润	营　业费　用	管　理费　用	#税　金
全　　市	**8902348**	**44372**	**610985**	**35909**	**263010**	**154446**	**7907**
市　　区	6167861	40426	426888	22694	160883	104120	5024
椒江区	3963791	37995	303340	14149	103277	68057	2660
黄岩区	817767	722	43636	4459	23641	13248	802
路桥区	1386303	1709	79912	4086	33965	22815	1562
玉 环 县	698659	1000	41233	483	17163	10592	692
三 门 县	100648	214	3280	1050	1226	1821	152
天 台 县	84025	123	5676	958	4427	2152	106
仙 居 县	100585	220	22743	206	18163	2797	45
温 岭 市	1221476	1143	64827	5788	38437	19846	1408
临 海 市	529095	1246	46338	4730	22711	13119	481

17－123　各县市区限额以上批发和零售业企业财务状况(四)

(2010年)

单位:万元

地　　区	财　务费　用	#利　息支　出	营　业利　润	利　润总　额	本年应付工资总额	本年应付福利费总　额	应　交增值税
全　　市	**44725**	**32985**	**184586**	**199468**	**105903**	**7120**	**91384**
市　　区	23351	15549	161227	164478	63938	5276	65897
椒江区	10783	6249	135371	137476	42188	3997	50848
黄岩区	2408	1562	8799	9801	7135	435	4900
路桥区	10160	7738	17057	17201	14615	844	10149
玉 环 县	9331	7773	4630	7806	7571	353	6485
三 门 县	1744	1605	－587	7473	761	39	1805
天 台 县	106	－45	－50	496	1544	97	524
仙 居 县	250	158	1740	1549	4919	124	1929
温 岭 市	6431	4928	5901	5773	15140	576	7554
临 海 市	3512	3017	11726	11894	12030	656	7191

17－124　各县市区限额以上住宿业和餐饮业企业财务状况(一)

(2010 年)

单位:万元

地　区	企业数(个)	流动资产合计	#存货	固定资产原价	累计折旧	#本年折旧
全　市	**120**	**188680**	**9946**	**264853**	**97876**	**14970**
市　区	39	65902	5017	113252	43748	5669
椒江区	17	30556	3549	79481	31596	4361
黄岩区	5	10084	597	20087	4651	565
路桥区	17	25262	871	13684	7501	743
玉环县	8	14721	421	28687	8499	920
三门县	5	27478	298	28974	5339	1410
天台县	11	12107	539	10309	6682	1053
仙居县	7	11881	305	14182	6271	917
温岭市	30	19765	2355	20298	9312	1610
临海市	20	36825	1009	49153	18025	3389

17－125　各县市区限额以上住宿业和餐饮业企业财务状况(二)

(2010 年)

单位:万元

地　区	资产合计	负债合计	所有者权益	#实收资本	#国家资本	主营业务收入
全　市	**446312**	**348901**	**97411**	**145941**	**2158**	**231896**
市　区	161041	116766	44276	57123	327	111649
椒江区	95187	69367	25820	42122	132	69445
黄岩区	30000	20004	9996	6813	195	14402
路桥区	35854	27395	8460	8188		27802
玉环县	42158	34522	7636	12378	1500	17914
三门县	52819	39167	13652	14230		10500
天台县	22698	22857	－159	8949		14187
仙居县	26259	25350	910	6356		8654
温岭市	40657	28888	11769	11977		30969
临海市	100680	81352	19328	34928	331	38023

17－126　各县市区限额以上住宿业和餐饮业企业财务状况(三)

(2010年)

单位:万元

地　区	主营业务成本	主营业务税金	主营业务利润	其他业务利润	营业费用	管理费用	#税金
全　市	**105322**	**12787**	**113787**	**3236**	**64815**	**47340**	**2047**
市　区	50021	6321	55306	1738	30995	20750	1210
椒江区	29670	3875	35900	1494	20721	14613	744
黄岩区	6734	801	6866	115	2855	3153	147
路桥区	13617	1645	12540	129	7419	2984	319
玉环县	8088	907	8919	7	5788	3434	163
三门县	4366	484	5649	413	2464	3251	145
天台县	6741	812	6633	127	3858	3125	41
仙居县	3212	502	4940	779	2950	2192	90
温岭市	15407	1707	13856	94	7857	6766	236
临海市	17486	2053	18483	77	10905	7824	162

17－127　各县市区限额以上住宿业和餐饮业企业财务状况(四)

(2010年)

单位:万元

地　区	财务费用	#利息支出	营业利润	利润总额	本年应付工资总额	本年应付福利费总额
全　市	**10173**	**6863**	**－5306**	**－4362**	**36883**	**1581**
市　区	2297	1360	3003	3872	16738	732
椒江区	1753	1097	307	－320	11888	514
黄岩区	165	41	808	2267	1930	34
路桥区	379	222	1888	1925	2920	184
玉环县	724	520	－1020	－971	3352	113
三门县	2219	1438	－1871	－1861	1545	37
天台县	874	794	－1097	－1102	2309	86
仙居县	837	82	－259	－219	1201	110
温岭市	343	121	－1015	－914	5234	336
临海市	2879	2549	－3047	－3167	6505	168

17－128 各县市区商品市场基本情况

(2010年)

地　　区	市场数(个)	#消费品市场	#生产资料市场	市场成交额(亿元)
全　　市	**488**	**404**	**83**	**1019.87**
市　　区	162	126	36	494.38
椒江区	40	34	6	97.00
黄岩区	44	36	8	53.43
路桥区	76	54	22	342.98
市直属分局	2	2		0.97
玉环县	44	40	4	27.10
三门县	19	17	2	7.30
天台县	22	20	2	11.83
仙居县	18	16	2	5.00
温岭市	151	125	26	434.41
临海市	72	60	11	39.85

17－129 各县市区外贸进出口总额

(2010年)

单位:万美元

地　　区	进出口总额	出口额	#欧盟	#中东	#东盟	进口额
全　　市	**1700137**	**1396259**	**424608**	**131404**	**82386**	**303878**
市　　区	787554	543002	152784	42759	45680	244552
椒江区	211139	155048	36672	10080	21903	56091
黄岩区	154229	139145	44643	9076	6582	15084
路桥区	281062	148179	48801	14664	9658	132883
市直公司	43457	32135	9539	2802	2424	11322
台州经济开发区	97667	68495	13129	6137	5113	29172
玉环县	295945	273858	94443	39515	10334	22086
三门县	51152	48487	12316	4249	1611	2665
天台县	47767	44082	13326	4710	3928	3685
仙居县	40570	40188	14749	858	1726	382
温岭市	281324	266525	59089	35862	13818	14799
临海市	195826	180117	77900	3450	5289	15709

17－130 各县市区进出口贸易情况

(2010年)

单位:万美元

地区	出口额				进口额			
	一般贸易	加工贸易	来料加工装配贸易	进料加工装配贸易	一般贸易	加工贸易	来料加工装配贸易	进料加工装配贸易
全市	**1251568**	**144160**	**849**	**143311**	**260365**	**41677**	**248**	**41429**
市区	477985	64678	500	64177	225305	17578	42	17534
椒江区	117651	37240	387	36853	45045	10235		10235
黄岩区	125066	14002	25	13977	10022	4755	8	4747
路桥区	142660	5516	1	5515	130994	1861		1860
市直公司	31796	339	10	328	11268	48	4	43
台州经济开发区	60812	7581	77	7504	27976	679	30	649
玉环县	256849	16840		16840	11458	10526		10526
三门县	43642	4844	345	4499	1454	1206	202	1004
天台县	40057	4024		4024	2244	1438		1438
仙居县	39417	771	1	770	317	60	1	59
温岭市	245598	20926	1	20924	9266	5507	2	5505
临海市	148020	32079	2	32077	10321	5363	1	5362

17－131 各县市区利用外资情况

(2010年)

单位:万美元

地区	年末实有企业数(个)	总投资		合同外资		实际利用外资	
		本年	累计	本年	累计	本年	累计
全市	**785**	**16765**	**390889**	**11842**	**171954**	**13206**	**166406**
市区	271	3180	151658	2559	71494	4581	75469
椒江区	57	3429	32684	837	14190	1201	15069
黄岩区	64	57	29024	41	14458	43	14122
路桥区	98	－193	51357	1730	25462	3337	29935
台州经济开发区	52	－113	38593	－49	17384		16343
玉环县	113	5945	47815	2190	20943	2271	21114
三门县	32	2739	14627	2661	7511	1088	5744
天台县	34	3366	26216	1128	10256	557	6137
仙居县	63	596	9689	1447	4660	780	3834
温岭市	133	3595	71382	2220	27220	1207	25860
临海市	139	－2656	69502	－363	29869	2722	28248

注:总投资、合同外资的累计数不包括已撤消企业的数据。

17－132　各县市区国际国内旅游情况

（2010 年）

单位:万人次

年　　份	旅游总人数	国内旅游人数	国际旅游入境人数	旅游总收入（亿元）	国内旅游收入（亿元）	国际旅游（外汇）收入（万美元）
全　　市	**3295.95**	**3285.66**	**10.29**	**273.23**	**269.42**	**5629.35**
市　　区	1055.12	1051.64	3.48	87.46	86.23	1811.97
其中:椒江区	658.94	656.92	2.02	54.63	53.87	1120.88
黄岩区	166.88	166.06	0.82	13.78	13.62	244.71
路桥区	224.33	223.69	0.64	18.64	18.34	446.38
玉 环 县	289.77	287.91	1.86	23.96	23.61	522.71
三 门 县	132.55	132.01	0.54	11.12	10.82	433.56
天 台 县	335.74	334.98	0.76	27.69	27.47	323.17
仙 居 县	247.51	246.17	1.34	20.52	20.19	495.65
温 岭 市	639.44	638.53	0.91	53.19	52.36	1225.17
临 海 市	595.82	594.42	1.40	49.30	48.74	817.12

17－133　各县市区地方财政收入及分类(一)

（2010 年）

单位:万元

地　　区	一般预算收入合计	增值税	营业税	企业所得税	个人所得税	资源税	城市维护建设税
全　　市	**1648845**	**293775**	**432931**	**224035**	**115832**	**3440**	**104067**
市　　区	723612	116190	193281	110070	46154	823	50061
椒江区	226478	34185	61656	25105	12303		15899
黄岩区	166018	37489	38571	21078	10506	243	13339
路桥区	225550	37819	55996	46949	13703	580	13044
市本级	105566	6697	37058	16938	9642		7779
玉 环 县	182530	55838	38050	21571	11491	272	11632
三 门 县	80734	11266	31025	7003	6336	862	3835
天 台 县	78081	12278	23905	8568	4346	121	4032
仙 居 县	56698	11370	12752	6202	4268	111	2773
温 岭 市	305918	48413	76737	42636	29935	434	17535
临 海 市	221272	38420	57181	27985	13302	817	14199

17－134　各县市区地方财政收入及分类(二)

(2010 年)

单位:万元

地　　区	房产税	印花税	城镇土地使用税	土地增值税	车船税	耕地占用税	契　税
全　　市	**47562**	**25590**	**57364**	**55868**	**14941**	**25612**	**153125**
市　　区	19798	11473	22614	23380	7950	11484	71820
椒江区	5985	3064	6516	7274	2707	2310	37714
黄岩区	6569	2298	8140	4664	1476	2673	13597
路桥区	4386	4191	6239	8004	2504	6501	17321
市本级	2858	1920	1719	3438	1263		3188
玉 环 县	6747	3571	4260	3630	1227	2915	9544
三 门 县	1772	1210	3444	2854	356	1130	3837
天 台 县	2537	1014	2119	3820	690	971	7526
仙 居 县	1475	833	1374	938	601	731	5925
温 岭 市	8934	4592	12013	15469	2598	4723	32005
临 海 市	6299	2897	11540	5777	1519	3658	22468

17－135　各县市区地方财政收入及分类(三)

(2010 年)

单位:万元

地　　区	专项收入	行政事业性收费收入	罚没收入	国有资本经营收入	国有资源(资产)有偿使用收入	其他收入	基金收入	
							政府性基金	社会保险基金
全　　市	**55462**	**1074**	**81517**	**－55067**	**11563**	**154**	**2609206**	**454220**
市　　区	25455		36290	－27629	4244	154	1256820	171714
椒江区	5915		9926	－4806	725		583369	45238
黄岩区	5786		9614	－10306	127	154	76153	56976
路桥区	6854		9642	－8918	735		253245	37093
市本级	6900		7108	－3599	2657		344053	32407
玉 环 县	7233		6998	－4000	1551		181931	50206
三 门 县	2537	537	4913	－4500	2317		103104	23939
天 台 县	2631		5814	－2413	122		97567	34174
仙 居 县	2023		5003		319		89819	22844
温 岭 市	8870	537	11317	－13025	2195		657440	81704
临 海 市	6713		11182	－3500	815		222525	69639

17－136　各县市区地方财政支出及分类(一)

(2010年)

单位:万元

地　区	一般预算支出合计	一般公共服务支出	国防支出	公共安全支出	教育支出	科学技术支出	文化体育与传媒支出	社会保障和就业支出
全　市	**2227592**	**381781**	**4218**	**194623**	**515679**	**57589**	**38206**	**139781**
市　区	880252	152383	1956	86486	175238	30915	15748	37813
椒江区	184321	33078	342	16526	42917	7805	2830	7932
黄岩区	183081	33098	920	17783	47377	6594	2368	8625
路桥区	178734	29675	50	19888	47221	5854	2515	12814
市本级	334116	56532	644	32289	37723	10662	8035	8442
玉环县	220746	47821	155	19220	48460	6677	3450	12777
天台县	169988	30350	376	13967	47838	2983	3500	11202
三门县	159201	31211	649	16518	37089	1934	3154	9581
仙居县	146619	22315	223	11546	36419	2142	2464	7875
温岭市	340441	52081	236	23662	85057	4263	3882	32473
临海市	310345	45620	623	23224	85578	8675	6008	28060

17－137　各县市区地方财政支出及分类(二)

(2010年)

单位:万元

地　区	医疗卫生支出	环境保护支出	城乡社区事务支出	农林水事务支出	交通运输支出	工业商业金融等事务支出	其他支出	基金支出	
								政府性基金	社会保险基金
全　市	**138565**	**50134**	**83846**	**260585**	**130805**	**109854**	**121926**	**2355339**	**294268**
市　区	38602	22497	29970	81503	64780	47040	95321	1243138	113315
椒江区	12161	1888	8514	26337	7229	10737	6025	546282	37420
黄岩区	8073	4361	6131	22683	12934	8206	3928	85791	28703
路桥区	10392	10301	4228	15094	7525	9336	3841	276429	21315
市本级	7976	5947	11097	17389	37092	18761	81527	334636	25877
玉环县	14577	3160	14582	26833	9292	8916	4826	154961	24723
天台县	11645	3811	3653	18956	12078	8709	920	96153	19190
三门县	15560	4366	5566	16192	6994	7485	2902	92670	15780
仙居县	15391	6475	6713	15893	11645	4512	3006	61965	16610
温岭市	22610	5698	9275	61357	13232	15640	10975	496081	53964
临海市	20180	4127	14087	39851	12784	17552	3976	210371	50686

17－138 各县市区全部金融机构年末存贷款余额(一)

(2010年)

单位:万元

地区	本外币存款余额	人民币存款余额合计	企业存款	活期存款	定期存款	财政存款
全市	**35884773**	**35627957**	**9826980**	**6060157**	**3766824**	**740658**
市区	17338119	17220131	5607725	3489281	2118444	242509
其中:椒江区	4002108	3984327	1583779	933911	649868	221349
黄岩区	3730945	3696668	954356	627228	327127	14357
路桥区	5418172	5394195	1827546	1345327	482218	517
市本级	3823050	3781167	1231895	574376	657520	6286
玉环县	3006068	2956042	708692	486137	222554	21013
三门县	1144078	1137507	255466	201486	53981	49818
天台县	1489140	1481802	385399	250373	135025	29300
仙居县	1487344	1477317	232989	148021	84968	56447
温岭市	7196842	7161274	1407300	814667	592633	260239
临海市	4223181	4193883	1229410	670191	559219	81333

17－139 各县市区全部金融机构年末存贷款余额(二)

(2010年)

单位:万元

地区	机关团体存款	城乡居民储蓄存款	活期存款	定期存款	农业存款	委托存款	其他存款
全市	**4056076**	**17250805**	**8220345**	**9030461**	**992081**	**6056**	**2755301**
市区	1836721	7419296	2953604	4465693	322684	4542	1786655
其中:椒江区	362093	1312823	474788	838035	115226	6985	382073
黄岩区	414945	2023423	622711	1400712	84401		205186
路桥区	328291	2588516	1196979	1391537	123049	－3048	529325
市本级	731374	1140928	482462	658466	9	605	670070
玉环县	348426	1516294	990784	525510	103081	500	258036
三门县	195885	534272	312609	221663	49612	－22	52476
天台县	135312	784354	496458	287896	76382	10	71047
仙居县	275475	817547	351794	465753	53412		41446
温岭市	857967	4146191	2211260	1934930	169505	826	319247
临海市	406291	2032851	903836	1129015	217405	200	226394

17－140　各县市区全部金融机构年末存贷款余额(三)

(2010 年)

单位:万元

地　　区	本外币贷款余额	人民币贷款余额合　计	短　期贷　款	个人贷款及透支	个人消费透支
全　　市	**30558214**	**29405118**	**19324859**	**9824346**	**2796565**
市　　区	15170196	14565173	9721868	4793652	1476605
其中:椒江区	3251827	3153748	2008278	805444	119874
黄岩区	2627191	2604510	1763681	707065	105939
路桥区	5116892	4945230	4109421	2784789	962181
市本级	4103787	3791186	1800805	456671	288512
玉 环 县	2957203	2876679	1803813	666567	125405
三 门 县	1564804	1218086	605761	290453	66500
天 台 县	1372418	1368871	800368	502185	175629
仙 居 县	990220	988405	673386	375770	108764
温 岭 市	5485236	5424161	3957490	2430252	627046
临 海 市	3018138	2963742	1762173	765466	216616

17－141　各县市区全部金融机构年末存贷款余额(四)

(2010 年)

单位:万元

地　　区	在短期贷款中				中长期贷　款	个　人贷　款	个人消费贷款
	单位普通贷款及透支	经营性贷　款	固定资产贷款	贸　易融　资			
全　　市	**8942256**	**8810697**	**123802**	**558258**	**9845344**	**5882999**	**5156958**
市　　区	4681618	4625995	51795	246598	4707809	2571708	2256985
其中:椒江区	1165402	1150552	14850	37433	1121813	639798	538267
黄岩区	1028046	1025346	2700	28570	833742	399926	349981
路桥区	1272173	1254324	14145	52459	799775	400995	346974
市本级	1215997	1195773	20100	128137	1921663	1100172	991973
玉 环 县	1066010	1042360	23650	71235	1049026	653847	552480
三 门 县	285749	283749		29560	600165	304725	240153
天 台 县	281720	268920	12800	16462	564492	486586	465056
仙 居 县	285382	255855	29527	12234	307421	208302	198973
温 岭 市	1430719	1426761	2030	96519	1428631	953508	907665
临 海 市	911057	907056	4000	85650	1187799	704322	535645

17－142　各县市区全部金融机构年末存贷款余额(五)

(2010年)

单位:万元

地区	在中长期贷款中			银团贷款	票据融资	各项垫款
	普通单位贷款	经营性贷款	固定资产贷款			
全　市	**3960605**	**542139**	**3418466**	**1740**	**196910**	**38004**
市　区	2136101	303843	1832258		99787	35709
其中:椒江区	482014	40110	441904		17686	5971
黄岩区	433816	61071	372744		5501	1586
路桥区	398780	68544	330236		30118	5916
市本级	821491	134118	687373		46482	22236
玉环县	395179	38239	356940		23329	511
三门县	295440	36535	258905		12159	
天台县	77905	4300	73605		4011	
仙居县	99119	38829	60290		7599	
温岭市	473384	51495	421889	1740	36683	1356
临海市	483477	68898	414579		13342	427

17－143　各县市区财产和人寿保险业务收支情况

(2010年)

单位:万元

地区	保费收入			赔款、给付			
	合计	财产险	人身险	合计	财产险赔款支出	人身险赔款支出	人身险给付
全　市	**729151**	**294241**	**434910**	**184306**	**139505**	**16462**	**28339**
市　区	370115	158287	211828	99590	75276	7964	16350
椒江区	51309	33618	17691	16702	15857	683	162
黄岩区	81297	29888	51409	17972	14702	1248	2022
路桥区	85916	47932	37984	25874	22744	1837	1293
市本级	151593	46849	104744	39042	21973	4196	12873
玉环县	56780	26276	30504	14139	11197	865	2077
三门县	19378	9283	10095	6078	4736	874	468
天台县	40066	15280	24786	9574	6880	914	1780
仙居县	37492	13294	24198	8553	6225	991	1337
温岭市	134662	44965	89697	30147	23033	3268	3846
临海市	70658	26856	43802	16225	12158	1586	2481

17－144　各县市区基本养老保险基本情况

（2010 年）

地　　区	期末参保人数（人）	职工参保人数	离退休参保人数	收缴保险基金（万元）	支付养老金（万元）	月人均养老金（元）
全　　市	**1138364**	**1021004**	**117360**	**314867**	**206125**	**1523**
市　　区	430278	383396	46882	122098	80034	1504
椒江区	134603	115178	19425	33452	33481	1537
黄岩区	141711	126668	15043	38936	25597	1484
路桥区	107255	97248	10007	32486	16636	1435
市本级	46709	44302	2407	17224	4320	1669
玉 环 县	118433	109204	9229	32128	15453	1434
三 门 县	55130	48760	6370	16036	11509	1619
天 台 县	73315	64925	8390	23300	15059	1550
仙 居 县	58278	51466	6812	17629	12589	1583
温 岭 市	210939	193173	17766	56817	33280	1591
临 海 市	191991	170080	21911	46859	38201	1489

17－145　各县市区基本医疗和失业保险基本情况

（2010 年）

地　　区	基本医疗保险					失业保险		
	期末参保人数（人）	职工参保人数	离退休参保人数	收缴保险基金（万元）	支付保险基金（万元）	期末参保人数（人）	收缴保险基金（万元）	支付保险基金（万元）
全　　市	**744828**	**604216**	**140612**	**88734**	**53600**	**627233**	**27061**	**7639**
市　　区	293903	245314	48589	35324	18813	262399	11310	3332
椒江区	94380	75131	19249			79883	2695	962
黄岩区	84170	67029	17141			86716	3631	842
路桥区	62040	53974	8066			67625	2568	1164
市本级	53313	49180	4133	35324	18813	28175	2416	364
玉环县	67169	56697	10472	10912	5303	54560	2837	578
三门县	37238	30866	6372	4689	3078	22689	945	348
天台县	51170	42756	8414	7350	4571	34070	1033	566
仙居县	42249	25734	16515	4461	3495	31647	1184	435
温岭市	130441	105063	25378	12953	10526	110843	5367	447
临海市	122658	97786	24872	13045	7814	111025	4383	1932

17－146　各县市区工伤与生育保险基本情况

（2010 年）

地　　区	工伤保险			生育保险		
	期末参保人数（人）	收缴保险基金（万元）	支付保险基金（万元）	期末参保人数（人）	收缴保险基金（万元）	支付保险基金（万元）
全　　市	**1809065**	**23439**	**15435**	**345769**	**5373**	**4110**
市　　区	636714	8380	4242	148609	2031	1661
椒江区	181062	1953	1060	54799	647	486
黄岩区	203440	2732	1069	29985	324	235
路桥区	198848	2780	1639	21351	230	189
市本级	53364	915	474	42474	830	751
玉 环 县	221272	2979	3026	33800	886	521
三 门 县	87310	1314	760	14620	185	102
天 台 县	82162	915	624	16624	220	151
仙 居 县	96123	1132	885	11300	95	45
温 岭 市	421309	5610	4445	45211	425	294
临 海 市	264175	3109	1453	75605	1531	1336

17－147　各县市区失地农民养老保险与新型农村合作医疗保险情况

（2010 年）

地　　区	失地农民养老保险			新型农村合作医疗保险		
	期末参保人数（人）	收缴保险基金（万元）	支付保险基金（万元）	期末参保人数（人）	收缴保险基金（万元）	支付保险基金（万元）
全　　市	**254778**	**100783**	**68708**	**4312647**	**81225**	**80618**
市　　区	95769	50716	18605	1108070	23099	22208
椒江区	18617	15227	3761	321224	6714	6484
黄岩区	33608	11548	8361	442000	9262	9749
路桥区	15491	10873	2404	344846	7123	5975
市本级	28053	13068	4079			
玉 环 县	17646	4786	6532	213253	3769	3460
三 门 县	4471	6519	1981	349823	7002	6805
天 台 县	48128	12906	15197	408878	9106	8713
仙 居 县	9276	3560	784	382586	7136	7809
温 岭 市	55940	20051	22423	1006728	15769	20812
临 海 市	23548	2245	3186	843309	15344	10810

17－148　各县市区分经济类型在岗职工工资总额

（2010 年）

单位:万元

地　　区	在岗职工工资总额	国　　有经济单位	城镇集体经济单位	其　　他经济单位
全　　市	**2551521**	**1088049**	**95756**	**1367716**
市　　区	1140013	398998	27880	713136
椒江区	596051	219672	5444	370936
黄岩区	264818	109078	11820	143919
路桥区	279144	70248	10616	198280
玉 环 县	198213	97840	12839	87533
三 门 县	103041	60225	1889	40927
天 台 县	164593	91157	3098	70338
仙 居 县	181450	69073	1366	111011
温 岭 市	392752	186498	17024	189230
临 海 市	371459	184258	31661	155541

17－149　各县市区分经济类型在岗职工平均工资

（2010 年）

单位:元

地　　区	在岗职工平均工资	国　　有经济单位	城镇集体经济单位	其　　他经济单位
全　　市	**40562**	**65978**	**37238**	**31197**
市　　区	39107	69413	37208	31480
椒江区	41620	71629	45402	33314
黄岩区	35726	68521	29048	26584
路桥区	37633	64477	47714	32476
玉 环 县	40251	64683	70973	27093
三 门 县	38023	60876	38083	24491
天 台 县	40028	55863	29225	29627
仙 居 县	37987	58437	42303	31162
温 岭 市	47583	70486	26612	38086
临 海 市	41383	66249	38909	28905

17－150　各县市区分行业在岗职工工资总额(一)

(2010年)

单位:万元

地　　区	在岗职工工资总额	农林牧渔　业	采矿业	制造业	电力燃气及水的生产和供应业	建筑业	交通运输仓储和邮政业	信息传输计算机服务和软件业	批发和零售业	住宿和餐饮业
全　　市	**2551521**	**16076**	**410**	**589414**	**86255**	**482861**	**56448**	**30045**	**71584**	**16608**
市　　区	1140013	1335		353859	35271	170184	27560	19337	35709	6959
椒江区	596051	571		216150	24242	40777	22921	19321	26408	5760
黄岩区	264818	465		61617	7616	68349	2420	16	5908	888
路桥区	279144	300		76091	3414	61058	2220		3392	311
玉 环 县	198213	96		61616	7085	8392	4146	1325	5178	3236
三 门 县	103041	2175		3098	3852	29356	1737	801	1568	429
天 台 县	164593	244		18531	6903	39668	3567	1190	2077	1036
仙 居 县	181450	2463	410	37687	5549	58891	3190	901	6439	912
温 岭 市	392752	9138		46928	8467	97263	4719	3783	8614	152
临 海 市	371459	624		67696	19128	79108	11528	2709	11999	3884

17－151　各县市区分行业在岗职工工资总额(二)

(2010年)

单位:万元

地　　区	金融业	房　地产　业	租赁和商　务服务业	科学研究技术服务和地质勘查业	水利环境和公共设施管理业	居民服务和其他服务业	教　育	卫生社会保障和社会福利业	文　化体育和娱乐业	公共管理和社会组织
全　　市	**214778**	**31356**	**34294**	**32644**	**20350**	**4450**	**369388**	**168115**	**18179**	**308267**
市　　区	125291	15601	11809	16877	9046	2462	113676	59959	7824	127255
椒江区	60094	10002	6008	9196	1511	1715	50047	25527	4538	71265
黄岩区	10754	3739	2056	7047	4269	53	36203	20092	2264	31062
路桥区	54444	1860	3745	634	3266	694	27427	14340	1022	24928
玉 环 县	12250	2060	3589	1344	1009	229	30605	15487	779	39788
三 门 县	4686	1466	599	1228	836	146	23108	6525	1315	20116
天 台 县	8005	2558	3394	4071	2315	112	34777	12065	1677	22405
仙 居 县	7618	1388	1230	1730	963	343	21187	10910	1361	18279
温 岭 市	41450	4643	12281	4294	3800	576	71577	34171	2434	38463
临 海 市	15477	3639	1393	3100	2381	582	74458	28999	2789	41962

17－152　各县市区分行业在岗职工平均工资(一)

(2010年)

单位:元

地　　区	在岗职工平均工资	农林牧渔　业	采矿业	制造业	电力燃气及水的生产和供应业	建筑业	交通运输仓储和邮政业	信息传输计算机服务和软件业	批发和零售业	住宿和餐饮业
全　　市	**40562**	**40099**	**21677**	**27143**	**86246**	**28347**	**49295**	**76122**	**37779**	**20013**
市　　区	39107	21469		27165	84623	26422	54199	78511	34947	20165
椒江区	41620	15638		28583	88087	27530	57736	78669	35348	20520
黄岩区	35726	21812		23697	77159	26382	36551	23143	33455	17875
路桥区	37633	68182		26570	79569	25774	48996		34579	21122
玉 环 县	40251	48100		25343	91658	25980	50628	78391	37441	22999
三 门 县	38023	39264		30254	102180	20682	36809	65639	67013	15838
天 台 县	40028	29707		33108	72431	24774	43655	53590	46880	19516
仙 居 县	37987	44865	21677	25177	69019	34369	61700	68258	45959	13234
温 岭 市	47583	47030		29533	96654	34186	38363	81874	46639	17112
临 海 市	41383	26126		26975	93309	29397	45911	71862	35065	20871

17－153　各县市区分行业在岗职工平均工资(二)

(2010年)

单位:元

地　　区	金融业	房　地产　业	租赁和商　务服务业	科学研究技术服务和地质勘查业	水利环境和公共设施管理业	居民服务和其他服务业	教　育	卫生社会保障和社会福利业	文　化体育和娱乐业	公共管理和社会组织
全　　市	**95806**	**44070**	**31634**	**56910**	**36378**	**33455**	**68542**	**62265**	**52768**	**65122**
市　　区	91534	45939	40652	58479	44452	26224	70999	63081	52441	70787
椒江区	100593	50388	43287	64439	49212	20178	72933	68473	51395	74599
黄岩区	91989	36693	42658	53106	44197	29389	70106	64605	55904	70212
路桥区	83183	47446	36183	48053	42857	97803	68825	53767	50093	62321
玉 环 县	89877	45377	39306	54185	31921	55878	73304	64906	35734	56710
三 门 县	84438	41775	43399	64632	50673	48600	68896	45407	51553	59566
天 台 县	90451	50648	24664	49407	30338	43038	61142	52525	43105	60408
仙 居 县	100501	43237	35238	50288	31474	72894	56726	57940	43772	54924
温 岭 市	112392	41274	25954	52300	23678	53832	72778	79838	69134	73853
临 海 市	104506	37791	32535	73291	58938	41550	67116	55639	65166	62425

17－154　各县市区城镇居民家庭人均全年家庭收支情况(一)

(2010 年)

单位:元

地　　区	家　庭 总收入	# 可支配 收　入	工资性 收　入	工 资 及 补贴收入	其他劳 动收入	经营净 收　入	财产性 收　入	转移性 收　入
全　　市	**28995**	**27212**	**17428**	**17228**	**200**	**4045**	**1432**	**6090**
市　　区	30555	28583	17265	17005	260	6840	1384	5066
椒江区	30299	27485	18939	18837	102	4354	1283	5723
黄岩区	27368	25946	15655	15480	175	2848	1210	7655
路桥区	34410	33010	17410	17310	100	10934	1958	4108
玉 环 县	34736	32930	18600	17933	667	4653	2250	9233
三 门 县	24096	22125	15845	15782	63	3566	889	3796
天 台 县	23268	22066	14303	13895	408	3264	841	4860
仙 居 县	22029	20531	16446	16427	19	2111	509	2963
温 岭 市	30050	28307	18937	18891	45	3086	1515	6512
临 海 市	26865	25317	16840	16506	334	1796	1561	6668

17－155　各县市区城镇居民家庭人均全年家庭收支情况(二)

(2010 年)

单位:元

地　　区	家　庭 总支出	# 消　费 支　出	# 服务性 支　出	# 转移性 支　出	# 赡　养 支　出	# 捐　赠 支　出	# 社会保 障支出
全　　市	**24180**	**17933**	**5102**	**2280**	**318**	**1412**	**1407**
市　　区	27164	19626	5680	1895	198	995	1450
椒江区	28177	20719	6155	2546	815	1095	2311
黄岩区	19437	16641	4403	1474	183	776	1065
路桥区	23045	19597	6123	1970	154	981	1037
玉 环 县	28049	21281	5838	3505	127	2316	1344
三 门 县	22518	14353	3951	2254	77	1598	1361
天 台 县	18045	14655	3947	2252	92	1724	890
仙 居 县	16910	14408	3565	1097	115	703	1240
温 岭 市	20031	16642	4850	1652	107	1219	1361
临 海 市	26385	18161	5076	3330	617	2316	1347

17-156 各县市区农村居民人均收入情况

（2010年）

单位：元

地区	农村居民人均纯收入	工资性收入	家庭经营收入				财产性收入	转移性收入
				第一产业	第二产业	第三产业		
全市	**11307**	**4828**	**5127**	**1666**	**1708**	**1753**	**688**	**664**
市区	12667	4827	5655	1014	2596	2045	1476	709
椒江区	12550	3529	6140	1248	2356	2536	2430	451
黄岩区	11217	6144	3575	681	1517	1377	629	870
路桥区	14037	4968	6973	1068	3767	2138	1270	825
玉环县	14161	7109	5510	1950	1486	2074	955	588
三门县	8852	3447	4489	2059	535	1894	209	707
天台县	8683	3465	3905	1949	1055	901	246	1067
仙居县	8022	3850	3634	2668	183	784	143	395
温岭市	12947	4821	6635	1459	2174	3002	644	847
临海市	10851	5793	4549	1880	1849	821	175	334

17-157 各县市区农村居民人均支出情况

（2010年）

单位：元

地区	农村居民人均总支出	#家庭经营费用支出	#购置生产性固定资产支出	#生活消费支出	#财产性支出	#转移性支出
全市	**11765**	**2367**	**380**	**8086**	**69**	**846**
市区	13352	2749	312	9211	95	971
椒江区	13415	1145	283	10725	65	1194
黄岩区	9477	1207	597	6747	21	890
路桥区	16645	5666	94	9848	192	822
玉环县	19150	4305	1582	12416	4	807
三门县	8393	1143	125	6412	170	534
天台县	12576	4548	523	6303	2	1135
仙居县	6709	778	5	5264	183	478
温岭市	11254	1436	383	8452	19	946
临海市	9324	1723	45	6752	3	798

17－158 各县市区农村居民人均生活消费支出情况

（2010 年）

单位：元

地 区	农村居民人均生活消费支出	食品消费支出	衣着消费支出	居住消费支出	家庭设备及用品消费支出	交通通讯消费支出	文化教育及娱乐消费支出	医疗消费支出	其他商品和服务消费支出
全 市	**8086**	**2980**	**547**	**1509**	**388**	**953**	**854**	**660**	**195**
市 区	9211	3474	680	1842	373	1175	869	518	280
椒江区	10725	3546	751	3120	436	1199	870	450	351
黄岩区	6747	2890	479	1338	346	723	471	361	141
路桥区	9848	3910	783	1019	330	1543	1213	719	329
玉环县	12416	4532	798	2344	570	1219	1555	1112	283
三门县	6412	2244	385	1105	337	905	811	514	111
天台县	6303	2159	394	1710	311	508	487	675	59
仙居县	5264	1715	297	1184	322	637	490	567	51
温岭市	8452	3505	574	955	442	1129	594	1002	249
临海市	6752	2313	455	1193	376	681	1112	463	157

17－159 各县市区城市和县城建设基本情况

（2010 年）

年 份	全年供水总量（万吨）	排水管道长度（公里）	铺设道路面积（万平方米）	绿化覆盖面积（公顷）	园林绿地面积（公顷）	公园绿地面积（公顷）	人均公园绿地面积（平方米）
全 市	**24205**	**3205**	**4444**	**10396**	**9502**	**2158**	**10.14**
市 区	13227	1567	2341	5306	5173	1073	10.61
椒江区	5697	585	1220	2097	2035	470	10.74
黄岩区	4291	688	712	1441	1452	350	10.98
路桥区	3239	294	408	1768	1686	253	9.94
玉环县	1432	391	204	798	717	178	9.34
三门县	1025	175	311	260	236	96	9.70
天台县	1601	134	234	338	316	95	7.21
仙居县	1254	126	190	377	342	102	8.33
温岭市	2690	317	584	1717	1164	283	10.48
临海市	2976	495	582	1600	1554	331	10.86

17－160 各县市区中等职业学校基本情况

（2010 年）

单位：人

地区	学校数（所）	招生数	在校学生数	毕业生数	教职工数	#专任教师
全市	**50**	**30373**	**74016**	**18264**	**3907**	**3347**
市区	15	7909	19791	4989	1089	923
椒江区	4	2790	7091	1820	369	327
黄岩区	8	2853	7363	1891	506	406
路桥区	3	2266	5337	1278	214	190
玉环县	8	1730	4073	1429	279	249
三门县	1	1820	4833	1161	282	259
天台县	5	3418	9073	2225	445	393
仙居县	3	2447	5101	1390	273	247
温岭市	7	5577	12306	2347	546	469
临海市	11	7472	18839	4723	993	807

注：中等职业学校包括普通中专、成人中专、职业高中。

17－161 各县市区普通中学基本情况

（2010 年）

单位：人

地区	学校数（所）	招生数	在校学生数	毕业生数	教职工数	#专任教师
全市	**258**	**96088**	**286837**	**92150**	**22531**	**20157**
市区	71	27762	83249	25807	6352	5623
椒江区	20	8765	26204	8713	2056	1821
黄岩区	30	9057	27771	8853	2012	1814
路桥区	16	8244	24925	7316	1914	1726
台州经济开发区	5	1696	4349	925	370	262
玉环县	21	6506	18389	5369	1679	1481
三门县	17	5411	16452	5856	1428	1224
天台县	30	10130	29927	9011	2552	2374
仙居县	24	8681	25628	8347	1814	1573
温岭市	48	18139	53799	17980	4548	4135
临海市	47	19459	59393	19780	4158	3747

17－162　各县市区小学基本情况

（2010 年）

单位：人

地　　区	学校数（所）	招生数	在校学生数	毕业生数	教职工数	#专任教师
全　　市	**561**	**82428**	**430476**	**65150**	**21942**	**20510**
市　　区	133	24730	128360	19447	6331	5856
椒江区	46	7064	37303	5957	2154	1974
黄岩区	38	7705	40752	6397	2027	1936
路桥区	43	8444	43516	6210	1863	1722
台州经济开发区	6	1517	6789	883	287	224
玉 环 县	39	6338	32611	4455	1792	1545
三 门 县	43	5541	25493	3805	1561	1464
天 台 县	62	6140	35271	6435	2008	1915
仙 居 县	58	7482	37753	5700	1864	1765
温 岭 市	98	18045	90246	12853	4267	4002
临 海 市	128	14152	80742	12455	4119	3963

17－163　各县市区幼儿教育基本情况

（2010 年）

单位：人

地　　区	幼儿园数（所）	班数（个）	在园幼儿数	教职工数	#专任教师
全　　市	**1291**	**8226**	**259760**	**18521**	**11075**
市　　区	273	2535	72944	6615	4067
椒江区	45	698	19270	1964	1133
黄岩区	94	723	22350	1694	1061
路桥区	93	893	25556	2334	1519
台州经济开发区	41	221	5768	623	354
玉 环 县	193	1075	31514	2779	1564
三 门 县	91	490	17101	929	548
天 台 县	54	612	22346	1040	635
仙 居 县	123	627	21598	1353	815
温 岭 市	205	1431	47916	3475	1922
临 海 市	352	1456	46341	2330	1524

17－164　各县市区基础教育情况

（2010年）

单位：%

地　区	小　学			初　中				
	入学率	巩固率	升学率	入学率	#女生入学率	巩固率	#女生巩固率	升学率
全　市	**100.00**	**100.00**	**100.00**	**99.56**	**99.64**	**99.99**	**99.99**	**99.01**
椒江区	100.00	100.00	100.00	100.00	100.00	100.00	100.00	98.66
黄岩区	100.00	100.00	100.00	97.97	98.09	99.93	99.97	97.55
路桥区	100.00	100.00	100.00	99.94	99.95	100.00	100.00	99.94
台州经济开发区	100.00	100.00	100.00	98.55	98.85			102.81
玉环县	100.00	100.00	100.00	100.00	100.00	100.00	100.00	100.00
三门县	100.00	100.00	100.00	99.36	99.51	100.00	100.00	99.54
天台县	100.00	100.00	100.00	99.91	99.90	99.99	100.00	106.36
仙居县	100.00	100.00	100.00	99.86	99.93	99.99	100.00	94.00
温岭市	100.00	100.00	100.00	99.59	99.71	99.99	99.99	99.72
临海市	100.00	100.00	100.00	99.59	99.72	100.00	100.00	97.19

17－165　各县市区县级及以上政府部门属研究与开发机构分布情况

（2010年）

单位：万元

地　区	机构数（个）	职工人数（人）	#科学家工程师	经费收入总额	#政府拨款	经费支出总额	#人员费用
全　市	**7**	**233**	**117**	**46798**	**26043**	**42206**	**14198**
市　区	4	209	95	44603	24820	39558	13013
椒江区	3	124	57	28440	11939	23236	7807
黄岩区	1	85	38	16163	12881	16322	5206
路桥区							
玉环县							
三门县							
天台县							
仙居县	1	8	6	440	360	440	200
温岭市							
临海市	2	16	16	1755	863	2208	985

17－166　各县市区科技成果和专利批准情况

（2010 年）

单位:项

年　份	科技进步奖励	#省进步奖	#市进步奖	合同数	成交额（万元）	#技　术交易额	专　利申请受理　量	专　利批准量合　计	发明	实用新型	外观设计
全　　市	**121**	**18**	**101**	**208**	**22877**	**22783**	**10436**	**10558**	**285**	**4348**	**5925**
市　　区	**19**	**6**	**17**	**36**	**3920**	**3920**	**9212**	**8912**	**194**	**3138**	**5580**
椒江区	10	2	8	1	100	100	1280	1153	37	419	697
黄岩区	8	3	8	3	140	140	1707	1706	43	632	1031
路桥区	1	1	1	1	3000	3000	1619	1597	17	518	1062
市本级				31	680	680	4606	4456	97	1569	2790
玉 环 县	4	2	4	169	607	514	1488	1727	87	617	1023
三 门 县	4		4				209	229	14	137	78
天 台 县	2	1	2				559	614	13	231	370
仙 居 县	6	2	5				200	135	8	61	66
温 岭 市	10	4	6				1362	1507	30	747	730
临 海 市	10	4	8	3	18350	18350	2012	1890	36	986	868

17－167　各县市区全部科技活动单位基本情况

（2010 年）

地　　区	科技活动单位数（个）	科技活动人员数（人）	全部科技项目数（项）	专　利申请数（件）	企业办科技开发机构数（个）
全　　市	**2717**	**42979**	**2717**	**4573**	**642**
市　　区	519	10853	519	1394	215
椒江区	113	4048	113	344	65
黄岩区	255	3646	255	753	85
路桥区	151	3159	151	297	65
玉 环 县	351	9078	351	783	117
三 门 县	54	1188	54	51	26
天 台 县	44	1236	44	233	22
仙 居 县	42	1303	42	52	22
温 岭 市	1556	12960	1556	330	168
临 海 市	151	6361	151	1730	72

17－168　各县市区全部研究与试验发展（R&D）活动基本情况

（2010年）

地　　区	有R&D活动单位数（个）	R&D人员合　计（人）	R&D人员折合当时全　量（人年）	R&D经费内部支出合　计（万元）	R&D经费外部支出合　计（万元）	专利申请数（件）
全　市	**1093**	**22076**	**16760**	**304467**	**27782**	**3184**
市　区	286	7546	5867	105145	14233	1694
椒江区	86	3259	2434	50058	12463	235
黄岩区	129	2137	1493	27563	1580	511
路桥区	71	2150	1940	27524	190	202
玉环县	163	4283	3261	43304	646	353
三门县	20	649	520	9156	684	38
天台县	18	500	452	7700	1016	70
仙居县	18	436	340	6430	454	42
温岭市	528	5993	4083	86812	3981	303
临海市	60	2669	2237	45921	6769	1430

17－169　各县市区卫生事业基本情况

（2010年）

地　　区	卫生机构数（个）	#医院、卫生院	卫生机构床位数（张）	#医院、卫生院	卫生技术人员数（人）	#医生	#护士	医院、卫生院诊疗人次数（万人次）
全　市	**1380**	**220**	**16528**	**16088**	**26765**	**11521**	**9104**	**2805**
市　区	388	48	5286	5171	8948	3764	3263	924
椒江区	173	9	2217	2158	4049	1580	1617	387
黄岩区	146	24	1602	1572	2591	1218	874	307
路桥区	69	15	1467	1441	2308	966	772	230
玉环县	113	11	1203	1203	2234	810	808	292
三门县	77	35	684	684	1414	655	391	146
天台县	169	18	1271	1241	2080	998	607	211
仙居县	123	21	946	889	1690	828	504	150
温岭市	230	38	3886	3686	5654	2310	1945	544
临海市	280	49	3252	3214	4745	2156	1586	538

17－170 各县市区计划生育情况

(2009－2010 年)

单位:%

地 区	计划生育率		综合节育率	
	2009 年	2010 年	2009 年	2010 年
全 市	**88.89**	**92.14**	**89.52**	**88.58**
市 区	93.66	93.94	90.90	90.64
椒江区	92.62	93.28	90.83	90.59
黄岩区	95.48	94.96	91.65	91.55
路桥区	92.60	93.37	90.00	89.51
玉 环 县	87.53	92.01	89.69	85.30
三 门 县	90.08	91.24	88.82	89.73
天 台 县	92.00	87.58	87.03	84.83
仙 居 县	78.08	91.16	87.55	89.59
温 岭 市	85.64	93.61	90.12	87.32
临 海 市	89.22	91.46	90.58	89.30

17－171 各县市区广播基本情况

(2010 年)

地 区	公共广播节目套数(个)	广播人口覆盖率(%)	全年播音时间(小时)	自制节目制作情况(小时)
全 市	**10**	**99.63**	**70330**	**54287**
市 区	4		32826	29387
椒江区		100.00		
黄岩区	1	98.60	6570	5475
路桥区		100.00		
市本级	3		26256	23912
玉 环 县	1	100.00	7300	4622
三 门 县	1	100.00	5357	3152
天 台 县	1	98.07	6022	3650
仙 居 县	1	99.57	6670	3510
温 岭 市	1	100.00	5949	5402
临 海 市	1	100.00	6205	4563

17－172　各县市区电视基本情况

（2010年）

地　　区	无线电视节目套数（套）	有线广播电视网络干线总长（公里）	卫　星收转站（座）	电视人口覆盖率（%）	全　年播出时间（小时）	全年制作节目时间（小时）
全　　市	**10**	**17519**	**22**	**99.47**	**58105**	**9106**
市　　区	4	4953	3		28365	4208
椒江区				100.00		
黄岩区	1	1730		98.60	6205	282
路桥区				100.00		
市本级	3	3223	3		22160	3926
玉 环 县	1	831	8	100.00	6501	758
三 门 县	1	2543		100.00	4063	319
天 台 县	1	1575	1	96.52	4004	477
仙 居 县	1	36		99.57	4176	1205
温 岭 市	1	2600	5	100.00	6205	1119
临 海 市	1	4980	5	100.00	4791	1020

17－173　各县市区民政事业基本情况

（2010年）

单位：人

年　　份	定期社会救济对象总人数	# 城镇最低生活保障人数	# 农村最低生活保障人数	最低生活保障资金（万元）	社会福利院数床位（张）	收养类单位床位（张）	结婚对数（对）
全　　市	**64326**	**3966**	**56739**	**11988**	**1638**	**20518**	**47843**
市　区	14787	1124	12635	2668	487	4347	12601
椒江区	3356	471	2735	798	220	1503	4462
黄岩区	6990	289	6217	1043	100	1295	4726
路桥区	4441	364	3683	827	167	1549	3413
玉 环 县	4486	594	3699	1192	230	1877	3919
三 门 县	4215	199	3780	1077	138	1674	3810
天 台 县	6770	392	6049	1023	60	1730	5432
仙 居 县	5798	273	5221	936	530	1988	3796
温 岭 市	12859	502	11493	2650	92	4512	9522
临 海 市	15411	882	13862	2443	101	4390	8763

各乡镇社会经济情况

Social Economics by Village and Town

18－1 乡镇社会经济情况(一)

(2010年)

地　　区	乡镇政府到上级政府距离(公里)	村委会数(个)	#通电话村数	#通公路村数	#通自来水村数	#通电视村数	#垃圾集中处理村数	乡镇常住户数(户)	乡镇常住总人口数(人)
椒江区									
海门街道	1	16	16	16	16	16	16	31722	88131
白云街道	2	14	14	14	14	14	14	26436	75639
葭沚街道	5	42	42	42	42	42	42	25197	65601
洪家街道	10	37	37	37	37	37	37	20903	67138
三甲街道	15	43	43	43	43	43	43	23326	59390
下陈街道	13	41	41	41	41	41	41	17343	49124
前所街道	16	34	34	34	34	34	34	15572	47867
章安街道	8	40	40	40	40	40	40	22032	75347
大陈镇	54	6	6	6	6	6	6	1440	3593
黄岩区									
东城街道	1	10	10	10	10	10	10	23312	63979
南城街道	4	17	17	17	17	17	17	7730	24225
西城街道	2	22	22	22	22	22	22	24059	67613
北城街道	3	26	26	26	26	26	26	11683	38937
新前街道	5	27	27	27	27	27	27	14963	44000
澄江街道	5	25	25	25	25	25	25	12158	36014
江口街道	6	31	31	31	31	31	31	10499	33696
高桥街道	20	26	26	26	26	26	26	6966	22358
宁溪镇	48	43	43	43	15	43	39	10567	31663
北洋镇	17	33	33	33	33	33	33	10783	33593
头陀镇	15	37	37	37	26	37	33	11923	36613
院桥镇	12	72	72	72	66	72	71	21852	79430
沙埠镇	9	33	33	33	26	27	25	7145	23415
屿头乡	31	28	28	28	15	28	10	4220	12350
富山乡	57	19	19	19	13	19	8	2680	8450
上郑乡	50	24	24	24	20	24	21	3899	11937
茅畲乡	21	14	14	14	12	14	11	4415	13552
上洋乡	45	28	28	28	16	20	17	6132	17177
平田乡	32	18	18	18	16	15	18	2714	8086

18－1续表1

地　区	乡镇政府到上级政府距离（公里）	村委会数（个）	#通电话村数	#通公路村数	#通自来水村数	#通电视村数	#垃圾集中处理村数	乡镇常住户数（户）	乡镇常住总人口数（人）
路桥区									
路南街道	4	25	25	25	25	25	25	11578	43928
路桥街道	2	14	14	14	14	14	9	22549	57679
路北街道	1	21	21	21	21	21	21	11390	34796
螺洋街道	5	21	21	21	21	21	21	7507	27323
桐屿街道	2	27	27	27	27	27	27	10658	37225
峰江街道	6	30	30	30	30	30	30	15690	55024
新桥镇	12	17	17	17	17	17	17	7297	27723
横街镇	13	20	20	20	20	20	20	9093	31478
金清镇	25	65	65	60	60	60	60	32979	123384
蓬街镇	20	47	47	47	47	47	47	19558	70308
玉环县									
玉城街道	1	61	61	61	61	61	61	45591	134224
坎门街道	8	6	6	6	6	6	6	32907	99552
大麦屿街道	11	48	48	48	48	48	40	26068	89891
清港镇	16	40	40	39	38	38	33	25724	79861
楚门镇	16	28	28	28	28	28	28	31733	94735
干江镇	21	19	19	19	19	19	19	8879	24626
沙门镇	23	23	23	23	23	23	23	8724	25793
芦浦镇	10	16	16	16	16	16	16	10820	24755
龙溪乡	15	20	20	20	20	20	8	8383	27972
鸡山乡	39	6	6	1	6	5	6	1210	3921
海山乡	30	9	9	1	9	9	9	2309	7257
三门县									
海游镇	5	63	63	63	63	63	41	30820	95393
沙柳镇	5	34	33	33	20	33	28	4167	13641
珠岙镇	9	38	38	36	32	36	32	5631	18909
亭旁镇	11	106	105	105	105	105	67	13856	43486

18－1 续表2

地　区	乡镇政府到上级政府距离（公里）	村委会数（个）	#通电话村数	#通公路村数	#通自来水村数	#通电视村数	#垃圾集中处理村数	乡镇常住户数（户）	乡镇常住总人口数（人）
六敖镇	23	41	40	40	40	40	40	9415	31332
健跳镇	30	33	33	33	33	33	33	9369	29628
横渡镇	42	22	22	22	22	22	11	3900	12353
浬浦镇	45	29	29	29	29	29	29	8201	28080
花桥镇	48	34	34	34	34	34	34	7266	23297
小雄镇	67	29	29	29	29	29	29	8925	29757
高枧乡	16	41	41	40	34	41	22	5463	18376
沿赤乡	53	16	16	16	16	16	16	4776	15025
泗淋乡	75	19	19	19	19	19	19	6255	21154
蛇蟠乡	28	6	6	6	6	6	6	943	2935
天 台 县									
赤城街道	1	31	31	31	29	29	8	32088	92445
始丰街道	1	51	51	51	43	51	22	14560	42651
福溪街道	2	40	40	40	37	40	40	13548	40880
白鹤镇	11	83	82	80	79	82	83	23857	62147
石梁镇	15	31	31	31	29	12	31	5480	15865
街头镇	25	45	45	45	44	45	9	12868	36582
平桥镇	12	116	116	116	104	106	116	34430	103377
坦头镇	15	61	61	61	61	49	61	13210	38073
三合镇	18	31	31	31	12	31	19	11983	35122
洪畴镇	25	21	21	21	20	21	21	5996	18983
三州乡	27	17	17	17	17	17	17	3177	9162
龙溪乡	40	12	12	12	11	12	12	2270	6994
雷峰乡	20	17	17	17	17	17	17	5101	15301
南屏乡	23	19	19	19	18	19	19	3408	8652
泳溪乡	28	22	22	22	22	22	22	4090	12485
仙 居 县									
安洲街道	2	22	22	22	12	22	10	9325	34299

18－1续表3

地　区	乡镇政府到上级政府距离（公里）	村委会数（个）	#通电话村数	#通公路村数	#通自来水村数	#通电视村数	#垃圾集中处理村数	乡镇常住户数（户）	乡镇常住总人口数（人）
南峰街道	1	23	23	23	22	23	23	10890	41979
福应街道	2	48	47	47	43	42	44	16063	53781
横溪镇	32	78	78	78	78	66	78	13315	48698
埠头镇	27	39	39	39	39	39	36	4820	17502
白塔镇	20	66	66	66	57	66	66	12072	40168
田市镇	16	55	55	51	53	52	55	8225	26529
官路镇	8	29	29	29	29	29	29	6838	22265
下各镇	13	55	55	54	48	53	55	15770	51478
朱溪镇	33	53	52	52	47	35	44	8052	24520
安岭乡	80	23	23	23	23	17	15	2611	9567
溪港乡	60	17	17	17	17	13	17	2047	6663
湫山乡	45	40	35	38	40	30	35	5150	17082
淡竹乡	33	27	27	27	27	13	21	3912	12992
皤滩乡	27	19	18	18	18	18	18	4722	15770
上张乡	23	32	30	31	32	29	32	3693	11115
步路乡	7	24	22	24	23	13	12	4275	14189
广度乡	24	24	24	24	24	22	24	2470	9230
大战乡	13	30	28	30	30	22	30	4819	15672
双庙乡	23	19	18	19	18	15	19	3239	10767
温 岭 市									
太平街道	2	19	19	19	19	19	19	40783	116162
城东街道	4	44	44	44	44	44	44	24290	68759
城西街道	4	21	21	21	21	21	21	11104	32069
城北街道	9	16	16	16	16	16	16	7758	22884
横峰街道	10	27	27	27	27	27	27	12637	34481
泽国镇	18	74	74	74	74	74	74	81991	266596
大溪镇	20	99	99	99	99	99	99	45271	131988
松门镇	26	61	61	59	60	61	61	33352	103107

18－1 续表4

地　区	乡镇政府到上级政府距离（公里）	村委会数（个）	#通电话村数	#通公路村数	#通自来水村数	#通电视村数	#垃圾集中处理村数	乡镇常住户数（户）	乡镇常住总人口数（人）
箬横镇	17	99	99	99	99	99	99	53208	146330
新河镇	15	86	86	86	85	86	86	42994	118764
石塘镇	32	60	60	60	59	60	60	24204	72775
滨海镇	23	60	60	60	59	60	59	24812	69049
温峤镇	10	45	45	45	45	45	45	24930	71037
城南镇	8	76	76	76	68	76	76	25870	73518
石桥头镇	8	27	27	27	26	27	27	10364	28982
坞根镇	16	18	18	18	18	18	18	8435	25277
临 海 市									
古城街道	1	22	22	22	22	22	22	46386	158815
大洋街道	2	25	25	25	25	25	25	18925	54612
江南街道	4	37	37	37	37	37	37	9562	27505
大田街道	8	38	38	38	38	37	36	13978	46792
邵家渡街道	9	44	44	44	41	42	42	13164	39278
汛桥镇	7	31	31	31	31	31	31	5938	18440
东塍镇	17	63	63	62	48	55	55	19706	61952
汇溪镇	16	34	34	34	34	20	34	4685	12635
小芝镇	50	30	30	30	24	30	30	10744	34562
河头镇	23	54	54	54	48	54	54	11810	32572
白水洋镇	29	122	122	122	93	104	87	22775	68263
括苍镇	30	47	47	44	39	47	47	13300	38017
永丰镇	8	78	78	77	75	70	78	17382	50038
尤溪镇	16	39	39	37	27	27	11	8166	23611
涌泉镇	26	39	39	38	34	39	39	15250	51699
沿江镇	22	46	46	46	44	44	44	14777	46643
杜桥镇	53	123	123	123	123	123	123	58455	248905
上盘镇	50	42	42	39	38	39	39	15416	53565
桃渚镇	60	80	80	80	56	80	80	32097	91140

18－2 乡镇社会经济情况(二)

(2010年)

地区	本乡镇公路里程(公里)	乡镇从业人员数(人)	第一产业	第二产业	第三产业	企业个数(个)	企业从业人员(人)	乡镇用电量(万千瓦时)
椒江区								
海门街道	22	59873	2215	17217	40441	2195	23368	49928
白云街道	142	47263	505	16796	29962	3527	33468	9102
葭芷街道	90	36837	4413	21325	11099	3136	27573	32081
洪家街道	65	50118	5018	33629	11471	2287	30428	38638
三甲街道	85	39585	12083	16776	10726	2194	19256	9251
下陈街道	45	28131	5420	13691	9020	2190	24363	14332
前所街道	51	30670	5107	15718	9845	867	14520	13562
章安街道	87	48617	16496	21105	11016	1467	10866	5486
大陈镇	56	2098	1292	165	641	13	121	285
黄岩区								
东城街道	14	49157	1943	30995	16219	702	21967	30876
南城街道	14	18139	1828	12610	3701	1002	12198	4851
西城街道	22	43025	2153	20196	20676	907	13861	2100
北城街道	32	23516	3744	12401	7371	1032	35003	3560
新前街道	13	25458	4217	17750	3491	1756	22702	3900
澄江街道	13	23337	4050	13833	5454	555	6523	1734
江口街道	16	21736	4114	9305	8317	1860	17402	19660
高桥街道	13	14944	4002	9199	1743	435	6504	5762
宁溪镇	25	19695	5683	8575	5437	268	2919	2600
北洋镇	54	16901	6815	4195	5891	504	6015	1971
头陀镇	48	26210	8613	10233	7364	386	3756	3238
院桥镇	136	49042	10877	19128	19037	1502	14362	14000
沙埠镇	54	16216	4255	8319	3642	305	5300	1702
屿头乡	16	8525	2685	3012	2828	16	223	809
富山乡	42	5498	1994	2444	1060	8	133	130
上郑乡	29	8569	2110	928	5531	20	360	260
茅畲乡	30	6698	3197	1515	1986	29	492	506
上洋乡	28	9793	4428	4291	1074	28	223	140
平田乡	48	6040	3260	707	2073	2	10	75

18－2 续表1

地　区	本乡镇公路里程（公里）	乡镇从业人员数（人）	第一产业	第二产业	第三产业	企业个数（个）	企业从业人员（人）	乡镇用电量（万千瓦时）
路桥区								
路南街道	27	26809	2444	15023	9342	1220	23923	10435
路桥街道	52	39512	205	17997	21310	1238	11504	24498
路北街道	32	24008	853	16291	6864	766	10738	10926
螺洋街道	24	17226	3013	9630	4583	771	11517	9875
桐屿街道	31	21641	2565	10584	8492	431	10420	12218
峰江街道	51	43612	4035	21688	17889	3156	17964	11579
新桥镇	30	18053	2047	10913	5093	2165	14225	10695
横街镇	34	20841	1070	10691	9080	2041	21040	11994
金清镇	68	74435	19902	37927	16606	3526	35982	31743
蓬街镇	62	41347	7459	26521	7367	1430	9168	26378
玉环县								
玉城街道	66	101320	5739	61682	33899	11529	110695	56431
坎门街道	11	69785	6907	46471	16407	2415	45250	35800
大麦屿街道	62	55322	4667	39969	10686	1242	37252	40802
清港镇	97	64348	5240	50375	8733	1698	31948	29468
楚门镇	55	61105	3916	39736	17453	6265	50065	41380
干江镇	47	15397	3124	8782	3491	313	7725	1282
沙门镇	62	18106	3721	10500	3885	258	9180	8915
芦浦镇	24	15561	2773	9798	2990	562	10299	2952
龙溪乡	80	21015	998	15560	4457	928	13992	3245
鸡山乡	3	3706	1145	60	2501	4	56	214
海山乡	11	3315	1866	360	1089	14	109	865
三门县								
海游镇	103	61348	5325	22266	33757	475	25654	4638
沙柳镇	46	9623	2899	4492	2232	70	1547	690
珠岙镇	42	12326	1812	5869	4645	184	5488	2000
亭旁镇	140	29363	7250	10473	11640	192	3053	2589

18－2 续表2

地　　区	本乡镇公路里程（公里）	乡镇从业人员数（人）	第一产业	第二产业	第三产业	企业个数（个）	企业从业人员（人）	乡镇用电量（万千瓦时）
六敖镇	72	21077	7296	4406	9375	91	3270	2250
健跳镇	85	19554	5068	6314	8172	163	3276	2350
横渡镇	43	8381	2347	1777	4257	26	410	270
浬浦镇	33	18643	7965	6416	4262	38	727	850
花桥镇	90	15628	5603	4082	5943	30	1086	1300
小雄镇	70	17895	7217	4831	5847	46	718	1013
高枧乡	49	12361	1763	7383	3215	154	5230	2500
沿赤乡	53	10217	4977	3415	1825	76	5555	4632
泗淋乡	40	13575	5418	4433	3724	63	1725	2980
蛇蟠乡	14	1934	1308	260	366	2	56	28
天台县								
赤城街道	37	55270	6679	5290	43301	6017	21925	1166
始丰街道	62	26622	5580	10599	10443	1212	6418	2136
福溪街道	60	22741	5383	6321	11037	1286	9053	3375
白鹤镇	85	36751	15799	6065	14887	1456	4496	2593
石梁镇	68	9758	3581	3840	2337	29	336	400
街头镇	68	24530	8645	2222	13663	53	1046	1160
平桥镇	147	69020	23568	19810	25642	2168	11496	9734
坦头镇	210	23760	6198	11228	6334	1576	7642	4100
三合镇	40	20622	5796	8634	6192	1039	5928	4562
洪畴镇	26	10268	1950	3469	4849	239	4262	4632
三州乡	34	5780	3242	1477	1061	1	5	110
龙溪乡	26	4190	1518	649	2023	25	74	231
雷峰乡	25	9265	3675	931	4659	4	17	268
南屏乡	28	5455	1806	659	2990	1	62	105
泳溪乡	40	8600	3438	2804	2358	6	120	268
仙居县								
安洲街道	40	21922	3520	7680	10722	186	15330	450

18－2 续表3

地　　区	本乡镇公路里程（公里）	乡镇从业人员数（人）	第一产业	第二产业	第三产业	企业个数（个）	企业从业人员（人）	乡镇用电量（万千瓦时）
南峰街道	30	27300	3750	11000	12550	306	16458	7000
福应街道	51	33242	5881	15207	12154	247	21138	3080
横溪镇	120	31403	7452	4690	19261	64	3720	3738
埠头镇	40	11427	2129	1708	7590	69	2234	851
白塔镇	67	24638	6305	2813	15520	132	2672	3950
田市镇	52	15813	3770	1815	10228	39	1312	570
官路镇	75	14880	4387	4016	6477	289	4908	1295
下各镇	55	30753	7630	6602	16521	164	8318	3943
朱溪镇	85	16250	4035	3265	8950	33	780	289
安岭乡	58	6208	2600	710	2898	2	100	87
溪港乡	31	4092	1506	122	2464	11	260	77
湫山乡	100	10836	3062	1656	6118	31	397	189
淡竹乡	87	7980	2276	97	5607	4	60	441
皤滩乡	18	9650	3390	1258	5002	28	262	279
上张乡	50	7406	2280	1153	3973	15	430	127
步路乡	25	8982	2512	1389	5081	16	528	218
广度乡	88	5490	2067	443	2980	1	4	72
大战乡	45	9533	2594	2093	4846	16	935	792
双庙乡	25	6725	2317	582	3826	20	380	190
温岭市								
太平街道	57	68060	450	21500	46110	2491	38860	15415
城东街道	62	41288	3496	19275	18517	1019	25192	13296
城西街道	45	20845	2100	12196	6549	520	14150	11462
城北街道	24	13129	845	7992	4292	1200	20500	13139
横峰街道	32	29939	1614	22822	5503	3405	33250	14090
泽国镇	89	188965	12982	110268	65715	5798	102983	31640
大溪镇	155	87402	5344	53242	28816	6080	72320	27679
松门镇	75	57600	19186	16089	22325	1291	18020	32184

18－2续表4

地　区	本乡镇公路里程（公里）	乡镇从业人员数（人）	第一产业	第二产业	第三产业	企业个数（个）	企业从业人员（人）	乡镇用电量（万千瓦时）
箬横镇	113	88331	25355	31690	31286	1835	26310	23178
新河镇	133	71537	17444	29926	24167	2194	22845	20347
石塘镇	78	49960	18951	8260	22749	502	7253	16902
滨海镇	89	45446	13677	17558	14211	709	13015	14231
温峤镇	66	44881	9908	22438	12535	958	21938	11996
城南镇	106	49175	12417	21939	14819	415	26850	10405
石桥头镇	34	19287	5375	7250	6662	148	9803	8021
坞根镇	39	17790	6150	7896	3744	121	2198	8386
临海市								
古城街道	150	64672	3032	16268	45372	1328	14468	31240
大洋街道	95	37263	2849	19038	15376	739	27159	33143
江南街道	72	19239	3853	8489	6897	255	9500	12219
大田街道	64	30621	7132	15504	7985	418	14215	8118
邵家渡街道	89	24241	6567	11437	6237	93	6887	5207
汛桥镇	34	13227	3693	4190	5344	75	6250	5913
东塍镇	141	36485	11790	20377	4318	383	16512	11790
汇溪镇	60	8630	2480	3217	2933	34	489	491
小芝镇	62	21759	6026	8171	7562	260	4895	1875
河头镇	85	21119	8536	7496	5087	180	2911	1928
白水洋镇	160	44508	15816	10652	18040	395	8522	5200
括苍镇	94	25223	6552	6863	11808	193	4698	2630
永丰镇	118	28994	10081	8927	9986	232	2728	3562
尤溪镇	80	15575	4629	4553	6393	162	5882	2204
涌泉镇	52	34093	8956	10862	14275	356	11586	10741
沿江镇	50	31812	7023	13281	11508	270	6661	9871
杜桥镇	149	145511	26543	41421	77547	3077	42356	68408
上盘镇	43	34009	11810	5755	16444	202	4656	5418
桃渚镇	126	59410	20036	20463	18911	642	8155	543

18－3 乡镇社会经济情况(三)

(2010年)

地　区	农业机械总动力(千瓦)	常用耕地面积(亩)	农作物总播种面积(亩)	#粮食播种面积	粮食总产量(吨)	肉类产量(吨)	农村经济总收入(万元)	#出售产品收入
椒江区								
海门街道	8841	3420	8924	2500	1000	373	470257	407618
白云街道	5860	918	2848	1216	493	139	125575	99261
葭芷街道	29617	14812	20932	9500	3900	830	774685	693984
洪家街道	11579	16230	34278	14000	5900	950	1467730	1304385
三甲街道	24915	28316	47752	21063	9277	1998	656474	568436
下陈街道	10624	13255	24460	11500	5000	763	725011	591173
前所街道	40869	16107	28515	19458	5547	1750	306044	191281
章安街道	35430	25700	44740	29328	13721	1286	238483	199211
大陈镇	29352					40	20097	19598
黄岩区								
东城街道	4024	1343	4475	1086	458	352	752001	491052
南城街道	7690	4737	8868	4001	1896	356	614258	587579
西城街道	6790	5468	8719	2725	1307	410	448480	414975
北城街道	4035	3960	3267	1281	543	169	904399	770476
新前街道	3114	13328	18317	3717	1390	334	698518	622190
澄江街道	5674	6266	12899	2546	966	259	167082	137078
江口街道	6358	6776	9207	4707	2101	1009	437794	392117
高桥街道	10438	10243	14062	4551	1830	239	110082	92396
宁溪镇	12125	12596	27112	15336	5549	358	126938	61788
北洋镇	6807	12445	24306	9500	3708	215	88252	44290
头陀镇	18300	18371	38021	8614	3572	309	44355	37569
院桥镇	40939	31539	42279	23624	10061	1474	519164	484258
沙埠镇	5377	10046	18805	10675	4073	232	73940	66721
屿头乡	2246	7332	11296	7417	2497	328	25500	8199
富山乡	2645	5939	10966	6954	2781	260	7542	1292
上郑乡	2586	7070	10432	6784	2100	237	28899	11500
茅畲乡	5798	6293	7804	5598	1999	102	14283	9337
上洋乡	12246	8725	18279	8002	2718	267	13517	8127
平田乡	6787	4911	10607	6161	1922	221	4349	1440

18－3 续表1

地　　区	农业机械总动力（千瓦）	常用耕地面积（亩）	农作物总播种面积（亩）	#粮食播种面积	粮食总产量（吨）	肉类产量（吨）	农村经济总收入（万元）	#出售产品收入
路桥区								
路南街道	3219	10619	14622	6205	1993	643	410799	315026
路桥街道	1078	305	1054	472	95	36	466993	200101
路北街道	4433	2908	6842	2632	768	313	403876	367862
螺洋街道	5686	9810	11144	6772	2901	374	389515	311521
桐屿街道	9157	15011	17946	12589	5526	1210	480152	345790
峰江街道	10900	17035	15177	9484	3680	433	1706382	1365105
新桥镇	7471	11289	15160	7091	2803	684	882617	714919
横街镇	7700	10900	19162	7674	3108	409	685286	665704
金清镇	37718	52319	102146	39020	16246	696	1316747	1119234
蓬街镇	22594	39088	60459	29968	12691	712	734447	173247
玉环县								
玉城街道	30785	16574	24486	3869	1243	1779	1331659	1057282
坎门街道	17508	915	3668	2164	761	1015	106643	3989
大麦屿街道	35003	18340	37895	15670	6019	384	464653	393512
清港镇	23120	18202	24554	15607	6521	745	712956	652004
楚门镇	32458	9934	11524	3061	1066	616	1389247	1345213
干江镇	28186	8837	19080	5915	1820	540	82168	68299
沙门镇	21734	8600	10906	8688	2909	1095	35211	5163
芦浦镇	12424	6279	6393	4033	1716	341	425653	339882
龙溪乡	12129	6664	6593	4520	1902	909	498424	482198
鸡山乡	26025					2	24714	18610
海山乡	7904	2878	6553	3605	1589	75	43067	13869
三门县								
海游镇	32485	9666	23363	16155	5730	997	927414	836515
沙柳镇	11969	5498	12341	7780	2753	660	75412	59812
珠岙镇	12686	4810	11768	7912	2866	209	242346	163591
亭旁镇	15296	19776	54336	33215	12156	1428	97239	91404

18－3 续表2

地　　区	农业机械总动力（千瓦）	常用耕地面积（亩）	农作物总播种面积（亩）	#粮食播种面积	粮食总产量（吨）	肉类产量（吨）	农村经济总收入（万元）	#出售产品收入
六敖镇	50468	24500	40794	26886	10514	1408	114756	87509
健跳镇	29253	17661	37112	26487	8985	352	326181	285005
横渡镇	10961	12203	22377	15106	4655	265	11897	6528
浬浦镇	25169	22962	42952	30935	10003	347	73168	56456
花桥镇	13154	16639	25438	19703	6639	268	24580	10500
小雄镇	12888	16910	26140	17810	5817	668	37248	27540
高枧乡	11421	4413	8744	7509	1991	148	186335	123618
沿赤乡	15208	15148	50630	26140	7613	400	55250	44392
泗淋乡	11365	17343	30962	14247	3543	323	82356	67819
蛇蟠乡	17680	3668	8052	2745	565	34	14873	13828
天台县								
赤城街道	12316	9899	39425	13355	3613	577	262278	230209
始丰街道	15717	10912	35886	25633	6959	848	96578	63939
福溪街道	15495	5875	25593	17655	4958	458	156999	9703
白鹤镇	22652	28345	77153	68250	23435	8896	252567	231244
石梁镇	4834	8684	33382	14108	4997	239	15065	11325
街头镇	16880	17884	50404	33870	10703	801	53478	29460
平桥镇	31056	47367	115746	87161	28711	2246	327964	285254
坦头镇	6145	19855	56929	48587	12748	656	228993	220458
三合镇	8044	15486	39789	32234	9213	292	110621	97168
洪畴镇	2841	5786	16500	13867	4300	142	138496	113476
三州乡	7225	3461	11301	4039	1387	232	9954	6627
龙溪乡	1636	2933	13365	9772	2265	134	6702	2953
雷峰乡	2117	5370	17830	13795	3433	232	12476	5769
南屏乡	4057	4776	18791	11138	2656	123	9452	5014
泳溪乡	3158	4411	15832	11347	3123	176	6305	751
仙居县								
安洲街道	6068	5010	12308	6430	2580	503	123638	86000

18－3 续表3

地　　区	农业机械总动力（千瓦）	常用耕地面积（亩）	农作物总播种面积（亩）	#粮食播种面积	粮食总产量（吨）	肉类产量（吨）	农村经济总收入（万元）	#出售产品收入
南峰街道	13267	4334	9591	4573	1690	476	111755	77525
福应街道	18681	14717	27872	18113	6370	836	210170	112837
横溪镇	18833	22697	55372	30950	11313	1278	125878	100700
埠头镇	14298	9486	26263	14586	5588	586	25394	14382
白塔镇	16399	22213	48895	28915	10559	1471	80183	75229
田市镇	11806	12769	37101	20822	7705	1127	33258	27875
官路镇	15529	8614	24390	13400	4692	711	58537	54975
下各镇	29005	31240	63398	42242	15983	1405	153890	138500
朱溪镇	8913	14260	34981	20637	5177	544	28240	9026
安岭乡	1824	4580	15120	7000	2215	297	5240	2484
溪港乡	1576	2989	9213	5516	1739	292	2767	1078
湫山乡	3960	8971	25053	12852	4069	757	10170	7000
淡竹乡	3910	5799	15781	8900	3172	502	5670	1122
皤滩乡	3805	9104	23192	12527	4641	334	18691	11663
上张乡	2229	6874	18500	8220	2989	383	11256	6100
步路乡	2420	5713	18708	10442	3960	428	12517	10431
广度乡	1807	7132	22052	8898	2525	415	7210	4668
大战乡	12399	10315	23031	14118	5010	566	45583	34151
双庙乡	5827	7516	20439	13168	4353	340	14045	10197
温 岭 市								
太平街道	12135	1230	2403	320	160		290344	242917
城东街道	9534	9861	12440	4212	1516	493	322558	261213
城西街道	9480	5399	8474	2982	1193	427	330564	304339
城北街道	8746	6369	9763	4262	1662	333	536172	402133
横峰街道	11549	11033	9868	7118	2887	392	909986	744180
泽国镇	46128	46118	67610	30876	15025	1232	3027488	2131173
大溪镇	54364	46989	112947	46570	19338	4735	2735820	2272083
松门镇	178287	50667	73538	31976	12881	1982	892356	781306

18－3 续表 4

地　区	农业机械总动力（千瓦）	常用耕地面积（亩）	农作物总播种面积（亩）	#粮食播种面积	粮食总产量（吨）	肉类产量（吨）	农村经济总收入（万元）	#出售产品收入
箬横镇	101026	95157	139136	83932	33344	2218	1060220	797966
新河镇	53681	61317	78330	47055	18935	1284	1521861	806780
石塘镇	433041	3221	5640	4841	908	67	514706	444017
滨海镇	68582	55223	74729	36232	13560	2024	258453	229439
温峤镇	26324	27400	52364	34455	12138	2138	467293	297686
城南镇	45623	32713	64924	36487	12095	2839	319880	225022
石桥头镇	11641	14814	41451	25431	8591	3040	130728	7698
坞根镇	20560	16205	32911	20839	8030	5443	121510	113580
临海市								
古城街道	7102	6037	17401	6677	2680	656	143635	105575
大洋街道	13334	7441	13792	9473	3914	1357	1069363	844952
江南街道	37977	13466	26877	20218	7223	789	502436	335120
大田街道	18579	14837	20437	12187	5214	1839	324058	290791
邵家渡街道	32830	23173	32983	19128	8901	2412	309162	287026
汛桥镇	10621	11412	11832	8655	4340	363	445830	414410
东塍镇	27038	32470	50020	38426	15502	2241	613021	596376
汇溪镇	6437	10993	16183	11829	4459	451	23026	1250
小芝镇	18283	28913	36417	23432	8790	955	99084	76613
河头镇	19098	23785	37836	30129	10211	1556	70373	43818
白水洋镇	21878	39932	79885	61439	20229	2474	236753	145606
括苍镇	11116	16787	28412	21909	8300	1014	89353	65000
永丰镇	21871	30456	49320	34978	13746	1623	108046	74199
尤溪镇	8238	12705	19076	15005	5400	1055	104403	89346
涌泉镇	17248	14724	6616	4827	1638	455	604078	459453
沿江镇	18675	18454	22435	19111	7656	482	297476	226800
杜桥镇	174782	71168	162847	93768	34659	1014	1798907	1549563
上盘镇	116443	28128	48893	7002	2753	506	135188	47591
桃渚镇	81460	48518	72736	32246	13608	768	123795	54700

主 要 统 计 指 标 解 释

通自来水村数 包括取水、净水、输配水三部分组成的自来水供给的，或由取水和输配水两部分组成的符合卫生标准的简易自来水年末实际受益村委会个数。

通公路村数 指有乡级及乡以上公路通过，并通达客运和货运的村委会个数。

通电话村数 指已架设通讯线路并装有电话，能与外界进行正常通讯联系的村委会个数。移动电话信号虽已覆盖，但没有有线通讯到达的，仍应作未通电话统计。

农村住户数 按“常住地”统计。指长期（一年以上）居住在除县级以上政府所在地和原来老的工矿企业的镇以外的乡镇和农村街道办事处行政管理区域内的住户，以及居住在城关镇所辖行政村范围内的农村住户。户口不在本地而在本地居住一年及以上的住户也包括在本地农村住户内；本地户口，但举家外出谋生一年以上的住户，无论是否保留承包耕地都不包括在本地农村住户范围内。不包括乡村地区的国有经济的机关、团体、学校、事业单位的集体户。

农村人口 指农村户数中的常住人口数，即经常在家或在家居住六个月以上，而且经济生活与本户连成一体的人口。外出从业人员在外居住时间虽然在六个月以上，但收入主要带回家中，经济与本户连成一体，仍视为家庭常住人口；在家居住，生活和本户连成一体的国家职工、退休人员也为家庭常住人口。但现役军人、中专以上（走读生除外）的在校学生以及常年在外（不包括探亲、看病等）且已有稳定职业与居住场所的外出从业人员，不应当作家庭常住人口。

农村从业人员数 指农村人口中实际参加各种行业劳动并取得实物或货币收入的劳动力人数。包括劳动年龄内实际参加劳动的人口和不到或超过劳动年龄而实际参加劳动的人口数。包括整、半劳动力。不包括户口在家的在外学生和丧失劳动能力的人，也不包括待业人员和家务劳动者。

本乡镇公路里程 指在乡镇所辖行政区域内达到《公路工程技术标准 JTJ01－88》规定的等级公路，并经公路主管部门正式验收交付使用的公路里程数。包括乡镇街道的里数和公路桥梁长度、隧道长度、渡口的宽度以及分期修建并已交付使用的公路里程。不包括国、省干线断头路里程，农业生产用道路以及新建公路尚未进行验收交付使用的路段里程。两条或两条以上公路共同经由同一路段的只计算一次。

常用耕地面积 指耕地总资源中专门种植农作物并经常进行耕种、能够正常收获的土地。包括当年实际耕种的熟地；弃耕、休闲不满三年，随时可以复耕的地；开荒利用三年以上的地；小于 1 米宽的沟、渠、路、田埂。不包括临时种植农作物的坡度在 25 度以上的陡坡地；在河套、湖畔、库区临时开发的成片或零星土地；也不包括已列为国家和省（区、市）退耕计划但仍临时耕种的土地。常用耕地分为基本农田和零星可用耕地。

农作物播种面积 是指实际种植有农作物的面积，不论种植在耕地上还是非耕地上的，也不论面积大小，均应包括在内。

农作物产量 指本年度全社会范围内生产的农产品产量，不论计划内外、数量多少和是否种植在耕地上，都应统计在内。各种农作物产量按国家的统一规定计算。

各市国民经济主要指标

Main Indicators of National Economy by City

19－1　各市国民经济主要指标(一)

(2010年)

地区	土地面积(平方公里)	市区建成区面积(平方公里)	年末总户数(万户)	年末总人口(万人)	暂住人口(一个月以上)(万人)	年出生人口(万人)	年死亡人口(万人)
杭州市	16596	413	216.51	689.12	337.68	6.96	4.62
宁波市	9816	272	222.98	574.08	398.63	4.88	3.54
温州市	11786	175	228.74	786.80	324.16	14.34	6.40
嘉兴市	3915	85	103.20	341.60	201.88	2.66	2.43
湖州市	5818	78	84.13	259.98	52.76	2.04	2.02
绍兴市	8279	100	161.88	438.91	137.68	3.24	3.12
金华市	10941	72	181.86	466.65	229.06	4.91	3.22
衢州市	8841	58	86.29	251.24	17.82	2.71	1.82
舟山市	1440	52	36.72	96.77	30.13	0.65	0.77
台州市	9411	116	192.68	583.14	150.20	7.29	3.67
丽水市	17298	32	92.87	259.65	42.79	3.93	1.97

19－2　各市国民经济主要指标(二)

(2010年)

地区	生产总值(当年价,亿元)	第一产业	第二产业	#工业	第三产业	人均生产总值(元)
杭州市	5949.17	208.41	2844.07	2502.09	2896.69	86691
宁波市	5163.00	219.13	2870.69	2586.17	2073.18	90175
温州市	2925.04	93.69	1533.46	1387.65	1297.89	37359
嘉兴市	2300.20	127.00	1339.57	1192.96	833.63	67534
湖州市	1301.73	104.22	715.01	637.57	482.50	50149
绍兴市	2795.20	149.67	1566.61	1398.07	1078.93	63770
金华市	2110.04	108.03	1086.02	938.87	915.99	45361
衢州市	755.48	64.68	414.46	349.46	276.34	30153
舟山市	644.32	62.02	293.29	218.52	289.00	66581
台州市	2426.45	160.42	1254.33	1135.75	1011.70	41777
丽水市	663.29	62.93	328.60	278.00	271.76	25658

注:本表人均生产总值均按户籍人口计算。

19－3　各市国民经济主要指标(三)

(2010 年)

地　区	在岗职工平均工资(元)	市区城镇居民人均可支配收入(元)	市区城镇居民人均消费性支出(元)	市区城镇居民人均住房建筑面积(平方米)	农村居民人均纯收入(元)	农村居民人均消费性支出(元)
杭州市	48772	30035	20219	30.86	13186	10267
宁波市	43476	30166	19420	30.22	14261	9794
温州市	37605	31201	23015	30.51	11416	8431
嘉兴市	36319	24815	15979	31.48	14365	9274
湖州市	36485	25572	16207	31.96	13288	9139
绍兴市	35125	27626	17400	29.19	13651	9210
金华市	39467	25029	17386	35.36	10201	7695
衢州市	44067	21811	14867	39.05	8270	5485
舟山市	43642	26848	16375	30.23	14265	10270
台州市	40562	28583	19626	39.91	11307	8086
丽水市	44979	22495	16975	32.59	6537	4947

注：在岗职工平均工资统计范围为城镇集体及以上单位。

19－4　各市国民经济主要指标(四)

(2010 年)

地　区	农作物播种总面积(千公顷)	#粮食播种面积	粮食总产量(万吨)	水果产量(万吨)	肉类总产量(万吨)	禽蛋产量(万吨)	水产品总产量(万吨)
杭州市	381.83	174.65	100.25	77.71	31.79	14.77	20.89
宁波市	318.56	151.14	87.13	133.11	20.22	9.50	97.78
温州市	256.29	163.07	87.56	37.13	13.65	5.37	58.70
嘉兴市	340.19	200.05	134.44	57.23	39.77	8.78	18.13
湖州市	224.77	134.57	90.20	26.07	18.45	5.42	24.97
绍兴市	329.79	184.82	116.32	60.30	17.29	4.45	9.39
金华市	273.66	158.10	89.42	57.29	22.90	5.42	6.51
衢州市	223.62	132.03	76.15	79.91	27.36	2.30	4.82
舟山市	24.11	11.07	5.24	8.59	2.25	0.66	131.12
台州市	265.43	152.37	82.75	124.55	11.80	4.66	140.38
丽水市	176.86	102.26	53.14	39.42	8.73	0.88	1.97

19－5　各市国民经济主要指标（五）

（2010 年）

地　　区	工业企业单位数（个）	工业总产值（当年价,亿元）	工业企业主营业务收入（亿元）	主营业务税金及附加（亿元）	工业企业本年应交增值税（亿元）
杭州市	10370	11079.65	10843.24	154.02	305.99
宁波市	12491	10618.74	10396.63	225.74	272.79
温州市	8096	4494.87	4365.64	22.70	157.30
嘉兴市	7311	5102.85	5013.12	15.51	146.10
湖州市	3561	2666.53	2672.05	14.20	73.04
绍兴市	5545	6797.19	6693.85	27.89	155.71
金华市	5965	3411.79	3318.58	17.06	96.60
衢州市	1411	1087.12	1108.97	6.35	29.97
舟山市	659	979.05	877.73	3.34	13.45
台州市	7308	3630.80	3487.00	15.99	102.90
丽水市	1654	1139.07	1125.47	5.64	32.70

注：本表统计范围为年主营业务收入 500 万元及以上独立核算工业。

19－6　各市国民经济主要指标（六）

（2010 年）

地　　区	工业企业利润总额（亿元）	工业企业从业人员年平均人数（万人）	全社会固定资产投资（亿元）	#全部限额以上投资额	#房地产开发投资额
杭州市	764.47	139.65	2753.13	2651.88	956.20
宁波市	657.77	180.88	2193.28	2048.19	557.27
温州市	262.42	111.00	925.98	804.93	270.50
嘉兴市	321.10	96.44	1488.26	1362.49	270.39
湖州市	144.14	36.99	758.28	717.83	143.13
绍兴市	405.27	88.89	1245.56	1150.71	297.80
金华市	194.72	71.02	772.80	724.11	163.65
衢州市	81.20	15.85	481.80	454.71	63.71
舟山市	65.64	10.26	413.84	402.72	58.98
台州市	188.28	87.45	950.24	838.07	196.08
丽水市	97.38	18.82	320.38	298.01	47.73

注：本表工业统计范围为年主营业务收入 500 万元及以上独立核算工业。

19－7 各市国民经济主要指标(七)

(2010 年)

地 区	境内等级公路里程(公里)	民用汽车拥有量(万辆)	公路客运量(万人)	公路货运量(万吨)	水运客运量(万人)	水运货运量(万吨)
杭州市	14399	124.81	29671	19148	456	6371
宁波市	10197	87.74	32340	16220	107	12265
温州市	7714	78.93	33487	7930	52	3347
嘉兴市	7357	36.78	11298	7919	46	8059
湖州市	7144	21.80	9938	6798	26	11310
绍兴市	8749	43.48	17314	7890	84	1041
金华市	11512	59.18	28671	11378	7	214
衢州市	7300	12.14	11058	8603	4	6
舟山市	1597	6.05	12945	4759	2128	9570
台州市	11005	56.59	29623	10500	210	7655
丽水市	13910	14.05	5697	7028	43	204

19－8 各市国民经济主要指标(八)

(2010 年)

地 区	全年用电量(亿千瓦时)	#工业用电	邮电业务收入(亿元)	固定电话用户数(万户)	移动电话用户数(万户)	宽带用户数(万户)
杭州市	492.16	340.46	144.06	368.57	1061.80	217.89
宁波市	459.04	354.27	224.72	317.39	845.50	161.10
温州市	300.99	205.01	111.07	277.26	977.21	152.96
嘉兴市	290.52	240.90	70.60	166.11	493.50	69.16
湖州市	140.15	108.23	27.92	107.83	286.93	48.52
绍兴市	295.68	245.27	48.87	201.80	513.01	76.92
金华市	260.45	198.37	64.75	183.64	701.18	91.44
衢州市	100.53	84.12	32.67	63.53	170.49	23.03
舟山市	41.08	25.31	14.59	54.94	128.94	22.84
台州市	196.21	139.14	66.30	178.72	719.60	86.36
丽水市	57.28	40.64	20.05	51.30	225.39	25.05

19－9　各市国民经济主要指标(九)

(2010 年)

地　区	社会消费品零售总额(亿元)	自营进出口总额(亿美元)	#自营出口总额	外商实际投资(亿美元)	国内旅游者人数(万人次)	国内旅游收入(亿元)	国际旅游者人数(万人次)
杭州市	2146.08	523.55	353.37	43.56	6304.89	910.85	275.71
宁波市	1704.45	829.04	519.67	23.13	4624.00	610.70	95.17
温州市	1498.10	170.94	145.43	1.76	3537.14	321.88	39.16
嘉兴市	799.36	228.20	160.41	16.10	3070.14	280.62	66.41
湖州市	516.09	69.28	58.61	9.19	285.57	205.61	33.17
绍兴市	852.89	270.16	210.89	9.53	3436.44	305.84	52.28
金华市	916.23	131.99	121.88	3.53	2882.71	258.00	62.74
衢州市	290.82	18.89	12.05	0.60	1639.28	91.56	9.88
舟山市	212.54	107.33	69.37	0.98	2113.32	133.14	25.68
台州市	960.45	170.01	139.63	1.32	3285.66	269.42	10.29
丽水市	266.13	15.33	13.49	0.32	2065.30	97.11	12.92

注：杭州市自营进出口总额不包括省级公司。

19－10　各市国民经济主要指标(十)

(2010 年)

地　区	国际旅游收入(万美元)	医院、卫生院单位数(个)	医院、卫生院床位数(张)	执业医生数(人)	保费收入(亿元)	赔款、给付(亿元)
杭州市	169008	293	37292	24345	202.94	48.98
宁波市	59066	207	24317	17237	144.06	38.14
温州市	21115	399	22022	17872	101.55	25.78
嘉兴市	22643	116	14063	7865	65.48	10.52
湖州市	12585	121	9639	5871	41.43	7.47
绍兴市	18478	150	15610	9593	61.87	15.93
金华市	37670	257	15616	10787	79.21	18.53
衢州市	5123	140	6502	5906	22.23	6.00
舟山市	13094	81	4059	2524	19.00	6.21
台州市	5629	220	16088	11521	72.92	18.43
丽水市	28608	295	7198	5296	20.76	5.01

19－11 各市国民经济主要指标(十一)

(2010年)

地 区	学校数(个)			专任教师数(人)			在校学生数(万人)		
	普通高校	普通中学	小 学	普通高校	普通中学	小 学	普通高校	普通中学	小 学
杭州市	37	317	408	25003	26666	25709	43.48	35.30	45.39
宁波市	14	301	513	7146	22961	21577	14.08	32.54	46.19
温州市	6	474	706	6696	32619	31533	7.45	41.87	58.13
嘉兴市	6	155	215	2587	14067	12027	5.24	20.72	22.55
湖州市	3	130	141	1224	9894	8752	2.48	14.63	16.01
绍兴市	7	188	452	2690	17876	14764	5.39	27.48	30.04
金华市	8	241	456	3862	18313	16380	7.67	25.83	36.85
衢州市	2	99	212	519	8317	7822	1.02	12.16	14.83
舟山市	3	52	61	1027	3403	3230	2.23	3.89	4.72
台州市	4	258	561	1579	20157	20510	2.97	28.68	43.05
丽水市	3	99	264	1161	8611	9664	3.56	12.07	15.63

19－12 各市国民经济主要指标(十二)

(2010年)

地 区	财政总收入(亿元)	地方财政预算内收入(亿元)	地方财政预算内支出(亿元)	年末金融机构本外币存款余额(亿元)	#年末城乡居民储蓄余额(亿元)	年末金融机构本外币贷款余额(亿元)
杭州市	1245.43	671.34	616.58	17084.35	4990.97	15078.73
宁波市	1171.75	530.93	600.74	9755.52	3312.17	9414.20
温州市	411.43	228.49	310.78	6497.59	3154.16	5516.68
嘉兴市	334.33	176.83	199.06	3590.82	1629.71	2753.64
湖州市	172.35	97.27	127.12	1805.61	821.68	1461.32
绍兴市	349.25	193.23	221.95	4948.32	1945.72	3934.27
金华市	272.68	155.93	211.52	3986.99	2027.62	3096.47
衢州市	75.35	46.98	107.09	953.12	431.29	788.22
舟山市	98.53	61.04	105.03	1143.25	410.80	1017.72
台州市	310.62	164.88	222.76	3588.48	1730.67	3055.82
丽水市	76.84	44.94	135.20	1128.23	640.76	821.46

长江三角洲各城市国民经济主要指标

Main Indicators of National Economy by YANGTZE DELTA'S City

20－1 长江三角洲各城市国民经济主要指标(一)

(2010 年)

单位:亿元

地区	生产总值(当年价)	第一产业	第二产业	#工业	第三产业	人均生产总值(元)	规模以上工业总产值(当年价)
上海市	16872.42	114.15	7139.96	6456.78	9618.31		30003.57
南京市	5010.36	142.02	2327.86	2005.26	2540.57		8502.61
无锡市	5758.00	104.94	3208.79	2986.52	2444.27		12958.83
常州市	2976.68	99.82	1667.16	1514.34	1209.70		7387.79
苏州市	9168.91	155.53	5294.07	4956.75	3719.31		24598.89
南通市	3417.88	262.43	1908.56	1568.49	1246.89	47500	7481.53
扬州市	2207.99	159.25	1229.34	1074.61	819.40	48955	5872.85
镇江市	1956.64	81.58	1124.52	1043.67	750.54	63325	4175.11
泰州市	2002.58	148.45	1125.85	981.02	728.28	42872	4861.10
杭州市	5949.17	208.41	2844.07	2502.09	2896.69	86691	11079.65
宁波市	5163.00	219.13	2870.69	2586.17	2073.18	90175	10618.74
嘉兴市	2300.20	127.00	1339.57	1192.96	833.63	67534	5102.85
湖州市	1301.73	104.22	715.01	637.57	482.50	50149	2666.53
绍兴市	2795.20	149.67	1566.61	1398.07	1078.93	63770	6797.19
舟山市	644.32	62.02	293.29	218.52	289.00	66581	979.05
台州市	2426.45	160.42	1254.33	1135.75	1011.70	41777	3630.80

注:上海市和江苏省各市的生产总值均为初步统计数,人均生产总值均按常住人口计算。

20－2 长江三角洲各城市国民经济主要指标(二)

(2010 年)

地区	规模以上工业产品产销率(%)	工业用电量(亿千瓦时)	全社会固定资产投资(亿元)	#房地产开发投资额	自营进出口总额(亿美元)	#自营出口总额
上海市	99.00		5317.67	2119.46	3688.69	1807.84
南京市	98.54	242.66	3306.05	754.76	456.01	248.85
无锡市	98.30	455.00	2985.65	612.67	612.23	362.72
常州市	98.45	231.82	2103.55	446.96	222.78	155.58
苏州市	98.80	855.25	3617.82	935.80	2740.76	1531.08
南通市	99.00	187.84	2168.38	272.78	210.96	141.07
扬州市	98.10	109.96	1331.85	165.16	82.41	60.57
镇江市	97.80	131.81	1327.08	114.88	81.54	47.51
泰州市	98.10	138.94	1538.03	149.73	85.85	58.77
杭州市	98.72	340.46	2753.13	956.20	523.55	353.37
宁波市	97.22	354.27	2193.28	557.27	829.04	519.67
嘉兴市	98.01	240.90	1488.26	270.39	228.20	160.41
湖州市	97.28	108.23	758.28	143.13	69.28	58.61
绍兴市	97.58	245.27	1245.56	297.80	270.16	210.89
舟山市	96.62	25.31	481.80	58.98	107.33	69.37
台州市	96.43	139.14	950.24	196.08	170.01	139.63

20－3 长江三角洲各城市国民经济主要指标(三)

(2010年)

地　区	协议利用外资(亿美元)	实际利用外资(亿美元)	社会消费品零售总额(亿元)	市区城镇居民人均可支配收入(元)	市区城镇居民人均消费性支出(元)	市区居民消费价格指数(%)
上海市		111.21	6036.86	31838	23200	103.1
南京市		26.76	2267.77	28312	18156	104.2
无锡市		33.00	1809.08	27750	17003	103.4
常州市		26.70	1044.73	26269	17124	103.4
苏州市		85.35	2405.86	29219	17879	103.4
南通市		20.61	1268.32	23541	14492	103.7
扬州市		25.72	719.48	21766	13445	103.4
镇江市		16.15	559.52	23075	14080	103.7
泰州市		13.63	550.30	21359	13445	103.8
杭州市	68.17	43.56	2146.08	30035	20219	103.9
宁波市	40.62	23.13	1704.45	30166	19420	103.7
嘉兴市	27.02	16.10	799.36	24815	15979	104.0
湖州市	17.56	9.19	516.09	25572	16207	104.0
绍兴市	13.15	9.53	852.89	27626	17400	104.0
舟山市	0.32	0.98	212.54	26848	16375	104.1
台州市	0.66	1.32	960.45	28583	19626	104.6

20－4 长江三角洲各城市国民经济主要指标(四)

(2010年)

单位:亿元

地区	财政总收入	地方财政预算内收入	地方财政预算内支出	#年末金融机构本外币存款余额	#年末城乡居民储蓄余额	年末金融机构本外币贷款余额
上海市		2873.58		52190.04	16249.29	34154.17
南京市	1850.86	518.80	542.18	12887.43	3570.07	10915.34
无锡市	1579.85	511.89	488.68	8827.2	3109.44	6487.13
常州市	841.67	286.18	281.44	4672.02	2024.15	3098.24
苏州市	2759.67	900.55	825.67	14225.49	4701.31	10831.62
南通市	713.36	290.81	316.75	4957.83	2693.99	2964.58
扬州市	400.88	167.78	201.68	2471.96	1252.40	1514.88
镇江市	381.50	138.10	159.07	2242.89	1002.51	1617.07
泰州市	441.81	170.80	215.73	2359.79	1164.18	1531.07
杭州市	1245.43	671.34	616.58	17084.35	4990.97	15078.73
宁波市	1171.75	530.93	600.74	9755.52	3312.17	9414.20
嘉兴市	334.33	176.83	199.06	3590.82	1629.71	2753.64
湖州市	172.35	97.27	127.12	1805.61	821.68	1461.32
绍兴市	349.25	193.23	221.95	4948.32	1945.72	3934.27
舟山市	98.53	61.04	105.03	1143.25	410.80	1017.72
台州市	310.62	164.88	222.76	3588.48	1730.67	3055.82

统计公报
Statistical Communique

台州市2010年国民经济和社会发展统计公报

台州市统计局　　国家统计局台州调查队

(2011年3月21日)

2010年,全市人民在市委、市政府的正确领导下,以科学发展观为指导,大力实施“沿海开发、自主创新、城市群构建、民生优先”四大战略,贯彻落实各项宏观调控政策,全市经济在调整中快速复苏回升,社会事业取得新的进步,“十一五”规划确定的主要目标顺利完成。

一、综　合

国民经济回升势头良好。据初步核算,2010年,全市实现生产总值2426.45亿元,按可比价格计算,比上年增长13.2%,增速比上年提高4.7个百分点。其中,第一产业增加值160.42亿元,增长4.3%;第二产业增加值1254.33亿元,增长14.5%;第三产业增加值1011.70亿元,增长12.9%;三次产业结构由上年的6.5:51.8:41.7调整为6.6:51.7:41.7。全市人均生产总值为41777元,比上年增长12.4%,按年平均汇率折算已达6143美元。

2010年,市区实现生产总值852.77亿元,按可比价格计算,比上年增长12.0%。市区人均生产总值达到55257元,比上年增长11.2%,按年平均汇率折算已达8188美元。

二、农　业

农业生产形势稳定。全市实现农林牧渔业总产值276.02亿元,按可比价格计算,比上年增长4.6%。其中,农业产值105.54亿元,增长2.4%;林业产值5.37亿元,下降2.7%;牧业产值27.14亿元,增长5.9%;渔业产值135.20亿元,增长6.3%;农林牧渔服务业产值2.76亿元,增长3.7%。

年农作物总播种面积265.43千公顷,比上年下降2.2%。全市粮食作物播种面积152.37千公顷,比上年下降4.0%;全年粮食总产量82.75万吨,比上年下降2.2%,每公顷单产为5431公斤,比上年上升1.9%。全市非粮作物播种面积113.06千公顷,比上年增长0.2%。粮食作物与非粮食作物播种面积的比例为57.4:42.6。全年蔬菜产量172.27万吨,比上年增长0.8%;油菜籽产量1.59万吨,比上年下降2.1%;水果产量124.55万吨,比上年增长6.8%。

全市农民专业合作社已发展到4992家,其中省级示范性专业合作社93家。全市共认证有机食品62个,绿色食品213个,国家无公害农产品218个,浙江省无公害农产品产(基)地214个。

绿化造林工作继续推进。全市完成造林更新面积4217公顷,其中人工造林面积1551公顷。年末实有封山育林面积13.48千公顷。全市有林地面积539.95千公顷,森林覆盖率为59.3%。全市有自然保护区(含小区)35个,面积12.14千公顷。

畜牧业生产回暖。全年肉类总产量11.80万吨,比上年增长8.2%,其中猪肉产量8.80万吨,增长4.7%。禽蛋产量4.66万吨,增长6.4%。

渔业产量保持稳定。全年水产品产量140.38万吨,比上年增长4.7%。其中海洋捕捞产量100.58万吨,比上年增长3.9%;海水养殖产量35.47万吨,比上年增长6.2%。

农业生产条件进一步改善。全市完成河道疏浚清淤565.4公里,其中市区356.97公里,治理水土流失面积54.14平方公里，新增防渗渠道344.56公里，新增节水灌溉面积4463公顷。年末全市拥有农业机械总动力341.13万千瓦，全年农村用电量80.77亿千瓦时。

三、工业和建筑业

工业生产保持较快增长。2010年，全市实现工业增加值1135.75亿元，按可比价格计算，比上年增长15.1%，增幅比上年提高7.6个百分点。全市年主营业务收入500万元及以上工业企业（以下简称规模以上工业企业）家数为7308家，完成工业总产值3630.80亿元。

工业经济效益明显改善。2010年，全市规模以上工业企业实现利税总额307.17亿元，其中利润总额188.28亿元。工业经济效益综合得分245.1分（不包括台州电业局、台州电业局直属供电局、台州发电厂、华能国际电力股份有限公司浙江省分公司和浙江桐柏抽水蓄能发电有限公司），比上年提高30.4分。

重工业比重进一步提高。2010年，全市规模以上轻工业实现工业总产值1323.41亿元，占规模以上工业总产值的36.4%，重工业实现工业总产值2307.39亿元，所占比重为63.6%，比上年提高1.6个百分点。全市重点监测的“5+1”主导行业实现规模以上工业总产值2000.26亿元。全市工业总产值超亿元企业有711家，完成工业总产值2183.04亿元；其中超10亿元企业有40家，完成工业总产值754.53亿元。

2010年，规模以上工业中，缝纫机、化学原料药、塑料制品和模具等产品产量保持一定增长（见表一）。

表一： 2010年主要工业产品产量

产品名称	单　位	实　绩	比上年增长（%）
汽　　车	万辆	16.70	-0.1
摩托车	万辆	183.33	-0.4
缝纫机	万架	262.83	32.9
家用电冰箱	万台	174.37	-3.4
冷　　柜	万台	183.48	2.0
房间空调器	万台	9.47	-47.4
变压器	万千伏安	1820.15	-4.4
化学原料药	万吨	5.93	25.5
塑料制品	万吨	129.12	29.4
模　　具	万套	4.37	20.7
泵	万台	2518.64	5.1
阀　　门	万吨	27.11	26.9
服　　装	万件	3066.80	-55.7
啤　　酒	万千升	40.23	9.2
冷冻水产品品	万吨	26.14	15.4
民用钢质船舶	万载重吨	234.46	-10.9

2010年，全市规模以上工业企业实现新产品产值896.31亿元，比上年增长65.2%，新产品产值率为23.7%，比上年提高4.3个百分点。

企业上市取得新突破。全年全市共有9家企业（仙琚制药、伟星新材、南洋科技、爱仕达、齐合天地、艾迪西、双环传动、浙江永强、新界泵业）挂牌上市，募集资金总额达82.85亿元，其中齐合天地以红筹方式登录香港主板市场，实现境外上市零的突破。年末全市累计已有上市公司23家，累计融资总额达到160.2亿元。小额贷款公司试点工作顺利推进,已有17家企业登记营业,合计注册资金20亿元,全年累计发放贷款85.96亿元。

建筑业增长平稳。全市实现建筑业增加值118.58亿元,按可比价格计算,比上年增长7.9%。

四、固定资产投资和房地产业

固定资产投资适度增长。全年完成全社会固定资产投资950.24亿元,比上年增长13.9%,增幅比上年提高4.1个百分点。全年完成工业性投资462.84亿元,比上年增长5.3%。全部限额以上固定资产投资838.07亿元,比上年增长14.8%。其中第一产业完成投资1.23亿元,比上年下降40.3%,第二产业和第三产业分别完成投资437.36亿元和399.48亿元,分别增长6.9%和25.3%。全部限额以上投资中,基础设施完成投资221.28亿元,比上年增长15.5%;民间投资544.35亿元,增长12.5%。

重点工程建设进展良好。全年省、市135个重点项目完成投资211.95亿元,完成年度计划的108.4%。诸永高速公路、椒江污水处理二期、路桥农村饮用水管网、三山涂围垦、台州大道二期等15个项目顺利建成,仙居抽水蓄能电站、74省道南延段、台州港中心港区(临海)疏港公路工程一期、台州市(路桥)城市生活垃圾焚烧发电等40个项目开工建设。

房地产投资保持较快增长。全年房地产开发完成投资196.08亿元,比上年增长28.8%。房屋施工面积1801.61万平方米,比上年增长23.9%,房屋竣工面积190.60万平方米,比上年增长11.2%。房地产市场销售增长平稳,全年实现商品房销售额330.47亿元,比上年增长21.7%,销售面积462.89万平方米,增长9.6%。房地产投资中,保障性住房完成投资1.68亿元,施工面积36.14万平方米,竣工面积6.38万平方米,竣工套数702套。

五、交通和邮电业

交通运输业发展较快。全年完成货物周转量1110.64亿吨公里,比上年增长38.0%;旅客周转量为97.71亿人公里,比上年增长8.9%。全年完成港口货物吞吐量4706万吨,比上年增长9.6%。其中外贸吞吐量999.62万吨,增长37.3%,完成集装箱吞吐量12.16万标箱,增长33.8%。民航完成旅客吞吐量61.69万人次,比上年增长17.1%,货邮吞吐量5483吨,增长27.7%。铁路发送旅客271.62万人次。

年末全市公路总里程(含村道)11267公里,其中等级公路11005公里,占公路总里程的97.7%,高速公路274公里。年末全市民用汽车拥有量达56.59万辆,比上年净增10.88万辆,其中私人汽车48.17万辆,比上年增加10.24万辆。

2010年全市完成邮电业务收入66.30亿元,比上年增长6.0%。年末移动电话用户达719.60万户,全年新增128.26万户。年末国际互联网用户95.78万户,其中宽带用户86.36万户,比上年增加18.06万户。固定电话用户数继续下降,年末城乡固定电话用户为178.72万户,比上年减少11.23万户。

六、国内贸易和旅游业

消费品市场持续活跃。2010年,全市实现社会消费品零售总额960.45亿元,比上年增长18.0%,扣除价格因素,实际增长12.7%。其中批发和零售业实现零售额858.28亿元,比上年增长18.2%,住宿和餐饮业实现零售额102.17亿元,比上年增长16.2%。限额以上批发零售企业中,汽车类、石油制品类和家用电器音像器材类零售额分别比上年增长30.0%、37.6%和36.6%。大力推进商贸设施建设,台州新明国际家居广场、浙江工量刃具交易中心、黄岩新天地家居广场等一批现代市场相继建成开业。年末全市拥有各类商品交易市场488家,成交额1019.87亿元,年成交额超亿元的市场有100家。

市场物价上涨明显。2010年全市居民消费价格总水平比上年上升4.6%。其中消费品价格上升4.8%,服务项目价格上升3.8%(见表二)。工业品出厂价格比上年上升3.7%,原材料、燃料、动力购进价格比上年上升10.2%。

表二: 2010年居民消费价格比上年涨跌幅度

指　　标	全　市	#市　区
居民消费价格指数	4.6	4.6
一、食品	9.0	8.5
其中:粮食	13.7	16.0
鲜菜	23.4	22.8
肉禽及制品	3.1	1.5
水产品	16.2	14.1
二、烟酒及用品	0.7	0.4
三、衣着类	-3.9	-4.5
四、家庭设备及维修服务费	-0.2	0
五、医疗保健和个人用品	6.7	5.2
六、交通和通讯	0.4	0.9
七、娱乐教育文化用品及服务	1.9	2.4
八、居住	8.3	9.8

旅游业健康快速发展。全年共接待旅游总人数3295.95万人次,比上年增长13.8%,其中接待海外旅游人数10.29万人次,增长19.0%。实现旅游总收入273.23亿元,比上年增长18.8%,其中海外旅游收入5629.35万美元,增长13.4%。全市共有4A级旅游区6个,3A级旅游区7个,2A级旅游区7个。共有星级饭店60家,客房7680间,床位12781张,旅行社126家。

七、对外经济

对外贸易恢复性增长。全年外贸进出口总额170.01亿美元,比上年增长41.3%。其中自营出口总额139.63亿美元,增长38.7%。全年外贸企业出口22.29亿美元,增长36.3%;三资企业出口25.04亿美元,增长28.9%;生产企业出口92.30亿美元,增长42.2%。在出口总额中,一般贸易出口125.16亿美元,增长39.5%;加工贸易出口14.42亿美元,增长32.3%。主要出口产品中,太阳能板、船舶、服装机械、阀门龙头等出口分别比上年增长235.7%、45.5%、53.0%和47.8%。2010年全市有进出口实绩企业3819家,比上年增加367家,其中进出口超1000万美元企业有363家。出口国家和地区已达207个。

对外经济合作全面拓展。全年新批境外投资项目29个,中方投资额7341万美元。全市累计境外投资项目371个,中方累计投资额3.50亿美元。全年新批对外经济合作项目3个,对外经济合作营业额3.12亿美元。

八、金融和保险业

金融机构存贷款规模继续扩大。2010年末,全市金融机构本外币存款余额3588.48亿元,比上年末增长22.2%，当年新增存款653.09亿元。其中城乡居民本外币储蓄存款余额1730.67亿元，比上年末增长19.4%，当年新增280.95亿元。年末金融机构本外币贷款余额3055.82亿元，比上年末增长21.4%，当年新增贷款537.76亿元。年末金融机构本外币存贷比为85.2%，不良贷款率为1.13%。

保险市场发展势头良好。年末全市有各类保险机构(含分支机构)43家。全年保费总收入72.92亿元，比上年增长26.8%。其中财产险保费收入29.42亿元，人寿险保费收入43.49亿元，分别比上年增长25.9%和27.4%。全年各类赔款、给付支出18.43亿元，比上年下降11.3%。

九、科学技术和教育

科技事业取得新成果。2010年，全市研究与试验(R&D)经费支出30.47亿元，比上年增长20.1%，占生产总值的1.26%。规模以上工业企业中，高新技术企业完成工业总产值898.03亿元，比上年增长30.7%，占规模以上工业总产值24.7%。全市共有104家企业被认定为国家重点扶持的高新技术企业。全市共有58个项目入选国家火炬计划项目，33个项目入选国家创新基金项目，获资助金额达2400万元，立项数和资助额均创历史新高。列入国家"863"项目3项、国家重点新产品计划项目4项，国家星火计划项目5项。全年申请专利10436件，比上年增长18.5%；专利授权10558件，增长29.6%，其中发明285件，增长26.7%。全年共签订各类技术合同208项，技术交易额2.29亿元。

品牌创建和质量管理工作得到加强。全年新增5件驰名商标，全市被国家工商总局认定的驰名商标达到19件。全市有中国名牌产品19个；浙江名牌产品273个。全市产品国家级监督抽查合格率为83.9%，省级合格率为91.1%。全市累计有492家食品企业取得598本QS证书。年末全市有各类检验机构80家，其中国家检测中心1家，省级质检中心8家。

教育事业发展更加均衡。全市有幼儿园1291所，在园幼儿25.98万人，普通小学561所，在校生43.05万人，初中在校生19.69万人，高中段在校生17.61万人，初升高比例达到99.01%。新增国家级重点职校1所，国家级实训基地1个，省级实训基地8个。全面实施免除农村义务教育阶段学校住宿费政策，全市7万多名学生的住宿费得到免除，免费金额达到3825万元。公办民工子弟学校增加到19所，在台州接受义务教育的外来民工子女共有12.2万名，其中75.8%在公办学校就读。全市特殊教育招生(含普通学校随班就读)280人，在校生2141人。全市全日制普通高校招生9469人，在校生29749人，成人高校在校学生22323人。高等教育毛入学率达到45.0%，比上年提高3.2个百分点。

十、文化、卫生和体育

文化事业繁荣活跃。全市东海文化明珠乡镇、省级文化示范村和示范社区总数分别达到62个、31个和11个。全市已完成1767场文艺演出、3.92万场数字电影和13.99万册图书的下乡任务。至2010年末全市拥有国家级非物质文化遗产项目10项，省级67项，市级229项。公共文化基础设施日趋完善。台州市图书馆已完成主体工程，并于12月初对市民试开放。年末全市有群众艺术馆1个，文化馆9个，公共图书馆10个，自办广播节目10套，自办电视节目10套。年末全市拥有有线电视用户129.77万户，其中数字电视用户76.38万户。全年广播节目播出时间70330小时，电视节目播出时间58105小时。广播人口综合覆盖率和电视人口综合覆盖率分别为99.63%和99.47%。

城乡公共卫生服务体系进一步健全。年末全市有各类医疗卫生机构1380家，床位16528张，各类卫生技术人员26765人，其中执业医生和执业助理医生11521人，注册护士9104人。年末每千人拥有卫生技术人员4.59人，其中医生1.98人。全市拥有社区卫生服务机构470家。全市孕产妇死亡率7.06/10万，五岁以下儿童死亡率6.90‰，其中婴儿死亡率4.79‰。全年有7.05万人参加无偿献血。农村自来水普及率91.0%，卫生户厕普及率86.2%。

体育事业再上新台阶。举办了全市武林大会、首届市区机关运动会、第二届体育健身节等多项群体活动和比赛。2010年，全市运动员参加国际国内各项赛事取得了较好成绩，共夺得国际比赛银牌3枚、铜牌2枚，全国比赛金牌27枚、银牌22枚、铜牌26枚，全国体育大会二等奖1个，三等奖3个，省级比赛金牌162.7枚、银牌94枚、铜牌123.5枚。体育社团力量不断壮大，全市共有体育社团174个。

十一、能耗、环境保护和安全生产

节能降耗和环境保护工作进一步加强。2010年，全市万元生产总值综合能耗比上年下降4.85%，全年化学需氧量和二氧化硫排放量分别比上年下降3.37%和1.22%。全市地表水满足水域功能达标率为64.0%，比上年提高5.6个百分点，城市空气综合污染指数1.42。全市工业废水排放达标率为90.3%，工业固体废物综合利用率为97.6%。城镇生活污水集中处理率为76%，城镇生活垃圾无害化处理率为97%。2010年，市区环境空气质量达到二级标准以上的天数有355天，占全年总天数的97.3%。

2010年，全市共发生各类事故4376起，死亡651人，受伤3894人，直接经济损失3941万元，分别比上年下降7.0%、4.3%、3.3%和3.3%。

十二、人口、就业、社会保障和人民生活

人口平稳增长。2010年末，全市户籍总人口583.14万人，其中男性人口299.68万人，女性人口283.46万人，男女性别比为105.7: 100。全年共出生7.29万人，死亡3.67万人，人口出生率为12.54‰，死亡率为6.32‰，人口自然增长率为6.22‰，比上年上升0.65个千分点。总人口中市区人口154.89万人。

就业形势基本稳定。全市城镇新增就业人数5.43万人，帮助1.98万名城镇失业人员实现再就业。年末全市拥有职业介绍机构181个，全年介绍就业成功人数4.92万人。全年人事劳动部门共举办各类招聘会494场次，其中人才招聘会329场次，4.13万家用人单位进场招聘，提供各类就业岗位61.2万个。全年创业培训3539人。年末城镇登记失业率为3.56%。

会保障覆盖面和保障水平稳步提高。年末全市有参加城镇养老保险、基本医疗保险、工伤保险、生育保险和失业保险年末参保人数分别达到113.84万人、74.48万人、180.91万人、34.58万人和62.72万人，分别比上年末增加12.80万人、8.24万人、20.84万人、7.15万人和6.52万人。“五大保险”全年收缴各类基金43.40亿元，支出26.37亿元。城镇居民医疗保险参保人数为50.8万人。年末全市有25.48万被征地农民参加农村养老保险，比上年增加4.08万人。农村新型合作医疗参保人数431.26万人，参合率94.87%，人均筹资水平197元。城乡居民社会养老保险工作全面推开，全市有159.22万人参加城乡居民社会养老保险，其中76.5万名60周岁以上老人享受到每月60元的基础养老金。

社会救助和社会福利体系建设不断深化。全市城乡居民最低生活保障人数为60705人，全年共投入低保资金11988万元。提高低保对象补助标准，城镇和农村低保对象月人均补助分别为219元和143元。全市农村五保对象集中供养率达到95.61%，城镇“三无”人员供养率达到100%。老年福利事业得到重视和加强，全市共有各类收养类单位224个，床位20518张，收养各类人员9803人。

城乡居民生活水平不断改善。全年城镇居民人均可支配收入27212元，比上年增长11.4%，扣除价格因素实际增长6.5%。全年农村居民人均纯收入11307元，比上年增长13.0%，扣除价格因素实际增长8.0%。城乡居民收入差距倍数由上年的2.44缩小到2.41。城镇居民恩格尔系数为34.6%，农村居民恩格

尔系数为36.9%。年末城镇居民和农村居民人均住房建筑面积分别为42.9平方米和57.0平方米。城乡居民每百户家庭家用汽车、空调、家用电脑等高档耐用消费品拥有量继续增加(见表三)。

表三： 2010年城乡居民每百户主要耐用消费品拥有量

指　标	单位	城镇居民	比上年增长(%)	农村居民	比上年增长(%)
洗衣机	台	99.50	1.1	65.99	4.4
电冰箱	台	108.06	0.6	87.72	5.6
空调器	台	182.14	1.7	64.16	18.0
摩托车	辆	37.44	-3.8	35.22	-2.8
家用汽车	辆	30.36	15.3	10.35	15.5
彩色电视机	台	207.19	0.1	158.02	3.0
固定电话	部	88.05	-1.5	78.63	-1.4
移动电话	部	222.99	2.0	205.13	6.0
家用电脑	台	99.76	4.7	37.26	21.9

注：公报中生产总值、各产业增加值绝对数按现价计算,增长速度按可比价格计算;人均生产总值按户籍人口计算。

浙江省2010年国民经济和社会发展统计公报

浙江省统计局　　国家统计局浙江调查总队

（2011年1月28日）

2010年，浙江深入贯彻落实科学发展观，认真执行中央宏观调控政策，全面实施“八八战略”和“创业富民、创新强省”总战略，扎实推进“全面小康六大行动计划”，全省经济社会协调发展，人民生活不断改善，各项事业加快推进，科学发展水平明显提高，全面小康社会建设取得丰硕成果。

一、综　合

初步核算，2010年，全省生产总值为27227亿元，比上年增长11.8%（见图1）。其中第一产业增加值1361亿元，第二产业增加值14121亿元，第三产业增加值11745亿元，分别增长3.2%、12.3%和12.1%。三次产业增加值结构由2005年的6.7:53.4:39.9调整为2010年的5.0:51.9:43.1。

全省居民消费价格比上年上涨3.8%，其中居住类上涨6.0%，食品类上涨7.3%（表1）；商品零售价格上涨3.9%，农业生产资料价格上涨2.9%，工业品出厂价格上涨6.2%，原材料、燃料、动力购进价格上涨12.0%，固定资产投资价格上涨4.7%。

表1：2010年居民消费价格变动情况（上年=100）

指　　标	全　省	城　市	农　村
居民消费价格总指数	**103.8**	**104.0**	**103.7**
食　品	107.3	107.5	107.0
其中：粮　食	114.3	115.2	113.4
烟酒及用品	100.7	101.1	100.5
衣　着	99.3	98.5	100.1
家庭设备用品及服务	100.4	101.3	99.7
医疗保健及个人用品	105.4	105.4	105.3
交通和通信	100.3	100.6	100.0
娱乐教育文化用品及服务	101.6	101.5	101.6
居　住	106.0	106.4	105.5

2010年，财政一般预算总收入4895亿元，比上年增长18.8%，地方一般预算收入2608亿元，增长21.7%，增速分别比上年提高8.3和10.9个百分点。

全年新增城镇就业人数90.65万人，其中40.68万名城镇失业人员实现再就业。年末城镇登记失业率为3.2%，比上年末下降0.06个百分点。

二、农业和农村建设

2010年，粮食播种面积和单产分别比上年下降1.1%和1.3%，粮食总产量为770.67万吨，下降2.3%，其中晚稻总产量为584.71万吨,下降2.4%(见表2)。

主要经济作物播种面积保持稳定。其中,油料播种面积208.75千公顷,比上年下降0.7%;蔬菜618.59千公顷,与上年持平;棉花播种面积20.8千公顷,比上年增长3.5%。

畜牧业生产形势好转,渔业生产增幅明显。全年肉类总产量为175.13万吨,比上年增长2.8%;国内渔业产量461.4万吨,增长7.4%,其中海水捕捞产量282.1万吨,海水养殖产量82.6万吨,淡水产品产量96.7万吨。

现代农业继续发展。全年净增有效灌溉面积3.5千公顷,新增旱涝保收面积3.9千公顷。农业机械总动力2428万千瓦,比上年增长2.0%。

表2: 2010年主要农产品产量

产品名称	绝对数(万吨)	比上年增长(%)
粮　　食	770.67	-2.3
春　粮	59.07	0.9
早　稻	63.44	-6.5
秋　粮	648.16	-2.2
油　　料	39.46	-8.7
花　生	5.36	-0.5
油菜籽	33.26	-10.2
棉　　花	2.88	2.5
糖　　料	74.89	-8.0
茶　　叶	16.05	-4.1
水　　果	726.39	2.0
蔬　　菜	1772.13	0.4

新农村建设成效明显。实际已完成环境综合整治村3197个,全省85%以上的村实现生活垃圾集中收集处理,74%农户家庭实现卫生改厕,45%村庄开展了生活污水治理。完成各类农村劳动力培训108万人。农家乐休闲旅游业发展较快。累计发展农家乐休闲旅游特色村(点)2490个,从业人员8.77万人,营业收入54.43亿元。低收入农户奔小康工程进展顺利。据对2007年人均纯收入低于2500元的111万低收入农户统计监测调查,2010年人均纯收入已达到4220元。农民下山搬迁工程稳步推进,欠发达地区完成山区农民和库区移民下山搬迁累计10.78万户,37.2万人。

三、工业和建筑业

2010年,规模以上工业增加值10397亿元,增长16.2%,轻、重工业增加值分别增长14.6%和17.4%(见表3)。规模以上工业销售产值50368亿元,增长30.2%。国有及国有控股工业企业增加值1811亿元,比上年增长11.6%。规模以上工业企业完成出口交货值10683亿元,增长27.6%;出口交货值占销售产值的比重为21.2%,比上年下降0.4个百分点。

表3： 2010年规模以上工业增加值

指 标 名 称	绝对数(亿元)	比上年增长(%)
工业增加值总计	10397	16.2
在总计中:轻工业	4443	14.6
重工业	5954	17.4
在总计中:国有企业	857	11.9
有限责任公司	1641	14.2
股份有限公司	859	12.2
私营企业	4252	18.4
港澳台商投资企业	1187	17.7
外商投资企业	1476	16.3
在总计中:国有及国有控股企业	1811	11.6

规模以上工业企业新产品产值为10143亿元,比上年增长42.9%,新产品产值率为19.6%,比上年提高1.7个百分点。制造业中,高新技术产业增加值2396亿元,比上年增长18.5%,占规模以上工业的比重为23%。汽车产量为31.9万辆,增长15.2%,其中轿车产量为27.4万辆,增长25%(见表4)。

表4： 2010年主要工业产品产量

产品名称	单 位	绝对数	比上年增长(%)
纱	万吨	214.9	12.6
布	亿米	159.0	14.5
化 纤	万吨	1366.1	21.2
卷 烟	亿支	851.0	5.8
房间空调器	万台	510.8	80.4
发 电 量	亿千瓦小时	2496.2	14.0
钢 材	万吨	2832.6	19.8
水 泥	万吨	11275.3	5.4
化 肥(折100%)	万吨	32.7	-26.4
汽 车	万辆	31.9	15.2
其中:轿 车	万辆	27.4	25.0
集成电路	亿块	30.4	-54.4
电子元件	亿只	476.8	27.4
移动电话机	万台	2406.1	-2.8
微型电子计算机	万台	157.3	76.4

全年规模以上工业企业实现利润3003.6亿元,比上年增长47.3%。其中,国有及国有控股企业368.2亿元,增长27.3%;股份制企业322.1亿元,增长24.5%;外商及港澳台投资企业944.3亿元,增长53.8%;私营企业1090.4亿元,增长54.2%。工业企业产品销售率97.5%,比上年下降0.3个百分点。

全年建筑业增加值1633亿元,比上年增长17.4%。资质以上建筑企业利润总额355亿元,比上年增长29.4%;税金总额385亿元,增长31.4%。

四、固定资产投资和房地产业

2010年,全社会固定资产投资12488亿元,比上年增长16.3%,其中限额以上投资11564亿元,增长16.7%;限额以上非国有控股投资7615亿元,增长21.6%,占全部限额以上投资的65.9%。

在限额以上固定资产投资中,第一产业投资60.3亿元,比上年增长5.3%;第二产业投资4698亿元,增长9.6%,其中工业投资4650亿元,增长9.3%;第三产业投资6806亿元,增长22.4%。

全年限额以上投资项目31780个,比上年增长6.2%,其中,新开工项目16963个,增长6.6%。

全年房地产开发投资3030亿元,比上年增长34.4%。商品房销售额4449亿元,增长2.6%。

五、国内贸易

2010年,社会消费品零售总额10163亿元,比上年增长19.0%,扣除价格因素,实际增长14.5%。其中,城镇消费品零售额8932亿元,比上年增长19.2%;乡村消费品零售额1231亿元,增长17.9%。分行业看,批发零售贸易业零售额9105亿元,增长19.2%;住宿餐饮业零售额1058亿元,增长17.0%。

在限额以上批发零售贸易业销售额中,汽车类零售额比上年增长37.2%,石油及制品类增长33.6%,食品饮料烟酒类增长14.4%,服装、鞋帽、针纺织品类增长25.3%,中西药品类增长18.3%,家用电器和音像器材类增长22.2%,日用品类增长21.2%,金银珠宝类增长52.8%,通讯器材类增长42.7%,家具类增长24.2%。

年末全省有商品交易市场4146家,全年有形市场成交额12717亿元,比上年增长18.4%。成交额超亿元的市场675个,超十亿元的市场202个,超百亿元的市场22个。

六、对外经济

2010年,进出口总额为2535亿美元,比上年增长35%,其中进口730亿美元,增长33.4%;出口1805亿美元,增长35.7%(见表5),出口占全国的比重从上年的11.1%提高到11.4%。

表5: 2010年进出口主要分类情况

指　　标	绝对数(亿美元)	比上年增长(%)
进出口总额	2534.7	35.0
出口额	1804.8	35.7
其中:一般贸易	1450.2	36.0
加工贸易	330.1	32.5
其中:机电产品	791.3	42.6
其中:高新技术产品	147.4	49.2
进口额	729.9	33.4
其中:一般贸易	493.8	31.9
加工贸易	157.6	34.0
其中:机电产品	163.2	37.2

月度出口规模创历史新高。月均出口150.4亿美元,其中7月当月出口180.4亿美元创历史新高。主要出口市场全面恢复,欧盟仍为第一大贸易伙伴。新兴市场出口份额稳步提高,东盟成为第三大出口市场(见表6)。机电产品、高新技术产品出口比重提高,能源资源类等初级产品进口增加,外贸结构得到优化。

表6: 2010年对主要市场进出口情况

国家或地区	出口额(亿美元)	比上年增长(%)	进口额(亿美元)	比上年增长(%)
欧盟	483.2	34.0	93.8	45.8
东盟	110.1	37.0	68.7	54.7
美国	304.6	32.1	61.2	51.3
日本	105.5	18.5	100	26.4
俄罗斯	51.1	81.1	12.2	0.7
韩国	15.4	27.8	63.5	8.6
中国香港	64.4	43.2	2.5	15.3
中国台湾	20.1	52.5	101.8	31.4

新批外商直接投资项目1944个,比上年增加206个,合同外资200.5亿美元,实际到位外资110亿美元,分别比上年增长25.2%和10.7%。第三产业利用外资继续保持良好势头,合同外资81.1亿美元,实际外资41.4亿美元,分别比上年增长41.9%和21.8%,各占外资总额的40.5%和37.7%。

对外承包工程、对外劳务合作、对外设计咨询完成营业额29.1亿美元,比上年增长21.6%;经审批和核准的境外企业和机构共计630家,投资总额40.2亿美元,中方投资33.6亿美元,同比分别增长2.6和2.2倍。全年实际对外直接投资为26.2亿美元,继续居全国各省市第一。

七、交通、邮电和旅游业

2010年,交通运输、仓储和邮政业增加值为1041亿元,比上年增长13.9%。

全年铁路、公路和水运完成货物周转量7112亿吨公里,比上年增长25.7%;旅客周转量1251亿人公里,增长8.5%。港口完成货物吞吐量11.2亿吨,增长8.0%,其中,沿海港口完成7.8亿吨,内河港口完成3.4亿吨,分别增长9.1%和5.3%(见表7)。

表7: 2010年铁、公、水路运输方式完成运输量

指标	单位	绝对数	比上年增长(%)
货物周转量	亿吨公里	7112	25.7
铁路	亿吨公里	342	5.8
公路	亿吨公里	1299	9.3
水运	亿吨公里	5471	31.9
旅客周转量	亿人公里	1251	8.5
铁路	亿人公里	363	24.5
公路	亿人公里	882	3.3
水运	亿人公里	6	-19.0
沿海港口货物吞吐量	亿吨	7.8	9.1

全年邮电业务总量1972.0亿元,比上年增长18.3%。其中,邮政业务总量57.4亿元,电信业务总量1914.6亿元。

全年本地电话交换机容量3062万门,比上年减少48万门。移动电话交换机容量8666万户,比上年增加693万户。年末本地电话用户1998.5万户,其中城市电话用户1213万户,农村电话用户785.5万户;移动电话用户5047万户,全年新增611万户。年末全省互联网用户数为3670万户。

全年实现旅游总收入3312.6亿元,比上年增长25.3%。其中,接待国内旅游者2.95亿人次,增长20.8%,实现国内旅游收入3045.5亿元,增长25.7%;接待入境旅游者685万人次,增长20%,实现旅游外汇收入39.3亿美元,增长21.9%(见表8)。

表8:2006-2010年全省接待旅游人数

年　　份	入境旅游人数(万人次)	国内旅游人数(亿人次)
2006	427	1.61
2007	511	1.91
2008	540	2.09
2009	571	2.44
2010	685	2.95

八、金融、证券和保险

2010年末,金融机构本外币各项存款余额54478亿元,比上年末增长20.8%,其中人民币存款余额增长20.5%。全部金融机构本外币各项贷款余额46939亿元,比上年末增长19.7%,其中人民币贷款余额增长19.2%。年末城乡居民本外币储蓄存款余额21094亿元,比上年末增长16.1%(见表9)。

表9: 2010年全部金融机构本外币存贷款情况

指　　标	年末数(亿元)	比上年增长(%)
各项存款余额	54478	20.8
其中:企事业存款	20047	19.4
储蓄存款	21094	16.1
其中:人民币	20612	15.6
各项贷款余额	46939	19.7
其中:短期贷款	26045	20.1
中长期贷款	18800	22.7

全年新增上市公司56家,其中境内上市45家,境外上市11家。到2010年末,全省共有境内上市公司186家,位居全国第三,累计融资1820亿元;其中中小板上市公司91家,占全国中小板上市公司总数的17.1%,位居全国第二;创业板上市公司16家,占全国创业板上市公司总数的10.5%。全省现有境外上市公司56家,累计融资490亿元。

全年保险业实现保费收入834.4亿元,比上年增长29.3%。其中,财产险公司保费收入334.5亿元,比上年增长30.9%;人身险公司保费收入499.9亿元,增长26.2%。支付各类赔款及给付216.1亿元。其中,财产险公司赔付支出147.5亿元,人身险公司赔付支出68.6亿元。

九、教育和科学技术

2010 年,全省拥有普通高校 80 所(含筹建 1 所)。全年研究生招生 16575 人,在学研究生 47991 人,毕业生 11156 人;普通本专科招生 26.01 万人,在校生 88.49 万人,毕业生 23.37 万人。普通高考录取率 83.8%,比上年提高 1.3 个百分点;高等教育毛入学率为 45%,比上年提高 2 个百分点。各类中等职业教育(不含技工学校)招生 24.15 万人,在校生 64.22 万人,毕业生 18.74 万人;普通高中招生 30.09 万人,在校生 88.02 万人,毕业生 27.37 万人;初中招生 53.2 万人,在校生 167.13 万人,毕业生 58.6 万人。初中入学率、巩固率均为 99.88%,初中毕业升高中段的比例为 97.97%,比上年提高 0.27 个百分点。小学招生 60.21 万人,在校生 333.33 万人,毕业生 54.13 万人,小学毕业生升学比例为 99.99%。义务教育入学率 99.94%,巩固率 99.94%,完成率 99.14%。特殊教育招生 1904 人,在校生 1.3 万人。全省拥有幼儿园 9863 所,在园幼儿 183.05 万人。

全年全社会科技活动经费支出 830 亿元,比上年增长 15.7%;相当于生产总值的 3.06%。研究和发展(R&D)经费支出相当于生产总值的比例为 1.82%,比上年提高 0.09 个百分点。财政科技投入 121.4 亿元,比上年增长 22.3%;财政科技拨款占财政支出的比重为 3.8%。

年末拥有县及县以上独立的研究开发机构 147 家,省级以上重点实验室、工程技术研究中心 202 家,其中国家重点实验室 12 家,省部共建国家重点实验室培育基地 6 家,省级重点实验室(含工程技术研究中心、试验基地)136 家,省级高新技术企业研发中心 1146 家,企业研究院 35 家,国家认定的企业技术中心 48 家,拥有省级区域科技创新服务中心(生产力促进中心)124 家,国家级示范生产力促进中心 12 家。全年专利申请 12.07 万件,专利授权 11.46 万件,分别比上年增长 11.2% 和 43.4%。全年技术市场合同登记 12826 份,技术交易额 59.1 亿元。

年末有 128 家产品质量检验机构,其中国家检测中心 24 个,产品质量、体系认证机构 5 个。有 5881 家企业获得强制性产品认证 41974 张,有 29547 家企业获得了管理体系认证。法定计量技术机构 77 个,全年强制检定计量器具 111 万台件。全年测绘生产总值 15.14 亿元,测绘基础经费总投入 3.62 亿元,完成 1: 10000 比形图测制与更新 1819 幅,1: 5000 比形图 124 幅。

十、文化、卫生和体育

年末共有艺术表演团体 72 个,群艺(文化)馆、文化站 1611 个,公共图书馆 97 个,博物馆 90 个。省市级广播电台、电视台各 12 座,县级广播电视台 66 家。广播影视业经营收入 140 亿元,比上年增长 15.7%。广播、电视综合覆盖率分别达到 99.17% 和 99.35%。有线电视用户数 1190.74 万户,比上年增加 80.64 万户,入户率为 74.23%,全省所有乡镇和 99.3% 以上的行政村实现了有线电视联网,农村有线电视入户数 810 万余户。有 27 部影片取得公映许可证,电视剧颁发发行许可证 34 部 1185 集,动画片颁发发行许可证 2105 集 22410 分钟。全年城市影院共放映电影 69.35 万场,观众 2020.8 万人次,票房收入 7.15 亿元,比上年增长 69.53%。共完成 27.2 万场农村电影放映任务。

全省 14 家图书出版社,共出版图书 9509 种,总印数 3.03 亿册;公开发行的报纸有 70 种,年发行量 32.08 亿份,平均每千人每天拥有 166 份报纸;出版期刊 219 种,年发行量 0.77 亿册。全省共有综合档案馆 98 个,已开放各类档案 10832 个全宗,共计 221.8 万卷,159 万件。

年末共有卫生机构 1.6 万个(不包括村卫生室),其中医院、卫生院 2260 个。医院和卫生院床位 16.69 万张,卫生技术人员 27.74 万人,其中执业医师和执业助理医师 11.09 万人,注册护士 9.35 万人。已设置城乡社区卫生服务中心 1349 个、服务站 7334 个,分别完成规划目标数的 95.0% 和 82.9%。

公共卫生体系建设工作和重大传染病防控工作进一步加强。2010 年,累计报告发生甲、乙类传染病 13.5 万例,发病率为 262.77/10 万,比上年同期下降 2.94%。"五苗"接种率保持在 95% 以上。孕产妇和 5 岁以下儿童死亡率分别为 7.44/10 万和 6.07%。

2010 年,全省运动健儿共取得世界冠军 6 个、亚洲冠军 36 个、全国冠军 79 个。共举办国际性体育竞赛 43 项次、全国性竞赛 87 项次、全省性竞赛 396 项次。共有 3 个县(市、区)和 146 个乡镇通过省级体育强县、强镇的检查验收。全年发行体育彩票52.7亿元,比上年增加7.4亿元,增长16.4%。

十一、人民生活和社会保障

据对城乡住户抽样调查,全省城镇居民人均可支配收入27359元,农村居民人均纯收入11303元,扣除价格因素,分别比上年实际增长7%和8.6%。城镇居民人均可支配收入连续10年居全国第3位、农村居民人均纯收入连续26年列各省区第1位。城镇居民人均消费支出17858元,比上年实际增长3.1%;农村居民人均生活消费支出8390元,实际增长9.4%。城镇居民家庭恩格尔系数(居民家庭食品消费支出占生活消费总支出的比重)为34.3%,比上年上升0.7个百分点;农村居民家庭恩格尔系数为35.5%,比上年下降1.9个百分点。

城乡居民居住条件继续改善。城镇居民人均住房建筑面积35.3平方米,农村居民人均居住面积58.53平方米。城乡居民家庭主要耐用消费品拥有量继续增加(见表10)。

表10: 2010年城乡居民每百户主要耐用消费品拥有量

指　标	单位	城镇居民	比上年增长(%)	农村居民	比上年增长(%)
洗衣机	台	94.26	1.5	68.34	4.1
电冰箱	台	100.36	1.2	89.43	4.8
空调器	台	186.62	3.7	78.60	12.9
摩托车	辆	25.82	0.2	53.96	-3.0
家用汽车	辆	26.43	11.9	7.79	24.9
彩色电视机	台	185.70	2.2	161.43	2.8
固定电话	部	89.13	-0.6	88.36	-1.8
移动电话	部	198.01	3.4	189.09	7.0
家用电脑	台	89.84	6.4	35.64	24.4

社会保障体系不断完善。2010年,全省企业职工基本养老保险参保人数新增148万人,累计达到1580万人,基本实现企业全覆盖;城镇职工基本医疗、居民基本医疗保险参保人数新增160万人、52万人,累计达到1334万人、540万人;工伤、失业、生育保险参保人数分别新增134万人、80万人、105万人,累计达到1465万人、864万人、856万人。城乡居民社会养老保险参保人数累计达到1170万人,其中农村1029万人,城镇141万人,已有578万人领取基础养老金。418万名被征地农民参加社会保障。社会保障待遇稳步提高。企业退休人员基本养老金达到月人均1595元,居全国省区前列。

新型农村合作医疗机制进一步完善,社会保障水平不断提高。2010年,参合人数2965.5万人,参合率为92%,人均筹资水平237元,所有县(市、区)人均筹资全部达到185元以上。所有县(市、区)全部实行门诊统筹,最高支付限额均达到全国农民人均纯收入6倍以上,新农合政策范围内住院补偿率达41.6%,较上年提高5个百分点。其中统筹区域(县域)内报销比例达46%。第三轮参合农民健康体检率达33.9%。

社会救助工作机制进一步健全。2010年,全省在册低保对象70万人,其中城镇9万人,农村61万人,平均保障标准为城镇376.7元/月人、农村245.2元/月人。全面实施医疗分类救助模式,开展即时救助。81个县(市、区)已实现即时救助,各级共安排医疗救助资金6.03亿元,支出6.15亿元,救助困难群众58.79万人次,资助困难群众参加新农合和城镇居民基本医疗保险105.74万人。五保、“三无”对象集中供养率分别为96.9%和99.4%。新增各类养老机构床位数1.51万张,新建市、县(市、区)养老服务指导中心40个、乡镇(街道)养老服务中心313个、城市社区居家养老服务站521个、农村“星光老年之家”3220个。年内共发行各类福利彩票 73.39 亿元,增长 48.8%,筹集公益金 21.7 亿元。

十二、资源、环境保护和社会安全

资源保障状况良好。2010 年,全省水资源量为 1403 亿立方米,比上年增加 51%。总供用水量 215.2 亿立方米。完成造林面积 104.33 万亩,其中完成人工造林 20.78 万亩;更新造林 20.5 万亩,低产低效林改造面积 38.24 万亩。年末实有封山(沙)育林面积 1152.89 万亩,森林覆盖率为 60.58%(含灌木林)。万元 GDP 用地量从 2009 年末的 49.7 平方米/万元下降到 2010 年的 41.9 平方米/万元,单位建设用地 GDP 从 2009 年末的 13.4 亿元/万亩上升为 2010 年的 15.9 亿元/万亩。

环境质量继续改善。2010 年,有气象雷达观测站点 9 个,卫星云图接收站点 25 个,区域自动气象观测站 1225 个。全省霾平均日数 39.9 天,比上年少 6 天。32 个省控城市环境空气质量均达到二级标准占 93.8%,与 2009 年相比下降 3.1 个百分点。11 个设区城市空气质量达到二级标准天数均在 85% 以上,设区城市空气二氧化硫平均浓度为 0.029 毫克/立方米,比 2009 年下降 3.3%。到 2010 年,八大水系、运河和湖库地表水省控断面Ⅰ~Ⅲ类水质比例达到 74.3%,比 2009 年下降 0.6 个百分点,达到 2010 年度目标。全省八大水系、运河和湖库地表水省控断面高锰酸盐指数平均浓度为 3.26 毫克/升,比 2009 年下降 5.8%。2010 年,全省跨行政区域河流交接断面满足功能要求比例为 61.1%,与 2009 年相比上升了 7.4 个百分点。

2010 年末,共有县以上城市污水处理厂 96 座,建成设计能力 762.7 万吨/日。县以上城市污水处理率达到 78%,比上年提高 77.29 个百分点。生活垃圾无害化处理率 96%。

能源利用效率不断提高,“十一五”期间单位 GDP 能耗降低 20% 的目标任务圆满完成。全省规模以上工业单位增加值能耗同比下降 6.7%;千吨以上和 1311 家重点用能企业能源消费比上年分别增长 5.8% 和 5.7%,单位工业增加值能耗分别下降 5.9% 和 3.7%。化学需氧量、二氧化硫两项主要污染物超额完成“十一五”减排任务。

生态文明建设成效显著,生态示范创建活动继续推进。2010 年,全省累计建成 1 个国家生态县、30 个省级生态县、43 个国家级生态示范区、7 个国家环境保护模范城市、7 个省级环保模范城市、238 个全国环境优美乡镇。完成更名的国家级生态乡镇 232 个,国家级生态村 9 个,省级生态乡镇 835 个。现有全国绿色学校 49 所、省级绿色学校 1095 所,国家级绿色社区 27 个、省级绿色社区 561 个,省级绿色企业 477 家,省级绿色饭店 340 家,省级绿色医院 121 家,全国绿色家庭 22 户、省级绿色家庭 1463 户。国家园林城市(县城、镇)21 个,省级园林城市 32 个。推进城乡绿化一体化进程,对 1.8 万个村庄开展绿化建设,共创建省、市、县三级绿化示范村 5657 个,其中省级绿化示范村 1352 个。生态修复和保护工作取得阶段性成效。废弃矿山生态环境治理率由上年的 80% 提高到 90%,生态葬法行政村覆盖率由上年的 82.1% 提高到 83.2%。城市建成区绿化覆盖率达 37.5%,人均公园绿地面积 10.9 平方米。2010 年,新增治理水土流失面积 812 平方公里。全年近岸海域共发生赤潮 22 次,累计面积约 3682 平方千米,与上年相比,赤潮发生次数和面积均有所下降。

各类事故总量继续下降, 连续 7 年实现“零增长”的目标。全年共发生各类事故 26230 起、死亡 6220 人、直接经济损失 30061 万元,分别比上年下降 7.8%、5.1% 和 3.3%。其中,道路交通共发生事故 21698 起、死亡 5382 人、受伤 23296 人,分别比上年下降 7.3%、5.4% 和 8.6%;火灾事故共发生 3773 起、死亡 71 人,直接经济损失 8152 万元,分别下降 11.7%、7.8 % 和 4.4%。

注:(1)本公报所列各项数据为年度初步统计数据。

(2)全省生产总值和各产业增加值绝对数按现行价格计算,增长速度按可比价格计算。

中华人民共和国2010年国民经济和社会发展统计公报

中华人民共和国国家统计局

（2011年2月28日）

2010年，面对复杂多变的国内外经济环境和各种重大挑战，全国各族人民在党中央、国务院的坚强领导下，以邓小平理论和"三个代表"重要思想为指导，深入贯彻落实科学发展观，坚持实施应对国际金融危机冲击的一揽子计划，加快转变经济发展方式和经济结构战略性调整，国民经济保持了平稳较快发展，各项社会事业取得新的进步。

一、综　合

初步核算，全年国内生产总值397983亿元，比上年增长10.3%。其中，第一产业增加值40497亿元，增长4.3%；第二产业增加值186481亿元，增长12.2%；第三产业增加值171005亿元，增长9.5%。第一产业增加值占国内生产总值的比重为10.2%，第二产业增加值比重为46.8%，第三产业增加值比重为43.0%。

居民消费价格一季度同比上涨2.2%，二季度上涨2.9%，三季度上涨3.5%，四季度上涨4.7%，全年平均比上年上涨3.3%，其中食品价格上涨7.2%。固定资产投资价格上涨3.6%。工业品出厂价格上涨5.5%。原材料、燃料、动力购进价格上涨9.6%。农产品生产价格上涨10.9%。

表1：　2010年居民消费价格比上年涨跌幅度

单位：%

指　　标	全　国	城　市	农　村
居民消费价格	**3.3**	**3.2**	**3.6**
食　品	7.2	7.1	7.5
其中：粮　　食	11.8	11.5	12.3
肉禽及其制品	2.9	2.6	3.5
油　　脂	3.8	3.4	4.4
蛋	8.3	8.4	8.2
鲜　　菜	18.7	17.8	21.3
鲜　　果	15.6	15.0	17.5
非食品	1.4	1.3	1.8
其中：家庭设备用品及服务	0.0	-0.1	0.1
医疗保健及个人用品	3.2	3.2	3.2
交通和通信	-0.4	-0.6	0.3
居　住	4.5	4.5	4.5

70个大中城市房屋及新建商品住宅销售价格月度同比涨幅呈现先上升后回落趋势。

全年城镇新增就业1168万人，比上年增加66万人。年末城镇登记失业率为4.1%，比上年末下降0.2个百分点。全年农民工总量为24223万人，比上年增长5.4%。其中，外出农民工15335万人，增长5.5%；本地农民工8888万人，增长5.2%。

年末国家外汇储备28473亿美元，比上年末增加4481亿美元。年末人民币汇率为1美元兑6.6227元人民币，比上年末升值3.0%。

全年财政收入83080亿元，比上年增加14562亿元，增长21.3%；其中税收收入73202亿元，增加13680亿元，增长23.0%。

二、农　业

全年粮食种植面积10987万公顷，比上年增加89万公顷；棉花种植面积485万公顷，减少10万公顷；油料种植面积1397万公顷，增加32万公顷；糖料种植面积192万公顷，增加3万公顷。

全年粮食产量54641万吨，比上年增加1559万吨，增产2.9%。其中，夏粮产量12310万吨，减产0.3%；早稻产量3132万吨，减产6.1%；秋粮产量39199万吨，增产4.8%。

全年棉花产量597万吨，比上年减产6.3%。油料产量3239万吨，增产2.7%。糖料产量12045万吨，减产1.9%。烤烟产量271万吨，减产3.9%。茶叶产量145万吨，增产6.4%。

全年肉类总产量7925万吨，比上年增长3.6%。其中，猪肉产量5070万吨，增长3.7%；牛肉产量653万吨，增长2.7%；羊肉产量398万吨，增长2.2%。生猪年末存栏46440万头，下降1.2%；生猪出栏66700万头，增长3.3%。禽蛋产量2765万吨，增长0.8%。牛奶产量3570万吨，增长1.5%。

全年水产品产量5366万吨，增长4.9%。其中，养殖水产品产量3850万吨，增长6.3%；捕捞水产品产量1516万吨，增长1.4%。

全年木材产量7284万立方米，比上年增长3.1%。

全年新增有效灌溉面积163.4万公顷，新增节水灌溉面积197.5万公顷。

三、工业和建筑业

全年全部工业增加值160030亿元，比上年增长12.1%。规模以上工业增加值增长15.7%。在规模以上工业中，国有及国有控股企业增长13.7%；集体企业增长9.4%，股份制企业增长16.8%，外商及港澳台商投资企业增长14.5%；私营企业增长20.0%。轻工业增长13.6%，重工业增长16.5%。

全年规模以上工业中，农副食品加工业增加值比上年增长15.0%；纺织业增长11.6%；通用设备制造业增长21.7%；专用设备制造业增长20.6%；交通运输设备制造业增长22.4%，其中汽车制造增长24.8%，铁路运输设备制造增长25.4%；通信设备、计算机及其他电子设备制造业增长16.9%；电气机械及器材制造业增长18.7%。六大高耗能行业比上年增长13.5%，其中，非金属矿物制品业增长20.3%，化学原料及化学制品制造业增长15.5%，有色金属冶炼及压延加工业增长13.2%，黑色金属冶炼及压延加工业增长11.6%，电力、热力的生产和供应业增长11.0%，石油加工、炼焦及核燃料加工业增长9.6%。高技术制造业增加值比上年增长16.6%。

表2： 2010 年主要工业产品产量及其增长速度

产品名称	单　位	产　量	比上年增长(%)
纱	万吨	2717.0	13.5
布	亿米	800.0	6.2
化学纤维	万吨	3090.0	12.5
成 品 糖	万吨	1102.9	-17.6
卷　　烟	亿支	23752.6	3.7
彩色电视机	万台	11830.0	19.5
其中:液晶电视机	万台	8937.5	32.1
家用电冰箱	万台	7300.8	23.1
房间空气调节器	万台	10899.6	34.9
一次能源生产总量	亿吨标准煤	29.9	8.7
原　　煤	亿吨	32.4	8.9
原　　油	亿吨	2.03	7.1
天 然 气	亿立方米	967.6	13.5
发 电 量	亿千瓦小时	42065.4	13.2
其中:火电	亿千瓦小时	33301.3	11.6
水电	亿千瓦小时	7210.2	17.1
核电	亿千瓦小时	738.8	5.3
粗　　钢	万吨	62695.9	9.6
钢　　材	万吨	79775.5	14.9
十种有色金属	万吨	3092.6	16.8
其中:精练铜(电解铜)	万吨	457.3	10.6
原铝(电解铝)	万吨	1565.0	21.4
氧化铝	万吨	2893.9	21.6
水　　泥	亿吨	18.8	14.4
硫　　酸	万吨	7090.8	19.0
纯　　碱	万吨	2029.3	4.3
烧　　碱	万吨	2086.7	13.9
乙　　烯	万吨	1418.9	32.3
化　　肥(折100%)	万吨	6740.6	5.6
发电机组(发电设备)	万千瓦	12880.2	9.8
汽　　车	万辆	1826.99	32.4
其中:轿车	万辆	957.6	27.9
大中型拖拉机	万台	38.4	3.3
集成电路	亿块	652.5	57.4
程控交换机	万线	3133.3	-24.5
移动通信手持机	万台	99827.4	46.4
微型电子计算机	万台	24584.5	35.0

1-11 月规模以上工业企业累计实现利润 38828 亿元,比上年同期增长 49.4%。

表3： 2010 年1-11 月规模以上工业企业实现利润及其增长速度

单位:亿元

指　　标	利润总额	比上年增长(%)
规模以上工业	38828	49.4
其中:国有及国有控股企业	11924	59.1
其中:集体企业	689	34.6
股份制企业	21100	49.4
外商及港澳台投资企业	11131	46.3
其中:私营企业	10430	49.4

全年全社会建筑业增加值26451亿元，比上年增长12.6%。全国具有资质等级的总承包和专业承包建筑业企业实现利润3422亿元，增长25.9%，其中国有及国有控股企业990亿元，增长35.0%。

四、固定资产投资

全年全社会固定资产投资278140亿元，比上年增长23.8%，扣除价格因素，实际增长19.5%。其中，城镇投资241415亿元，增长24.5%；农村投资36725亿元，增长19.7%。东部地区投资115970亿元，比上年增长21.4%；中部地区投资62894亿元，增长26.2%；西部地区投资61875亿元，增长24.5%；东北地区投资30726亿元，增长29.5%。

表4： 2010年分行业城镇固定资产投资及其增长速度

单位:亿元

行　　业	投资额	比上年增长(%)
总　　计	241415	24.5
农、林、牧、渔业	3966	18.2
采矿业	9653	18.1
其中：煤炭开采及洗选业	3770	23.3
石油和天然气开采业	2893	3.6
制造业	74528	27.0
其中：农副食品加工业	3626	28.1
食品制造业	1944	28.8
纺织业	2230	26.4
纺织服装、鞋、帽制造业	1412	34.4
石油加工、炼焦及核燃料加工业	2076	12.9
化学原料及化学制品制造业	6863	14.8
非金属矿物制品业	7556	28.0
黑色金属冶炼及压延加工业	3465	6.1
有色金属冶炼及压延加工业	2924	35.8
金属制品业	3622	28.6
通用设备制品业	5459	22.4
专用设备制品业	4154	35.1
交通运输设备制造业	6554	31.7
电气机械及器材制造业	4996	40.4
通信设备、计算机及其他电子设备制造业	3889	48.2
电力、燃气及水的生产和供应业	14535	7.3
其中:电力、热力的生产与供应业	11869	6.6
建筑业	2332	48.6
交通运输、仓储和邮政业	27820	19.5
信息传输、计算机服务和软件业	2392	-6.0
批发和零售业	5216	16.2
住宿和餐饮业	2971	27.6
金融业	476	36.5
房地产业	57557	33.5
租赁和商务服务业	2490	32.4
科学研究、技术服务和地质勘查业	1288	18.8
水利、环境和公共设施管理业	22261	24.5
居民服务和其他服务业	758	46.1
教　　育	3717	14.6
卫生、社会保障和社会福利业	1967	15.9
文化、体育和娱乐业	2596	22.1
公共管理和社会组织	4891	21.2

在城镇投资中，第一产业投资3966亿元，比上年增长18.2%；第二产业投资101048亿元，增长23.2%；第三产业投资136401亿元，增长25.6%。

表5： 2010年固定资产投资新增主要生产能力

指　　标	单　位	绝对数
新增发电机组容量	万千瓦	9118
22万伏及以上变电设备	万千伏安	25816
新建铁路投产里程	公里	4986
其中：高速铁路	公里	1554
增建铁路复线投产里程	公里	3747
电气化铁路投产里程	公里	5948
新建公路	公里	104457
其中：高速公路	公里	8258
港口万吨级码头泊位新增吞吐能力	万吨	27202
新增光缆线路长度	万公里	166
新增数字蜂窝移动电话交换机容量	万户	6433

全年房地产开发投资48267亿元，比上年增长33.2%。其中，商品住宅投资34038亿元，增长32.9%；办公楼投资1807亿元，增长31.2%；商业营业用房投资5599亿元，增长33.9%。

全年各类保障性住房和棚户区改造住房开工590万套，基本建成370万套。

表6： 2010年房地产开发和销售主要指标完成情况

指　　标	单　位	绝对数	比上年增长(%)
投资完成额	亿元	48267	33.2
其中：商品住宅	亿元	34038	32.9
其中：90平方米以下住宅	亿元	10665	27.4
房屋施工面积	万平方米	405539	26.6
其中：商品住宅	万平方米	314943	25.3
房屋新开工面积	万平方米	163777	40.7
其中：商品住宅	万平方米	129468	38.8
房屋竣工面积	万平方米	75961	4.5
其中：商品住宅	万平方米	61216	2.7
商品房销售面积	万平方米	104349	10.1
其中：商品住宅	万平方米	93052	8.0
本年资金来源	亿元	72494	25.4
其中：国内贷款	亿元	12540	10.3
其中：个人按揭贷款	亿元	9211	7.6
本年购置土地面积	万平方米	40970	28.4
完成开发土地面积	万平方米	21254	-7.7
土地购置费	亿元	9992	65.9

五、国内贸易

全年社会消费品零售总额156998亿元，比上年增长18.3%，扣除价格因素，实际增长14.8%。按经营地统计，城镇消费品零售额136123亿元，增长18.7%；乡村消费品零售额20875亿元，增长16.2%。按消费形态统计，商品零售额139350亿元，增长18.4%；餐饮收入额17648亿元，增长18.1%。

在限额以上企业商品零售额中，汽车类零售额比上年增长34.8%，粮油类增长27.9%，肉禽蛋类增长21.7%，服装类增长25.8%，日用品类增长25.1%，文化办公用品类增长23.5%，通讯器材类增长21.8%，化妆品类增长16.6%，金银珠宝类增长46.0%，中西药品类增长23.5%，家用电器和音像器材类增长27.7%，家具类增长37.2%，建筑及装潢材料类增长32.3%。

六、对外经济

全年货物进出口总额29728亿美元，比上年增长34.7%。其中，货物出口15779亿美元，增长31.3%；货物进口13948亿美元，增长38.7%。进出口差额（出口减进口）1831亿美元，比上年减少126亿美元。

表7：2010年货物进出口总额及其增长速度

单位：亿美元

指　　标	绝对数	比上年增长（%）
货物进出口总额	29728	34.7
货物出口额	15779	31.3
其中：一般贸易	7207	36.0
加工贸易	7403	26.2
其中：机电产品	9334	30.9
高新技术产品	4924	30.7
其中：国有企业	2344	22.7
外商投资企业	8623	28.3
其他企业	4813	42.2
货物进口额	13948	38.7
其中：一般贸易	7680	43.7
加工贸易	4174	29.5
其中：机电产品	6603	34.4
高新技术产品	4127	33.2
其中：国有企业	3876	34.3
外商投资企业	7380	35.3
其他企业	2693	56.6
进出口差额（出口减进口）	1831	

表8：2010年主要商品出口数量、金额及其增长速度

商品名称	单位	数　量	比上年增长（%）	金　额（亿美元）	比上年增长（%）
煤	万吨	1903	-15.0	23	-5.2
钢材	万吨	4256	73.0	368	65.3
纺织纱线、织物及制品				771	28.4
服装及衣着附件				1295	20.9
鞋类				356	27.1
家具及其零件				330	30.3
自动数据处理设备及其部件	万台	166724	27.4	1640	34.0
手持或车载无线电话	万台	75789	30.0	467	18.2
集装箱	万个	250	263.7	72	274.9
液晶显示板	万个	224976	16.9	265	37.7
汽车（包括整套散件）	万辆	54	532	62	32.1

表9： 2010年主要商品进口数量、金额及其增长速度

商品名称	数　量（万吨）	比上年增长（%）	金　额（亿美元）	比上年增长（%）
谷物及谷物粉	571	81.2	15	70.1
大　豆	5480	28.8	251	33.5
食用植物油	687	-15.8	60	2.2
铁矿砂及其精矿	61863	-1.4	794	58.4
氧化铝	431	-16.1	15	14.9
煤	16478	30.9	169	60.1
原　油	23931	17.5	1352	51.4
成品油	3688	-0.1	223	31.3
初级形状的塑料	2391	0.4	436	25.2
纸　浆	1137	-16.9	88	28.8
钢　材	1643	-6.8	201	3.3
未锻造的铜及铜材	429	0.0	327	44.4

表10： 2010年对主要国家和地区货物进出口额及其增长速度

单位：亿美元

国家和地区	货物出口额	比上年增长（%）	货物进口额	比上年增长（%）
欧　盟	3112	31.8	1685	31.9
美　国	2833	28.3	1020	31.7
中国香港	2183	31.3	123	40.9
东　盟	1382	30.1	1546	44.8
日　本	1211	23.7	1767	35.0
韩　国	688	28.1	1384	35.0
印　度	409	38.0	208	51.8
中国台湾	297	44.8	1157	35.0
俄罗斯	296	69.0	258	21.7

全年非金融领域新批外商直接投资企业27406家，比上年增长16.9%。实际使用外商直接投资金额1057亿美元，增长17.4%。

表11： 2010年非金融领域外商直接投资及其增长速度

单位：亿美元

行业名称	企业家（家）	比上年增长（%）	实际使用金额	比上年增长（%）
总　计	**27406**	**16.9**	**1057.4**	**17.4**
其中：制造业	11047	13.1	495.9	6.0
电力、燃气及水的生产和供应业	210	-11.8	21.2	0.6
交通运输、仓储和邮政业	396	0.3	22.4	-11.2
信息传输、计算机服务和软件业	1046	-3.2	24.9	10.7
批发和零售业	6786	33.1	66.0	22.4
房地产业	689	21.1	239.9	42.8
租赁和商务服务业	3418	19.3	71.3	17.3
居民服务和其他服务业	217	4.8	20.5	29.4

全年非金融类对外直接投资额590亿美元，比上年增长36.3%。

全年对外承包工程业务完成营业额922亿美元，比上年增长18.7%；对外劳务合作完成营业额89亿美元，与上年持平。

七、交通、邮电和旅游

全年货物运输总量320亿吨，比上年增长13.4%。货物运输周转量137329亿吨公里，增长12.4%。

表12： 2010年各种运输方式完成货物运输量及其增长速度

指　　标	单　位	绝对数	比上年增长%
货物运输总量	亿吨	320.3	13.4
铁　路	亿吨	36.4	9.3
公　路	亿吨	242.5	14.0
水　运	亿吨	36.4	14.0
民　航	万吨	557.4	25.1
管　道	亿吨	4.9	10.3
货物运输周转量	亿吨公里	137329.0	12.4
铁　路	亿吨公里	27644.1	9.5
公　路	亿吨公里	43005.4	15.6
水　运	亿吨公里	64305.3	11.7
民　航	亿吨公里	176.6	39.9
管　道	亿吨公里	2197.6	8.7

表13： 2010年各种运输方式完成旅客运输量及其增长速度

指　　标	单　位	绝对数	比上年增长%
旅客运输总量	亿人	328.0	10.2
铁　路	亿人	16.8	9.9
公　路	亿人	306.3	10.2
水　运	亿人	2.2	-0.7
民　航	亿人	2.7	15.8
旅客运输周转量	亿人公里	27779.2	11.9
铁　路	亿人公里	8762.2	11.2
公　路	亿人公里	14913.9	10.4
水　运	亿人公里	71.5	3.1
民　航	亿人公里	4031.6	19.4

全年规模以上港口完成货物吞吐量80.2亿吨，比上年增长15.0%，其中外贸货物吞吐量24.6亿吨，增长13.6%。港口集装箱吞吐量14500万标准箱，增长18.8%。

年末全国民用汽车保有量达到9086万辆（包括三轮汽车和低速货车1284万辆），比上年末增长19.3%，其中私人汽车保有量6539万辆，增长25.3%。民用轿车保有量4029万辆，增长28.4%，其中私人轿车3443

万辆，增长32.2%。

全年完成邮电业务总量32940亿元，比上年增长20.6%。其中，邮政业务总量1985亿元，增长21.6%；电信业务总量30955亿元，增长20.5%。全年局用交换机容量减少2707万门，总容量46559万门；新增移动电话交换机容量6433万户，达到150518万户。固定电话年末用户29438万户。其中，城市电话用户19662万户，农村电话用户9776万户。新增移动电话用户11179万户，年末达到85900万户。其中，3G移动电话用户4705万户。年末全国固定及移动电话用户总数达到115339万户，比上年末增加9244万户。电话普及率达到86.5部/百人。互联网上网人数4.57亿人，其中宽带上网人数4.50亿人；互联网普及率达到34.3%。

全年国内出游人数达21.0亿人次，比上年增长10.6%；国内旅游收入12580亿元，增长23.5%。入境旅游人数13376万人次，增长5.8%。其中，外国人2613万人次，增长19.1%；香港、澳门和台湾同胞10764万人次，增长3.0%。在入境旅游者中，过夜旅游者5566万人次，增长9.4%。国际旅游外汇收入458亿美元，增长15.5%。国内居民出境人数达5739万人次，增长20.4%。其中因私出境5151万人次，增长22.0%，占出境人数的89.8%。

八、金融

年末广义货币供应量（M2）余额为72.6万亿元，比上年末增长19.7%；狭义货币供应量（M1）余额为26.7万亿元，增长21.2%；流通中现金（M0）余额为4.5万亿元，增长16.7%。

年末全部金融机构本外币各项存款余额73.3万亿元，比年初增加12.1万亿元。其中人民币各项存款余额71.8万亿元，增加12.0万亿元。全部金融机构本外币各项贷款余额50.9万亿元，增加8.4万亿元。其中人民币各项贷款余额47.9万亿元，增加7.9万亿元。

表14： 2010年全部金融机构本外币存贷款及其增长速度

单位：亿元

指　　标	年末数	比上年末增长（%）
各项存款余额	733382	19.8
其中：企业存款	252960	12.7
城乡居民储蓄存款	307166	16.0
其中：人民币	303302	16.3
各项贷款余额	509226	19.7
其中：短期贷款	171236	13.1
中长期贷款	305127	29.5

全年农村金融合作机构（农村信用社、农村合作银行、农村商业银行）人民币贷款余额5.7万亿元，比年初增加9655亿元。全部金融机构人民币消费贷款余额7.5万亿元，增加18866亿元。其中，个人短期消费贷款余额1.0万亿元，增加2935亿元；个人中长期消费贷款余额6.5万亿元，增加15931亿元。

全年上市公司通过境内市场累计筹资10257亿元，比上年增加5666亿元。其中，首次公开发行A股347只，筹资4883亿元，增加3004亿元；A股再筹资（包括配股、公开增发、非公开增发、认股权证）筹资4072亿元，增加2057亿元；上市公司通过发行可转债、可分离债、公司债筹资1320亿元，增加605亿元。全年公开发行创业板股票117只，筹资963亿元。

全年发行非上市公司企业(公司)债券3627亿元,比上年减少625亿元。企业发行短期融资券6742亿元,增加2130亿元;中期票据4924亿元,减少1961亿元。发行中小企业集合票据47亿元。

全年保险公司原保险保费收入14528亿元,比上年增长30.4%,其中寿险业务原保险保费收入9680亿元;健康险和意外伤害险业务原保险保费收入952亿元;财产险业务原保险保费收入3896亿元。支付各类赔款及给付3200亿元,其中寿险业务给付1109亿元;健康险和意外伤害险赔款及给付335亿元;财产险业务赔款1756亿元。

九、教育和科学技术

全年研究生教育招生53.8万人,在学研究生153.8万人,毕业生38.4万人。普通高等教育本专科招生661.8万人,在校生2231.8万人,毕业生575.4万人。各类中等职业教育招生868.1万人,在校生2231.8万人,毕业生659.2万人。全国普通高中招生836.2万人,在校生2427.3万人,毕业生794.4万人。全国初中招生1716.6万人,在校生5279.3万人,毕业生1750.4万人。普通小学招生1691.7万人,在校生9940.7万人,毕业生1739.6万人。特殊教育招生6.5万人,在校生42.6万人。幼儿园在园幼儿2976.7万人。

全年研究与试验发展(R&D)经费支出6980亿元,比上年增长20.3%,占国内生产总值的1.75%,其中基础研究经费328亿元。全年国家安排了326项科技支撑计划课题,308项"863"计划课题。累计建设国家工程研究中心127个,国家工程实验室91个。国家认定企业技术中心达到729家。省级企业技术中心达到5532家。实施新兴产业创投计划,累计支持设立20家创业投资企业,投资创业企业46家。全年受理境内外专利申请122.2万件,其中境内申请108.4万件,占88.7%。受理境内外发明专利申请39.1万件,其中境内申请28.1万件,占71.9%。全年授予专利权81.5万件,其中境内授权71.9万件,占88.2%。授予发明专利权13.5万件,其中境内授权7.4万件,占54.8%。截至年底,有效专利221.6万件,其中境内有效专利173.2万件,占78.2%;有效发明专利56.5万件,其中境内有效发明专利23.0万件,占40.7%。全年共签订技术合同23.0万项,技术合同成交金额3906亿元,比上年增长28.5%。全年成功发射卫星15次。嫦娥二号卫星成功发射。

年末全国共有产品检测实验室27000个,其中国家检测中心443个。全国现有产品质量、体系认证机构171个,已累计完成对79850个企业的产品认证。全国共有法定计量技术机构3309个,全年强制检定计量器具4467万台(件)。全年制定、修订国家标准2860项,其中新制定2123项。全年中央气象台和省级气象台共发布气象预警信号5149次,警报6559次。全国共有地震台站1477个,地震遥测台网32个。全国共有海洋观测站71个。测绘部门公开出版地图1944种,测绘图书806种。

年末全国文化系统共有艺术表演团体2515个,博物馆2141个,全国共有公共图书馆2860个,文化馆3258个。广播电台227座,电视台247座,广播电视台2120座,教育电视台44个。有线电视用户18730万户,有线数字电视用户8798万户。年末广播节目综合人口覆盖率为96.8%;电视节目综合人口覆盖率为97.6%。全年生产电视剧436部14685集,动画电视221456分钟。全年生产故事影片526部,科教、纪录、动画和特种影片95部。出版各类报纸448亿份,各类期刊32亿册,图书74亿册(张)。年末全国共有档案馆4077个,已开放各类档案9035万卷(件)。

全年运动健儿在22个项目中共获得108个世界冠军,8人5队15次创15项世界纪录。在第十六届广州亚运会上,中国体育代表团共获得199枚金牌、119枚银牌、98枚铜牌,奖牌总数416枚。在广州亚残运会上,中国体育代表团共获得185枚金牌、118枚银牌、88枚铜牌,奖牌总数391枚。

新中国第一次承办了世界博览会。上海世博会历时184天,共有246个国家和国际组织参展,其中国家190个,国际组织56个。全国31个省(区、市)和港澳台地区全部参展。累计参观者7308万人次。

十、卫生和社会服务

年末全国共有卫生机构93.9万个，其中医院、卫生院6.0万个，社区卫生服务中心(站)3.1万个，诊所(卫生所、医务室)17.4万个，村卫生室65.1万个，疾病预防控制中心3491个，卫生监督所(中心)2851个。卫生技术人员584万人，其中执业医师和执业助理医师237万人，注册护士205万人。医院和卫生院床位437万张。乡镇卫生院3.8万个，床位100万张，卫生技术人员96.4万人。全年甲、乙类法定报告传染病发病人数341.4万例，报告死亡15950人；报告传染病发病率255.80/10万，死亡率1.20/10万。

年末全国共有各类提供住宿的收养性社会服务机构4.0万个，床位312.3万张，收养各类人员236.5万人。其中，农村养老服务机构3.1万个，床位213.9万张，收养各类人员170.4万人。各类社区服务设施18.0万个，其中，社区服务中心11400个，社区服务站5.1万个。全年救助城市医疗困难群众373.6万人次，救助农村医疗困难群众813.8万人次；资助1237.4万城镇困难群众参加城镇医疗保险，资助4223.7万农村困难群众参加新型农村合作医疗。

十一、人口、人民生活和社会保障

初步预计，年末全国总人口134100万人。

全年农村居民人均纯收入5919元，剔除价格因素，比上年实际增长10.9%；城镇居民人均可支配收入19109元，实际增长7.8%。农村居民家庭食品消费支出占消费总支出的比重为41.1%，城镇为35.7%。按2010年农村贫困标准1274元测算，年末农村贫困人口为2688万人，比上年末减少909万人。

年末全国参加城镇基本养老保险人数25673万人，比上年末增加2123万人。其中参保职工19374万人，参保离退休人员6299万人。参加城镇基本医疗保险的人数43206万人，增加3059万人。其中，参加城镇职工基本医疗保险人数23734万人，参加城镇居民基本医疗保险人数19472万人。参加城镇医疗保险的农民工4583万人，增加249万人。参加失业保险的人数13376万人，增加660万人。参加工伤保险的人数16173万人，增加1278万人。其中参加工伤保险农民工6329万人，增加741万人。参加生育保险的人数12306万人，增加1430万人。2678个县(市、区)开展了新型农村合作医疗工作，新型农村合作医疗参合率96.3%。新型农村合作医疗基金支出总额为832亿元，累计受益7.0亿人次。全国列入国家新型农村社会养老保险试点地区参保人数10277万人。年末全国领取失业保险金人数为209万人。

全年2311.1万城市居民得到政府最低生活保障，比上年减少34.5万人；5228.4万农村居民得到政府最低生活保障，增加468.4万人；554.9万农村居民得到政府五保救济，增加1.5万人。

十二、资源、环境和安全生产

全年全国国有建设用地土地供应总量42.8万公顷，比上年增长18.4%。其中，工矿仓储用地15.3万公顷，增长7.9%；商服用地3.9万公顷，增长40.4%；住宅用地11.4万公顷，增长40.3%；基础设施等其他用地12.2万公顷，增长10.2%。全年全国105个重点监测城市综合地价比上年上涨8.6%，其中商业地价上涨10.0%，居住地价上涨11.0%，工业地价上涨5.3%。

全年水资源总量28470亿立方米，比上年增加17.7%。全年平均降水量682毫米，增加15.4%。年末全国422座大型水库蓄水总量2091亿立方米，比上年末多蓄水284亿立方米。全年总用水量5990亿立方米，比上年增加0.4%。其中，生活用水增加2.9%，工业用水增加1.4%，农业用水减少0.6%，生态补水增加6.8%。万元国内生产总值用水量190.6立方米，比上年下降9.1%。万元工业增加值用水量105.0立方米，下降9.6%。

全年完成造林面积592万公顷，其中人工造林389万公顷。林业重点工程完成造林面积346万公顷，占全部造林面积的58.4%。截至年底，自然保护区达到2588个，其中国家级自然保护区319个。新增综合治理水土流失面积4.2万平方公里，新增实施水土流失地区封育保护面积2.5万平方公里。截至年底，已确权集体林地面积为16204万公顷，其中发放林权证的面积为13396万公顷。

全年平均气温为9.5℃，共有7个台风登陆。

初步核算，全年能源消费总量32.5亿吨标准煤，比上年增长5.9%。煤炭消费量增长5.3%；原油消费量增长12.9%；天然气消费量增长18.2%；电力消费量增长13.1%。全国万元国内生产总值能耗下降4.01%。主要原材料消费中，钢材消费量7.7亿吨，增长12.4%；精炼铜消费量792万吨，增长5.1%；电解铝消费量1526万吨，增长6.0%；乙烯消费量1419万吨，增长32.3%；水泥消费量18.6亿吨，增长14.5%。

七大水系的408个水质监测断面中，Ⅰ～Ⅲ类水质断面比例占59.6%，比上年提高2.2个百分点；劣Ⅴ类水质断面比例占16.4%，下降2.0个百分点。七大水系水质总体上持续好转，部分流域污染仍然严重。

近岸海域298个海水水质监测点中，达到国家一、二类海水水质标准的监测点占62.8%，比上年下降10.1个百分点；三类海水占14.1%，上升8.1个百分点；四类、劣四类海水占23.2%，上升2.1个百分点。

在监测的330个城市中，有273个城市空气质量达到二级以上（含二级）标准，占监测城市数的82.7%；有53个城市为三级，占16.1%；有4个城市为劣三级，占1.2%。在监测的331个城市中，城市区域声环境质量好的城市占6.3%，较好的占67.4%，轻度污染的占25.4%，中度污染的占0.9%。

年末城市污水处理厂日处理能力达10262万立方米，比上年末增长13.4%；城市污水处理率达到76.9%，提高1.6个百分点。集中供热面积39.1亿平方米，增长3.0%。建成区绿地率达到34.5%，提高0.3个百分点。

全年各类自然灾害造成直接经济损失5340亿元，比上年增加1.1倍。全年农作物受灾面积3743万公顷，减少20.7%。其中，绝收486万公顷，减少1.1%。全年因洪涝、滑坡和泥石流灾害造成直接经济损失3505亿元，增加4.4倍；死亡3101人。全年因旱灾造成直接经济损失757亿元，下降31.2%。全年因低温冷冻和雪灾造成直接经济损失318亿元，死亡51人。全年因海洋灾害造成直接经济损失149.4亿元，增加49.1%。全年累计发生赤潮面积10892平方公里，减少22.8%。全年大陆地区共发生5级以上地震17次，成灾10次，造成直接经济损失235.7亿元，死亡2705人。全年共发生森林火灾7723起，下降12.8%。

全年各类生产安全事故共死亡79552人，比上年下降4.4%。亿元国内生产总值生产安全事故死亡人数为0.201人，下降19.0%；工矿商贸企业就业人员10万人生产安全事故死亡人数为2.13人，下降11.3%；道路交通万车死亡人数为3.2人，下降11.1%；煤矿百万吨死亡人数为0.749人，下降16.0%。

注：1. 本公报中数据均为初步统计数。各项统计数据均未包括香港特别行政区、澳门特别行政区和台湾省。部分数据因四舍五入的原因，存在着与分项合计不等的情况。

2. 国内生产总值、各产业增加值绝对数按现价计算，增长速度按不变价格计算。

3. 年度农民工数量包括年内在本乡镇以外从业6个月以上的外出农民工和在本乡镇内从事非农产业6个月以上的本地农民工两部分。

4. 六大高耗能行业分别为：化学原料及化学制品制造业、非金属矿物制品业、黑色金属冶炼及压延加工业、有色金属冶炼及压延加工业、石油加工炼焦及核燃料加工业、电力热力的生产和供应业。

5. 钢材产量及消费量数据中均含部分使用钢材加工成其他钢材的重复计算因素。

6. 固定资产投资按东部、中部、西部和东北地区计算的合计数据小于全国数据，是因为有部分跨地区的投资未计算在地区数据中。其中：东部地区是指北京、天津、河北、上海、江苏、浙江、福建、山东、广东和海南10省市；中部地区是指山西、安徽、江西、河南、湖北和湖南6省；西部地区是指内蒙古、广西、重庆、四川、贵州、云南、西藏、陕西、甘肃、青海、宁夏和新疆12省(区、市)；东北地区是指辽宁、吉林和黑龙江3省。

7. 房地产业投资除房地产开发投资外，还包括建设单位自建房屋以及物业管理、中介服务和其他房地产投资。

8. 从2010年起，社会消费品零售总额统计采用新的分组，即将经营单位所在地分组由"市"、"县"、"县以下"改为"城镇"、"乡村"；取消按行业分组，新设按"商品零售额"和"餐饮收入额"两种消费形态的分组。

9. 邮电业务总量按2000年不变价格计算。

10. 移动电话交换机容量是指移动电话交换机根据一定话务模型和交换机处理能力计算出来的最大同时服务用户的数量。

11. 3G是指第三代蜂窝移动通信系统(3rd－generation，简称3G)，3G移动电话用户是指报告期末在计费系统拥有使用信息、占用3G网络资源的在网用户。

12. 原保险保费收入是指保险企业确认的原保险合同保费收入。

13. 完成产品认证的企业口径有所调整，原口径仅包括强制性产品认证，2010年增加了非强制性产品认证。

14. 特种影片是指那些采用与常规影院放映在技术、设备、节目方面不同的电影展示方式，如巨幕电影、立体电影、立体特效(4D)电影、动感电影、球幕电影等。

15. 卫生机构口径有所调整，2010年数据含村级卫生室。

16. 2010年末人口数为初步预计数，有关最终总人口数和结构数据以拟于2011年4月发布的第六次全国人口普查公报为准。

17. 城镇职工基本医疗保险人数包括参保职工和参保退休人员。城镇居民基本医疗保险的参保对象是不属于城镇职工基本医疗保险覆盖范围的城镇非从业人员。

18. 农村五保救济是指老年、残疾和未满16周岁的村民，无劳动能力、无生活来源又无法定赡养、抚养、扶养义务人，或者其法定赡养、抚养、扶养义务人无赡养、抚养、扶养能力的村民，在吃、穿、住、医、葬方面得到的生活照顾和物质帮助。

19. 建设用地供应总量是指报告期市、县人民政府根据年度土地供应计划依法以出让、划拨、租赁等方式将国有建设用地使用权提供给单位或个人使用的国有建设用地总量。

20. 地价是指根据国土资源部《城市地价动态监测技术规范》，以城市监测点地价为基础，综合土地市场和房地产市场交易价格测算反映城市整体状况的土地价格水平。综合地价是指同一城市或地区的不同用途土地的平均价格水平。

21. 万元国内生产总值用水量、万元国内生产总值能耗按2005年不变价格计算。

资料来源：

本公报中城镇新增就业、登记失业率、社会保障数据来自人力资源社会保障部；外汇储备和汇率数据来自外汇局；财政数据来自财政部；水产品产量数据来自农业部；木材产量、林业、森林火灾数据来自林业局;灌溉面积、水资源数据来自水利部;新增发电机组容量、新增22万伏及以上变电设备数据来自中电联;新建铁路投产里程、增建铁路复线投产里程、电气化铁路投产里程、铁路运输数据来自铁道部;新建公路、港口万吨级码头泊位新增吞吐能力、公路运输、水运、港口货物吞吐量数据来自交通运输部;新增光缆线路长度、新增数字蜂窝移动电话交换机容量、电话用户、上网人数等通信数据来自工业和信息化部;保障性住房、城市污水处理、集中供热面积、建成区绿地率来自住房城乡建设部;货物进出口数据来自海关总署;外商直接投资、对外直接投资、对外承包工程、对外劳务合作等数据来自商务部;民航数据来自民航局;管道数据来自中石油、中石化;民用汽车数据来自公安部;邮政业务总量数据来自邮政局;旅游数据来自旅游局;货币金融数据来自人民银行;上市公司数据来自证监会;企业债券、国家工程研究中心、企业技术中心、新兴产业创投等数据来自发展改革委;保险业数据来自保监会;教育数据来自教育部;安排科技计划课题、技术合同等数据来自科技部;专利数据来自知识产权局;发射卫星数据来自国防科工局;质量检验、国家标准制定修订数据来自质检总局;气象预警、平均气温、登陆台风数据来自气象局;地震数据来自地震局;测绘数据来自测绘局;海洋观测站、海洋灾害造成直接经济损失、发生赤潮面积来自海洋局;艺术表演团体、博物馆、公共图书馆、文化馆数据来自文化部;广播、电视、电影数据来自广电总局;报纸、期刊、图书数据来自新闻出版总署;档案数据来自档案局;体育数据来自体育总局,其中亚残运会数据来自中国残联;世博会数据来自上海世博会事务协调局;卫生、新农合数据来自卫生部;社会服务、低保和五保救济数据、各类自然灾害造成直接经济损失、农作物受灾面积、洪涝滑坡和泥石流灾害造成直接经济损失及死亡人数、旱灾造成直接经济损失、低温冷冻和雪灾造成直接经济损失及死亡人数来自民政部;国有建设用地土地供应、综合地价等数据来自国土资源部;环境监测数据来自环境保护部;安全生产数据来自安全监管总局;其他数据均来自国家统计局。

附　录
Appendix

附录一　　　　　　台州市获中国名牌产品名单

产品名称	企业名称
“星星”牌电冰柜(2002年获得、2007年复评)	星星集团有限公司
“飞跃FEIYUE”牌工业缝纫机(2003年获得、2006年复评)	飞跃集团有限公司
“中捷ZOJE”牌工业缝纫机(2003年获得、2006年复评)	中捷缝纫机股份有限公司
“宝石GEMSY”牌工业缝纫机(2003年获得、2006年复评)	宝石缝纫机实业公司
“苏泊尔Supor”牌压力锅炊具(2004年获得、2007年复评)	浙江苏泊尔炊具股份有限公司
“苏泊尔Supor”牌不粘锅炊具(2004年获得、2007年复评)	浙江苏泊尔炊具股份有限公司
“爱仕达ASD”牌不粘锅炊具(2004年获得、2007年复评)	浙江台州爱仕达电器有限公司
“钱江QJIANG”牌摩托车(2004年获得、2007年复评)	钱江集团有限公司
“染八”牌活性染料(活性艳兰)(2006年获得)	东港工贸集团有限公司
“桔花”牌水果罐头(2006年获得)	浙江黄岩罐头食品厂
“双鸽”牌一次性使用无菌输注医疗器械(2006年获得)	双鸽集团有限公司
“公元”牌PVC-U塑料管材管件(2006年获得)	公元塑业集团有限公司
“锦龙”牌中小型电机(2006年获得)	浙江金龙电机股份有限公司
“伟星”牌塑料管材管件(2006年获得)	伟星集团有限公司
“公元”牌塑料管材管件(2006年获得)	浙江永高塑业发展有限公司
“德仁”牌胶合板(2007年获得)	德仁集团有限公司
“金纱”牌蚕丝被(2007年获得)	浙江金纱服饰有限公司
“银轮”牌汽车散热总成(2007年获得)	浙江银轮机械股份有限公司
“爱仕达”牌压力锅(2007年获得)	台州爱仕达电器有限公司

附录二

台州市获驰名商标名单

使用商标或服务名称	企业名称
“飞跃”牌缝纫机(1999 年行政认定)	飞跃集团有限公司
“星星”牌冷柜(1999 年行政认定)	星星集团有限公司
“钱江”牌摩托车(2002 年行政认定)	钱江集团有限公司
“苏泊尔”牌压力锅(2002 年行政认定)	苏泊尔集团有限公司
“爱仕达 ASD”牌非重金属厨房用具(2004 年行政认定)	浙江台州爱仕达电器有限公司
“GEMSY”牌缝纫机(2005 年行政认定)	宝石控股(集团)有限公司
“GEELY 及图”牌汽车(2006 年行政认定)	吉利集团有限公司
“伟星”牌非金属管件(2007 年行政认定)	伟星集团有限公司
“宝利特”牌鞋(2008 年行政认定)	台州宝利特鞋业有限公司
“中捷 ZOJE 及图”牌工业缝纫机(2009 年行政认定)	中捷缝纫机股份有限公司
“临海蜜桔”牌柑桔(2009 年行政认定)	临海市特产技术推广总站
“楚门文旦及图”牌文旦(柚)(2009 年行政认定)	玉环县文旦研究所
“海正 HISUN 及图形”牌医用药物等(2009 年行政认定)	浙江海正药业股份有限公司
“三门 SANMEN 及图”牌变压器(2009 年行政认定)	三变科技股份有限公司
“杰克 JACK”牌工业缝纫机(2010 年行政认定)	浙江新杰克缝纫机股份有限公司
“ERA 公元”牌塑料管、管子接头(2010 年行政认定)	公元塑业集团有限公司
“黠石及图”牌合成树脂(半成品)(2010 年行政认定)	浙江天和树脂有限公司
“银轮牌及图”牌机油冷却器(2010 年行政认定)	浙江银轮机械股份有限公司
“新农 XIN NONG”牌杀害虫剂等(2010 年行政认定)	浙江新农化工股份有限公司

附录三

台州市获浙江名牌产品称号名单

产品名称	企业名称
2008 年	
“喜得宝”牌童鞋	浙江台州喜得宝鞋业有限公司
“宝利特”牌皮鞋	台州宝利特鞋业有限公司
“童天”牌童鞋	浙江宝路鞋业有限公司
“格艺”牌家具	台州港源家具有限公司
“星威”牌铝合金豪华椅系列	浙江星威办公家具制造有限公司
“森林”牌瓦楞纸箱	台州森林彩印包装有限公司
“三木”牌碎纸机	三木控股集团有限公司
“巾山”牌无卤低烟阻燃系列电缆料	临海市亚东特种电缆料厂
“ZHUMEI 竺梅”牌汽车装饰件	浙江竺梅进出口集团有限公司
“SAB”牌拉链	浙江伟星实业发展股份有限公司
“源升”牌欧式套房家具	浙江天源家具有限公司
“YONGTAI”牌 3,4,5 - 三氟苯酚	浙江永太科技股份有限公司
“鱼童”牌船舶漆系列	浙江鱼童发达造漆有限公司
“志强”牌建筑涂料	浙江志强涂料有限公司
“SUNFLEX”牌高折射率玻璃微珠	台州市定向反光材料有限公司
“立钻”牌铁皮枫斗颗粒及胶囊	浙江天皇药业有限公司
“欧路莎、orans”牌淋浴房	欧路莎股份有限公司
“巨科 JUKE”牌铝合金板材	浙江巨科铝业有限公司
“世进”牌 PE - X 管用新型管件	浙江世进水控股份有限公司
“永德信”牌铜制阀门	浙江永德信铜业有限公司
“ZZ”牌真空泵	浙江真空设备集团有限公司
“临宏”牌工程机械液压阀	浙江临海海宏集团有限公司
“图形”牌 P4V 系列高压低噪声叶片泵(复)	仙居永灵液压机械有限公司
“精艺”牌铜管接头	浙江精艺管件有限公司
“丰立”牌 FD 系列气动工具	浙江丰立机电有限公司
“精诚”牌挤出平模头	浙江精诚模具机械有限公司
“三友”牌塑料筒管	三友控股集团有限公司
“美机”牌工业缝纫机	浙江美机缝纫机有限公司

附录三续1

产品名称	企业名称
“杰克 JACK”牌工业缝纫机	浙江新杰克缝纫机股份有限公司
“通宇 TONGYU”牌工业缝纫机	通宇控股集团股份有限公司
“FST”牌喷雾器(机)	富士特有限公司
“LIULIN”牌联合收割机	浙江柳林机械有限公司
“玉升”牌一次使用输液器、注射器系列产品	浙江玉升医疗器械股份有限公司
“康康”牌一次性使用输液器	浙江康康医疗器械有限公司
“ZOMAX”牌汽车变速器	中马集团有限公司
“隆中”牌汽车制动间隙自动调整臂	隆中控股集团有限公司
“骆氏 LUOSHI”牌汽车用液压悬置	浙江骆氏实业发展有限公司
“吉奥”牌汽油发动机	浙江吉奥汽车有限公司
“普天”牌轿车起动机单向离合器	玉环普天单向器有限公司
“图形”牌起动电机	浙江海威电器有限公司
“SANMEN 及图”牌220KV 及以下电力变压器	三变科技股份有限公司
“S－SEA”牌电容器用聚丙烯薄膜	浙江南洋科技股份有限公司
“天翀”牌汽车车灯	浙江天翀车灯集团有限公司
“万胜”牌电能表	浙江万胜电力仪表有限公司
“JinBo”牌天线	浙江金波电子有限公司
“黄土山岭”牌竹笋	临海市水洋农贸公司
“三门湾”牌锯缘青蟹	三门县水产技术推广站
“翼龙”牌西兰花	台州翼龙绿色农产品有限公司
“晨阳”牌番茄	台州市黄岩院桥番茄专业合作社
“上游”牌杨梅	临海市白水洋上游杨梅产业合作社
“园梦”牌柑桔	浙江省临海柑桔技术开发公司
“喜梢”牌早熟梨	温岭市滨海早熟梨产销合作社
“滨珠”牌大棚葡萄	温岭市滨海镇葡萄产销专业合作社
“九峰”牌黄岩蜜桔	浙江黄岩特产开发有限公司
“黄蜜”牌西瓜	台州市农垦场
“乌根”牌白毛乌骨活鸡	温岭市合兴禽业发展有限公司
“花坞”牌温岭草鸡	温岭市花坞农业开发有限公司
“台绣”牌丝绸服装	台州市银河制衣有限公司

附录三续2

产品名称	企业名称
2009 年	
“马家军”牌 D－生物素	浙江圣达药业有限公司
“温尔思”牌床上用品	浙江温尔思家纺有限公司
“三维”牌橡胶 V 带	浙江三维橡胶制品有限公司
“新世亚”牌日用塑料制品	新亚控股集团有限公司
“亿力”牌吸尘器	台州市亿力电器有限公司
“际喜”牌环丙胺	浙江沙星医药化工有限公司
“FVC”牌防腐涂料	浙江永固为华涂料有限公司
“泰发”牌摩托车车灯	浙江泰发机电实业有限公司
“四通”牌汽车软管	临海市四通制管有限公司
“SAN OU”牌钻夹头	浙江三鸥机械股份有限公司
“图形”牌去水器	台州市埃飞灵卫浴有限公司
“苏尔达”牌水暖洁具	台州苏尔达水暖有限公司
“图形”牌高压清洗机	浙江安露清洗机有限公司
“泰福”牌水泵	台州谊聚机电有限公司
“DONGYIN”牌水泵	浙江东音泵业有限公司
“图形”牌阀门	玉环县华龙阀门有限公司
“图形”牌阀门	浙江瑞格铜业有限公司
“苏强格”牌钢丝增强液压橡胶软管和软管组合件	浙江苏强格液压有限公司
“承康”牌抗干扰打蜡机	浙江承康机电制造有限公司
“SAIL 赛豪”牌塑料注射模具	浙江赛豪实业有限公司
“信质”牌卷绕式汽车发电机定子铁芯	信质电机有限公司
“unicorn”牌汽车减震器	浙江正裕工业有限公司
“图形”牌汽车方向盘	台州方科汽车部件有限公司
“图形”牌汽车转向球接头总成	玉环县锐利机械有限公司
“强航”牌通用汽油机曲轴	浙江长宏机电有限公司
“嘉爵”牌摩托车	浙江嘉爵摩托车制造有限公司
“和日”牌气门摇臂总成	浙江和日摇臂有限公司
“华和”牌发电机	浙江新华和通用机械有限公司

附录三续3

产品名称	企业名称
“飞洲”牌35KV及以下电线电缆	飞洲集团有限公司
“ERA公元”牌太阳能电池组件系列	浙江公元太阳能科技有限公司
“环力”牌电子压力控制器系列	温岭市环力电器有限公司
“临亚”牌户外休闲用品	浙江临亚工艺品有限公司
“士”牌35KV及以下电线电缆	燎原电缆集团有限公司
“鉴洋湖”牌果蔗	台州市黄岩甜乐甘蔗专业合作社
“蓬密”牌香瓜	台州市路桥灵生现代农场有限公司
“三条岭”牌柑桔	临海市涌泉三条岭柑桔场
“圆溜溜”牌白毛乌骨鸡蛋	温岭市合兴禽业发展有限公司
“图形”牌公路旅客运输服务	台州汽车运输(集团)有限公司
“天天物流”牌仓储服务	天天控股集团有限公司
“天品”牌果品物流服务	浙江省黄岩果品有限公司
“中捷环洲”牌钢材等金属材料流通服务	浙江中捷环洲供应链集团股份有限公司
2010年	
“天雁”牌给排水用硬聚氯乙烯(PVC-U)管材管件	浙江黄岩天雁塑胶有限公司
“公元”牌塑料型材	永高股份有限公司
“丰立”牌FR系列小模数弧齿准双曲面齿轮	浙江丰立机电有限公司
“荣鹏”牌气动工具类产品	浙江荣鹏气动工具有限公司
“汉通”电线电缆	浙江汉通电缆有限公司
“IATGNOY”牌2、4、5-三氟苯乙酸	浙江永太科技股份有限公司
“志强”牌建筑装修胶粘剂	浙江志强涂料有限公司
“WSFR”牌阻燃剂系列	浙江万盛化工有限公司
“超灵”牌陶瓷阀芯	浙江超灵陶瓷阀有限公司
“独家龙”牌童鞋	台州飞鹰鞋业有限公司
“西菱”牌钻床	浙江西菱台钻制造有限公司
“XINLEI”牌空气压缩机	鑫磊压缩机有限公司
“SHINY”牌汽车减震器	浙江申林汽车部件有限公司
“隆达”牌交流电动机	浙江爱尔达电机制造有限公司
“皇冠”牌阀门	浙江皇冠实业有限公司
“YHSD”牌阀门	申达控股集团股份有限公司

附录三续4

产品名称	企业名称
“图形”牌汽车齿轮	浙江双环传动机械股份有限公司
“图形”牌电动式动力转向柱总成	浙江双辉剑机械有限公司
“天鸿”牌橡胶脚垫	浙江天鸿汽车用品有限公司
“图形”牌铁道混凝土枕轨下用橡胶垫板	浙江省天台祥和实业有限公司
“图形”牌汽车装饰垫	海啊进出口集团有限公司
“新农”牌毒死蜱、三唑磷	浙江新农化工股份有限公司
“星星”牌冷柜	星星集团有限公司
“绿凤”牌绿壳鸡蛋	台州市椒江凤仔养鸡专业合作社
“台渔”冷冻水产品	台州兴旺水产有限公司
“九岗山”牌东魁杨梅	台州市黄岩院桥东魁杨梅专业合作社
“浙藤”牌葡萄	台州市路桥超藤葡萄专业合作社
“南岙”牌柑桔	临海市桃渚柑桔专业合作社
“马里岙”牌柑桔	临海市前方马里岙水果特产场
“温联”牌果蔗	温岭市联树果蔗专业合作社
“玉琴海”牌鲜活鲈鱼	玉环县大海水产食品有限公司
“网高”牌计算机信息服务	浙江网高科技有限公司
“Bank”牌小企业融资服务	浙江泰隆商业银行
“心台农”科技推广服务	浙江省台州市农资有限公司
“黄岩蜜桔”牌黄岩蜜桔（区域产品）	台州市黄岩区果品产销协会
“路桥电机”牌路桥电机（区域产品）	台州市路桥区电机行业协会
“新千年”牌温岭水泵（区域产品）	温岭市泵业协会
“海正”牌盐酸阿霉素（复评）	浙江海正药业股份有限公司
“星星”牌冰箱（复评）	星星集团有限公司
“白鸽”牌果肉型水果饮料（复评）	浙江白鸽实业有限公司
“金纱”牌床上用品（复评）	浙江金纱纺织品有限公司
“图形”牌塑料管材、管件（复评）	浙江光华塑业有限公司
“Trust”牌日用塑料制品（复评）	浙江特耐适日用品有限公司
“CHIMIN”牌葡萄糖、氯化钠注射液（复评）	浙江济民制药有限公司
“东方”牌凹版复合塑料油墨（复评）	浙江新东方油墨集团有限公司
“精细”牌硫酸亚锡（复评）	精细化学品集团有限公司

附录三续 5

产品名称	企业名称
“市下”牌喷雾器(复评)	市下控股有限公司
“DEYANG”牌电动车用电机及控制器(复评)	新大洋机电集团有限公司
“图形”牌干式电力变压器(复评)	浙江广天变压器有限公司
“竞宏”牌电脑绣花线(复评)	浙江竞宏纺织股份有限公司
“神功”牌 502 瞬间强力胶(复评)	浙江金鹏化工股份有限公司
“恒跋”牌内燃机滤清器(复评)	浙江恒勃滤清器有限公司
“绿霸”牌三缸高压柱塞泵(复评)	浙江绿田机电制造有限公司
“YiLida”牌空调风机(复评)	浙江亿利达风机有限公司
“FEIYA”牌电脑刺绣机(复评)	飞亚集团有限公司
“肯得”牌电焊机(复评)	浙江肯得机电股份有限公司
“开开”牌 35 KV 及以下电力电缆(复评)	开开电缆科技有限公司
“东亚”牌浸塑手套(复评)	浙江东亚手套有限公司
“椒光”牌节日灯(复评)	椒光集团有限公司
“图形”牌休闲产业用布(复评)	东海翔集团有限公司
“SAB”牌钮扣(复评)	浙江伟星实业发展股份有限公司
“图形”牌电脑刺绣机(复评)	浙江珠光集团临海电脑刺绣设备有限公司
“灵洋”牌一次性使用输液器、注射器(复评)	浙江灵洋医疗器械有限公司
“图形”牌太阳伞、篷、家具(复评)	台州永强工艺品有限公司
“王派”牌电动自行车(复评)	台州市王派车业有限公司
“双华”牌卡托普利、赖诺普利(复评)	浙江华海药业股份有限公司
“正特”牌户外休闲遮阳伞、篷(复评)	浙江正特集团有限公司
“點石”牌不饱和树脂(复评)	浙江天和树脂有限公司
“大福”牌水泵(复评)	浙江大福泵业有限公司
“大元”牌水泵(复评)	浙江大元泵业有限公司
“新界”牌水泵(复评)	浙江新界泵业股份有限公司
“利欧”牌水泵(复评)	浙江利欧股份有限公司
“兴益”牌风机(复评)	浙江兴益风机电器有限公司
“DAJ”牌气动钉枪(复评)	台州市大江实业有限公司
“五福”牌电动喷枪(复评)	浙江瑞丰五福气动工具有限公司
“洛克赛”牌电动喷枪(复评)	台州市洛克赛工具有限公司

产品名称	企业名称
“跃岭”牌铝合金轮毂(复评)	浙江跃岭轮毂制造有限公司
“国森”牌家具系列(复评)	玉环国森家具有限公司
“图形”牌古典欧式家具(复评)	浙江飞龙家具有限公司
“金壳”牌壳聚糖系列产品(复评)	浙江金壳生物化学有限公司
“SHANHO”牌微型水泵(复评)	台州中山泵业有限公司
“图形”牌铜球阀(复评)	浙江博民机电股份有限公司
“图形”牌水暖用内螺纹连接阀门(复评)	浙江环宇阀门有限公司
“图形”牌阀门(复评)	浙江盛世博扬卫浴有限公司
“桑耐丽”牌陶瓷片密封水嘴(复评)	中捷控股集团有限公司
“利众”牌汽车用等速万向节及其总成(复评)	浙江利中实业有限公司
“振鑫”牌汽车筒式减振器系列(复评)	浙江中兴减震器制造有限公司
“凯凌”牌摩托车液压盘式制动器(复评)	玉环凯凌集团有限公司
“图形”牌过滤装置—新型滤头、滤板(复评)	净化控股集团有限公司
“图形”牌维生素 B6(复评)	浙江天新药业有公司
“银象”牌乳酸链球菌素(乳链菌肽)(复评)	浙江银象生物工程有限公司
“沪天”牌普通 V 带(复评)	浙江沪天胶带有限公司
“YONGGUI”牌电连接器(复评)	浙江永贵电器有限公司
“天成”牌车辆座椅(复评)	浙江天成座椅有限公司
“得克”牌 LED 环保节能灯饰(复评)	浙江天宇灯饰有限公司
“奋飞”牌胶带(复评)	浙江奋飞橡塑制品有限公司
“YADA”牌系列旅游遮阳用品(复评)	亚达科技集团有限公司
“浦电”牌纸包铜扁线(复评)	浙江省三门浦东电工电器有限公司
“仙乐”牌含珠停(米非司酮片)、仙林(注射用维库溴铵)(复评)	浙江仙琚制药股份有限公司
“味老大”牌竹制厨房用品(复评)	浙江省仙居县华立工艺厂
“九峰”牌东魁杨梅(复评)	浙江黄岩特产开发公司
“海之梦”牌冷冻水产品(复评)	浙江黄岩海龙水产有限公司
“岩鱼头”牌柑桔(复评)	浙江省临海市涌泉岩鱼头桔场
“正凤”牌脐橙(复评)	临海市永丰鲜果专业合作社
“忘不了”牌临海蜜桔(复评)	浙江忘不了柑桔专业合作社
“羊岩山”牌茶叶(复评)	临海市羊岩茶厂

附录三续 7

产品名称	企业名称
“玉麟”牌西瓜(复评)	温岭市箬横西瓜专业合作社
“绿牧”牌温岭草鸡(复评)	温岭市绿牧畜禽有限公司
“经纬”牌鱼糜制品(复评)	浙江多乐佳实业有限公司
“一家人”牌水产食品(复评)	浙江海之味水产有限公司
“高龙”牌工艺帽(复评)	温岭舜浦帽业有限公司
“图形”牌玉环柚(复评)	玉环县名特优果品服务中心
“亚达”牌鲜活泥蚶(复评)	玉环县尚富水产养殖研究所
“旗海”牌三门青蟹(复评)	浙江旗海海产品专业合作社
“仙黄”牌仙居三黄鸡(复评)	浙江省仙居种鸡场
“天顶”牌茶叶(复评)	仙居县天顶林业有限公司
“仙青”牌茶叶(复评)	仙居县茶叶实业有限公司
“仙绿”牌杨梅(复评)	仙居县林业特产开发服务中心

附录四

台州市获浙江著名商标名单

使用商标或服务名称	企业名称
2008年	
“S-SEA”牌绝缘材料、电容器纸、非包装用塑料膜	浙江南洋科技股份有限公司
“恒跋”牌摩托车空气滤清器、汽车空气滤清器	浙江恒勃滤清器有限公司
“金煌”牌摩托车曲轴连杆、摇臂、汽车发动机连杆	浙江金辉机械有限公司
“临亚”牌普通金属合金、金属建筑材料、家具用金属附件	临亚集团有限公司
“自游人”牌非医用气垫、野营睡袋、垫子(靠垫)	浙江大自然旅游用品有限公司
“里航”牌陆地车辆传动轴及其配件	台州宏利汽车零部件有限公司
“聚仙庄”牌果酒(含酒精)、酒(利口酒)	浙江聚仙庄饮品有限公司
“滨珠”牌鲜水果、新鲜蔬菜、鲜葡萄	温岭市滨海镇葡萄产销专业合作社
“图形”牌开关、配电箱、配电控制台、高低压开关板	浙江扬弋电器有限公司
“丰立”牌风动手工具、气动打钉枪、电动手操作钻孔器、机械操作手工具、手电钻、电动板手	浙江丰立机电有限公司
“大速”牌电动机	浙江大速电机股份有限公司
“志强”牌涂料	浙江志强涂料有限公司
“绣都”牌服装、围巾	台州市绣都服饰有限公司
“新族”牌健美按摩设备、震动按摩器等	浙江新族日用品有限公司
“仙青”牌茶及茶叶代用品	仙居县茶叶实业有限公司
“DONGHAIXIANG”牌塑料条、非纺织用塑料线	东海翔集团有限公司
“世进”牌水暖装置用管子接头、供水或煤气的设备和管道的调节附件	浙江世进水控股份有限公司
“图形”牌垫子、垫枕	浙江天鸿汽车用品有限公司
“乌根”牌活动物、种家禽、活家禽	温岭市合兴禽业发展有限公司
“金纱”牌毛织品、床单布、床罩、毛巾布、浴巾、台布	浙江金纱服饰有限公司
“苏尔达”牌水龙头、水龙管头	台州苏尔达水暖有限公司
“野骑”牌陆地车辆发动机、陆地车辆动力装置、车辆减震器	浙江荣发动力有限公司
“图形”牌车辆内装饰品、车辆座套、车辆两侧脚踏板	浙江蓝威汽车附件有限公司
“龙士达”牌日用搪瓷塑料容器皿、水桶、垃圾筒	浙江龙士达塑业有限公司
“邦强”牌平行胶带、起重设备、装卸设备及其配套产品	浙江双友物流器械股份有限公司
“點石”牌合成树脂(半成品)、丙烯酸树脂(半成品)	浙江天和树脂有限公司
“绿阳青”牌新鲜水果	浙江大红袍水果专业合作社

附录四续 1

产品名称	企业名称
2009 年	
“康利得”牌诺氟沙星胶囊、盐酸舍曲林片、盐酸溴已新	浙江新东港药业股份有限公司
“图形”牌人用药、片剂、原料药	浙江华海药业股份有限公司
“泰福”牌水泵、电机、鼓风机	台州谊聚机电有限公司
“新菱”牌电机	浙江新菱电机有限公司
“荣鹏”牌气动喷漆、气动打钉枪、气动工具	浙江荣鹏气动工具有限公司
“protex”牌工业缝纫机	通宇缝纫机股份有限公司
“苏强格”牌液压元件	浙江苏强格液压有限公司
“DAJ”牌空气压缩机、发电机、气动打钉机	台州市大江实业有限公司
“汉通”牌电缆、电线	浙江汉通电缆有限公司
“图形”牌水龙头、去水器、阀门	台州市埃飞灵卫浴有限公司
“得克”牌节日装饰彩色小灯、照明用发光管、圣诞树电灯	浙江天宇灯饰有限公司
“JIN LANG”牌摩托车发动机	浙江金浪动力有限公司
“利众”牌汽车零部件	浙江利中实业有限公司
“南亚”牌玉雕、玛瑙、翡翠	浙江南亚珠宝首饰有限公司
“Wish”牌珍珠首饰、项链、戒指	台州新唐人珠宝有限公司
“天梯”牌浇水软管、非金属软管、纺织材料制软管	浙江天梯橡塑有限公司
“兴科”牌密封环、橡皮圈、绝缘材料	浙江兴宇汽车零部件有限公司
“超灵”牌机械密封件	浙江超灵陶瓷阀有限公司
“东亚”牌卫生手套、洗涤用手套、梳妆用手套	浙江东亚手套有限公司
“DONGHAIXIAN”牌平针织物(纤维)、窗子布、聚丙烯编织布	东海翔集团有限公司
“博洋彪山狼”牌鞋、运动鞋、靴	台州市博洋鞋业有限公司
“绿凤”牌鲜鸡蛋、咸蛋、松花蛋	台州市椒江凤仔养鸡专业合作社
“太师峰”牌茶、茶叶代用品	三门县绿毫茶叶专业合作社
“葛玄”牌茶、茶叶代用品	浙江华顶茶业有限公司
“仙居杨梅”牌杨梅	仙居县果品产销协会
“图形”牌非医用饲料添加剂、饲料、动物催肥剂	浙江天新药业有限公司
“正凤”牌鲜水果、柑桔、杨梅	临海市永丰鲜果专业合作社
“温联”牌甘蔗	温岭市联树果蔗专业合作社
“黄岩蜜桔”牌桔	台州市黄岩区果品产销协会

附录四续2

产品名称	企业名称
“临海杨梅”牌杨梅	临海市特产技术推广总站
“浙藤”牌鲜葡萄	台州市路桥区超藤葡萄专业合作社
“宇康”牌新鲜蔬菜、茭白	温岭市塘下茭白专业合作社
“三门青蟹”牌青蟹(活)	三门县水产技术推广站
“大洋”牌自动磨刀裁剪机(延续)	浙江大洋衣车有限公司
“顺发”牌缝纫机(延续)	浙江顺发衣车有限公司
“摩尔舒”牌卫生洁具(延续)	浙江摩尔舒卫生设备有限公司
“杰克 JACK”牌工业缝纫机(延续)	浙江新杰克缝纫机股份有限公司
“汇宝”牌缝纫机(延续)	浙江汇宝缝纫机有限公司
“七娃”牌果汁饮料(延续)	浙江七娃食品有限公司
“东方”牌聚氨酯胶粘剂(延续)	浙江新东方油墨集团有限公司
“章华”牌染发剂(延续)	浙江章华保健美发实业有限公司
“EAR 公元”牌塑料管、管子接头(延续)	公元塑业集团有限公司
“康霸”牌头孢菌素、阿米卡星(延续)	浙江永宁药业股份有限公司
“亿力”牌吸尘器(延续)	台州市亿力电器有限公司
“三友”牌塑料筒管(延续)	三友控股集团有限公司
“YILIDA”牌空调风机(延续)	浙江亿利达风机有限公司
“双鹿”牌空调(延续)	双菱集团有限公司
“竞宏”牌绣花线(延续)	浙江竟宏纺织股份有限公司
“大福”牌水泵(延续)	浙江大福泵业有限公司
“Xinlei”牌气体压缩机(延续)	浙江鑫磊机电股份有限公司
“澳莱”牌旅游鞋、休闲鞋(延续)	台州奥利莱鞋业有限公司
“玉麟”牌西瓜(延续)	温岭市箬横西瓜合作社
“五福”牌喷漆枪(延续)	浙江瑞丰五福汽动工具有限公司
“WLPeT”牌宠物玩具(延续)	温岭市鑫泰工艺品有限公司
“鱼童”牌船舶漆系列(延续)	浙江鱼童发达造漆有限公司
“澳兴”牌氨基葡萄糖盐酸盐(延续)	浙江澳兴生物科技有限公司
“金壳”牌壳聚糖系列产品(延续)	浙江金壳生物化学有限公司
“可立思安组合”牌克痢痧胶囊(延续)	浙江南洋药业有限公司
“永德信”牌阀门(延续)	浙江永德信铜业有限公司

附录四续3

产品名称	企业名称
“康康”牌一次性使用输液器（延续）	浙江康康医疗器械有限公司
“FENGHWA”牌水管龙头（延续）	台州丰华铜业有限公司
“诺贝”牌家具（延续）	浙江诺贝家具有限公司
“大风范 DAFENGFAN”牌沙发（延续）	浙江大风范家具有限公司
“珠光”牌电脑刺绣机（延续）	浙江珠光集团临海电脑刺绣设备有限公司
“灵洋”牌一次性使用输液器（延续）	浙江灵洋医疗器械有限公司
“SAB”牌拉链（延续）	浙江伟星实业发展股份有限公司
“岩鱼头”牌柑桔（延续）	临海市涌泉岩鱼头桔场
“上游”牌杨梅王（延续）	临海市白水洋上游杨梅产业合作社
“临海蜜桔”牌临海蜜桔（延续）（延续）	临海市柑桔产业协会
“银轮”牌汽车散热总成（延续）	浙江银轮机械股份有限公司
“石梁”牌啤酒（延续）	浙江英博石梁啤酒有限公司
“银象”牌乳酸链球菌素（延续）	浙江银象生物工程有限公司
“天成”牌车辆座椅（延续）	浙江天成座椅有限公司
“永贵”牌电连接器（延续）	浙江天台永贵电器有限公司
“人贵”牌挂面（延续）	天台县天华粮油食品有限公司
“明丰”牌座垫、竹木工艺品（延续）	浙江明丰汽车用品有限公司
“ZHUMEI”牌汽车装饰件（延续）	浙江竺梅进出口集团有限公司
“味老大”牌竹木工艺品（延续）	浙江省仙居县华立工艺厂
“THREEV”牌汽车零配件（延续）	浙江三维橡胶制品有限公司
“旗海”牌三门青蟹（延续）	三门县旗海海产品专业合作社
“洞林”牌花椰菜（延续）	临海市洞林果蔬合作社
2010 年	
“图形”牌氧、氮、氩	浙江海天气体有限公司
“昌辉”牌粉末涂料	浙江昌明化学制品有限公司
“蓝梦宝洁”牌化妆品、洗发液、香水	新亚控股集团有限公司
“WEPON”牌中成药、西药	浙江万邦药业有限公司
“图形”牌金属阀门、金属水管	浙江瑞格铜业有限公司
“图形”牌金属阀门、金属水管	玉环县华龙阀门有限公司
“龙圣华”牌橡胶输送带、平行胶带、三角胶带	浙江龙圣华橡胶有限公司

附录四续4

产品名称	企业名称
“SHANHO”牌泵	浙江山河实业有限公司
“洛克赛”牌喷漆枪、风动手工具、非手工操作的持 手工具	台州市洛克赛工具有限公司
“光陆”牌混凝土振动器、电动机、泵	浙江光陆振动器有限公司
“JD”牌泵(机器)、离心泵、泵(机器、发动机或马达部件)	台州佳迪泵业有限公司
“Lutian”牌喷雾器、发电机、汽油机	浙江绿田机电制造有限公司
“三维”牌三角胶带、传动带、输送带	浙江三维橡胶制品有限公司
“万胜”牌电度表	浙江万胜电力仪表有限公司
“图形”牌节日灯	珠光集团有限公司
“王派”牌机动自行车	台州市王派车业有限公司
“跃岭”牌车轮毂、车轮圈、轮毂架	浙江跃岭轮毂制造有限公司
“乙本”牌摩托车	台州市凯通摩托车制造有限公司
“王野”牌摩托车、发动机	浙江台州市王野动力有限公司
“煜华”牌车辆座套、车辆内装饰品	浙江煜华车饰有限公司
“尤特里欧”牌藤编制品、金属家具、家具	浙江永强集团股份有限公司
“绿意”牌家具、水箱或塑料箱、非金属大桶	台州市中天塑业有限公司
“严牌”过滤布、帘子布	天台县西南滤布厂
“奇勋”牌鞋	温岭市成奇鞋业有限公司
“CNC”牌鱼制食品、虾(非活)、肉	新世纪控股集团有限公司
“云鹏”牌鱼制食品、鱼(非活的)、虾(非活的)	云鹏控股集团有限公司
“清峰”牌新鲜杨梅、鲜水果、柑橘	临海市清峰水果专业合作社
“八星”牌加奶咖啡饮料、茶、粥	浙江八星保健食品有限公司
“喜梢”牌鲜水果、梨、鲜葡萄	温岭市滨海早熟梨专业合作社
“田创”牌鲜水果、新鲜蔬菜	仙居县田园杨梅专业合作社
“方一仁”牌推销(替他人)	浙江省临海医药有限公司
“方远”牌建筑设备安装、建筑、道路铺设	方远建设集团股份有限公司
“国强”牌建筑设备出租、道路铺设、建筑	国强建设集团有限公司

附录五

台州市名牌产品名单

产品名称	企业名称
2008 年	
“联盛”牌 α-乙酰基-γ-丁内酯、环丙基甲基酮	浙江联盛化学工业有限公司
“绿情”牌胖大海凉茶	浙江八星保健食品有限公司
“ZOCOT”牌光学低通滤波器、红外截止滤光片	浙江水晶光电科技股份有限公司
“SHUANG YU”牌食品用纸容器	浙江双鱼塑胶有限公司
“砼丰”牌商品混凝土	台州四强新型建材有限公司
“台变”牌电力变压器	浙江银河变压器有限公司
“东环”牌电热水壶(复)	台州市云峰电器有限公司
“信质”牌卷绕式汽车发电机定子铁心(复)	信质电机有限公司
“昌盛达”牌 CSD 塑料注射成型机	昌盛达机械(浙江)有限公司
“图形”牌汽车注塑模具	黄岩星泰塑料模具有限公司
“图形”牌给排水用硬聚氯乙烯	浙江黄岩天雁塑胶有限公司
“TrING”牌摩托车发动机	台州市新霸动力制造有限公司
“拱东”牌一次性医用塑料制品	浙江拱东医用塑料厂
“新世亚”牌日用塑料制品	新亚控股集团有限公司
“舒意”牌劳保手套	浙江黄岩金泰劳保制品厂
“天翀”牌汽车车灯	浙江天翀车灯集团有限公司
“图形”牌摩托车(复)	本州车业集团有限公司
“RUYU 如益”牌玩具系列(复)	浙江如意实业有限公司
“林立”牌聚酯漆包圆铜线(复)	浙江林龙电磁线有限公司
“Trust”牌日用塑料制品(复)	浙江特耐适日用品有限公司
“奥灵奇”牌水果罐头(复)	浙江奥灵奇食品有限公司
“市下(SeeSa)”牌喷雾器(复)	市下控股有限公司
“王野/WANGYE”牌摩托车系列产品(复)	浙江台州市王野动力有限公司
“图形”牌塑料管材、管件(复)	浙江光华塑业有限公司
“JIINSHA”牌数码科技膨化纺织品(复)	浙江金纱纺织品有限公司
“台宝”牌漆包圆绕组线	台州市富华机电有限公司

附录五续1

产品名称	企业名称
“绿地”牌遮阳网	台州市遮阳网厂
“taitong”牌空调截止阀	台州市通力制冷元件有限公司
“绿佳”牌电动自行车	台州市路桥绿佳电动车有限公司
“飞鸿”牌日用塑料制品	浙江飞鸿塑业有限公司
“JINBO”牌天线	浙江金波电子有限公司
“CNSY”牌摩托车配件	三阳机车工业有限公司
“JINLANG”牌摩托车发动机	浙江金浪动力有限公司
“泰发”牌摩托车车灯	浙江泰发机电实业有限公司
“方力”牌三相异步电动机	浙江方力电机有限公司
“海威”牌起动电机	浙江海威电器有限公司
“MAX”牌缝制机械	浙江曼克斯机械有限公司
“荣鹏”牌气动喷枪(复)	浙江荣鹏气动工具有限公司
“通宇 TONGYU”牌工业缝纫机(复)	通宇控股集团股份有限公司
“嘉爵”牌摩托车(复)	浙江嘉爵摩托车制造有限公司
“恒跋”牌内燃机滤清器(复)	浙江恒勃滤清器有限公司
“ANLU”牌高压清洗机(复)	浙江安露清洗机有限公司
“情定法拉”牌床上用品(复)	浙江情定法拉家纺用品有限公司
“YONTA”牌3,4,5-三氟苯酚	浙江永太科技股份有限公司
“永新”牌户外家具	临海市永新休闲用品有限公司
“四通”牌汽车软管	临海市四通制管有限公司
“FVC”牌防腐涂料	浙江永固为华涂料有限公司
“DONGHAIXIANG”牌特斯林网布	东海翔集团有限公司
“利化”牌氟类制品(复)	临海市利民化工有限公司
“立发”牌灯串(复)	台州立发电子有限公司
“泰福”牌水泵	台州谊聚机电有限公司
“豪贝”牌水泵	台州豪贝泵业有限公司
“DONGYIN”牌水泵	浙江东音泵业有限公司

附录五续2

产品名称	企业名称
“达欧”牌电焊机	台州大丰机电有限公司
“中马”牌齿轮	中马集团有限公司
“强江”牌链轮	浙江长江机械有限公司
“月桂”牌黄酒	浙江万昌酱园酒业有限公司
“BULE”牌床上用品	浙江温尔思家纺有限公司
“甬岭”牌水表	浙江甬岭供水设备有限公司
“中马”牌油锯	浙江中马园林机器有限公司
“BULE”牌旅行箱包	浙江步步乐箱包有限公司
“博洋”牌运动鞋	台州市博洋鞋业有限公司
“图形”牌齿轮	浙江大发齿轮有限公司
“隆达”牌电动机	浙江爱尔达电机制造有限公司
“光陆”牌三相异步电动机	浙江光陆振动器有限公司
“博星”牌乳胶漆(复)	浙江博星化工涂料有限公司
“环力”牌电子压力控制器(复)	温岭市环力电器有限公司
“西菱”牌台钻(复)	浙江西菱台钻制造有限公司
“图形”牌变速箱齿轮(复)	台州明华工贸有限公司
“沪微 HMC”牌微型电机	浙江沪龙微型电机有限公司
“天天一太”牌米面	浙江一太食品有限公司
“图形”牌家具系列	浙江圣杰罗家具有限公司
“大帆”牌套房家具系列	玉环大帆家具有限公司
“YADER”牌水暖洁具	玉环县雅迪水暖器材有限公司
“Gllon”牌淋浴花洒	台州健龙塑艺有限公司
“图形”牌阀门	玉环县华龙阀门有限公司
“图形”牌阀门	台州恒捷铜业有限公司
“RMD”牌阀门	浙江莱曼迪卫浴设备有限公司
“沃尔达”牌阀门	浙江沃尔达铜业有限公司
“长宏”牌通用汽油机曲轴	浙江长宏机电有限公司

附录五续3

产品名称	企业名称
“图形”牌汽车转向器总成	台州永安转向器有限公司
“图形”牌汽车转向器总成	台州意豪转向机有限公司
“FANSKI”牌金属软管	菲时特集团股份有限公司
“奥缔”牌汽车制动间隙自动调整臂	浙江奥缔机械制造有限公司
“诺贝”牌家具系列(复)	浙江诺贝家具有限公司
“YIHONG易宏”牌汽车发动机冷却水泵(复)	台州易宏实业有限公司
“图形”牌陶瓷片密封水嘴(复)	中捷控股集团有限公司
“图形”牌阀门(复)	浙江环宇阀门有限公司
“海德曼”牌数控机床(复)	浙江海德曼机床制造有限公司
“YDC”牌阀门(复)	浙江永德信铜业有限公司
“澳兴AOXIN”牌D-氨基葡萄糖盐酸盐(复)	浙江澳兴生物科技有限公司
“里航”牌汽车用万向节(复)	台州宏利汽车零部件有限公司
“图形”牌水暖洁具(复)	浙江新颖铜业股份有限公司
“玉升”牌一次性使用输液器、注射器系列产品(复)	浙江玉升医疗器械股份有限公司
“图形”牌家具系列(复)	玉环第一家具厂
“图形”牌D-氨基葡萄糖盐酸盐(氨糖)(复)	浙江金壳生物化学有限公司
“图形”牌汽车方向盘(复)	台州方科汽车部件有限公司
“隆中”牌汽车制动间隙自动调整臂(复)	隆中控股集团有限公司
“一远”牌子无铅焊料	浙江一远电子科技有限公司
“马家军”牌D-生物素(维生素H)及衍生物	浙江圣达药业有限公司
“天鸿”牌汽车座椅套、汽车橡胶脚垫	浙江天鸿汽车用品有限公司
“绿野”牌橡胶高压力编织喷雾软管	天台县富华塑胶有限公司
“三人”牌普通用途织物芯输送带	浙江宏达橡胶有限公司
“环台”牌紧固件	浙江环台紧固件有限公司
“新族”牌按摩坐垫	浙江新族日用品有限公司
“万胜”牌电能表(复)	浙江万胜电力仪表有限公司

附录五续4

产品名称	企业名称
“明丰”牌汽车罩(复)	浙江明丰汽车用品有限公司
“YG”牌主令控制器	浙江扬戈电器有限公司
“A 善好”牌善好春白酒	善好酒业集团有限公司
“尔格”牌变压器油泵	浙江尔格科技有限公司
“巨力”牌精车机、刻槽机、焊接机	浙江巨力电机成套设备有限公司
“KAIOU 凯欧”牌汽车用、工业用传动带(复)	浙江凯欧传动带有限公司
“图形”牌东魁杨梅	浙江东祖东魁杨梅专业合作社
“图形”牌蜜桔(橘)	台州市黄岩永宁果业专业合作社
“宁溪”牌红茄	台州市黄岩宁溪红茄专业合作社
“绿凤”牌绿壳鸡蛋	台州市椒江凤仔养鸡专业合作社
“蓬蜜”牌香瓜(复)	台州市路桥灵生现代农场有限公司
“浙藤”牌葡萄	台州市路桥超藤葡萄专业合作社
“蓬潮”牌锯缘青蟹	台州市启国水产养殖开发有限公司
“南岙”牌柑桔	临海市桃渚柑桔专业合作社
“马里岙”牌柑桔	临海市前方马里岙水果特产场
“清峰”牌杨梅	临海市清峰水果专业合作社
“翼龙”牌西兰花	台州翼龙绿色农产品有限公司
“盛广”牌獭兔	温岭市盛广獭兔专业合作社
“金少爷”牌梨	温岭市天盛生态农业有限公司
“清港”牌葡萄	玉环县清港葡萄园区开发有限公司
“聚仙庄”牌杨梅饮品系列	浙江聚仙庄饮品有限公司
“得乐康”米糠油	浙江银河药业有限公司
“湫水山”牌杨梅	三门县湫水花果专业合作社
“沈园”牌西瓜	三门县沈园西瓜专业合作社
“图形”牌柑桔	三门县富明柑桔专业合作社
“碧野”牌辣椒	三门县滨海辣椒专业合作社

附录五续5

产品名称	企业名称
2009年	
“永策”牌电线电缆	永策电缆有限公司
“飞洲”牌电线	飞洲集团有限公司
“图形”牌铝镁合金箔彩色环保涂层带材	浙江宏鼎实业有限公司
“永盛”牌旅行箱包	浙江东盛箱包有限公司
“东亚”牌PVC浸塑手套	浙江东亚手套有限公司
“夜视丽”牌逆向反光膜及其制品	浙江方远夜视丽反光材料有限公司
“FLSSY”牌家居服	浙江弗劳思服饰有限公司
“JUJN”牌汽车座椅	浙江俱进汽摩配件有限公司
“BJB”牌智能座便器	浙江星星便洁宝有限公司
“洗尔美”牌可调式高压清洗机	浙江春雷机械制造有限公司
“新菱”牌三相异步电动机	浙江新菱电机有限公司
“WANGYETIGHT”牌发电机系列产品	浙江台州市王野动力有限公司
“百的”牌日用塑料制品	台州市黄岩百得塑业有限公司
“峻霸”牌塑料进气歧管	黄岩院桥新兴机械配件厂
“HOWFUN”牌日用塑料制品	浙江豪丰塑业有限公司
“ERA公元”牌太阳能电池组件系列	浙江公元太阳能科技有限公司
“ERA公元”牌塑料异型材	永高股份有限公司
“SINOPM”牌塑料模具	台州市黄岩西诺模具有限公司
“丰立”牌FR系列小模数弧齿准双曲面齿轮	浙江丰立机电有限公司
“飞达三和”牌日用塑料制品	台州市黄岩飞达三和塑胶制品有限公司
“星威”牌铝合金豪华椅系列	浙江星威办公家具制造有限公司
“图形”牌干式电力变压器	浙江广天变压器有限公司
“亿力”牌吸尘器	台州市亿力电器有限公司
“白鸽”牌果肉型水果饮料	浙江白鸽实业有限公司
“XD”牌塑料阀门、管材、管件系列	浙江双环塑胶阀门有限公司
“DEYANG”牌电动车用电机及控制器	新大洋机电集团有限公司

附录五续 6

产品名称	企业名称
“精進”牌硫酸亚锡	精细化学品集团有限公司
“WANGYE”牌发动机系列产品	浙江台州市王野动力有限公司
“鑫宇”牌焊接钢管	台州市鑫宇钢管有限公司
“轩金”牌汽车灯具	台州市轩金车灯制造有限公司
“迪克”牌摩托车配件	台州迪克机车工业有限公司
“立马”牌电动自行车	台州市立马车业有限公司
“HINGWRSH”牌高压清洗机	浙江清化机电有限公司
“Lutian”牌汽油发电机	浙江绿田机电制造有限公司
“鼎环”牌漆包线	浙江金环铜业有限公司
“慧欣”牌摩托车起动电机	浙江慧欣机车有限公司
“迅大”牌摩托车塑料覆盖件及灯具	浙江迅大塑模有限公司
“嘉吉”牌两轮摩托车	浙江凌宇车业有限公司
“顺大”牌日用塑料制品	浙江金威龙清洁用品有限公司
“TZDL”牌圣诞灯	台州真达灯饰有限公司
“得力东”牌发动机油箱	台州市力东机电有限公司
“KLT”牌压铸铝合金锭	开来丰泽实业(浙江)有限公司
“图形”牌去水器	台州市埃飞灵卫浴有限公司
“泰洲”牌 PVC－U 管材、管件	浙江泰洲管业有限公司
“神功”牌 502 瞬间强力胶	浙江金鹏化工股份有限公司
“GKO”牌铝合金板材	浙江巨科铝业有限公司
“竞宏”牌电脑绣花线	浙江竞宏纺织股份有限公司
“FARMATE”牌喷雾器	台州信溢农业机械有限公司
“八环”牌摩托车轴承	浙江八环轴承有限公司
“孺牛”牌鲜奶糖	台州市益民食品厂
“燕”牌喷雾机(器)	浙江大农机械有限公司
“光大”牌聚氯乙烯电缆料	浙江京峰塑业有限公司
“永源”牌摩托车	永源集团有限公司

附录五续7

产品名称	企业名称
“华和”牌发电机	浙江新华和通用机械有限公司
“图形”牌膜式燃气表	浙江荣鑫燃气表有限公司
“鑫亚”牌马桶盖	浙江恒源洁具有限公司
“图形”牌仿古环保藤条	东海翔集团有限公司
“东海龙威”牌节日灯	浙江龙威灯饰有限公司
“NOVA”牌头孢唑肟酸	台州市新星医药化工有限公司
“和福”牌 PP－R,PE 管材及管件	浙江和福实业有限公司
“龙士达”牌塑料家居用品	浙江龙士达塑业有限公司
“伟洲”牌联合收割机专用变速箱	浙江云洲科技有限公司
“鹿减”牌摩托车减震器	临海市鹿城机车部件有限公司
“CGJF”牌轴承	浙江进发轴承有限公司
“WUFLP”牌铅酸蓄电池	温岭飞利浦电子有限公司
“仨亿”牌轴流风机	浙江仨亿电器有限公司
“独家龙”牌运动鞋	台州飞鹰鞋业有限公司
“松川”牌燃气表	浙江松川燃气表具有限公司
“LONKEY”牌水泵	浙江浪奇泵业有限公司
“RETE”牌运动鞋	浙江青苹果体育用品有限公司
“联盛”牌农用棚膜	台州联盛塑膜有限公司
“杰豹”牌空气压缩机	浙江杰豹机械有限公司
“李林”牌皮革系列	台州李林皮革有限公司
“宏鑫”牌橡胶密封件	浙江宏鑫密封件有限公司
“常胜将军”牌全自动麻将机	台州大丰机电有限公司
“JD”牌水泵	台州佳迪泵业有限公司
“洲王”牌皮鞋	台州五洲鞋业有限公司
“ZHONGXING”牌数控机床	玉环仪表机床制造厂
“图形”牌阀门	玉环恒顺水暖制造有限公司
“典派”牌家具	台州学友家具有限公司

附录五续 8

产品名称	企业名称
“路杰”牌汽车制动间隙调整臂	浙江路杰机械有限公司
“图形”牌汽车用等速万向节	台州佳先工业有限公司
“环通”牌绝缘件	浙江雷博司电器有限公司
“宇太”牌汽车防抱排气制动系统	浙江宇太汽车零部件制造有限公司
“增家”牌汽车制动系统阀	浙江福尔加机械有限公司
“图形”牌电动助力转向装置总成	浙江双辉剑机械有限公司
“图形”牌汽车齿轮	浙江双环传动机械股份有限公司
“佳诺”牌通用水泥	浙江佳诺水泥有限公司
“和日”牌气门摇臂总成	浙江和日摇臂有限公司
“利众”牌汽车用等速万向节及其总成	浙江利中实业有限公司
“苏尔达”牌水暖洁具	台州苏尔达水暖有限公司
“巨水”牌阀门	玉环巨水铜业有限公司
“PENG”牌阀门	浙江鹏飞阀门有限公司
“图形”牌阀门	台州三盛阀门工业有限公司
“图形”牌套房家具	浙江飞龙家具有限公司
“欧宜风”牌木制家具	浙江欧宜风家具有限公司
“千代”牌欧美式套房板式家具	台州金得利家具有限公司
“定海针”牌冻虾仁	浙江定海针水产食品有限公司
“YHSD”牌阀门	申达控股集团股份有限公司
“皇冠”牌阀门	浙江皇冠铜业有限公司
“玉旋”牌汽车冷却水泵	浙江玉旋泵业有限公司
“图形”牌套房家具系列	台州金海马家具有限公司
“格艺”牌家具	台州港源家具有限公司
“宏鑫”牌曲轴连杆组件	台州宏鑫曲轴有限公司
“诚雅”牌套房家具系列	台州富豪家具有限公司
“兴科”牌汽车密封条	浙江兴宇汽车零部件有限公司
“仙琚”牌后定诺(米非司酮片)	浙江仙琚制药股份有限公司
“正合”牌环己甲酸(环己烷羧酸)	浙江台州清泉医药化工有限公司

附录五续9

产品名称	企业名称
“ZHUMEI 竺梅”牌汽车装饰件	浙江竺梅进出口集团有限公司
“仙乐牌”牌含珠停(米非司酮片)	浙江仙琚制药股份有限公司
“仙乐牌”牌仙林(注射用维库溴铵)	浙江仙琚制药股份有限公司
“味老大”牌竹制家庭用品系列	浙江省仙居县华立工艺厂
“新农”牌三唑磷	浙江新农化工股份有限公司
“图形”牌嵌丝橡胶道口板	浙江天铁实业有限公司
“双健橡胶”牌橡胶输送带	浙江双健布业胶带有限公司
“龙圣华”牌输送带	浙江龙圣华橡胶有限公司
“沪佳”牌输送带	天台县三佳胶带有限公司
“祥和”牌铁道混凝土枕木下用橡胶垫板	浙江省天台祥和实业有限公司
“祥和”牌铝电解电容器封口胶塞	浙江省天台祥和实业有限公司
“天际”牌输送带	浙江天际橡胶有限公司
“浪潮”牌橡胶履带	浙江元创橡胶履带有限公司
“SAN GANG”牌主令控制器	浙江三港起重电器有限公司
“图形”牌彩涂铝板	海啊进出口集团有限公司
“图形”牌汽车装饰垫	海啊进出口集团有限公司
“紫金港”牌汽车 V 带、摩托车变速 V 带	浙江紫金港胶带有限公司
“鹰泉”牌杨梅	台州市椒江鹰泉杨梅专业合作社
“大陈洋”牌大黄鱼	台州华龙工贸有限公司
“下陈岙”牌洛阳青枇杷	台州市黄岩宁溪枇杷专业合作社
“黄密”牌西瓜	台州市农垦场
“蓬发”牌南美白对虾	台州市路桥区蓬街鱼种场
“正凤”牌杨梅	临海市永丰鲜果专业合作社
“迈高”牌冷冻水产品	浙江迈高食品有限公司
“图形”牌珍珠饰品	台州市华宝珍珠首饰有限公司
“君波”牌紫菜	浙江长江水产开发有限公司
“温联”牌果蔗	温岭市联树果蔗专业合作社
“甸山”牌干江盘菜	玉环干江利众蔬菜专业合作社

附录五续10

产品名称	企业名称
“玉琴海”牌鲜活鲈鱼	玉环县大海水产食品有限公司
“仙黄”牌仙居三黄鸡	浙江省仙居种鸡场
“仙青”牌茶叶	仙居县茶叶实业有限公司
“扬百利”牌杨梅汁	浙江扬眉饮品有限公司
“天顶”牌仙居碧绿茶	仙居县天顶林业有限公司
“金域红”牌柑桔	三门县全盛柑桔专业合作社
“绿尔兴”牌西兰花	三门县绿兴西兰花专业合作社
“三港”牌缢蛏	台州三港海水养殖专业合作社
“三门湾”牌红薯粉丝	三门县健益薯制品有限公司
“太师峰”牌三门绿毫茶叶	三门绿毫茶叶专业合作社
“百瀑谷”牌香山早茶叶	三门县玉龙茶叶专业合作社
“农韵”牌西兰花	三门富达果蔬专业合作社
“金潮”牌南美白对虾	台州市金潮渔业发展有限公司
“金潮”牌三门青蟹	台州市金潮渔业发展有限公司
“天天物流”牌仓储服务	天天控股集团有限公司
“图形”牌物流服务	浙江五星物流有限公司
“网高”牌计算机信息服务	浙江网高科技有限公司
“图形”牌会展服务	浙江路桥中国日用品商城股份有限公司
“百鑫堂”牌保健品批发零售服务	台州市康明保健食品有限公司
“荣轩”牌餐饮服务	台州经济开发区新荣记大酒店有限公司
“图形”牌海洋生物展览服务	台州市中泰海洋广场有限公司
“长屿硐天”牌长屿硐天旅游服务	温岭市旅游实业有限公司
“图形”牌超级市场零售服务	台州市三和自选商场有限公司
“gold collection”牌钢材等金属材料流通服务	浙江金汇钢业股份有限公司
“中捷环洲”牌钢材等金属材料流通服务	浙江中捷环洲供应链集团股份有限公司
“路桥电机”牌路桥电机(区域产品)	台州市路桥区电机行业协会
“东瓯”牌大溪水泵(区域产品)	温岭市大溪机电行业协会
“泽国鞋业”牌泽国鞋业(区域产品)	温岭市泽国镇人民政府

附录五续 11

产品名称	企业名称
2010 年	
“诚信”牌化工、制药设备	浙江诚信医化设备有限公司
“绿意”牌塑料托盘、塑料家具、塑料垃圾桶	台州市中天塑业有限公司
“ZOUTS”牌汽车、摩托车配件	浙江卓驰机械有限公司
“大洋”牌自动磨刀裁剪机	浙江大洋衣车有限公司
“花蝶”牌分散染料	浙江花蝶染料化工有限公司
“丰田”牌喷雾机	台州市丰田喷洗机有限公司
“泰田”牌冲击式气扳机	浙江泰田机械有限公司
“海之门”牌浸胶涤纶软线绳	浙江海之门橡塑有限公司
“金山陵”牌糟烧	浙江台州金山陵酒业有限公司
“黄特”牌阀门	浙江黄特阀门有限公司
“KAIHUA”牌注塑模具	浙江凯华模具有限公司
“豪龙”统和改发塑料电表箱	浙江豪龙模业有限公司
“春蕾”统和改发劳保手套	台州市黄岩春蕾劳保用品厂
“精诚”统和改发挤出平模头	浙江精诚模具机械有限公司
“全滋味”统和改发水果罐头	浙江黄岩第一罐头食品厂
“图形”牌塑料注射模具	陶氏模具集团有限公司
“图形”牌染发剂	浙江章华保健美发实业有限公司
“丰立”牌 FD 系列气动工具	浙江丰立机电有限公司
“贴宝”牌即时贴	国鑫宏达控股有限公司
“YiERLi”牌记事本	台州市易得利工贸有限公司
“日光”牌电线电缆	浙江日光电缆有限公司
“港龙”牌电动机	浙江巨龙电机有限公司
“FADA”牌水嘴	台州八达阀门有限公司
“LIULIN”牌联合收割机	浙江柳林机械有限公司
“贝力得”牌钻夹头	浙江贝力得夹头工业有限公司
“FST”牌喷雾器(机)	富士特有限公司

附录五续12

产品名称	企业名称
“日际”牌电线电缆	联峰电缆有限公司
“CHCH”牌工业缝纫机	浙江求精缝制机械有限公司
“开开”牌电线电缆	开开电缆科技有限公司
“RK”牌橡胶密封产品	浙江荣康密封件有限公司
“飞洲”牌电缆	飞洲集团有限公司
“士”牌电线电缆	燎原电缆集团有限公司
“汉通”牌电线电缆	浙江汉通电缆有限公司
“新天力”牌纸杯	浙江新天力包装制品有限公司
“ZJWT”牌船舶甲板机械	浙江万通重工有限公司
“YEGUANGMING”牌交通安全防护制品	台州市万创夜光明工贸有限公司
“WSFR”牌磷酸酯阻燃剂系列	浙江万盛化工有限公司
“志强”牌建筑装饰装修胶粘剂	浙江志强涂料有限公司
“图形”牌皮带轮	浙江东星汽车部件有限公司
“艾格莱”全喂入联合收割机	浙江艾格莱机械有限公司
“图形”牌液氮	浙江海天气体有限公司
“世坚”牌水泥	台州世建水泥有限公司
“耀明”牌高低压成套开关设备	临海市耀明电力设备有限公司
“灵江山”牌黄酒	浙江省台州酒厂(有限公司)
“紫光”牌减速机	台州清华机电制造有限公司
“海豚”牌水泵压力控制器	台州神能电器有限公司
“FULING”牌一次性塑料餐饮具	台州富岭塑胶有限公司
“友力”牌水泵	浙江友力电机泵业有限公司
“RINSR”牌水暖阀门	浙江万盛机械有限公司
“格凌”牌漩涡式气泵	浙江格凌实业有限公司
“TONTOP”牌内燃机共轴泵	浙江同泰泵业有限公司
“吉助”牌童鞋	温岭市豪特佳鞋业有限公司
“东塑”牌鞋底	温岭市东亚塑胶有限公司

附录五续13

产品名称	企业名称
“富欣”牌运动鞋	浙江富明星体育用品有限公司
“图形”牌运动鞋	浙江惠泰体育用品有限公司
“强江”牌割草机	浙江长江机械有限公司
“联星”牌曲轴总成	温岭市联星机械有限公司
“超灵”牌陶瓷阀芯	浙江超灵陶瓷阀有限公司
“申元”牌交流弧焊机	浙江申元机电有限公司
“Diero 迪尔荣”牌汽车真空助力器	浙江迪尔制动器有限公司
“富欣”牌汽车调整臂	浙江天元机电有限公司
“fengrun”牌氨基葡萄糖硫酸钾盐	台州市丰润生物化学有限公司
“GELEIWEI”牌家具	玉环格雷威家具有限公司
“ARCO”牌阀门	玉环加达阀门有限公司
“gengyu”牌角阀	台州腾宇铜业有限公司
“三禾”牌家具	台州三和家具有限公司
“鑫帆”牌阀门	浙江鑫帆铜业有限公司
“华辰”牌封闭式压缩机电机引出线组件	浙江华辰电器股份有限公司
“DLZ”牌汽车转向球头	浙江德利众机械制造有限公司
“图形”牌阀门	台州双林阀门制造有限公司
“艺家百年”牌家具	浙江艺家百年家具有限公司
“凯升”牌欧式古典套房家具	浙江澳利达家具有限公司
“WDK”牌铜阀门	浙江万得凯铜业有限公司
“童天”牌童鞋	浙江宝路鞋业有限公司
“ReeL”牌汽车转向球接头总成	玉环县锐利机械有限公司
“金煌”牌曲轴连杆总成	浙江金辉机械有限公司
“普天”牌单向器	玉环普天单向器有限公司
“苏强格”牌钢丝增强液压橡胶软管和软管组合件	浙江苏强格液压有限公司
“源升”牌欧式套房家具	浙江天源家具有限公司
“图形”牌阀门	浙江瑞格铜业有限公司

附录五续 14

产品名称	企业名称
“KAIJI”牌数控机床	玉环县坎门机床厂
“EBSGS”牌汽车转向拉杆总成	浙江华邦机械有限公司
“煜华 YUHUA”牌汽车内装饰系列用品	仙居煜华工艺有限公司
“新农”牌毒死蜱	浙江新农化工股份有限公司
“广高”牌 PVC 型材	浙江广安企业有限公司
“图形”牌 P4V 系列高压低噪声叶片泵	仙居永灵液压机械有限公司
“yongsheng”牌工艺蜡烛、蜡烛台系列	浙江隆胜特艺有限公司
“LIFENG”牌方向盘套	浙江利丰汽车用品有限公司
“图形”牌汽车方向盘套	浙江蓝威汽车附件有限公司
“TTPC”牌盐酸克林霉素	浙江天台药业有限公司
“严牌”过滤布	天台县西南滤布厂
“百花”牌普通 V 带	台州市百花胶带有限公司
“皇族”牌细木工板	浙江红杉木业有限公司
“绿岛”牌空气清新剂	台州绿岛化妆品有限公司
“BENYUE”牌水龙头	浙江九环洁具有限公司
“SEASKY”牌橡胶 V 带	浙江海中天橡塑有限公司
“爱力浦”牌计量泵	浙江爱力浦泵业有限公司
“善好”牌善好酒（黄酒）	善好酒业集团有限公司
“收获”牌橡胶输送带	台州收获橡塑有限公司
“Southeast”牌普通 V 带(三角带)	浙江东南橡胶机带有限公司
“台渔”牌冷冻水产品	台州兴旺水产有限公司
“屿头”牌高山蔬菜(香瓜、紫莳药、四季豆)	台州市黄岩西乡果蔬科技专业合作社
“红耘”牌西瓜	台州市黄岩区瓜农协会
“海之梦”牌冷冻水产品	浙江黄岩海龙水产有限公司
“九岗山”牌东魁杨梅	台州市黄岩院桥东魁杨梅专业合作社
“鉴洋湖”牌果蔗	台州市黄岩甜乐甘蔗专业合作社
“晨阳”牌番茄	台州市黄岩院桥番茄专业合作社

附录五续15

产品名称	企业名称
“西点石”牌红薯粉丝	临海市福禄豆面专业合作社
“丰甜”牌柑桔	临海市丰甜水果专业合作社
“强力”牌中华鳖	温岭市繁融特种生态水产养殖场
“枫树湾”牌玉环柚	玉环县半边天文旦专业合作社
“兆丰”牌青蛤	玉环县万丰水产养殖有限公司
“仙绿”牌仙居杨梅	仙居县林业特产开发服务中心
“浦坝港”牌三门青蟹	三门县金屿水产养殖专业合作社
“丰来”牌哈密瓜	浙江丰乐瓜果专业合作社
“海八鲜”牌缢蛏	浙江三特生态渔业发展有限公司
“云岚”牌大麦茶	浙江省三门县云岚茶业有限公司
“方远”牌房产开发服务	方远建设集团房地产开发有限公司
“天天锦江”牌商业零售服务	台州锦江商业发展有限公司
“山鹰物流”牌道路运输服务	浙江山鹰物流有限公司
“天品”牌果品物流服务	浙江省黄岩果品有限公司
“绿意”牌家政服务	台州市绿意物业管理服务有限公司
“心台农”牌科技推广服务	浙江省台州市农资有限公司
“方一仁”牌西药批发服务	浙江省临海医药有限公司
“黄岩蜜桔”牌黄岩蜜桔(区域产品)	台州市黄岩区果品产销协会

附录六

台州市著名商标名单

使用商标或服务名称	企业名称
2008年	
“花蝶”牌分散黄SE－4GL、分散黄H－4GL、分散黄C－4G	浙江花蝶染料化工有限公司
“台渔”牌鱼(非活的)、鱼片、鱼制食品等	台州兴旺水产有限公司
“康利得”牌诺氟沙星胶囊、乳酸菌素片、盐酸舍曲林片等	浙江新东港药业股份有限公司
“时间”牌房地产开发、不动产管理	时间房地产建设集团有限公司
“图形”牌建设项目的开发	浙江新大众房地产开发有限公司
“恒固”牌瞬间强力胶	台州恒固胶业有限公司
“vivi”牌智能坐便器、智能马桶	浙江维卫电子洁具有限公司
“金奥达”牌家具用五金附件	台州市华达五金有限公司
“汉通”牌电缆、电线、电源材料	浙江汉通电缆有限公司
“永策”牌电缆、电线、电源材料	永策电缆有限公司
“DEYANG”牌电瓶车电机、电动机	新大洋机电集团有限公司
“图形”牌变压器、电开关、电动调节设备	浙江广天变压器有限公司
“图形”牌加工塑料用模具	陶氏模具集团有限公司
“天雁”牌建筑用塑料管、板、杆、条、非金属排水管	浙江黄岩天雁塑胶有限公司
“晨阳”牌番茄、鲜蔬莱、甘蔗	台州市黄岩番茄专业合作社
“图形”牌印刷品、办公必需品、文具	浙江得力佳文具有限公司
“自力”牌建筑施工监督、建筑、采矿、室内装璜	浙江自力建设工程有限公司
“蓝梦宝洁”牌化妆品、洗手液、厕所清洗剂	浙江蓝梦化妆品有限公司
“荣鹏”牌气动喷漆枪、气动打钉枪、气动工具	浙江荣鹏气动工具有限公司
“图形(pfotex)”牌工业缝纫机	通宇缝纫机股份有限公司
“东部”牌聚氯乙烯压延薄膜(片材)	浙江东部塑胶有限公司
“浙藤”牌鲜葡萄	台州市路桥超藤葡萄专业合作社
“绿佳”牌机动自行车	台州市路桥绿佳电动车有限公司
“鑫宇”牌钢管、金属管道配件、金属排泄管	台州市鑫宇钢管有限公司
“华河”牌电线、电缆	上海浦东华河电线电缆厂台州分厂
“威尔莎”牌PC耐力板、PC波浪板	浙江威尔莎塑业有限公司
“绿地”牌遮阳网、化纤筛网	台州市遮阳网厂
“ARMAMIX”牌水龙头、卫生设备用水管、喷水器	台州高海洁具有限公司

附录六续 1

使用商标或服务名称	企业名称
"CGJF"牌轴承(机器零件)、滚珠轴承、电机	浙江进发轴承有限公司
"家利乐"牌电机、马达和引擎起动器	浙江家利乐机电有限公司
"泰福"牌水泵、电机、鼓风机	台州谊聚机电有限公司
"奥利达"牌喷漆枪、涂漆枪	浙江奥利达气动工具股份有限公司
"DAJ"牌喷漆枪、气动打钉机、空气压缩机	台州市大江实业有限公司
"WUFLP"牌车辆自动转向器、车辆电压调节器、蓄电池	温岭飞利浦电子有限公司
"BULE"牌公文包、手提包、公文箱	浙江步步乐箱包有限公司
"博洋彪山狼"牌鞋、运动鞋	台州市博洋鞋业有限公司
"奇勋"牌鞋	温岭市成奇鞋业有限公司
"图形"牌鞋、运动鞋、旅游鞋	台州凯利达鞋业有限公司
"迈高"牌鱼制食品、腌制鱼、鱼肉干	浙江迈高食品有限公司
"长屿硐天"牌观光旅游、旅游安排、旅行社	温岭市旅游实业有限公司
"图形"牌金属阀门	浙江瑞格铜业有限公司
"图形"牌金属阀门	浙江环宇阀门有限公司
"苏强格"牌液压软管总成、液压管接头	浙江苏强格液压有限公司
"沪微"牌马达、引擎起动器	浙江沪龙微型电机有限公司
"KAIJI"牌仪表车床、数控机床	玉环县坎门机床厂
"中昌"牌水处理设备产品	台州中昌水处理设备有限公司
"环方"牌电磁开关	浙江环方汽车电器有限公司
"东海龙威"牌圣诞树电灯、照明灯、灯	浙江龙威灯饰有限公司
"南亚"牌玉器、玛瑙、宝石	浙江南亚珠宝首饰有限公司
"尤特里欧"牌金属家具、桌子、椅子	浙江永强集团股份有限公司
"DONGHAIXIANG"牌平针织物(纤维)、窗子布、聚丙烯编织布	东海翔集团有限公司
"洞港"牌鱼(非活的)、贝壳类动物(非活的)、鱼肉干	临海市桃渚渔业专业合作社
"临海杨梅"牌杨梅	临海市特产技术推广总站
"清峰"牌杨梅、柑桔、梨	临海市清峰水果专业合作社
"古城"牌出租车运输	临海市古城汽车出租有限公司
"人立"牌充气外胎、摩托车轮胎、车辆用轮胎	台州人立轮胎有限公司
"绿野"牌树胶、半成品橡胶浇水软管、绝缘用材料及其制品	天台县富华塑胶有限公司

附录六续 2

使用商标或服务名称	企业名称
“沪佳”牌运输带、传动带、平行胶带	天台县三佳胶带有限公司
“图形”牌非医用饲料添加剂、饲料、畜牧饲料	浙江天新药业有限公司
“仙居杨梅”牌杨梅	仙居县果品产销协会
“兴科”牌密封环、橡皮圈、绝缘材料	浙江兴宇汽车零部件有限公司
“尔格”牌离心泵、润滑油泵、风力发电设备	浙江尔格科技有限公司
“浪潮”牌车轮外胎胎面(轮皮带)、橡胶履带	浙江元创橡胶履带有限公司
“三门青蟹”牌青蟹(活)	三门县水产技术推广站
2009 年	
“CHANGLAN”牌家具、花园用品、塑料包装容器	台州市云峰电器有限公司
“PRECIOUS”牌缝纫机、缝合机、熨衣机	浙江汇宝缝纫机有限公司
“ZQCOT”牌光学低通滤波器、红外截止滤光片、光学读取头分光片	浙江水晶光电科技股份有限公司
“SHUANG YU”牌非金属盘、塑料包装容器	浙江双鱼塑胶有限公司
“JUITA”牌缝纫机、包缝机、绷缝机	浙江川田缝纫机有限公司
“方远”牌建筑设备安装、建筑、道路铺设	方远建设集团股份有限公司
“国强”牌建筑设备出租、道路铺设、建筑	国强建设集团有限公司
“精诚”牌加工塑料用模具、挤出机械制造	浙江精诚模具机械有限公司
“舒意”牌防事故用手套、耐酸手套	浙江黄岩金泰劳保制品厂
“海之梦”牌加工过的鱼、水产罐头、水果罐头	浙江黄岩海龙水产有限公司
“黄岩蜜桔”牌桔	台州市黄岩区果品产销协会
“金山陵”牌酒	浙江台州金山陵酒业有限公司
“图形”牌汽车、摩托车及其配件	滨海模塑集团有限公司
“新百碟”牌建筑用塑料管、板、杆、条,非金属排水管	台州市一通塑胶有限公司
“豪丰”牌整理箱、保鲜盒、日用搪瓷器皿	浙江豪丰塑业有限公司
“YND”牌油漆	台州市德邦汽车内装饰有限公司
“富地”牌农用增氧机、浮水泵	浙江富地机械有限公司
“Lutian”牌汽油机、发电机、喷雾器	浙江绿田机电制造有限公司
“欧路莎”牌蒸气浴装置、热气沐浴设备、沐浴用设备	欧路莎股份有限公司
“乙本”牌摩托车、摩托车车轮毂、摩托车发动机	台州市凯通摩托车制造有限公司
“飞鸿”牌刷子、刷制品、兽鬃毛制品	浙江飞鸿塑业有限公司

附录六续3

使用商标或服务名称	企业名称
“图形”牌节日灯	珠光集团有限公司
“津玉”牌枇杷	台州市路桥绿园果品专业合作社
“希迪”牌印刷、图样印刷、胶印	浙江希迪印刷有限公司
“图形”牌商标专利申请、知识产权咨询、法律服务	台州市南方商标专利事务所
“WEPON”牌中成药、西药	浙江万邦药业有限公司
“洛克赛”牌喷漆枪、风动手工具、非手工操作的持手工具	台州市洛克赛工具有限公司
“图形”牌泵(机器)、空气压缩器、马达和引擎起动器	浙江东音泵业有限公司
“紫光”牌电机、非陆地车辆变速箱、非陆地车辆传动马达	台州清华机电制造有限公司
“劲霸”牌毛发干燥器、电吹风	台州劲霸健康科技有限公司
“图形”牌陆地车辆传动齿轮、陆地车辆用变速箱、陆地车辆减速齿轮	浙江大发齿轮有限公司
“跃岭”牌车轮毂、车轮圈	浙江跃岭轮毂制造有限公司
“独家龙”牌鞋	台州飞鹰鞋业有限公司
“云鹏”牌鱼制食品、鱼(非活的)、虾(非活的)	云鹏控股集团有限公司
“京辉”牌鱼制食品、非活鱼、冻虾仁	温岭市京辉食品有限公司
“长大”牌猪肉、肉、咸肉	温岭市佳鑫畜牧有限公司
“喜梢”牌梨	温岭市滨海早熟梨专业合作社
“巨帆”牌金属水管、阀门	浙江巨帆铜业有限公司
“图形”牌金属阀门、金属水管	玉环县华龙阀门有限公司
“SHANHO”牌离心泵、泵膜片、泵(机器)	浙江山河实业有限公司
“GNS”牌汽车油泵、汽车水泵、化油器	台州易宏实业有限公司
“Gllon”牌淋浴花洒、淋浴屏	台州健龙塑艺有限公司
“图形”牌气门摇臂总成	浙江和日摇臂有限公司
“欧宜风”牌家具	浙江欧宜风家具有限公司
“定海针”牌冻虾仁	浙江定海针水产食品有限公司
“图形”牌餐饮	玉环县城关阿龙小吃店
“耀明”牌配电盘、高低压开关板、母线槽	临海市耀明电力设备有限公司
“鑫亚”牌抽水马桶、浴室装置、沐浴用设备	浙江恒源洁具有限公司
“图形”牌发动机皮带轮、汽车发电机皮带轮、橡胶减振皮带轮	浙江东星汽车部件有限公司
“永新”牌家具	临海市永新休闲用品有限公司

附录六续4

使用商标或服务名称	企业名称
“YONGTAI”牌3,5-二氟溴苯、3,4,5-三氟溴苯、3,4,5-三氟苯酚	浙江永太科技有限公司
“亚宝”牌新鲜蔬菜	临海市桃源蔬菜专业合作社
“山路弯”牌柑橘	临海市涌泉外岙山路湾柑桔特产场
“岭景”牌葡萄	临海市岭景葡萄专业合作社
“方一仁”牌推销(替他人)	浙江省临海医药有限公司
“天台山”牌船用水泵、抽气泵、水泵(泵)	台州市天台山水泵厂
“万胜”牌电度表	浙江万胜电力仪表有限公司
“飞达”牌草编织物(草席除外)、竹木工艺品、垫子(靠垫)	天台县飞达汽车用品有限公司
“华顶”牌笋干、干菜笋、干蔬菜	天台县华顶特产超市
“田创”牌杨梅	仙居县田园杨梅专业合作社
“煜华”牌车辆座套、车辆内装饰品、汽车用遮阳帘	仙居煜华工艺有限公司
“图形”牌软垫、垫子、汽车脚垫	海啊进出口集团有限公司
“Viair”牌汽车毡毯、防滑垫、地垫	浙江三门维艾尔工业有限公司
“金域红”牌柑橘、葡萄	三门县全盛柑桔专业合作社
“一方”牌室内装潢、电器设备的安装和修理	浙江一方建筑装饰实业有限公司
“书”牌学校(教育)(延续)	台州市书生教育实业有限公司
“鹰泉”牌杨梅(延续)	台州市椒江鹰泉杨梅专业合作社
“金典”牌广告设计、媒介广告、广告策划(延续)	台州市金典传媒策划有限公司
“信质”牌陆地车辆电动发动机配件(延续)	信质电机有限公司
“永耀”牌道路灯、高杆灯、庭院灯(延续)	浙江永耀灯饰有限公司
“厦光”牌涂料(延续)	浙江厦光涂料有限公司
“正亚”牌羊毛衫(延续)	浙江正亚服饰有限公司
“依卡璐”牌羊毛衫、服装(延续)	台州市兴达针织服装有限公司
“宇缆”牌电线、电缆(延续)	台州市宇策电缆有限公司
“正国”牌汽车内外塑料装饰件、保险杠(延续)	浙江模具厂
“新菱”牌电机(延续)	浙江新菱电机有限公司
“狮龙”牌摩托车(延续)	浙江黄岩三叶集团有限公司
“枪王”牌杀虫剂、空气清新剂(延续)	台州市红梦实业有限公司
“KLT”牌铝合金锭(延续)	开来丰泽实业(浙江)有限公司

附录六续5

使用商标或服务名称	企业名称
“信成”牌餐盘、盒、茶具、桶(延续)	浙江特耐适日用品有限公司
“图形”牌汽车发动机零部件(延续)	浙江爱信宏达汽车零部件有限公司
“贝力得”牌钻夹头(延续)	浙江贝力得夹头工业有限公司
“图形”牌水龙头、去水器、阀门(延续)	台州市埃飞灵卫浴有限公司
“图形”牌灯(延续)	浙江双士照明电器有限公司
“JINLANG”牌摩托车发动机(延续)	浙江金浪动力有限公司
“情定法拉”牌床罩、被子、床单、枕套、被罩(延续)	浙江情定法拉家纺用品有限公司
“孺牛”牌糖果(延续)	台州市益民食品厂
“Xinke”牌水泵(延续)	浙江利欧股份有限公司
“大明”牌泵(延续)	浙江大明机电有限公司
“FASHION”牌水泵(延续)	浙江飞旋泵业有限公司
“JD”牌潜水螺杆,电泵(延续)	台州佳迪泵业有限公司
“中佳”牌传送带、电子工业设备、自动操作机(延续)	浙江亨达电子设备有限公司
“申元”牌农业机械、稻草切割机、打谷机、电机、发电机(延续)	浙江申元机电有限公司
“甬岭水表”牌水表(延续)	浙江甬岭供水设备有限公司
“图形”牌珍珠(珠宝)、珍珠项链(延续)	温岭市华宝珍珠首饰有限公司
“超灵”牌机械密封件(延续)	浙江超灵陶瓷阀有限公司
“宝玲”牌鞋(延续)	台州高超鞋业有限公司
“天强”牌鞋(延续)	台州天奇鞋业有限公司
“上宾”牌鞋(延续)	台州泰江鞋业有限公司
“爱德”牌猪肉食品、牛肚、烤鸭(延续)	台州市爱德食品有限公司
“温联”牌鲜水果、甘蔗(延续)	温岭市联树果蔗专业合作社
“巨水”牌阀门(延续)	玉环巨水铜业有限公司
“图形”牌金属阀门、金属管道接头(延续)	台州三盛阀门工业有限公司
“时达”牌淋浴器(延续)	沃茨水暖技术(台州)有限公司
“图形”牌水嘴、水管龙头、地漏(延续)	浙江新颖铜业有限公司
“隆中”牌摩托车刹车制动盘(延续)	隆中控股集团有限公司
“宏鑫”牌陆地车辆发动机曲轴(延续)	台州宏鑫曲轴有限公司
“格艺”牌家具(延续)	台州港源家具有限公司

附录六续6

使用商标或服务名称	企业名称
“利水”牌金属阀门(延续)	台州利水铜业有限公司
“千代”牌家具(延续)	台州金得利家具有限公司
“FEILONG”牌家具(延续)	浙江飞龙家具有限公司
“童天”牌童鞋(延续)	浙江宝路鞋业有限公司
“龙生”牌鱼制食品、鱼制食物(延续)	玉环龙生水产制品有限公司
“际喜”牌医药中间体(延续)	浙江沙星医药化工有限公司
“为华”牌防腐涂料(延续)	浙江永固为华涂料有限公司
“王开”牌各种金属筛板(延续)	临海市王开机筛有限公司
“伟洲”牌调速器、变速箱、减速齿轮(延续)	浙江云洲科技有限公司
“四通”牌金属软管(延续)	临海市四通制管有限公司
“图形”牌非金属绳索、绳索、非金属缆绳(延续)	浙江四兄绳业有限公司
“涌泉”牌柑桔、鲜水果(延续)	临海市涌泉农贸公司
“灵江山”牌黄酒、烧酒(延续)	浙江省台州酒厂(有限公司)
“龙圣华”牌橡胶输送带、平行胶带(延续)	浙江龙圣华橡胶有限公司
“天医”牌口吃矫正器(延续)	天台县医疗仪器厂
“得克”牌节日装饰彩色小灯、照明用发光管、圣诞树电灯(延续)	浙江天宇灯饰有限公司
“天梯”牌浇水软管、非金属软管(延续)	浙江天梯橡塑有限公司
“严牌”牌过滤布、帘子布(延续)	天台县西南滤布厂
“葛玄”牌茶、茶叶代用品(延续)	浙江华顶茶业有限公司
“一远”牌电子工业设备、静电消除器(延续)	浙江一远电子科技有限公司
“南峰”牌中成药(延续)	台州南峰药业有限公司
“图形”牌汽车装饰件(延续)	浙江竺梅进出口有限公司
“仙丰”牌种子(延续)	仙居县种子公司
“收获”牌传送带、三角带、平行胶带(延续)	台州收获橡塑有限公司
“腾龙”牌无励磁分接开关(延续)	浙江三门腾龙电器有限公司
“东南”牌三角带、平行胶带、机器传动带(延续)	浙江东南橡胶机带有限公司
“太师峰”牌茶、茶叶代用品(延续)	三门绿毫茶叶专业合作社

附录六续 7

使用商标或服务名称	企业名称
2010 年	
"丰田"牌喷雾器(机器)、非手工操作农业器具、泵(机器)	台州市丰田喷洗机有限公司
"一江山岛"牌鱼(非活的)、鱼制食品、腌制品	台州市大陈岛养殖有限公司
"联民"牌鲜水果、活家禽、贝壳类动物(活的)	台州市联民农产品物流配送有限公司
"鼎峰"牌鲜水果	台州市椒江西山水果专业合作社
"CHIMIN"牌人用药	浙江济民制药股份有限公司
"天峰"牌染发剂、香水	浙江章华保健美发实业有限公司
"YAXING"牌木、塑料工艺品	浙江亚星工贸集团有限公司
"家超"牌盆、日用搪瓷塑料器皿、食物保温器	浙江家超生活用品有限公司
"图形"牌陆地车辆发动机	台州市新霸动力制造有限公司
"希乐"牌非金属茶具、保温杯、非贵重金属有柄大杯	浙江希乐工贸有限公司
"鼎环"牌漆包线	浙江金环铜业有限公司
"TZDL"牌节日灯	台州真达灯饰有限公司
"日际"牌电线、电缆	联峰电缆有限公司
"永源"牌摩托车	永源集团有限公司
"博文"牌笔记本、分类帐本、目录册	浙江博文文具有限公司
"贴宝"牌 PVC 自粘膜、自粘商标纸、即时贴	国鑫宏达控股有限公司
"FUKOKU"牌挡风玻璃刮水器	台州市图腾汽车用品制造有限公司
"乾仁堂"牌人参、中药材、中药成药	浙江春天医药有限公司
"友力"牌泵(机器)、水泵	浙江友力电机泵业有限公司
"LONKEY"牌电机、鼓风机、水泵	浙江浪奇泵业有限公司
"阳春"牌水泵、鼓风机	台州阳春机电有限公司
"Maxtop"牌手工操作的手工具、扳手	浙江迈特工具制造有限公司
"联星"牌陆地车辆传动轴	温岭市联星机械有限公司
"绿驹"牌机动自行车、电动轻骑车	浙江绿驹车业有限公司
"图形"牌鞋	浙江惠泰体育用品有限公司
"君波"牌紫菜、海菜	浙江长江水产开发有限公司
"园溜溜"牌蛋	浙江合兴禽业发展有限公司
"图形"牌金属阀门	台州恒捷铜业有限公司

附录六续 8

使用商标或服务名称	企业名称
“CREDIT”牌水龙头、淋浴用设备、水暖装置用管子零件	浙江永德信铜业有限公司
“兰花”牌水龙头、水暖管件	浙江兰花实业有限公司
“ ROUNDSUN”牌水龙头、卫浴	浙江环日洁具有限公司
“DLZ”牌汽车转向球头	浙江德利众机电制造有限公司
“双环”牌汽车齿轮、摩托车齿轮	浙江双环传动机械股份有限公司
“振鑫”牌汽车减震器	浙江中兴减震器制造有限公司
“清港”牌鲜葡萄、柑橘、南瓜	玉环县清港葡萄园区开发有限公司
“WSFR”牌防火制剂、灭火合成物、聚氨酯	浙江万盛化工有限公司
“利化”牌二氟一氯甲烷、硫酰氟	临海市利民化工有限公司
“图形”牌塑料管、管子接头	浙江伟星新型建材股份有限公司
“红耀”牌电灯泡、照明用发光管、节能灯	浙江红耀照明电器有限公司
“志强”牌聚醋酸乙烯乳液、氯丁胶、工业用粘合剂	浙江志强涂料有限公司
“童燎”牌杨梅、枇杷、桔	临海市童燎农林特产有限公司
“冬吉花”牌西兰花、南瓜	临海市兴农果蔬专业合作社
“梅尖山”牌柑橘、杨梅、鲜水果	临海市涌泉梅尖山柑桔专业合作社
“双健橡胶”牌运输机传送带、传送带、平行胶带	浙江双健布业胶带有限公司
“图形”牌铁路轨道绝缘物	浙江省天台祥和实业有限公司
“鸿星”牌滤布	浙江三星纺织滤料有限公司
“台乌”牌非医用营养粉	浙江天台山乌药生物工程有限公司
“得乐康”牌食用米糠油	浙江银河药业有限公司
“仙绿”牌土鸡蛋	仙居县仙绿土鸡蛋专业合作社
“宇杰”牌建筑	宇杰集团股份有限公司
“世泰”牌车辆减震器、机动车减震器、车辆拉力杆	浙江省三门县世泰实业有限公司
“BENYUE”牌龙头、暖气片、地漏	浙江九环洁具有限公司
“湫水山”牌杨梅、鲜水果、新鲜蔬菜	三门县湫水花果专业合作社
“三港”牌贝壳类动物（活缢蛏）、活鱼、虾（活的）	台州三港海水养殖专业合作社
“琴海湾”牌贝壳动物（活青蟹）、甲壳动物、牡蛎	三门县绿洋特种水产养殖专业合作社
“TWLZ”牌船锚、船舶操舵装置	浙江万通重工有限公司
“力新邦德”牌拍卖	浙江力新邦德拍卖有限公司
“HONGDING”牌塑料帘	浙江宏鼎实业有限公司

中国统计出版社最新图书简目

(仅供参考,以最后出书为准)

统计资料

中国统计年鉴-2011
2011中国发展报告
中国劳动统计年鉴-2011
中国建筑业统计年鉴-2011
中国商品交易市场统计年鉴-2011
中国民政统计年鉴-2011
中国科技统计年鉴-2011
中国高技术产业统计年鉴-2011
全国农产品成本收益资料汇编-2011
大中型批发零售和住宿餐饮企业统计年鉴-2011
中国县（市）社会经济统计年鉴-2011
第二次全国R&D资源清查资料汇编—综合卷

中国统计摘要-2011
中国第三产业统计年鉴-2011
中国社会统计年鉴-2011
中国人口和就业统计年鉴-2011
中国房地产统计年鉴-2011
中国贸易外经统计年鉴-2011
中国农村统计年鉴-2011
中国教育经费统计年鉴-2010
中国科学技术协会统计年鉴-2011
中国农村住户调查年鉴-2011（中、英文）
第二次全国R&D资源清查资料汇编—工业企业卷

国际统计年鉴-2011
中国区域经济统计年鉴-2011
中国城市统计年鉴-2009
中国工业经济统计年鉴-2011
中国能源统计年鉴-2011
2011中国地区经济监测报告
中国农产品价格调查年鉴-2011
中国农村贫困监测报告-2011
工业企业科技活动资料-2011
中国城市(镇)生活与价格年鉴-2011
中国农村全面建设小康监测报告-2011
中国零售和餐饮连锁企业统计年鉴-2011
2010年中国第六次人口普查公报

2011年省级综合统计年鉴系列

北京 天津 河北 山西 内蒙古
河南 湖北 湖南 广东 广西
新疆 新疆生产建设兵团
辽宁 吉林 黑龙江 上海 江苏
海南 重庆 四川 贵州 云南
浙江 安徽 福建 江西 山东
西藏 陕西 甘肃 青海 宁夏

2011年市(县)级综合统计年鉴系列

天津滨海新区
运城 忻州 临汾 呼和浩特
上海浦东新区
杭州 宁波 绍兴 台州 温州
厦门经济特区 南昌 上饶
十堰 荆州 咸宁 长沙 广州
贵阳 昆明 庆阳 西安
石家庄 唐山 邯郸 太原 大同
包头 沈阳 大连 长春 吉林市
苏州 无锡 常州 徐州 南通
金华 嘉兴 衢州
济南 青岛 潍坊 郑州
东莞 惠州 深圳 桂林 南宁
兰州 银川 乌鲁木齐
长治 阳泉 晋城 朔州 晋中
四平 哈尔滨 黑龙江垦区
盐城 镇江 江阴 丹阳
福州 福州经济技术开发区
洛阳 三门峡 南阳 武汉 宜昌
柳州 来宾 河池 海口 成都 绵阳

“十一五”规划教材

非参数统计 医学统计学
多元统计分析 经济计量学教程
统计数据处理概论
企业经营管理统计
统计学:从数据到结论
概率论与数理统计 统计学
应用时间序列分析
质量管理统计方法 社会统计学
市场调查与预测
国民经济核算教程(国民经济统计学)
现代金融投资统计分析
统计指数理论及应用
多元统计分析实验
统计学原理（非统计专业使用）
概率论与数理统计(经济、管理类专业使用）

重点图书

挑大学选专业2011—高考志愿填报指南
挑大学选专业2011—考研择校指南